OS DIREITOS DE REUNIÃO
E DE MANIFESTAÇÃO
NO DIREITO PORTUGUÊS

Eduardo Correia Baptista
Professor na Faculdade de Direito da Universidade de Lisboa

OS DIREITOS DE REUNIÃO
E DE MANIFESTAÇÃO
NO DIREITO PORTUGUÊS

OS DIREITOS DE REUNIÃO E DE MANIFESTAÇÃO
NO DIREITO PORTUGUÊS

AUTOR
EDUARDO CORREIA BAPTISTA
(ecbap@bigfoot.com)

EDITOR
EDIÇÕES ALMEDINA, SA
Rua da Estrela, n.º 6
3000-161 Coimbra
Tel.: 239 851 904
Fax: 239 851 901
www.almedina.net
editora@almedina.net

PRÉ-IMPRESSÃO • IMPRESSÃO • ACABAMENTO
G.C. – GRÁFICA DE COIMBRA, LDA.
Palheira – Assafarge
3001-453 Coimbra
producao@graficadecoimbra.pt

Setembro, 2006

DEPÓSITO LEGAL
247176/06

Os dados e as opiniões inseridos na presente publicação
são da exclusiva responsabilidade do(s) seu(s) autor(es).

Toda a reprodução desta obra, por fotocópia ou outro qualquer processo,
sem prévia autorização escrita do Editor,
é ilícita e passível de procedimento judicial contra o infractor.

Índice Sistemático

Capítulo I
Âmbito

1. Diferenciação 9
   1.1. Reuniões sem manifestação 9
   1.2. Manifestações sem reunião: a manifestação individual 9
   1.3. Conclusão 15
2. Direito de reunião 16
   2.1. Âmbito estrutural 17
   2.2. Âmbito teleológico 21
      2.2.1. Fundamentos literais e sistemáticos 22
      2.2.2. Fundamentos históricos: origens do direito 23
      2.2.3. Fundamentos substanciais 29
      2.2.4. Fundamentos jurisprudenciais, de Direito Internacional e de Direito comparado 31
   2.3. Âmbito espacial 35
      2.3.1. Em lugares públicos e abertos ao público 35
      2.3.2. Em lugares privados 37
      2.3.3. Nas faixas de rodagem de veículos 42
      2.3.4. Em edifícios públicos e outros espaços restritos 44
   2.4. Âmbito de acção 49
      2.4.1. Um direito geral à liberdade? 49
      2.4.2. Actos protegidos e desprotegidos 61
         2.4.2.1. Actos protegidos 61
         2.4.2.2. Actos desprotegidos: violentos ou armados 64
   2.5. Conteúdo 66
      2.5.1. Introdução teórica 66
      2.5.2. Faculdades atribuídas 70
3. Direito de Manifestação 73
   3.1. Âmbito estrutural 74
   3.2. Âmbito material 76
   3.3. Âmbito espacial 79
   3.4. Âmbito de acção 79
   3.5. Conteúdo 81
4. Titulares activos 81
   4.1. Estrangeiros e apátridas 82

6   *Os Direitos de Reunião e de Manifestação no Direito Português*

4.2. Pessoas colectivas.. 88
    4.2.1. Públicas? 88
    4.2.2. Privadas... 90
5. Titulares passivos.. 91
    5.1. Deveres de protecção do Estado 91
        5.1.1. Introdução teórica 92
            5.1.1.1. A segurança como bem constitucional colectivo 92
            5.1.1.2. O direito à segurança 99
            5.1.1.3. Conclusão quanto à estrutura dos direitos defensivos..... 109
        5.1.2. Em relação aos direitos de reunião e manifestação.................... 110
    5.2. Os particulares.. 115
        5.2.1. Introdução teórica 115
            5.2.1.1. Inconstitucionalidade das teorias da eficácia puramente
                  mediata e indirecta.. 115
            5.2.1.2. Âmbito pessoal e material da vinculação dos particulares 118
            5.2.1.3. Intensidade da vinculação.. 122
            5.2.1.4. Autonomia privada e renúncia...................................... 127
            5.2.1.5. Deveres fundamentais directamente aplicáveis.............. 140
        5.2.2. Regime jurídico... 142
            5.2.2.1. Genérico.. 142
            5.2.2.2. Em propriedade privada sem consentimento do titular... 144
            5.2.2.3. Nas relações laborais 147

Capítulo II
Limitações, restrições e ablações

6. Introdução teórica... 159
    6.1. Âmbito de protecção das normas atributivas de direitos fundamentais ... 159
    6.2. Limitações e restrições 167
    6.3. Ablações 180
    6.4. Prevalência entre direitos fundamentais....................................... 187
7. Limitações e restrições admissíveis... 195
    7.1. Ao direito de reunião.. 195
        7.1.1. Teleológicas 195
            7.1.1.1. Inexistência de fins directamente proibidos pela Cons-
                  tituição.. 196
            7.1.1.2. Fins ilegais? 197
            7.1.1.3. Fins contrários à Ordem Pública em sentido técnico? 199
            7.1.1.4. Fins contrários à ordem pública em sentido material?.... 203
            7.1.1.5. Fins contrários à moral ou aos bons costumes? 208
            7.1.1.6. Fins contrários ao Direito Penal?................................. 208
            7.1.1.7. O regime da Lei sobre o Direito de Reunião.................. 209
        7.1.2. Espaciais 213
            7.1.2.1. O regime constitucional... 213
            7.1.2.2. O regime da Lei sobre o Direito de Reunião.................. 217

Índice Sistemático

7.1.3. Às acções 222
    7.1.3.1. Actos empresariais ou que extravasem a mera reunião... 222
    7.1.3.2. Utilização de meios sonoros 226
    7.1.3.3. O bloqueio deliberado de faixas de rodagem e outros actos ilícitos 230
    7.1.3.4. Instalação de estruturas 234

7.2. À mensagem veiculada no direito de manifestação 235
    7.2.1. Introdução 235
    7.2.2. Violadoras de direitos, liberdades e garantias e discriminatórias . 238
    7.2.3. Incentivadoras de violência e de crimes 247
    7.2.4. Defensoras de ideias políticas não democráticas 251
    7.2.5. Contrárias a outros interesses do Estado 257
        7.2.5.1. Bens tuteláveis 257
        7.2.5.2. Difamação de Pessoas Colectivas de Direito Público 260
        7.2.5.3. Ultraje a símbolos, à República ou às regiões autónomas.. 263

7.3. O aviso prévio em especial 273
    7.3.1. Constitucionalidade 273
    7.3.2. Âmbito de aplicação 277
    7.3.3. Consequências da sua inexistência 284

7.4. As restrições aos direitos dos militares e agentes militarizados e de segurança 289
    7.4.1. Âmbito pessoal do artigo 270 290
    7.4.2. O âmbito material do artigo 270 e os regimes legais vigentes 295
        7.4.2.1. Os direitos dos trabalhadores 295
        7.4.2.2. A realização de reuniões e de manifestações 305
        7.4.2.3. Acções políticas 311
        7.4.2.4. Acções sindicais 314
        7.4.2.5. A coesão e a disciplina militares 321
        7.4.2.6. Aos agentes militarizados da Guarda Nacional Republicana 329
        7.4.2.7. Aos agentes da Polícia de Segurança Pública 333

8. Ablações 334

8.1. A proibição 334
    8.1.1. Por força do fim criminoso da reunião ou da mensagem a exteriorizar 336
    8.1.2. Por colisão com outros direitos ou bens 345

8.2. A interrupção 347
    8.2.1. Entidades competentes e forma legal 348
    8.2.2. Pressupostos 349
        8.2.2.1. Desobediência à proibição ou a termos impostos? 350
        8.2.2.2. Desrespeito dos direitos de deslocação ou ao sossego? .. 351
        8.2.2.3. Carácter armado ou violento 354
        8.2.2.4. Prática de crimes públicos graves 355
    8.2.3. Execução coerciva 357
    8.2.4. De reuniões abertas ao público e privadas 359

8   *Os Direitos de Reunião e de Manifestação no Direito Português*

9. Direito Penal aplicável 362
    9.1. Aos titulares activos 362
        9.1.1. O regime penal da Lei sobre o Direito de Reunião e de porte de arma 362
        9.1.2. O crime de motim 370
        9.1.3. O crime de desobediência à ordem de interrupção 384
    9.2. Aos titulares passivos 387
        9.2.1. O crime de interferência em reunião 388
        9.2.2. O crime de impedimento ilegítimo de reunião pelas autoridades . 392

Bibliografia 401

Capítulo I
Âmbito

1. Diferenciação

Embora muitas vezes se encontrem consagrados no mesmo preceito ou apenas seja reconhecido o primeiro, os direitos de reunião e de manifestação são direitos distintos, especialmente à luz da Constituição portuguesa.

1.1. Reuniões sem manifestação

É pacífico que pode existir uma reunião sem que exista uma manifestação. Será o caso de uma reunião em local privado, sem qualquer intenção de ser visível ou audível em relação a não participantes. Ou de uma reunião em local público, mas em que nenhuma mensagem é exteriorizada, por os participantes não terem por objectivo revelar a terceiros o motivo que os levou a reunir; sem exibirem qualquer cartaz ou símbolo, sem palavras de ordem ou quaisquer outras mensagens dirigidas a terceiros ou sem que, pelas circunstâncias ou local, a mera reunião pública, mesmo que silenciosa, constitua efectivamente uma forma de manifestação.

1.2. Manifestações sem reunião: a manifestação individual

E pode igualmente existir um gozo do direito de manifestação sem que exista uma reunião. Será a situação do manifestante solitário[1]. Julga-

---

[1] Outra possibilidade será a de manifestações utilizando automóveis e outros meios de transportes. Como as reuniões devem ser presenciais, sem utilização destes meios (vide, *infra*, parág. 2.1), estar-se-á perante mais um exemplo de uma manifestação que não implicará uma reunião (ver, *infra*, parág. 3.1).

10 Os Direitos de Reunião e de Manifestação no Direito Português

-se que neste caso se está perante uma verdadeira manifestação e não somente de um aproveitamento da liberdade de expressão[2-3], visto que subsiste o elemento essencial que converte a primeira numa forma qualificada da segunda: o seu carácter unilateral, dado que o seu autor não obteve dos destinatários da mensagem qualquer consentimento para a transmitir.

Um outro fundamento para esta conclusão é o de que, sendo pacífico que o direito de manifestação é um direito de titularidade individual, não existem razões que justifiquem considerá-lo de gozo colectivo. O direito de reunião, embora de titularidade individual, é em princípio de aproveitamento colectivo. Se alguém pretende exercer o seu direito de reunião, normalmente tal depende da existência de uma reunião para o fazer, o que

---

[2] É certo que o Tribunal Constitucional, colocado perante uma situação de um único indivíduo que fora proibido de usar um altifalante para criticar a situação económica, com base no regulamento do Governador Civil de Setúbal de 1954, considerou que se estava perante uma situação de restrição à liberdade de expressão (cfr. Acórdão n.º 201/86, em *Diário da República*, II Série, n.º 195, de 26 de Agosto de 1986, pág. 7975-7977). Nem por uma vez citou o direito de manifestação quando, segundo se julga, era este o direito restringido e não a liberdade de expressão. Tendo presente que ele foi proibido de continuar a sua manifestação por força do meio unilateral utilizado e não do conteúdo da mensagem, em rigor, tratou-se exclusivamente de uma restrição ao direito de manifestação. Como se procura demonstrar no texto principal, a liberdade de expressão não compreende o uso de meios unilaterais de expressão intromissivos em relação a terceiros, que estes não podem silenciar, interrompendo um diálogo, desligando o receptor, *etc.*.

Igualmente aquele que parece ser um dos Tribunal com jurisprudência mais extensa sobre a liberdade de expressão e o direito de reunião/manifestação, o Tribunal Europeu dos Direitos Humanos, tem demonstrado dificuldades para os distinguir. Normalmente, analisa o caso à luz de ambos, mas remetendo as questões relativas ao segundo para as considerações feitas a propósito do primeiro, sem qualquer comentário em relação ao que os distingue.

[3] Neste sentido: J. Gomes Canotilho/Vital Moreira, *Constituição da República Portuguesa Anotada*, 3.ª ed., Coimbra, 1993, pág. 253. Ver, contudo, em sentido divergente: Jorge Miranda, *Manual de Direito Constitucional*, Volume IV, 3.ª ed., Coimbra, 2000, pág. 486, nota 1; J. Miranda de Sousa, *O Direito de Manifestação, Boletim do Ministério da Justiça*, 375, 1988, pág. 5-26, na pág. 7-8.

Na Doutrina estrangeira, apoia a manifestação individual: C. Ribeiro Bastos, *Curso de Direito Constitucional*, 20.º ed., São Paulo, 1999, P. II, T. II, Cap. II, parág. 11; em sentido contrário, não a aceita: Michael Kniesel, *Die Versammlungs – und Demonstrationsfreiheit – Verfassungsrechtliche Grundlagen und versammlungsgesetzliche Konkretisierung, Neue Juristische Wochenschrift*, 1992, Heft 14, págs. 857-867, na pág. 858 (ou melhor, aceita-a como forma de liberdade de expressão); Luís Díez-Picazo, *Sistema de Derechos Fundamentales*, Madrid, 2003, pág. 333.

pressupõe alguém com quem se reunir[4]. Mas tal fundamento estrutural é inaplicável em relação ao direito de manifestação. Se este é um direito individual, o seu gozo não deve estar dependente de qualquer acordo com outros indivíduos que, no presente caso, não teria justificação.

Não parece que se possa afirmar que a rejeição da manifestação individual não constitui qualquer limitação do direito de manifestação, alegando que os mesmos actos são protegidos pela liberdade de expressão. O artigo 37, n.º 1, garante a livre expressão de ideias, por qualquer meio; mas não vincula os restantes indivíduos a ser destinatários dessa expressão. A liberdade de expressão proíbe a interferência na expressão, mas não garante ao seu titular uma audiência; os destinatários da expressão têm de consentir em o ser. Qualquer pessoa pode interromper uma conversa (tal acto é regulado por regras de trato social que não têm carácter jurídico), fechar um livro, não ler um artigo de opinião num jornal, desligar a televisão ou a rádio ou ignorar uma página na Internet.

Desde logo, a liberdade de consciência compreende um direito fundamental a não ser forçado a ouvir certas expressões de pensamento, não apenas por parte de órgãos do Estado, mas igualmente de particulares[5]. Pode-se retirar igualmente do direito a informar-se (artigo 37, n.º 1 CRP) uma liberdade a não se informar e mesmo uma liberdade negativa a não ser informado, que não pode ser colocada em causa pelo direito a informar. Este último é um direito contra interferências no acto de informar por parte de terceiros e não dos destinatários que não queiram ser informados. Esta liberdade negativa tem, por exemplo, relevância em relação a mensagens

---

[4] Escreve-se "normalmente" porquanto é possível que uma única pessoa se encontre a organizar uma reunião e oponha o seu direito de reunião perante uma interferência contra este acto de organização. Estar-se-á igualmente perante um exercício do direito de reunião, visto que este compreende a faculdade de organizar reuniões, pressuposto normal da sua realização. Acresce que é igualmente possível que um indivíduo que aguarda outros para se reunir possa invocar o seu direito de reunião para permanecer no mesmo local, enquanto acto preparatório essencial ao gozo do bem tutelado. Com efeito, se o direito de reunião tutela a organização e a realização da reunião, não pode deixar de proteger igualmente os actos preparatórios posteriores à primeira e directamente relacionados com a segunda. Finalmente, alguém que se nega a participar numa reunião também exerce o seu direito de reunião, na sua vertente negativa, de liberdade de decidir não participar (vide, *infra*, parág. 2.5.2).

[5] Neste sentido: Milton R. Konvitz, *Fundamental Liberties of a Free People: Religion, Speech, Press, Assembly*, Transaction, 2002, pág. 119-125 ("freedom not to listen").

Os Direitos de Reunião e de Manifestação no Direito Português

publicitárias sob qualquer via (altifalantes, correspondência, fax, correio electrónico, *etc.*), mas igualmente informações de qualquer espécie[6]. Mas não são apenas as mensagens informativas (ou com pretensões a tal) que podem ser rejeitadas. Não obstante poder ser pouco delicado, igualmente qualquer forma de expressão pode ser ignorada. Salvo excepções derivadas de deveres funcionais e outras situações pontuais, o estabelecimento de comunicação pressupõe consentimento. Neste sentido, não parece excessivo sustentar que a liberdade de expressão não só compreende a pacificamente reconhecida liberdade negativa de não exprimir uma opinião, como igualmente a de não ter de ouvir as dos outros. Enquanto liberdade comunicativa, pressupõe desejo de comunicar, quer enquanto emissor da mensagem, quer enquanto seu receptor.

Estas liberdades negativas, contudo, terão de ceder perante o direito de manifestação, se exercido no respeito pelas suas limitações; mas não perante a "mera" liberdade de expressão ou o direito de informar. O artigo 45 da Constituição vem afirmar que, quem se encontre em espaço próximo, e enquanto o não abandonar, poderá ter de suportar essa exteriorização unilateral de ideias se esta for realizada em voz alta ou, em geral, se lhe for impossível ignorar a mensagem. Neste sentido, o direito de manifestação, embora ainda seja um instrumento da liberdade de expressão e de informação, constitui um alargamento do artigo 37, consagrando mais um meio de exteriorização desta que não se encontra compreendido neste último preceito. O direito de manifestação não é, pois, um uso colectivo da liberdade de expressão, mas bem mais do que isso. Caso contrário, até um diálogo entre duas pessoas seria um gozo deste direito. Ora, a rejeição da manifestação individual levaria à conclusão de que a mera liberdade de expressão não legitimaria que um manifestante, que nem sequer obtivera apoio de ao menos um outro indivíduo, importunasse terceiros com a sua mensagem[7].

---

[6] Sustentam esta posição: Wolfgang Fikentscher/Thomas Möllers, *Die (negative) Informationsfreiheit als Grenze von Werbung und Kunstdarbietung*, Neue Juristische Wochenschrift, heft 19, pág. 1337-1344, na pág. 1340-1342.

[7] Evidentemente, um manifestante não pode perseguir um transeunte, sob pena de incorrer em violação dos referidos direitos negativos a não ouvir. Aliás, poderia estar mesmo em causa o seu direito à reserva da intimidade da vida privada e familiar (na sua vertente "a ser deixado só" na sua vida privada), mesmo num espaço público (sobre este direito, vide, *infra*, parág. 2.3.2). Mas, se o transeunte não puder abandonar o local, terá de suportar a manifestação, desde que esta não o tenha como alvo (meros particulares só excepcionalmente poderão ser alvos de manifestações; vide, *infra*, parág. 5.2.2.1). Pelo

Acresce que, por força dos meios utilizados, um manifestante solitário pode criar maiores danos em outros bens constitucionais (utilizando, por exemplo, um altifalante) do que um grupo pequeno de pessoas. Deste modo, esta forma de gozo da liberdade de expressão assume todos os contornos e melindres do direito de manifestação. De resto, bastando dois indivíduos para se estar perante uma reunião constitucionalmente protegida[8] e, portanto, mesmo desta perspectiva, em face de uma manifestação, sempre seria possível configurar situações de dois manifestantes solitários, no mesmo local, manifestando-se em relação a questões diferentes. Não existiria uma reunião, visto que os manifestantes não pretendem reunir-se, podendo até divergir abertamente. E, contudo, estar-se-ia perante duas exteriorizações de ideias que poderiam provocar mais problemas do que reuniões com muito mais pessoas.

Aliás, compreende-se que sejam necessárias duas pessoas para que o direito de reunião seja globalmente aplicável à situação, por força do sentido de "reunião". Mas, dado o exposto, em relação ao direito de manifestação, nada de estrutural muda por estar presente uma pessoa ou duas. Não se compreenderia por que motivo uma manifestação de dois indivíduos deveria ser qualificada como um gozo do direito de manifestação e a de um único indivíduo como uma questão de liberdade de expressão. Fará sentido aplicar um critério meramente quantitativo, independentemente das circunstâncias do caso concreto, para impor uma alteração automática de qualificação jurídica relativa a um direito, liberdade e garantia, quando nada no modo como se encontra consagrado aponta nesse sentido?

Substancialmente, julga-se, pois, que se justifica que uma exteriorização pessoal e unilateral de ideias levada a cabo por um único indivíduo seja considerada como uma manifestação, quer para efeitos da sua protecção, quer para efeitos de aplicação dos limites e restrições a que as manifestações se encontram sujeitas.

---

contrário, se se tratasse de uma mera situação de liberdade de expressão, o destinatário poderia exigir o seu fim, visto que não consentira nessa qualidade.

A figura mais próxima entre o direito de manifestação e a simples liberdade de expressão é a distribuição de panfletos não comerciais. Como qualquer pessoa pode recusar o panfleto ou aceitá-lo para o deitar fora depois de apenas ler o título, está-se perante mera liberdade de expressão. Mas se o distribuidor for gritando palavras de ordem, estar-se-á perante o direito de manifestação individual em relação a estas e de liberdade de expressão em relação à distribuição dos panfletos.

[8] Vide, *infra*, parág. 2.1.

Acresce que se julga existirem argumentos literais no sentido do acolhimento da manifestação individual[9]. O artigo 45 diferencia de forma bastante clara ambos os direitos. Ora, sendo o direito de reunião normalmente um direito que pressupõe uma reunião, portanto, um acto colectivo, a consagração autónoma do direito de manifestação constitui um fundamento literal incontornável para a defesa de que este pode ser exercido individualmente, visto constituir, como é pacífico, um direito de titularidade individual. Se nas Constituições que apenas consagram o direito de reunião se pode legitimamente duvidar que este possa ser exercido por um único indivíduo para fins de manifestação, à luz da Constituição portuguesa não parecem existir bases para tal conclusão.

É certo que na epígrafe do artigo 45 se fala em "direito de reunião e de manifestação" e não em "direitos", mas é uma técnica menos feliz utilizada pela Constituição também em relação a outros direitos com algum grau de conexão entre si. Basta ter presente os artigos 43 e 44. Ninguém negará que aprender e ensinar são direitos distintos, mas a Constituição fala em "liberdade" e não em "liberdades". Igualmente a circulação no território e a emigração são direitos juridicamente distintos, com implicações

---

[9] Os trabalhos preparatórios não são esclarecedores.

Além do direito de reunião, alguns projectos apresentados de Constituição consagravam o direito de manifestação como direito autónomo (projecto do CDS, no artigo 12, n.º 21; do PCP, no artigo 51; e do MDP/CDE, no artigo 46, n.º 1) (cfr. *Diário da Assembleia Constituinte*, suplemento ao n.º 16, 9 de Julho de 1975) e esta autonomia acabou por ser consagrada no relatório apresentado pela Comissão de Direitos Fundamentais, que reconhecia, no artigo 31, o direito de reunião, e no artigo 35, o direito de manifestação (cfr. *Diário da Assembleia Constituinte*, n.º 30, 13 de Agosto de 1975, pág. 790).

Contudo, por proposta do então deputado Freitas do Amaral, estes dois artigos acabaram fundidos num único. A justificação foi a de que pretendia "incluir num mesmo artigo duas realidades afins: o direito de manifestação ou é uma pura modalidade ou [do] direito de reunião, ou é qualquer coisa de muito próxima (...)". O deputado José Luís Nunes afirmou "a melhor doutrina começa a autonomizar, efectivamente, o direito de manifestação do direito de associação [reunião]". Mais longe foi o então deputado Vital Moreira que declarou "a manifestação é uma reunião qualificada", deste modo parecendo excluir a manifestação individual (cfr. as citadas declarações em *Diário da Assembleia Constituinte*, n.º 41, 3 de Setembro de 1975, pág. 1161 e 1162). Mas das duas primeiras declarações não é possível extrair qualquer conclusão sobre esta questão e, em relação à terceira, Vital Moreira abandonou o entendimento apresentado em obra citada (vide, *supra*, nota 3).

Em suma, a junção dos direitos num único artigo mostra que a Assembleia Constituinte considerou que se tratava de dois direitos conexos, mas não necessariamente que o direito de manifestação pressupusesse sempre uma reunião.

diferenciadas; mas, por força da sua conexão material, são consagrados no mesmo artigo; e a epígrafe, mais uma vez, fala em "direito" e não em "direitos". Por conseguinte, a simples circunstância de serem consagrados no mesmo artigo não constitui argumento para limitar o direito de manifestação a uma forma de gozo do direito de reunião. De outro modo, não se justificaria a sua autonomização enquanto direito no número dois. São simplesmente direitos com conexões.

Um argumento adicional a favor da manifestação individual pode-se retirar da circunstância de a Constituição ter tido o cuidado de impor limites para o direito de reunião, mas não para o direito de manifestação. Se este último implicasse necessariamente o primeiro, sendo precisamente as reuniões com fins de manifestação as mais problemáticas, faria sentido que fossem estas a ser rodeadas das maiores cautelas. E que, portanto, a proibição do seu carácter violento ou armado constasse do número dois do artigo. Um fundamento para justificar esta omissão[10] será a circunstância de, podendo o direito de manifestação ser levado a cabo por apenas um indivíduo, tais limites se afigurarem mais prementes em relação ao direito de reunião, de gozo normalmente colectivo.

Não faltam exemplos, transmitidos pelos meios de comunicação social, de manifestantes solitários que se instalam à porta de edifícios públicos em protesto contra algo, por vezes adoptando medidas radicais, como a chamada greve de fome, para atrair a atenção e dramatizar a sua situação[11].

1.3. Conclusão

Em suma, o direito de manifestação é uma forma particular de gozar a liberdade de expressão que tem terceiros por destinatários, de quem não foi obtido o consentimento para o serem; o direito de reunião é um aproveitamento comum (e não apenas colectivo) de direitos, que compreende a faculdade de imobilização pessoal ou utilização de determinado espaço,

---

[10] Para lá de razões de tradição, visto que tal limite se encontrou associado historicamente ao direito de reunião.

[11] Por força do seu isolamento, que aponta no sentido de estarem a defender interesses puramente individuais, podem ver excluídos alguns meios de exteriorização da sua mensagem. Por exemplo, segundo se julga, o recurso a um megafone, com a inevitável "poluição sonora", pode legitimamente ser proibido (ver, *infra*, parág. 7.1.3.2).

mesmo público. É especialmente esta sua dimensão espacial, de utilização do espaço comum, que lhe confere grande relevância, mesmo se o seu âmbito vai bastante para lá deste aspecto.

Cada um deles, por si, é por vezes visto já como um entrave ao cerne dos poderes do Estado, relativos à manutenção da ordem. Conjugados, tendem a ser considerados como uma fonte de desafios e ameaças à autoridade estadual, especialmente quando o seu uso tem órgãos do Estado por alvo. Daí a tendência para a defesa de interpretações restritivas, ou mesmo para a adopção de restrições inadmissíveis, que, como se procura mostrar, caracterizam alguma prática administrativa, tendo mesmo algum apoio por órgãos com competência jurídica. Com a agravante de estas práticas serem responsáveis, não apenas pela percepção do cidadão em geral do âmbito dos direitos de reunião e manifestação[12], mas normalmente pelo seu efectivo âmbito real. Com efeito, direitos que para serem reconhecidos dependem da interposição de um normalmente moroso e oneroso processo judicial de resultado incerto, não são direitos reais para a generalidade das pessoas. O seu respeito espontâneo pelas autoridades constitui, portanto, um elemento essencial.

Em qualquer caso, se, por um lado, existe uma tendência, com raízes profundas na prática administrativa portuguesa, para restringir as reuniões com fins de manifestação[13]; por outro lado, parece decorrer da Constituição que estas se encontram entre as reuniões mais valiosas e dignas de protecção[14].

2. Direito de reunião

Para que um aglomerado de pessoas seja protegido constitucionalmente, enquanto uma reunião para efeitos deste direito, liberdade e garantia, deve respeitar alguns pressupostos. Trata-se de elementos que preenchem a previsão da norma extraída do artigo 45, n.º 1. Na ausência de um destes, não se estará perante uma reunião protegida.

---

[12] Como escreve Rachel Vorspan, *"Freedom of Assembly" and the Right to Passage in Modern English Legal History*, San Diego Law Review, Volume 34, 1997 (May/June), pág. 921 e segs., na pág. 926.

[13] Sobre as raízes no Estado novo desta prática, vide, *infra*, parág. 7.3.2.

[14] Vide, *infra*, parág. 3.

2.1. Âmbito estrutural

Constitui elemento estrutural do exercício do direito de reunião o agrupamento pessoal e intencional de duas ou mais pessoas.

Assim, entende-se que bastam duas pessoas[15] pela circunstância de o sentido de "reunião" se bastar com tal número e nada levar a concluir em sentido contrário[16].

A reunião deve ser pessoal pela concentração de pessoas num dado espaço que provoque proximidade física[17]. Uma "reunião virtual", por intermédio de meios de telecomunicação, não constitui uma reunião[18].

Por outro lado, as concentrações de pessoas utilizando meios de transporte, como automóveis, motociclos, bicicletas, ou outros, também não podem ser consideradas como reuniões para efeitos de protecção por

---

[15] Um ajuntamento intencional de duas pessoas é suficiente para o tornar uma reunião para efeitos do artigo 45, n.° 1, CRP. Mas já não é suficiente para levar à aplicação das normas que punem o crime de motim simples e armado ou de desobediência a ordem de interrupção, onde se afigura necessário um número superior de participantes (vide, *infra*, parág. 9.1.2 e 9.1.3).

[16] Neste sentido: Miranda de Sousa, *O Direito* (...), cit., pág. 8 (em relação a reuniões com fim de manifestação); M. Kniesel, *Die Versammlungs – und Demonstrationsfreiheit* (...), cit., pág. 857; Michael Kloepfer, *Versammlungsfreiheit*, em *Handbuch des Staatsrechts der Bundesrepublik Deutschland* (hrsg. J. Isensee/P. Kirchhof), 2. Auflage, Band VI, Heidelberg, 2001, pág. 739-774, na pág. 747; Christian Coelln, *Die eingeschränkte Polizeifestigkeit nicht-öffentlicher Versammlungen*, *Neue Zeitschrift für Verwaltungsrecht*, 2001, Heft 11, 1234-1239, na pág. 1235; Klaus Weber, *Rechtsgrundlagen des Versammlungsrechts*, *Sächsische Verwaltungsblätter*, 2002, págs. 25 e segs., parág. A.I; em sentido contrário, exige pelo menos três pessoas: Hans-Joachim Höllein, *Das Verbot rechtsextremistischer Veranstaltungen*, *Neue Zeitschrift für Verwaltungsrecht*, 1994, Heft 7, pág. 635-642, na pág. 635, nota 5.

[17] No mesmo sentido: Roberto Borrello, *Riunione (diritto di)*, *Enciclopedia del Diritto*, Volume XL, Milano, 1989, pág. 1401-1439, na págs. 1401, 1406, 1408 e 1409; Adriana Carli, *Riunione (libertà di)*, *Digesto delle Discipline Pubblicistiche*, Volume XIII, Torino, 1997, pág. 479-493, na pág. 480; Ulrich Battis/Klaus Grigoleit, *Neue Herausforderungen für das Versammlungsrecht*, *Neue Zeitschrift für Verwaltungsrecht*, 2001, Heft 2, pág. 121-129, na pág. 125-126.

[18] Sem prejuízo de a lei lhe poder conferir idêntica protecção, visto que não se trata de um aspecto decorrente de uma delimitação imperativa do âmbito de protecção deste direito (vide, *infra*, parág. 6.1). Assim, por exemplo, o Código do Trabalho (Lei n.° 99/2003, de 27 de Agosto), no seu artigo 243, n.° 2, permite uma participação dos teletrabalhadores por meio de tecnologias de comunicação (áudio ou vídeo-conferência) em reuniões laborais, enquanto concretização do artigo 55, n.° 2, al. d) CRP (ver, *infra*, parág. 5.2.2.3).

18 *Os Direitos de Reunião e de Manifestação no Direito Português*

este direito; designadamente, colocam normalmente problemas de segurança, que ultrapassam largamente os das reuniões propriamente ditas, que justificam um regime mais restritivo. A Constituição tutela a reunião de pessoas e não de pessoas em meios de transporte[19].

A proximidade física entre pessoas para constituir uma reunião deve ainda ser intencional. Um mero agrupamento casual não constitui uma reunião. Assim, um ajuntamento motivado por curiosidade face a algum facto insólito, ou por pessoas que aguardam por um meio de transporte ou por ser atendidas num dado serviço, não constituem reuniões. Os presentes não têm qualquer intenção de se reunir; possivelmente até preferiam estar sós para poderem ver melhor ou não terem de aguardar.

Mesmo a simples interacção secundária entre pessoas não basta. Ainda que duas ou mais iniciem uma conversa, enquanto aguardam o autocarro, não se pode falar numa reunião. Não estão reunidas por um acto de vontade, mas simplesmente por força das circunstâncias. A sua interacção é puramente episódica e secundária; logo que chegue um dos autocarros esperados por uma das pessoas, cessará.

A grande maioria da Doutrina exige ainda que os participantes tenham um fim comum[20]. Não é claro o que entender por um fim comum, se este se reporta aos motivos psicológicos que determinaram cada uma das pessoas a reunir-se ou se o fim alude ao objectivo que determina a prática de actos pelos participantes na reunião.

Em relação a ambos os sentidos, não parece que se deva exigir qualquer fim comum para que exista uma reunião para efeitos do artigo 45,

---

[19] Neste sentido, em relação à Constituição italiana: Alessandro Pace, *La Libertà di Riunione nella Costituzione Italiana*, Milano, 1967, pág. 46; R. Borrello, *Riunione* (…), cit., pág. 1411.

[20] Neste sentido: G. Canotilho/V. Moreira, *Constituição* (…), cit., pág. 253; J. Miranda, *Manual* (…), Volume IV, cit., pág. 482.

Na Doutrina estrangeira, por exemplo: A. Carli, *Riunione (libertà di)*, cit., pág. 480, 481 e 482; M. Kniesel, *Die Versammlungs – und Demonstrationsfreiheit* (…), cit., pág. 858; Anna Deutelmoser, *Angst vor den Folgen eines weiten Versammlungsbegriffs?*, Neue Zeitschrift für Verwaltungsrecht, 1999, Heft 3, pág. 240-244, na pág. 240; K. Gonçalves Carvalho, *Direito Constitucional Didático*, 6.ª ed., Belo Horizonte, 1999, pág. 210; Johannes Deger, *Polizeirechtliche Maßnahmen bei Versammlungen*, Neue Zeitschrift für Verwaltungsrecht, 1999, heft 3, págs. 265-268, na pág. 266; Dieter Wiefelspütz, *Ist die Love--Parade eine Versammlung?*, Neue Juristische Wochenschrift, 2002, Heft 4, pág. 274-276, na pág. 275; Axel Tschentscher, *Examenskurs Grundrechte: Skript, Fragen, Fälle und Lösungen*, Würzburg, 2002, pág. 86; S. Joseph/J. Schultz/M. Castan, *The International Covenant on Civil and Political Rights*, 2nd ed., Oxford, 2004, pág. 568.

n.º 1, CRP. Julga-se que basta o requisito da intencionalidade subjacente ao agrupamento, sem prejuízo de a existência de um fim comum poder ser relevante em alguns casos para identificar a intencionalidade da reunião.

No que diz respeito aos objectivos psicológicos de cada participante na reunião, esta conclusão retira-se facilmente da circunstância de estes poderem ser completamente distintos, não existindo um objectivo comum. Numa reunião, por exemplo, pode-se encontrar um organizador, motivado por fins políticos; os seus amigos e familiares, que lá estão por motivos pessoais para com ele; ou um carteirista, que se pretende apenas aproveitar da multidão. Todos pretendem reunir-se, mas com fins diferentes[21]. Acresce que o Direito, salvo nos seus ramos secundários relativos à responsabilidade por prática de actos ilícitos, raramente atribui relevância aos objectivos psicológicos que motivaram as pessoas.

Mesmo que o fim se reporte a algo a atingir por meio da prática de actos na reunião, são concebíveis ajuntamentos em que as pessoas se agruparam com um objectivo comum, sem que exista reunião. Assim, um grupo de indivíduos desconhecidos que assistem a um espectáculo não formam uma reunião e, contudo, têm um objectivo comum, assistir a este. Não pretendem juntar-se, a reunião é incidental, não sendo indispensável para que cada um alcance o objectivo que o motivou. O mesmo se passa com o referido ajuntamento de curiosos para ver algo. Pelo contrário, se entre estes existirem duas pessoas que foram juntas, encontrando-se próximas intencionalmente, estarão em reunião.

Por outro lado, é certo que a reunião é normalmente puramente instrumental, visando permitir a prática no seu seio de outros actos[22]. Mas,

---

[21] O que leva autores, que defendem a exigência de um fim comum, a sustentar que este se determina objectivamente, independentemente das motivações psicológicas de cada participante [neste sentido: R. Borrello, *Riunione* (…), cit., pág. 1407]. Mas tal levaria a apurar o fim unicamente à luz das motivações dos organizadores, convertendo numa mera ficção a sua generalização a todos os restantes participantes, que podem lá estar por motivos distintos.

[22] Quer, por exemplo, uma reunião com fins de manifestação, quer uma reunião para fins de trabalho, serão instrumentais em relação ao objectivo de transmitir a mensagem a manifestar ou de concluir o trabalho.

Trata-se de perspectiva adoptada pelo Tribunal Constitucional italiano, ao afirmar a propósito do "diritto costituzionale di riunione previsto dall'art. 17 Cost.", "Un **diritto questo effettivamente strumentale rispetto al perseguimento di determinati fini**" (cfr. Sentenza n. 24, 11-24 gennaio 1989; texto em http://www.cortecostituzionale.it/).

Do mesmo modo, a Comissão Interamericana dos Direitos Humanos afirmou perante o Tribunal Interamericano: "**este derecho es de naturaleza instrumental, sirve de so-**

20   *Os Direitos de Reunião e de Manifestação no Direito Português*

em rigor, existem reuniões que não têm por fim a prática de qualquer acto. Assim, será o caso de determinadas reuniões privadas, como as familiares. É certo que, mesmo nestes casos, existirão quase sempre actividades adicionais, como comunicação entre os participantes; mas são configuráveis situações em que estas possam ser secundárias e o objectivo determinante seja simplesmente o "estar juntos", como forma de cimentar relações ou expressar sentimentos pela presença (por exemplo, uma visita a alguém que se encontra doente, *etc.*). Não significa que os participantes não tenham igualmente um objectivo, mas este materialmente esgota-se no acto de reunião, que se converte num fim em si mesmo.

Em suma, fazer depender a reunião da existência de um fim comum aos participantes, para lá de se revelar uma ficção desnecessária, parece irrelevante para efeitos de determinação do âmbito de protecção do direito de reunião. A Constituição não exige qualquer fim ou sequer proíbe qualquer reunião por força unicamente do seu fim. Mesmo um agrupamento organizado com fins violentos constitui uma reunião para efeitos do artigo 45, n.º 1, CRP. Apenas o deixará de ser se este fim chegar a ser concretizado por um número significativo de participantes[23]. A lei pode proibir reuniões com determinados fins, mas precisamente tal constitui já uma compressão do direito de reunião constitucionalmente consagrado, que necessitará de ser justificada.

Finalmente, uma reunião não depende de qualquer limite mínimo de tempo de duração para poder ser qualificada como tal[24]. Nem se encontra exactamente sujeita a uma limitação temporal, sendo legítimas reuniões que se prolonguem por períodos largos (por exemplo, vigílias), enquanto

---

porte al ejercicio de los demás derechos fundamentales" [cfr. Corte Interamericana de Derechos humanos, *Caso Baena Ricardo y otros (270 Trabajadores vs. Panamá)*, Sentencia de 2 de febrero de 2001, parág. 144a]. O Tribunal não se pronunciou sobre a questão.

Igualmente, qualificando a liberdade de reunião como uma liberdade instrumental: A. Pace, *La Libertà* (…), cit., pág. 47; R. Borrello, *Riunione* (…), cit., pág. 1407-1409; A. Carli, *Riunione (libertà di)*, cit., pág. 482; J. C. Bartolomé Cenzano, *Derechos Fundamentales Y Libertades Públicas*, Valencia, 2003, pág. 182.

Ver, porém, falando na necessidade de o objectivo da reunião, além de comum, dever ser autónomo: G. Canotilho/V. Moreira, *Constituição* (…), cit., pág. 253; J. Miranda, *Manual* (…), Volume IV, cit., pág. 482.

[23] Sobre a inexistência de uma proibição constitucional de qualquer fim, vide, *infra*, parág. 7.1.1.1.

[24] Igualmente: G. Canotilho/V. Moreira, *Constituição* (…), cit., pág. 253; M. Sousa, *O Direito* (…), cit., pág. 9.

não for patente que o objectivo real da reunião é afinal simplesmente a ocupação de um espaço público[25]. As reuniões em lugar privado podem prologar-se pelo período que os participantes bem entenderem, que nem por isso o deixarão de ser[26].

Assim, uma reunião deve ser um ajuntamento pessoal e intencional. Mas, para ser uma reunião constitucionalmente tutelada, deve ainda compreender elementos espaciais e de acção a analisar.

2.2. Âmbito teleológico

Menos clara é a resposta à questão relativa aos fins que devem determinar uma reunião para que esta goze de tutela constitucional. Qualquer fim é admissível ou esta deve prosseguir alguns fins específicos?

Assim, existe quem, associando a reunião à manifestação, entenda que também as primeiras devem ter um fim de manifestação (formação da opinião pública) para gozarem de tutela constitucional[27], fins colectivos

---

[25] Por exemplo, dois sem abrigo não podem invocar o direito de reunião para passar a residir num espaço público. Sem prejuízo de serem inconstitucionais quaisquer detenções (alegadas "medidas de segurança") contra pessoas sem abrigo ("vagabundos", na tradicional terminologia da legislação de polícia), por violação directa dos artigos 27 e 18, n.º 2 CRP (vide o comentário à excepção constante da Convenção Europeia dos Direitos Humanos em E. Correia Baptista, *Direito Internacional Público*, Volume II, Coimbra, 2004, pág. 413-414, nota 930). O mesmo se diga em relação à aplicação de contra-ordenações, por força do princípio da culpa [subjacente, designadamente, ao artigo 30, n.º 3 e 1 CRP, aplicável necessariamente àquelas, como tem sido reconhecido pelo Tribunal Constitucional: Acórdão n.º 547/01, de 7 de Dezembro de 2001, parág. 7, citando o Acórdão n.º 574/95; texto em http://www.tribunalconstitucional.pt (quando não se indique outra fonte, foi esta a utilizada)]. Seria inadmissível sancionar alguém quando não tem qualquer alternativa de comportamento. Ou seja, se não existe um direito fundamental a dormir na rua, esta acção também não pode ser sancionada.

[26] Não é o carácter transitório que distingue este direito da liberdade de associação. Ao contrário desta última, em que se estabelecem vínculos jurídicos que criam uma nova entidade jurídica ou estruturam juridicamente um grupo duradouro de pessoas, o direito de reunião não pressupõe qualquer vínculo jurídico entre os participantes. Ambas têm em comum o facto de a primeira ser predominantemente exercida em reunião, designadamente, na formação da vontade da nova entidade.

[27] Neste sentido, à luz do artigo 8 da Lei Fundamental Alemã, que literalmente apenas consagra o direito de reunião e não o de manifestação: Johannes Deger, *Sind Chaos-Tage und Techno-Paraden Versammlungen?*, *Neue Juristische Wochenschrift*, 1997, Heft 14, pág. 923-925, na pág. 924-925 e em *Polizeirechtliche* (…), cit., pág. 266; Wolfgang

22   *Os Direitos de Reunião e de Manifestação no Direito Português*

ou, pelo menos, fins políticos. Neste sentido, tem sido alegado que, historicamente, o direito de reunião foi consagrado para tutelar as reuniões políticas. Seria ainda possível alegar que, embora a Constituição portuguesa não o consagre como um direito político, reserva o direito de reunião aos cidadãos[28], o que poderia ser entendido como sugerindo uma teleologia de formação da opinião pública ou, pelo menos, uma componente política. Poderia eventualmente ser invocado nesse sentido igualmente a circunstância de estar consagrado no mesmo artigo do direito de manifestação, e em associação na epígrafe com este.

Trata-se de argumentos atendíveis, mas que não se afiguram convincentes para contrariar um entendimento teleológico lato de reunião.

2.2.1. *Fundamentos literais e sistemáticos*

Assim, o artigo 45, n.º 1, não refere qualquer fim para a reunião. Limitar drasticamente o âmbito de um direito, liberdade e garantia sem qualquer apoio literal afigura-se uma conclusão interpretativa ilegítima.

A limitação deste direito a um mero fim de formação da opinião pública, reduzindo a sua relevância à manifestação, não tem apoio constitucional. A Constituição teve o cuidado de autonomizar o direito de reunião do direito de manifestação, ao contrário da maioria das Constituições. Esta autonomização confirma que não se pretendeu limitar o direito de reunião àquele fim. Apenas as manifestações se lhe encontram funcionalizadas. Esta conclusão afigura-se incontornável: se a reunião tivesse como único fim constitucionalmente protegido a realização de manifestações, o direito de reunião não teria qualquer conteúdo útil. Não atribuiria qualquer faculdade que o direito de manifestação já não conferisse, visto que seria claro que este último não necessitaria de ser exercido por indivíduos isoladamente. As manifestações poderiam ser realizadas naturalmente de modo colectivo, forma óbvia de atribuir maior relevância e visibilidade à mensagem exteriorizada, ainda que não se encontrasse consagrado o direito de reunião.

Hoffmann-Riem, *Neuere Rechtsprechung des BVerfG zur Versammlungsfreiheit, Neue Zeitschrift für Verwaltungsrecht*, 2002, Heft 3, pág. 257-265, na pág. 259; também parece a posição de Droege Arndt, *Versammlungsfreiheit versus Sonn- und Feiertagsschutz, Neue Zeitschrift für Verwaltungsrecht*, 2003, heft 3, pág. 906-913, na pág. 908.

[28] Ver, *infra*, parág. 4.1.

Mas igualmente a sua limitação a fins políticos, ou mesmo de relevância pública, não parece ter apoio constitucional. A sua qualificação como direito, liberdade e garantia pessoal desvincula-o de qualquer relação necessária com a Democracia política; sem prejuízo, claro está, de a poder ter. A limitação do direito de reunião ao seu gozo com fins políticos justificar-se-ia somente se o direito de reunião se encontrasse no Capítulo II do Título II da Parte I da Constituição, relativo aos direitos, liberdades e garantias de participação política. A Constituição integra neste último Capítulo direitos como o de petição (artigo 52, n.° 1), não obstante este poder ser exercido individualmente e por motivos pessoais, mas não fez o mesmo em relação ao direito de reunião. Trata-se de uma diferença sistemática dotada de importante significado interpretativo que aponta no sentido de que podem ser prosseguidos quaisquer fins por meio de reuniões sob tutela constitucional.

A mera limitação da sua titularidade aos cidadãos não se afigura fundamento suficiente para justificar um entendimento restritivo contrário. O mesmo faz, por exemplo, o artigo 44, n.° 1, relativo ao direito de deslocação, quando é claro que este só excepcionalmente terá motivações políticas.

Assim, se o direito de reunião constitui um direito pessoal, susceptível de ser exercido na prossecução de fins pessoais, não se encontra base para considerar uns compreendidos, mas não outros. Todos os fins podem em abstracto ser prosseguidos por reuniões tuteladas por este direito; apenas alguns meios se encontram vedados directamente pela Constituição.

2.2.2. *Fundamentos históricos: origens do direito*

Mesmo o argumento histórico de que o direito de reunião foi estabelecido com vista a tutelar reuniões com fins políticos não é inteiramente convincente para restringir os seus fins[29]. Se os fins políticos, embora não ligados a fins de manifestação, foram determinantes para a consagração deste direito, cedo o seu âmbito teleológico foi alargado.

---

[29] Vide a crítica deste argumento para o Direito alemão do Século XIX de A. Deutelmoser, *Angst vor* (…), cit., pág. 241; também recusa a sua relevância: M. Kniesel, *Die Versammlungs – und Demonstrationsfreiheit* (…), cit., pág. 858.

No constitucionalismo norte-americano, berço do direito de reunião[30], a sua consagração foi determinada por fins políticos, mas estes fins não são de manifestação, e sim de discussão política e petição. E, posteriormente, o âmbito do direito foi alargado[31].

---

[30] O Direito revolucionário britânico não incluiu o direito de reunião, o mesmo se tendo passado inicialmente com o Direito francês, visto que a Declaração Francesa dos Direitos do Homem e do Cidadão de 26 de Agosto de 1789 não o menciona, apesar de este constar posteriormente da Constituição de 1791 e da Declaração de 1793, por influência americana. Esta influência é notória. O direito de reunião é consagrado como "La liberté aux citoyens de s'**assembler** paisiblement et sans armes, en satisfaisant aux lois de police". A utilização do termo "assembler" (inspirado no "assembly" inglês) em vez do moderno "réunir" é esclarecedora. O mesmo termo consta da Constituição de 1793 (artigo 7: "le droit de s'assembler paisiblement").

[31] Da pesquisa realizada, resulta que a primeira Constituição a consagrar este direito terá sido a Constituição da Pensilvânia, de 28 de Setembro de 1776, no artigo XVI da sua declaração de direitos: "That the people have a **right to assemble together**, to consult for their common good, to instruct their representatives, and to apply to the legislature for redress of grievances, by address, petition, or remonstrance". Refira-se, contudo, que a Declaração de Direitos de Delaware de 11 de Setembro de 1776, no seu artigo 9, já referia: "That every man hath a right to petition the Legislature for the redress of grievances **in a peaceable and orderly manner**". A referência ao carácter pacífico e ordeiro sugeria que a petição podia ser colectiva e entregue presencialmente, em reunião, num acto similar a uma manifestação.

Daí a sua consagração na Constituição norte-americana, com a primeira emenda, em 1791, também em associação com o direito de petição, que dispõe: "Congress shall make no law respecting an establishment of religion, or prohibiting the free exercise thereof; or abridging the freedom of speech, or of the press; **or the right of the people peaceably to assemble**, and to petition the Government for a redress of grievances". Note-se que a primeira emenda entrou em vigor em 15 de Dezembro de 1791, depois de ratificada pelos Estados federados, mas fora adoptada pelo Congresso em 4 de Março de 1789; antes, portanto, da Declaração Francesa de 26 de Agosto de 1789. Não parece, contudo, que tenha tido influência na Declaração, tendo em conta o curto prazo que mediou a adopção de ambas; daí também a omissão da referência ao direito de reunião na Declaração Francesa, para lá da suspeita liberal em relação aos direitos de gozo colectivo. A influência directa nesta Declaração terá vindo das Declarações de direitos e Constituições dos Estados confederados americanos [neste sentido: Georg Jellinek, *La Declaración de los Derechos del Hombre y del Ciudadano* (trad. 2.ª ed. alemã de 1904), 2.ª ed., México, 2003, pág. 90-92; uma rejeição patriótica desta tese, não obstante o autor reconhecer que a Declaração da Virgínia foi citada pelo menos uma vez durante os trabalhos da Assembleia francesa, pode ser vista em Emile Boutmy, *La Declaración de los Derechos del Hombre y del Ciudadano y M. Jellinek*, em G. Jellinek, *La Declaración* (...), cit., pág. 143-172, na pág. 148-153. O que não significa que não existam diferenças entre a perspectiva das declarações americanas e a das francesas; mas as diferenças apenas enobrecem as americanas, mesmo em relação às britânicas. As americanas são directamente invocáveis perante os tribunais, não apenas contra o executivo, mas cedo (1803) igualmente contra o poder legislativo. As britânicas só valem contra o executivo, ficando nas mãos do Parlamento, enquanto actos seus, formalmente alteráveis. Às francesas nem esse papel lhes cabe: não obstante a proclamação do direito de resistência, são essencialmente directrizes dirigidas ao poder legislativo. Jellinek, *La Declaración* (…), cit., pág. 113, interroga-se sobre a causa desta diferença: uma explicação será a de que tendo sido oprimidos também por um Parlamento que proclamara tais direitos, os americanos decidiram não confiar no seu próprio poder legislativo. A evolução constitucional dar-lhes-ia plena razão; e a França, por ainda não ter adoptado plenamente este modelo, perdeu muita da sua influência no Direito Público].

Mas a origem do direito de reunião remonta à *Declaration and Resolves of the First Continental Congress*, de 14 de Outubro de 1774, em que os representantes das então 12 colónias reunidos escrevem ao Rei britânico invocando, designadamente, "**That they have a right peaceably to assemble, consider of their grievances, and petition the king; and that all prosecutions, prohibitory proclamations, and commitments for the same, are illegal**" (n.º 8; depois de terem alegado que "assemblies have been frequently dissolved, contrary to the rights of the people, when they attempted to deliberate on grievances"; texto da Declaração, que tem sido ignorada em relação à origem do direito de reunião, aparentemente mesmo pela Doutrina norte-americana, designadamente, em http://www.yale.edu/ lawweb/avalon/resolves.htm). Ou seja, o direito de fazer precisamente o que estavam a fazer nesse dia: reunir para discutir questões políticas e adoptar uma petição ao Rei, e não para se manifestarem presencialmente perante o Povo. Portanto, o direito de reunião tem na origem fins políticos, mas não de manifestação. Mesmo se, como mostra a referida Declaração de Direitos de Delaware, os fins de manifestação estivessem também compreendidos implicitamente no direito de petição.

Inicialmente, tendo provavelmente em conta esta origem histórica e a letra da emenda, o Supremo Tribunal Federal norte-americano adoptou uma interpretação que, em certa medida, subordinava o direito de reunião ao de petição no caso *United States v. Cruikshank* (1876), defendendo "a right on the part of its citizens to meet peaceably for consultation in respect to public affairs and to petition for a redress of grievances" (texto, designadamente, em http://caselaw.lp.findlaw.com/cgi-bin/getcase.pl?court=us&vol=92& invol=542#552). Mas em *Hague v. Committee for Industrial Organization* (1939), o Tribunal desligou ambos os direitos: "Wherever the **title of streets and parks** may rest, they have immemorially been held in trust for the use of the public and, time out of mind, **have been used for purposes of assembly, communicating thoughts between citizens, and discussing public questions.** Such use of the streets and public places has, from ancient times, been a part of the privileges, immunities, rights, and liberties of citizens. The privilege of a citizen of the United States to use the streets and parks for **communication of views on national questions** may be regulated in the interest of all; it is not absolute, but relative, and must be exercised in subordination to the general comfort and convenience, and in consonance with peace and good order; but it must not, in the guise of regulation, be abridged or denied" (texto da sentença, designadamente, em http://caselaw.lp.findlaw. com/scripts/getcase.pl?navby=case&court=us&vol=307&invol=496).

26   *Os Direitos de Reunião e de Manifestação no Direito Português*

Em Portugal, a primeira consagração constitucional do direito de reunião[32], constante da Constituição de 1838[33], é realizada em termos abrangentes. Resulta da sua letra, bem como da sua *occasio legis*, que igualmente as reuniões em local encerrado ao público se encontravam tuteladas; e parecem ter ficado compreendidas reuniões com quaisquer fins, mesmo se a tutela dos políticos foi determinante na adopção do preceito[34]. Esta conclusão abrangente fica sugerida pela referência da sua

---

Posteriormente, o Tribunal pareceu alargar o direito de reunião a quaisquer matérias, embora sem ser tão claro quanto ao seu âmbito como o foi em relação ao da liberdade de expressão: "the First Amendment does not protect speech and assembly only to the extent it can be characterized as political. "Great secular causes, with small ones, are guarded. **The grievances for redress of which the right of petition was insured, and with it the right of assembly, are not solely religious or political ones.** And the rights of free speech and a free press are not confined to any field of human interest."". [cfr. *Mine Workers v. Illinois Bar Assn.*, 389 U.S. 217 (1967), pág. 222 (texto em http://laws.findlaw.com/us/389/217.html)].

[32] Durante as constituintes de 1821-1822, na sessão de 16 de Fevereiro de 1821, na discussão das bases da Constituição de 1822, o deputado Henrique Xavier Baeta apresentou uma proposta de aditamento que visava consagrar o direito de petição em ligação com o direito de reunião, mas em termos extraordinariamente restritivos: "Todo o Cidadão poderá apresentar ás Cortes reclamações, queixas, ou proposições, e ellas deverão examinallas; e qualquer ajuntamento de Cidadãos pacíficos, huma vez que seja convocado, ou presidido por huma auctoridade municipal, terá o mesmo direito. (...) Toda a sociedade particular poderá discutir sobre qualquer objecto politico, com tanto porém que não publique as suas resoluções relativas ao governo do Estado" (cfr. *Diário das Cortes Geraes e Extraordinárias da Nação Portugueza*, n.º 17, 18 de Fevereiro de 1821, pág. 110). Mas o aditamento não teve acolhimento. J. J. Lopes Praça, *Direito Constitucional Portuguez*, Volume I, Coimbra, 1997 (reed. ed. 1878), pág. 82-83, nota 2, atribui esta proposta a um deputado Baeta Neves; também Ivo M. Barroso, *A Ausência Geral de Positivação das Liberdades de Reunião e de Associação no Direito Português, entre 1820 e 1870*, em *Estudos em Memória do Professor Doutor António Marques dos Santos* (coord. J. Miranda/L. Pinheiro/M. Vicente), Volume II, Coimbra, 2005, pág. 173-202, na pág. 177. A influência da Constituição americana era nítida nesta ligação com o direito de petição. Neste preceito ficariam compreendidas, portanto, apenas reuniões com fins políticos.

[33] O seu artigo 14, sob a epígrafe "Todos os Cidadãos têm o direito de se associar na conformidade das Leis", dispunha: "§ 1.º – São permitidas, sem dependência de autorização prévia, as reuniões feitas tranquilamente e sem armas. § 2.º – **Quando porém se reunirem em lugar descoberto**, os Cidadãos darão previamente parte à autoridade competente. § 3.º – A força armada não poderá ser empregada para dissolver qualquer reunião, sem preceder intimação da autoridade competente. § 4.º – Uma Lei especial regulará, enquanto ao mais, o exercício deste direito.".

[34] Neste sentido: Ivo M. Barroso, *A Consagração das Liberdades de Reunião e de Associação na Constituição Portuguesa de 1838*, em *Estudos em Homenagem ao Prof.*

Âmbito 27

epígrafe ao direito de associação que, claro está, sempre foi aproveitado para uma multiplicidade de fins.

A Carta Constitucional de 1836 não reconhecia expressamente[35] o direito de reunião, mas este viria a ser estabelecido pelo artigo 10, parte final, do seu Acto Adicional de 1885[36], embora sem esclarecer o seu âmbito.

A nível da legislação ordinária, depois de um regime inicial proibitivo[37], atenuado por um reconhecimento limitado do direito de reunião quanto a fins eleitorais pelo artigo 38 da Carta de Lei de 23 de Novembro de 1859[38], este veio a ser regulado em termos liberais pelo decreto ditatorial de 15 de Junho de 1870[39].

Doutor Joaquim Moreira da Silva Cunha, Coimbra, 2005, pág. 367-416, nas págs. 384, 396 e 413.

[35] Lopes Praça retirava o direito de reunião da garantia da liberdade de indústria (artigo 145, parág. 23), por se encontrar pressuposto nesta, mas era o primeiro a frisar "É que entre a disposição expressa e clara de um direito na lei, e a sua deducção lógica, e mais ou menos legitima, vae uma distancia infinita" [cfr. L. Praça, *Direito* (…), cit., pág. 79-80 e 82].

[36] "O direito de reunião é igualmente garantido, e o seu exercício regulado por lei especial".

[37] A realização de reuniões era regulada no artigo 232 do Código Penal de 1852: "Toda a associação de mais de vinte pessoas, ainda mesmo dividida em secções de menor número, que, sem preceder auctorisação do governo com as condições que elle julgar convenientes, se reunir para tractar de **assumptos religiosos, políticos, litterarios, ou de qualquer outra natureza**, será dissolvida (…)". Se, por um lado, este preceito era justamente condenado por constituir uma negação aberta do direito de reunião [neste sentido: L. Praça, *Direito* (…), cit., pág. 81-82], por outro, mostrava a abrangência com que a reunião era encarada e estabelecia a raiz de um regime geral unitário para todas as reuniões, independentemente do seu fim.

[38] Ressalvado pelo artigo 2 da Lei de 26 de Julho de 1893.

[39] Este decreto, no seu preâmbulo, seguindo a tradição americana, declarava "No direito de petição ou de representação está implicitamente incluído o de reunião, todas as vezes que o objecto da petição for de interesse publico, por isso que a faculdade de pedir collectivamente importa a necessidade de se reunirem os peticionarios para accordarem no objecto e forma da petição. **O governo de Vossa Magestade não impõe ao direito de reunião outras restrições mais, que as do respeito devido á lei, e á necessidade de manter a ordem publica**". Os seus principais preceitos estabeleciam: artigo 1: "É garantido o direito de reunião em toda a sua plenitude, independentemente de licença prévia de qualquer auctoridade"; artigo 2: "As reuniões publicas devem ser communicadas á auctoridade policial do concelho ou bairro, com antecipação, pelo menos de vinte e quatro horas"; artigo 5: "As reuniões publicas podem ser dissolvidas pela auctoridade se se desviarem do fim para que foram convocadas, ou se por qualquer fórma perturbarem a ordem publica" (texto do decreto em *Diário do Governo*, 1870, n.º 133, de 17 de Junho, pág. 825). Se-

28 Os Direitos de Reunião e de Manifestação no Direito Português

Na sequência da referida consagração constitucional do direito de reunião pelo Acto Adicional de 1885, o direito de reunião foi objecto de nova regulamentação mais restritiva pelo Decreto de 29 de Março de 1890[40], cujo artigo 2 exigia uma autorização escrita para as reuniões públicas.

O seu regime seria revogado pela bem mais liberal Lei de 26 de Julho de 1893[41], que viria a ter longa vigência. Esta expressamente afirmava que as reuniões em lugar público ou recinto fechado não dependiam de licença prévia (artigo 1), ficando sujeitas somente a um aviso prévio de 24 ou 48 horas (artigo 2). A noção ampla de reunião subjacente a este diploma ficava plasmada no seu artigo 3 que considerava como não sujeitas às suas disposições as conferências "de caracter scientifico, litterario ou artístico" no âmbito de associações. Ou seja, não se tratava de as excluir da noção de reunião ou não faria sentido a inclusão desta referência num regime sobre o direito de reunião, antes se indicava que, designadamente, não ficariam sujeitas a aviso prévio. Esta Lei teria grande influência na elaboração dos futuros regimes legais sobre a matéria, que manteriam a mesma noção abrangente de reunião.

A Constituição de 1911 consagrava este direito no seu artigo 8, n.º 14, que também não era claro quanto ao seu âmbito, visto que se limitava a estabelecer "O direito de reunião e associação é livre. Leis especiais determinarão a forma e condições do seu exercício"[42].

Mesmo durante o Estado novo, o âmbito do direito de reunião compreendia reuniões com os mais variados fins. Não obstante o artigo 8, n.º 14, da Constituição de 1933 apenas falar sinteticamente em "liberdade

---

gundo Lopes Praça, este decreto não viria ser ratificado pelas Cortes, tendo perdido vigência [cfr. L. Praça, *Direito* (…), cit., pág. 83-84, nota]. Porém, este é considerado em vigor pelo artigo 1 do Decreto de 29 de Março de 1890, que veio regular o direito de reunião depois da sua consagração no referido Acto Adicional de 1885.

[40] O seu texto consta do *Diário do Governo* n.º 76, de 7 de Abril de 1890, pág. 721--722. Terá sido ratificado pela Lei de 7 de Agosto de 1890. Em qualquer caso, por força da sua limitada vigência temporal, é de escassa importância. Registe-se apenas que regulava igualmente o direito de associação, estabelecendo regras para a dissolução de associações.

[41] Foi publicada no *Diário do Governo* n.º 236, de 18 de Outubro de 1893, pág. 2667.

[42] Marnoco e Sousa, na sua *Constituição Política da República Portuguesa – Commentário*, Coimbra, 1913, pág. 110-112, não tomava posição sobre a questão dos fins da reunião.

de reunião", o Decreto-Lei n.° 22468, de 11 de Abril de 1933[43], que a regulava (com base no artigo 8, parág. 2 da Constituição), no seu artigo 2, parág. 2, excepcionava reuniões com fins científicos, literários, artísticos ou religiosos do regime de participação prévia que estabelecia (artigo 2, corpo)[44].

A história do direito de reunião no Direito português, caracterizada por ambiguidade constitucional quanto à sua teleologia, mas abrangência cristalina de fins segundo o Direito ordinário que o concretizou, parece deixar claro que, à luz da cultura jurídica portuguesa, este direito compreende reuniões com os mais variados fins, mesmo puramente privados. Este contexto jurídico-cultural, que infundiu os nossos legisladores constitucionais, não pode ser ignorado na interpretação do artigo 45, n.° 1, da Constituição.

2.2.3. *Fundamentos substanciais*

Uma Constituição, que tem na defesa da liberdade um dos seus princípios fundamentais, não deve ser interpretada de forma a limitar o âmbito de um direito que visa tutelar uma das suas formas, quando o sentido mais abrangente não colide de modo relevante com qualquer bem constitucional[45]. Entender que reuniões com fins privados não beneficiam de protec-

---

[43] Texto em *Diário do Governo*, I série, n.° 83, 11 de Abril de 1933, pág. 653-654.
Este Decreto-Lei não especifica a legislação que revogava. A Lei de 1893 ainda se encontrava em vigor no início da República [cfr. Marnoco e Sousa, *Constituição* (…), cit., pág. 111-112, ainda a refere]. Entendeu-se que o objectivo eminentemente prático deste excurso histórico não justificava confirmar seguramente que durante a I República não fora adoptada legislação sobre a matéria (foi possível concluir que tal não ocorreu até 1914: cfr. A. Augusto Garção, *Legislação Anotada da República*, Vol. I-II, Porto, sem data). Aparentemente, esta Lei terá vigorado pelo menos até 1926 (trata-se de ideia que parece subjacente igualmente em P. Soares Martinez, *Comentários à Constituição Portuguesa de 1976*, Lisboa, 1978, pág. 67, que a cita), sendo natural que tenha sido objecto de uma suspensão ou revogação durante a ditadura militar.

[44] Daí que Marcello Caetano, *Manual de Ciência Política e Direito Constitucional*, 5.ª ed., Lisboa, 1967, pág. 475-476, qualificasse a liberdade de reunião como um direito atinente ao livre desenvolvimento da personalidade e não como direito político.

[45] Alguns autores vão bem mais longe, defendendo não apenas esta versão mitigada do princípio *in dubio pro libertate* aplicada no texto, mas uma interpretação dinâmica *favor libertatis* (neste sentido: A. Perez Luño, *Derechos Humanos, Estado de Derecho y Constitución*, 8.ª ed., Madrid, 2003, pág. 315-316).

ção constitucional não parece trazer qualquer benefício quanto à salvaguarda de outro direito fundamental ou bem colectivo; antes pelo contrário.

Tal significaria que as autoridades gozariam de um poder muito mais amplo para interromper reuniões com fins privados em locais públicos do que reuniões com fins políticos ou de relevância pública, o que não parece justificar-se. Se as segundas merecem protecção, por força precisamente da tentação das autoridades em controlá-las, isso não significa que as reuniões com fins privados possam ser desconsideradas, de modo a poderem ser discricionariamente limitadas por mero regulamento, por alegadamente não se encontrarem constitucionalmente protegidas. Considerar que estas reuniões não são dignas de tutela constitucional revela-se incompatível com uma visão dos direitos, liberdades e garantias pessoais ao serviço dos seus titulares; enquanto direitos a ser exercidos em função dos fins que estes entendam, no respeito dos outros bens constitucionais, como é próprio de um direito subjectivo. Para a generalidade das pessoas, alguns fins privados são bem mais importantes do que a maioria dos fins políticos.

A entender o contrário, reuniões com fins privados em local público ou privado de acesso público não seriam objecto de um direito, liberdade e garantia[46], mas, quando muito, no actual quadro jurídico, apenas de um direito subjectivo legal. Deste modo, poderia a qualquer momento, por revogação do regime legal, ser convertido numa mera actividade tolerada, sujeita a ser proibida num determinado local e momento por meio de uma medida de polícia discricionária para acautelar "preventivamente" o direito de deslocação[47].

---

[46] É certo que se poderia sempre invocar o direito à reserva da intimidade da vida privada e familiar em relação a reuniões com fins privados (artigo 26, n.º 1; sobre este direito, vide, *infra*, parág. 2.3.2), existindo aqui uma concorrência de direitos, liberdades e garantias; mas, estando em causa actuações conjuntas num lugar público, é o direito de reunião que deve ser considerado a norma especial. Ou seja, é o regime do direito de reunião que deve ser considerado primariamente aplicável. A circunstância de estar em causa um lugar público poderia constituir pretexto para que se considerasse limitável o direito à privacidade, especialmente no caso de perturbar de algum modo o direito à deslocação. O mesmo já não é possível fazer em relação ao direito de reunião.

[47] Trata-se essencialmente do regime que vigorou no Reino Unido até à sua vinculação à Convenção Europeia dos Direitos Humanos [cfr. Francesca Klug/Keir Starmer/Stuart Weir, *The Three Pillars of Liberty: Political Rights and Freedoms in the United Kingdom*, Routledge, 1996, pág. 185; R. Vorspan, *"Freedom of Assembly"* (…), cit., pág. 940-941 e nota 67]. Mesmo depois, por força da não transformação da Convenção, o estatuto do direito continuou sujeito à restritiva e vaga *Common Law*, só ficando assegurado com o *Human Rights Act* de 1998, que entrou em vigor em 2 de Outubro de 2000.

Assim, à luz da interpretação ampla preconizada, o próprio direito de deslocação adquire um outro significado. A estadia isolada ou em comum num espaço público não poderá ser vista como uma actividade meramente tolerada pelas autoridades, interrupção necessariamente momentânea do direito de passagem pelas vias públicas, mas como o gozo de um direito, liberdade e garantia pessoal. Forma-se assim a ideia dos cidadãos como efectivos titulares dos espaços de acesso público, ao serviço dos quais estes se encontram. Deste modo, por exemplo, um encontro privado entre duas ou mais pessoas para uma estadia conjunta na praia constitui um exercício do direito de reunião.

2.2.4. *Fundamentos jurisprudenciais, de Direito Internacional e de Direito Comparado*

Esta interpretação ampla do direito de reunião, como podendo abranger quaisquer fins, incluindo puramente privados, tem sido acolhida pelo Estado português, quer por meio do seu legislador ordinário[48], quer pela

---

Assim, ainda em 1999, só por força de uma decisão da Câmara dos Lordes (*DPP v Jones*), o direito de reunião e de manifestação nos passeios das estradas foi reconhecido, depois de ter sido rejeitado por tribunais de instância, por força do *Public Order Act* de 1986, alterado em 1994 em termos restritivos (cfr. Gina Clayton, *Reclaiming Public Ground: The Right to Peaceful Assembly*, *Modern Law Review*, Vol. 63, 2000, pág. 252-260, na pág. 254-258).

Em França, o direito também não tem um assento constitucional expresso, embora alguns autores o retirem da remissão do preâmbulo da Constituição de 1958 para o preâmbulo da Constituição de 1946 que mantém em vigor a Declaração de 1789 e os princípios de Direito então proclamados (neste sentido: Jacques Robert, *Droits de l'homme et libertés fondamentales*, Paris, 5° éd., 1993, pág. 699). Mesmo a nível legal, este tem um limitado reconhecimento. O artigo 6 da lei de 30 de Junho de 1881, ainda em vigor, sobre o direito de reunião, considera que este não pode ser exercido nos espaços públicos, embora se aceite que uma autorização nesse sentido o legitimará; regime reafirmado pela sua Jurisprudência. O mesmo regime funciona essencialmente em relação à organização de manifestações, visto que o aviso prévio previsto no Decreto-Lei de 23 de Outubro de 1935 se converteu praticamente numa autorização discricionária, apesar de alguma tolerância prática, especialmente em relação à mera participação em manifestações irregulares, que não é punida [cfr. Marcel-René Tercinet, *La Liberté de Manifestation en France*, em *Revue du Droit Public*, 1979, n.° 4, págs. 1009-1058, na págs. 1019-1023, 1043-1044 e 1058; J. Robert, *Droit* (…), cit., pág. 697, nota 2]. Trata-se de um regime legal pouco conforme com o artigo 11, n.° 1, da Convenção Europeia dos Direitos Humanos.

[48] Assim, o Decreto-Lei n.° 406/74, de 29 de Agosto, que, ainda hoje, regula o direito de reunião (e o de manifestação), na sequência da referida tradição do Direito Português,

32   Os Direitos de Reunião e de Manifestação no Direito Português

jurisprudência dos seus Tribunais[49]. A mesma interpretação tem consagração explícita em instrumentos internacionais[50], Constituições[51] e leis estrangeiras[52], tendo sido seguida por Tribunais internacionais[53] e estrangeiros[54], bem como por diversos autores[55].

---

consagra uma noção de reunião que compreende não apenas as reuniões em locais privados encerrados ao público (como decorre dos seus artigos 1 e 16, n.º 2), mas que parece abranger igualmente reuniões com quaisquer fins, incluindo os religiosos (artigo 16, n.º 1) e fins privados em geral (artigo 16, n.º 2).

Ora, este diploma foi tido em conta na elaboração do artigo 45, n.º 1, da Constituição. Os deputados José Luís Nunes e Jorge Miranda invocaram-no expressamente aquando da discussão e votação do preceito (cfr. *Diário da Assembleia Constituinte*, n.º 41, 3 de Setembro de 1975, pág. 1162 e 1163).

Igualmente a Comissão Nacional de Eleições, no seu *Dicionário de Legislação Eleitoral*, Volume I, Lisboa, 1995, pág. 133, considera que uma reunião para efeitos deste direito pode ser de "**carácter** político, mas também de índole **profissional, cultural, recreativa, religiosa ou qualquer outra**".

[49] O Tribunal da Relação de Lisboa sustentou que "Existe reunião sempre que uma pluralidade de pessoas se agrupe, se congregue, organizadamente, com um fim preciso e por tempo, pelo menos tendencialmente, limitado, **qualquer que seja o fim a prosseguir** (...)" (cfr. sumário da sentença de 27 de Fevereiro de 1985; disponível em http://www.dgsi.pt/). A sentença é criticável por ter pretendido sujeitar todas as reuniões ao regime de aviso prévio, mas a sua noção de reunião merece acolhimento.

Também a Relação de Évora apresentou uma noção abrangente: "Reunião é um ajuntamento, concentração ou agrupamento de pessoas para expressão verbal de ideias ou discussão de **determinado assunto**, o que envolve diálogo ou troca de impressões" (cfr. Acórdão de 31 de Maio de 1984; a base de dados utilizada cita como fonte "Col. de Jur., 1984, 3, 325"). Nada sugere que tivesse intenção de limitar os assuntos que podem determinar a reunião.

[50] Neste sentido, embora inaplicável em relação a Portugal, a Declaração Americana dos Direitos e Deveres Humanos de 2 de Maio de 1948 estabelece no seu artigo XXI: "Every person has the right to assemble peaceably with others in a formal public meeting or in informal gathering, **in connection with matters of common interest of any nature**".

[51] Assim, uma das quatro Leis fundamentais, aprovada em 1994, relativa à liberdade de expressão, que compõem a Constituição da Suécia, no seu artigo 1 estabelece: "All citizens shall be guaranteed the following in their relations with the public administration: 3) freedom of assembly: the freedom to organize or attend any meeting for information purposes **or for the expression of opinions or for any other similar purpose or for the purpose of presenting artistic work**".

[52] Deste modo, a Lei sobre o Direito de Reunião espanhola (Ley Orgánica 9/1983, de 15 de Julio), consagra exactamente a noção abrangente que se defende à luz da Constituição portuguesa, artigo 2: "Se podrá ejercer el derecho de reunión sin sujeción a las prescripciones de la presente Ley Orgánica, cuando se trate de las reuniones siguientes: a) **Las que celebren las personas físicas en sus propios domicilios. b) Las que celebren las personas físicas en locales públicos o privados por razones familiares o de amistad**.

Âmbito 33

c) Las que celebren los Partidos Políticos, Sindicatos, Organizaciones Empresariales, Sociedades Civiles y Mercantiles, Asociaciones, Corporaciones, Fundaciones, Cooperativas, Comunidades de Propietarios y demás Entidades legalmente constituidas en lugares cerrados, para sus propios fines y mediante convocatoria que alcance exclusivamente a sus miembros, o a otras personas nominalmente invitadas. **d) Las que celebren los profesionales con sus clientes en lugares cerrados para los fines propios de su profesión.** e) Las que se celebren en unidades, buques y recintos militares, a las que se refieren las Reales Ordenanzas de las Fuerzas Armadas, que se regirán por su legislación específica".

53 O Tribunal Europeu dos Direitos Humanos considerou que uma reunião anual da comunidade cigana no Reino Unido constituía uma reunião para efeitos deste direito: "The Court finds, first of all, that the prohibition order interfered with the right of freedom of assembly of the applicants within the meaning of Article 11 § 1 of the Convention" (cfr. *The Gypsy Council and Others against the United Kingdom*, Fourth Section, Decision As To The Admissibility of Application no. 66336/01, 14 May 2002, parág. II.A.1). Não exigiu, pois, qualquer fim de manifestação ou sequer um fim público, relevante para toda a sociedade. Estava em causa uma reunião de uma minoria para prosseguir fins essencialmente privados. Em qualquer caso, o Tribunal acabou por indeferir liminarmente a acção, por entender que a proibição de a realizar no local tradicional fora justificada.

Posteriormente, o mesmo Tribunal foi mais cauteloso, mas seguiu a mesma jurisprudência. Confrontado por alegações da Turquia, Estado demandado, de que "it was not possible to characterise the gatherings mentioned by the applicant, such as exhibitions, festivals, concerts, fairs and receptions, as "assembly" under Article 11 of the Convention. This provision, the Government submitted, did not include gatherings for purposes of entertainment, or such occasions where people come together to share, or enjoy, the company of others" e perante réplica do autor de que "although the case-law to date on the interpretation of the term "assembly" was not extensive and had focused on demonstrations, Article 11 of the Convention covered the right of persons to gather together in order to further their common interests in a peaceful manner, whether in public or private meetings", acabou por considerar que se encontravam protegidos porque: "despite the varied nature of the meetings the applicant wished to attend, they all shared a core characteristic: they were bi-communal. Thus, irrespective of the form they took and by whom they were organised, their aim was the same, namely, to bring into contact Turkish Cypriots living in the north and Greek Cypriots living in the south with a view to engaging in dialogue and exchanging ideas and opinions with the hope of securing peace on the island." (cfr. *Case Of Djavit An v. Turkey*, First Section, Judgment, 20 February 2003, parágs. 44, 48, 60 e 62).

Ou seja, o Tribunal não exigiu que uma reunião para ser tutelada tivesse fins de manifestação, no presente caso, bastou-lhe que tivesse um fim colectivo, no caso, garantir a paz.

54 Os exemplos são abundantes, mesmo se também existe jurisprudência de sentido restritivo.

Na Alemanha, um ajuntamento de nómadas foi considerado uma reunião e o mesmo se passou em relação a festas/espectáculos musicais (raves) [cfr. J. Deger, *Sind Chaos-Tage* (...), cit., pág. 923 e 924]. Contudo, o Tribunal Constitucional federal alemão, que inicialmente se parecia orientar no sentido de uma noção ampla de reunião, que compreendia manifestações, mas igualmente diversas formas de comportamento comunitário [cfr. BVerfGE 69, 315 – Brokdorf, parág. C.I.1 ("Dieser Schutz ist nicht auf Veranstaltungen beschränkt, auf denen argumentiert und gestritten wird, sondern umfaßt vielfältige Formen gemeinsamen Verhaltens bis hin zu nicht verbalen Ausdrucksformen. Es gehören auch solche mit Demonstrationscharakter dazu, bei denen die Versammlungsfreiheit zum Zwecke plakativer oder aufsehenerregender Meinungskundgabe in Anspruch genommen wird."); texto em http://www.oefre.unibe.ch/law/dfr/bv069315.html], na sua sentença de 12 de Julho de 2001, inclinou-se claramente para uma associação restritiva do direito de reunião a fins de formação da opinião pública: "Dementsprechend sind Versammlungen im Sinne des Art. 8 GG örtliche Zusammenkünfte mehrerer Personen zwecks gemeinschaftlicher Erörterung und Kundgebung mit dem Ziel der Teilhabe an der öffentlichen Meinungsbildung" e que uma mero ajuntamento de pessoas com vista a outros fins não era protegido pelo artigo 8 da Lei Fundamental: "Für die Eröffnung des Schutzbereichs des Art. 8 GG reicht es nicht aus, dass die Teilnehmer bei ihrem gemeinschaftlichen Verhalten durch irgendeinen Zweck miteinander verbunden sind" [cfr. BVerfG, 1 BvQ 28/01 vom 12.7.2001, parág. B.1.a) (texto em http://www.bverfg.de/entscheidungen/frames/qk20010712_1bvq002801)].

Em Itália, pelo contrário, o Tribunal Constitucional entendeu que a reunião compreendia ajuntamentos com uma generalidade de fins, incluindo os religiosos: "stabilito il carattere generale della norma dell'art. 17 e la sua riferibilità ad **ogni specie di riunione**, comprese quelle a carattere religioso" (cfr. Sentenza n. 45, 8 Marzo 1957). Também sustentou que se encontram compreendidas as reuniões para fins puramente privados, de puro divertimento, como bailes: "**puri fatti di riunione, per scopo di comune divertimento o passatempo**. Tale è l'ipotesi della **festa da ballo, la quale pertanto ricade interamente sotto il precetto dell'art. 17 della costituzione**" (cfr. Sentenza n. 142, 12 Dicembre 1967). Afirmou ainda: "Il diritto di riunione è quindi tutelato nei confronti della generalità dei cittadini, che, riunendosi, possono dedicarsi a quelle attività lecite, **anche se per scopo di comune divertimento o passatempo**" (cfr. Sentenza n. 56, 9 Aprile 1970; textos em http://www.cortecostituzionale.it/).

Verificou-se que o Supremo Tribunal Federal Norte-Americano há muito que aceita reuniões sem fins de manifestação, parecendo ter alargado o seu âmbito a fins privados (vide, *supra*, parág. 2.2.2, nota 31).

Em Espanha, o respectivo Tribunal Constitucional definiu o direito de reunião em termos que o aproximam directamente da liberdade de expressão e a fins de manifestação, mas sem ser peremptório, até porque a referida ampla definição legal espanhola é bem clara: "El derecho de reunión (…) es una manifestación colectiva de la libertad de expresión ejercitada a través de una asociación transitoria de personas, que opera a modo de técnica instrumental puesta al servicio del intercambio o exposición de ideas, la defensa de intereses o la publicidad de problemas y reivindicaciones" (cfr. Tribunal Constitucional, Sala Segunda, STC 066/1995, 13 de Maio de 1995, parág. 3; texto: http://www.boe.es/g/es/bases_datos_tc/doc.php?coleccion=tc&id=SENTENCIA-1995-0066).

[55] Neste sentido: J. Miranda, *Manual* (…), Volume IV, cit., pág. 482 e 483-484 (embora considere que as reuniões privadas normalmente não terão autonomia em relação a outros direitos).

Em suma, o âmbito teleológico da reunião é bastante liberal; esta pode prosseguir qualquer fim, sem prejuízo de alguns poderem ser proibidos legalmente para tutela preventiva de outros bens constitucionais[56].

2.3. Âmbito espacial

Mas apurado o que é uma reunião e quais os fins que pode prosseguir, necessário se torna determinar em que espaços a sua realização se encontra constitucionalmente protegida.

2.3.1. *Lugares públicos e abertos ao público*

A Constituição atribui o direito de reunião "mesmo em lugares abertos ao público". Estes compreendem não apenas os lugares abertos ao público em sentido técnico, mas igualmente os lugares públicos. Com efeito, não faria sentido que uma Constituição de um Estado de Direito permitisse o exercício do direito de reunião em lugares abertos ao público, mas não em lugares públicos. Tal seria um regresso a um regime restritivo semelhante ao de algumas Constituições liberais que sujeitavam as reuniões em lugares públicos "às leis de polícia"[57]. Assim, com a expressão

---

Na Doutrina estrangeira, adoptam o mesmo sentido amplo: Pietro Virga, *Diritto Costituzionale*, 9.ª ed., Milano, 1979, pág. 446; A. Pace, *La Libertà* (…), cit., pág. 48; Constantino Mortati, *Istituzioni di Diritto Pubblico*, tomo II, 7.ª ed., Padova, 1967, pág. 875, nota 2; R. Borrello, *Riunione* (…), cit., pág. 1405 e 1407; J. Robert, *Droits* (…), cit., pág. 696; M. Kniesel, *Die Versammlungs – und Demonstrationsfreiheit* (…), cit., pág. 858; Francesca Klug/Keir Starmer/Stuart Weir, *The Three Pillars of Liberty: Political Rights and Freedoms in the United Kingdom*, Routledge, 1996, pág. 185 ["People exercise freedom of assembly when they visit the cinema, hold a birthday party (…)"]; D. Wiefelspütz, *Ist die Love-Parade* (…), cit., pág. 275; L. Díez-Picazo, *Sistema* (…), cit., pág. 333.

Uma visão intermédia é sustentada por M. Kloepfer, *Versammlungsfreiheit*, cit., pág. 748-749, visto excluir apenas as reuniões com fins puramente privados do seu âmbito, alegadamente por a sua inclusão tornar muito difícil delimitar as fronteiras do direito.

[56] Vide, *infra*, parág. 7.1.1.

[57] Caso do artigo 32 do "Statuto Albertino", a Carta Constitucional de 1848 do Reino da Sardenha, depois alargada a toda a Itália (vide a citação, *infra*, nota 63).

Também a centenária Constituição do Luxemburgo, de 1868, ainda em vigor, no seu artigo 25, estabelece: "Luxembourgers have the right to assemble peaceably and unarmed in compliance with the laws governing the exercise of this right which may not require

36 · Os Direitos de Reunião e de Manifestação no Direito Português

"lugares abertos ao público" pretendeu-se compreender igualmente os lugares públicos, pois estes são, por sua natureza, os espaços livremente acessíveis ao público[58]. Em qualquer caso, nunca ninguém colocou em causa esta interpretação.

A distinção entre lugar público e lugar aberto ao público não é realizada em função de o titular da propriedade ser uma entidade pública ou um particular que abre o seu espaço ao público com vista a prestar um serviço. De facto, os lugares públicos podem excepcionalmente ser de propriedade privada, basta que se tenha convencionado a sua utilização pública livre; por exemplo, certas vias em terrenos privados[59]. E podem igualmente existir espaços abertos ao público de propriedade pública, mas gestão privada, por se tratar de um espaço arrendado ou concedido a um particular em quaisquer outros termos.

O lugar público é, portanto, um lugar de acesso livre, onde podem ser realizadas a generalidade das reuniões, independentemente do seu fim e de consentimento específico do seu proprietário. Pelo contrário, o lugar aberto ao público constitui um espaço fisicamente delimitado; normalmente, constituem estabelecimentos localizados em edifícios, cujo acesso é realizado independentemente de um convite pessoal, mas que se encontra aberto restritivamente, com vista apenas a prestar determinados servi-

---

prior authorization. **This provision does not apply to open-air political, religious, or other meetings which are fully governed by laws and police regulations"**.

Aliás, mesmo algumas Constituições modernas de Estados de Direito ainda contêm limites paralelos, em contradição com o Direito Internacional sobre a matéria. Assim, a Constituição Belga de 1994 estabelece no seu artigo 26: "Belgians have the right to gather peaceably and without arms, in conformity with the laws that regulate the exercise of this right, without submitting it to prior authorization. **This provision does not apply to open air meetings, which are entirely subject to police regulations"**.

[58] Os debates parlamentares apontam neste sentido, ao menos pela circunstância de deputados dos dois maiores grupos parlamentares terem apoiado o âmbito da Lei sobre o Direito de Reunião (o deputado José Luís Nunes declarou: "aquilo que hoje em dia está vigente em relação ao direito de associação [gralha: reunião] ou de manifestação só será inconstitucionalizado por esta norma na medida em que puser em causa o conteúdo útil de direito ou implicar uma restrição"; e o deputado Jorge Miranda afirmou: "Mas estamos convencidos de que essa lei, que representa uma importante conquista democrática, continuará a vigorar e, sobretudo, passará a ser aplicada com mais determinação pelas autoridades públicas"; cfr. *Diário da Assembleia Constituinte*, n.º 41, 3 de Setembro de 1975, pág. 1162 e 1163); ora, esta no seu artigo 1, n.º 1, garante o direito de reunião "em lugares públicos, abertos ao público e particulares".

[59] Cfr. artigo 1, al. u) do Código da Estrada ("«Via equiparada a via pública», via de comunicação terrestre do domínio privado aberta ao trânsito público").

ços[60]. Apenas é possível realizar nestes espaços reuniões com fins determinados pelos serviços prestados pelo gestor do espaço, estabelecidos na altura em que decidiu afectar o seu imóvel a uma determinada actividade, sujeitando-se a um regime legal aplicável.

Assim, nos espaços abertos ao público, por força da sua estrutura física cerrada ou delimitada, bem como pelo objectivo restrito em função do qual foi aberto ao público, o direito de reunião é oponível a terceiros que tentem interferir com o seu gozo, mas tem escassa relevância em relação ao titular do espaço que, normalmente, apenas tem de respeitar a legislação aplicável ao seu ramo de actividade. Somente em situações pontuais, quando o estabelecimento pela sua grande dimensão desempenha uma função social muito importante na comunidade local, pode um particular ser forçado a suportar actividades de reunião no seu espaço à margem dos fins a que o estabelecimento se encontra afecto e dos seus regulamentos internos[61]. Deste modo, a relevância da aplicação do artigo 45, n.° 1, nestes espaços é predominantemente em relação a interferências das autoridades ou de particulares terceiros.

2.3.2. *Em lugares privados*

Sendo claro que as reuniões em lugares públicos e abertos ao público se encontram compreendidas no âmbito de protecção deste direito, cabe questionar, em primeiro lugar, se as reuniões em lugar privado se encontram igualmente tuteladas.

O mesmo critério relativo à forma de uso se aplica para identificar os lugares privados. Deste modo, devem ser considerados como lugares privados aqueles que se encontrem sujeitos a um uso privado; isto é, lugares delimitados em que o acesso dependa de um convite pessoal[62]. O critério

---

[60] Será o caso dos estabelecimentos de hotelaria, restauração, entretenimento, artes e cultura, dos estabelecimentos comerciais, incluindo centros comerciais, instituições bancárias, *etc.*.

[61] Vide, *infra*, parág. 5.2.2.2.

[62] Tal como se encontra consagrado no artigo 16, n.° 2, da Lei sobre o Direito de Reunião ("reuniões privadas, quando realizadas em local fechado mediante **convites individuais**").

No mesmo sentido, em relação ao respectivo Direito: A. Pace, *La Libertà* (…), cit., pág. 79-80; A. Carli, *Riunione* (…), cit., pág. 485; H. Höllein, *Das Verbot rechtsextremistischer* (…), cit., pág. 636; C. Coelln, *Die eingeschränkte Polizeifestigkeit* (…), cit., pág. 1235; J. Deger, *Polizeirechtliche Maßnahmen* (…), cit., pág. 266; Claude Leclercq, *Libertes Publiques*, 5.ª ed., Paris, 2003, pág. 299.

38   *Os Direitos de Reunião e de Manifestação no Direito Português*

do proprietário do bem não é adequado, visto que estes lugares podem muito bem ser de propriedade pública, por se encontrarem afectos a uma dada função privada (por exemplo, prédios públicos arrendados).

Existem alguns elementos que indicam que qualquer reunião realizada em espaço de uso particular, como uma residência ou um outro imóvel sujeito a propriedade ou posse privada, se encontra constitucionalmente protegida pelo direito de reunião, desde que permitida pelo titular deste. Neste sentido milita o facto de a Constituição atribuir o direito de reunião "**mesmo** em lugares abertos ao público". Este "mesmo" não indica que a reunião em lugares encerrados ao público se encontra consagrado noutro direito, não sendo abrangido pelo direito de reunião; mas antes que, além da reunião em lugar particular, **também** a realizada em lugares abertos ao público é tutelada. Ou seja, que a reunião em lugares privados, vedados ao público em geral, é igualmente protegida por este direito. Trata-se de uma conclusão interpretativa que parece confirmada pelo elemento histórico[63].

---

[63] Este "mesmo" terá tido inspiração no artigo 17 da Constituição Italiana, em que fica claro que pretende sublinhar que o direito de reunião compreende as reuniões em lugares particulares: "1 – I cittadini hanno diritto di riunirsi pacificamente e senz'armi. 2 – Per le riunioni, **anche in luogo aperto al pubblico**, non è richiesto preavviso. 3 – Delle riunioni in luogo pubblico deve essere dato preavviso alle autorità, che possono vietarle soltanto per comprovati motivi di sicurezza o di incolumità pubblica".

Entre a Doutrina italiana é pacífico que a reunião em local privado, tendo designadamente em conta este "anche", se encontra compreendida no direito de reunião (sem prejuízo de alguns a considerarem igualmente abrangida pela inviolabilidade do domicílio); neste sentido: P. Virga, *Diritto* (...), cit., pág. 446-447; A. Pace, *La Libertà* (...), cit., pág. 75 e 78-80; C. Mortati, *Istituzioni* (...), cit., pág. 877; A. Carli, *Riunione (libertà di)*, cit., pág. 485 ("la congiunzione "anche" premessa alle riunioni in luogo aperto al pubblico, allude inequivocabilmente a quelle in sito privato").

O "anche" italiano parece dever-se a motivos históricos. A primeira consagração do direito de reunião na experiência constitucional italiana remonta ao "Statuto Albertino", a Carta Constitucional de 1848 do Reino da Sardenha, que se tornou aplicável a toda a Itália, depois da unificação. Mas o seu artigo 32 consagrava este direito apenas em espaços privados: "È riconosciuto il diritto di adunarsi pacificamente e senz'armi, uniformandosi alle leggi che possono regolarne l'esercizio nell'interesse della cosa pubblica. **Questa disposizione non è applicabile alle adunanze in luoghi pubblici, od aperti al pubblico, i quali rimangono intieramente soggetti alle leggi di polizia**" (o seu texto, pode ser consultado, designadamente, em http://open-site.org/International/Italiano/Società/Diritto/Documenti_Storici/Statuto_Albertino/). Este "anche" constitui, pois, uma reacção contra os limites impostos no passado.

Pelo contrário, a expressão "mesmo" não consta do artigo 5, XVI), da Constituição Brasileira ("todos podem reunir-se pacificamente, sem armas, **em locais abertos ao pú-**

Âmbito 39

De resto, podem existir reuniões em lugar privado com fins eminentemente dignos de tutela, como os políticos. Relembre-se que terá sido mesmo esta a causa determinante da consagração do direito na Constituição portuguesa de 1838[64].

O facto de a reunião ser realizada num local que, em alguns casos, estará protegido pela inviolabilidade do domicílio não impede que a sua protecção seja relevante para outros efeitos; será o caso da organização, preparativos e deslocação para a reunião, igualmente tutelados, que não podem ser prejudicados pelas autoridades. Acresce que, mesmo interpretado latamente, o termo domicílio não compreende todos os locais privados em que podem ser realizadas reuniões. O que significa que algumas destas poderiam não gozar em si de protecção; pelo menos tão segura como a proporcionada pelo direito de reunião[65-66].

---

blico, independentemente de autorização, desde que não frustrem outra reunião anteriormente convocada para o mesmo local, sendo apenas exigido prévio aviso à autoridade competente"), o que já permite questionar se se encontram abrangidas as reuniões em lugares privados. No sentido de que as reuniões só se encontram protegidas se realizadas em local público: André Tavares, *Curso de Direito Constitucional*, 2.ª ed., S. Paulo, 2003, pág. 432; em sentido contrário, entendendo que a tutela das reuniões privadas se encontra implícita: Rodrigo R. Pinho, *Teoria Geral da Constituição e Direitos Fundamentais*, 3.ª edição, S. Paulo, 2002, pág. 90-91.

[64] Vide, *supra*, parág. 2.2.2.

[65] A reunião em local privado apenas se encontraria completamente abrangida pela inviolabilidade do domicílio se se interpretasse domicílio em termos muito latos, como compreendendo qualquer local privado. Esta interpretação tem sido defendida por alguma Doutrina estrangeira [neste sentido: A. Pace, *La Libertà* (…), cit., pág. 83-84; C. Mortati, *Istituzioni* (…), cit., pág. 877; A. Carli, *Riunione (libertà di)*, cit., pág. 491], mas o termo domicílio, mesmo se não pode corresponder ao de residência habitual, dificilmente poderá ser tão alargado à luz da Constituição portuguesa. Deve compreender qualquer residência, mesmo ocasional ou precária, e locais de lazer ou trabalho que sejam simultaneamente de uso pessoal, em que a pessoa goze de alguma privacidade (por exemplo, o gabinete) e possa ter objectos pessoais, tendo em conta que a teleologia do preceito é proteger a privacidade.

Trata-se essencialmente da posição adoptada pelo Tribunal Constitucional português que considerou que o domicílio para efeitos do artigo 34 era "a habitação humana, aquele espaço fechado e vedado a estranhos, onde, recatada e livremente, se desenvolve toda uma série de condutas e procedimentos característicos da vida privada e familiar", que abrangia "as auto-vivendas, roulottes, carroções e veículos similares servindo como habitáculo de nómadas – entendeu estarem essas "habitações precárias" a coberto da protecção da norma do artigo 34" [cfr., designadamente, o Acórdão N.º 67/97, de 4 de Fevereiro de 1997, parág. 3.1; vide igualmente: G. Canotilho/V. Moreira, *Constituição* (…), cit., pág. 213; Jorge Miranda, *Artigo 34*, em Jorge Miranda/Rui Medeiros, *Constituição Portuguesa Anotada*, Tomo I, Coimbra, 2005, pág. 372].

[66] É certo que o direito à reserva da intimidade da vida privada e familiar (artigo 26,

40 *Os Direitos de Reunião e de Manifestação no Direito Português*

Em qualquer caso, a reunião em local privado apenas goza de protecção se tiver sido organizada pelo titular do espaço ou com permissão

n.º 1) pode entrar em concorrência com o direito de reunião e tutelar igualmente muitas das reuniões encerradas ao público susceptíveis de serem realizadas em local privado. E que as integrantes da esfera íntima deverão mesmo ficar sujeitas exclusivamente ao direito à reserva da intimidade. Mas outras são reguladas pelo regime do direito de reunião e não parece que todas pudessem ser eficazmente protegidas por aquele direito [em sentido contrário, em relação ao Direito francês, vide Jean Duffar, *Les Libertés Collectives*, em *Le Grand Oral: Protection des Libertés et Droits Fondamentaux*, Paris, 2003, pág. 382 (mas fala num direito de organização da vida privada); também negativamente em relação ao Pacto dos Direitos Civis e Políticos: S. Joseph/J. Schultz/M. Castan, *The International* (...), cit., pág. 569].

Esta deficiente protecção destas reuniões pelo direito à reserva da intimidade da vida privada não se deve tanto à circunstância de poderem ser de legítimo conhecimento público, visto que este direito não tutela apenas o segredo, mas igualmente um espaço de liberdade na esfera privada [também neste sentido, o Tribunal Constitucional afirmou que este compreendia: "a) a autonomia, ou seja, o direito a ser o próprio a regular, livre de ingerências estatais e sociais, essa esfera de intimidade; b) o direito a não ver difundido o que é próprio dessa esfera de intimidade" (cfr. Acórdão 128/92, em Diário da República, II Série, n.º 169, de 24 de Julho de 1992, pág. 6807-6810, na pág. 6810; também M. Costa Andrade, *Liberdade de Imprensa e Inviolabilidade Pessoal – Uma Perspectiva Jurídico--Criminal*, Coimbra, 1996, pág. 102-104; A. Menezes Cordeiro, *Tratado de Direito Civil Português*, I, Tomo III, Coimbra, 2004, pág. 205 e 210 ("sem prejudicar terceiros, orientar a sua vida privada como bem entender"; mais restritivamente: Paulo Mota Pinto, *A limitação voluntária do direito à reserva sobre a intimidade da vida privada*, em *Estudos em Homenagem a Cunha Rodrigues* (orgs. F. Dias/I. Barreto/T. Beleza/P. Ferreira), Volume II, Coimbra, 2001, págs. 527-558, na págs. 528-529 (mas por integrar este espaço de liberdade no direito geral de liberdade); David Festas, *O direito à reserva da intimidade da vida privada do trabalhador no código do trabalho*, *Revista da Ordem dos Advogados*, Ano 64, Novembro 2004, parág. 1.2); sublinhe-se que uma parte desta dimensão de liberdade, nos seus aspectos mais essenciais, se encontra abrangida igualmente pelo direito ao desenvolvimento da personalidade; vide, *infra*, parág. 2.4.1; em qualquer caso, não se trata de equiparar o direito à reserva da intimidade da vida privada, constitucionalmente consagrado, ao vasto direito à privacidade do Direito norte-americano: "the right to be let alone – **the most comprehensive of rights** and the right most valued by civilized men. To protect, that right, every unjustifiable intrusion by the government upon the privacy of the individual, whatever the means employed, must be deemed a violation of the Fourth Amendment", nas famosas palavras de Louis Brandeis, no seu voto de vencido em *Olmstead v. U.S.*, 277 U.S. 438 (1928), pág. 478; texto em http://laws.findlaw.com/us/277/438.html; também: M. Ilene Kaminer, *How Broad Is The Fundamental Right To Privacy And Personal Autonomy?*, *American University Journal of Gender, Social Policy & the Law*, Volume. 9, 2001, pág. 395-421, na pág. 400-408; Lisa Casilly/Clare Draper, *Privacy in the Workplace*, Silver Spring, 2002, pág. 1-2 e 31-32], mas por força das suas características e fins. Pode tratar-se de uma reunião com centenas de participantes ou estarem em causa fins eminen-

deste. Salvas pontuais excepções, na falta de tal permissão, o titular pode sempre solicitar a intervenção das forças de segurança para que os intrusos sejam expulsos, nos termos gerais do direito de propriedade. E, claro está, os participantes não poderão opor às autoridades o direito de reunião para evitar a expulsão.

Assim, a Constituição estabelece como âmbito espacial do exercício do direito de reunião os lugares de uso privado[67-68] (em associação com

---

temente públicos que subtraiam o acto do âmbito da esfera privada. Por exemplo, uma reunião em lugar de uso privado pode mesmo ter um fim de manifestação, mesmo que a participação nesta seja reservada a certas pessoas; basta que seja visível a partir de vias públicas (ver, *infra*, parág. 3.3). Altura em que o direito à reserva da intimidade da vida privada seria inaplicável.

Em qualquer caso, nada impede que um mesmo acto integre o âmbito de protecção de dois ou mais direitos. Por exemplo, os actos de expressão praticados no domicílio, além de se encontrarem protegidos normalmente pela inviolabilidade do domicílio e pelo direito à reserva da vida privada, pressupõem ainda uma reunião igualmente protegida pelo direito de reunião e são também tutelados pela liberdade de expressão. Altura em que, se o seu regime for diferente, será necessário encontrar um critério de especialidade ou de maior conexão para identificar qual ou quais destes serão directamente aplicáveis, tendo em conta a teleologia dos limites aplicáveis [em termos similares: J. Gomes Canotilho, *Direito Constitucional e Teoria da Constituição*, 7.ª ed., Coimbra, 2004, págs. 1269-1270; J. Reis Novais, *As restrições aos direitos fundamentais não expressamente autorizadas pela Constituição*, Coimbra, 2003, pág. 379-390].

Na presente situação, estando-se perante uma reunião num domicílio, o direito à sua inviolabilidade será mais tutelador do que o direito de reunião e não existem motivos de conexão que imponham a aplicação deste último. À luz do direito de reunião, actos de violência, mesmo pouco graves (por exemplo, contra a propriedade), excluirão a reunião do seu âmbito. Pelo contrário, só a prática de actos de violência que constituam crimes graves justificarão, em legítima defesa, a intervenção das autoridades sem mandado em violação do domicílio (vide sobre esta questão e a da inconstitucionalidade do regime do artigo 177, n.º 2, do Código de Processo Penal sobre a matéria, *infra*, parág. 8.2.4). Mas existirá sempre uma concorrência de direitos, pois a liberdade de expressão e os seus limites serão também aplicáveis.

[67] Trata-se de interpretação que foi igualmente seguida pelo legislador ordinário; cfr. o artigo 1 da Lei de reunião ("A todos os cidadãos é garantido o livre exercício do direito de se reunirem pacificamente em lugares públicos, abertos ao público e **particulares**").

[68] Igualmente o Tribunal Europeu dos Direito Humanos, em relação ao artigo 11, n.º 1, da Convenção, afirmou que o direito de reunião: "as such this right **covers** both **private meetings** and meetings in public thoroughfares" (cfr. *Case Of Adali v. Turkey*, First Section, Judgment, 31 March 2005, parág. 266).

Tendo presente que se trata da interpretação judicial de uma Convenção que vincula Portugal, qualquer interpretação nacional divergente terá de ser bem ponderada. Aliás, não obstante a limitação literal do artigo 16, n.º 2, CRP à interpretação dos direitos fundamen-

42 *Os Direitos de Reunião e de Manifestação no Direito Português*

o artigo 62, deduz-se que por iniciativa ou, regra geral, com o consentimento do proprietário[69]), os lugares (de propriedade privada ou pública) abertos ao público e os públicos.

2.3.3. *Nas faixas de rodagem de veículos*

Cabe questionar se igualmente as vias públicas utilizadas pelo tráfego rodoviário se devem considerar como lugares abertos ao público para efeitos de realização de reuniões tuteladas por este direito. Segundo se julga, a resposta deve ser essencialmente positiva.

É certo que as reuniões para serem protegidas devem ser realizadas pessoalmente e não por intermédio de qualquer meio de transporte[70] e que impedir a liberdade de trânsito é normalmente sancionado[71]. Contudo,

---

tais de modo conforme com a Declaração Universal dos Direitos Humanos, o Tribunal Constitucional tem realizado interpretações da Constituição tendo presente a interpretação realizada pelo Tribunal Europeu dos Direito Humanos em relação ao mesmo direito à luz da Convenção. Assim, por exemplo, estando em causa a questão da imparcialidade dos juízes, o Plenário do Tribunal Constitucional afirmou, citando o Acórdão n.° 935/96: "Dois casos apreciados pela Comissão e pelo Tribunal Europeu dos Direitos do Homem merecem ser citados" (cfr. Acórdão n.° 186/98, de 18 de Fevereiro de 1998, parág. 7). Vide igualmente: Paulo Otero, *Legalidade e Administração Pública*, Coimbra, 2003, pág. 574-575; Peter Häberle, *El Estado Constitucional* (trad. ed. alemã), 1.ª reimp., México, 2003, pág. 185-186.

[69] Como manifestação da vinculação das entidades privadas pelos direitos, liberdades e garantias, o consentimento do proprietário pode, em alguns casos, ser excepcionado. Caso do empregador, em relação aos seus trabalhadores, nos termos do artigo 55, n.° 2, al. d), da Constituição, bem como de outros proprietários de estabelecimentos com grande importância social na comunidade local; ver, *infra*, parág. 5.2.2.2 e 5.2.2.3.

[70] Vide, *supra*, parág. 2.1.

[71] Artigo 3, n.° 2 do Código da Estrada (Decreto-Lei n.° 114/94, de 3 de Maio, revisto pelos Decretos-Lei n.° 2/98, de 3 de Janeiro, n.° 265-A/2001, de 28 de Setembro, pela Lei n.° 20/2002, de 21 de Agosto e Decreto-Lei n.° 44/2005, de 23 de Fevereiro): "As pessoas devem abster-se de actos que impeçam ou embaracem o trânsito ou comprometam a segurança ou a comodidade dos utentes das vias.". Os dois números seguintes estabelecem contra-ordenações por violação desta disposição.

O artigo 8 do Código regula as excepções, estabelecendo o seu n.° 1: "A realização de obras nas vias públicas e a sua utilização para a realização de actividades de carácter desportivo, festivo ou outras que possam afectar o trânsito normal só é permitida desde que autorizada pelas entidades competentes". Os seus n.° 3 a 6 impõem coimas para a sua violação. Estas autorizações encontram-se reguladas pelo Decreto Regulamentar n.° 2-A/ /2005, de 24 de Março, mas em termos inconstitucionais (vide, *infra*, parág. 7.1.2.1).

o direito de reunião de grandes grupos em diversos casos implicará uma ocupação destas zonas, especialmente em localidades em que não tenham sido criados espaços adequados. Excluir do âmbito deste direito as reuniões que impliquem ocupação de vias públicas utilizadas pelo tráfego automóvel, quando a utilização destas se revele efectivamente imprescindível à realização física do evento, constituiria uma drástica limitação à viabilidade prática de muitas reuniões. As faixas de rodagem que se encontram normalmente abertas a circulação pedonal temporária devem ser consideradas como lugares abertos ao público para efeitos do artigo 45[72-73-74].

---

[72] O legislador português entendeu igualmente que o direito de reunião se podia realizar nas faixas de rodagem automóvel, daí o artigo 6, n.° 1, da Lei sobre o Direito de Reunião ("As autoridades poderão, se tal for indispensável ao bom ordenamento do **trânsito de pessoas e de veículos, nas vias públicas**, alterar os trajectos programas ou determinar que os desfiles ou cortejos se façam só por uma das metades das faixas de rodagem).

O Tribunal Europeu dos Direitos Humanos afirmou que este direito "**covers** (...) meetings in **public thoroughfares**" (cfr. *Case Of Adali v. Turkey*, First Section, Judgment, 31 March 2005, parág. 266). Do mesmo modo, a anterior Comissão Europeia dos Direitos Humanos considerou como integrando o direito de reunião mesmo manifestações realizadas por meio de interrupções deliberadas da circulação em faixas de rodagem: "The applicant and the other demonstrators had not been actively violent in the course of the sit-in concerned. The Commission accepts that the applicant's conviction under S. 240 of the Criminal Code interfered with his right under Article 11 para. 1". Embora tenha considerado a sua punição como uma ablação justificada do direito (cfr. *M.C. against the Federal Republic of Germany*, Admissibility of Application No. 13079/87, 6 March 1989, parág. 2).

O Tribunal Constitucional Alemão sustentou que o direito de reunião podia implicar a ocupação de vias públicas, que a mera necessidade de garantir a liberdade de circulação não justificaria uma proibição ou interrupção de uma reunião; especialmente quando fosse possível dividir as faixas de rodagem entre veículos e manifestantes (cfr. BVerfGE 69, 315 – Brokdorf, cit., parág. C.II.2.b).

Igualmente o Tribunal Constitucional espanhol declarou de modo claro que o direito de reunião se podia exercer nas faixas de rodagem: "Aplicando estas premisas al caso de las concentraciones que afectan a la circulación de vehículos por las vías de tránsito público lo primero que cabe afirmar es que sólo en supuestos muy concretos podrá concluirse que la afectación del tráfico conlleva una alteración del orden público con peligro para personas o bienes" (cfr. Tribunal Constitucional, Sala Segunda, STC 066/1995, 13 de Maio de 1995, parág. 3; texto disponível em: http://www.boe.es/g/es/bases_datos_tc/doc.php?coleccion=tc&id=SENTENCIA-1995-0066).

[73] Em relação à Constituição Portuguesa, também parecem considerar que o direito de reunião pode ser exercido nas vias públicas: M. Rebelo de Sousa/J. Melo Alexandrino, *Constituição da República Portuguesa Comentada*, Lisboa, 2000, pág. 145; R. Novais, *As restrições* (...), cit., pág. 230-232.

[74] É raro uma Constituição especificar que este direito pode ser exercido nas faixas

44 Os Direitos de Reunião e de Manifestação no Direito Português

Aliás, as reuniões não têm de se encontrar imobilizadas num determinado local; são perfeitamente admissíveis as reuniões itinerantes[75]. Deste modo, reuniões com grande volume de pessoas ocupariam sempre durante algum tempo as vias de rodagem para as cruzar, desde logo por passadeiras. Seria difícil sustentar-se que, nestes casos, se deixaria de estar perante uma reunião protegida.

Como se verá, a ocupação de faixas de rodagem abertas à circulação pedonal depende simplesmente de um aviso prévio, podendo ser proibida em casos em que a ocupação não se justifique ou, em geral, limitada, em nome da liberdade de deslocação[76].

Somente as vias que, por força das suas características estruturais, se encontrem vedadas permanentemente a peões (auto-estradas e vias paralelas) devem ser consideradas lugares não abertos ao público para efeitos deste direito, dependendo a realização de reuniões nestas de uma verdadeira licença. Trata-se de uma limitação imposta pela necessidade de garantir a segurança na deslocação, normalmente realizada a velocidade alta, por estas vias.

2.3.4. *Em edifícios públicos e outros espaços restritos*

Só em termos restritivos é possível invocar o direito de reunião com vista à realização de reuniões em edifícios públicos.

---

de rodagem, mas registe-se a Constituição da Lituânia de 1922, artigo 103: "The State shall protect the freedom of previously announced peaceful meetings, **street processions**, and pickets".

[75] Trata-se de interpretação seguida igualmente pela Lei de Reunião, ao se referir a "cortejos e desfiles" como espécies de reuniões e ao indicar que também as manifestações podem ser móveis: artigos 2, n.º 1, 3, n.º 1 (fala em "trajecto a seguir"), artigo 4 (sujeita-os mesmo a um regime temporal específico: "Os cortejos e desfiles só poderão ter lugar nos domingos e feriados, aos Sábados, depois das 12 horas, e nos restantes dias, depois das 19 horas e 30 minutos"), artigos 5, n.º 1; 6, n.º 1 e n.º 2; 7; 8, n.º 1; 13 e 15, n.º 1 e n.º 2 (sobre a interpretação destes preceitos, vide, *infra*, parág. 7.1.2.2).

Igualmente o Tribunal Europeu dos Direitos Humanos afirmou que este direito "**covers** (…) static meetings and **public processions**" (cfr. *Case Of Adali v. Turkey*, First Section, Judgment, 31 March 2005, parág. 266).

Do mesmo modo, o Tribunal Constitucional federal alemão afirmou que o direito de reunião protegia "Versammlungen **und Aufzüge**" (cfr. BVerfGE 69, 315 – Brokdorf, cit., parág. C.I.1).

A favor igualmente das reuniões itinerantes: G. Canotilho/V. Moreira, *Constituição* (…), cit., pág. 253; M. Sousa, *O Direito* (…), cit., pág. 9.

[76] Ver, *infra*, parág. 7.1.2.1.

Por um lado, estes não são exactamente lugares, mas edifícios. É certo que o direito de reunião se aplica aos lugares sob administração privada abertos ao público em relação às entidades públicas ou a particulares terceiros, e estes lugares encontram-se normalmente situados em edifícios, mas os edifícios públicos não costumam ser criados para os fins (designadamente, recreativos) dos lugares privados abertos ao público. Encontram--se ao serviço da comunidade para fins muito particulares, tendo sido construídos em termos incompatíveis com várias espécies de reuniões. Seria impossível sujeitá-los a serem espaços de reuniões livres para fins privados ou mesmo de interesse colectivo com um mero pré-aviso.

Existem problemas de segurança, de protecção das instalações e do seu património, de limitações de espaço, que justificam que o acesso a estes espaços para efeitos de realização de reuniões dependa do cumprimento de regras internas que visam salvaguardar o edifício e a sua funcionalidade, tendo presente o fim para efeito do qual foi aberto ao público.

Por outro lado, vários deles nem sequer se encontram normalmente abertos ao público, precisamente por não prestarem serviços, mas apenas aos funcionários que trabalham nestes.

Assim, por exemplo, é possível realizar reuniões em edifícios públicos relativos aos fins para os quais tenham sido abertos ao público e em termos que salvaguardem o edifício e a sua funcionalidade. Algumas pessoas podem apresentar conjuntamente um requerimento num dado serviço público. Mas ninguém poderá invocar este direito para se pretender reunir num ministério à margem das normas aplicáveis à entrada no edifício, sendo legítima a ordem de abandono das instalações[77-78].

Ou seja, qualquer reunião nestes espaços encontra-se funcionalmente limitada ao aproveitamento do serviço que este presta. Deste modo, a entidade responsável pelo espaço pode adoptar regulamentos limitando o

---

[77] O Tribunal Europeu dos Direitos Humanos restringiu o acesso a edifícios públicos para efeitos da liberdade de expressão, embora essencialmente a pensar nos direitos de reunião e de manifestação: "the Court is not persuaded that this requires the automatic creation of rights of entry to private property, or even, necessarily, **to all publicly owned property (government offices and ministries, for instance)**" (cfr. *Case Of Appleby And Others v. The United Kingdom*, Application no. 44306/98, Fourth Section, Judgment, 6 May 2003, parág. 40).

[78] Mais longe vai Ivana Mikešic, *Versammlungs- und Demonstrationsrecht auf Flughafengelände, Neue Zeitschrift für Verwaltungsrecht*, 2004, heft 7, pág. 788-792, na pág. 791 (edifícios públicos abertos para determinados fins específicos não são espaços sujeitos ao direito de reunião, salvo consentimento dos órgãos responsáveis).

46 Os Direitos de Reunião e de Manifestação no Direito Português

acesso e, desta forma, indirectamente, igualmente o direito de reunião. Esta possibilidade não deixa de provocar algumas dificuldades, tendo presente a reserva relativa de lei formal em relação a direitos, liberdades e garantias.

Poder-se-ia sustentar que uma reunião que extrapole os termos funcionais admitidos tendo presente o fim da abertura do edifício ao público não constitui uma reunião constitucionalmente protegida, precisamente por se estar perante um edifício e não um lugar. Mas o argumento afigura--se algo forçado. Em rigor, o regulamento estará a definir quais são as reuniões admissíveis e, portanto, a regular a matéria. Melhor será considerar que tais regulamentos, ainda que formalmente regulamentos independentes, devem ser puramente executivos[79], limitando-se a concretizar o que é e não é ocupação abusiva para efeitos do artigo 12 da Lei sobre o Direito de Reunião[80]. Será ocupação abusiva qualquer reunião num edifício público estranha aos seus fins ou contrária a regras funcionalmente necessárias[81].

Mesmo quando sejam admissíveis reuniões em edifícios públicos, seja por imposição legal, seja com base em decisão de órgão competente, tal reunião encontrar-se-á sempre funcionalmente limitada. Assim, a Constituição estabelece o carácter de aberto ao público de alguns edifícios públicos em alguns preceitos, como ao prescrever, em princípio, o carácter público das audiências dos julgamentos (cfr. artigo 206)[82]. Nestes casos, ainda poderão realizar-se reuniões, mas sujeitas ao regime particular das audiências judiciais. Fins de manifestação serão, claro está, inadmissíveis[83].

---

[79] Como é próprio de um regulamento em matéria de reserva de lei (neste sentido: Jorge Miranda, *Manual de Direito Constitucional*, Volume V, 3.ª ed., Coimbra, 2004, pág. 221-222 e em *Artigo 165*, em Jorge Miranda/Rui Medeiros, *Constituição Portuguesa Anotada*, Tomo II, Coimbra, 2006, págs. 524-543, na pág. 263).

[80] Cfr. o artigo 12 da Lei sobre o Direito de Reunião ("Não é permitida a realização de reuniões, comícios ou manifestações com ocupação abusiva de edifícios públicos").

[81] O Supremo Tribunal Federal norte-americano tem sustentado que as liberdades de expressão e de manifestação em espaços públicos meramente abertos ao público para determinados fins podem ser limitadas razoavelmente tendo em conta estes últimos, desde que em termos que sejam neutrais em relação ao conteúdo da mensagem a exteriorizar (cfr. James Lawler, *Private Sidewalk Is a Public Forum*, *Planning*, January 2005, pág. 42).

[82] O artigo 120, n.º 1, do Regimento da Assembleia da República estabelece o carácter público das reuniões plenárias, encontrando-se tal regra implícita no carácter parlamentar e representativo deste órgão.

[83] Por exemplo, o artigo 334 do Código Penal pune a "Perturbação do funcionamento de órgão constitucional" por meio de "tumultos, desordens ou vozearias", mas este

Por outro lado, os funcionários públicos, enquanto trabalhadores da Administração Pública (artigo 269, n.° 1 e n.° 2, CRP), gozam igualmente do direito de desenvolver actividade sindical nos seus locais de trabalho, incluindo o direito de reunião laboral [cfr. artigo 55, n.° 2, al. d) CRP][84].

Existem outros lugares públicos abertos ao público, incluindo serviços administrativos, estabelecimentos de saúde, escolas, museus e edifícios históricos, *etc.*. Serão, claro está, permitidas reuniões restritas para efeitos de utilização colectiva dos serviços, desde logo, quando tal seja necessário (como nas escolas, com a leccionação em turmas) e podem mesmo ser legítimas reuniões privadas nos termos de regulamento ou práticas administrativas que não afectem ou se enquadrem nos fins do serviço.

Finalmente, as entidades públicas podem ainda encontrar-se sujeitas a um dever de abrir alguns edifícios públicos com vista à realização de reuniões.

Assim, a legislação eleitoral estabelece o dever de o Governador civil ou Presidente da Câmara ceder edifícios públicos em tempo de campanha eleitoral para que possam ser utilizados durante esta[85]. Também nestes

---

apenas se aplica a pessoas que se encontrem no interior do edifício, sua sede, não àqueles que se encontrem no exterior numa manifestação e que, mesmo forçados a manter uma distância de 100 metros (artigo 13 da Lei sobre o Direito de Reunião), tenham capacidade vocal para incomodar com as suas palavras de ordem o funcionamento do órgão. Precisamente porque este tipo penal apenas se aplica à situação específica de quem se encontre num edifício público e não em relação aos direitos de reunião e de manifestação em geral, sob pena de ser inconstitucional, pelo menos na parte das "vozearias".

[84] Sobre o direito de reunião no local de trabalho, incluindo em serviços públicos, vide, *infra*, parág. 5.2.2.3.

[85] Assim, o artigo 59 da Lei Eleitoral do Presidente da República (aprovada pelo Decreto-Lei n.° 319-A/76, de 3 Maio, com sucessivas alterações, as últimas das quais pelas Lei Orgânica n.° 4/2005, de 8 Setembro, e a Lei Orgânica n.° 5/2005, de 8 Setembro) estabelece: "Os governadores civis procurarão assegurar a cedência do uso para os fins da campanha eleitoral de edifícios públicos e recintos pertencentes ao Estado e outras pessoas colectivas de direito público, repartindo com igualdade a sua utilização pelos concorrentes". O mesmo regime consta do artigo 68 da Lei Eleitoral da Assembleia da República (aprovada pela Lei n.° 14/79, de 16 Maio, alterada por diversas vezes, as últimas das quais pelas Lei Orgânica n.° 1/99, de 22 Junho e a Lei Orgânica n.° 2/2001, de 25 Agosto) e do artigo 63 da Lei Eleitoral dos Órgãos das Autarquias Locais (aprovada pela Lei Orgânica n.° 1/2001, de 14 de Agosto, com as alterações introduzidas pela Declaração de Rectificação n.° 20-A/2001, de 12 Outubro, pela Lei Orgânica n.° 5-A/2001, de 26 Novembro, pela Lei Orgânica 3/2005, de 29 Agosto e ainda pelo Acórdão do Tribunal Constitucional n.° 243/2002, de 25 Junho). Vide igualmente o artigo 9 da Lei sobre o Direito de Reunião.

48 Os Direitos de Reunião e de Manifestação no Direito Português

casos, o acesso a tais locais depende de uma decisão destes órgãos cujo conteúdo não é estritamente vinculado, sem prejuízo de o grau de vinculação pode ser intensificado em função das circunstâncias[86], podendo ser condicionada ao cumprimento de determinados termos de uso que visem salvaguardar o edifício. Ou seja, mesmo depois de cedido o edifício, o seu proprietário público (tal como o proprietário privado em relação aos lugares meramente abertos ao público) mantém um direito de intervenção superior ao que lhe é conferido em relação a reuniões sujeitas ao regime geral do direito de reunião[87].

Por outro lado, tendo igualmente presente a referida limitação espacial constitucional aos lugares abertos ao público, de fora do âmbito de protecção constitucional ficam também as reuniões em propriedades públicas cujo acesso ao público em geral tenha sido vedado em função de objectivos atendíveis, como a protecção da fauna e flora, a salvaguarda de património histórico, a prevenção de incêndios, *etc.*. Nestes espaços, o seu exercício poderá ficar dependente de uma verdadeira licença.

Em qualquer caso, o princípio geral é o de que o direito de reunião se aplica em qualquer espaço em que o direito de deslocação pedonal se aplique. Por outro lado, por confronto com o artigo 45, é possível concluir que

---

[86] Como sublinha I. Mikešic, *Versammlungs- und Demonstrationsrecht* (…), cit., pág. 791.

[87] Refira-se, contudo, em sentido contrário, a opinião da Comissão Nacional de Eleições que sustentou: "As autoridades administrativas, e os governadores civis em particular, não têm competência para regulamentar o exercício das liberdades públicas e em especial o exercício da liberdade de reunião. O art. 9.° do Decreto-Lei n.° 406/74 tem de ser entendido como conferindo um poder-dever de indicar recintos para reuniões que ampliem as possibilidades materiais do exercício de tal direito. Não pode, pois, ser interpretado no sentido de permitir a limitação de direitos por autoridades administrativas, sob pena de, nessa hipótese, ter de ser considerado como violando o art. 18.° n.° 2 da C.R.P" (citada por Maria Abrantes Mendes/Jorge Miguéis, *Lei Eleitoral Da Assembleia Da República, Actualizada, Anotada e Comentada*, Lisboa, 2005, anotação ao artigo 59).

Contudo, por um lado, a reserva de lei não exclui a emanação de normas regulamentares executivas. Em rigor, poderá nem sequer se tratar de um regulamento, mas de um acto administrativo genérico, aplicável apenas em relação àquele edifício e para aquela reunião. Por outro lado, parece estranho permitir à entidade que, com alguma latitude, conceda ou não determinado espaço e não lhe permitir estabelecer alguns limites estritamente necessários para salvaguardar o edifício. Por exemplo, permitir o acesso a um piso, mas não a outros; proibir o porte de certos objectos susceptíveis de provocar danos no edifício; estabelecer um limite quanto ao número de pessoas que pode aceder e um limite temporal derivado da necessidade de estar presente algum funcionário para encerrar a instalação e fiscalizar o cumprimento dos termos estabelecidos, *etc.*.

o direito de deslocação também apenas se aplica em espaços abertos ao público. Assim, este último direito não tutela necessariamente a deslocação por determinados espaços em concreto e muito menos tutela as deslocações em linha recta, cruzando espaços públicos e privados indiscriminadamente. Este protege o direito individual de ir de um local para o outro, no sentido de que os destinatários deste direito têm o dever de não impedir tal deslocação, de a inviabilizar de facto ou de a tornar excessivamente penosa.

Por força da sua obrigação de criar condições para o gozo dos bens protegidos pelos direitos individuais, o Estado tem mesmo o dever de garantir a viabilidade prática em condições minimamente aceitáveis do direito de deslocação por meio da criação de vias adequadas. Mas tal não impede que possa afectar vias de circulação a outros fins constitucionalmente atendíveis[88], mesmo que isso deva ser considerada uma ablação no direito de deslocação e, eventualmente, também no direito de reunião, que, enquanto acto administrativo, deve ser regulada por critérios legalmente estabelecidos que respeitem as exigências previstas no artigo 18 CRP[89].

2.4. Âmbito de acção

Se as pessoas são titulares de um direito fundamental a reunir-se para qualquer fim sem interferência, tal não significa que a prática de actos na reunião seja objecto necessariamente de um direito, liberdade e garantia.

2.4.1. *Um direito geral à liberdade?*

Não obstante constituir uma figura fortemente apelativa, entende-se que a Constituição Portuguesa não consagra um direito fundamental à liberdade que proteja constitucionalmente em geral as actividades humanas.

---

[88] Neste sentido: Giuliano Amato, *Individuo e Autorità nella Disciplina della Libertà Personale*, Milano, 1976, pág. 311, nota 10.

[89] A localização de vias de circulação automóvel tem sido fonte de contínuos protestos, normalmente de uma perspectiva extra-jurídica. Mas resulta claro que alterações de vias que agravem fortemente o isolamento de localidades, tornando mais difícil o acesso a estas, podem constituir violações deste direito, liberdade e garantia. Mais difícil será invocá-lo para exigir a criação de saídas de acesso a localidades em novas vias. Nestes casos, não existe uma alteração das condições previamente existentes, mas apenas uma restrição no acesso a uma nova via que pode eventualmente ser justificada pelas dimensões escassas da localidade e dos encargos que tal novo acesso criaria.

Assim, retira-se do artigo 27 que a liberdade tutelada constitucionalmente é simplesmente o direito de não ser confinado a um espaço limitado[90].

Segundo se julga, não é possível afirmar que esta interpretação esvazia o amplo direito à liberdade conferido pelo artigo 27, n.° 1, reduzindo-o aos termos limitados previstos pelo artigo 27, n.° 2, onde, aqui sim, estaria em causa um direito a não ser confinado[91]. Salvo indicação

---

[90] Neste sentido: G. Canotilho/V. Moreira, *Constituição* (…), cit., pág. 184; G. Canotilho, *Direito Constitucional* (…), cit., pág. 1259.

Em sentido divergente, sustentando que este preceito consagra um direito geral de liberdade: R. Capelo de Sousa, *A Constituição e os Direitos de Personalidade*, em *Estudos sobre a Constituição* (org. J. Miranda), Volume II, Lisboa, 1977, págs. 93-196, na pág. 189, nota 211; David Duarte, *Os argumentos da interdefinibilidade dos modos deônticos em Alf Ross*, em *Revista da Faculdade de Direito da Universidade de Lisboa*, Volume XLIII, n.° 1, 2002, pág. 257-282, na pág. 273-274 e nota 62 e em *A Norma de Legalidade Procedimental Administrativa*, Coimbra, 2006, pág. 762 e nota 2.

Em relação à Constituição italiana, no sentido de que se trata de um direito a não ser confinado: C. Mortati, *Istituzioni* (…), cit., pág. 838; Alessandro Pace, *Libertà Personale (Diritto Costituzionale)*, em *Enciclopedia del Diritto*, Volume XXIV, Milano, 1974, pág. 291 e segs., parág. 3; Paolo Caretti, *Libertà Personale*, em *Digesto delle Discipline Pubblicistiche*, Volume IX, Torino, 1994, pág. 231-253, na pág. 234.

E, em sentido paralelo, embora compreendendo igualmente limitações ao direito de deslocação, em relação aos artigos 2, n.° 2, e 104, n.° 1, da Lei Fundamental alemã: Christoph Gusy, *Freiheitsentziehung und Grundgesetz*, *Neue Juristische Wochenschrift*, 1992, Heft 8, 457-463, na pág. 457-458 e 460.

[91] O artigo 27, n.° 2, proíbe não apenas a privação total, mas igualmente a privação parcial da liberdade. Esta noção deve ser aproximada da de restrição da liberdade. Assim, a Constituição confronta a noção de privação e a de restrição da liberdade nos artigos 30, n.° 1 e n.° 2, e 33, n.° 4. Não é líquida a razão de ser da diferença de terminologia. Uma solução seria considerar como privações parciais as ablações parciais individuais e concretas da liberdade e como restrições as compressões parciais na norma atributiva do direito. Claramente, no artigo 27, n.° 2, privação parcial refere-se a uma ablação parcial (individual e concreta). Mas nos outros dois preceitos, "privativa" reporta-se ao plano geral e abstracto.

Em qualquer caso, quer no caso de privação, quer no caso de restrição/privação parcial da liberdade, deverá estar em causa o confinamento ou não a um dado espaço. Exemplos de privações parciais/restrições directas serão a imposição de detenção em determinados dias ou períodos do dia. Mas é admissível que se considere como restrições a este direito igualmente aquelas de que depende o não confinamento, como apresentações periódicas e outros condicionalismos [assim: G. Canotilho/V. Moreira, *Constituição* (…), cit., pág. 185], visto que a sua violação implicará uma privação total deste direito. Só desta perspectiva será possível integrar na noção de privação parcial da liberdade também restrições a outros direitos, como o direito de deslocação ou de escolha de uma profissão

em contrário, é contrário a regras consensuais da Interpretação entender que o sentido em que o termo liberdade é utilizado no n.° 1 é mais amplo do que o sentido utilizado no n.° 2. Ora, resulta do confronto do n.° 2 e do n.° 3 que a liberdade que está em causa é apenas a de não ser confinado. De outro modo, excepto nos casos admitidos no seu n.° 3, nenhuma ordem administrativa seria vinculativa, visto que todas estas afectariam o "direito geral à liberdade", quando o n.° 2 apenas permite que esta liberdade seja limitada por decisão judicial, mesmo que em execução de lei que proíba a actividade em causa. Assim, o n.° 2 do artigo 27 limita-se a afirmar que a liberdade conferida pelo n.° 1 pode ser sujeita a uma ablação por intermédio de uma decisão judicial[92].

[neste sentido: Tribunal Constitucional, Acórdão 7/87, de 9 de Janeiro de 1987, em Diário da República, I Série, n.° 33, suplemento, de 9 de Fevereiro de 1987, pág. 504 (1-22), na pág. 504 (10-11)], mesmo se estas serão primariamente restrições destes últimos, que só faz sentido integrar nesta noção por serem impostos por um acto judicial a um determinado indivíduo cuja violação implica confinamento. A relevância desta integração será a sujeição da sua adopção a sentença judicial nos termos deste artigo 27, n.° 2, condenatória "pela prática de acto punido por lei com pena de prisão ou de aplicação judicial de medida de segurança".

Seja como for, só indirectamente será possível integrar nesta noção de privações parciais da liberdade ablações que não incidam sobre a liberdade enquanto direito a não ser confinado. Não é possível, pois, ver nesta proibição de privações parciais qualquer consagração de um direito amplo de liberdade no artigo 27.

[92] Os trabalhos preparatórios confirmam este entendimento.

A propósito da rejeição de um aditamento ao artigo 16, n.° 1, que permitiria que a denominada cláusula aberta passasse a compreender igualmente direitos decorrentes "da inviolabilidade da pessoa humana", o deputado Carlos Mota Pinto declarou: "Só podemos entender que está a restringir um direito dentro da concepção **da existência de um amplo direito de liberdade que nós temos, mas que não é a que está realmente na técnica da Constituição.** Se formos ver os direitos que estão aqui previstos nos artigos 13.° do projecto e seguintes, **não está nenhum** direito que se possa dizer restringido pela inclusão desse dever. Estaria, se houvesse uma cláusula geral que apelasse para a dignidade humana ou para o **direito geral de liberdade**" e que "**Os direitos previstos são** o direito à vida, à integridade moral e física, **o direito à liberdade física (o direito de não ser preso)**, etc., e **não este direito geral à liberdade,** o direito geral ao respeito da personalidade que nós admitiríamos, mas **que não foi admitido**" (cfr. *Diário da Assembleia Constituinte*, n.° 35, 22 de Agosto de 1975, pág. 950 e 953).

É certo que o deputado José Luís Nunes respondeu que a "concepção de liberdade do homem como sujeito inato de direitos aparece já consagrado no artigo 1.° da Constituição. (…) «Portugal é uma República soberana baseada na dignidade da pessoa humana.» Quando se pôs aqui a dignidade da pessoa humana, das duas uma: ou se pós uma fórmula

52   *Os Direitos de Reunião e de Manifestação no Direito Português*

Não parece que a consagração, na Revisão Constitucional de 1997, do direito ao desenvolvimento da personalidade (artigo 26, n.° 1) altere esta conclusão quanto à inexistência de um direito fundamental geral à liberdade. Com efeito, julga-se que aquele apenas compreende um espaço de liberdade em relação a factores essenciais àquele desenvolvimento e não actividades secundárias e muito menos banais[93].

A circunstância de este direito ser interpretado jurisprudencialmente no sentido de compreender um direito geral à liberdade à luz da Lei fundamental alemã[94] não se afigura fundamento bastante para acolher este último entendimento[95], até porque os trabalhos preparatórios apontam no

---

vazia e sem sentido, o que não é o caso, ou se define um principio geral que é o princípio da dignidade da pessoa humana" [cfr. *Diário* (…), cit., pág. 953].

Trata-se de afirmações que apoiam a possibilidade, consagrada pelo Tribunal Constitucional, de retirar do princípio da dignidade humana (e do princípio do Estado de Direito) outros direitos fundamentais essenciais ao respeito por esta (assim, designadamente, o Acórdão n.° 130/88, de 8 de Junho de 1988; em *Diário da República*, II Série, n.° 205, de 5 de Setembro de 2005, págs. 8101-8107, na pág. 8105, parág. 9, em relação ao direito de impedir o uso de partes do corpo depois da morte), mas não um direito geral à liberdade.

[93] Ver, contudo, a defesa de que este direito compreende um direito à liberdade geral de acção, mesmo se não esclarecem se compreende acções banais, em Paulo Mota Pinto, *O Direito ao Livre Desenvolvimento da Personalidade*, em *Portugal – Brasil Ano 2000*, Coimbra, 1999, págs. 149-246, na pág. 168, 171 e 200-205; Sérvulo Correia, *Direitos Fundamentais – Sumários*, Lisboa, 2002, pág. 39-40; N. Pinto Oliveira, *O Direito Geral de Personalidade e a "Solução de Dissentimento"*, Coimbra, 2002, pág. 83-85; R. Novais, *As Restrições* (…), cit., pág. 591-593.

[94] Assim, entre várias outras sentenças no mesmo sentido, o Tribunal Constitucional federal alemão entendeu que este direito geral de liberdade tutela qualquer actividade humana independentemente do seu papel no desenvolvimento da personalidade ("Geschützt ist damit nicht nur ein begrenzter Bereich der Persönlichkeitsentfaltung, sondern jede Form menschlichen Handelns ohne Rücksicht darauf, welches Gewicht der Betätigung für die Persönlichkeitsentfaltung zukommt"), que a sua limitação a esferas restritas da vida pessoal colocaria problemas de delimitação de difícil resolução prática ("Eine Einschränkung etwa auf die Gewährleistung einer engeren, persönlichen, wenn auch nicht auf rein geistige und sittliche Entfaltung beschränkten, Lebenssphäre oder nach ähnlichen Kriterien würde überdies schwierige, in der Praxis kaum befriedigend lösbare Abgrenzungsprobleme mit sich bringen"), tendo concluído que andar a cavalo constitui uma actividade protegida [cfr. BVerfGE 80, 137 – *Reiten im Walde*, C-I-1a) e b); texto em http://www.oefre.unibe.ch/law/dfr/bv080137.html].

[95] Na Doutrina alemã, esta posição está longe de ser unânime, mesmo se é largamente maioritária; em defesa de um amplo direito à liberdade: Robert Alexy, *A Theory of Constitutional Rights* (trad. ed. alemã), Oxford, 2004 (reed. 2002), pág. 225; Hans D. Jarass, *Das allgemeine Persönlichkeitsrecht im Grundgesetz, Neue Juristische*

sentido de o legislador constitucional se ter inspirado igualmente no Direito Espanhol[96], onde este direito tem sido interpretado em termos bem mais limitados[97]. Em qualquer caso, os debates parlamentares não apoiam

---

Wochenschrift, 1989, Heft 14, págs. 857-862, na pág. 857 (considera a jurisprudência do Tribunal Constitucional na matéria como um dado adquirido). Vide, contudo, no sentido da exclusão dos actos banais ou irrelevantes para o livre desenvolvimento da personalidade do âmbito de protecção deste direito: Gunnar Duttge, *Freiheit für alle oder allgemeine Handlungsfreiheit, Neue Juristische Wochenschrift*, 1997, Heft 50, págs. 3353-3355, na págs. 3354-3355; A. Tschentscher, *Examenskurs Grundrechte* (…), cit., pág. 66-67. E considerando o preceito tautológico, sem grande sentido útil, embora por entender que o limite "Ordem constitucional" estabelecido pelo artigo 2, n.º 1, remete igualmente para a legislação concretizadora: Waldemar Schreckenberger, *Semiótica del Discurso Jurídico: Análisis Retórico de Textos Constitucionales y Judiciales de la República Federal de Alemania* (trad. ed. alemã), México, 1987, pág. 78-79, 83, 86 e 106-107. Vide igualmente Winfried Brohm, *Die Funktion des BVerfG – Oligarchie in der Demokratie, Neue Juristische Wochenschrift*, 2001, heft 1, págs. 1-10, na pág. 4, que considera que, optando por uma interpretação ampla do âmbito de protecção deste direito, como incluindo igualmente actos banais, o Tribunal Constitucional alemão arrogou-se a competência sobre o controlo efectivo da constitucionalidade de todos os actos, visto que a grande maioria destes o restringem em alguma medida.

[96] Vide, *infra*, neste parágrafo, nota 98.

[97] Assim, tendo presente o artigo 10, n.º 1, da Constituição espanhola, o respectivo Tribunal Constitucional tem considerado que este direito tutela uma esfera de liberdade em questões íntimas ou privadas em geral, constituindo uma medida de protecção da privacidade e dos restantes direitos de personalidade. Por exemplo, a propósito de danos provocados por poluição sonora, entendeu que: "los derechos a la integridad física y moral, a la intimidad personal y familiar y a la inviolabilidad del domicilio han adquirido también una dimensión positiva en relación con el libre desarrollo de la personalidad, orientada a la plena efectividad de estos derechos fundamentales" e que "la intimidad personal y familiar (art. 18.1) (…) hace referencia a un ámbito de la vida de las personas excluido tanto del conocimiento ajeno como de las intromisiones de terceros, y que la delimitación de este ámbito ha de hacerse en función del libre desarrollo de la personalidad" (cfr. Sentencia de 23 de Febrero de 2004, recurso 1784/1999, ponto II, 2; texto disponível em http://www.ruidos.org/Jurisprudencia/TC_040223.html).

Vide igualmente a sua chamada de atenção para o "peligro que para las personas puede derivarse de eventuales actuaciones concretas de determinadas sectas o grupos que, amparándose en la libertad religiosa y de creencias, utilizan métodos de captación que pueden menoscabar el libre desarrollo de la personalidad de sus adeptos" (cfr. Sentencia de 15 de Febrero de 2001; texto disponível, designadamente, em http://www.cesnur.org/2001/moon_march01.htm).

Por aparente inspiração espanhola, este direito foi consagrado em outras Constituições latino-americanas, em que tem sido igualmente interpretado em termos limitados. Assim, o Tribunal Constitucional da Colômbia, à luz do artigo 16 da Constituição que atribui este direito, sustentou em relação a opções de orientação sexual e disciplina institucio-

54   *Os Direitos de Reunião e de Manifestação no Direito Português*

a ideia de que se tenha pretendido consagrar um direito geral de liberdade[98]. A consagração do direito na Constituição portuguesa enquanto

---

nal e educativa: "El derecho al libre desarrollo de la personalidad afirma la autonomía de cada ser humano como individuo único e irrepetible, cuyas tendencias y naturales inclinaciones merecen respeto en tanto no impliquen daño a otros o a la colectividad" (cfr. Sentencia T-037/95, 6 de febrero de 1995; texto em http://www.cajpe.org.pe/rij/bases/juris-nac/co6.htm). E ainda que "El libre desarrollo de la personalidad se armoniza con las libertades de pensamiento y de expresión, por cuanto es la decisión de expresar, en el propio vivir de la persona, una determinación de su modo de ser en la convivencia humana; mientras tal determinación sea libre, y como culminación de un proceso voluntario en una decisión, y no atente contra el derecho ajeno, tiene que ser respetado y protegido por el orden jurídico establecido" (cfr. Sentencia No. T-569/94, 7 de diciembre de 1994; texto em http://www.cajpe.org.pe/rij/bases/juris-nac/co7.htm).

Também o Tribunal Constitucional da Bolívia afirmou que o "libre desarrollo de la personalidad, (…) significa que toda persona puede hacer lo que desee en su vida y con su vida sin que la Sociedad o el Estado puedan realizar intromisiones indebidas **en dicha vida privada**; pues se entiende que toda persona tiene la absoluta libertad de ejercer sus derechos de la forma que más convenga a sus intereses, con la sola condición de no lesionar el interés colectivo o los derechos de las demás personas" (cfr. Sentencia Constitucional 0515/2004-R, 7 de abril de 2004, III3; texto disponível em http://www.tribunalconstitucional.gov.bo/resolucion9141.html).

[98] Assim, ao apresentar na Comissão Eventual de Revisão Constitucional o projecto de aditamento do direito ao desenvolvimento da personalidade, o deputado Alberto Martins declarou: "esta proposta (…) tem por objectivo retomar a ideia de que o livre desenvolvimento da personalidade **íntima** (e das orientações, das vontades e das opções de quem quer que seja, que, aliás, creio ser uma **consagração oriunda da Constituição espanhola**) não pode ser objecto de uma menor-valia do cidadão. Por isso, aquilo que se pretende consagrar é a **não discriminação das diferenças em função do tal livre desenvolvimento da personalidade íntima e das opções das pessoas, de qualquer natureza**." (cfr. *Diário da Assembleia da República – II Série Revisão Constitucional*, VII Legislatura, n.° 19, 11 de Setembro de 1996, pág. 439).

O deputado Calvão da Silva pareceu circunscrever a relevância deste direito à tutela geral da personalidade: "Quanto ao desenvolvimento da personalidade, (…) o Código Civil foi melhor do que qualquer Constituição ao consagrar o direito geral de personalidade num dos seus artigos, o que permite afastar aquela ideia de numerus clausus dos vários direitos enumerados em sede constitucional. Assim, (…) transpõe para a Constituição aquilo que a lei, no Código Civil, já bem consagrara" [cfr. *Diário* (…), cit., pág. 490].

O Deputado José Magalhães declarou: "o direito ao desenvolvimento da personalidade (…) tem implicações extremamente positivas, **de não discriminação de diferenças comportáveis**" [cfr. *Diário* (…), cit., pág. 492]. Posteriormente, o mesmo deputado teria a declaração mais lata sobre este direito, mas em directa conexão com a personalidade: "o que vamos é **transpor para o Direito português a riquíssima hermenêutica e doutrina constitucional que se tem vindo a desenvolver na Alemanha em torno da respectiva Lei Fundamental**. Trata-se de, em **relação ao conjunto de características a que** chamamos **personalidade da pessoa humana**, assegurar a cada um, com a natureza de direito fundamental, a possibilidade **da mais plena livre expansão**, compatível, naturalmente, com a vida em sociedade" e "no quadro constitucional marcado pelos artigos 1.º e 2.º relativos à dignidade da pessoa humana, assegurar a cada um uma **livre expressão e desenvolvimento das suas melhores potencialidades. Trata-se de um direito expansivo**, mas de um direito num mundo e numa galáxia integrada que é a galáxia dos direitos fundamentais" (cfr. *Diário da Assembleia da República – II Série Revisão Constitucional*, VII Legislatura, n.º 77, 11 de Abril de 1997, pág. 2228-2229).

No Plenário, o deputado Alberto Martins afirmou que se tratava de "um direito que tem imensas virtualidades, as mais distintas, até, eventualmente, as que estão contidas **na Constituição espanhola** relativamente aos direitos de **desenvolvimento da personalidade íntima**" (cfr. *Diário da Assembleia da República – II Série Revisão Constitucional*, VII Legislatura, n.º 94, 16 de Julho de 1997, pág. 3380).

E o deputado Pedro Roseta declarou "É evidente que para que tal desenvolvimento da personalidade exista tem de englobar os aspectos políticos, sociais, económicos, culturais e ambientais. Mas sublinha-se o direito ao desenvolvimento livre da personalidade, dentro da ideia de que cada ser humano é, por essência, único e irrepetível. Na verdade, quando se discrimina alguém está a atacar-se o seu direito ao livre desenvolvimento da personalidade." [cfr. *Diário* (…), cit., pág. 3395-3396].

Na introdução realizada no Plenário sobre este direito, o deputado José Magalhães afirmou: "é uma norma cujas fontes são públicas e confessas (…): **por um lado, a Constituição espanhola de 1978, na parte em que protege a chamada «personalidade íntima»; por outro, a Lei Fundamental de Bona, na parte em que diz que todos têm direito ao livre desenvolvimento da sua personalidade** (…). É, no fundo, o direito que cada um de nós tem a ser um ente único e irrepetível, distinto ou igual aos demais, consoante delibere, queira e consiga (…); o direito de autodeterminação, ou seja, o direito a escolher livremente o **destino pessoal** e a decidir livremente em situações de conflito que são **fulcrais** para a concretização da existência humana, inclusive algumas relacionadas com a própria vida, a sua continuação ou a sua interrupção, em determinadas situações-limite. Por outro lado, a consagração deste direito implica que ao legislador **não cabe proteger os cidadãos contra si próprios** e impor-lhes paradigmas unidimensionais de comportamento digno, em nome daquilo a que poderia chamar-se a boa personalidade, (…) ao contrário do que diz a Lei Fundamental de Bona, não sentimos necessidade de aludir, como limite a este direito, aos direitos dos outros, à moral ou à ordem constitucional, mas é evidente que há limites implícitos ao seu exercício (…). **Por isso, não seguimos pelo caminho alemão nem pelo caminho espanhol, seguimos o nosso próprio caminho**" [cfr. *Diário* (…), cit., pág. 3396-3397].

Em suma, apesar de declarações no sentido da importação da jurisprudência alemã e de se tratar de um direito expansivo (em relação a questões de personalidade), nenhum deputado fez qualquer referência expressa a estar a consagrar um direito fundamental que tutelasse todas as actividades humanas, incluindo as secundárias ou as banais. Aliás, fica a ideia de que não tiveram consciência de que este direito, à luz da jurisprudência alemã,

56 *Os Direitos de Reunião e de Manifestação no Direito Português*

mero direito ao desenvolvimento da personalidade e não direito ao **livre** desenvolvimento[99-100] terá traduzido precisamente essa sua natureza limitada[101-102].

---

tem tal implicação. Pelo contrário, as declarações foram no sentido de restringir o direito à tutela da personalidade nos aspectos íntimos ou privados e à protecção das decisões fulcrais ou relacionadas com o desenvolvimento da personalidade.

[99] Como se encontra consagrado no artigo 2, n.º 1, da Lei Fundamental alemã, com enorme destaque, sob a epígrafe "direitos de liberdade".

[100] A omissão não constituiu um lapso e provocou algum debate. Perante uma designação por parte do deputado Calvão da Silva do direito como "direito ao livre desenvolvimento da personalidade", a deputada Odete Santos retorquiu "Não está lá escrito "livre"". O Presidente da Comissão declarou: "O "livre" é uma invenção do Sr. Deputado Calvão da Silva". Ao que este afirmou: "Mas está no texto alemão!". O Presidente respondeu "Mas não é o texto alemão que estamos a votar, Sr. Deputado! Estamos a votar o texto português!". O deputado Calvão da Silva acrescentou então "Não está aqui mas poderia estar! Aliás, só se ganharia com isso! Porque o livre desenvolvimento da personalidade tem a seguir, no texto alemão, três limites, e é com esse sentido que voto este texto, isto é, com esses limites, porque, mesmo não estando aqui, vão-se integrar, obviamente, como limites dentro do sentido global e geral da Constituição".

Assim, é possível que alguns deputados tenham entendido que a omissão do "livre" se deveu à não referência a quaisquer limites expressos a este direito.

Ainda assim, a deputada Isabel Castro ainda avançou outra justificação, ao declarar que se o direito se limitava a "falar do desenvolvimento da personalidade, e se não fala do livre desenvolvimento da personalidade é porque, em nossa opinião, os constrangimentos do ponto de vista social, os interditos culturais continuam a inviabilizar, e na prática a impedir, a livre expressão da personalidade nas suas múltiplas nuances e na complexidade com que é caracterizada nos seres humanos." (cfr. *Diário da Assembleia da República – II Série Revisão Constitucional*, VII Legislatura, n.º 77, 11 de Abril de 1997, pág. 2228-2229).

Em qualquer caso, não sendo clara a intenção subjacente, objectivamente, o direito sofreu uma diminuição no seu âmbito de protecção com a omissão do "livre".

[101] As referências que o Tribunal Constitucional português fez ao direito ao desenvolvimento da personalidade são compatíveis com qualquer dos dois entendimentos ["o direito ao **livre** desenvolvimento da personalidade, **englobando a autonomia individual e a autodeterminação** e assegurando a cada um a liberdade de traçar o seu **próprio plano de vida** (...)"; cfr. Acórdão do Plenário, n.º 288/98, de 17 de Abril de 1998, parág. 49]. Para lá de ter compreendido a decisão da mulher em ser ou não mãe, que constitui uma opção fulcral na vida, por um lado, denominou-o direito ao livre desenvolvimento e considerou que este compreendia dimensões quanto à autodeterminação e liberdade; por outro, referiu-se à fixação do plano de vida, o que se afigura uma referência a escolhas fundamentais.

[102] Em Portugal, alguns autores têm-se pronunciado também a favor de interpretações bem mais limitadas deste direito: A. Sousa Pinheiro/M. Brito Fernandes, *Comentário à IV Revisão Constitucional*, Lisboa, 1999, pág. 111; Oliveira Ascensão, *A Reserva da*

Julga-se que uma interpretação limitada do direito ao desenvolvimento da personalidade encontra amparo em alguns preceitos da Constituição dos quais se retira que todos os direitos, liberdades e garantias se encontram consagrados como direitos com um conteúdo específico, sem que nenhum constitua um direito geral à liberdade.

Assim, a existir um direito geral à liberdade, a denominada cláusula aberta do artigo 16, n.º 1, faria escasso sentido. Este direito geral à liberdade retiraria toda a relevância a qualquer direito de liberdade específico constante de legislação ou norma de Direito Internacional, salvo se estes introduzissem novos pressupostos de exercício; o que forçaria a analisar a constitucionalidade destes pressupostos adicionais à luz deste direito geral. Igualmente não faria sentido a contraposição no artigo 165, n.º 1, entre a al. b), quanto aos direitos, liberdades e garantias, e as restantes alíneas. Na realidade, qualquer legislação nas matérias referidas nas outras alíneas afectaria de algum modo este direito geral à liberdade, ficando compreendida na al. b).

Como consequência, só a Assembleia da República poderia legislar [ou o Governo sob autorização, tendo em conta o artigo 165, n.º 1, al. b)], visto que praticamente todas as normas jurídicas seriam restritivas deste direito fundamental à liberdade abrangente. Seriam esvaziados de relevância jurídica, desde logo: o artigo 198, n.º 1, al. a) e c), relativos à competência legislativa própria e complementar do Governo; o artigo 199, al. c), em relação à competência regulamentar do Governo; o artigo 227, n.º 1, desde logo, as suas alíneas a), b) (dado que, no actual quadro jurídico introduzido pela Revisão de 2004, não são permitidas autorizações em matéria de direitos, liberdades e garantias), c) e d), os artigos 228 e 232, n.º 1, em relação aos poderes legislativos e regulamentares regionais; e os artigos 241 e 76, n.º 2, quanto à competência regulamentar das autarquias e, implicitamente, das universidades.

Em suma, o Governo deixaria de ser um órgão legislativo. A própria autonomia regional, na sua vertente político-legislativa, teria sido aniquilada pela introdução na revisão de 1997 do direito ao desenvolvimento da

---

Intimidade da Vida Privada e Familiar, em *Revista da Faculdade de Direito da Universidade de Lisboa*, Volume XLIII, n.º 1, 2002, pág. 9-25, na pág. 12, nota 1; Rui Medeiros/António Cortês, *Artigo 26*, em Jorge Miranda/Rui Medeiros, *Constituição Portuguesa Anotada*, Tomo I, Coimbra, 2005, pág. 280-295, na pág. 286-288; D. Duarte, *A Norma de Legalidade* (…), cit., pág. 762 e nota 2 (embora por encontrar base para o direito geral de liberdade no artigo 27, n.º 1).

58 *Os Direitos de Reunião e de Manifestação no Direito Português*

personalidade, em violação manifesta do artigo 288, al. o). Visto existir uma reserva de lei em matéria de direitos, liberdades e garantias, os regulamentos teriam praticamente passado a ser uma figura inconstitucional, violando a autonomia autárquica e universitária, constitucionalmente consagrada, bem como vedando a existência de regulamentos regionais.

Deste modo, quase todos os diplomas normativos com eficácia externa (decretos-leis não autorizados, decretos legislativos regionais e regulamentos), emanados desde a Revisão Constitucional de 1997, seriam formal e organicamente inconstitucionais. Ou então, ter-se-ia de entender que o artigo 165, n.° 1, al. b) não se aplicaria a este direito geral de liberdade, mas apenas aos restantes; mas não se encontra fundamento para esta excepção.

Assim, ou não existe um direito fundamental geral de liberdade ou, então, das duas, uma: ou só a Assembleia da República poderia legislar; ou deixariam de existir não apenas a reserva relativa de lei da Assembleia da República, mas igualmente a própria reserva de lei em matéria de direitos, liberdades e garantias, por força dos regulamentos[103].

Por outro lado, substancialmente, os restantes direitos, liberdades e garantias que compreendem liberdades seriam tautológicos ou então limitativos daquela liberdade geral, que seria meramente subsidiária, ao introduzirem novos pressupostos para o seu exercício[104]. Mas como existem preceitos relativos a direitos, liberdades e garantias que não introduzem qualquer pressuposto ou requisito adicional, a relevância destes pre-

---

[103] Claramente, uma mera flexibilização da reserva de lei quando estejam em causa restrições secundárias [proposta por R. Novais, *As Restrições* (…), cit., pág. 872-880, a pensar designadamente neste direito], não resolverá este problema e terá a agravante de minar a reserva de lei.

Tendo presente que raras serão as normas com eficácia em relação a particulares que não impliquem uma restrição, mais ou menos importante, neste direito geral de liberdade, entendido como liberdade geral de acção, mesmo em aspectos secundários ou banais, mais curial parece ser a solução de D. Duarte, *A Norma de Legalidade* (…), cit., pág. 816-817, que passa mesmo o certificado de óbito definitivo à reserva de lei, não apenas formal, mas também material. Da sua perspectiva, uma Região, um Município ou uma Faculdade pública, poderão, portanto, emanar legitimamente um regulamento disciplinando o núcleo de um direito, liberdade e garantia, desde que respeitem o regime material. Claro está, tal tese terá necessariamente de considerar como actos arbitrários, violadoras das atribuições destas entidades ou da competência de órgãos do Estado, as numerosas sentenças que consideram normas organicamente inconstitucionais nesta matéria.

[104] Função sublinhada por R. Alexy, *A Theory* (…), cit., pág. 248 e 256; D. Duarte, *Os argumentos* (…), cit., pág. 280; Paulo M. Pinto, *O Direito* (…), cit., pág. 205-206.

Âmbito

ceitos seria muito escassa, salvo o darem alguma ênfase adicional à sua protecção. Por exemplo, o direito de manifestação já se encontraria plenamente compreendido no direito geral de liberdade, visto que o artigo 45, n.º 2, não introduz qualquer pressuposto adicional.

Acresce que, proibindo o artigo 18, n.º 2, CRP a restrição de direitos, liberdades e garantias que não tenha por fim salvaguardar outros direitos e interesses constitucionais[105], não obstante a latitude de todos estes, seria impossível encontrar base para justificar as incontáveis normas vigentes,

---

[105] R. Novais, *As Restrições* (…), cit., pág. 609-620, nega relevância à distinção entre bens constitucionais ou aconstitucionais. Mas, para lá de tal constituir uma directa violação da letra do artigo 18, n.º 2 (que não parece incontornável, como a relativa à permissão expressa de restrições), os exemplos que refere em apoio não são convincentes, salvo o da salvaguarda de interesses de animais perante actos cruéis face à investigação científica, que é excelente; mas, das duas, uma: ou é possível reconduzi-los em certos casos aos valores ambientais a que se refere o artigo 66, n.º 2, al. g), ou a outro fundamento constitucional (no caso dos primatas, dada a ampla comunhão genética que têm com humanos, não repugna aplicar analogicamente o artigo 26, n.º 3, parte final, tendo presente a ênfase do preceito no plano genético), ou então, para legitimar tal norma, será necessária uma revisão constitucional, pois entretanto esta será inconstitucional. Em qualquer caso, uma proibição de experimentação científica em todos os animais seria claramente inconstitucional, não obstante a manifesta crueldade de praticamente todos estes actos.

Sublinhe-se, contudo, que se aceita que os direitos fundamentais susceptíveis de ser reconduzíveis ao artigo 16, n.º 1, são igualmente invocáveis para justificar restrições a direitos, liberdades e garantias, não obstante o artigo 18, n.º 2, como o autor também defende. Se a Constituição afirma que os direitos fundamentais que consagra não excluem outros consagrados nas leis, isso parece significar que nem o artigo 18, n.º 2, os deve excluir, desde que estes se enquadrem no sistema constitucional e tenham dignidade material para justificar restrições a direitos, liberdades e garantias formalmente constitucionais, à luz do princípio da proibição do excesso e do respeito do conteúdo essencial [mais longe vai Paulo Otero, *Direitos Históricos e Não Tipicidade Pretérita dos Direitos Fundamentais*, em Ab Vno Ad Omnes: *75 anos da Coimbra Editora – 1920-1995* (Org. A. Varela/F. Amaral/J. Miranda/G. Canotilho), Coimbra, 1998, pág. 1061-1090, na pág. 1082-1089, em casos de prática pacífica]. Não será possível invocar o artigo 16, n.º 2, para considerar que um direito consagrado numa lei manifestamente inconstitucional (pense-se numa lei que consagrasse o direito "fundamental" ao lock-out, em violação do artigo 57, n.º 4), se deve considerar como legitimado [também: Sérvulo Correia, *Direitos Fundamentais* (…), cit., pág. 40 e 44]. Mas os direitos fundamentais em sentido material são a única excepção que se admite, precisamente por ter base constitucional.

Que a exigência de carácter constitucional do bem a salvaguardar não é irrelevante retira-se, por exemplo, da defesa da inconstitucionalidade da proibição do ultraje a bandeiras regionais. Mesmo que fosse possível chegar à mesma conclusão com outros fundamentos, este é bem mais claro (vide, *infra*, parág. 7.2.5.3).

60   *Os Direitos de Reunião e de Manifestação no Direito Português*

que introduziriam restrições neste direito geral de liberdade, cuja razão de ser é salvaguardar bens sem consagração constitucional.

Finalmente, cabe questionar se, tendo o direito à liberdade, constante do artigo 27, n.º 1, sido historicamente interpretado em termos restritivos na história constitucional portuguesa, fará sentido interpretar revolucionariamente o sistema constitucional de direitos de liberdade por força da introdução discreta de um novo direito de personalidade[106], marginalizado no meio de outros, no artigo 26, n.º 1; contrariamente ao destaque de que goza na Lei Fundamental alemã. Com efeito, não obstante a liberdade ter sido consagrada em termos amplos pela Revolução Francesa[107], cedo Portugal se afastou desse entendimento[108]. Acresce que, pelo seu lado, a tradição anglo-saxónica foi claramente no sentido de restringir os direitos fundamentais às "liberdades e garantias básicas"[109].

Julga-se que não é possível invocar em sentido contrário o artigo 16, n.º 2, e os artigos 22, 26, n.º 2, e 29, n.º 1, da Declaração Universal dos Direitos Humanos[110]. Nestes preceitos da Declaração, o livre desenvolvimento da personalidade surge como livre formação da personalidade e não como direito geral de liberdade. E mais como uma consequência sociológica da realização dos restantes direitos e da vida em sociedade do que como um direito.

---

[106] Quer compreenda, quer não, um direito geral de personalidade e tivesse alguns afloramentos anteriores na Constituição, por influência da Declaração Universal dos Direitos Humanos.

[107] Recorde-se a consagração clara de um direito geral à liberdade constante do artigo 4 da Declaração Francesa de 1789 ("La liberté consiste à pouvoir faire tout ce qui ne nuit pas à autrui").

[108] Basta lembrar a definição legalista de liberdade constante do artigo 2 da Constituição de 1822, que a reduz a um mero direito de resistência contra ordens ou acções ilegais ("A liberdade consiste em não serem obrigados a fazer o que a lei não manda, nem a deixar de fazer o que ela não proíbe. A conservação desta liberdade depende da exacta observância das leis").

[109] Vide, por exemplo, John Rawls, *The Basic Liberties and Their Priority*, Harvard, 1981, pág. 3 ("Throughout the history of democratic thought the focus has been on achieving certain specific liberties and constitutional guarantees"). O mesmo tem sido sublinhado pelo Supremo Tribunal Federal norte-americano (cfr. Mattias Kumm, *Constitutional rights as principles: On the structure and domain of constitutional justice*, International *Journal of Constitutional Law*, Volume 2, No. 3, 2004, págs. 574-596, na pág. 583).

[110] "livre desenvolvimento da personalidade"; a tradução oficial portuguesa, de modo incrível, amputa a referência a este aspecto do artigo 22 da Declaração.

2.4.2. Actos protegidos e desprotegidos

Na falta de um direito geral à liberdade, a circunstância de uma reunião ser tutelada, seja qual for o seu fim (sem prejuízo de restrições introduzidas por força de outros bens constitucionais), não significa que os actos necessários para o prosseguir se encontrem tutelados ou sequer que possam ser adoptados.

2.4.2.1. Actos protegidos

É o acto de reunião em si que se encontra protegido, independentemente da intenção que levou as pessoas a reunir. Mas o direito de reunião em si não compreende todas as actividades (pacíficas) susceptíveis de serem realizadas em reunião. Tudo o que não for inerente ao mero acto de reunião, para ser constitucionalmente tutelado, necessita de ser objecto de um direito fundamental específico.

Neste sentido, o direito de reunião tutela o exercício em conjunto com outra, ou outras pessoas, dos restantes direitos fundamentais em locais públicos ou abertos ao público (e não apenas em locais privados, encerrados, com o consentimento do proprietário), bem como quaisquer outras actividades que não sejam proibidas[111]. Se se tratar de uma reunião

---

[111] Do mesmo modo, a Comissão Interamericana dos Direitos Humanos afirmou perante o Tribunal Interamericano: **"este derecho es de naturaleza instrumental, sirve de soporte al ejercicio de los demás derechos fundamentales"** [cfr. Corte Interamericana de Derechos humanos, *Caso Baena Ricardo y otros (270 Trabajadores vs. Panamá)*, Sentencia de 2 de febrero de 2001, parág. 144a]. Vide no mesmo sentido: B. Cenzano, *Derechos* (...), cit., pág. 182.

Outros autores que defendem igualmente que a reunião pode ter qualquer fim, sem perder protecção constitucional, têm enfrentado o mesmo problema com outras soluções, mas resultado idêntico. Assim, tem-se defendido que o direito de reunião, além de poder prosseguir qualquer fim, implica ainda o direito de praticar os actos necessários para o atingir no âmbito da reunião, mas que a lei poderia limitar determinados fins da reunião que não fossem objecto de um direito fundamental [neste sentido: A. Pace, *La Libertà* (...), cit., pág. 48-49 e 53; C. Mortati, *Istituzioni* (...), cit., pág. 875, nota 2]. Mas a solução faz pouco sentido. Atribui ao direito de reunião um âmbito excessivo, inserindo no seu seio actividades tuteladas por outros direitos. Permite restrições, por intermédio de lei mas sem grandes limites, de fins/acções supostamente integrados no seu âmbito e acaba por recorrer aos outros direitos fundamentais para impedir que a lei restrinja os fins/acções **abrangidos por estes**. Melhor será mesmo aceitar que o direito de reunião pode ser exercido com tais fins, mas a prática de actos de prossecução destes se faz por intermédio dos outros direitos fundamentais, sob pena de poder ser limitada.

62   *Os Direitos de Reunião e de Manifestação no Direito Português*

com fins religiosos, os actos praticados serão tutelados especificamente pela liberdade religiosa; se tiver fins de propaganda, serão protegidos pelo direito de manifestação; se tiver fins familiares, serão protegidos pelos direitos familiares; se tiver fins de mera comunicação, artísticos[112] ou científicos, pela liberdade de expressão e de criação artística e científica, *etc.*. Pelo contrário, por exemplo, os actos de comércio só gozam de uma limitada tutela no âmbito do direito de iniciativa privada; ainda menos protegidos se encontram os actos de caça. Ambos se encontram sujeitos a legislação específica.

Ou seja, se se trata de um puro acto de reunião com vista à prática de actos tutelados por um direito fundamental, no respeito do seu regime, estar-se-á perante uma actividade constitucionalmente protegida. Mas o mesmo não vale para as situações em que o acto de reunião constitui um simples meio para a prática de actos não tutelados, que extravasam o mero acto de reunir, que se revela perfeitamente secundário em relação a estes. Nestes casos, o facto de existir uma reunião não impede que a prática dos actos não tutelados fique sujeita ao seu regime próprio, que pode, porventura, impor alguma forma de autorização ou licença[113]. Com efeito, a cir-

---

Porque tais acções não se encontram no âmbito do direito de reunião, em rigor não é apenas a lei da Assembleia da República que as pode limitar.

Trata-se de solução acolhida pelo Tribunal Constitucional italiano quando referiu que este direito tutela actividades que "si concretano in puri fatti di riunione" (cfr. Sentenza n. 142, 12 Dicembre 1967; textos em http://www.cortecostituzionale.it/); vide igualmente no mesmo sentido: A. Carli, *Riunione (libertà di)*, cit., pág. 482-483 (embora cite em apoio A. Pace, mas não parece essa a posição do autor).

[112] O gozo simultâneo de bens tutelados por diferentes direitos fundamentais constitui uma realidade pacífica [também denominada acumulação, para o distinguir das situações de concorrência de direitos, em que um mesmo aspecto é compreendido por diferentes direitos: G. Canotilho, *Direito Constitucional* (…), cit., pág. 1268-1269; quanto à conjugação do direito de reunião e da liberdade de criação artística, vide, por exemplo: Sieghart Ott, *Versammlungsfreiheit contra Kunstfreiheit?*, *Neue Juristische Wochenschrift*, 1981, Heft 44, pág. 2397-2399, na pág. 2398].

[113] Assim, o Tribunal Constitucional italiano afirmou: "se la riunione, avente per oggetto un trattenimento di danza, di giuoco, di sport, ecc., è invece indetta in un pubblico locale da parte del titolare nell'esercizio della sua attività imprenditoriale. In tal caso non è il diritto di riunione quello che egli intende esercitare, bensì il diritto di libera iniziativa economica che gli consente di organizzare la propria azienda e di svolgervi le attività lecite inerenti alla sua impresa. Si è, cioè, non più nella sfera dei diritti dell'art. 17 della Costituzione, ma di quelli tutelati dall'art. 41, che, peraltro, ammettono limiti e controlli nel pubblico interesse" (cfr. Sentenza n. 56, 9 Aprile 1970; textos em http://www.cortecostituzionale.it/).

E ainda que "spettacoli e rappresentazioni, in fatti cioè destinati a terzi (spettatori),

Âmbito 63

cunstância de duas, ou mais pessoas, se reunirem para praticar um acto condicionado não o converte num acto incondicionado, tal como a prática em reunião de um acto ilícito não o torna lícito. A reunião não constitui uma forma de imunizar quaisquer actos ilícitos do seu regime jurídico normal[114].

Por conseguinte, este entendimento alargado do direito de reunião permite que sejam tuteladas constitucionalmente reuniões independentemente de estas visarem prosseguir um fim específico, como o de manifestar ideias. Mas não implica que, por serem possíveis reuniões com múltiplos fins, os actos necessários para os prosseguir se encontrem automaticamente tutelados. Uma coisa é ter um fim, outra é poder executá-lo.

Por outro lado, o âmbito de protecção deste direito compreende também a faculdade de instalar estruturas em local público (e, por maioria de razão, em local privado ou aberto ao público, desde que com o consentimento do titular deste), mas somente se estas se revelarem efectivamente necessárias para a prossecução do fim da reunião (e esta prossecução seja constitucionalmente tutelada)[115]. Assim, estando em causa um comício, em que seja de esperar elevada participação, faz sentido considerar que um palco será necessário. Normalmente, para atrair assistência, não basta que os oradores sejam ouvidos, é necessário igualmente que sejam vistos. Por maioria de razão, tal será necessário se o comício for antecedido por algum espectáculo. Igualmente, se for esperada chuva, será de admitir que se revele necessária uma estrutura que proteja os oradores. Se o número de

---

e che pertanto ricadono sotto la cosiddetta polizia dello spettacolo, nei limiti in cui questa è diretta alla tutela di beni costituzionalmente protetti; altre invece si concretano in puri fatti di riunione, per scopo di comune divertimento o passatempo. Tale è l'ipotesi della festa da ballo, la quale pertanto ricade interamente sotto il precetto dell'art. 17 della costituzione" (cfr. Sentenza n. 142, 12 Dicembre 1967; textos em http://www.cortecostituzionale.it/).

Destas sentenças decorre a ideia de que o carácter profissional e fim lucrativo da iniciativa degrada actividades praticadas em reunião em meras actividades empresariais, subtraindo-as, da perspectiva do organizador da actividade (mas não necessariamente dos assistentes), do âmbito da tutela do direito de reunião [em sentido paralelo: R. Borrello, *Riunione* (…), cit., pág. 1409; A. Carli, *Riunione (libertà di)*, cit., pág. 483].

[114] Neste sentido: R. Borrello, *Riunione* (…), cit., pág. 1410; Ulrich Battis/Klaus Grigoleit, *Rechtsextremistische Demonstrationen und öffentliche Ordnung – Roma locuta?*, *Neue Juristische Wochenschrift*, 2004, heft 48, pág. 3459-3462, na pág. 3462.

[115] Em termos paralelos: Wilhelm Kanther, *Zur „Infrastruktur" von Versammlungen- vom Imbissstand bis zum Toilettenwagen*, *Neue Zeitschrift für Verwaltungsrecht*, 2001, heft 11, págs. 1239-1243, na pág. 1242.

64   *Os Direitos de Reunião e de Manifestação no Direito Português*

participantes esperado for mesmo enorme, pode ser necessário admitir a instalação de um sistema de vídeo. Obviamente, em todos estes casos, terá de ser instalada uma estrutura básica de apoio a um sistema de som.

Pelo contrário, a instalação de estruturas que sejam meramente convenientes, mero instrumento para facilitar tal prossecução, não parece encontrar-se protegidas por este direito, ficando sujeitas a uma verdadeira licença administrativa. Será o caso de assentos, serviços de fornecimento de alimentos, sanitários, *etc.*.

A distinção entre estruturas necessárias e convenientes nem sempre será simples de realizar, contudo, a diferença não será drástica, visto que qualquer instalação de estruturas fica necessariamente sujeita a um aviso prévio, gozando as autoridades de alguma latitude para a recusar, quando tal tenha consequências negativas em terceiros ou no património público[116].

2.4.2.2. *Actos desprotegidos: violentos ou armados*

A Constituição exclui expressamente uma actividade do seio do âmbito de protecção, ao ponto de a prática destes actos por parte dos participantes poder, em determinados casos, subtrair a própria reunião à protecção do direito de reunião. Trata-se dos actos de violência.

Tal como a generalidade das Constituições e dos actos internacionais[117], esta exige o carácter pacífico da reunião, o que significa que uma reunião violenta se encontrará fora do âmbito do direito. É necessário, contudo, traçar a linha que legitima que a própria reunião e, portanto, todos os seus participantes, sofra globalmente consequências pela prática de actos violentos por alguns dos seus membros, impondo a sua interrupção. Como se verificará, tal apenas se revela legítimo quando os partici-

---

[116] Vide, *infra*, parág. 7.1.3.4 e 7.3.2.

[117] Assim, o artigo 21 do Pacto Internacional dos Direitos Civis e Políticos; Artigo 5, al. ix) da Convenção Internacional para a Eliminação de Todos as Formas de Discriminação Racial; artigo 11, n.º 1 da Convenção Europeia dos Direitos Humanos; artigo 15 da Convenção Americana dos Direitos Humanos; artigo 11 da Carta Africana dos Direitos Humanos e dos Povos; artigo 15 da Convenção das Nações Unidas sobre os Direitos da Criança; artigo 8 da Convenção Africana dos Direitos e Bem-estar da Criança.

A nível da União Europeia, registe-se com a mesma limitação quanto ao carácter pacífico, o artigo 12, n.º 1 da sua Carta dos Direitos Fundamentais de 2000; preceito que, com a sua incorporação com pontuais alterações na Parte II do Tratado Constitucional de 2004, passou a constituir o seu artigo II-72.

Âmbito 65

pantes violentos sejam em número tal que impossibilite a sua detenção ou dispersão sem afectar a continuidade da reunião[118].

Por outro lado, à luz de jurisprudência internacional aplicável em relação ao Estado português, algumas formas passivas de resistência em reuniões com fins de manifestação têm sido consideradas como compreendidas no âmbito de protecção destes direitos[119]. O que significa que a proibição de prática de actos violentos não se aplica a estas espécies de actos, sem prejuízo de estes poderem ser considerados como ilícitos por colisão com outros bens. Por outro lado, esta proibição também não implica a ilegitimidade do recurso a meios de resistência passiva ou mesmo defensiva no exercício do direito de resistência, designadamente, contra a execução de ordens de interrupção antijurídicas[120].

A exclusão de porte de armas numa reunião é também um corolário da desprotecção de reuniões violentas, constituindo uma forma de as prevenir. Por isso mesmo, deve-se entender que puros meios de defesa (como capacetes, escudos, coletes protectores ou mesmo máscaras antigás) não constituem armas, não podendo ser proibidas[121]. E que, por outro lado, excepcionalmente, são admissíveis reuniões armadas quando manifestamente o seu fim não seja a prática de actos de violência ilegítima. Pense--se numa reunião de caçadores que pretendem legitimamente caçar ou numa reunião de praticantes de esgrima ou tiro ao alvo.

Na noção de armas proibidas cabe qualquer espécie de objecto que possa ser utilizado com fins agressivos, mesmo objectos relativamente inofensivos, se for patente que foi esse objectivo que determinou o seu porte. A circunstância de um objecto não ter qualquer utilidade, tendo presente o fim da reunião, e poder ser utilizado como arma, pode legitimar

---

[118] Vide, *infra*, parág. 8.2.2.3.

[119] Ver, *infra*, parág. 3.4 e 7.1.3.3.

[120] Vide, *infra*, parág. 9.1.3.

[121] Neste sentido: G. Canotilho/V. Moreira, *Constituição* (…), cit., pág. 254; M. Sousa, *O Direito* (…), cit., pág. 10-11.

Na Doutrina estrangeira, H. Höllein, *Das Verbot rechtsextremistischer* (…), cit., pág. 635, exclui igualmente estes objectos da noção de armas proibidas, mas aceita que o legislador as possa proibir em reuniões a céu aberto, com base na permissão de introdução de restrições constante do n.º 2 do artigo 8 da Lei fundamental alemã; em sentido contrário, entende que estes objectos se integram na noção de armas, alegando que participantes que levam tais meios de protecção vão já preparados para se envolverem em violência: Rupert Scholz, *Rechtsfrieden im Rechtsstaat: Verfassungsrechtliche Grundlagen, aktuelle Gefahren und rechtspolitische Folgerungen, Neue Juristische Wochenschrift*, 1983, Heft 14, pág. 705-712, na pág. 711.

66 *Os Direitos de Reunião e de Manifestação no Direito Português*

a sua qualificação como tal. Assim, por exemplo, objectos que possam ser utilizados como arma de arremesso para provocar ou humilhar eventuais contramanifestantes, quando a sua presença não revele qualquer função útil pacífica à reunião. Esta interpretação extensiva da noção afigura-se legítima quando se trate de autorizar as forças de segurança a exigir a sua entrega e mesmo para efeitos de qualificação da reunião como armada; contudo, quando esteja em causa sujeitar os seus portadores a qualquer sanção penal pela mera posse, existe um enunciado exaustivo de armas aplicável, mais conforme com os critérios interpretativos vigentes no Direito Penal[122].

2.5. Conteúdo

Apurado em que termos se está perante uma reunião protegida, cabe determinar qual o conteúdo do direito de reunião; isto é, que faculdades jurídicas atribui ao seu titular.

2.5.1. *Introdução teórica*

Com vista a justificar a análise realizada do conteúdo do direito de reunião, apresenta-se algumas das premissas teóricas de que se parte.

Entende-se que um direito subjectivo implica sempre a (e depende da) existência de uma obrigação jurídica que recai sobre um ou mais terceiros, titulares passivos desta; obrigação esta estabelecida no interesse pessoal do titular activo do direito, que tem a faculdade de exigir algo àqueles. Que, consequentemente, não existem direitos sobre coisas ou sobre bens que não sejam um comportamento humano, mas meramente direitos em relação a comportamentos humanos relativos a determinadas coisas sobre as quais se reflecte um direito, como será o caso da proprie-

---

[122] Trata-se do enunciado que consta do artigo 2 da Lei n.º 5/2006, de 23 de Fevereiro, que regula armas e munições. A noção ampla de arma, relevante para efeitos de qualificação como armada da reunião ou de motim, consta do artigo 4 do diploma preambular do Código Penal, o Decreto-Lei n.º 48/95, de 15 de Março: "Para efeito do disposto no Código Penal, considera-se arma qualquer instrumento, ainda que de aplicação definida, que seja utilizado como meio de agressão ou que possa ser utilizado para tal fim". Noção similar consta do artigo 303, n.º 2, parte final, que consagra o crime de motim armado; vide, *infra*, parágs. 9.1.1 e 9.1.2.

dade. Que atribuir direitos subjectivos é apenas uma técnica legislativa, visto que estes não terão outro conteúdo que não seja o correspondente ao conteúdo das obrigações que a norma impõe aos seus destinatários; isto é, às pessoas jurídicas por estes vinculados[123].

Assim, tal como a propriedade não é o direito de usar uma coisa, mas o de excluir os outros do seu uso[124], também a liberdade não é o direito de fazer ou não fazer algo, mas o direito de impedir os outros de interferir quando se está a fazer ou não fazer algo. Sendo, segundo se julga, um direito sempre o oposto de uma obrigação, a obrigação criada pela liberdade será a de não interferir; logo, a liberdade consiste precisamente num direito à não interferência. A mera prática de actos materiais inseridos no âmbito de uma liberdade é juridicamente irrelevante. O Direito limita-se a circunscrever os seus limites e, precisamente, abstém-se de regular a decisão de praticar ou não esses actos e a sua execução[125]. O Direito

---

[123] No mesmo sentido: Hans Kelsen, *Teoria Pura do Direito* (trad. ed. austríaca), 6.ª ed., São Paulo, 1999, pág. 142-147 e em *Introducción a la Teoría Pura del Derecho* (trad.), 3.ª ed., 1.ª reimp., México, 2002, pág. 25-26. Vide igualmente R. Alexy, *Theory* (...), cit., pág. 121.

[124] Neste sentido: Emilio Betti, *Teoria Generale delle Obbligazione*, Volume I (Prolegomeni), Milano, 1953, pág. 13 e 14.

A questão da natureza dos direitos absolutos (no sentido de susceptíveis de ser oponíveis *erga omnes* com a mesma intensidade) tem sido muito discutida, especialmente a propósito da propriedade; ver, com outra perspectiva, normalmente associada a um dever geral autónomo de respeito dos bens objecto de propriedade alheia: J. Oliveira Ascensão, *As Relações Jurídicas Reais*, Lisboa, 1962, pág. 23-55; A. Menezes Cordeiro, *Direitos Reais*, Volume II, Lisboa, 1979, pág. 145-154 e 291-297; J. E. Penner, *The Idea of Property in Law*, Oxford, 1997, pág. 70-74 e 128.

O problema deste dever geral de respeito é o de que a norma que o estabelece não parece ter qualquer previsão subjacente, o que significa que será um dever em permanente vigência, vinculando pessoas em relação a outras com quem não têm qualquer efectivo contacto. Desapareceria então a distinção entre o plano normativo e o plano individual e concreto (em sentido paralelo: Miguel Galvão Teles, *Direitos Absolutos e Relativos*, em *Estudos em Homenagem ao Prof. Doutor Joaquim Moreira da Silva Cunha*, Coimbra, 2005, pág. 649-676, na pág. 656).

Mas, afastada a figura de um dever geral de respeito, não existe alternativa à relação jurídica para caracterizar o direito subjectivo e a obrigação que necessariamente se lhe encontra subjacente. Isto não significa obrigatoriamente que toda a eficácia jurídica dependa da existência de uma relação jurídica. Mas sim que esta se encontra presente em todos os direitos subjectivos. Em qualquer caso, trata-se de temática cujas consequências não podem ser exploradas neste estudo.

[125] Trata-se de posição que está longe de ser pacífica. Quer esta visão puramente negativa da liberdade, quer a que entende que esta constitui a tutela de uma verdadeira

traça a diferença entre o jurídico e o antijurídico; não regula as acções que se compreendem exclusivamente no âmbito do primeiro, salvo para impor precisamente os limites que, ultrapassados, convertem a acção em antijurídica. Em suma, o gozo lícito do bem objecto do direito é juridicamente irrelevante. Daí a necessidade de distinguir o gozo (ou, noutra terminologia, o aproveitamento) do bem tutelado pelo direito e o exercício do direito. Este último consiste na sua oposição a um sujeito passivo, com uma exigência de um dado comportamento, passivo ou activo, conteúdo do direito.

O mesmo se diga, por exemplo, em relação ao direito à vida. Este não é o direito de viver, mas primariamente o de o seu titular exigir que não o matem. Ou seja, independentemente de outras normas que se possam retirar do preceito que reconhece o direito à vida em domínios como o suicídio, a eutanásia ou a proibição de ordens suicidas a nível militar[126], o comando primário contido na sua estatuição é o milenar "não matarás" ou, da perspectiva do seu titular, a faculdade de exigir que o não matem[127]. Daí a circunstância de a Constituição utilizar precisamente uma técnica negativa, de proibição, de imposição de um dever de não violar a vida humana (artigo 24, n.° 1) e de proibir a pena de morte[128].

Mas, tal como os restantes direitos absolutos, o direito à vida não acompanha permanentemente o seu titular, como uma sua visão enquanto

---

liberdade, sendo exercida quando se exerce materialmente a liberdade protegida, têm sido defendidas. Assim, embora sem discutir abertamente a questão: R. Novais, *As Restrições* (…), cit., pág. 296-298 (a liberdade compreende o seu exercício material e a pretensão de abstenção é uma faculdade instrumental); D. Duarte, *A Norma de Legalidade* (…), cit., pág. 847-848 (o que leva o autor a sustentar que existem direitos cuja previsão é idêntica à estatuição). Vide, sobre a discussão em Itália, Omar Chessa, *Libertà Fondamentali e Teoria Costituzionale*, Milano, 2002, pág. 324-326 (embora o autor não tome posição).

[126] Sobre este último ponto em particular, vide, *infra*, parág. 6.4.

[127] Alguma Doutrina retira do direito à vida mesmo direitos positivos para o Estado no domínio da protecção social, mas considera-se mais adequado extrai-los do núcleo essencial de cada direito social (vide, *infra*, parág. 7.1.3.1).

[128] O mesmo faz em diversos outros preceitos, como a propósito da integridade física e moral (artigo 25); ou a propósito do domicílio, já que a Constituição não atribui uma liberdade de domicílio, que poderia sugerir que pretendia atribuir faculdades de gozo deste e da liberdade de praticar actos neste; limita-se, sim, a proibir a interferência, estabelecendo no artigo 34 a sua inviolabilidade. Mas, na realidade, trata-se de um direito com o mesmo conteúdo das restantes liberdades, só a técnica legislativa é diferente: direito à não interferência em determinadas matérias; ou, visto da perspectiva passiva, dever de não interferir. O aproveitamento do domicílio pelo seu titular fica meramente implícito.

"situação jurídica absoluta", oponível permanentemente *erga omnes*, poderia sugerir[129]. Este direito apenas é accionado, com uma aplicação da norma constitucional (e restantes normas ordinárias que a concretizam) que o reconhece, quando alguém se encontra numa posição factual de poder afectar a vida do titular[130]. É, aliás, normalmente nesse momento que o indivíduo colocado nessa situação factual sente o peso psicológico do dever a que se encontra sujeito e pensa nas consequências dos seus actos[131].

---

[129] O mesmo se diga em relação à ficciosa ideia de uma relação jurídica permanente com todos os possíveis destinatários da norma, que parece estar subjacente, designadamente, a H. Kelsen, *Teoria* (...), cit., pág. 147-148; Miguel Reale, *Lições Preliminares de Direito*, 25.ª edição, S. Paulo, 2001, pág. 220-221.

[130] Também neste sentido, em relação à propriedade: E. Betti, *Teoria Generale* (...), cit., pág. 12.

[131] Esta afigura-se a melhor técnica para se enquadrar a imposição de obrigações primárias teoricamente independentes da sujeição do destinatário a uma sanção. Na realidade, estas obrigações constituem uma ficção jurídica. A eficácia jurídica destes direitos, como a de quaisquer normas, é simplesmente a de que quem os violar fica sujeito a responsabilidade, que pode assumir diferentes formas. Mas constitui uma ficção útil, que deve ser mantida.

Para autores, como Kelsen, que sustentam que a efectiva estrutura da norma é simplesmente previsão da violação e estatuição da sanção e que as normas que impõem obrigações primárias não têm real autonomia [cfr. H. Kelsen, *Teoria* (...), cit., pág. 62-63], estes problemas não se chegam a colocar. Pouco interessa se existe um dever geral de respeito ou um dever específico aplicado em situações de capacidade factual de violação. Para o autor, só existe efectiva relevância jurídica se a previsão da norma for accionada, com a prática do acto proibido ou desrespeito do acto imposto, e consequente imposição da sanção prevista.

Trata-se da técnica adoptada pelo Direito Penal. Este não se preocupa em autonomizar, por exemplo, um dever de não matar (estatuição), aplicável a quem se encontre numa situação de poder factualmente matar (previsão). Afirma imediatamente: quem matar (previsão) será sujeito a uma pena de prisão (estatuição). Mas trata-se de um Direito secundário, no sentido de um puro Direito de Responsabilidade, que produz efeitos apenas perante uma violação de um dever primário.

Aplicar esta técnica, por exemplo, no Direito Administrativo Geral ou Civil seria de uma complexidade inútil, com previsões repetitivas e abstractas de invalidade e de sujeição a responsabilidade civil. Assim, a autonomização de um dever substantivo de não cometer um dado acto constitui um elemento que permite legislar e raciocinar juridicamente de uma forma muito mais simples. Trata-se, pois, de uma elaboração teórica útil. Mesmo se força à criação, lado a lado com um Direito primário, de um outro conjunto de normas sancionatórias, que entram em vigor perante a violação das primeiras.

Por outro lado, esta autonomização de um dever primário tem subjacente uma mensagem fundamental, que alguns, como Kelsen, dirão ter cariz extra-jurídico, constituindo

Dizendo o óbvio, todas as normas têm uma previsão. A ideia de que o artigo 24, tendo em conta a sua epígrafe, deveria ser lido como se tivesse a previsão "todos os indivíduos, em qualquer momento e lugar" e a estatuição "podem exigir a não interferência na sua vida de todos os outros" significaria que a norma que contém estaria em permanente aplicação, atribuindo direito à vida a todos contra todos em todos os momentos. Ora, isso seria uma ficção sem qualquer sentido. A proibição de violar a vida só se aplica em relação a quem estiver em situação factual de o poder fazer. Um piloto de avião, em relação aos seus passageiros; um militar de arma em riste, em relação às pessoas por quem passa, *etc..*

Estas considerações valem para qualquer direito absoluto, incluindo os direitos de reunião e de manifestação. Estes apenas se aplicam em situações em que, encontrando-se titulares destes a gozar do bem que tutelam, um terceiro se encontre em condições factuais directas que lhe permitam interferir.

2.5.2. *Faculdades atribuídas*

Deste modo, julga-se que o direito de reunião não é um direito de o seu titular se reunir com outros, mas o direito de exigir que terceiros

---

uma importação para o Direito de uma forma de raciocinar típica da Ética [este qualifica o termo "violar o Direito" como "una indebida metáfora": *Introducción a la Teoría* (...), cit., pág. 25]: a de que a pessoa se encontra sujeita a um dever e não a um mero ónus. Mesmo que materialmente o possa fazer, um sujeito não deve balancear as vantagens da violação e as consequências da sanção para optar pela acção que se revele mais proveitosa no caso concreto (como bem sublinha: J. Oliveira Ascensão, *O Direito – Introdução e Teoria Geral*, 11.ª ed., Coimbra, 2001, pág. 56). Precisamente, porque subjacente a cada dever primário se encontra normalmente um juízo de desvalor sobre um acto de violação. Pelo contrário, em relação a certas normas, por terem limitado conteúdo axiológico (por exemplo, requisitos de forma de um contrato) o seu cumprimento já pode ser configurado como um mero ónus. Se as partes quiserem que o cumprimento do contrato seja tutelado pelo Estado, devem respeitar tais requisitos.

A autonomização de normas que estabelecem deveres primários das que estabelecem sanções é um pouco como a figura do direito subjectivo, mesmo que não tenha autonomia jurídica em relação à obrigação a que se encontra sujeito o seu destinatário, constitui uma figura útil, quer em termos axiológicos (os direitos fundamentais foram e são a bandeira do Constitucionalismo), quer em termos técnicos. Por exemplo, enquadrar juridicamente as causas de exclusão da ilicitude seria mais complexo se apenas se utilizasse a técnica da obrigação jurídica. Seria necessário configurar conflitos de obrigações entre o titular do bem afectado e a pessoa que actua com base numa destas cláusulas. O primeiro teria uma obrigação em suportar a acção do segundo, visto que este poderia justificadamente ignorar no caso concreto a obrigação de respeitar o bem do primeiro.

com capacidade factual para tal não interfiram com o acto de reunião ou outros protegidos.

Assim, tecnicamente, tal como nos restantes direitos fundamentais, não se trata exactamente de uma liberdade, visto que o seu conteúdo é uma exigência de não interferência (obrigação de abstenção) e não o gozo de uma liberdade. O gozo lícito do bem protegido por este direito é algo não regulado pelo Direito. Para o Direito, decidir não se reunir é um acto tão legítimo e digno de protecção como o de se reunir. Nem sequer se pode afirmar que a teleologia do direito seja a de permitir o gozo da reunião, pois é algo que fica ao arbítrio do seu titular. A teleologia é simplesmente impedir interferências na decisão e acto livre de reunir.

Sublinhado este aspecto, o direito de reunião implica (não apenas para o Estado e demais pessoas colectivas públicas, mas igualmente para particulares[132]) o dever de não interferir com algumas decisões e actos de prática livre:

É o caso da decisão de organizar[133] ou participar numa reunião. Sem prejuízo da legitimidade de propaganda, convites, pedidos ou conselhos, cabe a cada pessoa a decisão de organizar ou participar numa reunião, sem interferências[134]. Tecnicamente, o Estado não deve praticar actos de propaganda, seja em campanha eleitoral [artigos 113, n.º 3, al. b) e c) e 115, n.º 9][135], seja fora desta[136], sem prejuízo de os indivíduos que sejam seus

---

[132] Vide, *infra*, parág. 5.2 e 5.2.2.1.

[133] Algumas Constituições autonomizam expressamente a faculdade de organizar uma reunião. Assim, uma das Leis Fundamentais que integram a Constituição da Suécia, de 1994, no seu artigo 1, estabelece: "freedom of assembly: the **freedom to organize** or attend any meeting (...)" e "freedom to demonstrate: the **freedom to organize** or take part in any demonstration in a public place".

Igualmente, a Constituição da Finlândia de 1999, artigo 13: "Everyone has the right to **arrange** meetings and demonstrations without a permit, as well as the right to participate in them".

Também o artigo 1, n.º 1, da Lei alemã sobre o Direito de Reunião de 24 de Julho de 1953, com várias alterações, as últimas de 24 de Março de 2005.

[134] O Tribunal Constitucional federal alemão sublinhou este aspecto ao afirmar que este direito: "untersagt zugleich staatlichen Zwang, an einer öffentlichen Versammlung teilzunehmen oder ihr fernzubleiben" (cfr. BVerfGE 69, 315 – Brokdorf, cit., parág. C.I.2).

[135] Em sentido paralelo: G. Canotilho/V. Moreira, *Constituição* (...), cit., pág. 521-522; Jorge Miranda, *Artigo 113*, em Jorge Miranda/Rui Medeiros, *Constituição Portuguesa Anotada*, Tomo II, Coimbra, 2006, págs. 278-290, na págs. 285-286.

[136] É certo que o Estado e demais entidades públicas têm o dever de informar os cidadãos da sua gestão dos assuntos públicos (artigo 48, n.º 2), mas existe uma diferença relativa entre informação, factual e objectiva, e propaganda. Em qualquer caso, estas regras

72 Os Direitos de Reunião e de Manifestação no Direito Português

órgãos poderem, enquanto cidadãos, fora do exercício das suas funções, desenvolver acções desta espécie. As entidades públicas não devem, pois, sequer tentar influenciar os indivíduos nas suas decisões de organizar ou participar **numa determinada reunião**, pelo menos as que tenham fins político-partidários. Podem e devem [artigo 9, al. c)] antes incentivar à participação política em geral.

Não devem existir igualmente interferências em quaisquer actos relativos à organização da reunião, incluindo a determinação do seu fim, local e momento, bem como das pessoas a convidar e actos de comunicação prévios[137-138]. Tal não significa que as autoridades não possam proibir a realização da reunião num determinado dia ou local, desde que tal se justifique na necessidade de proteger outros direitos fundamentais ou bens constitucionalmente protegidos, devendo nesse caso sugerir alternativas; de qualquer modo, não as poderão impor, cabendo a decisão de as aceitar ou não aos organizadores[139].

Igualmente os actos preparatórios da reunião devem ser respeitados. A deslocação para o local, a espera pelos outros participantes, os actos de comunicação com outros organizadores ou participantes realizados a partir do local, *etc.*[140].

---

apenas se tornam verdadeiramente rígidas em período eleitoral; vide o artigo 3 ("Neutralidade e imparcialidade das entidades públicas") da Lei n.° 26/99, de 3 de Maio; e igualmente, por exemplo, o artigo 47 da Lei Eleitoral do Presidente da República, aprovada pelo Decreto-Lei n.° 319-A/76, de 3 Maio, alterado por 23 diplomas (!), os últimos dos quais a Lei Orgânica n.° 4/2005, de 8 Setembro, e a Lei Orgânica n.° 5/2005, de 8 Setembro; e o artigo 57 da Lei Eleitoral da Assembleia da República, aprovada pela Lei n.° 14/79, de 16 Maio, alterada por diversas vezes, as últimas das quais pelas Lei Orgânica n.° 1/99, de 22 Junho e a Lei Orgânica n.° 2/2001, de 25 Agosto.

[137] O Tribunal Europeu dos Direitos Humanos afirmou que o direito de reunião "can be exercised by individuals and **those organising the assembly**" (cfr. *Case Of Adali v. Turkey*, First Section, Judgment, 31 March 2005, parág. 266).

[138] Neste sentido: J. Miranda, *Manual* (…), Volume IV, cit., pág. 484.
Na Doutrina estrangeira: A. Pace, *La Libertà* (…), cit., pág. 95; M. Kniesel, *Die Versammlungs – und Demonstrationsfreiheit* (…), cit., pág. 859-860; Frank Ebert, *Versammlungsrechtliche Schein – und Mehrfachanmeldungen, Landes – und Kommunalverwaltung*, 2001, heft 2, pág. 60-62, na pág. 61; Alexandre de Moraes, *Direito Constitucional*, 13.ª ed., S. Paulo, 2003, pág. 99.

[139] Vide, *infra*, parág. 8.1.2.

[140] Adoptam entendimento idêntico: J. Deger, *Polizeirechtliche Maßnahmen* (…), cit., pág. 266; Ben Behmenburg, *Polizeiliche Maßnahmen bei der Anfahrt zur Versammlung, Landes- und Kommunalverwaltung*, 2003, heft 11, pág. 500-504, na pág. 501.

Também são especialmente proibidas as interferências com o acto material em si de participação na reunião[141], seja enquanto organizador, orador, assistente ou outro. É este o núcleo central do direito. Quer as entidades públicas, quer simples particulares, devem respeitar a celebração da reunião em si, bem como a prática de qualquer acto nesta que se encontre directamente relacionado com o acto de reunir ou que seja tutelado por outros direitos fundamentais, no respeito do respectivo regime jurídico.

Pelo contrário, os deveres de protecção deste direito por parte do Estado, e algumas outras pessoas colectivas de Direito Público, não integram o seu conteúdo. São deveres que acrescem a este, como decorrência da obrigação geral de protecção a que o Estado se encontra sujeito, que dá corpo a um outro direito, o direito à segurança[142].

Também não se encontram compreendidos no seu conteúdo os direitos que se formam para o titular resultantes da prática de um acto ilícito pelos destinatários do direito, seja o Estado, sejam particulares. Com excepção do direito que resulta do dever de continuar a respeitar o direito de reunião, que é o seu conteúdo descrito, e que se concretiza num dever de cessar a violação, qualquer direito compensatório resultante de responsabilidade civil, é um direito autónomo em relação ao direito de reunião. É um direito fundamental autónomo que, aliás, se encontra consagrado numa outra norma constitucional, a contida no artigo 22 da Constituição. É ainda autónomo, pois tem uma natureza patrimonial e não pessoal, pois normalmente será cumprido pecuniariamente. A sua autonomia deriva ainda de se encontrar sujeito a um regime distinto, como a sujeição a prazos de prescrição.

3. Direito de Manifestação

Como ficou escrito, constitui característica essencial da manifestação a exteriorização presencial de uma mensagem em relação a terceiros.

A Constituição parece conferir às reuniões com fim de manifestação um estatuto especial em relação às restantes reuniões[143-144]. Este estatuto

---

[141] Neste sentido: J. Miranda, *Manual* (…), Volume IV, cit., pág. 484.

[142] Vide, *infra*, parág. 5.1.

[143] Sem prejuízo de este direito poder ser exercido por um único indivíduo; ver, *supra*, parág. 1.2.

[144] Vide igualmente W. Kanther, *Zur „Infrastruktur" von Versammlungen* (…), cit., pág. 1240.

74   *Os Direitos de Reunião e de Manifestação no Direito Português*

concretiza-se, designadamente, numa tutela acrescida na escolha dos meios, permitindo o recurso a alguns a que outras reuniões têm mais dificuldades em utilizar, como os sonoros.

Esta conclusão retira-se da autonomização deste direito perante o direito de reunião e da sua importância para as minorias e, de uma forma geral, para as partes mais desprotegidas de qualquer comunidade. Com efeito, os sectores mais favorecidos não necessitam de recorrer a manifestações, porque ou são titulares de parcelas significativas de poder ou gozam de mecanismos privilegiados de comunicação, mais influentes do que a manifestação, com os titulares deste. Deste modo, a manifestação, quando assume, como é usual, a forma de um protesto, é realizada por um grupo que não tem outros meios a que recorrer, excepto apelar à opinião pública, contra um adversário poderoso. O direito de manifestação é, pois, predominantemente, um meio de protesto dos fracos contra os poderosos[145-146].

3.1. Âmbito estrutural

No direito de manifestação a mensagem é exteriorizada em relação a terceiros. Deve-se entender por estes, pessoas que não consentiram em

---

[145] Assim, o Tribunal Constitucional alemão afirmou que grandes associações, pessoas abastadas e meios de comunicação gozam de uma enorme influência, que os cidadãos comuns por intermédio deste direito podem em parte igualmente adquirir, contornando o limitado acesso à comunicação social ("Große Verbände, finanzstarke Geldgeber oder Massenmedien können beträchtliche Einflüsse ausüben, während sich der Staatsbürger eher als ohnmächtig erlebt. In einer Gesellschaft, in welcher der direkte Zugang zu den Medien und die Chance, sich durch sie zu äußern, auf wenige beschränkt ist, verbleibt dem Einzelnen neben seiner organisierten Mitwirkung in Parteien und Verbänden im allgemeinen nur eine kollektive Einflußnahme durch Inanspruchnahme der Versammlungsfreiheit für Demonstrationen" (cfr. BVerfGE 69, 315 – Brokdorf, cit., parág. C.I.2.b).

O Tribunal afirma que este direito produz um efeito descompressor, permitindo a grupos prejudicados exteriorizar a sua frustração, evitando que recorram a outros meios. Claro que esta visão pode ser acusada de conceber o direito de manifestação como uma pura ilusão, espécie de prémio de consolo concedido aos oprimidos, que constitui, na realidade, um instrumento de integração e de manutenção do *status quo*. Indiscutivelmente, em muitos casos, este é completamente inconsequente; em outros, pelo contrário, revela-se uma forma eficaz de pressionar os titulares do poder a alterar a sua política.

[146] Trata-se de característica relevante, por exemplo, para determinar o âmbito dos seus destinatários entre os particulares (vide, *infra*, parág. 5.2).

ser destinatários da mensagem manifestada, por não comungarem do objectivo do manifestante ou, em caso de existir uma reunião, por não terem intenção em participar na reunião, mesmo que temporariamente possam encontrar-se espacialmente próximos dos seus elementos.

Estes podem, contudo, converter-se em participantes, ao aderir à manifestação. Neste caso, cessará de se lhes aplicar o direito de manifestação. De facto, entre participantes numa reunião não é exercido o direito de manifestação, mas sim apenas a simples liberdade de expressão, visto que consentiram em ser destinatários da mensagem. Claro está, mesmo pessoas que não se encontrem em reunião não recorrem necessariamente ao direito de manifestação para dirigir mensagens a outros. Assim, indivíduos que iniciam um diálogo numa paragem de autocarro, mesmo não estando a realizar uma reunião para efeitos do direito de reunião, não recorrem ao direito de manifestação, precisamente por existir um consentimento mútuo no diálogo[147].

A manifestação constitui sempre um gozo da liberdade de expressão, mas que se exerce em circunstâncias particulares. Constitui um modo directo de expressar uma mensagem que não depende de qualquer consentimento expresso ou tácito dos destinatários. Deste modo, é intromissiva, mesmo que possa ser acolhida com simpatia e mobilizar os destinatários. Acresce que, normalmente, visa ter por destinatários os restantes cidadãos (por intermédio da comunicação social) ou, pelo menos, indivíduos que não se encontram próximos. Daí que recorra a meios que tendem a provocar poluição sonora (ex. altifalantes) ou, no caso de reuniões alargadas, que podem afectar outros direitos ou interesses (liberdade de circulação ou de iniciativa privada), podendo ser lesivos de direitos de pessoas que não têm responsabilidade pela situação motivadora da manifestação.

Em qualquer caso, a manifestação deve ser realizada presencialmente[148]. O envio de propaganda política por correio normal ou electrónico de determinadas ideias não constitui um exercício do direito de manifestação.

---

[147] Por outro lado, o direito de manifestação não pode ser exteriorizado contra um simples particular, sem qualquer estatuto de poder (vide, *infra*, parág. 5.2.2.1), daí que não seja possível invocá-lo para importunar um terceiro.

[148] No sentido de que a manifestação se deve realizar com a presença física do manifestante, sem intermediação de meios de comunicação social: Kristian Kühl, *Demonstrationsfreiheit und Demonstrationsstrafrecht*, Neue Juristische Wochenschrift, 1985, Heft 40, pág. 2379-2384, na pág. 2382 (seguindo o Tribunal Constitucional Federal Alemão).

Os Direitos de Reunião e de Manifestação no Direito Português

Ficou sustentado que as reuniões devem ser realizadas pessoalmente, sem recurso a meios de transporte[149]. Pode-se, contudo, aceitar que, por força da sua referida particular importância, o direito de manifestação deverá compreender a possibilidade de serem utilizados automóveis ou outros meios de transporte[150]. Isto é, estar-se-á perante mais um caso de manifestação sem reunião, para lá da manifestação individual. Em qualquer caso, trata-se de uma manifestação sujeita a aviso prévio por parte dos organizadores, por força das suas normais consequências no trânsito.

3.2. Âmbito material

Mais complexa é a delimitação constitucional do direito de manifestação; poderá este compreender qualquer tipo de mensagem ou apenas as que tenham determinados fins? Ao contrário da reunião, que pode ter qualquer fim, o sentido da palavra manifestação, o seu carácter intromissivo, bem como, marginalmente, a sua origem histórica, parecem limitar a sua tutela constitucional às situações de exteriorização de mensagens com um determinado conteúdo. Mas a delimitação deste não é simples.

O seu núcleo central são evidentemente as mensagens políticas. E por estas deve-se entender qualquer mensagem que vise influenciar os titulares/detentores do poder político[151], incluindo portanto os cidadãos, no exercício do seu direito de voto; trata-se de um objectivo de formação da chamada opinião pública. Deste modo, ficará abrangida qualquer manifestação visando, por exemplo, que se adopte quaisquer actos jurídicos públicos sobre uma determinada matéria.

Por outro lado, também o direito de informar pode ser gozado por intermédio do direito de manifestação, desde que a divulgação de simples factos esteja ainda indirectamente associado a ideias cuja exteriorização se

---

[149] Ver, *supra*, parág. 2.1.

[150] Em Portugal, são especialmente os agricultores que costumem recorrer a estas formas de manifestação, mas estas são igualmente frequentes em campanhas eleitorais, com caravanas de automóveis com bandeiras, altifalantes e propaganda, bem como em algumas manifestações desportivas.

[151] Como se verá, igualmente a exteriorização de mensagens que visem influenciar o exercício de outras formas de poder, como o económico-laboral e outros, numa manifestação da vinculação das entidades particulares pelos direitos, liberdades e garantias, se encontram tuteladas pelo direito de manifestação (vide, *infra*, parág. 5.2.2).

Âmbito 77

encontre protegida por este último. Isto é, que a divulgação dos factos vise apoiar ou infirmar determinadas ideias, expressa ou implicitamente.

Mas mesmo a mera exteriorização de ideias em geral, independentemente de qualquer forma de apoio ou pressão sobre um poder, encontra-se igualmente abrangida. Pense-se na exteriorização de ideias religiosas[152]. Aparentemente, igualmente manifestações de apoio a um clube desportivo ou selecção nacional se encontram abarcadas. Deste modo, não é simples excluir em abstracto do âmbito da manifestação quaisquer ideias.

Mas é possível confrontar a noção de ideia com a de interesse lucrativo. Desde logo, pode-se excluir do âmbito da manifestação a transmissão unilateral de apelos comerciais. A publicidade, não obstante as semelhanças que tem com a propaganda, não se encontra protegida por este direito[153]. Uma empresa pode obter uma licença para realizar uma acção de publicidade com semelhanças a uma manifestação. Mas tratar-se-á de uma acção licenciada pelas autoridades e não tutelada constitucionalmente enquanto uma manifestação. Os meios a que poderá recorrer serão sempre limitados. Normalmente, será inaceitável que provoque poluição sonora ou distúrbios no trânsito automóvel. Claro está, não é de descartar que a

---

[152] Como resulta do artigo 16, n.º 1, da Lei sobre o Direito de Reunião, ainda que sejam reuniões, os actos de culto em recintos fechados, não ficam sujeitos ao seu regime, não podendo ser qualificados como manifestações. Contudo, se tal acto de culto for susceptível de ser visto por terceiros que se encontrem no exterior, por a igreja ter grandes vitrais transparentes, criados propositadamente para permitir tal assistência, como forma de atrair pessoas, estar-se-á simultaneamente perante um acto de gozo do direito de manifestação. Aquele acto de culto não será apenas dirigido aos participantes, mas igualmente a terceiros. Como resulta da Lei, em termos constitucionalmente adequados, os cortejos religiosos devem ser qualificados não apenas como reuniões itinerantes para efeitos do artigo 45, n.º1, mas igualmente como aproveitamentos do artigo 45, n.º 2 (vide, *infra*, parág. 7.1.2.2), e não apenas do artigo 41, n.º 1 (liberdade de culto). Tratando-se de uma concorrência de direitos, e estando em causa um aproveitamento das vias públicas, o regime com maior conexão será mesmo o do artigo 45, mesmo se o "inviolável" do artigo 41, n.º 1, poderá ser trazido à colação como forma de conferir uma tutela acrescida.

[153] Mesmo aceitando-se que a publicidade constitui uma forma de expressão protegida pela liberdade de expressão, que tutela em particular a liberdade do seu conteúdo, a verdade é que constitui uma forma menor, que goza de um regime de tutela menos intenso (neste sentido: Jónatas Machado, *Liberdade de Expressão – Dimensões Constitucionais da Esfera Pública no Sistema Social*, Coimbra, 2002, pág. 453-456), pois fica igualmente sujeito aos limites à iniciativa privada, por força do seu carácter comercial. Segundo se julga, esta protecção menos intensa implica que os publicitários não podem recorrer a formas publicitárias intrusivas, como é o caso do direito de manifestação, em que a exteriorização da mensagem não depende do consentimento de terceiro.

78 Os Direitos de Reunião e de Manifestação no Direito Português

empresa consiga tornar a sua acção publicitária num evento cultural que seja considerado de interesse público, justificando então algumas ablações nos direitos afectados.

Mas entre a transmissão de ideias e a publicidade existem uma série de actividades de contornos nebulosos em relação ao direito de manifestação. O critério económico não é suficiente para excluir algumas do seu âmbito.

As manifestações podem ter como um dos seus possíveis objectivos a angariação de fundos. Pense-se numa manifestação de solidariedade a favor de certas vítimas ou numa colecta de fundos por parte de organizações de solidariedade social ou humanitárias. E uma manifestação pode ter uma componente publicitária marginal, pela circunstância de ter sido apoiada por uma determinada empresa que faz publicidade do facto. É mesmo possível que grupos de pressão e empresários organizem uma manifestação contra determinadas taxas ou impostos, altura em que se encontrará subjacente o objectivo de, por esta via, tentarem aumentar os seus lucros reais, embora sob alegação da "injustiça" do imposto. Ou que trabalhadores realizem uma manifestação para exigir aumentos salariais. Mas por integrar o núcleo do direito de manifestação, a crítica política ou a crítica a um poder económico, não se poderá negar que se tratará de manifestações protegidas.

Em qualquer caso, mesmo nestes casos, a manifestação não tem por fim promover qualquer empresa, ou um dos bens que esta forneça, com fins comerciais. Este fim degradará necessariamente a acção de manifestação em pura acção publicitária, não tutelada constitucionalmente pelo direito de manifestação[154].

Se este fim publicitário não estiver presente, em princípio, qualquer exteriorização (nos termos materialmente definidos: unilateral e presencialmente) de ideias deve ser qualificada como uma manifestação[155-156].

---

[154] Como ficou referido, o Tribunal Constitucional italiano sustentou que se se estiver perante uma "attività imprenditoriale. In tal caso non è il diritto di riunione quello che egli intende esercitare, bensì il diritto di libera iniziativa economica" que "ammettono limiti e controlli nel pubblico interesse" (cfr. Sentenza n. 56, 9 Aprile 1970; textos em http://www.cortecostituzionale.it/).

Em sentido paralelo: R. Borrello, *Riunione* (…), cit., pág. 1409; A. Carli, *Riunione (libertà di)*, cit., pág. 483; Axel Tschentscher, *Versammlungsfreiheit und Eventkultur – Unterhaltungsveranstaltungen im Schutzbereich des Art. 8 I GG, Neue Zeitschrift für Verwaltungsrecht*, 2001, heft 11, pág. 1243-1246, na pág. 1246.

[155] No mesmo sentido: Miranda Sousa, *O Direito* (…), cit., pág. 8.

[156] Sublinhe-se, contudo, que, no que diz respeito ao conteúdo da mensagem, o âmbito do direito de manifestação está sujeito aos limites aplicáveis ao gozo da liberdade de expressão por meio público (vide, *infra*, parág. 7.2).

3.3. Âmbito espacial

As considerações quanto ao âmbito espacial realizadas em relação ao direito de reunião valem para o direito de manifestação, dado que a manifestação normalmente implicará uma reunião.

Mesmo uma manifestação realizada em local sob propriedade privada e sujeita a convite pode ser viável, devendo ser objecto igualmente de protecção. Basta que tal local privado fique situado próximo de zonas de grande circulação pública e seja perfeitamente visível. Nem por isso deixará de se poder aplicar parte do regime de tolerância de que goza o direito de manifestação, que claramente não se aplica em relação a acções publicitárias, mesmo realizadas em local privado, se forem demasiado ruidosas.

3.4. Âmbito de acção

Nas situações em que se trate de uma manifestação colectiva que implique uma reunião, os limites impostos ao direito de reunião serão directamente aplicáveis a estas manifestações.

Com efeito, o facto de o direito de manifestação não conter qualquer limite constitucional não impede a aplicação directa da exigência do carácter desarmado e pacífico[157] a estas manifestações colectivas, visto que precisamente estas se corporizam também num gozo do direito de reunião.

Mas também um manifestante isolado não poderá recorrer à violência ou estar armado. Este limite aplica-se ao direito de manifestação por perfeita identidade de razão. Ainda que uma manifestação colectiva seja naturalmente mais perigosa do que uma puramente individual, um indivíduo na posse de uma arma de fogo pode provocar mais danos do que um grupo, por exemplo, com armas brancas.

Registe-se, contudo, que, nos termos de jurisprudência internacional, indirectamente vinculativa para o Estado português, actos de obstrução física pacíficos têm sido considerados como compreendidos no seio do direito de manifestação, embora, por poderem ser legitimamente restrin-

---

[157] Igualmente: Isaltino Morais/J. Ferreira Almeida/R. Leite Pinto, *Constituição República Portuguesa – Anotada e Comentada*, Lisboa, 1983, pág. 94; M. Sousa, *O Direito* (…), cit., pág. 9.

80   Os Direitos de Reunião e de Manifestação no Direito Português

gidos, dificilmente tal terá relevância prática, salvo enquanto atenuante para efeitos de sujeição a alguma sanção[158].

O direito de manifestação compreende a faculdade de exteriorizar em termos ruidosos a mensagem a transmitir[159], embora esta deva ser sujeita a limitações e seja possível impor algumas restrições. Mas, por força da acrescida importância das reuniões com fins de manifestação e da normal necessidade de produzir alguma poluição sonora, estas devam ficar sujeitas a limites mais leves[160].

Por outro lado, o direito de manifestação compreende as contramanifestações[161]. Com efeito, uma manifestação constitui um objecto legítimo para sofrer uma manifestação de sentido contrário[162]. Uma manifestação, apesar de constituir uma acção de particulares, normalmente tem impacte suficiente para poder considerar-se que os seus participantes reúnem os requisitos que os converte em destinatários plenos do direito de manifestação[163]. Contudo, quando os organizadores pretenderem realizá-la no mesmo local e hora da manifestação, as autoridades devem indicar um local alternativo, com vista a evitar os riscos associados e salvaguardar o direito de manifestação dos participantes na manifestação original[164].

---

[158] Trata-se de jurisprudência do Tribunal Europeu dos Direitos Humanos em *Case Of Steel And Others v. The United Kingdom*, Judgment, 23 September 1998, parágs. 7-8, 15, 92, 104 e 109; bem como em *Laura Nicol and Diane Selvanayagam v. United Kingdom*, Fourth Section, Application no. 32213/96, Decision as to the Admissibility, 11 January 2001, parág. 4-5 (vide a análise destas sentenças, *infra*, parág. 7.1.3.3).

[159] O Tribunal Constitucional reconheceu que a liberdade de expressão e o direito de informar (dir-se-ia antes: o direito de manifestação) podiam ser concretizados por intermédio de "meios de amplificação sonora" (cfr. Acórdão n.º 201/86, em *Diário da República*, II Série, n.º 195, de 26 de Agosto de 1986, pág. 7975-7977, na pág. 7977).

[160] Vide, *infra*, parág. 7.1.3.2.

[161] O artigo 28, n.º 3, do projecto de Constituição do Partido Popular Democrata (PPD/PSD) estabelecia: "(...) As contramanifestações são sempre proibidas" [cfr. *Diário da Assembleia Constituinte*, suplemento ao n.º 16, 9 de Julho de 1975, pág. 358 (73)]. Mas o preceito acabou por não ser adoptado.

[162] Assim, o Tribunal Europeu dos Direitos Humanos reconheceu (e estabeleceu os seus limites) o direito de contramanifestação ao declarar: "In a democracy the right to counter-demonstrate cannot extend to inhibiting the exercise of the right to demonstrate" (cfr. *Case of Plattform "Ärzte für das Leben" v. Austria*, Judgment, 25 May 1988, parág. 32).

[163] Em relação à vinculação dos particulares pelo direito de manifestação, vide, *infra*, parág. 5.2.2.1.

[164] Ver, *infra*, parág. 8.1.2.

Trata-se de actos que pelo seu risco devem ser sujeitos a aviso prévio[165], contudo, contramanifestações espontâneas devem ser toleradas enquanto não constituírem uma forma aberta de limitar o direito de manifestação dos participantes da manifestação contrária[166] ou provocarem riscos sérios de violência.

3.5. Conteúdo

Tendo presente as considerações teóricas realizadas a propósito do conteúdo do direito de reunião[167], as faculdades compreendidas pelo direito de manifestação são as de exigir a não interferência na decisão de realizar/participar ou não na manifestação, bem como em relação ao acto material de se manifestar.

Como ficou sublinhado, faculdades associadas, como o direito de, em determinados casos, exigir a intervenção preventiva do Estado na salvaguarda deste direito não integram o seu conteúdo, antes constituem exercícios do direito à segurança. Este deve ser concretizado em termos paralelos aos referidos para salvaguarda do direito de reunião.

O mesmo vale para o recurso à tutela repressiva, por intermédio do direito de acesso à justiça, tendo por causa de pedir a violação do direito de manifestação.

4. Titulares activos

Necessário se torna abordar a questão dos titulares destes direitos. Quer os activos, quer os passivos; portanto, as pessoas que são destinatárias dos direitos, encontrando-se sujeitos aos deveres que impõem; isto é, os titulares da correspondente obrigação.

Visto que os titulares são idênticos para ambos os direitos, é possível realizar um tratamento conjunto.

---

[165] Vide, *infra*, parág. 7.3.2.

[166] Altura em que os responsáveis podem ficar mesmo sujeitos a uma sanção penal; vide, *infra*, parág. 9.2.1.

[167] Cfr., *supra*, parág. 2.5.1.

Não existem quaisquer problemas quanto à titularidade destes direitos por parte dos cidadãos[168]. Subsistem, contudo, algumas questões quanto à sua titularidade por parte de estrangeiros e apátridas, bem como de pessoas colectivas.

4.1. Estrangeiros e apátridas

A Constituição de 1976 tem sido elogiada pela sua generosa concessão de direitos fundamentais aos estrangeiros e apátridas. Mas, em rigor, julga-se que tal concessão em relação aos direitos fundamentais está longe de ser generosa.

É certo que o artigo 15, n.° 1, estabelece um princípio geral de igualdade no gozo de direitos, mas este é em parte esvaziado pelo seu n.° 2. Com efeito, são excepcionados do âmbito desta atribuição "os direitos e deveres reservados pela Constituição e pela lei exclusivamente aos cida-

---

[168] Mesmo menores, independentemente da sua idade, gozam destes direitos [vide, em sentido contrário, quanto ao direito de manifestação: Miranda Sousa, *O Direito* (…), cit., pág. 15]. A Constituição não fornece base para distinguir nesta matéria e o Direito Internacional, relevante na sua interpretação, confere expressamente tal direito. Assim, a Convenção das Nações Unidas sobre os Direitos da Criança de 1989, de que Portugal é parte, no seu artigo 15, estabelece "States Parties recognize the rights of the child (…) to freedom of peaceful assembly", direito que tem pacificamente sido interpretado no sentido de compreender igualmente o direito de manifestação. Igualmente, embora inaplicável em Portugal, a Carta Africana dos Direitos e Bem-estar da Criança, artigo 8: "Every child shall have the right to free association and freedom of peaceful assembly in conformity with the law".

Também não é relevante o facto de os cidadãos residirem ou não em território português. Cidadãos que residam no estrangeiro, mas que se encontrem em território português (em férias ou para fins profissionais) ou em outro espaço sob administração portuguesa, têm direito de se reunir ou de se manifestar (por exemplo, contra o modo como foram desprotegidos diplomaticamente num caso pelo Estado português ou a reivindicar maior representação parlamentar para os emigrantes portugueses, *etc.*). Se têm direito de voto, conclui-se que terão todos os direitos políticos e que poderão exercer direitos pessoais, como os presentes, com fins políticos ou outros. Vide, porém, em sentido contrário, a Lei n.° 2/93/M, de 17 de Maio de 1993, sobre o direito de reunião e de manifestação de Macau, cujo artigo 1, n.° 1 e n.° 2, limita a titularidade destes direitos aos residentes; também A. Francisco De Sousa, *Para uma "lei do direito de reunião e de manifestação em lugares públicos e abertos ao público"*, em *Volume Comemorativo – 20 Anos – Instituto Superior de Ciências Policiais e Segurança Interna* (coord. M. Silva/M. Guedes), Coimbra, 2005, pág. 573-598, na pág. 575.

dãos portugueses". Ora, este preceito, para lá de ser jurisprudencialmente interpretado (de modo criticável) como contendo uma permissão à lei para restringir o referido princípio de igualdade constante do artigo 15, n.º 1, mesmo para lá das proibições constantes da Constituição[169] (quando estiverem em causa direitos, liberdades e garantias, necessariamente no respeito do artigo 18, n.º 2 e n.º 3), exclui do seu âmbito também os direitos reservados pela Constituição (e pela lei) aos cidadãos portugueses.

Uma leitura da Constituição mostra como esta utiliza com grande cuidado as expressões, ora falando em "Todos têm direito", quando estão em causa direitos básicos que seria inadmissível não reconhecer aos estrangeiros e apátridas; ora referindo-se a "Os cidadãos têm direito". A utilização destas expressões não foi um lapso, mas antes deliberada, por força de uma tradição constitucional de limitar certos direitos aos cidadãos[170]. A intenção é a de não atribuir determinados direitos fundamentais

---

[169] Trata-se da interpretação seguida pelo Tribunal Constitucional: "Admitindo-se, em geral, a possibilidade de o legislador – autonomamente, e para além do que já se consigna na Constituição – reservar a cidadãos nacionais o gozo de determinados direitos" (cfr. Acórdão 423/01 de 9 de Outubro de 2001, ponto 9c, que cita o Acórdão 54/87).

Porém, a Constituição fala em "reservados pela Constituição **e** pela lei exclusivamente aos cidadãos portugueses". Não fala em "pela Constituição **ou** pela lei". Ora, este "e" sugere que a lei não pode vedar aos estrangeiros/apátridas outros direitos que a Constituição já não reserve aos cidadãos. Que é necessário uma conjugação da Constituição **e** da lei para que estas pessoas sejam privados da titularidade de um direito atribuído a portugueses.

Assim, durante a revisão de 1982, o deputado Nunes de Almeida afirmou: "pelo menos num caso concreto houve essa interpretação pela Comissão Constitucional que considerou que a lei só podia vedar o exercício de certos direitos a estrangeiros desde que a Constituição o previsse ou pelo menos o admitisse. Quando se diz na Constituição "[…] pela Constituição e pela lei […]" teria o sentido ou porque a própria Constituição exige que a proibição do exercício desses direitos pelos estrangeiros, ou porque a Constituição permite que a lei venha a vedar o exercício desses direitos". Ver igualmente declarações do deputado Azevedo Soares e do deputado Almeida Santos [cfr. *Diário da Assembleia da República*, série 2A, II Legislatura, Número 1085, 08-10-1981 (sessão de 15-07-1981), pág. 102-103].

[170] Os trabalhos preparatórios sugerem que se utilizou a expressão "cidadãos" com vista a reservar o direito de reunião apenas aos cidadãos portugueses. O preceito do n.º 1 do artigo 45 reproduz com pontuais alterações o artigo 19 do Projecto do Partido Socialista que ia ao ponto de especificar "os cidadãos da República Portuguesa" [cfr. *Diário da Assembleia Constituinte*, suplemento ao n.º 16, 9 de Julho de 1975, pág. 358 (57)]. A Comissão de Direitos e Deveres Fundamentais, encarregue de apresentar um Projecto sobre estes ao Plenário, terá entendido que o termo "cidadãos" era suficiente para indicar a reserva, tendo desaparecido a referência à "da República Portuguesa" [cfr. *Diário da Assembleia Constituinte*, n.º 30, 13 de Agosto de 1975, pág. 790].

84   *Os Direitos de Reunião e de Manifestação no Direito Português*

aos estrangeiros e apátridas[171]. E de compreender os estrangeiros e os apátridas na sua titularidade apenas quando utiliza "Todos têm direito", por força do artigo 15, n.° 1[172]. Não são, pois, apenas os direitos políticos ou

---

[171] Na União Europeia, a maioria das Constituições dos Estados Membros continuam, inadequadamente, a reservar este direito para os respectivos cidadãos, mas existem excepções. Assim, a Constituição de Chipre de 1960, no artigo 21, n.° 1: "**Every person** has the right to freedom of peaceful assembly". Também a Constituição de Malta, de 1964, no artigo 32: "Whereas **every person in Malta** is entitled to the fundamental rights (...) of peaceful assembly". Do mesmo modo, a Constituição da Estónia de 1992, artigo 47: "**Everyone** has the right, without prior permission, to assemble peacefully and to conduct meetings". Igualmente a Constituição da Polónia, artigo 57: "The freedom of peaceful assembly and participation in such assemblies shall be ensured to **everyone**".

[172] O Tribunal Constitucional já considerou como significativo para determinar a sua titularidade por estrangeiros o facto de a Constituição atribuir um direito fundamental a "todos": "Se é certo que o direito de aposentação faz parte do estatuto da função pública, ele é também uma manifestação do direito à segurança social reconhecido a "todos" no artigo 63.° da Constituição" (cfr. Acórdão N.° 72/02, de 20 de Fevereiro de 2002, parág. 4).

Mas, estando em causa o acesso à Função Pública por estrangeiros, entendeu igualmente: "Ora, nem o princípio geral da igualdade, consagrado nesse artigo 13.°, nem a garantia genérica de uma igual possibilidade de acesso ao exercício da função pública, que o n.° 2 daquele artigo 47.° reconhece a "todos os cidadãos", têm, aqui, que ser directamente tidos em conta: tais preceitos e princípios subjacentes são, no caso, "consumidos" pelos princípios acolhidos no artigo 15.° do texto constitucional, mormente nos seus n.°s. 1 e 2, onde se consigna o módulo constitucional específico da igualdade de direitos entre os cidadãos portugueses e os demais" (cfr. Acórdão N.° 345/02, de 11 de Julho de 2002, parág. 1.1). O que parece significar que, em questões de desempenho de funções públicas por não cidadãos, o Tribunal considera que o artigo 15, aparentemente por força das suas alterações posteriores, é o normativo relevante, não já o artigo 47, n.° 2. Claro está, o Primeiro-Ministro tinha alegado perante o Tribunal que no artigo 47, n.° 2, "deverá, antes, entender-se a referência a cidadãos como circunscrita aos cidadãos portugueses" [cfr. Acórdão citado, parág. 4, al. c)].

Posteriormente, a propósito da liberdade de associação, este Tribunal pareceu orientar-se abertamente contra a interpretação sustentada no texto, entendendo que este direito não se encontrava reservada apenas aos cidadãos portugueses e que podia ser exercido pelos estrangeiros enquanto direito fundamental. Assim, declarou que "Note-se que a nossa Constituição não reserva o direito de associação aos «nacionais» (Lei Fundamental de Bona, artigo 9.°; Constituição da Bélgica, artigo 27.°). Alude a «cidadãos», à semelhança do artigo 18.° da Constituição italiana, mas tal referência, como está bem de ver, deve ser articulada com o princípio de equiparação contido no artigo 15.°" (cfr. Acórdão n.° 589/04, de 6 de Outubro de 2004, parág. 7). Mas tratou-se de uma passagem irrelevante para a resolução do caso concreto, pelo menos da perspectiva da interpretação seguida pela maioria (cfr. o voto de vencido de Maria Pizarro Beleza, a que aderiram mais dois juízes-conselheiros, que parece entender que as associações criadas maioritariamente por estrangeiros não estariam protegidas pelo artigo 46, n.° 1).

o exercício de funções públicas que são reservados pela Constituição aos cidadãos, igualmente outros direitos se encontram nesta categoria reservada, como resulta imediatamente do artigo 15, n.° 2.

Entre estes direitos atribuídos pela Constituição apenas aos cidadãos encontram-se precisamente os direitos de reunião e de manifestação. Ora, não é possível ignorar esta limitação literal da titularidade aos cidadãos em nome do artigo 15, n.° 1, quando o seu n.° 2 fala na titularidade de outros direitos reservada pela Constituição aos cidadãos.

Mas a questão a colocar é a do significado de "reservados pela Constituição". Significa que os estrangeiros se encontram proibidos constitucionalmente de exercer estes direitos, sendo inconstitucional qualquer lei que lhos atribua? Ou, pelo contrário, que a Constituição não lhes atribui estes direitos, mas a lei pode fazê-lo? Neste último caso, seriam, portanto, meros direitos legais e não direitos fundamentais, ficando a sua atribuição aos estrangeiros e apátridas nas mãos do legislador, salvo disposição em contrário do Direito Internacional.

Afigura-se esta última a melhor solução. Com excepção dos direitos políticos e do exercício de funções públicas que não tenham carácter predominantemente técnico, cujo gozo é proibido aos não cidadãos (salvo permissão constitucional nos termos do artigo 15, n.° 3, n.° 4 e n.° 5), os

---

Negam igualmente relevância à utilização do termo cidadãos, considerando que os estrangeiros são também titulares destes direitos: R. Sousa/M. Alexandrino, *Constituição* (…), cit., pág. 146 (ver, contudo, J. Melo Alexandrino, *Estatuto Constitucional da Actividade de Televisão*, Coimbra, 1998, pág. 103, nota 161); Jorge Pereira da Silva, *Direitos de Cidadania e Direito à Cidadania*, Lisboa, 2004, pág. 45-46.

Contudo, segundo se julga, só excepcionalmente, por força de outros elementos interpretativos, se poderá ignorar a utilização limitativa do termo cidadãos, como no caso do artigo 34, n.° 2 (inviolabilidade do domicílio), tendo neste caso presente a abrangência do seu n.° 1 e o seu n.° 3. Ignorar sistematicamente estas indicações expressas da Constituição forçaria o intérprete a recorrer a critérios subjectivos para reconhecer ou não determinados direitos fundamentais aos estrangeiros e apátridas.

Em suma, tendo presente o objectivo de chegar à solução imposta pelo Direito Internacional de atribuir direito de reunião aos estrangeiros e apátridas, prefere-se atingi-lo por um entendimento de que a Constituição é neutra em relação à questão (não atribui o direito, mas também não proíbe a sua titularidade a não cidadãos), de modo a permitir a aplicação directa do Direito Internacional, do que realizar aquilo que será sempre uma interpretação correctiva da Constituição (que converte "cidadãos" em "todos") de modo a fazê-la atribuir directamente tal direito. Visto que o objectivo é alcançado de ambas as formas, melhor será que o seja no respeito de regras enraizadas relativas à Interpretação. Sem prejuízo de se reconhecer que esta limitação aos cidadãos destes direitos fundamentais se encontra manifestamente desajustada.

86 Os Direitos de Reunião e de Manifestação no Direito Português

restantes direitos reservados podem ser exercidos por estrangeiros e apátridas com base em lei ou norma internacional. Simplesmente, serão exercidos enquanto meros direitos e não como direitos fundamentais.

De facto, como ficou frisado, a Constituição fala em "e os direitos e deveres reservados pela Constituição e pela lei"; não utiliza "ou", mas "e". O que sugere que tais direitos e deveres só são proibidos aos estrangeiros se forem reservados quer pela Constituição, quer pela lei aos cidadãos portugueses. Portanto, que em relação a estes direitos e deveres (em relação aos direitos políticos e ao exercício de funções públicas que não tenham carácter predominantemente técnico, tal reserva também depende de lei, mas se esta a não consagrar, será inconstitucional) pode a lei atribui-los igualmente aos estrangeiros, apesar de a Constituição não o fazer[173]. Ou, caso a lei o não faça, poderá o Direito Internacional fazê-lo, sem contradição com a Constituição.

Milita ainda neste sentido a circunstância de a maioria desses direitos serem atribuídos pela Declaração Universal dos Direitos Humanos a todos, sem distinção, incluindo o direito de reunião (artigo 20, n.º 1). Ora, a Constituição (artigo 16, n.º 2) manda interpretar os preceitos relativos aos direitos fundamentais tendo em conta a Declaração. Se não é possível fazer simplesmente um alargamento aos estrangeiros e apátridas, designadamente do artigo 45, por força da clara limitação literal quanto à sua titularidade, deve-se entender a reserva como não proibindo uma atribuição legal ou internacional aos não cidadãos.

---

[173] Ver neste sentido, declarações do deputado Azevedo Soares, durante os trabalhos da Revisão Constitucional de 1982 [cfr. *Diário da Assembleia da República*, série 2A, II Legislatura, Número 1085, 08-10-1981 (sessão de 15-07-1981), pág. 102].

Em relação à Constituição italiana, que realiza idêntica limitação da titularidade do direito de reunião aos cidadãos, o Tribunal Constitucional italiano afirmou: "Il diritto di riunione è quindi tutelato nei confronti della generalità dei cittadini (...)" (cfr. Sentenza n. 56, 9 Aprile 1970; texto em http://www.cortecostituzionale.it/). Também a Doutrina sustenta a mesma posição, mas entende igualmente que a lei pode alargá-lo aos estrangeiros: A. Pace, *La Libertà* (...), cit., pág. 129; A. Carli, *Riunione (libertà di)*, cit., pág. 491.

Na Alemanha, perante a mesma limitação de alguns direitos fundamentais aos alemães, tem-se sustentado que os estrangeiros, desde logo, os cidadãos europeus, apenas podem exercer o direito de reunião com base no artigo 2, n.º 1, o direito geral de liberdade: Kay Hailbronner, *Ausländerrecht und Verfassung, Neue Juristische Wochenschrift*, 1983, heft 38, págs. 2105-2113, nas págs. 2109-2112; A. Tschentscher, *Versammlungsfreiheit* (...), cit., pág. 1244 e em *Examenskurs Grundrechte* (...), cit., pág. 50 e 86.

Em sentido contrário, considera a reserva constitucional de outros direitos a cidadãos como imperativa: P. da Silva, *Direitos* (...), cit., pág. 36.

Esta solução é igualmente imposta por uma interpretação da Constituição que evite colisões entre esta e o Direito Internacional. Assim, Portugal encontra-se obrigado pela Convenção Europeia dos Direitos Humanos[174] e pelo Pactos dos Direitos Civis e Políticos, bem como pelo Direito Internacional Costumeiro[175], a reconhecer aos não cidadãos o direito de reunião (que tem sido interpretado pacificamente como compreendendo igualmente o direito de manifestação). Entender que a Constituição proibia o gozo destes direitos por não cidadãos seria, pois, uma interpretação que, além de não parecer imposta pela Constituição, a faria entrar em contradição com as obrigações internacionais do Estado português.

Em suma, os estrangeiros e apátridas podem exercer os direitos de reunião e de manifestação, não à luz da Constituição, mas nos termos do Direito Internacional e/ou da lei. Qualquer limitação legislativa da titularidade dos direitos de reunião e de manifestação aos cidadãos portugueses será contrária ao Direito Internacional, prevalecendo este último[176].

---

[174] Esta Convenção, no seu artigo 16, permite restrições ao direito de reunião em relação a estrangeiros, mas apenas quanto a reuniões com fins políticos. Também neste sentido: Paulo Costa, *A participação dos portugueses não residentes e dos estrangeiros residentes nas eleições portuguesas*, Documentação e Direito Comparado, n.º 81/82, 2000, págs. 180-216, na pág. 187.

Em relação a outras restrições que o Direito Internacional admita aos direitos de reunião e manifestação, não é legítimo impô-las por meio de lei interna aos estrangeiros e apátridas em termos distintos dos aplicáveis aos cidadãos, pois aquele Ordenamento proíbe uma discriminação no gozo dos direitos humanos civis não políticos mesmo em função da cidadania [vide C. Baptista, *Direito* (...), Volume II, cit., pág. 363-364; em sentido contrário: A. Carli, *Riunione (libertà di)*, cit., pág. 491].

[175] Pelo menos, em relação a reuniões sem fins políticos; vide a fundamentação em C. Baptista, *Direito* (...), Volume II, cit., pág. 368-371.

[176] Encontra-se nesta situação a referida Lei sobre o Direito de Reunião, cujo artigo 1, n.º 1, limita aos cidadãos a titularidade deste direito, bem como do direito de manifestação que regula igualmente. Esta limitação deve-se considerar-se como inválida (e, segundo se julga, não apenas ineficaz), por força da prevalência das normas de Direito Internacional (costumeiro ou convencional) sobre qualquer disposição infraconstitucional (cfr. E. Correia Baptista, *Direito Internacional Público*, Volume I, Lisboa, 1998, pág. 432-442). Com a agravante de, neste caso, se estar igualmente perante uma violação de uma norma internacional costumeira de *Ius Cogens*, pelo menos em relação à exclusão do direito de reunião sem fins políticos.

Na prática, os estrangeiros têm igualmente gozado dos direitos de reunião e de manifestação, sem aparentes discriminações. Cfr., por exemplo, "Famílias Imigrantes à beira do despejo manifestam-se em Lisboa", Lusa (http://www.lusa.pt), 22-10-2005 16:56:00, Notícia SIR-7427724.

4.2. Pessoas colectivas

Em relação à titularidade destes direitos por parte de pessoas colectivas, cabe começar por excluí-la em relação às entidades públicas e analisar em que termos podem ser invocados pelas pessoas colectivas privadas.

4.2.1. *Públicas?*

Segundo se julga, as pessoas colectivas públicas não só não são titulares de quaisquer direitos fundamentais, como nem sequer são titulares de direitos subjectivos em sentido técnico à luz do Direito interno[177], mas apenas de poderes funcionais[178-179].

---

[177] Já o são à luz do Direito Internacional Público, mas por força do carácter "primitivo" deste Ordenamento [vide C. Baptista, *Direito* (…), Volume II, cit., pág. 134 e nota 251].

[178] Assim, o Tribunal Constitucional português, no Acórdão n.º 24/98, de 22 de Janeiro de 1998, parág. 14, não aceitou "a ideia de que as empresas do sector público da economia pudessem contrapor ao Estado, único ou predominante titular do seu capital social, o direito à iniciativa económica e o direito à propriedade privada", mas não se comprometeu em relação à questão da titularidade destes direitos por parte de "universidades públicas, associações públicas, autarquias territoriais e empresas de capitais públicos no domínio dos meios de comunicação social".

Contudo, o Tribunal Constitucional federal alemão apesar de negar em geral tal titularidade às entidades públicas, admite-a quando estas sejam instituições independentes ao serviço dos cidadãos, para defesa dos seus direitos fundamentais, como universidades, certas entidades religiosas com estatuto público ou empresas de comunicação social públicas (cfr. BVerfGE 45, 63 – *Stadtwerke Hameln*, parág. B.II.1; texto em http://www.oefre.unibe.ch/law/dfr/bv045063.html)

Igualmente, o Tribunal Constitucional espanhol sustentou que estas entidades poderiam ser titulares de direitos fundamentais: "A la misma conclusión puede llegarse en lo que concierne a las personas jurídicas de Derecho público, siempre que recaben para sí mismas ámbitos de libertad, de los que deben disfrutar sus miembros, o la generalidad de los ciudadanos, como puede ocurrir singularmente respecto de los derechos reconocidos en el art. 20 cuando los ejercitan corporaciones de Derecho público" (sentencia n.º 64/1988, de 12 de Abril de 1988; texto em http://www.boe.es/g/es/bases_datos_tc/doc.php?coleccion=tc&id=SENTENCIA-1988-0064). A sentença, contudo, foi criticada por um voto de vencido de três dos seus juízes (que afirma: "El Estado posee potestades y competencias, pero de ningún modo derechos fundamentales"). Em qualquer caso, o Tribunal em outras sentenças reconheceu direitos processuais a entidades públicas e não descartou reconhecer-lhes outros direitos (uma interpretação restritiva desta perspectiva do Tribunal em A. Gómez Montoro, *La titularidad de derechos fundamentales por personas jurídicas*, em *Cuestiones Constitucionales*, N.º 2, 2000, págs. 23-71, na págs. 45-54).

[179] Em termos paralelos: J. Vieira de Andrade, *Os Direitos Fundamentais na Cons-*

Mesmo a autonomia das regiões autónomas [não obstante o que afirmam os artigos 281, n.º 1, al. d), e n.º 2, al. g), e 283], dos municípios, das universidades ou a independência das empresas públicas de comunicação social em relação aos poderes públicos (artigo 38, n.º 6, CRP) não constituem direitos subjectivos (logo não são direitos fundamentais), mas garantias institucionais, de que decorrem poderes funcionais e deveres também para estas. Estas entidades têm o dever de ser autónomas e não um direito subjectivo à autonomia[180]. Pela simples razão de que um direito subjectivo é para ser gozado livremente em interesse próprio e não em função de atribuições predeterminadas. Os verdadeiros titulares das posições tutelados por estas garantias são as suas populações, membros ou destinatários (por exemplo, o artigo 225, n.º 1 e n.º 2).

Por isso mesmo, igualmente os diplomas regionais podem ser inconstitucionais por violarem os "direitos" das regiões autónomas e tal inconstitucionalidade pode ser suscitada por qualquer órgão do Estado com legitimidade activa ou decidida oficiosamente por um qualquer tribunal, que são órgãos do Estado. Ou seja, o Estado tem legitimidade e o dever de forçar as regiões, as autarquias ou as universidades a respeitar estas garantias institucionais. Os seus órgãos podem mesmo ser responsabilizados por violações destes poderes funcionais, o que seria inaceitável se se tratasse de direitos subjectivos.

O mesmo se diga em relação a quaisquer empresas de capital e gestão pública, partes integrantes do sector público (artigo 82, n.º 2 CRP[181])[182].

---

tituição Portuguesa de 1976, 3.ª ed., Coimbra, 2004, pág. 132; Jorge Miranda, *Artigo 12*, em Jorge Miranda/Rui Medeiros, *Constituição Portuguesa Anotada*, Tomo I, Coimbra, 2005, pág. 11-14, na pág. 144 (excepciona, porém, as universidades e as ordens profissionais; em relação a estas últimas, segundo se julga, são entidades privadas). Vide, em sentido diverso: Rui Medeiros, *O estado de Direitos Fundamentais Português*, em *Anuário Português de Direito Constitucional*, Volume II, 2002, págs. 23-43, na pág. 35 (mas com cautelas) e em *Artigo 82*, em Jorge Miranda/Rui Medeiros, *Constituição Portuguesa Anotada*, Tomo II, Coimbra, 2006, pág. 22-54, na pág. 46-47.

[180] Em termos similares: Herbert Bethg, *Grundpflichten als verfassungsrechtliche Dimension, Neue Juristische Wochenschrift*, 1982, Heft 39, pág. 2145-2150, na pág. 2147-2148.

[181] Os critérios estabelecidos pelo artigo 82 para delimitar o sector público são admissivelmente inadequados (neste sentido: R. Medeiros, *Artigo 82*, cit., pág. 35-38), designadamente, para efeitos de sujeitar as entidades que o integram a deveres especiais de serviço público, mas para efeitos de exclusão de direitos parecem continuar a ser relevantes.

[182] Vide em sentido paralelo: V. de Andrade, *Os Direitos* (…), cit., pág. 237-239.

90   *Os Direitos de Reunião e de Manifestação no Direito Português*

Pelo contrário, entidades privadas, mesmo dotadas de poderes de autoridade (caso das ordens profissionais[183]), nem por isso perdem a titularidade dos direitos fundamentais (que sejam compatíveis com a sua natureza: artigo 12, n.º 2, CRP), sem prejuízo de deverem ser qualificadas como entidades públicas para efeitos do artigo 18, n.º 1, CRP, como decorre da sua sujeição global ao Direito Público (cfr. artigo 267, n.º 6).

Assim, um direito potestativo e um poder funcional (competência), apesar de aparentes semelhanças, terão sempre natureza distinta. O primeiro é exercido em interesse próprio; o segundo, mesmo que discricionário, em função de interesse alheio.

Em conclusão, as entidades públicas não são titulares de direitos fundamentais ou de outros direitos subjectivos em sentido técnico[184], não podendo invocar o direito de reunião ou de manifestação. Sem prejuízo de terem legitimidade para organizar reuniões, mas nos termos de regime próprio completamente distinto. Assim, as paradas militares não são exercícios dos direitos de reunião e de manifestação. A maioria dos participantes participa nestas no cumprimento de um dever estrito e os seus organizadores fazem-no no âmbito de um poder funcional. O mesmo se diga das reuniões dos órgãos colegiais. Contudo, muitas destas últimas actividades são igualmente protegidas constitucionalmente, sendo mesmo impostas pela Constituição, sob pena de paralisia do Estado e demais entidades públicas, indispensáveis para a garantia dos direitos fundamentais e outros bens constitucionais.

4.2.2. *Privadas*

Igualmente a limitação literal dos direitos de reunião e de manifestação aos cidadãos poderia levar a concluir pela exclusão da sua titularidade pelas pessoas colectivas privadas. E esta parece ser a conclusão mais curial em relação a pessoas colectivas que sejam qualificadas como não nacionais.

---

[183] Quanto à sua qualificação como entidades privadas, vide: D. Freitas do Amaral, *Direito Administrativo*, Volume I, 2.ª ed., Coimbra, 1994, pág. 403-405; N. Sã Gomes, *Notas Sobre a Função e Regime Jurídico das Pessoas Colectivas Públicas de Direito Privado*, Lisboa, 1987, pág. 184.

[184] A questão tem grande relevância prática, por exemplo, para efeitos de tutela penal das suas situações jurídicas. Podem estas ser vítimas de crimes contra a honra? Segundo se julga, não; vide a discussão, *infra*, parág. 7.2.5.2.

Mas é necessário ter em conta o artigo 12, n.º 2, que manda alargar os direitos fundamentais às pessoas colectivas, a menos que tal seja incompatível com a sua natureza. A referência a cidadãos parece ter visado excluir apenas os estrangeiros e apátridas e não as pessoas colectivas nacionais.

Resta saber se este alargamento é compatível com a natureza destas pessoas jurídicas. E, por força do carácter presencial dos direitos de reunião e de manifestação, a resposta será em regra negativa. Visto que só podem actuar por intermédio de pessoas físicas e que, quando um indivíduo esteja presente, estará em primeiro lugar como indivíduo, parece que uma pessoa colectiva não pode participar numa reunião ou manifestação.

Mas nada impede que estas entidades possam organizar uma reunião ou uma manifestação[185], altura em que ainda gozam parcialmente destes direitos[186].

5. Titulares passivos

Abordada a questão dos titulares activos, cabe uma análise dos titulares passivos; isto é, os destinatários destes direitos.

5.1. Deveres de protecção do Estado

A propósito dos deveres das entidades públicas[187], cabe destacar não tanto a sua obrigação de não interferir com o exercício dos direitos de reunião e de manifestação, que é óbvia, mas sobretudo os deveres positivos a que o Estado se encontra adstrito, de actuar para garantir a salvaguarda destes direitos.

---

[185] O artigo 2, n.º 2, parte final, da Lei sobre o Direito de Reunião, admite expressamente a organização de reuniões por associações.

[186] Neste sentido: J. Miranda, *Manual* (…), Volume IV, cit., pág. 485 e 486; A. Pace, *La Libertà* (…), cit., pág. 45, nota 32.

[187] Em relação à vinculação a estes por parte de entidades sob controlo público, vide, *supra*, parág. 4.2.1.

5.1.1. *Introdução teórica*

Este dever de proteger o gozo dos bens tutelados pelos direitos fundamentais não é mais do que o de proporcionar segurança em relação àquele gozo e deriva da função primordial do Estado, a de garantir estes direitos.

5.1.1.1. *A Segurança como bem constitucional colectivo*

A garantia por parte do Estado dos direitos das pessoas sujeitas à sua jurisdição não se pode reduzir à mera obrigação de assegurar que os seus órgãos não são responsáveis por os violar. Se o cumprimento desta básica obrigação, que decorre directamente do conteúdo de cada um dos direitos negativos, fosse o melhor a que o Estado pudesse juridicamente ser vinculado, então, no plano do Direito, este para pouco serviria quanto à defesa destes direitos. Juridicamente, não seria parte do problema, mas também não seria parte da solução. Só politicamente poderia responder pela incapacidade em fazer os particulares respeitar estes direitos; ou seja, perante a maioria dos cidadãos e não de alguns destes prejudicados pela sua negligente omissão ou deficiente protecção num dado caso concreto.

Assim, actualmente, aceita-se que o dever de garantir a segurança, além de ter conteúdo jurídico, impõe que o Estado evite diligentemente violações dos direitos fundamentais, venham estas de onde vierem, incluindo de simples particulares[188].

---

[188] O Tribunal Constitucional português já reconheceu estes deveres de protecção do Estado em relação aos direitos fundamentais (cfr. Acórdão do Plenário, n.º 288/98, de 17 de Abril de 1998, parág. 49; vide a análise do caso, *infra*, parág. 6.2, nota).

Mas a jurisprudência mais significativa para o Estado português sobre a matéria é a do Tribunal Europeu dos Direitos Humanos, que, como ficou escrito, não pode deixar de ser tida em conta por qualquer intérprete da Constituição portuguesa, a começar pelos Tribunais portugueses, sob pena de fazer incorrer o Estado em violação da Convenção enquanto órgãos deste.

Assim, designadamente, este Tribunal afirmou: "the State's obligation in this respect extends beyond its primary duty to secure the right to life by putting in place **effective criminal-law provisions** to deter the commission of offences against the person **backed up by law-enforcement machinery for the prevention, suppression and sanctioning of breaches of such provisions**" e que deve respeitar o "Article 1 of the Convention and the obligations of Contracting States under that Article to secure the practical and effective protection of the rights and freedoms laid down therein, including Article 2 (...). For the Court (...) it is sufficient for an applicant to show that the authorities **did not do all that**

Em rigor, julga-se que estes deveres de protecção não integram o conteúdo dos direitos a proteger, antes decorrem de uma obrigação geral de protecção, que na Constituição portuguesa em relação ao Estado tem base nos artigos 2[189] e 9, al. b), bem como, quanto aos órgãos judiciais no artigo 202, n.º 2, e em relação aos órgãos de polícia, no artigo 272, n.º 1[190].

Os motivos que justificam esta autonomização dos deveres de protecção do âmbito dos deveres decorrentes directamente de cada direito, liberdade e garantia são vários[191]. Por um lado, a grande maioria dos direi-

---

could be reasonably expected of them to avoid a real and immediate risk to life of which they have or ought to have knowledge" (cfr. *Case Of Osman v. The United Kingdom* (87/1997/871/1083), Grand Chamber, Judgment, 28 October 1998, parág. 115-116).

[189] Este sublinha que o Estado se baseia não apenas no respeito, mas também na "garantia de efectivação dos direitos e liberdades fundamentais". É certo que o termo efectivação é utilizado nos artigos 9, al. d), e 70, n.º 1, em relação aos direitos sociais, mas tudo indica que neste artigo 1 a efectivação se reporta igualmente aos direitos negativos e não apenas o "respeito". Daí se falar em "no respeito e garantia de efectivação" e depois em "direitos e liberdades", em vez de em "liberdades e direitos".

[190] Vide igualmente: Sérvulo Correia, *Direitos Fundamentais* (…), cit., pág. 97-98 e 104 (embora entenda ser necessário conjugar estes deveres objectivos com uma norma implícita em cada direito).

[191] O Tribunal Europeu dos Direitos Humanos não se tem mostrado teoricamente muito seguro na matéria. Por vezes, sugere que retira estes deveres de protecção directamente do direito em causa: "In this connection, the Court recalls that genuine, effective freedom of peaceful assembly cannot be reduced to a mere duty on the part of the State not to interfere; **it is the duty of Contracting States to take reasonable and appropriate measures to enable lawful demonstrations to proceed peacefully (…) to discharge their positive obligations under Article 11**" (cfr. *Case Of The United Macedonian Organisation Ilinden And Ivanov v. Bulgaria*, First Section, Judgment, 20 October 2005, parág. 115).

Mas, regra geral, tem fundado estes deveres positivos não no próprio preceito que consagra o direito a proteger, mas antes no artigo 1 da Convenção que estabelece: "The High Contracting Parties shall secure to everyone within their jurisdiction the rights and freedoms defined in Section I of this Convention" (como em muitos outros casos, a tradução oficial portuguesa não se aproxima sequer do real sentido do preceito, pois traduz "shall secure" por "reconhecem", em vez de "devem garantir"; além de traduzir, em termos inócuos, mas tecnicamente infelizes, "within their jurisdiction" por "dependente da sua jurisdição", em vez de "sujeita à sua jurisdição").

Assim, além de no citado *Case Of Osman v. The United Kingdom* (87/1997/871/1083), Grand Chamber, Judgment, 28 October 1998, parág. 116, entre muitas outras sentenças, o Tribunal afirmou: "The obligation to protect the right to life under Article 2 of the Convention, **read in conjunction with the State's general duty under Article 1 of the Convention to "secure to everyone within [its] jurisdiction the rights and freedoms** defined in [the] Convention", also requires by implication that there should be some form of effective official investigation when individuals have been killed as a result of the use

94 Os Direitos de Reunião e de Manifestação no Direito Português

tos, liberdades e garantias são direitos negativos, fazendo pouco sentido extrair das suas estatuições deveres positivos completamente distintos, com pressupostos e consequências diferentes.

Assim, aplicam-se em situações completamente distintas. A obrigação de protecção aplica-se imediatamente mesmo a nível preventivo, exigindo uma actuação do Estado normalmente ainda anterior a qualquer gozo ou exercício de um dos direitos protegidos. Impõe ao Estado múltiplos deveres, de conteúdo diverso, que se manifestam em fases tão díspares, como a da elaboração do orçamento ou a da actuação coerciva perante uma violação grave de direitos protegidos. Trata-se, pois, de normas distintas, com previsões e estatuições completamente diferentes.

Por outro lado, faria pouco sentido considerar que cada direito, liberdade e garantia impõe uma obrigação de protecção em praticamente tudo idêntica à imposta por cada um dos outros, e, contudo, sustentar que são autónomas entre si, cada uma derivada do "seu" direito. Se a obrigação é idêntica, mesmo que assuma intensidade distinta em função do valor de cada direito e do caso concreto, deve-se concluir que se trata da mesma e que constitui uma obrigação genérica de proteger estes direitos, que não decorre da norma que consagra cada um deles, mas de uma norma autónoma.

Depois, estas questões não devem ser resolvidas à luz de doutrina estrangeira, importada de modo acrítico, qual Direito Natural aplicável a todos as Ordens Jurídicas, mas antes nos termos da Constituição vigente. Ora, esta, de modo claro, autonomiza estes deveres de protecção das normas que atribuem cada direito, nos preceitos referidos. Um modelo teórico que os procure extrair de cada direito, com base numa multifacetada "dimensão objectiva" dos direitos fundamentais, revela-se, pois, pouco consentâneo com a Constituição[192]. Não está em causa que os direitos fun-

---

of force" [cfr. *Case Of Hugh Jordan v. The United Kingdom* (Application no. 24746/94), Third Section, Judgment, 4 May 2001, parág. 105].

Contudo, tecnicamente, apesar de o Tribunal afirmar a existência destes deveres de protecção, e de igualmente permitir que um particular, prejudicado pela sua violação, os invoque, ainda não justificou a base na Convenção para esta subjectivização. Segundo se julga, esta encontra-se no direito à segurança (artigo 5, n.º 1 da Convenção) (vide, *infra*, parág. 5.1.1.2).

[192] Os deveres de protecção têm sido reelaborados em torno da denominada dimensão objectiva dos direitos fundamentais, na sequência de jurisprudência do Tribunal Constitucional federal alemão [neste sentido: Helmut Goerlich, *Schutzpflicht – Grundrechte – Verfahrensschutz, Neue Juristische Wochenschrift*, 1981, heft 48, pág. 2616-2617; Georg

damentais tenham uma dimensão objectiva. Cada um destes emana de uma norma de Direito objectivo. Porém, à luz da Constituição portuguesa, que autonomiza expressamente estes deveres de protecção, constitui uma ficção jurídica desnecessária pretender extrai-los de uma alegada dimensão objectiva compreendida em cada norma atributiva de um direito fundamental[193].

Acresce que este dever de proporcionar segurança vai muito para lá da obrigação de proteger os bens tutelados pelos direitos fundamentais. O Estado está obrigado a proteger todas as categorias de direitos subjectivos e não apenas aqueles direitos e muito menos apenas os direitos, liberdades e garantias[194]. O que sugere igualmente a sua autonomia em relação a estes. Todos os direitos atribuídos pelo Direito devem ser protegidos pelo Estado, desde logo pelos Tribunais; tal deriva da sua própria natureza

---

Hermes, *Grundrechtsschutz durch Privatrecht auf neuer Grundlage – Schutzpflicht und mittelbarer Drittwirkung, Neue Juristische Wochenschrift*, 1990, heft 29, págs. 1764-1768, na pág. 1767; Ferdinand Kopp, *Grundrechtliche Schutz- und Förderungspflichten der öffentlichen Hand, Neue Juristische Wochenschrift*, 1994, heft 28, págs. 1753-1757, na pág. 1753; A. Tschentscher, *Examenskurs Grundrechte* (...), cit., pág. 54-56], construção teórica necessária numa Constituição, como a alemã, em que apenas o artigo 1, n.º 1, poderia conferir alguma base, em relação à dignidade humana, para estes deveres (em termos dúbios: Eckart Klein, *Grundrechtliche Schutzpflicht des Staates, Neue Juristische Wochenschrift*, 1989, heft 27, págs. 1633-1640, na pág. 1635).

A importação dos aspectos jurídicos desta figura constituiu um progresso assinalável, que permite revalorizar alguns preceitos da Constituição portuguesa, mas revela-se menos curial a invocação do mesmo fundamento teórico alemão realizada pela Doutrina portuguesa [vide: Vieira de Andrade, *Os Direitos Fundamentais* (...), cit., pág. 147-149 e 153-158; P. Mota Pinto, *O Direito ao Livre Desenvolvimento* (...), cit., pág. 192; Sérvulo Correia, *Direitos Fundamentais* (...), cit., pág. 97-98 e 104; R. Novais, *As Restrições* (...), cit., pág. 86-87].

[193] O mesmo se diga em relação à sua invocação para justificar a vinculação de particulares em relação aos direitos, liberdades e garantias, perante o artigo 18, n.º 1, parte final, CRP (vide, *infra*, parág. 5.2.1.1).

[194] Uma visão ainda restritiva da segurança pode ser encontrada na jurisprudência do Tribunal Constitucional italiano: "Esclusa l'interpretazione, inammissibilmente angusta, che la "sicurezza" riguardi solo l'incolumità fisica, sembra razionale e conforme allo spirito della Costituzione dare alla parola "sicurezza" il significato di situazione nella quale sia assicurato ai cittadini, per quanto è possibile, il pacifico esercizio di quei diritti di libertà che la Costituzione garantisce con tanta forza. Sicurezza si ha quando il cittadino può svolgere la propria lecita attività senza essere minacciato da offese alla propria personalità fisica e morale; è l'"ordinato vivere civile", che è indubbiamente la meta di uno Stato di diritto, libero e democrático" (cfr. Sentenza n. 2, 14 Giugno 1956; texto em http://www.cortecostituzionale.it/).

de direitos subjectivos. Simplesmente, alguns destes, mais importantes, devem ser protegidos oficiosamente pelo Estado, desde logo, através da sua administração, pois são de Ordem Pública[195]. Em relação a outros direitos, por não integrarem esta noção, cabe aos particulares requerer a sua protecção ao Estado, máxime, junto dos Tribunais. Órgãos estes que estarão então obrigados a conferir-lhes tutela. Assim, o artigo 202, n.º 2, CRP não limita aos direitos fundamentais a função de protecção dos Tribunais, antes compreende todos os direitos e mesmo os interesses legítimos. Apenas em relação ao legislador se pode afirmar que este somente estará obrigado a conferir protecção a um determinado direito se este for um direito fundamental ou decorrer do Direito Internacional ou de leis de valor reforçado que vinculem heteronormativamente o órgão legislativo em causa.

Assim, a abrangência das dimensões da segurança, enquanto bem colectivo, ficam bem espelhadas em expressões constitucionais como segurança no emprego (artigo 53) e no trabalho [artigo 59, n.º 1, al. d)], segurança dos consumidores (artigo 60, n.º 1), segurança social (artigo 60), segurança económica (artigo 72, n.º 1), segurança financeira (artigo 101: "segurança das poupanças"), segurança externa (artigo 273, n.º 2), segurança jurídica (artigo 282, n.º 4: entendida como tutela das expectativas) ou mesmo, implicitamente, segurança cultural (artigo 73, n.º 3: "assegurando o acesso de todos os cidadãos à fruição e criação cultural") e segurança natural, contra calamidades ou doenças infecciosas ou derivadas de circunstâncias sociais [artigos 19, n.º 2 e 275, n.º 5: "missões de protecção civil" e 64, n.º 2, al. b): "desenvolvimento da educação sanitária do povo"], além da clássica segurança interna (artigos 268, n.º 2 e 272, n.º 1)[196].

---

[195] Por exemplo, o artigo 5 da Lei de Organização e Funcionamento da Polícia de Segurança Pública (Lei n.º 5/99, de 27 de Janeiro, alterada pelo Decreto-Lei n.º 137/2002, de 16 de Maio) estabelece, sob a epígrafe "Limites de competência": "**A PSP não pode dirimir conflitos de natureza privada, devendo limitar a sua acção, ainda que requisitada, à manutenção da ordem pública**".

[196] Definida pelo artigo 1, n.º 1, da Lei de Segurança Interna (Lei n.º 20/87, de 12 de Junho, com alterações subsequentes, a última pela Lei n.º 8/91, de 1 de Abril) como "é a actividade desenvolvida pelo Estado para garantir a ordem, a segurança e a tranquilidade públicas, proteger pessoas e bens, prevenir a criminalidade e contribuir para assegurar o normal funcionamento das instituições democráticas, o regular exercício dos direitos e liberdades fundamentais dos cidadãos e o respeito pela legalidade democrática".

Claro está, o dever de protecção de direitos sociais (excepto em relação a aspectos do seu conteúdo que tenham natureza análoga a direitos, liberdades e garantias, nos termos do artigo 17) fica dependente da sua concretização legal. Neste sentido, aquele dever tem uma dimensão programática por compreender realidades que são predominantemente meros programas constitucionais.

A abrangência destes deveres de protecção fica espelhada na circunstância de não se aplicarem apenas em relação à prevenção de violações destes direitos, mas igualmente à prevenção de lesões no bem protegido por força de eventos naturais, como decorre das referidas dimensões da segurança "natural", contra calamidades ou epidemias. Nestes casos, claramente, esta protecção nem sequer pode ser considerada como uma emanação dos direitos fundamentais negativos cujo bem protegido pode ser lesado por estes eventos, visto que estes constituem direitos de defesa que impõem meras proibições de interferência contra entidades públicas ou privadas. Ora, claro está, ninguém pode exercer um direito negativo contra factos jurídicos em sentido estrito. Pode-se, sim, exercer um direito positivo contra o Estado, exigindo protecção contra estes, mas não nos termos destes direitos negativos e sim, como se procura demonstrar, com base no direito à segurança.

Com vista a garantir a segurança na multiplicidade das suas referidas dimensões, o Estado está sujeito a uma série de obrigações, as mais básicas das quais são: criar ramos jurídicos secundários de natureza penal e de responsabilidade civil, bem como um sistema administrativo e judicial susceptível de actuar preventiva ou repressivamente perante violações iminentes ou efectivas dos direitos[197], bem como de "lesões naturais". No seio do primeiro, destaca-se o dever de criar um sistema policial (fiscalizador em geral) adequado à situação no seu território, de distribuir os efectivos tendo em conta as necessidades de cada circunscrição, de os destacar em cada período em função dos problemas existentes ou potenciais e respectiva gravidade e, finalmente, de actuar perante cada situação concreta de violação dos direitos que se encontra obrigado a salvaguardar de modo

---

[197] Assim, tendo presente o direito à vida, o Tribunal Europeu dos Direitos Humanos afirmou que os Estados tinham o dever de: "putting in place **effective criminal-law provisions** to deter the commission of offences against the person **backed up by law-enforcement machinery for the prevention, suppression and sanctioning of breaches of such provisions**" (cfr. *Case Of Osman v. The United Kingdom*, cit., parág. 115).

98   *Os Direitos de Reunião e de Manifestação no Direito Português*

oficioso. Em relações aos órgãos de polícia em sentido estrito, este dever encontra, aliás, consagração expressa no artigo 272, n.º 1, CRP[198].

Mas os deveres de protecção não esgotam os deveres de garantia do Estado. Os primeiros reportam-se a violações dos direitos ou lesões nos bens por estes tutelados. Mas o Estado tem ainda um dever de garantir que existam condições factuais para a prática dos actos tutelados pelos direitos fundamentais. Este dever é bem mais importante nos direitos sociais, mas é relevante igualmente nos direitos, liberdades e garantias, desde logo, nos direitos positivos que têm entidades públicas como destinatárias, como o acesso aos Tribunais (artigo 20, n.º 1, de natureza análoga), o patrocínio judiciário (artigo 20, n.º 2, que deve ser qualificado igualmente como de natureza análoga), o direito à informação e consulta jurídicas (artigo 20, n.º 2, que pode ser qualificado como de natureza análoga também, por força da sua inserção sistemática), o direito de antena em meios públicos (artigo 40, n.º 2) ou o direito à segurança.

Por outro lado, além de deveres de protecção contra agressões ou factos naturais, e de garantia de existência de condições materiais, o Estado encontra-se ainda sujeito a deveres de legislar na concretização e desenvolvimento dos direitos fundamentais. Este dever de legislar tem igualmente base objectiva directa no artigo 9, al. b), e encontra-se subjacente também aos artigos 283 e 22 ("omissões") CRP.

Aliás, quando se esteja perante uma concretização de um direito, liberdade e garantia, o dever de a levar a cabo legislativamente tem normalmente base também no dever de proporcionar segurança. Com efeito, concretizar um destes direitos, que em princípio impõem também deveres directos aos particulares (artigo 18, n.º 1), bem como estabelecer regras cautelares ou em geral instrumentais, que visem assegurá-lo, constitui uma forma de prevenir a sua violação, fazendo os seus destinatários terem consciência dos seus deveres de respeito. Também a sua violação pode implicar responsabilidade civil[199].

---

[198] "A polícia tem por funções defender a legalidade democrática e **garantir a segurança interna e os direitos dos cidadãos**".

[199] Assim, o Tribunal da Relação de Lisboa afirmou: "**Entre os fundamentos constitucionais do dever de legislar encontra-se o que resulta do dever que recai sobre o Estado de protecção de direitos fundamentais**. Estes não se resumem a direitos de defesa que impõem proibições, mas também importam uma função protectiva, de imperativo da tutela, designadamente, impondo deveres de protecção às entidades públicas (e em particular ao Estado)" [cfr. Sentença de 5 de Julho de 2002, processo n.º 35211 (caso "Aquaparque")].

Vide igualmente Freitas do Amaral/Rui Medeiros, *Responsabilidade Civil do Estado*

Diferentemente, desenvolver legislativamente um direito não exequível por si próprio parece ter outro fundamento. Aqui não se trata de prevenir violações de deveres preexistentes, mas sim de criar deveres novos até então essencialmente inexistentes. Está ainda em causa o dever do Estado de garantir os direitos fundamentais, mas a sua base subjectiva será o direito de acesso ao Direito, na sua vertente de direito a conhecer os termos dos "direitos prometidos" pela Constituição[200].

5.1.1.2. *O direito à segurança*

O Estado encontra-se, pois, sujeito a uma obrigação geral de garantir que os seus órgãos e outras entidades públicas, bem como os particulares, respeitem os direitos individuais. Mas se este dever tem natureza jurídica e é imposto no interesse dos titulares dos direitos protegidos, não se compreenderia que não tivesse uma manifestação na sua esfera jurídica subjectiva.

Assim, por força da especial importância dos direitos, liberdades e garantias, a Constituição erigiu a direito, liberdade e garantia o reflexo subjectivo deste dever de protecção desta espécie de direitos fundamentais. O núcleo da obrigação de os proteger, que impõe deveres bem determinados, que limitam fortemente a discricionariedade do Estado, corporiza subjectivamente um direito, liberdade e garantia específico: o direito à segurança (artigo 27, n.° 1, CRP)[201].

---

por Omissão de Medidas Legislativas – O Caso Aquaparque, Revista de Direito e de Estudos Sociais, ano XLI, Agosto-Dezembro, 2000, n.° 3-4, págs. 299-383, nas págs. 357-365.

[200] Mesmo se a Lei n.° 34/2004, de 29 de Julho, que regula a questão, se concentra em meros deveres de informação, executando o artigo 20, n.° 2, sem conferir qualquer conteúdo ao artigo 20, n.° 1, CRP, enquanto direito com reflexos legislativos: quer na elaboração o mais clara e detalhada das leis (concretizado em termos rigorosos no Direito sancionatório e mesmo no restritivo de direitos, liberdades e garantias), quer no dever de concretizar os direitos não exequíveis por si próprios. Também a Doutrina não tem explorado todas as virtualidades deste direito: Carlos Alegre, *Acesso ao Direito e aos Tribunais*, Coimbra, 1989; Rui Medeiros, *Artigo 20*, em Jorge Miranda/Rui Medeiros, *Constituição Portuguesa Anotada*, Tomo I, Coimbra, 2005, pág. 170-205, na pág. 176.

[201] O direito à segurança tem fortes raízes no constitucionalismo português. Assim, a Constituição de 1822 declarava que "A Constituição política da Nação Portuguesa tem por objecto manter a liberdade, segurança, e propriedade de todos os Portugueses" (artigo 1). O seu artigo 4 afirmava que "A segurança pessoal consiste na protecção, que o Governo deve dar a todos, para poderem conservar os seus direitos pessoais."; ver ainda o artigo 159, III. O mesmo direito à segurança consta ou é referido em outras Constituições portu-

100   *Os Direitos de Reunião e de Manifestação no Direito Português*

Portanto, trata-se de um direito positivo de exigir protecção do Estado, não apenas em relação a outras entidades públicas, mas especial-

---

guesas: artigo 103, parág. 5 ["segurança (…) dos cidadãos"] e 145, corpo ("segurança individual") e parág. 23 da Carta Constitucional de 1826; artigo 116, V ["segurança (…) dos cidadãos"] da Constituição de 1838; e artigo 3, corpo, da Constituição de 1911 ("segurança individual"). A protecção a que, nos termos da Constituição de 1822, se tinha direito de exigir ao Governo não parecia ser somente contra actos do Estado.

Escrevia Lopes Praça, à luz da Carta Constitucional: "**O direito de segurança**, como a Carta o garante, **é a obrigação imposta aos poderes orgânicos de respeitar e fazer respeitar** o domicilio domestico (§ 6); a liberdade pessoal fora de certos casos excepcionaes (§ 7), a fiança e o Livramento sem prisão (§ 8)", impondo que "a ordem de prisão deve realizar-se legalmente (§ 9)". E acrescentava "Pimenta Bueno entende **por segurança «o direito que o homem tem de ser protegido pela lei e sociedade em sua vida, liberdade, propriedade, sua saude, reputação e mais bens seus**. É o direito de não ser sugeito senão á acção da lei, de nada soffrer d'arbitrario e illegitimo»". Haverá segurança quando a injustiça e a arbitrariedade não poderem nada contra a pessoa e contra a fortuna legitima dos cidadãos". Citando então o referido artigo 3 da Constituição de 1822 (cfr. *Direito Constitucional Portuguez*, Volume I, cit., pág. 33-34). Tratava-se, pois, do reconhecimento de um verdadeiro direito positivo a uma acção protectora do Estado, mesmo contra outros particulares.

Claro está, esta consagração do direito à segurança foi inspirada em textos estrangeiros. Assim, a Declaração de Direitos da Virgínia de 12 de Junho de 1776 declarava "**That government is**, or ought to be, **instituted for** the common benefit, **protection, and security of the people** (…)" (secção 3). Daí que a Declaração de Independência dos Estados Unidos da América declarasse "That **to secure these rights, Governments are instituted among Men** (…)". Este direito seria então consagrado nas Declarações francesas de 26 de Agosto de 1789 (artigo 2: "Le but de toute association politique est la conservation des droits naturels et imprescriptibles de l'homme. Ces droits sont la liberté, la propriété, **la sûreté** et la résistance à l'oppression") e de 1793 (artigos 2 e 8: "La sûreté consiste dans la protection accordée par la société à chacun de ses membres pour la conservation de sa personne, de ses droits et de ses propriétés"), de onde passaria para os referidos textos constitucionais portugueses.

É certo que alguma Doutrina realizava interpretações restritivas deste direito. Numa versão minimalista e tautológica, seria apenas o direito de exigir que o Estado não violasse os direitos fundamentais (neste sentido: J. Simonde de Sismondi, *Examen de la Constitution Françoise*, Paris, 1815, pág. 17-20). Numa outra formulação, seria o direito de exigir ao Estado que criasse mecanismos de garantia que evitassem que os seus órgãos violassem estes direitos [trata-se da posição de León Duguit, *Soberanía y Libertad* (trad.), Madrid, 1924, pág. 211].

Mas como se verificou, com Lopes Praça e Pimenta Bueno, estas interpretações minimalistas estavam longe de ser pacíficas. Acresce que a raiz doutrinária deste direito sempre colocou a ênfase no seu carácter positivo, de exigência ao Estado de uma defesa dos direitos em relação a outros particulares. Assim, Thomas Hobbes, em quem Locke se inspirou neste aspecto, faz da protecção da vida e da segurança contra os actos dos outros

Âmbito 101

mente quanto a outros particulares[202-203] e mesmo Estados estrangeiros, desde logo, os que pratiquem actos em espaços sujeitos à jurisdição do

---

particulares a razão de ser e fundamento da alienação de todos os restantes direitos a favor do Estado absoluto: "the motive and end for which this renouncing and transferring of right is introduced is nothing else but the **security of a man's person**, in his life, and in the means of so preserving life as not to be weary of it" (cfr. *Leviathan*, 1651,The First Part, XIV) e "The only way to erect such a common power, as may be able to defend them from the invasion of foreigners, and **the injuries of one another, and thereby to secure them** (...), is to confer all their power and strength upon one man, or upon one assembly of men" (cfr. *Leviathan*, The Second Part, XVII).

[202] Trata-se de um direito escassamente tido em conta pela Jurisprudência constitucional estrangeira; contudo, o Tribunal Constitucional português já lhe atribuiu precisamente o conteúdo defendido: "De facto, o n.° 1 do artigo 27.° garante não só o direito à liberdade como também a segurança pessoal, isto é, o exercício seguro e tranquilo dos direitos, liberto de ameaças e agressões (...), concretizado num direito subjectivo à segurança (direito de defesa), por um lado, e por outro, **no direito à protecção contra ameaças ou agressões de outrem**" (cfr. Acórdão N.° 574/98, de 13 de Outubro de 1998, parág. 6). Vide igualmente G. Canotilho/V. Moreira, *Constituição* (...), cit., pág. 184, em cuja doutrina o Tribunal se inspirou.

No mesmo sentido, tem seguido a jurisprudência do Comité dos Direitos Humanos do Pacto dos Direitos Civis e Políticos, de que o Estado português é parte e que consagra o direito à segurança no seu artigo 9, n.° 1, que estabeleceu uma ligação directa entre a obrigação dos Estados de protecção dos direitos consagrados e o direito à segurança: "Although in the Covenant **the only reference to the right of security of person is to be found in article 9, there is no evidence that it was intended to narrow the concept of the right to security only to situations of formal deprivation of liberty.** At the same time, **States parties have undertaken to guarantee the rights enshrined in the Covenant. It cannot be the case that, as a matter of law, States can ignore known threats to the life of persons under their jurisdiction,** just because that he or she is not arrested or otherwise detained. **States parties are under an obligation to take reasonable and appropriate measures to protect them.** An interpretation of article 9 which would allow a State party to ignore threats to the personal security of non-detained persons within its jurisdiction would render totally ineffective the guarantees of the Covenant." [cfr. Communication No. 195/1985: Colombia, 23/08/90 (doc. CCPR/C/39/D/195/1985; texto em www.unhchr.ch), parág. 5.5.]. Viria a confirmar esta jurisprudência em Communication N.° 711/1996: Angola, 18/04/2000 (doc. CCPR/C/68/D/711/1996), parág. 8.3, entendendo que o facto de as "authorities themselves have been the source of the threats" não impedia que existisse uma "violation of the author's right of security of person".

Pelo contrário, o Tribunal Europeu dos Direitos Humanos, não obstante a sua vasta jurisprudência em matéria de deveres de protecção, não tem considerado que o direito de os particulares os invocarem se encontra corporizado no direito à segurança. Antes tem interpretado em termos restritivos este último direito, estabelecendo uma ligação directa com o direito à liberdade e a proibição de ser privado deste direito de modo arbitrário. Assim, por exemplo: "Furthermore, the Court considers that any ex post facto authori-

102   *Os Direitos de Reunião e de Manifestação no Direito Português*

Estado português, mas igualmente fora destes, pelo menos quando violem direitos internacionalmente consagrados de cidadãos portugueses[204-205].

---

sation of detention on remand is incompatible with the "right to security of person" as it is necessarily tainted with arbitrariness. Permitting a prisoner to languish in detention on remand without a judicial decision based on concrete grounds and without setting a specific time-limit would be tantamount to overriding Article 5 (...)" [cfr. *Case Of Khudoyorov v. Russia* (Application no. 6847/02), Fourth Section, Judgment, 8 November 2005, parág. 142].

[203] Assim, vários autores consideram que, pelo menos, o núcleo dos deveres de protecção constitui simplesmente a perspectiva passiva do direito individual à segurança, sendo desnecessário recorrer a qualquer dimensão objectiva nesta matéria [neste sentido: Josef Isensee, *Das Grundrecht als Abwehrrecht und als staatliche Schutzpflicht*, em *Handbuch des Staatsrechts der Bundesrepublik Deutschland* (hrsg. J. Isensee/P. Kirchhof), 2. Auflage, Band V, Heidelberg, 2000, pág. 143-241, na pág. 186-188 (define o direito à segurança "als Freiheit des einen Grundrechtsträgers vom Übergriff des anderen", mas pensa-se que este tem um objecto mais amplo, pois compreende igualmente protecção contra entidades públicas e mesmo uma faculdade de exigir protecção contra eventos naturais; e que, por outro lado, não constitui uma liberdade; liberdades são os direitos protegidos por este direito-garantia; à luz da Constituição portuguesa, cada um daqueles direitos já constitui uma liberdade contra agressões de terceiros, públicos ou privados; é antes um direito positivo dirigido contra entidades públicas, uma garantia dessa liberdade, mesmo se pode igualmente ter reflexos em particulares: vide, *infra*, no texto); Christian Calliess, *Sicherheit im freiheitlichen Rechtsstaat – Eine verfassungsrechtliche Gratwanderung mit staatstheoretischem Kompass*, *Zeitschrift für Rechtspolitik*, 2002, Heft 1, pág. 1-7, na pág. 5-6; Heiner Bielefeldt, *Freiheit und Sicherheit im demokratischen Rechtsstaat*, Berlin, 2004, pág. 13-15; igualmente a obra colectiva *La Seguridad Pública Como Derecho Humano – Quinto certamen de ensayo sobre derechos humanos*, México, 2002, embora todos os estudos que compreende se revelem de limitado interesse].

[204] O dever de protecção diplomática de cidadãos portugueses tem, pois, também base constitucional nos artigos 9, al. b), e 14, apoiado igualmente no artigo 7, n.º 1: "Portugal rege-se nas relações internacionais pelos princípios da independência nacional, do respeito dos direitos do homem". Porque se tem aceite que, mesmo em relação a estrangeiros, os Estados devem cooperar para pôr termo a violações dos direitos humanos por parte de outros Estados (cfr. artigos 55 e 56 da Carta das Nações Unidas), ao vincular Portugal ao respeito dos direitos "do homem" nas relações internacionais, a ser interpretado como este princípio o é no Direito Internacional, a Constituição força igualmente Portugal a respeitar esta obrigação positiva de cooperação. Trata-se, contudo, de uma obrigação difusa, que impõe limitados deveres de acção, os maiores dos quais incidem sobre as grandes potências. Cada Estado pode determinar com alguma latitude a medida em que o executará, tendo presente as suas outras prioridades de política externa, incluindo a protecção dos seus próprios cidadãos [ver E. Correia Baptista, *Ius Cogens em Direito Internacional*, Lisboa, 1997, pág. 294-301 e *Direito Internacional Público*, Volume II, cit., pág. 201-202 e 542-543].

[205] Igualmente: E. Klein, *Grundrechtliche Schutzpflicht* (...), cit., pág. 1633 e 1635.

A tutela do Estado deve manifestar-se imediatamente a nível preventivo, podendo esta ser-lhe exigida à luz do direito à segurança.

Este direito não pode, pois, ser visto como um mero direito negativo ao respeito por parte das entidades públicas dos direitos, liberdades e garantias, sob pena de ser um direito completamente tautológico. Limitar--se-ia a expressar o que os restantes direitos já tornam vinculativo; seria uma mera repetição do princípio da constitucionalidade no domínio dos direitos, liberdades e garantias (artigo 3, n.º 2 e 3).

A identificação da dimensão subjectiva dos deveres de protecção dos direitos, liberdades e garantias com o direito à segurança não constitui uma mera qualificação teórica. Tratando-se de um direito, liberdade e garantia, o direito à segurança é imediatamente aplicável e vincula igualmente particulares (artigo 18, n.º 1 CRP), não no sentido de que estes últimos tenham qualquer dever geral de protecção dos direitos de terceiros, mas antes por implicar para estes o dever, imposto directamente pela Constituição, de realizarem alguns actos cautelares quando pretendam gozar um direito fundamental em termos que lesem o gozo dos direitos de terceiro ou criem um perigo grave e directo para este. Assim, tratar-se-á de uma limitação ao gozo perigoso ou prejudicial para terceiros de alguns direitos, por força de uma imposição do direito à segurança que visa viabilizar o cumprimento pelo Estado dos seus deveres de protecção. O exemplo paradigmático é precisamente o aviso prévio no gozo dos direitos de reunião e de manifestação que, deste modo, encontra fundamento na Constituição para estes casos pontuais, enquanto uma limitação e não uma restrição, embora não seja por esta exigido (ou sequer permitido) expressamente[206].

O direito à segurança tem sido considerado por alguma Doutrina como uma ficção, ao serviço das visões mais autoritárias do poder estadual, mero instrumento teórico justificativo da imposição de mais restrições aos direitos de liberdade[207]. Mas é necessário não o confundir com

---

[206] Vide, *infra*, parág. 7.3.1 e 7.3.2.

[207] Neste sentido, entre autores alemães que invocam também a inexistência de qualquer referência a este direito na respectiva Lei Fundamental: Ralf Bendrath, *Von "Freiheit stirbt mit Sicherheit" zu "Keine Freiheit ohne Sicherheit"? Über die Umwertung des Staates und das "Grundrecht auf Sicherheit"*, texto notas 19-22 (em *Antimilitarismus Information*, 27. Jg., Heft 12, Dezember 1997, págs. 11-20, disponível em http://user-page.fu-berlin.de/~bendrath/sicher.rtf); Berthold Meyer, *Im Spannungsfeld von Sicherheit und Freiheit – Staatliche Reaktionen auf den Terrorismus*, em *Hessische Stiftung Friedens und Konfliktforschung – Standpunkte*, Nr. 1, 2002, pág. 9 ("die Fiktion eines Grundrechtes

o referido bem colectivo segurança. Como ficou claro, este último é bem mais amplo, impondo deveres positivos para o Estado em domínios mais vastos, em grande medida insusceptíveis de ser subjectiváveis, por força da larga discricionariedade que lhe conferem na escolha do momento e dos meios para os concretizar.

Ora, este direito constitui apenas a base jurídica para a subjectivação de deveres de protecção do Estado que imponham em termos relativamente claros e determinados certas acções positivas. E deve-se entender que apenas goza do regime dos direitos, liberdades e garantias quando estejam em causa a protecção de um destes direitos ou de direitos de natureza análoga. Deste modo, o direito à segurança não pode ser invocado como fundamento para subjectivar os referidos bens colectivos tutelados pelo dever de garantir segurança, como forma de justificar restrições adicionais em direitos, liberdades e garantias ou a aplicabilidade directa destes bens. Este apenas se aplica em relação à tutela de direitos fundamentais com a natureza de direitos subjectivos, que, portanto, impõem um dever claro nos seus titulares passivos e quando a medida de actuação do Estado na sua tutela seja vinculada, por força de inexistência ou esvaziamento da sua discricionariedade, em função das circunstâncias concretas.

É certo que este direito pode ser invocado abusivamente como forma de retórica de legitimação, designadamente no discurso político, mas qualquer conceito jurídico pode ser abusado. Os riscos de tal ocorrer não podem constituir fundamento para negar a sua existência jurídica.

O direito à segurança é, pois, essencialmente um direito positivo, que impõe uma acção ao Estado. A ideia de um direito positivo que goza do regime dos direitos, liberdades e garantias nada tem de nova. O direito de acesso à justiça é igualmente um direito positivo: depende de uma prestação do Estado que exige que este não se limite à mera emanação de leis, mas que crie serviços públicos prestadores de justiça, os Tribunais, com exigências em tudo semelhantes às das escolas, no direito à educação, ou aos hospitais, no direito à saúde. Contudo, por o direito de acesso à justiça

---

auf Sicherheit"); Oliver Lepsius, *Liberty, Security, and Terrorism: The Legal Position in Germany*, em *German Law Journal*, Volume 5, No. 5, 2004, págs. 435-460, na págs. 436 e 454-457.

Trata-se de reacções a escritos como o de R. Scholz, *Rechtsfrieden im Rechtsstaat* (…), cit., pág. 705-706 e 710-711, que invoca o dever do Estado de garantir a segurança, base do gozo dos direitos fundamentais, com vista a justificar restrições adicionais ao direito de manifestação.

constituir um pressuposto dos restantes direitos, liberdades e garantias, nunca ninguém lhe negou natureza análoga a direito, liberdade e garantia (artigo 17), apesar de se encontrar fora do catálogo destes direitos.

O direito à segurança encontra-se na mesma situação; é um direito positivo que constitui uma garantia essencial dos restantes direitos, liberdades e garantias, daí que conste expressamente do catálogo destes, como sempre constou.

Perde, portanto, base qualquer discussão teórica quanto à aceitação ou não desta dimensão subjectiva dos deveres de protecção[208]. Esta encontra-se consagrada expressamente na Constituição, tal como foi reconhecido jurisprudencialmente. Uma protecção em termos manifestamente insuficientes implica, pois, uma omissão inconstitucional[209] que pode ser invocada por um particular lesado, designadamente, com vista a ser indemnizado[210].

Trata-se de um dever de acção preventiva a exercer diligentemente, podendo o seu desrespeito provocar responsabilidade civil do Estado por omissão (artigo 22), caso esta tenha sido dolosa ou ao menos negligente[211], mesmo se esta não necessita de ser grosseira[212-213]. Impõe uma

---

[208] Têm sido avançados alguns argumentos teóricos para criticar a subjectivação dos deveres de protecção. Que estes poderiam constituir uma forma de legitimação de ingerências dos tribunais na esfera de competência discricionária do poder político, que foi o mesmo gasto argumento teórico que se avançou contra avanços tão decisivos como a fiscalização judicial da constitucionalidade ou a criação de um Tribunal Constitucional; ou que este direito de exigir uma intervenção, bem como os deveres de protecção em geral do Estado, constituiriam novas fontes de restrições para os direitos fundamentais que podem fazer perigar a tradicional prevalência da liberdade sobre a segurança [neste sentido: O. Lepsius, *Liberty, Security* (…), cit., pág. 455-457]. Contudo, mesmo sendo uma condição da liberdade, a segurança não será mais do que isso, um mero instrumento; uma garantia a ser interpretada à luz do bem jurídico que visa garantir.

[209] A figura do deficit de protecção foi conceptualizada por Claus-Wilhelm Canaris, *Direitos Fundamentais e Direito Privado* (trad. ed. alemã), Coimbra, 2003, págs. 60; C. Calliess, *Sicherheit im freiheitlichen* (…), cit., pág. 6. Vide igualmente: V. de Andrade, *Os Direitos* (…), cit., pág. 148-149; P. Mota Pinto, *O Direito* (…), cit., pág. 196-197.

[210] Vários autores, mesmo para lá dos autores citados que o reconduzem ao direito à segurança, aceitam a existência de um direito à protecção jurídica: R. Alexy, *Theory* (…), cit., pág. 301-314; E. Klein, *Grundrechtliche Schutzpflicht* (…), cit., pág. 1637-1639; C. Calliess, *Sicherheit im freiheitlichen* (…), cit., pág. 6-7. Na Doutrina portuguesa, igualmente, mas em termos restritivos: V. de Andrade, *Os Direitos* (…), cit., pág. 153-156; Sérvulo Correia, *Direitos Fundamentais* (…), cit., pág. 103-104.

[211] A responsabilidade por omissão ilícita que consubstancie uma violação do direito à segurança pressupõe dolo ou negligência, como qualquer prática de um acto

106   *Os Direitos de Reunião e de Manifestação no Direito Português*

obrigação de empregar meios e não de garantir resultados. Neste sentido, o direito à segurança não é um direito a uma protecção efectiva do

---

ilícito [neste sentido: O. Ascensão, *O Direito* (…), cit., pág. 68-69]. A integração do dolo e da negligência no tipo de ilícito devem-se à teoria finalista surgida no Direito Penal [neste sentido, o Pai do Finalismo: Hans Welzel, *Derecho Penal – Parte General* (trad. ed. alemã), Buenos Aires, 1956, pág. 69-70 e 149-152], que foi também adoptada pelos autores pós-finalistas [por exemplo: Johannes Wessels/Werner Beulke, *Strafrecht – Allgemeiner Teil*, 32. Auflage, Heidelberg, 2002, pág. 71-72].

Contudo, a maioria da Doutrina portuguesa, no domínio da responsabilidade civil, ainda segue o tradicional modelo neo-clássico, que reconduz o dolo e a negligência à culpa e que considera que o dolo implica sempre consciência da ilicitude [por exemplo: Pires de Lima/Antunes Varela, *Código Civil Anotado*, volume I, 4.ª ed., Coimbra, 1987, comentá-rio ao artigo 483, pág. 445-447; Rui Medeiros, *Ensaio sobre a Responsabilidade Civil do Estado por Actos Legislativos*, Coimbra, 1992, pág. 165-193; F. Amaral/R. Medeiros, *Responsabilidade Civil* (…), cit., págs. 347-350; Maria Rangel Mesquita, *Da Responsabilidade Civil Extracontratual da Administração no Ordenamento Jurídico-Constitucional Vigente*, em *Responsabilidade Civil Extracontratual da Administração Pública* (coord. F. Quadros), 2.ª ed., Coimbra, 2004, págs. 39-131, na págs. 66-71]. Na realidade, à luz do Finalismo e pós-Finalismo, o dolo não exige consciência da ilicitude, sendo esta remetida para a culpa, como decorre dos artigos 14 e 17 do Código Penal, salvo nos casos do artigo 16, tal como as situações de ausência de liberdade (sobre a falta de consciência da ilicitude, vide, *infra*, parág. 9.2.2). Não obstante a consagração deste regime no Código Penal, a nível da responsabilidade civil, quer o Direito Privado (cfr. artigo 483 do Código Civil), quer o Direito Público (cfr. artigos 2 e 6 do Decreto-Lei n.º 48051 de 21 de Novembro de 1967; a proposta de Lei 56-X, relativa à reforma do Regime da Responsabilidade Civil extracontratual do Estado e das demais pessoas colectivas públicas, nos seus artigos 9 e 10, mantém este regime) continuam a ter subjacente um modelo neo-clássico, mas devem ser reinterpretados tendo em conta as alterações introduzidas nesta matéria pelo Código Penal.

Em qualquer caso, esta abordagem distingue estruturalmente inconstitucionalidade/ /ilegalidade e ilicitude. As primeiras são puramente objectivas; a segunda depende de dolo (sem necessidade de consciência da ilicitude) ou negligência. É certo que, literalmente, o artigo 22 apenas se refere a violação dos direitos, sem exigir ilicitude. Ora, o termo violação é normalmente utilizado na Constituição como sinónimo de inconstitucionalidade ou ilega-lidade (cfr. artigos 20, n.º 5, 202, n.º 2, 277, n.º 2, 280, n.º 2, 281, n.º 1 e n.º 2, al. g), e 283, n.º 1), o que poderia levar a pensar que não seria necessário dolo ou negligência. Contudo, no artigo 271, n.º 1, que utiliza a mesma expressão violação, resulta claro que será necessá-rio igualmente ilicitude, pois seria inaceitável responsabilizar indivíduos por actos em rela-ção aos quais não tiverem dolo ou ao menos negligência. Acresce que o próprio artigo 22 sugere idêntica conclusão ao referir responsabilidade solidária com os agentes responsáveis. Mesmo se, tendo presente a referência a "ou prejuízo para outrem", não seja de descartar que se encontre igualmente consagrada no preceito a responsabilidade por actos lícitos; claro está, a ser assumida exclusivamente pelo Estado e não pelos indivíduos ao seu serviço.

[212] A propósito da garantia do direito à vida, o mesmo Tribunal Europeu sustentou: **"The Court does not accept** the Government's view **that the failure to perceive the risk**

Estado, mas somente um direito a uma actuação diligente deste na protecção dos direitos das pessoas sujeitas à sua jurisdição[214].

Ao Estado cabe uma apreciável discricionariedade na escolha dos meios e na decisão em concretizar a segurança nas suas diversas dimensões, bem como quanto à medida em que o deve fazer. Mas o mesmo não se passa em relação aos deveres que corporizam o direito à segurança. Perante estes, a sua medida de discricionariedade pode ser desde o início simplesmente inexistente ou reduzida a zero por força das circunstâncias, não apenas nas situações de iminência de lesão para um direito que lhe

---

to life in the circumstances known at the time **or to take preventive measures** to avoid that risk **must be tantamount to gross negligence** or wilful disregard of the duty to protect life (…). **Such a rigid standard must be considered to be incompatible with the requirements of Article 1** of the Convention and the obligations of Contracting States under that Article to secure the practical and effective protection of the rights and freedoms laid down therein" (cfr. *Case Of Osman v. The United Kingdom* (87/1997/871/1083), Grand Chamber, Judgment, 28 October 1998, parág. 115-116).

[213] À luz do artigo 10, n.º 2, da citada proposta de Lei 56-X, relativa à reforma do Regime da Responsabilidade Civil extracontratual do Estado, presume-se a culpa leve aquando da prática de actos "ilícitos". Trata-se de um regime fortemente tutelador dos direitos dos particulares. Em qualquer caso, limita-se a inverter o ónus da prova, visto que a entidade pode sempre demonstrar não ter existido qualquer culpa na prática do acto.

[214] A propósito do direito de manifestação, também o Tribunal Europeu dos Direitos Humanos afirmou: "While it is the duty of Contracting States to take reasonable and appropriate measures to enable lawful demonstrations to proceed peacefully, they cannot guarantee this absolutely and they have a wide discretion in the choice of the means to be used (…). In this area the obligation they enter into under Article 11 (art. 11) of the Convention **is an obligation as to measures to be taken and not as to results to be achieved**" (cfr. *Case of Plattform "Ärzte für das Leben"*, Judgment, 25 May 1988, parág. 32).

Afirmou ainda: "For the Court, and bearing in mind the difficulties involved in policing modern societies, the unpredictability of human conduct and the operational choices which **must be made in terms of priorities and resources, such an obligation must be interpreted in a way which does not impose an impossible or disproportionate burden on the authorities.** Accordingly, not every claimed risk to life can entail for the authorities a Convention requirement to take operational measures to prevent that risk from materializing" (cfr. *Case Of Osman v. The United Kingdom* (87/1997/871/1083), Grand Chamber, Judgment, 28 October 1998, parág. 115-116).

Posteriormente, declarou: "In determining whether or not a positive obligation exists, regard must be had to the (…) diversity of situations obtaining in Contracting States and **the choices which must be made in terms of priorities and resources. Nor must such an obligation be interpreted in such a way as to impose an impossible or disproportionate burden on the authorities**" (cfr. *Case Of Appleby And Others v. The United Kingdom*, Application no. 44306/98, Fourth Section, Judgment, 6 May 2003, parág. 40).

cabe proteger, mas igualmente nas situações em que a probabilidade de lesão é muito alta e se encontra em causa um direito essencial, como o direito à vida, à integridade física[215] ou direitos cuja importância decorre igualmente da sua função social e política, como o direito de manifestação e cuja violação é normalmente acompanhada de ameaças à integridade física. Tal não significa que o direito à segurança apenas seja relevante em relação a estes direitos, mas simplesmente que a obrigação que impõe assumirá intensidade acrescida.

Assim, será por decisões de não destacar efectivos para um dado local e, especialmente, por estes efectivos não actuarem ao presenciar uma violação dos direitos que se encontram obrigados a salvaguardar, que o Estado poderá incorrer em responsabilidade civil por omissão em violação do direito à segurança[216]. O direito à segurança não elimina, pois, a ampla discricionariedade que o Estado tem na conformação do seu aparelho administrativo. Isto é, tal como as pessoas sujeitas à sua jurisdição não têm legitimidade para impugnar o modo como o Estado organiza o seu sistema judicial de forma a cumprir o direito de acesso aos Tribunais (artigo 20, n.° 1) no caso de um processo se arrastar excessivamente, em violação do direito a um julgamento em prazo razoável (artigo 20, n.° 4), mas antes se limitam a exigir uma indemnização caso este último direito seja violado, também no caso do direito à segurança, será a violação de um direito em concreto por força da omissão ilícita do Estado que o fará incorrer em responsabilidade.

Acresce que, obviamente, o Estado não se encontra obrigado ao impossível. Se, numa determinada situação excepcional, por força de mais do que uma situação problemática, se encontrou numa situação de falta de meios para intervir, não lhe será possível atribuir responsabilidades. O mesmo se diga em situações de catástrofes naturais ou de conflito armado, em que não obstante a utilização plena de todos os seus recursos, o Estado simplesmente não tem meios para desempenhar os seus deveres de protecção[217].

---

[215] Também neste sentido: C. Calliess, *Sicherheit im freiheitlichen* (…), cit., pág. 6--7 (considera a segurança física o núcleo essencial deste direito); F. Amaral/R. Medeiros, *Responsabilidade Civil* (…), cit., pág. 567-569; Sérvulo Correia, *Direitos Fundamentais* (…), cit., pág. 98.

[216] Igualmente neste sentido: J. Gomes Canotilho/Vital Moreira, *Fundamentos da Constituição*, Coimbra, 1991, pág. 141.

[217] O Comité dos Direitos Humanos pareceu aceitar que uma situação de conflito armado poderia afectar legitimamente o cumprimento do direito à segurança, mas não con-

Porém, a discricionariedade do Estado na conformação do seu aparelho não é completa. Se este pretender alegar incapacidade de facto para justificar não ter intervindo numa dada situação, caber-lhe-á demonstrar que tal incapacidade não se deveu a um investimento manifestamente insuficiente no seu aparelho ou a um erro grave quanto à distribuição dos seus efectivos pelo território. Ou seja, encontrando-se o Estado sujeito a um dever de actuar, cabe-lhe o ónus de provar a existência de qualquer causa de justificação que entenda que o eximiu de actuar naquele caso. A correcção destas alegações deverá ser apreciada pelo tribunal. Nestes casos, existe, pois, uma apreciação da política de organização administrativa do Estado, bem como da sua própria política orçamental, que se revelam, portanto, nesta medida, permeáveis a vinculações derivadas do direito à segurança, bem como ao correspondente escrutínio judicial.

5.1.1.3. *Conclusão quanto à estrutura dos direitos defensivos*

Da autonomização destes deveres do conteúdo de cada direito fundamental, segundo se julga, decorre que os direitos de liberdade e os outros direitos de estrutura defensiva[218] são direitos puramente negativos. As pretensões positivas que lhes têm sido atribuídas constituem direitos fundamentais autónomos ou decorrem de normas autónomas em relação às normas que atribuem cada um destes direitos.

Os direitos de liberdade são, portanto, direitos de defesa (isto é, de não interferência), não impondo, por si, imperativos de tutela[219]. Mas não

---

siderou que isso bastasse para entender que não se verificara uma violação: "Accordingly, while fully understanding the situation in Colombia, the Committee finds that the State party has not taken, or has been unable to take, appropriate measures to ensure Mr. Delgado's right to security of his person under article 9, paragraph 1", tendo concluído que tinham existido "violations of articles 9, paragraph 1", que implicavam um dever de "granting of appropriate compensation" [cfr. Communication No. 195/1985: Colombia. 23/08/90 (doc. CCPR/C/39/D/195/1985; texto em www.unhchr.ch), parágs. 5.6., 6 e 7.1].

[218] Que, claro está, não se confundem com os direitos, liberdades e garantias. Daí que, como ficou referido, alguns direitos, liberdades e garantias sejam direitos positivos, a começar pelo direito à segurança.

[219] Em sentido divergente: W. Canaris, *Direitos Fundamentais* (...), cit., pág. 57-59, nota 92 (que, citando Giegerich, autor que defende também que estes decorrem do direito à segurança, cuja obra não foi possível consultar, considera tal como um "curioso caminho próprio", que, em rigor, o não é, visto que constitui posição decorrente da referida construção teórica de Isensee e dos clássicos citados); G. Canotilho, *Direito Constitucional* (...), cit., págs. 399, 401-402 e 409; F. Amaral/R. Medeiros, *Responsabilidade Civil* (...), cit., pág. 359; Sérvulo Correia, *Direitos Fundamentais* (...), cit., pág. 97-98 e 104.

110 *Os Direitos de Reunião e de Manifestação no Direito Português*

são apenas direitos de defesa contra o Estado, como pretendiam os clássicos, mas de defesa igualmente contra particulares[220]. Daí que outras garantias pessoais entre particulares, como a legítima defesa[221], possam ser empregues pelos seus titulares contra violações actuais, no respeito do princípio da necessidade e da proporcionalidade.

5.1.2. *Em relação aos direitos de reunião e de manifestação*

No caso dos direitos de reunião e de manifestação, o dever de protecção do Estado[222] tem uma consagração clara no artigo 7 da respectiva

---

[220] Vide, *infra*, parág. 5.2.1.

[221] Aliás, os elementos literal e histórico sugerem que a legítima defesa se encontra igualmente consagrada no artigo 21 CRP, não obstante a sua epígrafe. A sua segunda parte "de repelir pela força qualquer agressão, quando não seja possível recorrer à autoridade pública" não constitui apenas um desenvolvimento do direito de resistência, mas igualmente a consagração da legítima defesa contra particulares [também neste sentido: M. Rebelo de Sousa, *Direito Constitucional*, Braga, 1979, pág. 296; Vieira de Andrade, *Os Direitos Fundamentais* (…), cit., pág. 367; Assunção Esteves, *A Constitucionalização do Direito de Resistência*, Lisboa, 1989, pág. 209-210; M. Cordeiro Mesquita, *Direito de Resistência e Ordem Jurídica Portuguesa*, em Ciência e Técnica Fiscal, n.° 353, 1989, pág. 34-35]. Daí a referência à impossibilidade de recurso à autoridade pública, típica deste direito, mas que faz menos sentido em relação ao direito de resistência, em que o agressor é a própria autoridade. Esta interpretação é confirmada por uma leitura do artigo 8, n.° 19, da Constituição de 1933, que o inspirou. Neste último artigo, era referido expressamente "repelir pela força a agressão particular", o que confirmava que estava em causa a legítima defesa. A omissão desta referência sugere que se pretendeu alargar a norma, permitindo a utilização da força defensiva quer contra agressões particulares, quer contra públicas.

[222] Por força das suas competências quanto à realização de reuniões, os municípios têm igualmente deveres de protecção no domínio dos direitos de reunião e de manifestação. Por exemplo, ao forçar uma reunião com fins de contramanifestação marcada para o mesmo dia e local a alterar este último. Acresce que a Constituição passou a permitir que a polícia municipal coopere com as polícias estaduais em matéria de segurança (artigo 237, n.° 3). Esta tem algumas competências pontuais com relevância no exercício destes direitos.

Assim, a Lei n.° 19/2004, de 20 de Maio, Lei-quadro sobre a criação de Polícias Municipais, estabelece no artigo 3, n.° 2, al. a): "Vigilância de espaços públicos ou abertos ao público, designadamente de áreas circundantes de escolas, em coordenação com as forças de segurança;" e al. e) "Regulação e fiscalização do trânsito rodoviário e pedonal na área de jurisdição municipal.". O n.° 4 do mesmo artigo permite-lhes a detenção de autores de crimes que presenciem e a sua condução à autoridade judiciária. O artigo 4, n.° 1, al. a), permite a "Adopção das providências organizativas apropriadas aquando da realização de eventos na via pública que impliquem restrições à circulação, em coordenação com

Lei[223-224]. Este dever de protecção impõe igualmente a vigilância das zonas próximas do local da reunião ou dos meios de transporte mais utilizados para chegar a este, quando existam fundamentos sérios para crer que há fortes probabilidades de os participantes serem alvos de actos de agressão por parte de terceiros que visem impedir a reunião, tendo presente que os actos preparatórios e o acesso ao local se encontram igualmente protegidos por este direito[225]. Claro está, são especialmente as manifestações ou outras reuniões cujo fim motiva divisões sociais fracturantes (políticas, desportivas ou de minorias) que suscitam maiores perigos.

Em qualquer caso, por se tratar de um mero dever de actuar diligentemente, as circunstâncias podem ser de ordem a que, dadas eventuais solicitações excepcionais e as informações existentes à altura da tomada de decisão, seja decidido não destacar agentes para os locais, não obstante ter sido realizado um aviso prévio e formulado um pedido de protecção. O simples facto de tal decisão se vir a revelar efectivamente incorrecta, por

---

as forças de segurança competentes, quando necessário;" e a al. e) confere competência para proceder à referida detenção em flagrante delito de autores de crimes puníveis com pena de prisão.

[223] "As autoridades deverão tomar as necessárias providências para que as reuniões, comícios, manifestações ou desfiles em lugares públicos decorram sem a interferência de contramanifestações que possam perturbar o livre exercício dos direitos dos participantes podendo, para tanto ordenar a comparência de representantes ou agentes seus nos locais respectivos.".

Do mesmo modo, a Lei sobre o Direito de Reunião espanhola (Ley Orgánica 9/1983, de 15 de Julio), no seu artigo 3, n.° 2, estabelece: "La autoridad gubernativa protegerá las reuniones y manifestaciones frente a quienes trataren de impedir, perturbar o menoscabar el lícito ejercicio de este derecho".

[224] Assim, o Tribunal Europeu dos Direitos Humanos afirmou: "Genuine, effective freedom of peaceful assembly cannot, therefore, be reduced to a mere duty on the part of the State not to interfere: a purely negative conception would not be compatible with the object and purpose of Article 11 (art. 11). Like Article 8 (art. 8), Article 11 (art. 11) sometimes **requires positive measures to be taken, even in the sphere of relations between individuals**, if need be" (cfr. *Case of Plattform "Ärzte für das Leben"*, Judgment, 25 May 1988, parág. 32).

Em relação a este dever de proteger o exercício do direito de reunião, na jurisprudência do Tribunal, além do citado *Case Of The United Macedonian Organisation Ilinden And Ivanov v. Bulgaria*, First Section, Judgment, 20 October 2005, parág. 115, ver igualmente, entre muitos outros, *Case Of Djavit An v. Turkey*, First Section, Judgment, 20 February 2003, parág. 57; *Case Of Adali v. Turkey*, First Section, Judgment, 31 March 2005, parág. 267.

[225] Neste sentido: B. Behmenburg, *Polizeiliche Maßnahmen* (...), cit., pág. 501 e 503.

112   *Os Direitos de Reunião e de Manifestação no Direito Português*

se verificarem violações dos direitos de reunião ou de manifestação, não implica necessariamente que tenha sido ilícita. É à luz da informação que o órgão tinha (ou poderia ter obtido com uma acção diligente) no momento da decisão que esta deverá ser escrutinada.

Deste modo, será bem mais simples responsabilizar o Estado por uma omissão da parte de agentes destacados para o local que não actuem perante uma situação de violação de direitos[226], sem prejuízo de estes não poderem ser forçados ao impossível. Encontrando-se apenas um limitado número de membros das forças de segurança no local, e sendo elevado o número de perturbadores, a responsabilidade do Estado derivará antes de ter destacado um número insuficiente de efectivos e não por força da omissão ou actuação insuficiente por parte destes. Existindo aviso prévio e, especialmente, um pedido de protecção, e verificando-se agressões, ao Estado caberá um ónus de demonstrar que foi justificada a sua decisão de não destacar para o local agentes ou de enviar um número limitado.

Por afectarem directamente o direito à segurança, direito, liberdade e garantia, estas decisões devem encontrar-se sujeitas a um controlo judicial bastante intenso. De facto, estar-se-á perante decisões de meros órgãos administrativos e não perante opções políticas do legislador. Em matéria de direitos, liberdades e garantias, mesmo quando o seu regime seja relativamente indeterminado, os Tribunais devem controlar rigorosamente toda a actividade administrativa, se necessário impondo o seu próprio juízo subjectivo ao órgão administrativo[227].

---

[226] O Tribunal Europeu dos Direitos Humanos já teve ocasião de condenar Estados por força de omissão em actuar das suas forças em locais de reuniões/manifestações. Assim, declarou: "the authorities appeared somewhat reluctant to protect the members and followers of Ilinden from a group of counter-demonstrators. As a result, some of the participants in Ilinden's rally were subjected to physical violence from their opponents (…). The authorities were therefore bound to take adequate measures to prevent violent acts directed against the participants in Ilinden's rally, or at least limit their extent. However, it seems that they (…) did not take all the appropriate measures which could have reasonably be expected from them under the circumstances, and thus failed to discharge their positive obligations under Article 11" (cfr. *Stankov and the United Macedonian Organisation Ilinden v Bulgaria*, First Section, 2 October 2001, parág. 115).

[227] Em sentido paralelo: J. Miranda, *Manual* (…), Volume V, cit., pág. 222; F. Azevedo Moreira, *Conceitos Indeterminados: sua sindicabilidade contenciosa*, *Revista de Direito Pública* (Lisboa), ano I, n.° 1, 1985 (Novembro), pág. 15-89, na pág. 66, nota 69 (citando Rupp); M. Luísa Duarte, *A Discricionariedade Administrativa e os Conceitos Jurídicos Indeterminados*, *Boletim do Ministério da Justiça*, n.° 370, 1987, págs. 35-74, na pág. 64, nota 46.

Deve, pois, ser plenamente reconhecida a responsabilidade civil por lesões pessoais e patrimoniais, seja as provocadas por terceiros perturbadores contra os participantes na reunião, seja as provocadas por participantes contra terceiro, quando se demonstre terem existido omissões ilícitas (pelo menos a título de negligência) da parte do Estado no cumprimento deste dever de protecção[228].

Aos particulares lesados não é necessário demonstrar terem existido omissões ilícitas nas opções de distribuição em termos regionais dos efectivos existentes ou de subdimensionamento do sistema policial em termos inadequados. A segurança é apenas uma das múltiplas tarefas do Estado e o grau de afectação de recursos entre estas tarefas constitui uma opção que pressupõe juízos políticos de valor e prognoses extraordinariamente subjectivas que um tribunal apenas poderá controlar perante erros ostensivos com consequências graves, nos casos em que o Estado se defenda invocando inexistência de meios.

Em suma, o direito à segurança, no que diz respeito aos direitos em análise, atribui faculdades de exigir ao Estado que actue em determinadas circunstâncias de violação ou risco iminente de violação, bem como de exigir protecção a título puramente preventivo, quando existam bases credíveis para considerar que a reunião em causa suscitará reacções de terceiros que podem levar a violações deste direito. São mais dificilmente configuráveis situações que legitimem qualquer exigência de alteração da distribuição regional de efectivos e menos ainda quanto a decisões políticas de investimento na segurança.

No que diz respeito ao referido dever de criar condições factuais para o gozo dos direitos fundamentais, no caso do direito de reunião, este dever

---

[228] Em França, o regime de responsabilidade pública por força de danos provocados por quaisquer reuniões (regulares ou irregulares), na sequência da Lei de 16 de Abril de 1914 e nos termos do artigo 92 da Lei de 7 de Janeiro de 1983, é muito mais rigoroso, baseando-se puramente no risco. O Estado e as autarquias respondem por todos os danos, não apenas os provocados pela intervenção ou omissão ilícita das forças de segurança em relação a terceiros, mas igualmente pelos danos provocados pelos participantes numa reunião, independentemente da prática de qualquer acto ilícito público, existindo divergências jurisprudenciais quanto a determinar se mesmo participantes podem exigir uma reparação [neste sentido: M. Tercinet, *La Liberté* (…), cit., pág. 1051-1054 (apenas danos resultantes de actos ilícitos dos participantes); J. Robert, *Droit* (…), cit., pág. 711-712 (também lucros cessantes e danos resultantes de actos lícitos, como os derivados de uma manifestação ter perturbado o comércio); C. Leclercq, *Libertés* (…), cit., pág. 302-303 (nos mesmos últimos termos)].

114   *Os Direitos de Reunião e de Manifestação no Direito Português*

impõe que o Estado garanta a existência de locais públicos minimamente adequados para a realização de reuniões. Este dever permite que, em algumas circunstâncias, os particulares exijam de entidades públicas que lhes seja facultado o acesso a locais adequados à realização de reuniões[229-230]. Normalmente, esta exigência só será legítima quando a iniciativa tenha uma especial relevância social, por força de circunstâncias particulares ou devido a uma adesão significativa. Até porque um escasso número de participantes raramente terá dificuldades em se reunir em local público. Um exemplo de circunstâncias particulares será um período eleitoral[231].

Em qualquer caso, este dever do Estado está igualmente relacionado com outros direitos, como o direito ao ambiente e à qualidade de vida. Relembre-se que a esmagadora maioria das reuniões têm fins exclusivamente privados. O Estado, e demais entidades públicas com atribuições na matéria, devem zelar igualmente pela viabilidade dessas reuniões, criando designadamente espaços públicos adequados e incentivando arquitecturas que promovam o convívio[232-233]. Mas trata-se de disposições que per-

---

[229] O Projecto de Constituição do Partido Comunista Português consagrava no artigo 51, n.º 2, um dever para o Estado de fornecer locais e meios para a realização de reuniões e manifestações [cfr. *Diário da Assembleia Constituinte*, suplemento ao n.º 16, 9 de Julho de 1975, pág. 358 (44-45)]. O não acolhimento desta disposição, eventualmente por ser excessivamente ampla, não pode ser visto como uma rejeição completa deste dever quanto à criação de espaços adequados. Simplesmente, optou-se por simplificar o regime constitucional do direito.

[230] Neste sentido: J. Miranda, *Manual* (…), Volume IV, cit., pág. 485.

[231] Assim, o artigo 59 da referida Lei Eleitoral do Presidente da República estabelece: "Os governadores civis procurarão assegurar a cedência do uso para os fins da campanha eleitoral de edifícios públicos e recintos pertencentes ao Estado e outras pessoas colectivas de direito público, repartindo com igualdade a sua utilização pelos concorrentes" e o artigo 55 permite mesmo que sejam requisitados edifícios privados para o efeito; o artigo 126 criminaliza a violação deste último dever. O mesmo regime consta dos artigos 68, 65 e 137 da citada Lei Eleitoral da Assembleia da República e dos artigos 63, 64 e 213 da mencionada Lei Eleitoral dos Órgãos das Autarquias Locais. Vide igualmente o artigo 9 da Lei sobre o Direito de Reunião.

[232] Cfr. o artigo 66, n.º 2, al. b) e c), e o artigo 65, n.º 2, al. a), CRP. Estes encontram-se ainda ligados directamente ao gozo de outros direitos sociais, como os relativos à juventude [artigo 70, n.º 1, al. e): aproveitamento dos tempos livres] ou à terceira idade (artigo 72, n.º 1: convívio comunitário).

[233] Assim, o Tribunal Constitucional da Colômbia, a propósito do dever constitucional do Estado de criar e proteger os espaços públicos, afirmou: "la garantía de una serie de derechos sociales y colectivos como la recreación (artículo 52 C.P.), el aprovechamiento del tiempo libre (Ibíd.), y el goce de un medio ambiente sano (artículo 79 C.P.) (…) depen-

Âmbito 115

mitem um grau de discricionariedade ao Estado que, salvo situações que reduzam tal discricionariedade, torna-se impossível considerar que atribuem direitos subjectivos em sentido técnico aos particulares na matéria.

De resto, este direito positivo de exigir do Estado que sejam facultados locais adequados não integra o conteúdo dos direitos de reunião e de manifestação. Está-se perante uma subjectivação destes deveres de protecção e de realização dos direitos fundamentais. Esta conclusão deriva da circunstância de este direito ter pressupostos de aplicação distintos. Pressupõe uma pretensão de prática de actos tutelados por estes direitos que se revele inviável por falta de um local adequado. Acresce que tem um conteúdo radicalmente diferente: constitui um direito positivo e não um direito negativo, de exigência de abstenção, próprio de direitos de liberdade, como são os presentes.

5.2. Os particulares

Necessária se torna uma abordagem da questão da vinculação das entidades particulares pelos direitos, liberdades e garantias, com vista a determinar a medida em que estes se encontram vinculados pelos direitos em análise.

5.2.1. *Introdução teórica*

Esta problemática tem dividido a Doutrina. Alguns autores têm sustentado teorias debilitantes da eficácia destes direitos em relação a particulares.

5.2.1.1. *Inconstitucionalidade das teorias da eficácia puramente mediata e indirecta.*

A Constituição afirma expressamente que as normas relativas aos direitos, liberdades e garantias vinculam as entidades privadas (artigo 18, n.º 1, parte final). Segundo se julga, esta simples frase torna inconstitu-

---

den de la existencia de un espacio físico a disposición de todos los habitantes" (cfr. Sentencia C-265/02, 16 de abril de 2002; texto em http://www.secretariasenado.gov.co/leyes/SC265_02.HTM).

cionais quaisquer teorias que limitem a obrigatoriedade destes direitos em relação aos particulares exclusivamente a uma mera eficácia mediata (por recurso exclusivo a normas de Direito Privado) ou indirecta (por meio dos deveres de protecção do Estado)[234].

---

[234] Trata-se de matéria em que só com grande prudência é possível seguir doutrinas e jurisprudência estrangeiras, em particular alemãs. Com efeito, ao contrário da Constituição portuguesa, a Constituição alemã nada estabelece sobre a questão, forçando à elaboração de teorias como a da eficácia irradiante destas normas sobre a Ordem Jurídica, enquanto valores objectivos, corolário da denominada dimensão objectiva dos direitos fundamentais, ou o recurso aos deveres de protecção. À luz da Constituição portuguesa, estas teorias podem ter alguma relevância para efeito dos direitos económicos, sociais e culturais, mas não em relação aos direitos, liberdades e garantias. Nesta matéria, apenas aumentam a confusão [neste sentido: G. Canotilho/V. Moreira, *Constituição* (…), cit., pág. 147--148; Ana Prata, *A Tutela Constitucional da Autonomia Privada*, Coimbra, 1982, pág. 139-140].

Assim, os termos em que a questão é discutida na Doutrina alemã são normalmente inadequados em relação ao Direito Português. Alguns autores consideram como "eficácia imediata dos direitos fundamentais" qualquer relevância destes nas relações entre particulares que leve a alterar o regime aplicável, derive esta ou não da intermediação de uma norma ou cláusula geral do Direito privado (uma interpretação conforme a uma norma constitucional relativa a um direito, liberdade e garantia constitui, pois, uma forma de eficácia directa…) e afastam a ideia de vincular directamente os particulares aos direitos, liberdades e garantias, baseando essencialmente a tutela destes direitos entre privados nos deveres de protecção do Estado [neste sentido: R. Alexy, *Theory* (…), cit., pág. 362-364; G. Hermes, *Grundrechtsschutz* (…), cit., pág. 1768; W. Canaris, *Direitos Fundamentais* (…), cit., págs. 53-56 e 58] ou mesmo na teoria da eficácia meramente mediata (neste sentido: Trainee Wente, *Informationelles Selbstbestimmungsrecht und absolute Drittwirkung der Grundrechte*, *Neue Juristische Wochenschrift*, 1984, heft 25, pág. 1446-1447).

Em qualquer caso, enquanto a Doutrina vai defendendo estas teorias restritivas, o Tribunal Constitucional federal alemão vai adoptando sentenças incompatíveis com a teoria da eficácia mediata e que convertem a teoria da eficácia indirecta numa ficção jurídica. Na sua sentença de 1993 (Bürgschaft), terá afirmado "when, in a contractual relationship, one party had such **(bargaining) weight that he could in fact unilaterally dictate the contract's terms**, it is „the duty of the law to reinforce the fundamental right positions of both parties in order to prevent that – for one of the parties – the substitution of private autonomy for duress" e, na sua sentença de 6 de Fevereiro de 2001, anulou uma cláusula de uma convenção antenupcial de renúncia a alimentos, adoptando uma posição no sentido de que "the state is called upon to set limits on the freedom of contract in marriage where marital agreements reflect a position of domination of one spouse over the other" [cfr. *Federal Constitutional Court Affirms Horizontal Effect of Constitutional Rights in Private Law Relations and Voids a Marital Agreement on Constitutional Grounds*, em *German Law Journal*, Volume 2, No. 6 (1 April 2001), parág. 11-12]. O Tribunal não invocou qualquer cláusula geral do Direito Privado.

Em qualquer caso, a aplicação de direitos, liberdades e garantias em relação a particulares com base apenas nos deveres de protecção do Estado, e mesmo na eficácia irradiante daqueles direitos enquanto valores ou preceitos objectivos, colocaria problemas na ausência de legislação ordinária com tal sentido. De facto, se os particulares não se encontrassem vinculados pelos direitos, liberdades e garantias, tornar-se-ia problemático que um tribunal lhes impusesse directamente tal respeito meramente alegando o seu dever jurisdicional de os proteger. Estaria em causa a imposição judicial de uma norma constitucional que, alegadamente, apenas teria como destinatário o Estado, e demais entidades públicas, num acto sem aparente base constitucional que, normalmente, implicaria desrespeito de outros direitos, liberdades e garantias do particular onerado, sem fundamento em lei restritiva destes, em violação do artigo 18, n.º 2, CRP.

Uma coisa é um tribunal impor este respeito a entidades públicas, em nome do dever de respeito e de protecção dos direitos fundamentais, outra é impô-lo a quem (nos termos de uma eficácia meramente mediata ou indirecta) não teria dever de os respeitar, nem à luz da Constituição, nem à luz de uma inexistente lei, criada para executar os deveres de protecção, enquanto bem constitucional legitimador de restrições nos termos do artigo 18, n.º 2, CRP. Neste sentido, os deveres de protecção, enquanto bem colectivo decorrente de uma "dimensão objectiva" dos direitos fundamentais, apenas fornecem base para um âmbito alargado e para uma intervenção directa dos Tribunais numa Constituição, como a portuguesa, que consagra a vinculação das entidades privadas pelos direitos, liberdades e garantias e reconhece expressamente o direito à segurança[235].

Com efeito, não está em causa que o legislador ordinário possa impor aos particulares o respeito de bens constitucionais que constitucionalmente não os vinculem directamente. Tal tem expressa consagração constitucional. Do artigo 18, n.º 2, parte final, CRP decorre que o legislador pode estabelecer restrições (ou seja, comprimir o âmbito da norma atributiva de um direito fundamental, pela imposição geral e abstracta de deveres, ónus ou outras figuras passivas aos titulares de um determinado direito, liberdade e garantia a restringir) em nome de "outros direitos ou interesses constitucionalmente protegidos". Ora, resulta claro que estes podem ser direitos sociais ou outros bens ("interesses") constitucionais, realidades jurídicas que não vinculam os particulares directamente (artigo 3, n.º 2

---

[235] Para a decorrência de parte dos deveres de protecção do direito à segurança, vide, *supra*, parág. 5.1.1.2.

e 3, e 18, n.° 1, parte final, *a contrario*, CRP)[236]. O que já não se afigura curial é que sejam os Tribunais a fazê-lo directamente, sem base em lei, salvo por força do artigo 18, n.° 1, CRP, que precisamente estabelece que os direitos, liberdades e garantias são normalmente imediatamente obrigatórios para os particulares, independentemente de lei.

Assim, à luz da Constituição portuguesa, seria inconstitucional um recurso judicial directo (sem base em lei) aos deveres de protecção como fundamento para vincular um determinado particular a direitos, liberdades e garantias, quando tal implicasse uma ablação num seu direito, liberdade e garantia, não fora a consagração constitucional da sua vinculação imediata aos direitos, liberdades e garantias e o direito do qual estes deveres de protecção em parte decorrem, o direito à segurança.

Assim, segundo se julga, a teoria da eficácia indirecta, baseada nos deveres de protecção, enquanto realidades objectivas, é inadequada para justificar qualquer vinculação dos particulares por sentença judicial, salvo precisamente nos termos do artigo 18, n.° 1, parte final, e do direito à segurança. A não se ter em conta este último preceito e direito, ter-se-ia de regressar à vetusta teoria da eficácia mediata, invocando a sua natureza de Ordem Pública, para atacar negócios jurídicos ablativos destes direitos, sendo certo que, em relação a actos ilícitos, o recurso directo ao artigo 483, n.° 1, do Código Civil, seria igualmente problemático. Não por qualquer questão de respeito pela "autonomia privada", mas por força da reserva de lei, enquanto acto necessariamente mediador entre os bens puramente colectivos da Constituição e actos individuais e concretos ablativos de direitos, liberdades e garantias.

5.2.1.2. *Âmbito pessoal e material da vinculação dos particulares*

Contudo, a Constituição portuguesa consagra expressamente a vinculação dos particulares por estes direitos, tornando inúteis quaisquer teorias de eficácia não directa. É certo que o termo "entidades privadas" constante do artigo 18, n.° 1, CRP não é inteiramente claro, dando azo a que se considere que apenas abrange as pessoas colectivas privadas e não simples indivíduos[237].

---

[236] Nem sequer os deveres fundamentais para com a colectividade, corporizada pelo Estado, são exequíveis por si próprios (vide, *infra*, parág. 5.2.1.5).

[237] Como refere V. de Andrade, *Os Direitos* (…), cit., pág. 259.

Mas esta conclusão tem escasso apoio nos trabalhos preparatórios[238] ou no elemento sistemático[239]. Acresce que a vinculação de meros indivíduos pelos direitos, liberdades e garantias se encontra subjacente a vários preceitos constitucionais, sendo pacífica em relação a vários direitos, o que retira apoio a uma interpretação restritiva deste termo. Finalmente, compreender-se-ia mal a sujeição de todas as pessoas colectivas particulares a estes direitos, mas não dos indivíduos. Existem indivíduos titulares de poderes jurídicos e/ou fácticos muito mais significativos do que uma boa parte das pessoas colectivas.

Assim, onde o legislador decidiu, ao intérprete cabe apenas interpretar tal decisão. Neste caso, concluído que os destinatários dos direitos, liberdades e garantias são todos os particulares, cabe apurar se tal vinculação opera nos mesmos exactos termos dos aplicáveis em relação às entidades públicas ou não. Sendo certo que o artigo 18, n.º 1, não fornece qualquer apoio literal para entender o contrário. Se o preceito afirma que estes vinculam as entidades públicas e privadas, a presunção será que os vinculam nos mesmo exactos termos. O preceito não distingue, logo, o intérprete apenas deverá distinguir se encontrar base constitucional para isso.

---

[238] O actual artigo 18, n.º 1, foi inspirado no artigo 10, n.º 1, do projecto do então Partido Popular Democrático que estabelecia expressamente: "e vinculam as entidades públicas **e os particulares**". Não se encontrou qualquer dado nos debates que sugira que a alteração do texto, realizada pela Comissão de Direitos e Deveres Fundamentais (cfr. *Diário da Assembleia Constituinte*, n.º 30, 13 de Agosto de 1975, pág. 787), tenha tido qualquer intenção limitadora, parecendo ter obedecido a meras considerações linguísticas. Aliás, o artigo 132, n.º 1, do Projecto do PPD também estabelecia que as sentenças dos tribunais "são obrigatórias para todas as autoridades e para os cidadãos" e a sua alteração para os termos actuais do artigo 205, n.º 2, claro está, não implicou qualquer modificação de sentido, visando apenas incluir todos os particulares, mesmo os não cidadãos.

[239] É certo que a Constituição também utiliza o termo "entidades" para designar apenas pessoas colectivas privadas [cfr. artigos 82, n.º 4, al. d), mas em associação com a expressão "pessoas colectivas"] e em alguns casos em que pretende abranger igualmente indivíduos, fala expressamente em "pessoas singulares ou colectivas privadas" (cfr. artigo 82, n.º 3; e ainda os artigos 37, n.º 4, e 87). Porém, em outros casos, utiliza directamente também a expressão "pessoas colectivas" para as designar [cfr. os artigos 12, n.º 2; 82, n.º 4, al. d)] e, sobretudo, no artigo 205, n.º 2, emprega o termo "entidades privadas" com um sentido abrangente, que compreende obviamente os indivíduos. Ninguém defenderá que as sentenças apenas vinculam as pessoas colectivas privadas. Nos artigos 86, n.º 3, e 165, n.º 1, al. j), a expressão também compreende empresários em nome individual; igualmente no artigo 165, n.º 1, al. p), parecem estar abrangidas entidades sem personalidade jurídica, como tribunais arbitrais. Também não se pode excluir a mesma interpretação em relação ao artigo 267, n.º 6.

No entanto, resulta claro que alguns direitos, liberdades e garantias, por sua própria natureza, nunca poderão ser oponíveis a particulares, por estes serem incapazes de preencher a sua previsão (por exemplo: limites das penas e não retroactividade da lei penal, a generalidade das garantias processuais penais, proibição de extradição, *etc.*)[240]. Em relação a estes direitos, salvo algum fundamento ou circunstância excepcional, o artigo 18, n.º 1, não terá aplicabilidade, visto que o âmbito de protecção destes direitos exclui particulares da sua titularidade passiva[241]. Mas tal não é significativo para a questão, pois a maioria destes direitos também não são susceptíveis de ser violados por qualquer outra entidade pública que não seja o Estado. Nem por isso se pode afirmar que estas não se encontram vinculadas em relação aos restantes direitos.

Outros, pelo contrário, são aplicáveis contra particulares de modo cristalino. Seja porque tal decorre expressamente da Constituição[242], seja

---

[240] Neste sentido: J. Gomes Canotilho, *Direito Constitucional* (…), cit., pág. 1288; V. Andrade, *Os Direitos* (…), cit., pág. 260; R. Alexy, *Theory* (…), cit., pág. 362.

[241] Durante a discussão na Assembleia Constituinte, chegou a ser apresentada pelo Partido Comunista Português uma proposta no sentido de adicionar ao actual artigo 18, n.º 1, o seguinte: "salvo aqueles que pela sua própria natureza só podem valer perante o Estado" (cfr. *Diário da Assembleia Constituinte*, n.º 35, 22 de Agosto de 1975, pág. 947). O deputado Vital Moreira, no entanto, justificou a sua retirada afirmando: "esta proposta de aditamento seria, por assim dizer, um argumento de paralelismo com outro artigo que já foi aprovado em que também a propósito dos direitos das pessoas colectivas, se não estou em erro, que, pela sua própria natureza, elas não pudessem gozar. **Naturalmente que aqueles direitos que, por sua própria natureza, só podem valer perante o Estado, não podem valer perante os particulares**, pelo que nós retiramos a nossa proposta de aditamento" [cfr. *Diário* (…), cit., pág. 952]. Repare-se que Vital Moreira não fala em entidades particulares, mas em particulares, daí que o seu "também a propósito dos direitos das pessoas colectivas" não possa ser interpretado como pretendendo dizer que também o actual artigo 18, n.º 1, apenas se aplicaria a pessoas colectivas.

[242] A obrigatoriedade dos direitos, liberdades e garantias dos trabalhadores para as entidades patronais é algo evidente, independentemente de legislação conforme ou mesmo contra legislação desconforme. Mas a oponibilidade de direitos de terceiros a determinadas categorias dos próprios trabalhadores decorre, por exemplo, do artigo 57, n.º 3, relativo ao direito à greve. Assim, a necessidade de serviços mínimos para preservar equipamentos e instalações é, normalmente, ainda uma manifestação do direito de propriedade da entidade patronal. Mas no seio daquilo a que a Constituição denomina "necessidades sociais impreteríveis" encontram-se igualmente direitos, liberdades e garantias. Já anteriormente à introdução deste preceito, com a Revisão Constitucional de 1997, alguns serviços mínimos deviam ser considerados como conformes com a Constituição, enquanto limitações impostas pela necessidade de respeitar outros direitos. O direito à vida e à saúde numa emergência perante uma greve dos médicos é o exemplo mais pacífico.

Âmbito 121

porque é confirmado por legislação ordinária secular nesse sentido (por exemplo, o direito à vida, à integridade física e moral, a inviolabilidade do domicílio, da correspondência e comunicações, as garantias perante a utilização da informática ou os outros direitos de personalidade[243]). Ou

---

Mas é possível apontar outros exemplos de vinculação de particulares, mesmo simples indivíduos, pelos direitos de outros particulares. Assim, no âmbito dos direitos familiares, o artigo 36, n.° 3, é oponível entre cônjuges. E os direitos conferidos aos filhos pelo n.° 4 são oponíveis aos pais. O n.° 5 qualifica mesmo os deveres decorrentes como fundamentais. Oponibilidade plenamente confirmada pelo Código Civil.

Do mesmo modo, do confronto do n.° 1 do artigo 37 com os seus n.° 3 e n.° 4 decorre claramente que os particulares não gozam apenas da liberdade de expressão, mas que podem também ser responsabilizados por violação de direitos de personalidade no seu gozo. Não são apenas as pessoas colectivas que são titulares de meios de comunicação [daí que também o artigo 38, n.° 2, al. a) e b), poderá ser oponível não apenas a pessoas colectivas, mas igualmente a indivíduos titulares de meios de comunicação] e, sobretudo, não são apenas estas que podem ser responsabilizadas por abusos da liberdade de expressão e de informação. Aliás, a referência a responsabilidade penal no n.° 3 é esclarecedora. Estes são apenas exemplos de vinculação de indivíduos, outros poderiam ser referidos de pessoas colectivas particulares.

[243] No sentido da oponibilidade *erga omnes* dos direitos de personalidade: Carlos Mota Pinto, *Teoria Geral do Direito Civil*, 6.° reimp. da 3.ª ed., Coimbra, 1992, parág. 18, pág. 87 e parág. 48, pág. 206-207; Capelo de Sousa, *A Constituição* (...), cit., pág. 94-96, nota 3; A. Menezes Cordeiro, *Tratado de Direito Civil Português*, I, Tomo III, Coimbra, 2004, pág. 92.

Não é, contudo, simples distinguir os direitos de personalidade no seio dos direitos, liberdades e garantias pessoais. Alguns destes, como o direito à cidadania, direito de deslocação, de acesso a determinadas funções ou os próprios direitos de reunião e de manifestação, não se encontram sujeitos ao princípio da universalidade, pois não são constitucionalmente invocáveis por estrangeiros ou apátridas (vide, *supra*, parág. 4.1), o que parece contrário à natureza "inata" dos direitos de personalidade. Por outro lado, não é líquido que os direitos de personalidade compreendam as liberdades físicas [Carlos M. Pinto, *Teoria* (...), cit., parág. 48-VI, pág. 212, inclui a liberdade física, mas parece estar a reportar-se ao direito de não ser confinado; vide, porém, a noção ampla de Capelo de Sousa, *A Constituição* (...), cit., pág. 182-195 (que compreende mesmo os direitos de reunião e de manifestação no seu elenco, apesar de na página 195 admitir excluir alguns dos direitos que refere); também G. Canotilho, *Direito Constitucional* (...), cit., pág. 396], em que se integram o direito de reunião e o direito de manifestação (este último por força do seu carácter presencial e intromissivo) [assim J. Miranda, *Manual* (...), Volume IV, cit., pág. 61, não inclui estes direitos no seio dos direitos de personalidade; também a defesa de um âmbito limitado destes direitos de O. Ascensão, *A Reserva da Intimidade* (...), cit., pág. 10--13]. A questão não é irrelevante em termos práticos, pois ficariam automaticamente sujeitos ao regime de protecção especial que lhes é conferido pelos artigos 70 e 81 do Código Civil e artigos 1474 e 1475 do Código de Processo Civil.

seja, interpretar a Constituição no sentido de os particulares se encontrarem vinculados por estes direitos não coloca qualquer problema que não se encontre há muito resolvido. A legislação ordinária nesse sentido deve ser considerada como executiva dos direitos em causa e do artigo 18, n.° 1, devendo ser interpretada tendo em conta tal carácter.

A questão, porém, coloca-se com delicadeza em relação a uma série de direitos que não se encontram dentro de nenhuma das duas citadas categorias. Esta terceira categoria de direitos é importante para o presente estudo precisamente por compreender também os direitos de reunião e de manifestação.

5.2.1.3. *Intensidade da vinculação*

Não se trata tanto de determinar se os particulares se encontram vinculados pelos direitos compreendidos nesta categoria. Se tiverem capacidade factual para prejudicar directamente o gozo dos bens que aqueles protegem, resulta do artigo 18, n.° 1, que sim. Trata-se antes de apurar com que intensidade estarão vinculados. Como ficou escrito, o artigo 18, n.° 1, sugere que se encontram vinculados nos mesmos termos das entidades públicas.

Mas, ao contrário das entidades públicas que não são titulares de quaisquer direitos fundamentais[244], os particulares destinatários são igualmente titulares de direitos, liberdades e garantias que podem opor ao particular que invoca um destes.

Torna-se, pois, necessário realizar uma ponderação dos direitos em conflitos que permita, na medida do valor de cada um[245] e das circunstâncias particulares, a sua acomodação no caso concreto. Com efeito, este regime funciona bilateralmente. Se o particular A pode invocar um direito contra o particular B, igualmente este poderá invocar um destes direitos que seja afectado contra o primeiro. Mas porque, precisamente, não existe normalmente legislação que tenha realizado estas ponderações, a Jurisprudência e Doutrina são forçadas a "substituir-se" ao legislador, de modo a conferir aplicabilidade ao artigo 18, n.° 1, e, nos termos do princípio da proibição do excesso, aos direitos em conflito.

---

[244] Vide, *supra*, parág. 4.2.1.

[245] Em relação à questão do "valor" de cada direito fundamental, vide, *infra*, parág. 6.4.

Normalmente, é possível distinguir na medida de vinculação a estes direitos três graus: meros deveres de respeito, deveres negativos de suportar o seu gozo e deveres positivos de criar condições que o viabilizem. Trata-se de uma distinção intuitiva.

Os meros deveres de respeito decorrem das situações em que não existe qualquer conflito de direitos ou em que só o âmbito potencial máximo de um destes sofre uma compressão secundária. Este dever limita-se a estabelecer que um particular não deve perturbar o gozo por terceiro de um bem tutelado por um direito, liberdade e garantia quando este não afecta o gozo de qualquer bem protegido por um direito de que seja titular. É difícil negar que todos os particulares, quando tenham capacidade para afectar o gozo do direito, têm nestas situações o dever de não interferir. Neste caso, o artigo 18, n.° 1, CRP, terá plena aplicação[246].

Pelo contrário, existindo uma colisão material (no sentido de que não é apenas uma dimensão secundária e lateral de um dos direitos que é afectada) de direitos, deixa-se de poder falar em meros deveres de respeito, visto que, sendo habitual que o direito de um dos particulares tenha de ceder num âmbito mais alargado do que o outro direito em colisão, o particular titular do primeiro direito sofre uma verdadeira ablação. Não se trata de um "mero dever de respeito", mas um dever de "suportar" o gozo do direito. São os casos mais frequentes e complexos[247].

---

[246] Pense-se no empregador que procurasse interferir no direito ao desenvolvimento da personalidade e direito à reserva da intimidade da vida privada dos seus trabalhadores, alegadamente em defesa da imagem e eficiência da empresa, em relação aos locais que aqueles frequentam nos seus tempos livres, hábitos alimentares e de saúde, modo como se vestem ou nas relações privadas que têm. Não faltam exemplos de medidas de interferência deste género em outros Estados, designadamente, exigências de deixar de fumar sob ameaça de despedimento ou despedimento por se manter uma relação com um funcionário de uma empresa rival (cfr. William Holloway/Michael Leech, *Employment Termination: Rights and Remedies*, 2nd ed., BNA, 1993, pág. 391-392). Tal é proibido à luz do direito à segurança no trabalho (artigo 53 CRP), mas seria igualmente proibido pelo artigo 26, n.° 1, CRP, tendo presente que o próprio direito à intimidade da vida privada não protege apenas o segredo, mas igualmente um espaço de liberdade em assuntos privados (vide, *supra*, parág. 2.3.2).

[247] Os exemplos são inúmeros. Imagine-se a invocação da objecção de consciência no âmbito das relações laborais, com limitação do direito à iniciativa privada; ou nos vizinhos que suportam os exercícios de violino de um outro, em nome da liberdade artística, ou os cânticos religiosos, em nome da liberdade religiosa, com prejuízo para o seu sossego e qualidade de vida.

124   *Os Direitos de Reunião e de Manifestação no Direito Português*

Finalmente, uma terceira dimensão de vinculação pode surgir nas situações em que um particular tenha não apenas o dever negativo de não interferir, mas o dever positivo de facilitar o gozo do direito, pela criação de condições materiais que o viabilizem, como fornecer espaços para o efeito ou suportar as despesas. Trata-se de situações que não provocam grandes dificuldades, pois são excepcionais[248].

Um critério que tem encontrado largo apoio para determinar em que medida este dever de suportar o gozo destes direitos e o dever positivo de o facilitar vinculam particulares, bem como para apurar em que medida podem ver as suas expectativas frustradas pela declaração de invalidade de determinados negócios jurídicos contrários, passa por ter em conta se um dos particulares goza de um poder relevante, seja jurídico, seja factual[249],

---

[248] Pense-se nos deveres do empregador de garantir espaços adequados para a realização de reuniões laborais; vide, *infra*, parág. 5.2.2.3.

[249] Neste sentido: Vieira de Andrade, *Os Direitos Fundamentais na Constituição Portuguesa de 1976*, 3.ª ed., Coimbra, 2004, pág. 263-268; J. Miranda, *Manual* (…), Volume IV, cit., pág. 325-327; G. Canotilho, *Direito Constitucional* (…), cit., pág. 1293; Nuno e Sousa, *A Liberdade de Imprensa*, Coimbra, 1984, pág. 112; João Caupers, *Os Direitos Fundamentais dos Trabalhadores e a Constituição*, Lisboa, 1985, pág. 171-174; V. Pereira da Silva, *A Vinculação das Entidades Privadas pelos Direitos, Liberdades e Garantias*, Revista de Direito e Estudos Sociais, 1987, Ano XXIX, n.º 2, pág. 259-274, na pág. 269-270; Maria João Estorninho, *Requiem pelo Contrato Administrativo*, Coimbra, 1990, pág. 159-161.

Na Doutrina estrangeira: Reinhold Zippelius, *Teoría General Del Estado – Ciencia De La Política* (trad. da 8.ª ed. alemã), México, 1985, pág. 344-345; G. Hermes, *Grundrechtsschutz* (…), cit., pág. 1765-1768; Ignácio Gutierrez, *Criterios de eficacia de los derechos fundamentales en las relaciones entre particulares*, Teoría y Realidad Constitucional, n.º 3, 1999, págs. 193-211, na pág. 202-208; E. Cifuentes Muñoz, *La Eficacia De Los Derechos Fundamentales Frente A Particulares*, México, 1998, pág. 21 e 25-45; Jean Rivero/Hugues Moutouh, *Libertés Publiques*, tome I, 9.ª ed., Paris, 2003, pág. 162-164; P. Luño, *Derechos Humanos* (…), cit., pág. 314; I. Wolfgang Sarlet, *A Eficácia dos Direitos Fundamentais*, 4.ª ed., Porto Alegre, 2004, pág. 368-369.

Assim, por exemplo, o artigo 86, n.º 5, da Constituição da Colômbia de 1991 (com sucessivas revisões até 2005) estabelece: "La ley establecerá los casos en los que la acción de tutela procede contra particulares encargados de la prestación de un servicio público o cuya conducta afecte grave y directamente el interés colectivo, **o respecto de quienes el solicitante se halle en estado de subordinación o indefensión**". Com base nesta norma, o respectivo Tribunal desenvolveu uma riquíssima jurisprudência de aplicação dos direitos fundamentais em relação a particulares, com dezenas de acórdãos [a sua análise em C. Muñoz, *La Eficacia* (…), cit., pág. 25-45].

Como se verificou, o critério tem sido igualmente reconhecido pelo Tribunal Constitucional Federal alemão (vide, *supra*, parág. 5.2.1.1, nota 234) e também pelo Supremo Tribunal Federal norte-americano (ver, *infra*, nota 303).

Criticando o critério, sobretudo na sua vertente fáctica, como insusceptível de legi-

em comparação com o outro[250]. Exemplos típicos serão associações e sociedades perante, respectivamente, os associados ou sócios, entidades patronais perante os seus trabalhadores, ou pessoas colectivas ou indivíduos dotados de poderes factuais relevantes no caso concreto.

Por conseguinte, não se trata de estabelecer uma analogia com o poder público e fazer depender a aplicação destes direitos da sua existência, mas de utilizar a situação de desigualdade entre as partes, ou de dependência de uma em relação à outra, como um fundamento para dar maior protecção a uma destas, quando os direitos invocados têm um valor semelhante ou o impacte da actuação da entidade poderosa na débil justifica uma especial protecção desta última. Existe aqui uma ponderação paralela à utilizada na adopção de tratamentos diferenciados em função do princípio da igualdade material. É a circunstância de o mesmo acto proveniente de um simples indivíduo ou de uma entidade colectiva privada poderosa ter impactes distintos nos bens protegidos por direitos, liberdades e garantias que implica que a segunda não possa adoptar alguns que o primeiro poderá.

Este critério deverá constituir mais um elemento a ponderar à luz do princípio da proibição do excesso na análise das compressões que normalmente ambos os direitos em colisão se impõem mutuamente. Com efeito, em última análise, os termos da aplicabilidade destes direitos dependerão não apenas deste elemento, mas também da importância relativa de cada um destes e da medida em que cada um destes exige no caso concreto a compressão do outro, dando por adquirido que apenas serão legítimas as compressões que se revelem necessárias (e logo, obrigatoriamente adequadas, ao menos em abstracto) para a respectiva salvaguarda[251-252].

---

timar aplicações de direitos, liberdades e garantias: P. Mota Pinto, *O Direito ao Livre* (...), cit., pág. 240-241. Igualmente com reservas, mas por entenderem desnecessário estar-se perante uma situação de desigualdade para estes direitos serem aplicáveis: G. Canotilho/V. Moreira, *Constituição* (...), cit., pág. 148.

[250] Não se trata, pois, de uma medida objectiva de poder relevante, mas sim de uma medida relativa, que depende do grau de impacto que as acções de um dos oponentes podem ter na esfera jurídica ou interesses do outro. Uma empresa pode ser considerada como um agente poderoso em confronto com um dos seus clientes e ser, simultaneamente, um agente débil perante uma empresa concorrente com uma posição dominante no mercado e recursos várias vezes superiores aos seus.

[251] Assim, o Tribunal Constitucional afirmou: "E, se é certo que a aplicação do **princípio da proporcionalidade** se viu inicialmente restrita à conformação dos actos dos poderes públicos e à protecção dos direitos fundamentais, há que reconhecer que foi admitido o posterior e progressivo **alargamento da relevância de tal princípio** a outras realidades

126 Os Direitos de Reunião e de Manifestação no Direito Português

Este critério da desigualdade de posições constitui apenas um elemento para justificar uma vinculação idêntica ou paralela à aplicável em relação a entidades públicas, quanto aos deveres mais pesados de suportar o gozo do direito ou de o facilitar. Pense-se no direito de voto. Todas as entidades, privadas e públicas, nos termos da legislação eleitoral, estão obrigadas a respeitar este direito, no sentido de não interferir com a liberdade do voto. Mas só algumas entidades privadas numa situação de poder particular estão obrigadas no sentido de facilitar o gozo de tal liberdade (por exemplo, as entidades patronais devem conceder algum tempo livre para que os seus trabalhadores possam votar) ou a organizar-se em termos democráticos [assim, os partidos políticos (artigo 51, n.° 5), os sindicatos (artigo 55, n.° 3) e as associações privadas de Direito Público (artigo 267, n.° 4)][253].

Como se procura demonstrar, algo similar se passa nos direitos de reunião e de manifestação. Todos os particulares se encontram vinculados a não interferir com estes direitos (sem prejuízo da legitimidade de contramanifestações limitadas), mas apenas os dotados de um poder relevante poderão ser legitimamente alvos de uma manifestação e apenas em casos excepcionais poderá um particular ser forçado a ceder acesso a um espaço de que é proprietário para viabilizar a realização de reuniões[254].

Em qualquer caso, tal não significa que os direitos, liberdades e garantias se apliquem apenas em relação a particulares poderosos. Tal vinculação verificar-se-á, desde logo, em relação aos referidos direitos cuja aplicação decorre expressamente da Constituição ou que sempre foram aplicáveis nos termos de legislação secular. Mas pode verificar-se igualmente quando não chegue a existir qualquer conflito de direitos, por a pessoa vinculada não poder invocar contra qualquer direito fundamental, bem como em todas as outras situações em que, existindo um conflito de direi-

---

jurídicas, não se detectando verdadeiros obstáculos à sua actuação **no domínio das relações jurídico-privadas**" (cfr. Acórdão n.° 698/05, de 14 de Dezembro de 2005, parág. 11.1, que cita o Acórdão n.° 302/01; vide igualmente o Acórdão n.° 22/04, de 14 de Janeiro de 2004 e o Acórdão n.° 698/05, de 14 de Dezembro de 2005).

Em qualquer caso, se o litígio for objecto de decisão judicial, existirá sempre uma medida de intervenção pública, visto que o Tribunal terá de resolver o conflito entre os direitos e a sua sentença deverá igualmente respeitar este princípio.

[252] Sobre o conteúdo do princípio da proibição do excesso, vide, *infra*, parág. 7.1.1.2.

[253] Neste sentido: I. Gutierrez, *Criterios de eficacia* (...), cit., pág. 199.

[254] Vide, *infra*, parág. 5.2.2.2.

tos, o princípio da proibição do excesso force a concluir que um destes deve prevalecer, tendo presente o diferente valor dos direitos em conflitos e as circunstâncias do caso concreto[255]. Em suma, a vinculação das entidades privadas pelos direitos, liberdades e garantias só levanta reais dificuldades quando se está perante uma colisão de direitos fundamentais, pois, caso contrário, o particular que não possa invocar um direito, dificilmente deixará de se encontrar vinculado em alguma medida pelo direito invocado pela outra parte. Mas as dificuldades não são maiores do que as suscitadas por qualquer conflito entre direitos fundamentais e a metodologia aplicável para a sua resolução, com excepção do elemento relativo à diferente posição de poder de uma das partes, é idêntica.

5.2.1.4. *Autonomia privada e renúncia*

Contra a invocação dos direitos, liberdades e garantias nas relações entre particulares tem-se invocado em especial a autonomia privada[256], por vezes parecendo estar-se a utilizar a noção com um sentido amplo de direito geral de liberdade ou, pelo menos, no sentido da existência de um domínio reservado entre particulares em que o Estado não deve entrar. Procurou-se, porém, demonstrar que a Constituição não consagra tal direito geral de liberdade[257-258], o que significa que só é possível procurar

---

[255] O princípio da igualdade não constitui um obstáculo a esta conclusão. A consagração do direito a protecção legal contra qualquer forma de discriminação (artigo 26, n.° 1, parte final), a aproximar dos fundamentos proibidos nos termos do artigo 13, n.° 2, sugere que apenas existe tecnicamente um direito à não discriminação com base nestes fundamentos e, ainda assim, essencialmente nos termos da lei, e não um direito fundamental à igualdade directamente aplicável fora do âmbito dos direitos, liberdade e garantias. Daí que não exista, nestes casos, um direito susceptível de ser invocado nos termos do artigo 18, n.° 1, parte final [também restritivos em relação à aplicação deste princípio no âmbito das relações paritárias entre particulares: V. de Andrade, *Os Direitos* (...), cit., pág. 276--281; G. Canotilho, *Direito Constitucional* (...), cit., pág. 1293-1294].

[256] Neste sentido: V. de Andrade, *Os Direitos* (...), cit., pág. 270, 272 e 274-275; Mota Pinto, *O Direito* (...), cit., pág. 210-212. Em relação ao Direito alemão, R. Zippelius, *Teoría General* (...), cit., pág. 344; G. Hermes, *Grundrechtsschutz* (...), cit., pág. 1766--1767; Jürgen Eschenbach/Frank Niebaum, *Von der mittelbaren Drittwirkung unmittelbar zur staatlichen Bevormundung, Neue Zeitschrift für Verwaltungsrecht*, 1994, Heft 11, pág. 1079-1082, na pág. 1080; C. Canaris, *Direitos Fundamentais* (...), cit., pág. 57, 67 e 71-72.

[257] Vide, *supra*, parág. 2.4.1.

[258] Não é, pois, transponível nos mesmos termos para a Ordem Jurídica portuguesa a invocação deste sentido amplo da autonomia privada realizada pelo Tribunal Constitucional alemão (apesar de isso não o ter impedido de progressivamente impor em termos

128   *Os Direitos de Reunião e de Manifestação no Direito Português*

fundamento constitucional para um domínio reservado dos particulares nos bens tutelados pelos próprios direitos de liberdade, enquanto direitos de impedir uma interferência de terceiros, incluindo do Estado com o fim de os proteger.

Mas, entendida no seu sentido técnico, a autonomia privada significa simplesmente autonomia negocial. Ora, para lá de ser controverso que tal figura se encontre consagrada em termos genéricos na Constituição[259],

---

mais estritos o respeito directo dos direitos fundamentais nas relações entre particulares) e pela Doutrina germânica [assim: J. Eschenbach/F. Niebaum, *Von der mittelbaren Drittwirkung* (…), cit., pág. 1080-1081, que criticam o Tribunal por confundir a liberdade com a criação de condições de facto para o seu gozo; mas o Estado tem igualmente o dever de as garantir, sob pena de a liberdade se converter num direito a ser livremente oprimido, sem direito de recurso ao Estado; nem vale a pena argumentar que o Estado assim estará a impor a liberdade ao própria indivíduo, pois aquele em princípio só intervirá, designadamente por meio dos seus tribunais, se este o requerer].

[259] A autonomia privada, enquanto liberdade negocial [seja em negócios plurilaterais (contratos), seja em negócios unilaterais (por exemplo, o testamento ou a promessa pública)], tem apenas consagrações pontuais na Constituição [assim, vide: A. Prata, *A Tutela* (…), cit., pág. 197-200 e 215-216; vide ainda J. Bacelar Gouveia, *Os Direitos Fundamentais Atípicos*, Lisboa, 1995, pág. 401; mais latamente: J. Miranda, *Manual* (…), Volume IV, cit., pág. 326, que invoca os direitos ao "desenvolvimento da personalidade, direito à capacidade civil (art. 26.°, n.° 1), da liberdade de trabalho e profissão (art. 47.°, n.° 1), da contratação colectiva (art. 56.°, n.° 4), da iniciativa privada (art. 61.°, n.° 1) e da propriedade e da sua transmissão em vida ou por morte (art. 62 °) – e da autonomia associativa (…) art. 46 °, n.° 2", enquanto mera garantia institucional); J. Caupers, *Os Direitos Fundamentais* (…), cit., pág. 168-169; P. Mota Pinto, *O Direito* (…), cit., pág. 214-216; Sérvulo Correia, *Legalidade e Autonomia* (…), cit., pág. 438; outros autores consideram que cada atribuição de um direito de liberdade compreende o direito de regular por acordo o seu exercício: Antonio Baldassarre, *Iniziativa economica privata*, em *Enciclopédia del Diritto*, Volume XXI, Milano, 1971, pág. 582 e segs., parág. 9]. Aliás, se existisse uma consagração genérica da figura, disposições como os artigos 280 e 281 do Código Civil, na parte respeitante aos Bons Costumes, seriam inconstitucionais, visto que esta figura não tem base constitucional (ver, *infra*, parág. 7.1.1.5). Do direito à capacidade civil parece poder retirar-se o direito a celebrar negócios jurídicos (por exemplo, compra e venda), mas não necessariamente a criar efeitos jurídicos autónomos e a derrogar normas dispositivas, fora daqueles casos em que tal direito se encontra subjacente a outros direitos fundamentais (direito ao trabalho; direito à iniciativa privada; direito de associação). Está longe de ser um dado adquirido que a Constituição tutele a autonomia privada em matéria de restrição de direitos pessoais. Manifestamente, esta não a consagra em matéria de direitos fundamentais laborais ou mesmo políticos.

Mas para determinar se um particular tem direito a invocar um contrato como fonte legítima de ablações a direitos, liberdades e garantias contra um outro não é necessário que a autonomia privada esteja consagrada em termos genéricos como liberdade negocial.

cabe sublinhar que a relevância desta figura se encontrará limitada exclusivamente às situações em que a fonte de ablação de um direito, liberdade e garantia constitua um negócio jurídico. O que deixa de fora uma multiplicidade de casos em que não existe qualquer relação jurídica de origem negocial entre as partes.

O que significa que a relevância da autonomia privada nesta matéria se reconduz normalmente (fora da situação de testamentos e outros negócios unilaterais admitidos legalmente como vinculativos) ao direito de um particular de exigir ao Estado (por força dos deveres estaduais de protecção) que considere válido, e, se necessário, o execute coercivamente, um contrato com outro particular com efeitos ablativos em direitos, liberdades e garantias deste último. Ou seja, no fundo, está-se perante a invocação de um direito de um particular contra outro perante os Tribunais do Estado. Consequentemente, a alegação da autonomia privada como obstáculo à vinculação dos particulares aos direitos, liberdades e garantia pressupõe precisamente um direito de a invocar entre particulares. Ora, não se vê por que motivo o Estado deverá privilegiar a tutela deste direito e não a dos direitos, liberdades e garantias.

Assim, mesmo associada à teoria da eficácia mediata, a invocação desta figura de pouco adianta para resolver o problema em análise. Se é certo que a liberdade contratual se encontra consagrada (artigo 405 do Código Civil), também o é que os contratos contrários a normas de Ordem Pública são nulos[260]. Por conseguinte, não existem fundamentos para entender que o Estado deverá privilegiar sistematicamente a protecção de um princípio do cumprimento dos contratos, apenas indirectamente consagrado na Constituição, em vez dos direitos, liberdades e garantias, em grande medida, partes integrantes da sua Ordem Pública, quando esta última se encontra expressamente consagrada como limite à autonomia privada.

Basta que se possa retirar da Constituição o princípio da obrigatoriedade dos contratos (cfr. artigo 406, n.º 1, do Código Civil) e de que estes constituem um meio legítimo de renúncia a direitos fundamentais. Este princípio encontra-se efectivamente pressuposto por vários dos direitos citados pela Doutrina e, pelo menos em relação aos contratos celebrados pelo Estado, tem amparo no princípio da protecção da confiança, que integra os princípios do Estado de Direito [cfr. artigo 9, al. b)].

[260] Entende-se que a Ordem Pública em sentido técnico (e não enquanto paz pública) pode ser entendida em dois sentidos: em sentido amplo, como conjunto de todas as normas imperativas de Ordem Pública ou, em sentido restrito, como conjunto de normas jurídicas de Ordem Pública com origem jurisprudencial ou de princípios apreensíveis a partir do Sistema Jurídico ou apenas indirectamente aplicáveis (vide, *infra*, parág. 7.1.1.3).

130 Os Direitos de Reunião e de Manifestação no Direito Português

No fundo, com esta invocação da autonomia privada, mais não se pretende do que destacar a relevância do consentimento das partes, designadamente em contratos livremente celebrados, para legitimar ablações (privadas) de direitos, liberdades e garantias. Claro, para quem negue que os direitos, liberdades e garantias se aplicam imediatamente em relação aos particulares, em rigor, não existe renúncia[261], precisamente por estes não terem aplicação. Mas para um intérprete que parta do princípio fundamental constante do artigo 18, n.º 1, parte final, existe claramente uma renúncia.

Os direitos, liberdades e garantias constituem um espaço de liberdade e, nesse sentido, um indivíduo que decida consentir numa ablação está igualmente a gozar do bem protegido por estes, decidindo não exercer o direito[262] (isto é, ao decidir não rejeitar uma interferência). Contudo, tal argumento de autodeterminação perde apoio quando esteja em causa forçar o indivíduo a continuar a consentir nas interferências neste direito porque a tal juridicamente se obrigou. Consentir numa interferência constitui um apanágio da liberdade. Mas não permanecer obrigado a consentir em interferências.

Assim, não é possível considerar como inconstitucionais todas as renúncias, totais ou parciais, a um direito, liberdade e garantia, especialmente entre particulares. Não é, porém, simples determinar que espécie de ablações poderão ser objecto de um consentimento válido e eficaz e quais implicarão a invalidade do consentimento por inconstitucionalidade, ou, o que é o mesmo, por ser contrário à Ordem Pública.

---

[261] Utiliza-se o termo como sinónimo de consentimento a uma compressão de um direito fundamental. Com efeito, visto que se parte dos direitos fundamentais como relações jurídicas (vide, *supra*, parág. 2.5.1), necessariamente contingentes e concretas, e não como direitos que "acompanham" o titular permanentemente, existe renúncia sempre que numa dada situação um particular consente que um terceiro afecte o seu gozo de um bem protegido por uma norma atributiva de um direito fundamental. Claro está, a renúncia a direitos fundamentais não implica uma renúncia à capacidade de vir a ser titular de alguns destes direitos, figura que só em situações excepcionais pode ser aceite. Por exemplo, a renúncia à cidadania com a renúncia tendencialmente definitiva aos inerente direitos políticos perante o Estado de que era cidadão.

[262] Neste sentido: J. Reis Novais, *Renúncia a Direitos Fundamentais*, em *Perspectivas Constitucionais – Nos 20 Anos da Constituição de 1976*, Volume I, Coimbra, 1996, págs. 263-335, na pág. 287-289 e 299; P. Mota Pinto, *A Limitação* (…), cit., pág. 535-536; A. Baldassarre, *Iniziativa* (…), cit., parág. 9.

Desde logo, as ablações terão de ser claras e determinadas, devendo ser consideradas como nulas limitações vagas[263] ou, no mínimo, quando esteja em causa o desempenho de funções, devem ser interpretadas restritivamente como admitindo somente renúncias cuja necessidade decorra estritamente das funções que a pessoa aceitou executar[264].

Materialmente, é necessário realizar algumas distinções.

Além de dever ser livre e esclarecido, o consentimento pode expressar um verdadeiro desejo do seu autor, que entende que aquele é inteiramente do seu interesse[265]. Ou, pelo contrário, pode ser concedido com vista a obter uma contrapartida do seu destinatário, que pretende obter esse consentimento, por ser do seu interesse intervir na esfera do autor do consentimento. Neste caso, o autor consente, mas a interferência no seu direito constitui um sacrifício indesejado, aceite apenas para obter a contrapartida. Naturalmente, preferiria obtê-la sem ter de consentir na compressão do seu direito. No primeiro caso, pode-se falar em consentimento espontâneo e, no segundo, em consentimento induzido.

O consentimento espontâneo não coloca qualquer problema, normalmente afasta a acção consentida do âmbito de protecção do direito[266]. Tal só não ocorrerá quando estiverem em causa direitos cujo respeito seja igualmente de Ordem Pública[267], o que implicará a invalidade do consen-

---

[263] Neste sentido, a pensar na renúncia a direitos de personalidade: P. Mota Pinto, *A Limitação* (...), cit., pág. 546; A. Menezes Cordeiro, *Tratado* (...), I, Tomo III, cit., pág. 109.

[264] Assim, o Tribunal Constitucional espanhol, confrontado com um despedimento de um trabalhador que se recusara a participar numa campanha publicitária da empresa, invocando o seu direito à imagem, aplicou o princípio da necessidade da ablação para acabar por entender que esta não se justificava, desconsiderando o consentimento: "La cuestión, ahora, es si, por la naturaleza del trabajo contratado en este caso, podemos considerar que las tareas encomendadas al trabajador implicaban la necesaria restricción de su derecho de tal suerte que pudiera entenderse que era la propia voluntad del trabajador – expresada al celebrar el contrato – la que legitimaba las que pudieran exigírsele en el futuro" (cfr. Sentencia 99/1994, 11/4/1994, parág. II.7; o texto da sentença encontra-se disponível em http://www.boe.es/g/es/bases_datos_tc/doc.php?coleccion=tc&id=SENTENCIA-1994-0099).

[265] Por exemplo, uma pessoa que gosta de revelar aspectos da sua vida íntima.

[266] Não parece que constitua uma causa de justificação, mas antes de exclusão da tipicidade. Vide, porém, a crítica substancial a esta tese (sustentada em Direito Penal por autores como C. Roxin) de: M. Costa Andrade, *Consentimento e Acordo em Direito Penal*, Coimbra, 1991, pág. 257-264. Sublinhe-se que a posição do autor tem apoio aparente nos artigos 38 do Código Penal e 240 do Código Civil.

[267] Por maioria de razão, o consentimento não poderá ser relevante quando estejam em causa não verdadeiros direitos, mas deveres impostos igualmente no interesse do titu-

timento[268]. Nestes casos, o consentimento do titular do direito comprimido, apesar de continuar a ser relevante[269], não impedirá a ilicitude da acção do destinatário do consentimento. Embora se julgue que não se tratará de uma ilicitude para com o autor do consentimento e sim para com a sociedade, corporizada no Estado, o que pressupõe que esteja em causa uma norma sancionatória (penal, contra-ordenacional ou disciplinar[270]). Designadamente, pensa-se que não será legítimo da parte do autor do consentimento qualquer pedido de indemnização contra o destinatário deste, que se limitou a praticar o acto desejado[271].

Os problemas colocam-se primordialmente em relação ao consentimento induzido e muito particularmente quando este pretenda ter uma eficácia duradoura, vinculando o autor do consentimento a não gozar do direito ou a fazê-lo nos termos acordados. Com efeito, o consentimento espontâneo costuma ser veiculado por um acto unilateral, livremente revogável. O consentimento induzido, pelo contrário, por depender de contra-

---

lar. Assim, o direito e dever de educar os filhos (artigo 36, n.º 5) ou de defesa da Pátria (artigo 276, n.º 1).

[268] Cfr. artigo 38, n.º 1, do Código Penal ("o consentimento exclui a ilicitude do facto quando se referir a interesses jurídicos livremente disponíveis e o facto não ofender os bons costumes"); artigo 240, n.º 2, do Código Civil ("O consentimento do lesado não exclui, porém, a ilicitude do acto, quando este for contrário a uma proibição legal ou aos bons costumes").

[269] Vide, por exemplo, a pena mais leve do homicídio a pedido "sério, instante e expresso" da vítima: artigo 134 do Código Penal.

[270] Neste último caso, a entidade disciplinadora pode, eventualmente, não ser o Estado.

[271] Assim, no caso de uma tentativa de homicídio a pedido da vítima, julga-se que esta não terá direito a exigir qualquer pedido de compensação do autor da tentativa. Quando muito, poder-se-ia discutir tal indemnização quando a tentativa se tivesse malogrado por negligência do autor desta na sua execução e tivesse provocado danos permanentes na vítima. Contudo, tendo presente que o consentimento abrangia consequências bem mais graves, a imposição da indemnização numa situação como esta parece pouco curial. Sem dúvida que este consentimento será inválido, mas tal afigura-se uma reacção da Ordem Jurídica apenas para libertar o seu autor de qualquer responsabilidade perante o destinatário do consentimento e não para criar obrigações para este último. Por exemplo, afigura-se injustificável impor um dever de indemnização a cargo de uma pessoa que ajudou outra gravemente doente a suicidar-se a favor dos herdeiros desta última. Sublinhe-se que terá de estar em causa um consentimento unilateral espontâneo e não qualquer relação contratual em que o destinatário do consentimento aja igualmente em interesse próprio, especialmente patrimonial, e em que surjam quaisquer dúvidas quanto à espontaneidade do consentimento.

Âmbito 133

partidas, normalmente constitui um contrato vinculativo e pode mesmo ter eficácia duradoura, o que o torna bem mais gravoso. Claramente, nestes casos, deixa de se poder considerá-lo como uma simples forma de gozo do bem objecto do direito. Quando as partes se encontram numa situação de desigualdade jurídica ou factual o problema ganha contornos ainda mais delicados, pois leva a duvidar fortemente da liberdade do consentimento.

Ora, em relação aos direitos, liberdades e garantias políticos e dos trabalhadores, a regra geral[272] será a de que um contrato que os limite será inconstitucional (ou, se se preferir, nulo por violação de uma disposição de Ordem Pública). Os primeiros têm uma dimensão comunitária que torna as normas que os atribuem tendencialmente imperativas. E os segundos visam normalmente vincular entidades patronais directamente. Ou seja, se foram aplicáveis, por se estar perante uma relação laboral, a invalidade do contrato é incontornável, como é confirmado pelo próprio Direito do Trabalho[273]. Pelo contrário, não serão normalmente aplicáveis a contratos sem tal natureza, mas por estes se encontrarem fora do seu âmbito de protecção, sem prejuízo da noção constitucional de trabalhador poder ser alargada em alguns casos a simples prestadores de serviços.

No que diz respeito aos direitos, liberdades e garantias pessoais, mesmo nos termos da vetusta teoria da eficácia mediata, será difícil fugir ao princípio geral de que, ainda que não seja contrário à Ordem Pública ou por qualquer outro motivo inválido, em princípio, qualquer acto de renúncia unilateral será sempre livremente revogável[274] e que mesmo contratos válidos que impliquem uma compressão num destes direitos deverão ser livremente denunciáveis, sem prejuízo do dever de indemnizar danos provocados nas "expectativas legítimas" da outra parte, como estabelece, em relação aos direitos de personalidade, o artigo 81, n.º 2 do Código Civil[275].

---

[272] Podem existir excepções, claro está. Uma das quais tem expressa consagração constitucional. Assim, "Ninguém pode estar inscrito simultaneamente em mais de um partido político" (artigo 51, n.º 2, CRP). O que significa que um gozo da liberdade contratual (a adesão a um partido), implica uma preclusão no direito à liberdade de aderir a outro, enquanto não se abandonar o primeiro. São admissíveis outras restrições a quem esteja filiado num partido, como a proibição de ser eleito nas listas de outro partido ou mesmo numa lista independente.

[273] Designadamente, artigos 4 e 114, n.º 2, do Código do Trabalho.

[274] Igualmente o artigo 38, n.º 2, do Código Penal afirma que o consentimento é livremente revogável.

[275] O preceito fala em "revogável", mas tecnicamente não será uma revogação, mas uma denúncia. A revogação dos contratos, não obstante a terminologia utilizada pelo

134   *Os Direitos de Reunião e de Manifestação no Direito Português*

Que este preceito se aplica a contratos resulta da circunstância de se referir à "outra parte"[276-277].

Código em mais do que um preceito (por exemplo: artigo 970), exige o concurso da vontade das partes.

[276] Não se pode excluir que o artigo 81, n.º 2, se aplique igualmente a alguns actos unilaterais. Este fala em "qualquer limitação voluntária", o que sugere abrangência. Contudo, além da referência à "outra parte", a limitação da admissibilidade de actos unilaterais retira-se igualmente do princípio contido no artigo 457 do Código Civil, que estabelece uma tendencial tipicidade dos actos unilaterais enquanto fontes de obrigações. Ou seja, parece que só será admissível a limitação unilateral vinculativa de um direito pessoal quando tal eficácia lhe seja reconhecida legalmente.

A Doutrina tem, contudo, admitido esta possibilidade em termos mais amplos, distinguindo entre um consentimento tolerante e um consentimento autorizante [vide P. Mota Pinto, *A Limitação* (…), cit., pág. 552-553; também V. de Andrade, *Os Direitos Fundamentais* (…), cit., pág. 331]. Porém, se o segundo, tal como o primeiro, não impõe qualquer obrigação ao autor do consentimento, não parece que possa atribuir um poder de agressão que seja mais do que a mera legitimação do acto que resulta já do que qualificam como consentimento tolerante/aquiescente (e que corresponde essencialmente ao que ficou qualificado como um mero consentimento espontâneo). Se o autor do consentimento não fica sujeito a qualquer obrigação, não pratica qualquer acto ilícito ao revogar o consentimento, logo não parece que deva ficar sujeito ao dever de compensar o destinatário, que terá meras expectativas extra-jurídicas, insusceptíveis de conferir um direito subjectivo a uma reparação. Aceita-se, contudo, a figura de uma tolerância que resulte do mero não exercício do direito, mas esta não exclui a ilicitude, podendo o titular do direito, no respeito dos prazos legais, accionar mais tarde o autor da lesão; ou declarar prescindir de tal, remitindo a obrigação de indemnizar.

[277] A Jurisprudência tem aplicado com alguma moderação este regime, em articulação com o abuso de direito, acabando por furtar ao seu regime algumas "limitações" voluntárias de um direito de personalidade. Assim, estando em causa uma permissão de um vizinho para que outro abrisse janelas num edifício a menos de metro e meio do seu prédio, em derrogação do artigo 1360, n.º 1, do Código Civil, e que despejasse águas resultantes de lavagens e esgotos para aquele, o Tribunal da Relação do Porto entendeu que pretender denunciar a permissão em relação às janelas constituía um "venire contra factum proprium, violador de uma situação objectiva de confiança", mas já aceitou a denúncia nos termos do artigo 81, n.º 2, da permissão em relação ao despejo das águas, por ser lesivo de "direitos de personalidade, como o direito à saúde, ao bem estar, à qualidade de vida dos ocupantes do prédio vizinho" (cfr. Sentença de 15 de Maio de 1990, processo n.º 0409049). Aparentemente, o Tribunal aceitou que o artigo 81, n.º 2, seria formalmente aplicável igualmente em relação à permissão das janelas, mas entendeu que a sua invocação era abusiva.

Este regime foi invocado também para procurar fundamentar uma prevalência dos direitos de personalidade sobre outros direitos pelo Supremo Tribunal de Justiça: "A personalidade humana é, verdadeiramente, a estrutura-base dos direitos do Homem já que é sobre ela que assentam todos os demais direitos, nomeadamente os de natureza e carácter diferente. Daí que a própria lei comine de nulidade ou confira a faculdade revogatória aos

É certo que nem todos os direitos, liberdades e garantias pessoais são direitos de personalidade, mas, segundo se julga, trata-se de um princípio constitucional geral que, embora possa ser afastado, implica para quem queira alegar a inadmissibilidade da denúncia do contrato um ónus de fundamentação. Em termos de valor intrínseco, não se afigura existir uma diferença que justifique um regime de tutela com diferenças tão substanciais em relação aos outros direitos pessoais, até porque alguns direitos pessoais se encontram plasmados numa relação directa com o consentimento.

À luz deste princípio, a reacção da Ordem Jurídica a estes actos privados ablativos de direitos, liberdades e garantias pode ser escalonada em função da gravidade da ablação, da importância do direito, das condições em que o consentimento foi conferido, das vantagens obtidas pelo autor do consentimento pela contrapartida, entre outras circunstâncias relevantes no caso concreto[278].

Alguns destes actos serão nulos e a sua execução implicará mesmo responsabilidade civil ou penal[279]. Outros serão meramente nulos, não tendo nenhuma das partes o dever de compensar a outra[280]. Existem ainda

---

casos de limitação destes direitos de base (artigo 81 do Código Civil); daí que em caso de conflito entre eles e outros, prevaleçam aqueles primeiros que, hierarquicamente, são superiores por serem de espécie dominante (artigo 335 n. 2 do Código Civil)" (cfr. Sentença de 22 de Outubro de 1998, processo n.° 97B1024).

[278] Vide igualmente: C. Canaris, *Direitos Fundamentais* (…), cit., pág. 72.

[279] Pense-se num pacto suicida, em que uma das partes tenta forçar a outra a cumpri-lo; ou num contrato pelo qual uma das partes se obriga a condições de trabalho paralelas à da servidão.

[280] Imagine-se um indivíduo que foi contratado como palhaço num qualquer estabelecimento ou circo, onde a sua função é provocar e ser insultado e alvo de objectos atirados pelos clientes. Segundo se julga, perante as ablações que a sua actividade lhe provoca, este contrato deve ser considerado nulo, não tendo o trabalhador qualquer dever de aviso prévio ou de indemnizar o empregador (artigos 447 e 448 do Código do Trabalho). Mas se pretender continuar a suportar as condições de trabalho, tem o direito de o fazer. Contudo, também não terá qualquer direito a ser compensado em consequência destas, salvo algum dano que possa ser qualificado como acidente de trabalho.

Julga-se que a mesma conclusão se deverá aplicar em relação a um contrato que vincule um lutador desportista a combater num dado dia com um determinado adversário. Imagine-se que este se assusta ao ver o adversário e decide desistir. Visto estar em causa uma severa ablação ao seu direito à integridade física, em determinados aspectos bem mais drástica do que a situação acima referida, torna-se difícil concluir pela necessidade de este ter de indemnizar o organizador pelos danos nas suas "legítimas expectativas". Ou seja, entende-se não existirem bases para considerar como válido este contrato. É certo que o

Os Direitos de Reunião e de Manifestação no Direito Português

contratos que serão válidos e a sua denúncia, ou recusa de execução de uma determinada actividade, implicará normalmente o dever de compensar as "expectativas legítimas"[281] da outra parte, como é confirmado pelo referido artigo 81, n.º 2, do Código Civil. Finalmente, quando estejam em causa ablações limitadas em direitos não essenciais, que foram livremente realizadas e consentidas, para o desenvolvimento de actividades ou aproveitamento de bens no próprio interesse do titular do direito, por vezes mesmo por sua iniciativa, os contratos que as prevejam dificilmente poderão ser denunciados com base neste princípio[282].

Como critérios para estabelecer qual destes regimes aplicar, é necessário começar por determinar a espécie de renúncia que está em causa. As

---

lutador assumiu o risco de lesões fortes ao comprometer-se, mas, em última análise, mesmo a sua vida pode estar em causa. É difícil considerar como válido e obrigatório um contrato em que as partes se obrigam a agredir-se violentamente ou, no caso de contrato com um agente, a agredir terceiro, mesmo que com o seu consentimento [também P. Lima/A. Varela, *Código Civil* (…), cit., anotação ao artigo 81, pág. 110, sustentam que seria nulo um acordo que facultasse ofensas físicas, embora provavelmente não estivessem a pensar em contratos desportivos].

Não está em causa que o consentimento mútuo, tendo presente igualmente a relevância e tutela do desporto em geral, exclua a tipicidade penal destes actos [artigo 38 do Código Penal; neste sentido: Alexandre Mestre, *Causas De Exclusão Da Ilicitude Penal Nas Actividades Desportivas*, *Revista Jurídica* (AAFDL), N.º 22, Março 1998, parág. 4; negando que se trate de consentimento: M. Costa Andrade, *Consentimento* (…), cit., pág. 319-321]. E, tendo em conta a sua frequência, estes contratos não têm sido tradicionalmente considerados como contrários à Ordem Pública, pelo menos não se encontrou jurisprudência nesse sentido. Resta saber se a eficácia imediata dos direitos, liberdades e garantias não deverá levar a outra conclusão. Claro está, esta conclusão não pode ser alargada a todas as actividades desportivas que impliquem a possibilidade de lesões, mas apenas àquelas em que o objectivo é precisamente vencer o adversário pelo uso directo de violência contra este. Quem lucra com a organização destes espectáculos poderá ter de assumir o risco de o Estado se recusar a proteger os seus interesses por força do seu imperativo de proteger os direitos fundamentais do desportista. Ou seja, não se deve proibir a actividade, em nome da liberdade individual de correr riscos e de consentir em lesões na sua integridade física (pelo menos sem consequências permanentes), mas não se deve vinculá-los a consentir nestas, coagindo-os a lutar, por terem receio das consequências financeiras de o não fazerem. Em qualquer caso, um indivíduo nesta situação ponderará bem a sua recusa, visto que tal implicará o fim da sua carreira.

[281] Porque está em causa uma responsabilidade por acto lícito e apenas se manda reparar as expectativas legítimas, pode suceder que, apesar de o contrato ser válido, por força da severa compressão que impõe num direito, liberdade e garantia e das circunstâncias, se entenda que a indemnização deve ser fortemente limitada.

[282] Vide igualmente V. de Andrade, *Os Direitos Fundamentais* (…), cit., pág. 332, mas admitindo uma relevância mais limitada do artigo 81, n.º 2, do Código Civil.

que colocarão problemas mais delicados são as renúncias induzidas, incorporadas num contrato com contrapartidas para o autor da renúncia. Nestes casos, faz sentido considerá-lo como um acordo ablativo de um direito fundamental e apreciar se é válido ou não à luz do princípio da proibição do excesso, como se de uma restrição se tratasse[283]. Se este for conforme com este princípio, dever-se-á entender que afinal não se verifica qualquer ablação, visto a interferência ter sido validamente consentida. A circunstância de existir formalmente um consentimento será apenas um elemento que poderá aligeirar os termos de aplicação deste princípio. Mas que pode facilmente ser ignorado caso o acordo tenha eficácia vinculatória duradoura e, especialmente, se as partes se encontrarem numa situação de desigualdade[284].

---

[283] Ficou sublinhado que o Tribunal Constitucional português aceitou a aplicação do princípio da proporcionalidade **"no domínio das relações jurídico-privadas"** (cfr. Acórdão n.º 698/05, de 14 de Dezembro de 2005, parág. 11.1, que cita o Acórdão n.º 302/01; vide igualmente o Acórdão n.º 22/04, de 14 de Janeiro de 2004 e o Acórdão n.º 698/05, de 14 de Dezembro de 2005).

Verificou-se também que o Tribunal Constitucional espanhol aplicou o princípio da proibição do excesso a uma ablação imposta nos termos de um contrato de trabalho entre particulares (cfr. Sentencia 99/1994, 11/4/1994, parág. II.7).

Igualmente sujeitando a renúncia entre privados ao princípio da proibição do excesso: V. de Andrade, *Os Direitos Fundamentais* (…), cit., pág. 335-336 (mas apenas entre particulares em situação desigual; embora nas situações de consentimento induzido, o autor provavelmente esteja disposto a aceitar que a situação pode não ser de igualdade efectiva); I. Gutierrez, *Criterios de eficacia* (…), cit., pág. 209-211. Igualmente R. Novais, *Renúncia* (…), cit., págs. 289-291 e 333-334, em relação a renúncias perante entidades públicas.

[284] Estas considerações valem, com as devidas adaptações, para a situação em que a parte que induz o consentimento é uma entidade pública. Mas, claramente, nestes casos, o princípio da proibição do excesso aplicar-se-á rigorosamente. A questão de existir uma eliminação de limites ao poder do Estado não é decisiva [em sentido similar: R. Novais, *Renúncia* (…), cit., págs. 310-320], visto que a visão dos direitos fundamentais como normas negativas de competência constitui uma mera imagem jurídica. Esta imagem apenas tinha alguma veracidade perante os autores clássicos que sustentavam a desnecessidade de declarações de direitos alegando que o legislador simplesmente não tinha competência para legislar em matéria de direitos fundamentais (neste sentido: Alexander Hamilton, *Federalist* No. 84, em *The Federalist Papers*, 1787). Na verdade, a efectiva protecção dos direitos fundamentais, mesmo dos direitos, liberdades e garantias, depende normalmente de legislação ordinária. De resto, o seu regime é completamente distinto. Não se trata de proibir que se legisle numa determinada matéria, mas sim que se legisle em certo sentido. A situação decorrente da existência de um consentimento válido apenas o confirma.

O princípio que está em causa é o da constitucionalidade material da actuação das entidades públicas. E o que se retira de um consentimento válido é que estes limites podem

138   *Os Direitos de Reunião e de Manifestação no Direito Português*

Neste caso, o princípio da necessidade deve ser apurado à luz do objectivo que levou uma das partes a exigir que a outra consentisse na interferência no seu direito. Esta interferência era necessária (incluindo adequada em abstracto) ou existiam meios menos gravosos? A proporcionalidade deve igualmente ter um papel a desempenhar, embora nas situações em que as partes se encontrem numa relação de igualdade, em que não existam dúvidas quanto à liberdade plena do consentimento, se deva limitar a um teste mínimo. Caberá apurar se o objectivo da parte que recebe como contrapartida uma limitação do direito da outra não é ilícito, abusivo ou caprichoso. Se o for, deve-se entender que o acordo não sobrevive a este teste mínimo de proporcionalidade, devendo ser considerado como inconstitucional (ou, se se quiser, contrário à Ordem Pública) e, portanto, nulo.

Claramente, o facto de existir um acordo, com vantagens recíprocas, deve aligeirar a ponderação da proporcionalidade. O que significa que, não tendo o acordo violado em termos graves um direito essencial, designadamente, tutelado penalmente, por se entender que o consentimento embora não implicando vinculação, pelo menos afastou a ilicitude do acto, poderá não haver lugar a qualquer responsabilidade por qualquer uma das partes.

Finalmente, situações de ablações menores em direitos essenciais ou mesmo não essenciais, livremente disponíveis, poderão, respectivamente, ser livremente denunciáveis, com compensação para a outra parte (artigo 81, n.º 2, do Código Civil)[285] ou nem sequer poderão ser sujeitos a este regime, por se tratar de ablações perfeitamente normais na vida em sociedade, efectivamente necessárias ao gozo de vários direitos que pressu-

---

variar em função deste, como, aliás, decorre expressamente da Constituição (artigo 34, n.º 2 e n.º 3; artigo 35, n.º 3; o facto de o artigo 270 apenas se aplicar a militares ou agentes que aceitaram sê-lo e não a conscritos, sugere igualmente a relevância do consentimento, mesmo se a existência do artigo 270, como base para legitimar as restrições que consagra, confirme que o consentimento nem sempre chega). A circunstância de apenas algumas normas admitirem que os deveres que impõem aos seus destinatários sejam inaplicáveis por força de consentimento do titular do direito não impõe a conclusão de que apenas estas admitem este afastamento. Em qualquer caso, dado que as entidades públicas não gozam de liberdade de escolha dos fins a prosseguir, ficam sujeitas a um rigoroso respeito pelo princípio da proibição do excesso.

[285] Imagine-se o artista que se comprometeu a criar uma determinada obra com certas características precisas dentro de um determinado prazo. Tal constitui uma limitação severa à sua liberdade artística (artigo 42 CRP). Aceita-se que tal contrato possa ser denunciado, mas este ficará obrigado a compensar a outra parte.

põem uma subordinação consentida a um indivíduo ou organização[286] ou coordenação com vista ao aproveitamento de bens jurídicos[287].

Concluindo, mesmo uma teoria de relevância mediata dos direitos, liberdades e garantias por meio de cláusulas gerais constantes do Direito Privado terá dificuldades em furtar os contratos que os restrinjam ao princípio da nulidade por violação de norma legal imperativa (ou à Ordem Pública em sentido amplo: artigos 81, n.° 1, 280 e 281 do Código Civil) ou, pelo menos, à sua livre denúncia (artigo 81, n.° 2). Mesmo se se julga que, no primeiro caso, o juiz ordinário pode recorrer directamente à Constituição, julgando o contrato simplesmente inconstitucional, tendo em conta o artigo 18, n.° 1, CRP. É certo que o artigo 204 apenas fala em apreciação da constitucionalidade de normas e não de contratos, ou de actos de particulares em geral; mas resulta óbvio que todos os actos que se encontrem sujeitos à Constituição devem ser sujeitos a fiscalização difusa[288]. Ainda que seja trazida à colação a Ordem Pública, na realidade é a inconstitucionalidade do contrato que legitima a invocação desta figura.

Mas, insista-se, a autonomia privada em sentido técnico será irrelevante em todas as inúmeras situações em que o particular lesado num direito, liberdade e garantia por um outro não tem para com este qualquer vínculo negocial que tenha permitido tal ablação. Ora, com algumas excepções, como nas relações laborais, a oponibilidade dos direitos de reunião e de manifestação a particulares costuma surgir desligada de relações contratuais.

---

[286] Ainda assim, este princípio do carácter denunciável destes contratos manifesta-se, por exemplo, no Direito do Trabalho, com o regime muito mais favorável para o trabalhador de desvinculação em relação ao contrato por comparação com a situação do empregador.

[287] Pense-se em alguém que arrenda um quarto em sua casa, o que implica uma renúncia à inviolabilidade do domicílio, pois o arrendatário adquire um direito de acesso independente mesmo de um consentimento actual do proprietário, e a aspectos compreendidos pelo direito à reserva da intimidade da vida privada.

[288] Esta conclusão resulta evidente em relação à fiscalização da constitucionalidade dos actos administrativos. Estes não são normas e, contudo, estão sujeitos a ser declarados inválidos em consequência de serem contrários à Constituição (artigo 3, n.° 3: "e dos demais actos"), ainda que não sejam simultaneamente ilegais. Só a fiscalização concentrada pelo Tribunal Constitucional, em fiscalização abstracta ou em recurso de fiscalização concreta, é de normas. A fiscalização difusa pode incidir sobre quaisquer actos sujeitos à Constituição, incluindo actos de particulares por violação dos direitos, liberdades e garantias, não obstante o que afirma o artigo 204.

140 Os Direitos de Reunião e de Manifestação no Direito Português

5.2.1.5. *Deveres fundamentais directamente aplicáveis*

Como é relativamente pacífico, os deveres fundamentais para com a colectividade, corporizada pelo Estado, não são directamente aplicáveis, como se retira do artigo 18, n.° 1, *a contrario*, e tem apoio explícito nos trabalhos preparatórios da Constituição[289].

Assim, a exigibilidade, por exemplo, dos deveres de pagar impostos ou de defender a pátria, depende da criação de legislação ordinária que os concretize[290]. Mas a mesma conclusão se retira, por maioria de razão, em relação aos bens colectivos, simples fundamentos desses mesmos deveres para com a colectividade. Também estes dependem de legislação para produzirem efeitos vinculativos ou constituírem base de deveres para os particulares[291].

---

[289] Assim, referindo-se a este preceito, o deputado José Luís Nunes afirmou: "Por que é que não se fala aqui em deveres. Pois, num sentido, efectivamente, de restringir o âmbito do Estado, porque se, efectivamente, as expressões referentes aos direitos são directamente aplicáveis, já as referentes aos deveres, por se constituírem em ónus para os cidadãos, têm de se ter regulamentadas" [cfr. *Diário da Assembleia Constituinte*, n.° 35, 22 de Agosto de 1975, pág. 949].

[290] Também neste sentido, embora a pensarem apenas nos deveres fundamentais decorrentes de bens colectivos: J. Casalta Nabais, *A Face Oculta dos Direitos Fundamentais: Os Deveres e os Custos dos Direitos*, em *Estudos em Homenagem ao Conselheiro José Manuel Cardoso da Costa*, Coimbra, 2003, pág. 737-767, pág. 747-758; Vieira de Andrade, *Os Direitos Fundamentais* (…), cit., pág. 170; Sérvulo Correia, *Direitos Fundamentais* (…), cit., pág. 117-119.

Vide, porém, em sentido contrário: R. Novais, *As Restrições* (…), cit., pág. 863-866: defende a aplicabilidade directa dos bens colectivos quando tal seja necessário para os proteger, mesmo que impliquem restrições em direitos, liberdades e garantias, com a agravante de, aparentemente, entender que igualmente bens colectivos aconstitucionais poderão legitimar estas restrições: pág. 609-620; o que poderia suceder, bastaria estar em causa um bem colectivo consagrado legalmente numa lei de bases, mas que não fora objecto de qualquer desenvolvimento, não tendo ficado estabelecidas quaisquer restrições para o proteger. Aceita-se, contudo, que estes bens colectivos poderão ser aplicáveis em estado de necessidade, perante uma lesão actual ou iminente que lhes provoque danos graves e irreparáveis, mas precisamente por se tratar de uma causa de exclusão da ilicitude, contra um acto de um particular que será lícito, mas susceptível de ser objecto de uma ablação necessária e proporcional, justificada no caso concreto.

[291] Recorde-se que a liquidação pelo Tribunal Constitucional Federal alemão da figura das "relações especiais de poder" se fez primariamente em consequência da sua rejeição de que determinados bens colectivos constitucionais pudessem legitimar directamente, sem intermediação de lei, a imposição de restrições por meros regulamentos ou actos administrativos (Sentença de 14 de Março de 1972; cfr. BVerfGE 33, 1 – *Strafgefangene*, B-I, parág. 1 e 2; texto em http://www.oefre.unibe.ch/law/dfr/bv033001.html). Sobre esta sentença, vide ainda, *infra*, parág. 7.4.2.1.

Porém, da referida tendencial oponibilidade dos direitos, liberdades e garantias aos particulares decorrem deveres fundamentais para estes, qualificados, aliás, como tais pela própria Constituição (cfr. artigo 36, n.º 4). Deveres que serão directamente aplicáveis e exequíveis por si próprios na mesma exacta medida em que os direitos correlativos forem obrigatórios em relação a particulares.

De facto, embora o artigo 18, n.º 1, apenas considere como aplicáveis directamente os direitos e não os deveres fundamentais, resulta da sua parte final que aqueles deveres que decorram directamente destes para os particulares não poderão deixar de ser igualmente aplicáveis imediatamente. O que tem por consequência que as limitações impostas pela Constituição a direitos em resultado de colisões incontornáveis com outros direitos, liberdades e garantias (mas não as decorrentes de bens colectivos ou direitos sociais) são directamente aplicáveis, incluindo em relação a particulares, não dependendo de consagração legal[292].

Neste sentido, não obstante o limitado destaque expresso conferido aos deveres fundamentais, tem plena acuidade a denominação da Parte I da Constituição como "Direitos e deveres fundamentais".

O facto de se tratar de deveres decorrentes de direitos não constitui obstáculo à sua qualificação como deveres fundamentais em sentido técnico[293]. Tal decorre não apenas do citado artigo 36, n.º 4, que se reporta, designadamente, a deveres fundamentais dos pais decorrentes dos direitos dos filhos à integridade física e moral, à manutenção, à educação, *etc.*, mas igualmente da circunstância de dificilmente existirem deveres puramente autónomos. Estes decorrem e/ou são causa do surgimento de direitos ou outras faculdades jurídicas activas precisamente por integrarem sempre relações jurídicas[294].

Certamente que os deveres das entidades públicas decorrentes dos direitos fundamentais não devem ser qualificados como deveres fundamentais em sentido técnico, para efeitos de sua sujeição ao seu regime constitucional, constante dos artigos 12 a 15 CRP. Mas somente porque a Constituição apenas sujeita a este regime dos deveres fundamentais os deveres de particulares. Pelo contrário, estes deveres fundamentais de particulares decorrentes dos direitos, liberdades e garantias, por constituírem

---

[292] Vide, *infra*, parág. 6.2.

[293] Em sentido divergente: Sérvulo Correia, *Direitos Fundamentais* (...), cit., pág. 116.

[294] Vide, *supra*, parág. 2.5.1.

142   *Os Direitos de Reunião e de Manifestação no Direito Português*

efectivamente deveres fundamentais, encontram-se directamente sujeitos aos artigos 12 a 15 CRP.

5.2.2. *Regime jurídico*

O referido critério da desigualdade de posições para levar a uma aplicação dos direitos, liberdades e garantias entre particulares em termos semelhantes (ou mais próximos em função do grau de desigualdade) aos aplicáveis em relação às entidades públicas tem também relevância em relação aos direitos de reunião e de manifestação.

Trata-se de apurar não apenas se particulares podem ficar sujeitos ao dever de não interferir com actividades tutelados por estes direitos, mas igualmente se podem ser alvos destas ou ter de sofrer outras compressões nos seus direitos por força destas.

5.2.2.1. *Genérico*

Ponto seguro é o de que qualquer particular deve respeitar uma reunião tutelada nos termos constitucionais e legais pelo direito de reunião, encontre-se ou não investido de um poder relevante.

Também estes estão sujeitos ao dever de não interferir com manifestações legítimas, podendo deparar com uma execução coerciva de tal exigência pelo Estado, bem como incorrer em responsabilidade penal ou civil. Esta conclusão impõe-se mesmo que esta implique uma ablação num dos seus direitos, como no caso de afectar o seu direito de deslocação, sem prejuízo de deverem ser adoptadas medidas de salvaguarda deste último direito.

O mesmo vale para casos em que a reunião tenha fins de manifestação ou se trata de uma manifestação solitária.

Mas as manifestações colocam a questão de determinar quem é que podem ter por alvo. Isto é, o destinatário principal da mensagem que esta veicula, especialmente quando se trata de um protesto.

As manifestações de apoio não costumam colocar grandes problemas, pois normalmente são realizadas com consentimento, expresso (por vezes com a sua presença) ou tácito, da pessoa ou entidade visada. Caso contrário, uma manifestação de apoio pode constituir uma ingerência quase tão nefasta como uma de protesto, podendo ser igualmente ilícita (pense-se numa manifestação ruidosa de apoio à porta da casa da pessoa alvo, que em vão pede às pessoas que dispersem).

Apenas se afiguram alvos legítimos de manifestações de protesto ou, em geral, realizadas contra a vontade do alvo, particulares dotados de um poder jurídico ou factual relevante. Por exemplo, não se afigura aceitável uma manifestação de vizinhos à porta de um destes, seja qual for o motivo. Se existirem fundamentos jurídicos, dever-se-á recorrer às autoridades policiais ou aos Tribunais. Se apenas existirem motivos sociais, muito menos será legítima tal acção, que pode consubstanciar uma forma de perseguição, com violação da reserva da intimidade da vida privada e familiar, da sua liberdade pessoal (entendida como direito a não ser confinado) e do seu bom nome[295].

Mas o critério de poder relevante parece ser flexível. Basta ter um estabelecimento aberto ao público para se poder ser alvo de uma manifestação em frente (não já na residência, por força do acrescido peso do direito à reserva da intimidade da vida privada e familiar[296]). A circunstância de se exercer uma função industrial, comercial, ou de serviços em geral, parece legitimar reacções públicas em caso de, por exemplo, violação de direitos dos consumidores ou de outras normas jurídicas cujo respeito seja de interesse colectivo. Claro está, os manifestantes ou, pelo menos, os organizadores da manifestação arriscam-se a ser responsabilizados, caso tenham sido negligentes no apuramento dos factos e as alegações sejam infundadas ou utilizem meios ilegítimos[297].

Também não podem ser excluídas manifestações contra actuações meramente inconvenientes e não ilícitas destas entidades[298]. É certo que qualquer manifestação de protesto lesa o bom nome da entidade alvo (artigo 26, n.º 1) e afecta o exercício da sua actividade [e, portanto, tratando-se de uma actividade empresarial, a iniciativa privada: artigos 61, n.º 1, 80, al. c), e 86]. Mas estas manifestações são perfeitamente lícitas

---

[295] Existem registos de manifestações realizadas à porta de indivíduos que, designadamente, tendo sido constituídos arguidos, foram libertados a aguardar julgamento.

[296] Artigos 26, n.º 1, e 65, n.º 1, CRP.

[297] Vide um caso judicial relativo a uma manifestação por meios ilícitos levada a cabo por associações ecologistas contra uma empresa na área das madeiras, *infra*, parág. 7.1.3.3.

[298] Os casos reais ou imagináveis são imensos: perante estabelecimentos de distribuição, podem-se verificar protestos por causa de subidas de preços, recusa em vender certos produtos, venda de certos produtos ou seu esgotamento; protestos de espectadores junto de uma empresa de televisão por causa da programação, por ter cancelado ou estar a exibir um programa; perante uma editora, por ter ou não ter publicado um livro; em relação a um estúdio, por ter produzido um determinado filme, *etc..*

144 *Os Direitos de Reunião e de Manifestação no Direito Português*

em determinadas áreas, como as relações laborais. Trabalhadores podem manifestar-se livremente contra uma entidade laboral por força de actuações lícitas, como a sua política salarial. Assim, estas manifestações devem ser consideradas como lícitas, designadamente em situações em que os participantes se encontrem numa situação de dependência em relação à entidade particular alvo e em que a actuação desta tenha impacte grande nos primeiros[299].

5.2.2.2. *Em propriedade privada sem consentimento do titular*

Abordou-se a situação de particulares que podem sofrer limitações nos seus direitos por força dos direitos de reunião e de manifestação, resta saber se podem mesmo ser forçados a ter de sofrer na sua esfera a realização de actividades que estes direitos protegem.

Assim, cabe determinar se as reuniões que este direito tutela podem ser realizadas em espaços sujeitos a propriedade privada (salas de espectáculos, diversão, estabelecimentos comerciais, de hotelaria ou restauração), mesmo sem o consentimento do proprietário.

Nestes casos, não se trata somente de vincular particulares pelo direito de reunião, mas também de determinar se um particular pode ficar obrigado a cumprir um dever positivo que cabe primariamente ao Estado: o de proporcionar espaços adequados que viabilizem a realização de reuniões, parte integrante do dever de garantia da existência de condições materiais para o gozo dos direitos fundamentais[300]. Sublinhe-se que tal raramente constitui um grave encargo quando a reunião se integra perfeitamente no âmbito dos serviços oferecidos pelo estabelecimento, pois em tais casos uma entidade prestadora de serviços tem um ónus económico de garantir o cumprimento de tais condições no seu espaço. Um estabelecimento de serviços que não viabilize a possibilidade de os bens que presta poderem ser usufruídos em reunião estará normalmente a condenar-se ao encerramento[301].

---

[299] Um caso relativamente pacífico será, por exemplo, uma manifestação contra as políticas de preços de uma empresa de facto monopolista, mesmo que estes não possam ser consideradas como abusos de posição dominante.

[300] Dever este que, como se verificou, apenas se aplica em relação a reuniões de grande interesse ou em períodos especiais; vide, *supra*, parág. 5.1.2.

[301] Imagine-se um restaurante cujas mesas apenas podem ser utilizadas por uma pessoa de cada vez ou um hotel cujos quartos são todos individuais.

Âmbito   145

A realização de reuniões em locais privados abertos ao público sofrerá sempre uma compressão derivada do direito de propriedade privada. É legítimo ao proprietário adoptar medidas de salvaguarda do seu estabelecimento ou propriedade em geral, mesmo que este esteja aberto ao público. Mas, por sua vez, os proprietários sofrerão igualmente uma compressão deste seu direito por força da legislação aplicável e podem mesmo sofrer algumas limitações derivadas do gozo deste direito.

Evidentemente, não poderão ser colocados em causa exercícios do direito de reunião que estejam compreendidos na utilização normal dos serviços prestados pelo estabelecimento[302].

Mais delicada é a questão da utilização deste para reuniões completamente estranhas aos fins do estabelecimento. Em princípio, a resposta é claramente negativa. Mas num Ordenamento Jurídico que estabelece que os direitos, liberdades e garantias vinculam as entidades privadas (artigo 18, n.º 1), quando esteja em causa um estabelecimento que constitua um importante centro social na comunidade, que atraia uma faixa importante da sua população, e do qual esta em parte dependa, e a actividade não afecte a prestação dos seus serviços, julga-se que esta deva ser tolerada[303].

---

[302] Por exemplo, reuniões privadas para efeitos de compras num centro comercial ou para utilizar colectivamente serviços prestados por um estabelecimento, como por meio de um jantar familiar num restaurante.

[303] A utilização de espaços privados para realizar uma manifestação, pelo menos contra o proprietário, depende do seu consentimento, mesmo no caso de empregadores (ver, *infra*, parág. 5.2.2.3). Mas neste caso estarão em causa actividades bem mais limitadas ou dirigidas contra terceiros.

O Tribunal Europeu dos Direito Humanos admitiu esta vinculação em relação a estruturas privadas essenciais para o gozo da liberdade de expressão: "Where, however, the bar on access to property has the effect of preventing any effective exercise of freedom of expression or it can be said that the essence of the right has been destroyed, the Court would not exclude that a positive obligation could arise for the State to protect the enjoyment of the Convention rights by regulating property rights. A corporate town where the entire municipality is controlled by a private body might be an example". (cfr. *Case Of Appleby And Others v. The United Kingdom*, Application no. 44306/98, Fourth Section, Judgment, 6 May 2003, parág. 47).

Anteriormente, a Comissão Europeia dos Direitos Humanos, confrontada com uma queixa de indivíduos que tinham sido sujeitos a uma ordem de restrição judicial de acesso a um Centro Comercial na sequência de comportamentos lesivos, sustentou em termos pouco felizes, sem invocar o facto de o Centro se encontrar sob administração privada (embora sendo de propriedade pública): "There is, however, no indication in the above case-law that freedom of assembly is intended to guarantee a right to pass and re-pass in public places, or to assemble for purely social purposes anywhere one wishes" (cfr. *Mark*

146   *Os Direitos de Reunião e de Manifestação no Direito Português*

No caso de meros espaços temporariamente abertos ao público para a realização de uma reunião, a relevância do direito de reunião será muito limitada. Contudo, uma vez concedida uma permissão para realizar uma reunião pelo proprietário, uma interrupção arbitrária da reunião, sem qualquer fundamento, mesmo quando não tenha sido celebrado qualquer contrato oneroso, implicará para este um dever de indemnizar, pelo menos as despesas incorridas na organização da reunião, mas admite-se que possam igualmente ser contabilizados danos secundários por violação do direito de reunião[304].

Anderson and nine others against the United Kingdom, Admissibility of Application No. 33689/96, 27 October 1997, The Law, parág. 1).

Nos EUA, o Supremo Tribunal Federal aceitou manifestações da liberdade de expressão em espaços privados, como cidades privadas (criadas por uma empresa para os seus trabalhadores) e centros comerciais, permitindo a distribuição de panfletos e propaganda religiosa e instalação de piquetes sindicais. Mas, por um lado, em jurisprudência posterior restringiu esta abertura a cidades privadas e, por outro, nunca foi ao ponto de permitir manifestações. No entanto, Tribunais estaduais têm continuado a sustentar o direito de distribuir panfletos e solicitar a assinatura de petições. Chamado a rever estas sentenças, o Supremo afirmou que os Estados podiam legitimamente atribuir direitos mais amplos do que os consagrados na Constituição federal mas que, em qualquer caso, estes direitos não se aplicariam em relação a "property or privacy rights of an individual homeowner or the proprietor of a **modest retail establishment**" [cfr. Joseph H. Hart, *Free Speech on Private Property – When Fundamental Rights Collide*, *Texas Law Review*, Volume 68, 1990, pág. 1469-1480, na pág. 1470-1474; vide igualmente a jurisprudência analisada pelo Tribunal Europeu dos Direitos Humanos: *Case Of Appleby And Others* (…), cit., parág. 22-31]. Isto é, também a Jurisprudência norte-americana acolheu o critério da posição dominante da entidade particular como fundamento para determinar a medida da vinculação das entidades privadas pelos direitos fundamentais.

Na Alemanha, a Jurisprudência aceitou a invocação do direito de reunião/manifestação num aeroporto de uma empresa de capitais maioritariamente públicos, mas alguma Doutrina é mais restritiva, sustentando que apenas a entidade pública que controlava a empresa se encontrava sujeita a um dever de suportar o gozo deste direito, devendo usar os meios de que dispunha para levar a empresa a aceitar tal reunião [neste sentido: I. Mikešic, *Versammlungs- und Demonstrationsrecht* (…), cit., pág. 790].

Em Portugal, é frequente a distribuição de panfletos e campanhas de certas instituições de maior mérito autorizadas por centros comerciais, enquanto outras, consideradas de menor mérito, ficam condenadas a realizar estas acções à porta dos referidos centros, por não terem obtido licença do proprietário. Mas trata-se de postura pouco conforme com a vinculação privada pelos direitos, liberdades e garantias. Sublinhe-se, contudo, que actividades publicitárias poderão ser sempre proibidas.

[304] Um proprietário facultar gratuitamente um local para a realização de uma reunião consubstancia um comodato que, nos termos do artigo 1140 do Código Civil, o comodante apenas pode resolver com justa causa, sem prejuízo de este caducar uma vez realizada a reunião que o motivou (artigo 1130, n.º 1).

Altura em que existirá ainda uma manifestação da relevância marginal deste direito perante o proprietário privado. Em qualquer caso, o regime do direito de reunião continuará a ser aplicável, sendo legitimamente oponível às autoridades públicas.

5.2.2.3. *Nas relações laborais*

Além destas possibilidades, igualmente outra espécie de entidades privadas pode ser forçada a fornecer espaços para a realização de reuniões e mesmo a sofrer outras limitações nos seus direitos: os empregadores em relação às reuniões dos seus trabalhadores.

Assim, deve-se entender que o local de trabalho, encontrando-se aberto aos trabalhadores por consentimento da entidade patronal por força da celebração do contrato de trabalho, constitui um lugar aberto para estes para efeitos do artigo 45 CRP, desde que se trate de reuniões com fins sindicais[305] ou, em termos limitados, de recreação, durante pausas legítimas. Pelo contrário, os trabalhadores já não podem invocar este direito contra um eventual cliente da empresa em que trabalham e em cuja propriedade se encontrem a prestar serviço[306]; excepto, claro está, a realização de reu-

---

[305] Mesmo a circunstância de um trabalhador ter sido suspenso, sem direito a retribuição, não o priva do direito de acesso ao local de trabalho com vista à participação em reunião para fins sindicais. Mesmo suspenso, este continua a ser trabalhador da empresa, tendo um direito a participar em actividades para defesa dos seus direitos. Só a extinção do vínculo laboral colocará termo a este direito. Assim, o Conselho Consultivo da Procuradoria Geral da República declarou: "Não pode, por isso, a entidade patronal legitimamente impedir que um delegado sindical, um trabalhador investido em funções sindicais ou qualquer outro trabalhador da empresa penetre nas instalações desta durante o período em que cumpre a sanção de suspensão do trabalho, para exercer a actividade sindical que ai deva ter lugar" (Parecer n.° 45/82, de 31 de Agosto de 1982).

[306] Neste sentido: Acórdão do Supremo Tribunal de Justiça de 7 de Novembro de 1986 (Processo n.° 001452) (" Contratando a entidade patronal com terceiro a prestação de trabalho pelo seu pessoal em local diferente, pertencente a esse terceiro, este não fica obrigado a proporcionar o exercício do direito de reunião nesse local").

Mas diferente é a situação de a empresa não ser proprietária das instalações em que opera, mas, ainda assim, as administrar, designadamente no âmbito de um contrato de concessão, de arrendamento, comodato ou outro. A partir do momento em que controla o local de trabalho em que laboram os seus trabalhadores, estes têm direito a desenvolver actividade sindical, incluindo realizar reuniões nas instalações nos termos gerais (neste sentido: F. Liberal Fernandes, *O direito de reunião no local de trabalho dos trabalhadores das empresas concessionárias*, em *Questões Laborais*, Ano II, n.° 5, 1995, pág. 65--75, na pág. 68-70).

148   Os Direitos de Reunião e de Manifestação no Direito Português

niões necessárias para levarem a cabo o serviço, mas nesse caso estará em causa um dever e não um direito em relação à entidade patronal[307].

Assim, tendo presente o artigo 55, n.º 2, al. d), da Constituição[308] e como corolário do referido critério de poder/sujeição para a aplicação dos direitos, liberdades e garantias em relação a entidades privadas, nos termos dos artigos 468 e 497 do Código do Trabalho[309-310], o direito de reunião pode ser invocado pelos trabalhadores contra o empregador[311] no âmbito das relações laborais[312], podendo as reuniões realizar-se no local de trabalho[313]. Caberá ao empregador proporcionar um local adequado para o efeito[314].

---

[307] Sem prejuízo de poderem invocar este direito em relação a entidades públicas que tentem interferir com a sua realização.

[308] No sentido de que este compreende o direito de reunião: Acórdão do Supremo Tribunal de Justiça de 2 de Outubro de 1996 (Processo n.º 004426) ("o mesmo supõe certas garantias, designadamente, "o reconhecimento da possibilidade de acesso aos locais de trabalho dos representantes dos trabalhadores, o direito de reunião""). O Tribunal cita G. Canotilho/V. Moreira, *Constituição* (…), cit., pág. 302.

[309] Aprovado pela Lei n.º 99/2003, de 27 de Agosto, alterado pela Rectificação n.º 15/ /2003, de 28 de Outubro e pela Lei n.º 9/2006, de 20 de Março.

[310] Não se encontrou qualquer apoio interpretativo útil em relação a esta matéria nos debates parlamentares do Código. Foi feita apenas uma mera referência de passagem ao direito de reunião, na sessão de 9 de Abril de 2003, na votação na especialidade na Comissão de Trabalho e dos Assuntos Sociais (cfr. *Relatório da votação na especialidade e texto final da Comissão de Trabalho e dos Assuntos Sociais e declarações de voto apresentadas pelo PS, BE e Os Verdes*, em *Diário da República*, Série II-A, n.º 85-suplemento, IX Legislatura, 1.ª Sessão Legislativa, 9 de Abril de 2003, pág. 9).

[311] A sua violação pelo empregador constitui contra-ordenação muito grave (artigo 684 do Código do Trabalho).

[312] Mesmo teletrabalhadores podem "participar" nestas por meios audiovisuais (cfr. 243, n.º 2 do Código do Trabalho). A noção constitucional de reunião pressupõe a presença física (vide, *supra*, parág. 2.1), mas nada impede que a lei alargue tal noção, conferindo protecção idêntica a outras realidades. Estar-se-á, porém, perante um gozo de um direito legal e não de um direito fundamental. Em qualquer caso, se o empregador bloquear deliberadamente a ligação à reunião poderá incorrer na referida contra-ordenação.

[313] São igualmente conferidos direitos de reunião com o próprio empregador. Em rigor, estas reuniões não são direitos, mas deveres. São-no claramente em relação ao empregador, que tem de se fazer representar nestas. A sua ausência pode constituir mesmo uma contra-ordenação (cfr. artigo 489, n.º 1 da Lei n.º 35/2004, de 29 de Julho, alterada pela Lei n.º 9/2006, de 20 de Março, que regulamenta o Código do Trabalho). Mas igualmente em relação aos representantes dos trabalhadores, esta participação é realizada no exercício de um poder funcional, visto que têm de responder pela sua actuação perante os trabalhadores (vide, nomeadamente, os artigos 285, 355, 364, 371, 379, 382, 383 e 394 da Lei n.º 35/2004). Ver em sentido paralelo, em relação a outra questão: Carlos Fraião, *Sobre*

Estas reuniões podem ser realizadas sem limites de tempo fora do horário de trabalho geralmente observado pelos trabalhadores da empresa[315], devendo ser realizado um aviso prévio de 48 horas à entidade empregadora, ser assegurada a continuação de eventual trabalho por turnos ou suplementar[316] e sem prejuízo de se deverem limitar ao efectivamente necessário para a discussão e adopção de medidas para o prosseguimento dos fins sindicais que as determinem. Estas reuniões fora do horário de trabalho não podem, por exemplo, ser prolon-

---

a Interpretação do Artigo 27.º da "Lei Sindical", em *Questões Laborais*, Ano II, n.º 6, 1995, pág. 139-158, nas págs. 153 e 157.

[314] O Tribunal da Relação de Lisboa entendeu que "Detendo a entidade patronal o poder de direcção deve-lhe competir, em concreto, indicar o local adequado, sem prejuízo da auscultação das comissões de trabalhadores sobre essa matéria." e "Tendo a entidade patronal indicado um local para reuniões e a comissão de trabalhadores, sem motivos plausíveis e justificativos, realizado a reunião com trabalhadores em local não permitido pela hierarquia da empresa, não pode deixar de entender-se tal conduta como desobediência ilegítima a ordens dadas, passível de procedimento disciplinar." (sentença de 26 de Maio de 1992, processo n.º 76584).

[315] Horário de trabalho observado pela generalidade dos trabalhadores na empresa em concreto, que até pode ser um horário nocturno, se for esse o horário normal daquela empresa, e que não pode ser confundido com o horário de trabalho seguido pela generalidade das empresas ou considerado diurno ou nocturno (cfr. artigo 192). As reuniões fora do horário de trabalho são as realizadas quando não existe o dever de trabalhar naquela empresa específica.

[316] Assim, o Tribunal da Relação de Lisboa, em sentença adoptada em relação ao Direito anterior, mas que não sofreu alteração substancial: "Os trabalhadores sujeitos ao regime de turnos não podem, sem autorização prévia, abandonar os respectivos postos de trabalho com fundamento no direito de reunião, sendo de qualificar tal trabalho de urgente e inadiável" (sentença de 26 de Setembro de 1990, processo n.º 50934).

Apenas foi possível consultar o sumário desta sentença, não sendo claro se foi adoptada à luz do artigo 26 ou do artigo 27 do Decreto-Lei n.º 215-B/75, de 30 de Abril (anterior "Lei Sindical", que regulava o direito de reunião por convocação por estrutura sindical ou pelos trabalhadores). Em rigor, à luz do artigo 26, ou do actual artigo 497, n.º 1, não é necessário invocar igualmente o carácter urgente do trabalho por turnos. As reuniões realizadas fora do tempo de trabalho normal na empresa devem respeitar o trabalho por turno ou suplementar, seja este urgente ou não, ou não seriam reuniões fora do tempo de trabalho, pelo menos em relação aos trabalhadores encarregues deste trabalho, ficando sujeitas ao limite de 15 horas (e aos limites estabelecidos de convocação). Pelo contrário, se foi adoptada à luz do artigo 27, n.º 1, a qualificação de todo o trabalho por turnos como urgente não tinha fundamento, quando muito seria possível invocar a ressalva da primeira parte deste número (ver, *infra*, neste parágrafo, nota 319).

150   *Os Direitos de Reunião e de Manifestação no Direito Português*

gadas apenas como forma de pressão sobre a entidade empregadora[317], sob pena de poderem ser qualificadas como abusivas (cfr. artigo 470).

A este propósito, o artigo 468, n.° 1, ao contrário do 497, n.° 1[318], refere-se a reuniões gerais, mas sublinhe-se que as convocatórias destas reuniões por parte das comissões de trabalhadores não necessitam de ser rigorosamente destinadas a todos os trabalhadores. Desde logo, existindo trabalho por turnos ou suplementar marcado, não poderão abranger os trabalhadores ocupados por estes serviços, sob pena de se cair no regime das reuniões realizadas dentro do período de trabalho, o que pode não ser possível por esgotamento do tempo disponível ou ser inconveniente para os trabalhadores. E, em qualquer caso, mesmo no caso de reuniões durante o horário de trabalho, poderá existir serviço urgente ou essencial que tenha forçado a organizar a sua distribuição por alguns trabalhadores que, consequentemente, não poderão comparecer[319].

---

[317] Neste sentido: A. Menezes Cordeiro, *Manual de Direito do Trabalho*, Coimbra, 1991, pág. 492; P. Romano Martinez, *Direito do Trabalho*, Coimbra, 2002, pág. 964-965, nota.

[318] A diferença deve-se ao facto de os diplomas que anteriormente regulavam estas matérias conterem igualmente tais diferenças literais. O direito de convocar reuniões das comissões de trabalhadores constava do artigo 21 da Lei n.° 46/79, de 12 de Setembro.

[319] O Supremo Tribunal de Justiça entendeu, em relação ao Direito anterior: "O alcance do artigo 27.°, do Decreto-Lei n.° 215-B/75, é o de se tratar de um direito de exercício colectivo, não podendo ser exercido parcelarmente pelas diversas categorias profissionais existentes na empresa, não se encontrando razões para que não seja assim no caso das empresas que laborem por turnos. A reunião de trabalhadores de cada um dos turnos corresponderia ao exercício parcelar do direito de reunião, faltando-lhe o requisito da generalidade que está implícito no comando daquele artigo 27.°, n.° 1. Como as «reuniões gerais de trabalhadores» de que se fala no n.° 2, do artigo 21.°, da Lei n.° 46/79, não podem ser vistas como reuniões dos trabalhadores de cada turno, assim deverá ser entendido para efeitos do n.° 1, do artigo 27.°, da Lei Sindical." (cfr. Acórdão de 1 de Abril de 1998; P. 200/97).

O Tribunal afastava, pois, a invocação do direito de reunião dentro do tempo normal de laboração nas empresas que trabalhassem por turnos. Mas esta visão rígida da exigência de generalidade poderia afectar igualmente as reuniões realizadas fora do tempo de laboração nestas empresas, pois também em relação a estas o artigo 21, n.° 1, da Lei n.° 46/79 exigia a generalidade das reuniões e numa empresa de trabalho contínuo por turnos existirá sempre um turno a trabalhar (cfr. artigo 188 do Código do Trabalho). O mesmo se poderia afirmar nos casos em que fosse necessário organizar uma distribuição de serviço urgente por alguns trabalhadores, que não poderiam ser abrangidos pela convocatória, afectando assim a "generalidade" da reunião, mesmo que seja claro que o Tribunal não pretendeu ir tão longe.

Seja como for, à luz do actual regime, trata-se de interpretação insustentável, apesar de se continuar a exigir no artigo 468 o carácter geral das reuniões. Com efeito, foi elimi-

Âmbito   151

A exigência do carácter "geral" da reunião reporta-se antes ao objectivo que levou à sua convocação, relativo às matérias que compõem a sua ordem de trabalhos, que deve interessar genericamente a todos os trabalhadores. Em qualquer caso, não obstante a letra do preceito, não se deve interpretar em termos demasiado rígidos esta exigência; até porque esta tem uma grande dimensão subjectiva, pois não será simples determinar exactamente quais são as matérias que interessam a todos ou apenas a um sector em particular. Importante é que sejam convocados todos os trabalhadores que não se encontrem afectos a actividades incontornáveis. Especialmente em relação às reuniões fora do tempo de trabalho, faz pouco sentido uma diferença rígida entre as reuniões convocadas pelas comissões de trabalhadores, sujeitas a este limite, e as restantes reuniões, que literalmente o não estão.

Por outro lado, podem igualmente ser realizadas reuniões dentro do horário laboral, convocadas pelas comissões de trabalhadores[320] ou por

---

nada do artigo 497, n.º 2, primeira parte, a referência à "Com ressalva do disposto na última parte do artigo anterior," que constava do anterior artigo 27, n.º 1, do Decreto-Lei n.º 215-B/75 e que remetia para "sem prejuízo da normalidade da laboração, no caso de trabalho por turnos ou de trabalho extraordinário", que serviu igualmente para basear a exclusão da realização de reuniões durante o tempo de trabalho em empresas de trabalho por turno, ao menos quando "urgente" [assim, a Relação de Coimbra declarou: "I – A Lei Sindical – Decreto-Lei n.º 215-B/75 – nos artigos 26.º e 27.º, n.º 1, permite que os trabalhadores reúnam no local e durante o horário normal de trabalho até 15 horas por ano, **desde que não haja prejuízo da normalidade da laboração nos casos de trabalho por turnos ou extraordinário** e se assegure o funcionamento dos serviços de natureza urgente. II – Se para reunir nos termos referidos os trabalhadores paralisarem a produção numa secção que funcionava por turnos, havendo necessidade urgente da produção, infringiram-se as disposições legais citadas" (cfr. Acórdão de 5 de Fevereiro de 1985; a base de dados utilizada cita como fonte "Col. de Jur., 1985, 1, 125"); também a Relação do Porto afirmou: "O direito sindical de reunião no local de trabalho é limitado e está condicionado, quando dentro do horário de trabalho, **pela garantia de normalidade da laboração e do funcionamento dos serviços de natureza urgente, nos casos de trabalho por turnos ou extraordinário**". (cfr. sentença de 29 de Julho de 1985, processo n.º 4300; é citada como fonte Col. de Jur., 1985, 4, 275)].

Por outro lado, quer no artigo 468, quer no artigo 497, foi alterada a anterior terminologia de "horário normal" para "horário de trabalho observado pela generalidade dos trabalhadores", alteração que sugere que se pretendeu aplicar este regime mesmo a empresas com um horário anormal de trabalho, como as empresas de turnos (neste sentido: R. Martinez/Monteiro/Vasconcelos/Brito/Dray/Silva, *Código do Trabalho Anotado*, Reimp. 2.ª ed., Coimbra, 2004, pág. 715).

[320] O regime das comissões de trabalhadores previsto no Código do Trabalho, incluindo os termos relativos ao direito de reunião, é mandado aplicar à Função Pública pelo artigo 5, al. c), do diploma preambular do Código.

152 Os Direitos de Reunião e de Manifestação no Direito Português

estruturas sindicais, desde que assegurados os trabalhos urgentes e essenciais, até um limite de 15 horas anuais para cada uma destas duas categorias de entidades com legitimidade para realizar convocações, e igualmente com aviso prévio de 48 horas à entidade patronal[321]. Esta limitação temporal deve-se ao facto de estas constituírem para todos os efeitos serviço efectivo, sendo, portanto, remuneradas[322].

Urgentes serão apenas trabalhos excepcionais, por exemplo, por força da necessidade de cumprir prazos, para enfrentar emergências ou para reparar danos acidentais que necessitem de imediata intervenção sob pena de se agravarem. Não é, portanto, possível qualificar como urgentes todos os trabalhos numa empresa sob pena de aniquilar o direito de reunião durante o horário de trabalho. Apenas os trabalhos essenciais têm carácter normal, sendo, nomeadamente, aqueles necessários para a segurança e manutenção do equipamento[323] (cfr. artigo 598, n.° 3, do Código do Trabalho) ou de bens manufacturados que necessitem de cuidados permanentes. Não é de excluir que possam existir empresas em que a maioria dos trabalhos sejam essenciais, mas não urgentes[324].

A convocação de reuniões nos serviços públicos por parte dos sindicatos é, por sua vez, regulada pelos artigos 28 a 31 do Decreto-Lei n.° 84/99, de 13 de Março, que colocam problemas sensivelmente idênticos aos suscitados pelo regime constante do Código do Trabalho.

[321] Cfr. o artigo 468 e 497, n.° 3, do Código do Trabalho; o segundo, a propósito do pré-aviso nas reuniões sindicais, é concretizado pelo artigo 398, n.° 1, da Lei n.° 35/2004, de 29 de Julho, que estabelece o mesmo prazo.

[322] Acidentes durante a sua realização são mesmo considerados como acidentes de trabalho [cfr. artigo 285, al. c)]. Segundo se julga, da sua letra resulta que o serão estejam em causa reuniões realizadas durante o tempo de serviço ou fora deste. A remissão em bloco para o exercício do direito de reunião nos termos do Código, sem discriminar entre ambos, conduz a esta conclusão. A noção de acidente de trabalho do artigo 284, concretamente, a noção de "tempo de trabalho" do seu n.° 2, al. b), não prejudica esta interpretação. Com efeito, esta última noção compreende o período de tempo "que se lhe segue, em actos também com ele relacionados". E, em qualquer caso, a interpretação do artigo 285 não se encontra necessariamente vinculada ao artigo 284, precisamente por constituir uma "extensão do conceito", como frisa a sua epígrafe.

[323] Também neste sentido: Martinez/Monteiro/Vasconcelos/Brito/Dray/Silva, *Código* (…), cit., pág. 715.

[324] Contudo, o Tribunal da Relação do Porto sustentou que "Sendo urgentes todos os serviços que decorrem em certa empresa face ao condicionalismo de facto provado, e como, por definição, um plenário envolveria todos os seus trabalhadores, a realização deste não permitiria a execução de quaisquer serviços, mesmo sem categorização, o que excluiria a satisfação daquelas condições." e "Não é, pois, passível de sanção a entidade patronal

Afigura-se que o limite de 15 horas é para as reuniões e não para cada trabalhador, visto que os artigos 468, n.° 2, e 497, n.° 2, regulam as reuniões realizadas durante o horário laboral da generalidade dos trabalhadores em si e não o direito de reunião de cada trabalhador. Em suma, a circunstância de trabalhadores não estarem de serviço em cada momento das sucessivas reuniões não constitui justificação para realizarem uma reunião para lá das 15h, mesmo que esta apenas compreendesse trabalhadores que ao longo das reuniões não tivessem completado as 15 horas de participação em reuniões durante horário de trabalho[325].

O facto de o Código do Trabalho se ter limitado a compilar as normas existentes sobre a matéria, sem grande articulação entre si, pode suscitar dúvidas. Existindo reuniões convocadas por diferentes estruturas, pode-se questionar se este limite de 15 horas tem de ser distribuído entre as reuniões convocadas pela comissão ou subcomissão de trabalhadores e as convocadas pelas estruturas sindicais ou, pelo contrário, cada estrutura tem direito a convocar 15 horas de reuniões e afinal os trabalhadores têm direito a 30 horas de reuniões durante o tempo de trabalho. À luz do direito anterior, esta era a interpretação a acolher[326]. Visto que nem o artigo 468, nem o 497, remetem para o outro, e uma interpretação no sentido de que as 15 horas teriam de ser distribuídas por ambas as espécies de reuniões constituiria uma limitação de direitos anteriores, sem apoio claro, julga-se que o regime continua a ser a de 30 horas no conjunto.

---

que assim tendo de trabalhar intensamente durante o horário de serviço, obsta a que os seus trabalhadores se reúnam em plenário nas suas instalações, permitindo, no entanto, fora desse horário normal." (sentença de 29 de Julho de 1985, processo n.° 4300; é citada como fonte Col. de Jur., 1985, 4, 275).

É possível, contudo, que tal qualificação se devesse à circunstância de o regime anterior relativo a reuniões sindicais (artigo 27, n.° 1, do Decreto-Lei n.° 215-B/75) apenas exigir que fossem assegurados os "serviços de natureza urgente" e não já os essenciais (esta última exigência constava apenas do artigo 21, n.° 2, da Lei n.° 46/79, relativa às reuniões convocadas por comissões de trabalhadores). Em qualquer caso, não foi possível apurar quais os factos subjacentes à sentença.

[325] Neste sentido, ainda em relação ao regime legal anterior, substancialmente idêntico, o Tribunal da Relação de Lisboa afirmou: "O crédito de 15 horas por ano previsto no artigo 27.° do Decreto-Lei n.° 215-B/75, de 30 de Abril, conferido aos trabalhadores para a execução do seu direito de reunião durante o horário normal de trabalho, é concedido ao colectivo ou plenário de trabalhadores, independentemente dos turnos que existam, e não a cada turno" (cfr. Acórdão de 11 de Janeiro de 1995; a base de dados que se utilizou cita como fonte "Bol. do Min. da Just., 443, 435").

[326] Afigura-se esta a interpretação geralmente seguida; neste sentido, implicitamente: A. Motta Veiga, *Lições de Direito do Trabalho*, 8.ª ed., Lisboa, 2000, parág. 77.

154   *Os Direitos de Reunião e de Manifestação no Direito Português*

Tal como a anterior Lei sindical[327], em relação a reuniões sindicais, a legislação que veio concretizar o artigo 497, n.° 3, do Código do Trabalho, a Lei n.° 35/2004, de 29 de Julho, no seu artigo 397, estabelece que apenas a comissão sindical da empresa ou, no caso de existir mais do que um sindicato representado na empresa, a comissão intersindical, podem convocar estas reuniões[328]. Trata-se de um regime que suscitou arguições de inconstitucionalidade por constituir uma limitação à liberdade sindical[329].

As alternativas são duas. O actual regime da comissão intersindical apenas poderia ser equacionado como não desconforme com a Constituição se qualquer dos sindicatos pudesse convocar a comissão intersindical, se se aplicassem as regras relativas à convocação de reuniões de Assembleias de entidades privadas, em que na segunda convocatória seria possível deliberar independentemente de se encontrarem presentes metade dos sindicatos[330], e em que as deliberações fossem adoptadas por maioria

---

[327] O referido Decreto-Lei n.° 215-B/75, no seu artigo 27, n.° 2.

[328] Regime aplicado, por exemplo, pelo Acórdão da Relação de Coimbra de 17 de Junho de 2004: "I – Havendo numa entidade empregadora trabalhadores sindicalizados em mais do que um sindicato, a convocatória de uma reunião de trabalhadores dentro do horário de trabalho e no local do mesmo só pode ser feita pela comissão intersindical. II – Assim, não comete infracção ao disposto no n.° 1 do artigo 27.° e ao n.° 2 do artigo 28.° do Decreto-Lei 215-B/75, de 30/4, a empregadora que não permite uma reunião de trabalhadores nas suas instalações convocada por uma delegada sindical" (a base de dados utilizada cita como fonte "Col. de Jur., 2004, III, 60").

[329] Contudo, a 2.ª Secção do Tribunal Constitucional, por maioria de três contra dois dos seus membros, entendeu que este regime não era inconstitucional: "É certo que não se poderá silenciar que a interpretação normativa em crise não deixa, de certo modo, de constituir uma certa constrição da actividade sindical a levar a efeito nas empresas e unidades de produção, actividade essa que repousa e é corolário da própria liberdade sindical. Simplesmente, essa constrição ainda se afigura como não excessiva ou desproporcionada e, tendo em conta os interesses em presença, revela-se adequada e porventura até necessária, não representando uma limitação que vai afectar a extensão e alcance mínimos da liberdade sindical dos trabalhadores, cuja unidade e acordo continua a poder alcançar-se na prática." (cfr. Acórdão 276/01, adoptado em 26 de Junho de 2001).

Igualmente o Tribunal da Relação de Lisboa sustentou a este propósito: "Tal exigência legal não pode ser vista como uma limitação à garantia constitucional da liberdade sindical e do direito ao exercício da actividade sindical na empresa" (cfr. Acórdão de 24 de Junho de 1998; é citada como fonte "Bol. do Min. da Just., 478, 446").

[330] Trata-se da regra geral quanto a assembleias constante do artigo 175, n.° 1, do Código Civil, mas que não encontra apoio no artigo 592, n.° 3, do Código do Trabalho, quanto ao recurso à greve pelos trabalhadores. Em qualquer caso, provavelmente a regra aplicável a sindicatos seria a de que teriam de estar presentes sindicatos que compreendes-

simples[331]. Exigir a unanimidade permitiria que um único sindicato bloqueasse o gozo dos direitos dos restantes. E ainda terem de ser reuniões em que os votos de cada sindicato fossem atribuídos proporcionalmente à sua representatividade na empresa; ou seja, em função do número de trabalhadores da empresa que se encontre sindicalizado em cada um[332-333]. Mas, mesmo nestes termos, este regime permitiria uma ditadura da maioria, em que um sindicato menos representativo seria excluído pelo mais representativo do gozo deste direito ou em que dois sindicatos poderiam impor tal ditadura a um terceiro, *etc.*.

Ou seja, só uma segunda alternativa parece ser conforme com a Constituição: a de atribuir quotas de tempo em função da representatividade de cada sindicato. O actual regime vigente afigura-se, pois, inconstitucional[334]. A comissão intersindical, que poderá continuar a ser constituída[335], deve ter por única função nesta matéria permitir um acordo na distribuição das quotas de tempo, que deve ser notificado ao empregador. Este deve aceitar qualquer reunião convocada por um único sindicato que respeite a quota de tempo que lhe foi atribuída. Na ausência de acordo, cada comissão sindical deve exercer este direito de convocação no respeito pela medida de tempo que lhe couber proporcionalmente. O empregador deve aceitar qualquer convocatória que, respeitando o limite global das 15 horas anuais, não seja contestada legitimamente por outra comissão sindical ou delegado de outro sindicato. O que significa que, não se organizando os sindicatos minoritários ou não fazendo valer os seus direitos, pode o sindicato maioritário ou mais activo acabar por esgo-

---

sem metade dos direitos de voto, dado que os votos são distribuídos em função da sua representatividade.

[331] O Tribunal Constitucional, no referido Acórdão 276/01, aceitou que as deliberações fossem adoptadas por maioria.

[332] É este o critério a aplicar para distribuir pelos sindicatos o número de delegados sindicais que gozam de protecção especial nos termos do artigo 500 do Código do Trabalho, nos casos em que exista mais do que um sindicato [neste sentido: M. Cordeiro, *Manual* (...), cit., pág. 497; R. Martinez, *Direito* (...), cit., pág. 963-964].

[333] Criticavelmente, a Lei n.º 35/2004, de 29 de Julho, não regulou qualquer destes aspectos.

[334] Igualmente as reservas de Rui Medeiros, *Artigo 55*, em Jorge Miranda/Rui Medeiros, *Constituição Portuguesa Anotada*, Tomo I, Coimbra, 2005, pág. 531-549, na pág. 543-544.

[335] Visto que pode desempenhar outras funções: artigos 173, 336, 419, 423 ou 426 do Código do Trabalho.

tar todo o tempo, mas apenas se os restantes consentirem expressa ou tacitamente nessa acção[336].

Revela-se esta a única forma de resolver outros problemas que uma aplicação rígida do regime vigente poderia provocar. Na realidade, pode não existir comissão intersindical, por apenas existir uma comissão sindical, e os trabalhadores sindicalizados noutro sindicato não terem delegado sindical, ou por simplesmente os sindicatos existentes nunca a terem constituído por não se entenderem[337].

Este regime cria ainda outro problema de constitucionalidade. A Constituição atribui aos trabalhadores e não às comissões de trabalhadores ou sindicatos "O direito de exercício de actividade sindical na empresa" [artigo 55, n.º 2, al. d); nem o artigo 54, nem o artigo 56, referem este direito]. Actividade sindical não é a actividade desenvolvida por sindicatos, mas a actividade de defesa de interesses sócio-profissionais, tal como liberdade sindical não significa apenas liberdade de actuação dos sindicatos ou sequer liberdade de criação de sindicatos. Não está em causa que, enquanto representantes dos trabalhadores, estas entidades possam exercer este direito e convocar reuniões, incluindo durante o período de trabalho. O que não se justifica é a limitação do direito dos trabalhadores de as convocar exclusivamente fora deste período. Compreende-se que os representantes tenham os mesmos direitos dos representados, mas não já que tenham mais direitos, quando o titular constitucional destes são os trabalhadores. Um terço ou 50 dos trabalhadores do respectivo estabelecimento devem ter o direito de convocar reuniões durante o período laboral[338].

---

[336] Permitir sem limites que cada comissão sindical marcasse todas as reuniões que entendesse até ao limite das 15 horas, sem reconhecer um veto aos sindicatos proporcionalmente prejudicados, apenas sob argumento de que as reuniões têm sempre de ser de interesse geral, parece abrir as portas a um activismo abusivo como instrumento de auto-promoção sindical, quando exista mais do que um sindicato com sindicalizados na empresa em relação à mesma categoria profissional.

[337] Uma interpretação paralela era defendida por C. Fraião, ob. cit., pág. 154-156, mesmo não estruturada na inconstitucionalidade do preceito, embora sem sequer impor limites de tempo proporcionais à representatividade, apesar de sublinhar que o maior sindicato teria maior legitimidade, por força dessa mesma representatividade.

[338] O Direito do Trabalho oscila entre uma visão de actuação directa dos trabalhadores e uma de "actuação por representação", por intermédio dos sindicatos ou, em termos mais próximos, por meio das comissões de trabalhadores. Claro está, tendo os sindicatos um papel bem mais preponderante na elaboração da respectiva legislação do que as simples comissões de trabalhadores, compreende-se que esta reflicta muito mais a segunda visão na sua versão sindical. Com taxas de sindicalização progressivamente mais baixas,

Finalmente, no que diz respeito a manifestações, mesmo em relações laborais, não se afigura legítimo em qualquer caso (seja dentro do horário de trabalho, seja fora deste) utilizar a propriedade do empregador para realizar uma manifestação contra este. O artigo 55, n.º 2, al. d), CRP não parece compreender "actividade sindical" desta natureza; é, aliás, significativo que nenhuma legislação laboral atribua tal direito. Os trabalhadores podem reunir-se no local de trabalho, nos termos analisados, mas não realizar manifestações contra a entidade patronal. Se o quiserem fazer, deverão utilizar um espaço público, que poderá ser o localizado mesmo em frente às portas da empresa.

---

qualquer limitação ao monopólio dos sindicatos no gozo de determinados direitos, incluindo a greve, constitui um factor adicional de debilitação. Daí a afirmação do Código do Trabalho, na sequência da legislação anterior, de que "Os trabalhadores e os sindicatos têm direito a desenvolver actividade sindical no interior da empresa, nomeadamente **através de delegados sindicais, comissões sindicais e comissões intersindicais**". Em que o "nomeadamente" está lá apenas para compreender os casos excepcionais, por vezes meramente subsidiários, em que os trabalhadores podem actuar directamente.

Porém, qualquer limitação do gozo destes direitos aos sindicatos constitui uma ablação inconstitucional dos direitos dos trabalhadores não sindicalizados. Recorde-se que o artigo 55 CRP atribui estes direitos "sem qualquer discriminação", não podendo estes ser denegados por falta de sindicalização. A possibilidade de convocação de reuniões durante o período laboral por meio das comissões de trabalhadores atenua esta discriminação, mas não resolve o problema da diferenciação de tratamento entre o exercício directo pelos trabalhadores e o "exercício indirecto" por sindicatos e comissões de trabalhadores.

Em relação às restrições ao recurso à greve pelos trabalhadores, vide o entendimento quanto à sua inconstitucionalidade por G. Canotilho/V. Moreira, *Constituição* (...), cit., pág. 310-311; Rui Medeiros, *Artigo 57*, em Jorge Miranda/Rui Medeiros, *Constituição Portuguesa Anotada*, Tomo I, Coimbra, 2005, pág. 575-585, na pág. 577-578; no que diz respeito ao direito de reunião, também a crítica de M. Cordeiro, *Manual* (...), cit., pág. 493.

Capítulo II
Limitações, Restrições e Ablações

6. Introdução teórica

Apurado o âmbito de protecção constitucional, incluindo os seus sujeitos activos e passivos, dos direitos de reunião e de manifestação, cabe agora abordar as limitações, restrições e ablações que estes podem legitimamente sofrer.

6.1. Âmbito de protecção das normas atributivas de direitos fundamentais

A Constituição Portuguesa, designadamente[339] no seu artigo 18, n.º 2 e n.º 3, aborda as compressões aos direitos, liberdades e garantias a partir da premissa de que podem existir restrições legítimas a estes. Ou seja, que cada uma das normas que consagra um destes direitos tem um âmbito de protecção constitucional que, dentro de certas condições que impõe, pode ser legitimamente comprimido com vista a salvaguardar outros bens constitucionais. Tal constitui uma abordagem melhor enquadrada pela chamada teoria externa dos limites dos direitos fundamentais[340].

---

[339] Vide igualmente: artigos 26, n.º 4; 30, n.º 1; 33, n.º 4; 47, n.º 1; 150; 164, al. o); 270.

[340] Mesmo se também pode ser enquadrada pelo modelo de R. Alexy, *Theory* (…), cit., págs. 69 e segs. e 192-222, dos direitos fundamentais enquanto princípios e sua teoria de limites. Em qualquer caso, a denominada teoria interna, que sustenta que não existem conflitos entre direitos fundamentais ou restrições legítimas a estes, que tudo passa pela determinação do seu âmbito [esta teoria foi renovada, no quadro do seu neo-Institucionalismo no âmbito da teoria dos direitos fundamentais, por Peter Häberle, *Conversaciones Académicas con Peter Häberle* (org. Diego Valadés), México, 2006, pág. 30-32; também a sua defesa, por exemplo, em L. Castillo Córdova, *Existen los llamados conflictos entre*

160   *Os Direitos de Reunião e de Manifestação no Direito Português*

Mas este ponto de partida está longe de esclarecer todos os problemas colocados pela delimitação do âmbito de protecção.

Na presente análise, partiu-se de uma abordagem ampla deste, sem aderir ao extremo da tese do âmbito potencial máximo[341]. Ou seja, mesmo quando a letra da norma permitiria uma interpretação muito ampla do âmbito de protecção, por regras elementares da interpretação, deve-se entender que não se encontram protegidos sentidos absurdos, por serem contrários a valores elementares, absolutamente pacíficos[342]. Constitui uma simples interpretação restritiva, tendo presente o elemento sistemático.

---

derechos fundamentales?, em *Cuestiones Constitucionales*, n.º 12, 2005, págs. 99-129, nas págs. 122-127], é incompatível com estes preceitos constitucionais, motivo pelo qual não vale a pena discutir em detalhe os seus méritos e deméritos no confronto com as duas primeiras.

Uma tese mista baseada nos quadros da teoria externa, tendo igualmente em conta a flexibilidade da estrutura de princípios da maioria dos direitos fundamentais, parece ter acolhimento maioritário na Doutrina portuguesa [neste sentido: J. Gomes Canotilho, *Direito Constitucional* (…), cit., pág. 1281-1283 e em *Dogmática de Direitos Fundamentais e Direito Privado*, em *Estudos sobre os Direitos Fundamentais*, Coimbra, 2004, págs. 191-215, nas págs. 201-215; Reis Novais, *As restrições* (…), cit., págs. 360-361; D. Duarte, *A Norma de Legalidade* (…), cit., pág. 743-754; igualmente a crítica à figura dos limites imanentes de J. Miranda, *Manual* (…), Volume IV, cit., pág. 233; mesmo que também se encontrem defesas de uma tese mista com alguns traços da teoria interna em V. de Andrade, *Os Direitos Fundamentais* (…), cit., pág. 295].

Do mesmo modo, a nível internacional, a principal Jurisprudência tem adoptado um modelo dominado fundamentalmente pela teoria externa. É o caso do Tribunal Europeu dos Direitos Humanos que sistematicamente delimita um âmbito de protecção para apurar se existiu uma interferência no direito, para determinar então se esta foi fundada em lei suficientemente clara, se visou defender um bem legítimo e se respeitou o princípio da proporcionalidade em sentido amplo.

[341] Sustentada por R. Alexy, *Theory* (…), cit., pág. 210-217; D. Duarte, *A Norma de Legalidade* (…), cit., pág. 749-751.

[342] Se assim não fosse, ter-se-ia de entender que, por exemplo, o âmbito de protecção do direito à liberdade religiosa compreenderia sacrifícios humanos, com a agravante de o artigo 41, n.º 2, afirmar que ninguém pode ser perseguido ou privado de direitos (desde logo, da liberdade, pela imposição de uma pena) por causa da sua "prática religiosa". De facto, os contornos da liberdade religiosa previstos pelo artigo 41 são literalmente muito generosos. O seu n.º 1 afirma que esta é inviolável, sem estabelecer qualquer limite.

Assim, à luz de uma maximização do âmbito de protecção, tendo em conta a largueza da protecção oferecida, estas práticas ainda constituiriam um exercício de um direito, liberdade e garantia. Claro está, qualquer teoria ou metodologia de concretização de direitos fundamentais chegaria à conclusão de que a proibição e punição penal de sacrifícios humanos religiosos pode e deve ser justificada em nome do direito à vida, daí que não teria grande relevância a afirmação de princípio de que se estaria perante uma actividade pro-

Limitações, restrições e ablações 161

Mas fora destes casos, que devem ser claros, julga-se que o âmbito de protecção do direito deve ser alargado até aos limites da sua letra, sem prejuízo de deverem ser excluídos actos que não reúnam os seus elementos ou cuja inclusão se revele incompatível com outros elementos interpretativos resultantes do regime aplicável ao direito em causa[343]. Em

tegida por um direito fundamental, sem permissão de restrições, não obstante o artigo 18, n.° 2. Mas a conclusão de que seria uma actividade protegida não deixa de ser bizarra e pensa-se preferível evitar abordagens que levem a tais conclusões. Repare-se que nem sequer seria possível invocar esta protecção para procurar diminuir a pena em concreto aplicável, pois os motivos religiosos seriam mais uma agravante (mesmo que não constituam fundamento de qualificação do homicídio: artigo 132, n.° 2 do Código Penal, salvo se se tratar de ódio religioso), do que uma atenuante.

A conclusões semelhantes se chegaria em relação ao âmbito do direito à livre criação científica no que diz respeito à experimentação coerciva em seres humanos, não fora o artigo 26, n.° 3, parte final, introduzido na revisão constitucional de 1997. De facto, literalmente, o artigo 42 sublinha que a criação científica é livre e que esta compreende a invenção científica (vide também o artigo 73, n.° 4). Ora, a experimentação é um elemento indispensável da criação científica.

Vide também em sentido paralelo: G. Canotilho, *Direito Constitucional* (...), cit., pág. 1275-1276 (mas indo mais longe, excluindo determinadas actividades que se julga protegidas); Reis Novais, *As restrições* (...), cit., págs. 409.

[343] Uma teoria de limites aos direitos fundamentais é validada ou infirmada na sua aplicação a uma dada realidade constitucional. Ora, a teoria do âmbito potencial máximo, além de algumas soluções axiologicamente absurdas, mesmo que inócuas, cria um outro problema com consequências práticas graves. Aceita-se que a sua rejeição implica uma manifestação mínima da teoria interna, visto que leva à limitação imediata do próprio âmbito/extensão do direito por força de colisões "gritantes" com outros bens ou aspectos decorrentes do regime global aplicável [tem razão na sua crítica D. Duarte, *A Norma de Legalidade* (...), cit., pág. 750]. Mas não se diga que esta não é derivada de considerações normativas, visto que se trata de um recurso limitado "prévio" ao elemento sistemático da Interpretação.

Em qualquer caso, o problema grave desta teoria não se prende com o compreender soluções "chocantes" ou sequer pela alegada possibilidade de outros direitos serem diminuídos no seu âmbito ou de tal levar a um alargamento desmesurado das competências dos tribunais [vide a rejeição destes argumentos por R. Alexy, *Theory* (...), cit., pág. 215-217]. Tal alargamento constitui apenas uma base metodológica, na prática os seus resultados substanciais serão limitados. O verdadeiro problema, à luz da Constituição portuguesa, reside na reserva relativa de lei formal.

Pense-se na aplicação desta teoria ao direito de escolha de uma profissão (artigo 47, n.° 1, CRP). Uma leitura razoável deste não se limitará a entender que este direito tutela apenas a escolha da profissão, mas também que, sob pena de poder ser esvaziado, proíbe igualmente o estabelecimento de restrições que tornem efectivamente inviável o seu gozo. De nada serve poder escolher uma profissão se depois esta puder ser sujeita a restrições tais que levem os indivíduos a excluí-la como alternativa; sem prejuízo, claro está, de tais res-

qualquer caso, na dúvida, deve-se entender que o âmbito de protecção corresponde ao apurado por intermédio da interpretação mais lata.

Pensa-se que ficam compreendidos pelo âmbito de protecção mesmo actos cuja proibição decorra directamente do âmbito de protecção definitivo[344] de outros bens constitucionais. É certo que estas limitações impostas a um direito por força de colisões com o âmbito definitivo de outros bens têm semelhanças com os limites do âmbito de protecção do direito[345]. Ambas decorrem de procedimentos puramente interpretativos, sendo meramente declarativas de uma realidade jurídica preexistente.

Mas existem vários fundamentos que levam a distingui-los e a considerar que estes segundos não delimitam o âmbito de protecção do direito.

Segundo se julga, esta diferenciação em nada prejudica o direito ou bem com que o direito em análise entre em conflito. Pela circunstância de se adoptar uma abordagem que permite o sacrifício de um direito perante

---

trições poderem em abstracto ser legítimas e de diversas actividades poderem ser mesmo proibidas e, logo, igualmente o seu exercício profissional. Mas uma maximização deste âmbito irá bem mais longe, pois tenderá a sustentar que qualquer restrição introduzida ao exercício de uma profissão, mesmo que substancialmente legítima, deverá ser considerada também como restritiva do âmbito de protecção do direito de escolher a profissão, ficando sujeita, por força do artigo 165, n.º 1, al. b), a reserva relativa de lei formal. Assim, a conclusão seria incontornável: a regulamentação da cultura do tremoço ou da actividade dos "arrumadores de carros" só poderia ser realizada por intermédio de lei parlamentar ou decreto-lei autorizado. As inconstitucionalidades orgânicas seriam incontáveis.

Problemas similares existem em relação ao direito de iniciativa privada (artigo 61, n.º 1 CRP), mesmo se, tendo em conta a amplitude com que se encontra formulado, quer a teoria do âmbito máximo, quer uma mais razoável, cheguem a conclusões similares. Neste caso, o problema terá de ser resolvido por via da exclusão da reserva relativa de lei formal em relação aos direitos económicos, sociais e culturais (apenas em relação a estes) de natureza análoga a direitos, liberdades e garantias, como é o caso, em relação a todos os seus aspectos, visto todo este ter natureza puramente negativa, típica de uma liberdade. Mas o ponto que se pretende sublinhar é o de que o Tribunal Constitucional não aplicou qualquer teoria de maximização do âmbito de protecção ou sequer de interpretação declarativa dos seus termos, antes amputou o direito, contra a sua estrutura e letra, da sua natureza e partes do seu âmbito. E tem actuado do mesmo modo em relação ao direito de propriedade (vide a discussão desta questão, *infra*, parág. 7.1.3.1). O que apenas ilustra as hipóteses que a teoria da maximização do âmbito de protecção tem de vir a ter qualquer espécie de acolhimento pela nossa Jurisprudência...

[344] Isto é, o âmbito do direito insusceptível de sofrer restrições, sob pena de inconstitucionalidade; ver, *infra*, parágrafo seguinte.

[345] Sobre a noção de limitação imposta pelo âmbito de protecção definitivo de outro direito ou bem, vide, *infra*, o parágrafo seguinte, em maior detalhe.

Limitações, restrições e ablações 163

outro, mesmo em termos gerais e abstractos[346], não se vê que o reconhecimento de que exista nestas situações um conflito de direitos (ou entre um direito e um bem colectivo) leve a qualquer prejuízo para o direito prevalecente. O conflito existe, a ponderação pode e deve ser realizada, mas um direito prevalece completamente, sem qualquer prejuízo para este. Logo, em termos materiais, este ponto de princípio força apenas o intérprete a ter presente os dois direitos, certificando-se de que o regime de compressão do direito sacrificado foi respeitado. Ou seja, materialmente, trata-se de um regime que impõe cautelas metodológicas, sem prejudicar o direito prevalecente[347].

Por outro lado, formalmente, esta metodologia tem outro aspecto prático relevante, que se prende com a reserva de lei formal ou de decreto-lei autorizado. Porque nem sempre é simples determinar o que se integra ou não no âmbito de protecção de um dado direito, o melhor é que este seja apurado por recurso a meios claros, que deixem escassas dúvidas, como o elemento literal, independentemente de interpretações sistemáticas que tenham em conta bens em colisão, salvo aquelas que conduzam a conclusões que são evidentes, por a solução contrária implicar a existência de um âmbito com amplitude absurda, por proteger actos que violentam os valores mais básicos, ou se mostrar incompatível com o regime geral destes direitos. Ora, determinado o âmbito de protecção, as operações seguintes (apurar limitações[348], estabelecer restrições ou desenvolver o seu regime) serão sempre necessariamente abrangidas pela reserva de lei dos direitos, liberdades e garantias [artigo 165, n.º 1, al. b)].

De facto, em caso de colisão entre direitos, liberdades e garantias, a reserva de lei estaria sempre assegurada, visto que um regime compressor regularia algum dos direitos em colisão. Mas se se entendesse que estas compressões impostas delimitavam o próprio âmbito de protecção do direito, esta reserva poderia não se encontrar sempre garantida em caso de colisão entre um direito, liberdade e garantia e um direito social ou outros bens constitucionais colectivos.

---

[346] Vide, *infra*, parág. 6.4.

[347] Vide em sentido divergente: V. de Andrade, *Os Direitos Fundamentais* (…), cit., pág. 295.

[348] Tal tem relevância precisamente para efeitos da distinção entre âmbito de protecção e limitações, sujeitando a determinação destas em termos gerais e abstractos a reserva de lei formal ou decreto-lei autorizado.

164   *Os Direitos de Reunião e de Manifestação no Direito Português*

Pense-se na colisão entre a liberdade de expressão e a autoridade do Estado, em relação a determinadas declarações de incentivo à desobediência colectiva[349]. Se se entendesse que esta não compreendia a exteriorização de tais apelos e não estivesse em causa legislação sancionatória, um simples decreto-lei poderia impor restrições nesta matéria.

Também o bem constitucional saúde pública [artigos 52, n.º 3, al. a); 207, n.º 2] e especialmente o direito social à saúde [artigos 59, n.º 1, al. c); 60, n.º 1 e 64[350]] impõem uma limitação (portanto, declarativa) na liberdade de circulação (e mesmo ao direito à liberdade, apesar de constituir uma limitação que não tem apoio no artigo 27, n.º 3, passando a constituir uma limitação não permitida expressamente, mas perfeitamente legítima[351]) por pessoas infectadas por doenças contagiosas graves. Ora, se se entendesse que o âmbito da liberdade de circulação não abrangia estes casos, por entrar directamente em colisão com o âmbito definitivo de um outro direito, a previsão de quarentenas não necessitaria de ser realizada por lei formal, precisamente porque este direito, liberdade e garantia não estaria em causa e o direito à saúde não exigiria a regulamentação deste aspecto por meio desta forma de lei. Assim, a necessidade de impor a reserva de lei leva a considerar que mesmo estas limitações devem ser declaradas por meio de lei formal ou decreto-lei autorizado.

Acresce ainda que as limitações decorrentes de conflitos com o âmbito definitivo de outros direitos não são estabelecidas expressamente pela Constituição; apenas por interpretação, aplicando analogicamente parte do regime do artigo 18 tendo presente os bens em colisão, é possível determiná-las. Ora, os limites do âmbito de protecção são apurados em ter-

---

[349] Vide, *infra*, parág. 7.2.5.1.

[350] Este tem um núcleo essencial que goza de natureza análoga a direito, liberdade e garantia, que estaria em causa, enquanto direito negativo a não ser infectado, mas a melhor solução será a de que os direitos fundamentais sociais de natureza análoga não ficam sujeitos a reserva de lei formal ou de decreto-lei autorizado, embora a solução não seja pacífica (vide, *infra*, parág. 7.1.3.1). Claro está, também seria possível entender que o direito à integridade física se aplica nestas situações. Tem existido jurisprudência que o tem aplicado em situações menos drásticas, como perante poluição sonora persistente (vide, *infra*, parág. 7.1.3.2). Altura em que se voltaria a estar perante um conflito entre dois direitos, liberdades e garantias.

[351] No caso de a pessoa estar mesmo infectada, seria possível invocar estado de necessidade para justificar a violação dos seus direitos; mas afigura-se legítima a imposição de uma limitação a este direito perante meros receios fundados de que esta esteja infectada, como numa situação de epidemia em que esta apresente sintomas similares; vide, *infra*, parágrafo seguinte.

mos bem mais básicos, em que predomina o elemento literal. Considerar que as limitações delimitavam negativamente o âmbito de protecção provocaria enormes incertezas quanto às fronteiras deste último.

Mas, mais importante, as limitações não são meramente estabelecidas pela Constituição, mas impostas por esta, por força do âmbito definitivo de outro bem, enquanto os limites do âmbito (potencial) de protecção não são necessariamente impositivos. Uma lei ordinária, desde que não entre em colisão com o âmbito definitivo de outro direito ou bem constitucional, pode normalmente (nem sempre, é certo) alargar o âmbito, extravasando os termos constitucionais estabelecidos[352]. Trata-se, pois, de mais uma diferença que sugere uma natureza distinta entre limites do âmbito do direito e limitações impostas por outros bens com que colida incontornavelmente.

Assim, as diferenças são maiores do que as semelhanças e a diferenciação tem consequências práticas relevantes benéficas. Ou seja, entende-se que se justifica manter a distinção entre delimitação do âmbito de protecção e limitações ao direito decorrentes de colisões directas com outros bens[353].

Quanto aos elementos da norma a partir do qual se depreende, o âmbito de protecção de um direito defensivo é estabelecido unicamente pela sua previsão, visto que a sua estatuição se corporiza numa simples exigência de não interferência (direito a uma omissão[354]). Assim, as compressões impostas ao gozo (e, em consequência, igualmente ao seu exercício[355]) de um bem protegido por um destes direitos incidem sobre a previsão da norma que o atribui, não existindo compressões sobre a sua estatuição. Mas os direitos positivos têm uma estrutura mais complexa.

---

[352] Pense-se no referido caso do alargamento internacional aos estrangeiros e apátridas da titularidade dos direitos de reunião e de manifestação (ver, *supra*, parág. 4.1). Ou numa lei que venha alargar a inviolabilidade do domicílio, salvo decisão judicial, a qualquer propriedade privada ou alargar todas as garantias processuais penais aos procedimentos sancionatórios em geral para lá do estabelecido no artigo 32, n.º 10, CRP, *etc.*. Pelo contrário, o limite quanto às reuniões violentas é impositivo, visto que a tutela efectiva destas reuniões implicaria uma violação de vários direitos.

[353] Prefere-se, pois, claramente, uma abordagem prática desta problemática, em vez de procurar fazer decorrer as soluções a partir de uma adesão *a priori* a uma qualquer teoria de limites, sem apoio constitucional claro.

[354] Em relação à estrutura puramente negativa dos direitos defensivos; vide, *supra*, parág. 5.1.1.3.

[355] Quanto à distinção entre gozo e exercício de um direito, ver, *supra*, parág. 2.5.1.

166   *Os Direitos de Reunião e de Manifestação no Direito Português*

A sua estatuição constitui uma exigência de acção, susceptível de ser objecto de compressões. Por exemplo, receber a quantia X ou Y de apoio social. Nestes casos, o âmbito do direito é estabelecido quer pela previsão, quer pela estatuição, sendo possíveis compressões de ambas[356].

Por outro lado, claro está, a determinação do âmbito de protecção de um dado direito tem necessariamente de ter em conta os limites estabelecidos pelo próprio preceito que o consagra[357] ou por preceito acoplado

---

[356] A distinção entre compressões que incidem sobre a previsão ou sobre a estatuição da norma que estabelece um direito fundamental, embora teoricamente compreensível, nem sempre se mostra clara na prática. As que afectam a previsão tornam impossível em determinadas situações reunir os elementos que a accionam, impedindo desta forma que o direito seja aplicável. Estas medidas podem excluir certas categorias de pessoas da titularidade activa do direito (assim, atribuir um direito apenas a cidadãos ou privar os militares da titularidade do direito à greve) ou mesmo da titularidade passiva (pense-se na inviolabilidade do domicílio ou das comunicações; os órgãos judiciais, em determinadas condições, deixam de estar vinculados por esta, visto não se tratar de uma causa de justificação, podendo autorizar outros órgãos a desrespeitar estes direitos; mas então é o próprio Estado que deixa de estar obrigado por estes; julga-se que a existência de um mandado judicial é um elemento negativo da previsão que torna inaplicáveis os direitos). Podem igualmente excluir determinadas situações do seu âmbito de protecção (por exemplo, excluir certos edifícios particulares da protecção da inviolabilidade do domicílio) ou estabelecer pressupostos adicionais para que o direito possa ser invocado (por exemplo, no direito de indemnização por prisão preventiva, exigir erro grosseiro).

Pelo contrário, intervir na estatuição do direito significa que são as faculdades que este atribui que vão ser limitadas. Daí a circunstância de estas intervenções só serem viáveis em relação aos direitos positivos, que exigem mais do que uma mera abstenção do destinatário. No exemplo dado, trata-se de limitar o conteúdo da prestação a que o titular tem direito.

Mas, sublinhe-se, ambas estas espécies de compressões serão limitações ou restrições. As limitações ou restrições à estatuição em termos práticos podem ser tão gravosas como as impostas à previsão.

[357] Assim, a exclusão das reuniões armadas ou violentas constitui uma delimitação do âmbito de protecção do direito de reunião, visto que é a própria Constituição que a estabelece expressamente. Claro está, se em relação a estes dois aspectos a Constituição não o fizesse nestes termos, a mesma conclusão se imporia. Simplesmente, neste caso ter-se-ia de entender que tal constituía uma limitação decorrente da colisão com outros bens afectados pela violência ou pela sua ameaça, implícita em qualquer reunião armada.

Admite-se que considerar esta exigência ainda como um limite ao direito e não como uma forma de determinar as suas fronteiras (a sua extensão) possa ter alguma relevância interpretativa [neste sentido: R. Alexy, *Theory* (…), cit., pág. 185-186]. Mas a mesma se pode obter por uma mera consideração teleológica do direito. Uma interpretação expansiva da exigência do carácter pacífico e desarmado poderia esvaziar o direito em alguns casos, o que é inaceitável. Depois, por que motivo ver a exclusão das reuniões como um limite e não ver a limitação do âmbito do direito ao acto de reunir igualmente como um limite?

Limitações, restrições e ablações 167

no mesmo artigo[358]. Actos que exorbitem destes limites não serão actos protegidos. Estes limites podem mesmo constar de outro preceito constitucional, desde que os termos se reportem directamente ao direito em causa[359-360].

Em qualquer caso, não faz sentido qualificar quaisquer destes limites como restrições directamente estabelecidas pela Constituição. Seria utilizar o termo restrição com um sentido desconforme com o sentido com que a Constituição o emprega. Estas fronteiras dos direitos não se encontram sujeitas ao regime do artigo 18, n.° 2 e n.° 3, CRP.

6.2. Limitações e restrições

Entende-se que o conceito constitucional de restrição, seja legítima ou não, compreende os seguintes elementos: A) trata-se de uma compres-

---

Não seria esta limitação uma amputação da tutela dos actos susceptíveis de praticar em reunião, a ser interpretada restritivamente? E por que não considerar ainda a exigência em si de existir uma reunião como igualmente uma limitação?, sustentando que isso limita os indivíduos de praticar individualmente exactamente os mesmos actos. Se se começa a qualificar como limites a interpretar restritivamente quaisquer fronteiras constitucionalmente estabelecidas do direito, não há base para parar até se chegar ao direito geral de liberdade que, como se procurou demonstrar, não tem consagração na Constituição portuguesa (vide, *supra*, parág. 2.4.1).

[358] Deste modo, não faz sentido qualificar como restrições ao direito à liberdade os limites constantes do artigo 27, n.° 3. Tal qualificação não seria conforme com o modo como a Constituição utiliza o termo no artigo 18, visto que aqueles nunca poderiam ser sujeitos ao regime por este estabelecido. Trata-se de simples fronteiras que delineiam o âmbito de protecção do artigo 27, n.° 1 e n.° 2. Contudo, o facto de constarem de um número autónomo, apresentando-se como limites excepcionais em relação ao âmbito central do direito (artigo 27, n.° 1 e n.° 2), leva a concluir que devem ser interpretados com grandes cautelas. Por outro lado, em relação às introduzidas por revisão constitucional, será relevante a sua autonomização do direito atribuído, para efeitos de apuramento do seu respeito pelo artigo 288, al. d) [em relação à al. d), do n.° 3, vide a defesa da sua inconstitucionalidade, *infra*, parág. 7.4.2.5].

[359] Assim, o âmbito de protecção da liberdade de criação científica, prevista no artigo 42 CRP, é igualmente delimitado pelo artigo 26, n.° 3, introduzido na revisão constitucional de 1997, mesmo se o seu regime já deveria ser considerado como uma limitação constitucionalmente imposta, decorrente do âmbito definitivo de protecção de outros direitos pessoais.

[360] No mesmo sentido: V. de Andrade, *Os Direitos Fundamentais* (…), cit., pág. 293; R. Novais, *As restrições* (…), cit., pág. 267.

168   *Os Direitos de Reunião e de Manifestação no Direito Português*

são discricionária e constitutiva do âmbito de protecção da norma que atribui um direito fundamental; B) não imposta (expressa ou implicitamente) especificamente pela Constituição; C) com conteúdo normativo; D) introduzida por acto infraconstitucional.

Do elemento A) retira-se que deve ser considerada como uma restrição todo e qualquer condicionamento a um direito fundamental. Excepto se for imposta constitucionalmente, toda a medida normativa que torne impossível em qualquer circunstância a invocação de um direito fundamental ou dificulte de modo efectivo o seu gozo ou exercício constitui uma restrição. Não interessa que a medida seja perfeitamente justificável, atendível ou compreensível. A menos que esta decorra expressamente da Constituição (delimitando o direito) ou seja já imposta (implicitamente) pela Constituição [nos termos do elemento B)], sob pena de inconstitucionalidade de uma medida que preveja o contrário, será uma restrição qualquer norma que limite o âmbito da norma constitucional atributiva do direito.

Não se aceita, pois, qualquer distinção entre restrição e regulamentação compressora do âmbito do direito, condicionamento[361], concretização

---

[361] Não se pode, pois, aceitar a distinção avançada pelo Tribunal Constitucional entre restrição e condicionamento, enquanto mera "restrição menor" (vide, por exemplo, o Acórdão n.º 201/86, em *Diário da República*, II Série, n.º 195, de 26 de Agosto de 1986, pág. 7975-7977). "Restrição menor" que, nos termos da sentença, poderia, por exemplo, compreender a imposição de um aviso prévio ou uma restrição paralela e que, aparentemente, não estaria sujeita a reserva relativa de lei formal.

Apenas se abre uma excepção em relação a condicionamentos executivos, predominantemente materiais. Assim, será o caso dos decorrentes do modo de organização da Administração Pública. Imagine-se a determinação no Governo Civil de que, quando entregue presencialmente, o aviso prévio deve ser apresentado no piso Y, guichet X, durante o horário normal. Trata-se de aspectos que se prendem com a organização administrativa dos serviços, que são determináveis por decisão administrativa.

Nem sempre a solução será inócua, pois estes condicionamentos podem implicar sérios transtornos. Imagine-se que um acto necessário para exercer um direito fundamental tem de ser entregue no mesmo sítio onde são entregues dezenas de diferentes requerimentos e existe uma quantidade enorme de pessoas à espera. Por outro lado, determinar se, por exemplo, um recurso ou petição pode ser entregue em qualquer serviço ou apenas num em concreto, localizado num determinado sítio, tem custos para os titulares dos direitos. Claro que estas opções administrativas podem ser impugnadas, por constituírem condicionamentos desnecessários ou desproporcionados de direitos fundamentais, mas não por violação da reserva de lei.

Como afirmou o Tribunal Constitucional: "Nestas condições está, desde logo, a matéria dos direitos, liberdades e garantias, que é matéria de reserva de lei parlamentar.

Limitações, restrições e ablações 169

constitutiva restritiva[362] ou limitação ao exercício do direito[363-364]. Não se trata de sujeitar ao regime das restrições estas figuras, por serem similares.

Esta constitui «um dos limites do poder regulamentar, porquanto a Administração não poderá editar regulamentos (independentes ou autónomos) no domínio dessa reserva, com ressalva dos regulamentos executivos, isto é, aqueles que se limitam a esclarecer e precisar o sentido das leis ou de determinados pormenores necessários à sua boa execução»'' (cfr. Acórdão 289/04, de 27 de Abril de 2004, parág. 6, citando o Acórdão n.° 307/88).

Aceita-se que a admissão de regulamentos executivos em matéria de reserva de lei possa não se reduzir a um papel estritamente interpretativo (que, claro está, não vinculará os particulares e os tribunais se for ilegal; artigo 112, n.° 5, CRP), mas não que vá além de aspectos executivos que não afectem de modo significativo o gozo dos direitos, sem prejuízo de se reconhecer que este limite é vago.

Designadamente, julga-se ser incompatível com a Constituição a atribuição de competência para as autarquias emanarem regulamentos independentes em matéria de direitos, liberdades e garantias, mesmo "autorizadas" legalmente a fazê-lo e ainda que apenas em aspectos secundários destes direitos, se estes não forem meramente executivos [em sentido divergente: Afonso Queiró, *Lições de Direito Administrativo*, Volume I, Coimbra, 1976, pág. 437-439; J. Sérvulo Correia, *Legalidade e Autonomia Contratual nos Contratos Administrativos*, Coimbra, 1987, pág. 268-271 (mas exige lei formal, não sendo possível por decreto-lei autorizado); André Folque, *A Tutela Administrativa nas Relações entre o Estado e os Municípios*, Coimbra, 2004, pág. 136, nota 387]. Em primeiro lugar, porque perante a noção ampla de restrição adoptada, dificilmente tal regulamentação não imporia alguma restrição, com a sua inevitável dimensão política; trata-se de decisões normativas que não devem competir a um órgão administrativo por meio de acto de natureza regulamentar; em segundo lugar, não podendo as assembleias legislativas regionais receber autorizações legislativas sobre matéria relativa a direitos, liberdades e garantias, mesmo depois dos alargamentos sucessivos das suas competências legislativas [artigo 227, n.° 1, al. b)], seria injustificado que, substancialmente, as autarquias as pudessem receber, numa fraude ao regime constitucional, mesmo que estivessem em causa aspectos secundários; finalmente, porque os direitos, liberdades e garantias são um património nacional cuja titularidade deve ser uniforme em relação a todos os cidadãos [vide no mesmo sentido: Jorge Miranda, *Manual de Direito Constitucional*, Volume V, 3.ª ed., Coimbra, 2004, pág. 221-222 e nota 2; G. Canotilho/V. Moreira, *Constituição* (…), cit., pág. 895-896].

[362] Assim, por exemplo, o estabelecimento das condições em que petições colectivas devem ser apreciadas em plenários das assembleias (artigo 52, n.° 2, CRP) constitui uma concretização constitutiva. Visto que o âmbito de protecção se basta com o carácter colectivo da petição e o carácter colectivo corresponde simplesmente a não ser individual, qualquer exigência de que a petição seja assinada por mais de duas pessoas limita o âmbito de protecção (máximo) do direito, devendo, portanto, ser qualificada como uma restrição, a ser apreciada à luz do artigo 18. Obviamente, o princípio da proibição do excesso permitirá a exigência de um número muito superior, tendo presente a necessidade de permitir o funcionamento eficiente destas assembleias; mas nem por isso qualquer número superior a dois deixara de ser uma restrição, a ser apreciada como tal.

[363] Em sentido divergente: J. Miranda, *Manual* (…), Volume IV, cit., pág. 302 e 328-329.

170   *Os Direitos de Reunião e de Manifestação no Direito Português*

Trata-se de recusar-lhes autonomia conceptual em relação à noção de restrição constante do artigo 18, n.° 2 e n.° 3 CRP[365]. Estas compressões ficarão não apenas sujeitas à reserva de lei ou de decreto-lei autorizado [nos termos do artigo 165, n.° 1, al. b)], mas também sujeitas ao regime do artigo 18.

Fora da noção de restrição ficará a noção de desenvolvimento, que se verifica em situações em que o direito tenha escasso conteúdo, por ser estabelecido por uma pura remissão para a lei e/ou o regime legislativo criado em nada condicionar o âmbito de protecção que se possa retirar da Constituição[366]. Trata-se da criação de um regime integralmente favorá-

---

[364] Reconheça-se, contudo, que a distinção entre restrição e "regulamentação" tem apoio nos trabalhos preparatórios (vide, *infra*, neste parágrafo, nota 381).

[365] Vide também: J. Reis Novais, *As restrições* (…), cit., pág. 189, 179 e 191, nota 324, porém pág. 233 (contudo, manda ter em conta os interesses em presença, deixando abertura para que se considere como meros condicionamentos medidas que, tal como se encontram legalmente consagradas, se considera constituírem restrições, como, por exemplo, o aviso prévio em relação ao direito de reunião; vide, *infra*, parág. 7.3); D. Duarte, *A Norma de Legalidade* (…), cit., pág. 778-786.

[366] Não é simples distinguir as situações em que a norma constitucional atributiva de um direito, liberdade e garantia se limita a remeter para a lei, conferindo apenas um conteúdo mínimo ao direito, e aquelas em que consagra directamente um direito fundamental com uma mera permissão ao estabelecimento de restrições pelo legislador [como é sublinhado pela Doutrina: G. Canotilho, *Direito Constitucional* (…), cit., pág. 1264-1265]. Do princípio constitucional da aplicabilidade directa destas normas (artigo 18, n.° 1) e da exigência de permissões expressas à restrição (artigo 18, n.° 2), que força a encarar as remissões para a lei como algo normal e como meras permissões de restrição, decorre que o princípio deverá ser o segundo.

Os casos mais claros de mera permissão de introdução de restrições são aqueles em que o direito é atribuído directamente, com a ressalva de casos previstos ou termos estabelecidos na lei. Por exemplo, o artigo 34, n.° 2, n.° 3 e n.° 4; 35, n.° 4 (embora condicionado ainda pelo seu n.° 2); 36, n.° 1, em associação com o n.° 2; ou 47, n.° 1.

Só excepcionalmente o intérprete poderá entender que está perante uma norma não exequível por si própria, que não atribui qualquer direito subjectivo às pessoas que visa proteger, dependendo de um desenvolvimento ou conformação legal. Mesmo nestes casos, o direito pode ter um apreciável âmbito de protecção, mas, por constituir uma garantia adjectiva, depender de legislação processual. O exemplo paradigmático será o direito de acção popular (artigo 52, n.° 3). A confirmá-lo, este remete não apenas para os "termos" da lei, mas igualmente para os "casos" consagrados por esta, o que por si sugere efectivamente uma dependência estrutural de lei. Mas são igualmente exemplos, o direito a procedimentos judiciais caracterizados pela celeridade e prioridade para defesa dos direitos pessoais (artigo 20, n.° 5) ou a garantia à "tutela jurisdicional efectiva dos seus direitos ou interesses legalmente protegidos" (artigo 268, n.° 4), enquanto direitos de natureza análoga.

Igualmente direitos substantivos podem depender estruturalmente de lei conformadora, mas estes serão verdadeiramente excepcionais, visto que normalmente será possível

vel, por dar aplicabilidade a um direito que não era exequível por si próprio e em que o seu âmbito constitucionalmente estabelecido não foi minimamente afectado.

Sublinhe-se, contudo, que se aspectos de tal regime, embora muito favoráveis para o direito em causa, impuserem restrições (isto é, qualquer forma de condicionamento, não imposto pela Constituição, que comprima o seu âmbito) a outros direitos fundamentais que com aquele colidam (o que será frequente), deverão, claro está, efectivamente ser qualificados como restrições. Sujeitas, portanto, ao artigo 18, se estiverem em causa direitos, liberdades e garantias. Um regime legal que reúna aspectos de desenvolvimento e de restrição é por vezes denominado como conformação, mas é necessário ter presente que as dimensões restritivas deste ficarão integralmente sujeitas ao regime material das restrições.

Mas, tratando-se mesmo de simples medidas de desenvolvimento, que não impliquem qualquer restrição para o direito em causa ou em relação a outros direitos, então formalmente não ficarão obrigadas ao cumprimento do artigo 18, n.º 2 e n.º 3. No respeito do princípio da protecção da confiança, poderão mesmo ser retroactivas, visto que serão favoráveis ao direito em causa e não restringirão outros[367]. Terão, contudo, de respeitar a reserva parlamentar, visto que o artigo 165, n.º 1,

---

extrair algum conteúdo susceptível de ser aplicado directamente. Assim, por exemplo, pense-se no artigo 15, n.º 3 (direitos dos cidadãos dos Estados de língua portuguesa com residência permanente), no artigo 56, n.º 3 (direito de contratação colectiva). Parcialmente integrável, será igualmente o artigo 41, n.º 6 (objecção de consciência). Pela sua letra, também o artigo 27, n.º 5, seria um exemplo, mas o amplo artigo 22, directamente aplicável, permite concluir em sentido diverso, pelo menos aceitando-se que consagra igualmente a responsabilidade por acto lícito.

[367] Por não colidirem com o âmbito de qualquer direito fundamental, também não poderão violar o princípio da proibição do excesso. Pelo mesmo motivo, não necessitam de permissão expressa, embora nestes casos quase sempre exista, visto que o próprio direito é feito depender de lei. Claro está, não sendo sequer restrições, será logicamente impossível que afectem o conteúdo essencial de uma norma atributiva de um direito, liberdade e garantia. Formalmente, também não terão de ser gerais e abstractas, mas o princípio da igualdade (na sua vertente formal) proíbe qualquer atribuição individual de direitos, liberdades e garantias. Atribuição que não poderá ser legitimada na sua vertente material. Em qualquer caso, a garantia do carácter geral e abstracto é pouco relevante. São possíveis violações manifestas da universalidade e da igualdade utilizando categorias gerais e abstractas para designar os alvos de restrições.

172   *Os Direitos de Reunião e de Manifestação no Direito Português*

al. b), não se aplica apenas a regimes restritivos, mas a qualquer forma de criação normativa incidente sobre direitos, liberdades e garantias[368].

Tendo presente os referidos elementos A), B) e ainda D) da noção apresentada de restrição, necessário se torna distinguir as restrições de uma importante categoria de compressões do âmbito de protecção dos direitos fundamentais: trata-se daquelas que resultam de colisões incontornáveis com o âmbito definitivo de outros direitos ou bens constitucionais. Aquilo a que alguma Doutrina denomina limites imanentes[369], limitações constitucionais ou meras concretizações declarativas de limites. Constituem uma terceira figura[370].

Já ficaram apontados os fundamentos pelos quais se entende que estas compressões se distinguem das indicações constitucionais que estabelecem a fronteira do âmbito de protecção da norma relativa ao direito fundamental[371].

Mas estas limitações também não se confundem com restrições. As restrições são **discricionárias, constitutivas e dependem necessariamente de lei que as estabeleça**.

A noção de restrição constitucionalmente consagrada aponta, efectivamente, para a sua natureza discricionária. O artigo 18, n.º 2, sublinha-o ao afirmar "A lei só **pode** restringir". Pode ser conveniente adoptar restrições, para melhor conciliar direitos e bens em colisão, mas a sua adopção não está sujeita a um dever estrito[372]. Nos casos em que a Constituição exige que se adopte restrições, fá-lo em termos genéricos, sem identificar especificamente a restrição a adoptar[373]. Se for obrigatória a sua adopção

---

[368] Em sentido paralelo: R. Novais, *As restrições* (…), cit., pág. 190-191 (não exige reserva de lei ou sequer de acto legislativo, mas o autor parece ter em mente intervenções pontuais e não desenvolvimentos de regimes de direitos, liberdades e garantias).

[369] Neste sentido: V. de Andrade, *Os Direitos Fundamentais* (…), cit., pág. 287-289 (embora o autor as reconduza a limites ao âmbito de protecção do direito).

Não se adopta a terminologia, embora se considere desejável a sua uniformização para evitar a confusão instalada na matéria, apenas por esta ser utilizada pela chamada teoria interna ou por teorias mistas, como é o caso da do autor. Com efeito, julga-se que estas limitações são impostas externamente por força da colisão com outros bens, não sendo intrínsecas, mas extrínsecas ao direito em causa.

[370] Por exemplo, os serviços mínimos em relação ao direito à greve quanto a cuidados médicos de urgência, quer antes, quer depois da Revisão Constitucional de 1997 e da introdução do actual n.º 3 do artigo 57.

[371] Cfr., *supra*, parágrafo anterior.

[372] Também neste sentido: R. Alexy, *Theory* (…), cit., pág. 190-191.

[373] Um exemplo de uma restrição específica permitida em termos expressos pela

Limitações, restrições e ablações   173

e a restrição for detalhadamente identificada, é porque tal solução já é imposta directamente pela Constituição e, então, não se tratará de uma restrição, mas de uma das referidas meras limitações.

As restrições são constitutivas precisamente por estabelecerem uma compressão da norma permitida ou mesmo genericamente imposta pela Constituição, mas não especificamente imposta directamente. Estabelecer restrições não é uma tarefa meramente interpretativa, mas igualmente criativa. Efectivamente, o âmbito de protecção de uma norma relativa a um direito fundamental, mesmo no caso dos direitos, liberdades e garantias, contém em muitos casos uma "zona" (necessariamente fora do seu núcleo essencial) que pode ser normativamente restringida ou não, em função de uma decisão que não é puramente vinculada. Ao poder político democrático cabe uma margem de decisão discricionária na introdução de restrições nessa área.

Esta "zona" tende a existir na maioria dos direitos[374], mas a sua existência tem de ser determinada com grande cautela, especialmente numa Constituição que afirma que as normas relativas a direitos, liberdades e garantias são aplicáveis directamente (artigo 18, n.º 1). Se o são, então

---

Constituição é a privação do direito à greve aos agentes dos serviços e das forças de segurança (artigo 270). Mas a sua introdução por lei não deixa de ser uma restrição, pois esta não é imposta directamente pela Constituição, mas apenas simplesmente permitida; de modo a que não constitui um mero limite ou uma limitação ao direito à greve.

[374] Recorde-se que o Tribunal Constitucional aceitou mesmo que o direito à vida e a garantia institucional relativa à vida humana constante do artigo 24, em associação com os deveres de protecção do Estado, segundo se julga, decorrentes igualmente do direito à segurança do feto, pelo menos a partir de uma fase algo indeterminada de desenvolvimento, bem como o direito ao desenvolvimento da personalidade da mulher e a uma maternidade consciente [artigo 67, n.º 2, al. e)] (e, acrescente-se, o seu direito a constituir família ou não, que compreende o direito a procriar ou não procriar, constante do artigo 36, n.º 1) continham, cada um, uma zona que permitia escolher politicamente se a interrupção voluntária da gravidez deveria ser proibida ou tutelada legalmente (visto que o Estado não se limita a despenalizar, mas admite criar um sistema público de apoio a estes actos) até às 10 semanas; daí ser legítimo questionar em referendo os portugueses sobre a alternativa. Isto é, entendeu que ambas as soluções são conformes com a Constituição ("Ou seja, a colisão de bens jurídicos constitucionalmente protegidos, existente no caso dos autos, pode ser resolvida pelo legislador, estando dentro da sua margem de liberdade de conformação a opção por punir – suposto que permanece, neste caso, o modelo das indicações – ou não punir a interrupção voluntária da gravidez efectuada nas primeiras dez semanas"; cfr. Acórdão do Plenário, n.º 288/98, de 17 de Abril de 1998, parág. 49), por nenhuma das soluções ser imposta pela Constituição. Deste modo, nenhuma destas constitui uma limitação meramente declarativa, mas restrições aos direitos e bens que comprimem.

174   *Os Direitos de Reunião e de Manifestação no Direito Português*

a regra será que são exequíveis por si próprias, podendo ser aplicadas directamente pelos Tribunais e Administração, visto que a sua execução será levada a cabo por meio de concretizações meramente declarativas e não restrições (constitutivas), sem prejuízo de ser necessário reconhecer que a tarefa destes órgãos executivos não se limitará à concretização de meras limitações[375].

A Constituição, no artigo 18, n.º 3, consagra de forma bastante clara o carácter constitutivo das restrições em sentido técnico, ao proibir a retroactividade das normas restritivas. A entrada em vigor da lei contendo normas restritivas vem modificar o regime vigente que regula o direito, liberdade e garantia, daí a inadmissibilidade da retroactividade.

É relativamente simples determinar os limites constitucionais expressos ao âmbito de um direito. Bem menos líquido é distinguir na prática as restrições das limitações implicitamente impostos pela Constituição. O critério que se julga mais adequado, mesmo se não resolve todos os problemas práticos, passa por sustentar que constituem limitações meramente declarativas as compressões ao âmbito de protecção impostas pela Constituição de tal forma que qualquer norma (ou acto não normativo) que procure concretizar um direito sem impor uma destas compressões será imediatamente inconstitucional por violação do direito ou bem constitucional com que o direito concretizado colide. Um teste adicional será poder qualificar como puramente interpretativo qualquer regime legislativo com tal regime compressivo e, portanto, susceptível de ser aplicado retroactivamente.

Assim, quando estejam em causa limitações decorrentes de colisões entre direitos, liberdades e garantias, nos termos gerais[376], aquelas podem e devem ser aplicadas retroactivamente, sem violação do artigo 18, n.º 3. Desde logo, porque efectivamente se tratará do regime em vigor antes do início de vigência da nova lei, por constituir um regime imposto directamente pela Constituição e imediatamente aplicável em termos *erga omnes* (artigo 18, n.º 1).

Mas é necessário distinguir dois tipos de limitações. As decorrentes de colisões entre direitos, liberdades e garantias e as resultantes de colisões entre estes direitos e outros direitos (sem natureza análoga) ou bens constitucionais. As primeiras limitações são directamente aplicáveis e em termos *erga omnes*: vinculam o legislador, a administração e os próprios par-

---

[375] Vide, *infra*, o parágrafo seguinte.

[376] Enquanto norma lógica, de base costumeira, codificada no artigo 13 do Código Civil.

ticulares, pois são impostas por normas que atribuem direitos, liberdades e garantias (artigo 18, n.º 1).

Contudo, a segunda espécie de limitações, decorrentes de colisões com outros direitos, sem natureza de direito, liberdade e garantia, e bens colectivos constitucionais, não são directamente aplicáveis. O facto de imporem limitações directas a direitos, liberdades e garantias apenas é relevante para o legislador. Estas limitações juridicamente só excepcionalmente não serão irrelevantes para a Administração e para os Tribunais quando colidam com direitos, liberdades e garantias. Apenas a lei as pode tornar vinculativas *erga omnes* quando decorram de bens colectivos[377]. Com efeito, não sendo estas vinculativas para os particulares, um tribunal não poderá invocá-las para resolver litígios entre estes ou entre estes e entidades públicas. Assim, na falta de lei, os direitos, liberdades e garantias não podem ser comprimidos pelos Tribunais invocando a necessidade de respeitar bens colectivos. O que significa que, apesar de serem puramente declarativas para o legislador, a lei que as consagre adquire um efeito constitutivo, pois torna-as aplicáveis pela Administração e Tribunais contra particulares ou por estes entre si. Ora, este aspecto implica que esta última espécie de limitações partilhe de uma faceta do regime das restrições: não podem ser retroactivas (artigo 18, n.º 3).

Acresce ainda que a determinação do âmbito das limitações, por estar directamente relacionada com o apuramento do âmbito do domínio efectivo dos direitos em conflito, não pode deixar de seguir analogicamente o regime do artigo 18, n.º 2 e n.º 3, quanto à sujeição ao princípio da proibição do excesso e ao respeito pelo conteúdo essencial, além de terem de respeitar a reserva relativa de lei formal, visto afectarem o âmbito de protecção (normalmente) de ambos os direitos em conflito. Mas, pelo contrário, quando estas limitações decorram de direitos, liberdades e garantias, não necessitam de respeitar a proibição de retroactividade, nem dependem da intermediação de lei, sendo directamente aplicáveis pelos Tribunais e pela própria Administração, o que lhes confere grande relevância prática. Acresce que, por não serem restrições, resulta claro que nenhuma destas espécies de limitações depende de permissão constitucional expressa.

---

[377] Assim, já ficou sustentado que estes bens não são directamente aplicáveis, bem como os deveres constitucionais consagrados para os tutelar, tal como, aliás, decorre de declarações já citadas proferidas durante os debates parlamentares na Assembleia Constituinte [cfr. *Diário da Assembleia Constituinte*, n.º 35, 22 de Agosto de 1975, pág. 949]. Vide, *supra*, parág. 5.2.1.5.

176   *Os Direitos de Reunião e de Manifestação no Direito Português*

Por outro lado, não serão meras limitações, mas restrições, quaisquer compressões legislativas realizadas ao abrigo de permissões expressas de criação genérica de restrições. Trata-se dos casos mais frequentes. A Constituição permite a introdução de restrições sem especificar quais. Compreende-se a utilização desta técnica. Perante a complexidade do regime, a Constituição renúncia a legislar directamente sobre a questão. Trata-se do elemento estrutural que converte muitas das normas de direitos fundamentais em normas com estrutura aberta, típica dos princípios, e não em normas com carácter de regras; o que leva à existência de um âmbito potencial de protecção e de um âmbito efectivo correspondente àquele que não pode ser objecto de limitações e é insusceptível de ser comprimido por restrições[378].

Também não serão meras limitações quaisquer compressões legislativas permitidas expressa e especificamente pela Constituição, mas não impostas directamente. De facto, são permitidas, mas não impostas pela Constituição. Qualquer legislação que execute uma permissão constitucional de compressão será uma restrição. Aliás, resulta literalmente do artigo

---

[378] Âmbito potencial e âmbito efectivo não esgotam, porém, as possibilidades. Correspondendo o primeiro ao âmbito máximo de protecção da norma, relevante desde logo para apuramento da reserva relativa de lei formal e para fins interpretativos, e o segundo ao domínio constitucionalmente assegurado ou mínimo (necessariamente mais amplo ou, pelo menos, idêntico ao conteúdo essencial, que constitui a garantia última desse âmbito efectivo no confronto com qualquer outro bem), que não pode ser objecto de restrições adicionais [assim: R. Alexy, *Theory* (…), cit., pág. 69 e segs., 178-184 e 214-217; G. Canotilho, *Direito Constitucional* (…), cit., pág. 1255-1256 e 1281-1283; Reis Novais, *As restrições* (…), cit., págs. 580-581], existe ainda espaço para uma terceira categoria: a de âmbito vigente de protecção do direito. Com efeito, a possibilidade de o legislador restringir o direito até ao limite do âmbito efectivo do direito (que, nas normas atributivas de direitos, liberdades e garantias com estrutura aberta de princípio, naturalmente, só é determinável *a posteriori*, no fundo, sendo uma figura teórica) não implica que este o faça. Como se verificou, as restrições são facultativas. Ora, enquanto o legislador não emanar legislação restritiva (ou, no caso de colisões entre direitos, liberdades e garantias, a Jurisprudência não adoptar uma linha mais restritiva, com as cautelas que deve ter nesta matéria), os titulares do direito gozarão de um âmbito de protecção alargado, que nunca corresponderá ao máximo, mas que poderá não andar longe: será o âmbito vigente.

Em qualquer caso, não podem existir conflitos entre âmbitos definitivos, salvo os susceptíveis de serem resolvidos por meio de recurso a causas de justificação (ou à sua suspensão em estado de excepção), o que pressupõe situações factuais excepcionais. E os conflitos entre o âmbito definitivo de um direito e o âmbito potencial de um outro implicam para este último limitações e não restrições, visto constituírem compressões directamente impostas pela Constituição.

Limitações, restrições e ablações

18, n.° 2, que uma compressão não deixa de ser uma restrição por ser expressamente permitida pela Constituição.

Cabe, contudo, sublinhar que apenas poderão ser qualificadas como limitações aquelas cujo carácter de imposição constitucional se revele claro e relativamente pacífico. A regra é a de que qualquer medida que afecte o âmbito de protecção do direito será uma restrição; de modo a que, na dúvida se esta é puramente declarativa de um aspecto imposto pela Constituição, deverá obrigatoriamente ser qualificada como uma restrição e sujeita ao seu regime jurídico. As normas de mero desenvolvimento não constituem uma excepção, pois precisamente desenvolvem o regime para lá do âmbito de protecção constitucional, sem lhe introduzir qualquer restrição.

Questão mais complexa é a de determinar se, além destas limitações declarativas, existirão restrições admissíveis que, embora sujeitas ao artigo 18, possam ser adoptadas sem ter por base uma permissão constitucional expressa.

Não está em causa se podem existir compressões do âmbito de protecção dos direitos, liberdades e garantias que não sejam expressamente permitidas. A existência de limitações força a concluir que sim, visto que estas não se encontram sujeitas a tal exigência. Mas esta figura não parece esgotar todas as situações em que se afigura necessário estabelecer uma compressão não permitida em termos expressos.

Seria tentador aligeirar os critérios quanto à existência de uma limitação com vista a compreender outros casos de compressões necessárias para proteger outros bens constitucionais, com vista a criar uma única figura que escapasse à exigência de uma permissão expressa nesse sentido. Mas tal revela-se tecnicamente impossível, pois desvirtuaria a figura da limitação. A flexibilização dos critérios para identificar uma limitação faria com que esta figura passasse a compreender no seu seio igualmente actos constitutivos, que não teriam qualquer base para se furtar a alguns aspectos do regime do artigo 18, n.° 2 e n.° 3. Seria inadmissível permitir que uma lei contendo restrições pudesse ser retroactiva alegando que continha meras "limitações".

Assim, parecem existir compressões que, embora se reportem a direitos que não se encontram sujeitos a permissões de restrições, nem cumprem os referidos critérios rígidos para identificar uma limitação, se afiguram regimes justificáveis à luz do princípio da proibição do excesso, sendo mesmo necessários (mesmo que não em termos de os converter em compressões directamente impostas pela Constituição) para

178   Os Direitos de Reunião e de Manifestação no Direito Português

uma adequada delimitação do âmbito de protecção potencial de direitos em conflito[379-380].

Dos trabalhos preparatórios da Constituição retira-se expressamente que a maioria dos deputados pretendeu realizar uma distinção entre restrições e "regulamentações". Ou seja, que o artigo 18, n.° 2, não proibiria toda e qualquer compressão do âmbito dos direitos, liberdades e garantias que não tivessem sido objecto de permissão expressa. Que as primeiras, salvo permissão expressa, estariam proibidas; mas que seriam admissíveis "regulamentações", mesmo sem estarem habilitadas[381].

---

[379] No domínio do direito de reunião é possível citar o artigo 4 da Lei em vigor: "Os cortejos e desfiles só poderão ter lugar nos domingos e feriados, aos sábados, depois das 12 horas, e nos restantes dias, depois das 19 horas e 30 minutos". Mesmo interpretada restritivamente, esta disposição, por força da sua natureza preventiva, de procurar garantir a liberdade de deslocação e direitos associados, nunca poderá ser considerada como uma mera limitação, constituindo uma clara restrição.

O mesmo se pode dizer do seu artigo 13, que permite o estabelecimento de zonas de segurança de 100 metros ao redor de determinados locais, mesmo se, interpretado adequadamente pelo acto administrativo que o concretize, possa e deva ser configurado como uma limitação. Desde logo, por exemplo, em relação às sedes dos partidos políticos, tal pode ser ainda considerado como uma manifestação do respectivo direito à segurança, bem como dos seus membros que se encontrem nestas. Já em relação às restantes entidades estarão normalmente em causa estritamente a segurança como valor colectivo e a protecção dos seus bens, que normalmente não são tutelados por qualquer direito fundamental, sem prejuízo de serem bens colectivos que podem constituir base para limitações (não directamente aplicáveis). É certo que nestes locais também se encontram presentes indivíduos, dotados de direitos fundamentais, mas dificilmente se poderá considerar que militares ("instalações e acampamentos militares ou de forças militarizadas") se encontrarão em risco para a respectiva segurança.

A Lei sobre o Direito de Reunião contém outras restrições, como o aviso prévio; mas este, por um lado, nos casos em que verdadeiramente se justifica, poderá ser qualificado como uma limitação, e, por outro, será inconstitucional nos termos em que se encontra consagrado, não sendo, portanto, um bom exemplo (ver sobre estas restrições, *infra*, parágs. 7.1.2 e 7.3.1).

[380] A maioria da Doutrina portuguesa aceita que possam existir restrições (e não apenas as compressões que se qualifica como limitações) não permitidas expressamente; só a terminologia e fundamentação varia: J. Miranda, *Manual* (…), Volume IV, cit., pág. 332 ("restrições implícitas"); G. Canotilho/V. Moreira, *Constituição* (…), cit., pág. 149-150 ("limites imanentes"); G. Canotilho, *Direito Constitucional* (…), cit., pág. 1277; R. Novais, *As Restrições* (…), cit., pág. 585-602; D. Duarte, *A Norma de Legalidade* (…), cit., pág. 806, nota 11 e 814-815, nota 17. Mas vide as legítimas reservas de V. de Andrade, *Os Direitos Fundamentais* (…), cit., pág. 300-302, embora apresente alternativas igualmente constitucionalmente problemáticas.

[381] A questão foi debatida com algum detalhe precisamente a propósito do artigo 45. Perante uma proposta de eliminar do direito de manifestação a remissão para regulamen-

Limitações, restrições e ablações 179

Mas se se concluir que é impossível em termos teóricos e práticos distinguir entre restrições e "regulamentações" que não sejam verdadeiras limitações, então a conclusão a que se é forçado a chegar é a de que o artigo 18, n.º 2, não pode ser aplicado literalmente e que devem ser admitidas restrições mesmo em relação a direitos que as não admitam em termos expressos, desde que respeitem os restantes limites impostos às restrições[382].

---

tação, o deputado Freitas do Amaral rejeitou que tal pudesse provocar conflitos com o actual artigo 18, n.º 2, afirmando: "Não é verdade que são coisas diferentes a restrição de direitos, liberdades e garantias (...) e a regulamentação do seu exercício pela lei?". Igualmente o deputado José Luís Nunes declarou: "Entendemos que podia haver uma regulamentação, mas que não podia haver uma restrição (...)", que "se existe esse motivo que impõe essa regulamentação, pois continua-se a defender o direito de manifestação ao fazer essa proibição" e que "esta Constituição abre o caminho à regulamentação dos direitos, não abre o caminho à restrição ou à anulação dos direitos por via regulamentar" (cfr. *Diário da Assembleia Constituinte*, 3 de Setembro de 1975, n.º 41, pág. 1163-1164). Desta explicação parece decorrer que as regulamentações seriam compressões decorrentes de colisões com outros bens (como todas terão necessariamente de ser), não ficando claro se teriam de ser limitações em sentido técnico ou se poderiam ser simplesmente compressões cujo estabelecimento, não sendo rigidamente imposto por outros bens, ainda assim, se revele plenamente conforme com o princípio da proibição do excesso e corresponda a uma conciliação de ambos os bens em colisão: isto é, na realidade, puras restrições.

Pelo contrário, foi o deputado Vital Moreira a levantar de forma pertinente a questão, negando existir uma distinção entre restrição e regulamentação e que, sem uma referência expressa à permissão de regulamentação, esta entraria em colisão com o actual artigo 18, n.º 2: "confesso desconhecer tal divisão entre uma coisa e outra [restrição e regulamentação]", e "Das duas uma ou efectivamente é possível restringir os direitos, salvaguardando o seu conteúdo essencial e para isso de acordo com o artigo que aprovámos e que citei agora, é preciso dizer quais dos direitos é que poderão ser restringidos; ou então há que retirar esta norma que diz que a "a lei só pode restringir nos casos expressamente previstos na Constituição". Se há uma lei de reunião que diz que eu a certas horas não posso reunir-me ou manifestar-me isso é, creio eu, restringir o direito de reunião. Se se diz, pura e simplesmente, que os cidadãos têm o direito de se reunir, e se lá atrás se diz que nenhuma lei pode restringir esse direito, a não ser nos casos expressamente previstos, qualquer pessoa de bem penso e que saiba ler fica perante este problema: afinal essa lei é ou não constitucional" (cfr. *Diário da Assembleia Constituinte*, 3 de Setembro de 1975, n.º 41, pág. 1163).

[382] Aliás, a Jurisprudência constitucional tem conferido escassa atenção ao limite da necessária permissão expressa de restrição, seja furtando-se à sua aplicação pela não qualificação como restrição (segundo se julga, sem fundamento) de compressões da norma atributiva de um direito, liberdade e garantia, seja pura e simplesmente aceitando a sua não inconstitucionalidade apenas por respeitarem os princípios da proibição do excesso e da dignidade constitucional dos bens tuteláveis, indo mesmo mais longe com afirmações como a seguinte, feita a propósito do direito de informação consagrado no artigo 268,

180 *Os Direitos de Reunião e de Manifestação no Direito Português*

Assim, tendo em conta os trabalhos preparatórios, estas restrições podem, excepcionalmente, ser admitidas, quando se revelem estritamente necessárias e proporcionadas para a salvaguarda de aspectos dignos de protecção compreendidos no âmbito de outros bens constitucionais. Ou seja, a dispensa do requisito da permissão expressa deve ser compensado por uma mais severa aplicação do princípio da proibição do excesso. Se a restrição em causa, no confronto entre a compressão que implica para a norma atributiva do direito em causa e a salvaguarda do bem constitucional em causa, cumprir rigorosamente este princípio, deve-se entender que a solução constitucional literal se revela excessivamente rigorosa, indo para lá do que os trabalhos preparatórios mostram ter sido a intenção do legislador constituinte.

Em qualquer caso, por força da sua excepcionalidade, estas restrições devem encontrar-se sujeitas a um intenso controlo judicial[383].

Assim, a exigência de permissão expressa de restrição ainda tem alguma relevância jurídica. Acresce que esta exigência leva a encarar como normais as remissões para a lei por parte das normas atributivas de direitos, liberdades e garantias e a entender tais remissões, na dúvida, como meras permissões de restrições e não como reservas de conformação legal, que conferem maior latitude ao legislador e dificultam a aplicabilidade directa do direito em causa, frustrando, aliás, o artigo 18, n.º 1.

6.3. Ablações

Por força da aplicabilidade directa das normas relativas a direitos, liberdades e garantias, mesmo na falta de legislação concretizadora, igualmente à Administração e aos Tribunais cabe um papel importante na sua compatibilização. De qualquer modo, no caso de actos adoptados por estes órgãos, esta compatibilização concreta não é realizada por meio de restri-

---

n.º 2: "Não vale dizer, em contrário, que quando a Constituição consagra um limite expresso, seja ele uma reserva de lei, implica que nenhum outro limite foi desejado. Este argumento obviamente não procede. Ele subentende que o limite expresso, ou a reserva de lei, é uma excepção **e que existe uma regra que proíbe a existência de outras excepções além das expressas**" (cfr. Acórdão n.º 254/99, de 4 de Maio de 1999, parág. 8). É curioso que o Tribunal nem sequer tenha ponderado a relevância para o caso da exigência de permissão expressa de restrição.

[383] Essencialmente no mesmo sentido: R. Novais, *As Restrições* (…), cit., pág. 571--581 e 600-602.

ções, visto que não têm carácter normativo. Realiza-se antes por meio de ablações[384], disposições[385] individuais e/ou concretas que afectam o titu-

---

[384] Alguma Doutrina adoptou a expressão intervenção restritiva para designar esta realidade jurídica: R. Novais, *As restrições* (…), cit., pág. 205-227 (que critica a limitada atenção que tem tido); G. Canotilho, *Direito Constitucional* (…), cit., pág. 1265-1266; C. Blanco de Morais, *Direito Constitucional II – Sumários Desenvolvidos*, Lisboa, 2004, pág. 82.

Contudo, a denominação tradicional para esta espécie de actos não normativos com efeitos compressores dos direitos fundamentais é precisamente a de ablação (ou acto ablativo): D. Freitas do Amaral, *Direito Administrativo*, Volume III, Lisboa (policopiado), 1985, pág. 133 e em *Curso de Direito Administrativo*, Volume II, Coimbra, 2003 (reimp. ed. 2001), pág. 255 (actos que impõem o sacrifício de um direito); J. Miranda, *Manual* (…), Volume IV, cit., pág. 530; S. Correia, *Legalidade* (…), cit., pág. 248, 249 ou 250 (designação de actos administrativos que extingam ou limitem um direito, sublinhando as diferenças do seu regime em relação aos actos normativos que restrinjam direitos fundamentais); R. Medeiros, *Ensaio* (…), cit., págs. 278, 282 ou 299; F. Alves Correia, *Manual de Direito do Urbanismo*, 2.ª ed., 2004, Coimbra, págs. 103 ou 151, nota 134.

A mesma terminologia tem sido utilizada pelo Tribunal Constitucional a propósito de privações de direitos patrimoniais; por exemplo, Acórdão n.° 602/99, de 9 de Novembro de 1999 (citando o Acórdão n.° 329/99 do Plenário), parág. 7 (no caso, o direito de lotear); Acórdão n.° 157/03, de 19 de Março de 2003, parág. 8 (fala em "ablação de direitos", a propósito de valores mobiliários). Mas igualmente em relação a direitos com natureza não patrimonial, como, por exemplo, o direito à titularidade de uma dada firma: Acórdão n.° 139/04, de 10 de Março, parág. 7.

Acresce que se trata de termo mais simples e tecnicamente mais correcto. Intervenção restritiva parece compreender qualquer acto com eficácia compressora do âmbito de um direito, incluindo os normativos; ou seja, incluindo igualmente as restrições. Mas a questão é meramente terminológica.

[385] Tecnicamente, tal como a restrição não se confunde com o acto normativo que a adoptou (a norma restritiva não se confunde com o acto legislativo que a contém), igualmente a ablação não se identifica com o acto que a adoptou. Tal resulta claro quando o acto contém várias disposições individuais e concretas, mas apenas uma ou algumas implicam um efeito ablativo. Em qualquer caso, quer na prática, quer constitucionalmente (cfr. artigo 267, n.° 4: "a impugnação de quaisquer actos administrativos que os lesem, independentemente da sua forma"), a distinção nem sempre é feita e pode mesmo ser irrelevante ou impossível de realizar, de modo a que utilizar-se-á o termo ablação para designar quer o acto, quer a disposição ablativa.

Por outro lado, para lá dos actos jurídicos em sentido estrito (que criam efeitos jurídicos por força da vontade), também os actos materiais podem ter consequências ablativas, provocando a extinção de direitos (o acto de matar alguém ou de destruir completamente um bem objecto do direito de propriedade; podem, claro está, criar igualmente direitos, derivados de responsabilidade civil) ou afectando o seu gozo. Especialmente a determinação da medida a partir da qual a mera afectação do gozo de um direito fundamental deve ser considerada como uma compressão a ser escrutinada como ablação suscita algumas

lar activo numa relação jurídica e não, em termos gerais e abstractos, a norma relativa a direitos, liberdades e garantias.

As ablações podem mesmo implicar um desrespeito completo do conteúdo essencial do direito, visto que a regra quanto ao seu necessário respeito apenas se aplica às restrições (portanto, necessariamente normativas) (artigo 18, n.° 3). Trata-se de uma conclusão relativamente clara, basta pensar, num exemplo entre muitos outros, na permissão de escutas telefónicas em processo penal. Este regime legal, além de permitido expressamente pela Constituição (artigo 34, n.° 4), é perfeitamente compatível com o conteúdo essencial da norma relativa ao respeito das telecomunicações, visto que apenas se aplicará nas situações excepcionais de processo penal e com autorização judicial. Contudo, no caso concreto, uma escuta telefónica implica a ablação completa (com óbvia afectação do seu conteúdo essencial) do direito ao sigilo das suas comunicações do indivíduo escutado. Esta consequência será uma inevitabilidade, não apenas neste exemplo, mas em inúmeros outros. De resto, o artigo 18, n.° 3, fala em "conteúdo essencial dos preceitos constitucionais" e não de cada direito[386], o que não deixa grandes margens para dúvidas quanto a esta conclusão interpretativa.

---

dificuldades [vide: R. Novais, *As Restrições* (…), cit., pág. 213-227; também E. Klein, *Grundrechtliche Schutzpflicht* (…), cit., pág. 1638; Michael C. Dorf, *Incidental Burdens On Fundamental Rights*, *Harvard Law Review*, Volume 109, 1996, págs. 1175-1251, nas págs. 1233-1251].

[386] No sentido de que o conteúdo essencial protege a norma atributiva dos direitos e não os próprios direitos: G. Canotilho/V. Moreira, *Constituição* (…), cit., pág. 153; Vieira de Andrade, *Os Direitos Fundamentais* (…), cit., pág. 306-308; R. Novais, As *Restrições* (…), cit., págs. 784 e 790-791 (apesar de conferir a este limite uma muito escassa relevância: pág. 797-798); vide, porém, a teoria mista de R. Alexy, *Theory* (…), cit., pág. 193-196 (que acaba por esvaziar esta figura, ao adoptar uma teoria de eficácia meramente relativa).

O artigo 18, n.° 3, frisa que o conteúdo essencial tem uma extensão e um alcance. A primeira reporta-se ao bem protegido e faculdades que o direito compreende (cfr. artigos 19, n.° 4, e 165, n.° 2). O alcance diz respeito aos seus titulares (no artigo 256, n.° 1 e n.° 2, a expressão refere-se a âmbito espacial, mas é utilizada no artigo 282, n.° 4, com um sentido amplo), com vista a limitar a possibilidade de privação de um dado direito a categorias significativas destes (por exemplo, reclusos, militares, *etc.*).

Em rigor, a garantia do conteúdo essencial não constitui uma manifestação da eficácia reforçada das normas atributivas de direitos fundamentais, visto que tal reforço de eficácia não existe: basta confrontar a eficácia destas normas, que sejam dotadas de estrutura de princípio, com a eficácia das normas constitucionais de competência. A eficácia das primeiras é claramente limitada por comparação com a rigidez da das segundas. E se se for para o domínio dos direitos sociais, então, pouco falta para parte da Doutrina considerar as suas normas meras proclamações piedosas de intenções.

Limitações, restrições e ablações 183

O que significa que a Administração e os Tribunais estão sujeitos
a um regime mais liberal quanto à compressão de direitos, liberdades e

---

Esta figura constitui antes uma garantia mínima de que aquelas normas não serão
esvaziadas de facto de qualquer sentido útil, mesmo em colisão incontornável com normas
que tutelem direitos mais valiosos e que em relação a determinada questão adquiram ainda
maior relevância (ou seja, no respeito do princípio da proibição do excesso). Com efeito,
mesmo em situações de garantia de um direito acompanhada de uma remissão do seu conteúdo para uma conformação legislativa, esta normalmente imporá algumas restrições ao
direito, não constituindo um puro regime de desenvolvimento. Ora, esta figura visa garantir que tais restrições, mesmo quando derivadas de colisões com o âmbito de uma norma
que atribua um direito mais valioso, não levarão ao esvaziamento da norma atributiva do
direito conformado restritivamente, mesmo que à luz do princípio da proibição do exces-
sos e de considerações de valor relativo, a norma com a qual esta colide devesse prevalecer. Neste sentido, o conteúdo essencial tem uma componente formal, enquanto o princípio da proibição do excesso é puramente material. O conteúdo essencial de uma norma
deve prevalecer mesmo que materialmente tal não devesse ocorrer.

Mesmo perante direitos em relação aos quais sejam estabelecidas meras permissões
de restrição, a flexibilidade do princípio da proibição do excesso poderia legitimar restrições que seriam verdadeiros esvaziamentos da norma atributiva do direito em causa. Não
é possível simplesmente afirmar que tal constituiria uma violação aberta desta norma/
/direito para as rejeitar. É necessário poder fundamentar precisamente por que motivo existiria tal violação, quando o artigo 18, n.° 2, fora respeitado. Existem permissões de restrições que legitimam verdadeiras privações de direitos a determinados indivíduos em milhares de casos concretos. Quem encare a norma da perspectiva destes, dirá abertamente que
esta está a ser violada. Ora, é necessário ter presente os limites da própria garantia do conteúdo essencial enquanto limite às restrições para poder responder que não. Pelo contrário,
será necessário ter em conta a sua relevância para concluir que uma dada restrição não se
limitou a privar alguns dos seus potenciais titulares do direito, antes violou efectivamente
a norma, por ter comprimido o seu conteúdo essencial.

Ou seja, o primeiro nível de protecção útil da garantia do conteúdo essencial é que
esta, embora permitindo privações de direitos a grupos de pessoas que seriam titulares à luz
do seu âmbito de protecção potencial, não permite esvaziamentos da norma atributiva do
direito, liberdade e garantia. Aceite este ponto de partida, que, reconheça-se, é um truísmo,
mas que nem por isso deixa de ser teoricamente necessário, é possível conferir-lhe uma
dimensão mais ampla, mesmo reconhecendo as dificuldades para encontrar critérios objectivos. A figura não proíbe apenas que se esvazie completamente a norma, ou sequer que
se a reduza à insignificância, o que será a sua dimensão pacífica; proíbe igualmente que se
a ampute de aplicação generalizada até às situações que são os exemplos paradigmáticos
de aplicação, que historicamente sempre foram respeitados e que foram a razão de ser da
sua aprovação. Em qualquer caso, a indeterminação marca todo o regime das restrições aos
direitos, liberdades e garantias. Também a aplicação do princípio da proibição do excesso
está muito longe de se poder considerar científica. O nível de incerteza é enorme, desde
logo por força da necessidade de estabelecer graus de prevalência entre os direitos com
vista a apurar da existência de proporcionalidade (vide, *infra*, parágrafo seguinte).

184   *Os Direitos de Reunião e de Manifestação no Direito Português*

garantias por actos individuais e concretos do que o legislador por actos normativos. Os seus actos não normativos não necessitam de respeitar o conteúdo essencial.

A referida distinção entre limitações (puramente declarativas) e restrições tem igualmente importância em relação ao papel dos Tribunais e da Administração, na ausência de lei restritiva. De facto, por as restrições terem carácter discricionário e constitutivo, as ablações que assumam carácter similar adoptadas por órgãos executivos, sejam administrativos ou judiciais[387], não podem ter a amplitude permitida ao legislador.

As ablações podem ter natureza limitativa ou restritiva, em função de se limitarem a concretizar uma limitação ou, pelo contrário, uma restrição. Em relação às primeiras, por força da sua aplicabilidade directa, não dependem em qualquer caso de lei que as consagre. A Administração e os Tribunais podem e devem executar directamente os direitos, liberdades e garantias e, consequentemente, as limitações que estes impõem uns aos outros. Bastar-lhes-á, pois, uma norma que atribua competência ao órgão, independentemente de existir norma que regule substancialmente o acto ou sequer que confira atribuições específicas na matéria[388].

Em qualquer caso, sublinhe-se que a garantia do conteúdo essencial só tem relevância efectiva em relação aos direitos débeis (que têm de ceder normalmente por serem considerados menos valiosos do que outros). É irrelevante em relação aos direitos que se encontrem consagrados por normas com estrutura de regra (proibição da pena de morte; proibição da tortura; audição judicial no prazo máximo de 48 horas de detenção, *etc.*) e muito dificilmente terá qualquer relevância em relação às normas que, em geral, garantam outros direitos muito valiosos (direito à vida, à integridade física e moral, à liberdade, *etc.*), pela simples razão de que ou simplesmente não são admissíveis restrições ou estas nunca conseguiriam ser justificadas à luz do princípio da proibição do excesso em medida tal que pudessem afectar o conteúdo essencial.

[387] Sem poder desenvolver a matéria, julga-se que nas funções (e poderes) públicas se deve distinguir simplesmente a normativa e a executiva. Quer os tribunais, quer a Administração exercem predominantemente esta última, distinguindo-se entre si apenas em função de uma contingente divisão material de poderes, em que a última palavra sobre direitos, liberdades e garantias cabe constitucionalmente aos primeiros. Os tribunais são simplesmente órgãos executivos cujos membros gozam de garantias específicas de independência. Claro está, nem os tribunais, nem a administração são titulares exclusivamente de competências executivas. A primeira, por meio de regulamentos, participa também na função normativa. Os segundos, mesmo depois da declaração de inconstitucionalidade dos assentos, continuam a participar na função normativa, quer por meio do Costume jurisprudencial, quer, de modo predominantemente negativo, por força da eficácia geral de algumas das suas decisões.

[388] Nestes casos, a Constituição impõe mesmo a prática de actos administrativos directamente baseados na Constituição, desde que exista norma que atribua ao órgão em

Porém, por força dos riscos deste regime liberal de não sujeição à garantia do conteúdo essencial, e especialmente porque não se trata de uma tarefa meramente interpretativa, visto implicar uma medida de opção política, não parece que seja admissível que estas entidades possam adoptar decisões ablativas restritivas (isto é, que não sejam executivas de uma limitação e sim concretizadoras de uma compressão que, a ser objecto de norma, seria uma restrição) com a mesma latitude, independentemente de lei ordinária que consagre tal restrição.

É sabido, contudo, que aplicar e criar Direito são tarefas com muitos pontos de contacto. Negar abertamente que a Administração, e especialmente os Tribunais em última instância, realizem opções constitutivas em matéria de direitos, liberdades e garantias, é um mito que não tem o menor amparo na realidade jurídica. Especialmente aos Tribunais cabe um inegável papel de opção política, comprovado, aliás, na sua capacidade para impor sentenças contraditórias em relação à mesma norma e em casos concretos em tudo análogos. Em inúmeros preceitos, a Constituição confia aos Tribunais um papel exclusivo na aplicação concreta das normas atributivas de direitos, liberdades e garantias[389], que só ingenuamente pode ser qualificado como puramente declarativo. A separação de poderes não significa, pois, que aos Tribunais apenas caiba uma mítica competência declarativa. A estes cabe, especialmente na ausência de lei, colmatar as omissões inconstitucionais do legislador, com uma actividade para-legislativa, pela criação de jurisprudência consolidada formadora de normas costumeiras jurisprudenciais[390].

---

causa competência para praticar actos da espécie em causa, visto que o artigo 18, n.º 1, CRP constitui fundamento desde que a pessoa colectiva pública tenha atribuições que possam colidir com o direito em causa, sendo desnecessária qualquer outra base. Não se trata, pois, de um poder funcional, mas de um verdadeiro dever de comprimir um direito ou bem colectivo por força do âmbito definitivo de um direito, liberdade e garantia que lhes impõe uma limitação estabelecida directamente pela Constituição.

Trata-se de realidade aceite por alguns autores, embora em termos demasiado latos: R. Novais, As *Restrições* (…), cit., págs. 857-866 (também na execução de bens colectivos); A. Salgado de Matos, *A Fiscalização Administrativa da Constitucionalidade*, Coimbra, 2004, pág. 482-485 (admite regulamentos externos sobre a matéria, na falta de lei).

[389] Vide sobre estas, *infra*, parág. 8.1.1, nota 719.

[390] Trata-se de realidade há muito reconhecida; basta ver o artigo 10, n.º 3, do Código Civil e a competência que lhes é conferida de "legislar dentro do espírito do sistema".

Vide igualmente Manuel de Andrade, *Ensaio sobre a Teoria da Interpretação das Leis*, 2.ª ed., Coimbra, 1963, pág. 88, nota 1 e 100-103; Hans Kelsen, *Teoria Pura* (…),

Ora, o Direito substantivo não pode variar em função do órgão que o executa. Se tal actividade compete aos Tribunais, terá igualmente de caber à Administração, sob pena de todas as decisões desta última que visem concretizar e conciliar direitos, liberdades e garantias em conflito estarem condenadas a ser consideradas inconstitucionais pelos Tribunais, por estes poderem recorrer a parâmetros substantivos distintos. Simplesmente, se aos Tribunais não cabe necessariamente a última palavra em matéria de direitos, liberdades e garantias no confronto com o legislador, deve caber-lhes no confronto com a Administração, devendo rever intensivamente os actos administrativos na matéria, se necessário impondo a sua visão subjectiva à visão igualmente subjectiva da Administração[391].

Contudo, este papel dos órgãos executivos compatibilizador das normas sobre direitos, liberdades e garantias em conflito não pode ser tão lato como o conferido ao legislador. As opções fundamentais sobre a matéria devem caber ao legislador[392]. Designadamente, a menos que se trate de um regime directamente imposto pela Constituição, por estar em causa apenas o apuramento de limitações, estes órgãos devem evitar realizar opções políticas fundamentais em termos de ampliação de direitos à custa de outros.

Muito menos poderão impor um bem colectivo constitucional contra um direito, liberdade e garantia sem base em lei, visto que os primeiros

---

cit., pág. 263-273 (embora, devido ao seu formalismo, o autor vá longe demais) e em *La Garantía Jurisdiccional De La Constitución* (trad.), México, 2001, pág. 78-82 e 85-86; Otto Bachof, *Nuevas reflexiones sobre la jurisdicción constitucional entre derecho y política, Boletín Mexicano de Derecho Comparado*, Nueva Serie Año XIX, Número 57, Septiembre-Diciembre 1986, págs. 837-852, na págs. 843 e 848-849; Wladimir Brito, O *Poder Judicial*, em *Boletim da Faculdade de Direito*, Volume LXXX, 2004, pág. 231-270, na pág. 252-253.

Em sentido contrário, a teoria mais bem conseguida quanto ao papel declarativo da Jurisprudência, mas que não se afigura convincente, é a de Ronald Dworkin, *The Model of Rules I*, em *Taking Rights Seriously*, 5.ª ed. (reimp.), London, 1987, págs. 14-45, nas págs. 31-39; em *The Model of Rules II*, em *Taking (...)*, cit., págs. 46-80, nas págs. 68-71; em *Hard Cases*, em *Taking (...)*, cit., págs. 81-130, nas págs. 81, 84-86, 100, 103-104 e 105 e segs.; em *Is There Really No Right Answer in Hard Cases?* em *A Matter of Principle*, Oxford, 1986, págs. 119-145 e em *Law's Empire*, Cambridge (Massachusetts)/London, 1986, págs. 53-54, 77, 83-86 e 266-273.

[391] Vide, *supra*, parág. 5.1.2.

[392] Vide, em sentido paralelo: J. Gomes Canotilho, *A Concretização da Constituição pelo Legislador e pelo Tribunal Constitucional*, em *Nos Dez Anos da Constituição* (org. J. Miranda), Lisboa, 1987, págs. 345-372, na pág. 365.

não são directamente aplicáveis. Nesta matéria, a estes órgãos apenas lhes cabe compatibilizar direitos, liberdades e garantias.

6.4. Prevalência entre direitos fundamentais

Se não existe uma hierarquia de valores constitucionais, no sentido de uma prevalência abstracta absoluta de certos direitos sobre outros, tal não significa que os bens constitucionais tenham o mesmo valor[393].

Esta questão tem sido enevoada por teorias de direitos fundamentais que apontam em sentidos divergentes e, ainda hoje, constitui a fonte mais grave de subjectivismo na aplicação dos direitos fundamentais. Bem mais do que as diferenças metodológicas, praticamente irrelevantes por força de uma relativo consenso quanto às regras básicas, são as diferentes valorações que os intérpretes, em função das suas pré-compreensões, atribuem a cada direito as responsáveis pelas discrepâncias de resultados interpretativos[394]. Por exemplo, alguém com uma pré-compreensão mais favorável à participação dos cidadãos na vida política tenderá a atribuir um maior valor ao direito de manifestação do que alguém mais preocupado com a manutenção da ordem e com a garantia das liberdades económicas (iniciativa privada, liberdade de deslocação, direito ao trabalho e de trabalhar).

A Constituição fornece indicações no sentido da existência de direitos fundamentais de valor superior aos outros.

Assim, o artigo 19, n.° 6, estabelece que, em caso algum, a declaração do estado de sítio ou de emergência poderá colocar em causa os direitos, liberdades e garantias que indica. É certo que alguns destes direitos foram incluídos por força da circunstância de a sua suspensão não constituir um meio adequado para solucionar uma qualquer situação que justifique estas declarações. Será o caso do direito à identidade pessoal, à cidadania, à capacidade civil e à cidadania. Contudo, a proibição de suspensão do direito à vida, à integridade pessoal, a não retroactividade da lei criminal e o direito de defesa dos arguidos, que poderia "facilitar" a resolução

---

[393] Trata-se de realidade reconhecida por vários autores: J. Miranda, *Manual* (…), Volume IV, cit., pág. 194-195; G. Canotilho, *Direito Constitucional* (…), cit., pág. 1274; R. Medeiros, *O estado de Direitos* (…), cit., pág. 40; Milton R. Konvitz, *Fundamental Liberties of a Free People: Religion, Speech, Press, Assembly*, Transaction, 2002, pág. 118 ("freedom of speech, freedom of the press, freedom of assembly, freedom of suffrage—enjoy a status of priority").

[394] Também: V. de Andrade, *Direitos Fundamentais* (…), cit., pág. 310.

188 *Os Direitos de Reunião e de Manifestação no Direito Português*

de algumas situações, mostra que não foram apenas critérios de desnecessidade a determinar esta escolha, mas igualmente de proporcionalidade: ou seja, valorações do peso relativo de cada direito. E, portanto, que existe uma indicação constitucional de prevalência relativa destes quatro direitos sobre bens constitucionais colectivos, como a estabilidade do regime democrático, a independência nacional ou a integridade territorial. E que, por força da consagração destes direitos, mas não de outros, existe uma prevalência relativa destes sobre os restantes[395].

Que, por outro lado, a inclusão dos direitos à identidade pessoal, à cidadania, à capacidade civil e à cidadania, mas não de outros direitos cuja suspensão será insusceptível de constituir uma medida necessária para enfrentar uma situação legitimadora de uma declaração de estado de sítio ou de emergência[396], também deve ser vista como uma indicação de um estatuto reforçado para estes direitos, logo a seguir aos primeiros quatro.

A própria consagração do princípio da proporcionalidade no artigo 18, n.º 2, tem subjacente a ideia de prevalência relativa de valores em caso de colisão, visto que, segundo julga, é praticamente impossível realizar uma ponderação de proporcionalidade (em sentido estrito) sem ter presente uma relação de prevalência entre os bens em colisão que não se manifesta somente no caso concreto, antes parte de um determinado valor abstracto de cada direito[397], mesmo se este não implica necessariamente

---

[395] No mesmo sentido: J. Miranda, *Manual* (…), Volume IV, cit., pág. 194; J. Bacelar Gouveia, *O Estado de Excepção no Direito Constitucional*, Volume II, Lisboa, 1998, pág. 893, 902-903 e 909; J. Alexandrino, *Estatuto Constitucional* (…), cit., pág. 93-96; em sentido contrário: R. Novais, As *Restrições* (…), cit., págs. 704 (referindo dois casos de liberdade de culto; porém, esta não se encontra compreendida no artigo 19, n.º 6, visto que este preceito, ao contrário do artigo 41, não a compreende, mas apenas à liberdade de consciência e religiosa).

[396] Dificilmente a suspensão dos direitos à imagem e à palavra ou os direitos e deveres familiares poderá ser necessária. Mas não foram incluídos.

[397] Trata-se de conclusão que encontra consagração enraizada em institutos de Teoria Geral do Direito como a colisão de direitos ou as causas de justificação. Assim, espelhando esta associação necessária entre proporcionalidade e prevalência relativa de uns direitos sobre outros, o Código Civil prevê que, em caso de colisão de direitos, "Se os direitos forem desiguais ou de espécie diferente, prevalece o que deva considerar-se superior" (artigo 334). A propósito da acção directa, estabelece que esta é ilegítima "quando sacrifique interesses superiores aos que o agente visa realizar ou assegurar" (artigo 336). Que a legítima defesa só pode ser utilizada quando o "prejuízo causado pelo acto não seja manifestamente superior ao que pode resultar da agressão" (artigo 337, n.º 2) e que o estado de necessidade apenas pode ser invocado quando tiver por fim "remover o perigo actual de um dano manifestamente superior" (artigo 339, n.º 1).

Limitações, restrições e ablações 189

a sua prevalência em concreto, pois esta última depende igualmente do grau de compressão que cada bem impõe ao outro. O grau de compressão de um direito por força de uma colisão com um outro começa por ser directamente proporcional ao valor prevalecente do segundo em relação ao primeiro, mas quanto mais comprimido for um direito, mais valioso terá de ser o direito com o qual colide para ser legítimo impor-lhe compressões adicionais, acabando por ser necessário um valor desproporcionalmente superior em termos crescentes para as legitimar[398]. A chamada concordância prática, na maioria das situações é impossível de ser realizada, sendo necessário que um dos direitos ceda significativamente perante o outro. Ora, esta cedência apenas poderá ser ponderada à luz de uma valoração abstracta de cada direito[399].

Não se trata de afirmar uma prevalência absoluta, no sentido de, por exemplo, o âmbito de protecção do direito à vida prevalecer sempre em

---

O mesmo regime se encontra essencialmente no Código Penal quanto ao estado de necessidade (artigo 34, al. b): "Haver sensível superioridade do interesse a salvaguardar relativamente ao interesse sacrificado") e quanto ao conflito de deveres (a outra face do conflito de direitos, artigo 36: "satisfizer dever ou ordem de valor igual ou superior ao do dever ou ordem que sacrificar"), com uma parcial divergência no artigo 32 em relação à legítima defesa, que literalmente não exige proporcionalidade, alteração que já suscitou diversas discussões (cfr. Cavaleiro de Ferreira, *Lições de Direito Penal*, Lisboa, 1987, pág. 101, no sentido da vigência de um duplo regime; Maria Conceição Valdágua, *Aspectos da Legítima Defesa no Código Penal e no Código Civil*, Lisboa, 1990, pág. 38-46, no sentido da revogação da exigência de proporcionalidade constante do Código Civil pelo Código Penal).

Tendo presente que a legítima defesa se encontra consagrada no artigo 21, segunda parte, da Constituição (vide, *supra*, parág. 5.1.1.3, nota), que os particulares se encontram igualmente vinculados pelos direitos, liberdades e garantias e que a resolução dos conflitos entre estes direitos deve respeitar o princípio da proibição do excesso, tem-se sérias reservas em relação à constitucionalidade da sujeição da legítima defesa apenas ao princípio da necessidade. Assim, o Tribunal Constitucional afirmou: "É assim possível encarar o princípio da proporcionalidade como um princípio objectivo da ordem jurídica. E, se é certo que a aplicação do princípio da proporcionalidade se viu inicialmente restrita à conformação dos actos dos poderes públicos e à protecção dos direitos fundamentais, há que reconhecer que foi admitido o posterior e progressivo alargamento da relevância de tal princípio a outras realidades jurídicas, **não se detectando verdadeiros obstáculos à sua actuação no domínio das relações jurídico-privadas**" (cfr. Acórdão n.° 22/04, de 14 de Janeiro de 2004, parág. 11.1, citando o Acórdão n.° 302/01; vide igualmente o Acórdão n.° 698/05, de 14 de Dezembro de 2005, parág. 11.1).

[398] Neste sentido: R. Alexy, *Theory* (…), cit., pág. 195.

[399] No mesmo sentido: R. Medeiros, *O estado de Direitos* (…), cit., pág. 40; em sentido contrário: R. Novais, As *Restrições* (…), cit., págs. 704-707 e 715-719.

190 Os Direitos de Reunião e de Manifestação no Direito Português

toda a sua plenitude sobre todos os outros direitos e bens. Mas sim que, por força do seu valor, terá de estar em causa um aspecto essencial de algum outro direito ou bem muito valioso para que este possa impor limitações necessárias e proporcionadas ao direito à vida. Pelo contrário, não se afiguram possíveis quaisquer restrições em sentido técnico a este direito[400].

Mas esta prevalência não necessita de ser estabelecida meramente em situações individuais e concretas. Pelo contrário, pode ser estabelecida em termos abstractos, como é confirmado pela possibilidade de a lei estabelecer regimes que implicam claras prevalências em termos gerais e abstractos entre direitos em colisão. Apesar de tal nem sempre ser possível, podem mesmo ser estabelecidas prevalências puramente abstractas (por exemplo, entre a vida e a integridade física), sem prejuízo de o direito menos valioso poder prevalecer em certos aspectos, quando, por exemplo,

---

[400] Assim, o Estatuto da Guarda Nacional Republicana (aprovado pelo Decreto-Lei n.º 265/93, de 31 de Julho, com as alterações introduzidas pelos Decretos-Lei n.º 298/94 de 24 de Novembro, 297/98 de 28 de Setembro, 188/99, de 2 de Junho, 504/99 de 20 de Novembro, 15/02 de 29 de Janeiro e 119/04 de 21 de Maio), no seu artigo 6, n.º 4, sob a epígrafe "Princípios fundamentais" estabelece "O militar da Guarda, em caso de guerra ou em estado de sítio ou de emergência, cumpre as missões que lhe forem cometidas pelos legítimos superiores, para defesa da Pátria, se necessário com o sacrifício da própria vida", na sequência de regime idêntico para os militares das Forças Armadas.

O preceito é, desde logo, inconstitucional por ter sido aprovado por Decreto-Lei não autorizado. Mas, mesmo deixando de lado esse aspecto, este visa obrigar ao sacrifício da própria vida se tal for necessário para o cumprimento de missões durante conflito armado ou estado de excepção. Trata-se de regime que, literalmente, parece mesmo legitimar ordens militares que impliquem um verdadeiro suicídio, por ser praticamente impossível sobreviver-lhes. Ou seja, não obstante a importância enorme que a Constituição confere à defesa e independência nacional (que surge mencionada em primeiro lugar, no preâmbulo, no artigo 7, n.º 1, no artigo 9, no artigo 273, n.º 2, ou no 288), que poderão estar em causa, do artigo 19, n.º 6, CRP resulta que o direito à vida prevalece sobre estes bens e que, consequentemente, este regime legal deve ser considerado como inconstitucional.

Contudo, já parece de admitir que o regime legal fosse no sentido de estes agentes militarizados terem o dever de colocar a sua vida em sério risco, cumprindo ordens que impliquem um perigo forte, mesmo uma probabilidade, de causar a morte. Ou seja, uma formulação da norma não inconstitucional seria algo como "se necessário, com risco sério para a própria vida". Ora, ainda assim, este regime constituiria uma severa limitação do direito à vida, legitimada pela necessidade incontornável de proteger os referidos bens, nos termos do artigo 275, n.º 1 e n.º 5-7, e por força do artigo 276, n.º 1, CRP, sempre obrigatoriamente nos termos de lei. O facto de ser uma limitação e não uma restrição afasta os problemas derivados da circunstância de o artigo 270 não admitir restrições ao direito à vida.

Limitações, restrições e ablações 191

esteja em causa o seu conteúdo essencial no confronto de apenas um aspecto secundário do direito mais valioso[401].

Mas estabelecida a existência, e necessidade da sua existência, de uma prevalência relativa dos direitos fundamentais entre si, a Constituição, para lá do artigo 19, n.° 6, não fornece critérios muito seguros para a identificar em concreto; daí, aliás, todo o referido subjectivismo que caracteriza este procedimento.

Julga-se que é impossível realizar uma hierarquização abstracta entre categorias de direitos fundamentais, sem prejuízo de ser possível indicar princípios gerais[402], mesmo se com grandes cautelas e a ser confirmados caso a caso. Apenas direito fundamental a direito fundamental é possível estabelecer uma prevalência relativa, que ficará sempre sujeita a confirmação no caso concreto, em função do grau de compressão imposto por cada direito ao outro[403]. Ou seja, por exemplo, um direito decorrente do

---

[401] Trata-se da metodologia de concretização adoptada pelo Supremo Tribunal Federal norte-americano, que passa pela atribuição a certos direitos de uma prevalência abstracta: "the rights to assemble peaceably and to petition for a redress of grievances are among the most precious of the liberties safeguarded by the Bill of Rights" [cfr. *Mine Workers v. Illinois Bar Assn.*, 389 U.S. 217 (1967), pág. 222 (texto em http://laws.findlaw.com/us/389/217.html)].

Na Europa, pelo contrário, designadamente, o Tribunal Constitucional federal alemão tende a adoptar uma perspectiva mais casuística (cfr. Winfried Brugger, *The Treatment of Hate Speech in German Constitutional Law (Part I)*, *German Law Journal*, Volume 3, No. 12, 2002, parág. 37), que pode ser acusada de dar maior azo a subjectivismos. Em qualquer caso, só aparentemente esta abordagem não pressupõe uma prevalência relativa de direitos, visto que esta estará sempre subjacente a cada decisão de um caso concreto.

[402] Cfr. a perspectiva de J. Miranda, *Manual* (...), Volume IV, cit., pág. 194-195.

[403] Assim, resulta evidente que o direito à vida prevalece sobre o direito à integridade física e sobre o direito de propriedade; porém, numa situação de legítima defesa, o segundo já prevalece sobre o direito à vida do agressor, se a medida de privação da vida for necessária e a ofensa à integridade física for grave. Em certas circunstâncias, até a propriedade pode prevalecer. Ou seja, a existência de um acto ilícito actual altera completamente a relação de prevalência normal.

Contudo, deixa-se de lado esta situação excepcional das causas de justificação que, aliás, constituem uma situação completamente diferente da situação da introdução de limitações e restrições aos direitos, liberdades e garantias. Isto é, mesmo depois de realizadas estas operações, é ainda possível, com base numa causa de justificação ou numa declaração do estado de sítio ou de emergência, comprimir estes direitos ainda mais em situações de excepção. Mas nestes casos, claro está, o artigo 18, n.° 2 e n.° 3, não terão aplicabilidade, mas antes o artigo 19. Não se está perante uma restrição, mas em face de um desrespeito justificado destes direitos, por ser efectivamente afectado o seu âmbito definitivo de protecção.

núcleo essencial de um direito social pode prevalecer sobre um direito, liberdade e garantia pessoal, especialmente porque, segundo se julga, tal núcleo normalmente terá natureza análoga a um direito, liberdade e garantia[404].

Seria tentador ver na ordem pela qual são apresentados os direitos, liberdades e garantias constantes do catálogo uma indicação constitucional quanto à sua importância. Mas um confronto com o artigo 19, n.° 6, retira base a tal conclusão. Assim, a liberdade de consciência e religião, que consta do elenco do artigo 19, n.° 6, é inserida no catálogo depois de vários direitos que não constam deste. Quando muito, esta ordem pode ser trazida à colação, como um elemento de muito limitado valor, entre vários outros mais importantes, partindo do princípio de que nada numa Constituição é inteiramente inocente e que também esta obedeceu a algum critério. Mesmo no seio do mesmo preceito, por exemplo, o artigo 26, n.° 1, a ordem de menção dos direitos não parece ser inteiramente neutra.

Igualmente o facto de o direito se encontrar sujeito ou não a uma permissão de restrições será um elemento que poderá fornecer uma indicação

---

[404] Pense-se no referido exemplo do direito à saúde de terceiros em relação ao direito de liberdade de circulação de um indivíduo infectado com uma doença fortemente contagiosa grave ou, juntamente com o direito ao ambiente e à qualidade de vida [artigo 66, n.° 1 e n.° 2, al. a)], perante a poluição sonora, especialmente nocturna, provocada pelo gozo ruidoso do direito de manifestação. Julga-se que estas vertentes negativas dos direitos à saúde e ao ambiente constituem igualmente direitos de natureza análoga a direitos, liberdades e garantias pessoais. Mas não deixam de se encontrar fora do catálogo, o que poderia sugerir erradamente a sua desvalorização.

Mas mesmo direitos sociais estruturalmente positivos, como o direito à alimentação, núcleo do direito à segurança social (artigo 63, n.° 1 e 3), podem prevalecer em caso de colisão perante direitos, liberdades e garantias, como o direito de propriedade (de natureza análoga), tendo presente a sua indispensabilidade à vida. Claro está, tal terá de passar por uma oponibilidade em situações excepcionais deste direito mesmo em relação a particulares, o que só encontra base constitucional se se considerar que goza de natureza análoga a direito, liberdade e garantia (artigo 17; vide a justificação, *infra*, parág. 7.1.3.1). Só à luz deste entendimento, ao menos numa dimensão de exclusão de culpa ou inexistência de condições de punibilidade, ganhava justificação o regime de especial atenuação ou mesmo isenção de pena previsto no anterior Código Penal para o furto por necessidade ou formigueiro (artigo 302) e a actual necessidade de acusação particular para este crime [artigo 207, al. b)]. De outra forma, este regime poderia ser considerado como um deficit de protecção da propriedade por parte do Estado, em violação dos seus deveres (vide, *supra*, parág. 5.1.1). Mas se o lesado for o Estado, o problema nem se coloca, embora, claro está, neste caso não estará em causa um direito subjectivo de propriedade do Estado, mas uma mera garantia institucional da propriedade pública (vide, *supra*, parág. 4.2.1).

Limitações, restrições e ablações 193

quanto ao seu valor, mesmo se tal pode derivar de uma mera técnica legislativa[405]. A ausência de tal permissão pode ser vista como uma indicação de que o legislador realizou previamente as necessárias ponderações e que entendeu que, em relação àquele bem específico, o direito que o tutela deveria prevalecer sobre quaisquer outros bens constitucionais com que colidisse[406]. Mas tal deve ser tomado apenas como um ponto de partida, pois não se pode afastar que o mesmo possa ficar sujeito a limitações decorrentes de um confronto incontornável com outro direito ou bem constitucional de especial valor.

Perante a óbvia insuficiência destes elementos constitucionais, cabe alguma discricionariedade ao legislador, devendo as suas preferências ser respeitadas, a menos que existam elementos a apontar em sentido inverso. Na ausência de lei, deve o intérprete recorrer a todos os elementos objectivos disponíveis, incluindo os trabalhos preparatórios, a Jurisprudência, a Doutrina histórica marcante no surgimento do direito em causa, a sua *occasio legis*, o Direito e a Jurisprudência internacionais sobre este, os Ordenamentos estrangeiros e sua Jurisprudência, de forma a que a sua pré--compreensão pese o mínimo possível nas suas conclusões.

Factos incontornáveis são que os direitos de reunião e de manifestação não constam do elenco do artigo 19, n.° 6. Por um lado, porque em caso de aproveitamento abusivo podem constituir causas da situação de excepcionalidade ou, pelo menos, obstáculos sérios à sua normalização. A sua proibição pode, portanto, constituir uma medida indispensável, insusceptível de ser substituída por outra menos gravosa. Por outro lado, porque o legislador constitucional terá entendido que tais direitos não eram merecedores de uma tutela excepcional.

Ou seja, a menos que seja possível invocar uma causa de exclusão da ilicitude, em caso de colisão com qualquer um dos direitos enunciados no artigo 19, n.° 6, os direitos de reunião e de manifestação terão normalmente de ceder, sem prejuízo de tal poder não acontecer em função do grau de compressão que se lhe pretende impor. Mas no confronto com os restantes direitos fundamentais, estes direitos terão um peso con-

---

[405] Verificou-se que alguns direitos que, no projecto inicial da Comissão de Direitos e Deveres Fundamentais, se encontravam sujeitos a uma "regulamentação", deixaram de conter esta permissão, sem que tal tivesse tido qualquer intenção de a excluir. Trata-se, designadamente, do caso dos direitos de reunião e de manifestação (vide, *supra*, parág. 6.2).

[406] Neste sentido: R. Novais, *As Restrições* (…), cit., pág. 577-581.

194 *Os Direitos de Reunião e de Manifestação no Direito Português*

siderável[407-408], podendo justificar compressões, especialmente da liberdade de deslocação, da iniciativa privada, do direito a trabalhar, e do

---

[407] O Tribunal Europeu dos Direitos Humanos mostrou toda a importância do direito de manifestação ao declarar em palavras fortes: "The Court reiterates, however, that **the fact that a group of persons calls for autonomy or even requests secession of part of the country's territory** – thus demanding fundamental constitutional and territorial changes – **cannot automatically justify a prohibition of its assemblies.** (...) **Freedom of assembly and the right to express one's views through it are among the paramount values of a democratic society**. The essence of democracy is its capacity to resolve problems through open debate. Sweeping **measures of a preventive nature to suppress freedom of assembly and expression other than in cases of incitement to violence or rejection of democratic principles** – **however shocking and unacceptable certain views or words used may appear** to the authorities, and however illegitimate the demands made may be – **do a disservice to democracy** and often even endanger it. In a democratic society based on the rule of law, political ideas which challenge the existing order and whose realisation is advocated by peaceful means must be afforded a proper opportunity of expression through the exercise of the right of assembly as well as by other lawful means." (cfr. *Stankov and the United Macedonian Organisation Ilinden v Bulgaria*, First Section, 2 October 2001, parág. 97).

O mesmo Tribunal declarou ainda: "The Court observes at the outset that the right to freedom of assembly is a fundamental right in a democratic society and, like the right to freedom of expression, **is one of the foundations of such a society**" (cfr. *Case Of Adali v. Turkey*, First Section, Judgment, 31 March 2005, parág. 266).

Ficou já citada declaração no mesmo sentido do Supremo Tribunal Federal norte--americano: "the rights to assemble peaceably and to petition for a redress of grievances are among the most precious of the liberties safeguarded by the Bill of Rights" [cfr. *Mine Workers v. Illinois Bar Assn.*, 389 U.S. 217 (1967), pág. 222 (texto em http://laws.findlaw.com/us/389/217.html)].

[408] Entre os clássicos, o louvor da liberdade de expressão, de que o direito de manifestação constitui uma forma qualificada, é um lugar comum, mesmo na antiguidade.

Assim, Sócrates terá afirmado "The sun might as easily be spared from the universe, as free speech from the liberal institutions of society" e Demóstenes que "No greater calamity could come upon a people than the privation of free speech" (cfr. T. Erskine May, *The Constitutional History Of England Since The Accession Of George The Third – 1760-1860*, Volume II, Seventh Edition, London/New York/Bombay, 1882, Chapter IX, pág. 238-247, nota 1).

A passagem mais conhecida, contudo, cabe a Eurípedes, na sua peça *As Suplicantes* (também conhecida, em inglês, por Hicetides) (cerca de 422 A.C.), em que o mítico Teseu [célebre por ter morto o lendário Minotauro, sendo um personagem utilizado por vários dramaturgos gregos; cfr. René Martin (dir.), *Dicionário Cultural da Mitologia Greco--Romana* (trad. ed. francesa), Lisboa, 1995, pág. 230-232] declara, em defesa do regime ateniense: "Freedom's mark is also seen in this: "Who hath wholesome counsel to declare unto the state?" And he who chooses to do so gains renown, while he, who hath no wish, remains silent. What greater equality can there be in a city?" (cfr. Eurípides, *The Sup-*

Limitações, restrições e ablações 195

direito a usufruir de um ambiente saudável e de qualidade de vida afectados por eventual poluição sonora provocada por manifestações. Em especial, o direito de manifestação parece ter uma tutela acrescida em relação ao direito de reunião[409].

7. Limitações e restrições admissíveis

Distinguidas as figuras das limitações e das restrições, cabe analisar concretamente em que medida os direitos de reunião e de manifestação lhes podem ser sujeitos.

Pela sua importância ou situação particular, deixa-se a questão do aviso prévio e a dos militares e agentes militarizados ou de segurança para parágrafos autónomos.

7.1. Ao direito de reunião

Este direito encontra-se sujeito a limitações e pode ficar pontualmente sujeito a restrições a qualquer uma das suas abordadas dimensões: teleológica, espacial, de acção ou de conteúdo.

7.1.1. *Teleológicas*

Assim, no que diz respeito aos fins que podem determinar a reunião, verificou-se que o âmbito do direito é muito amplo: à sua luz, uma reunião pode ter qualquer fim.

---

pliants, 422 A.C.; texto em http://classics.mit.edu/Euripides/suppliants.html). A tradução mais famosa desta passagem, feita por John Milton, dá-lhe uma conotação mais forte: "This is true liberty, when free-born men, Having to advice the public, may speak free, Which he who can, and will, deserves high praise; Who neither can, nor will, may hold his peace: What can be juster in a state than this?".

Entre os autores modernos, John Milton, considerado o seu primeiro defensor, em 1644, proclamou: "**Give me the liberty** to know, to utter, and **to argue freely according to conscience, above all liberties**" (cfr. John Milton, *Areopagitica: A Speech for the Liberty of Unlicensed Printing*; texto, designadamente, em http://darkwing.uoregon.edu/~rbear/areopagitica.html).

[409] Ver, *supra*, parág. 3.

7.1.1.1. *Inexistência de fins directamente proibidos pela Constituição*

Julga-se que a Constituição não proíbe quaisquer fins directamente. Já ficou frisado que o princípio é o de que somente por força dos direitos, liberdades e garantias esta impõe directamente deveres a simples particulares[410].

Ora, a concretização de um fim, mesmo ilícito, pela organização de uma mera reunião, sem que sejam executados mais quaisquer actos de concretização de tal fim, dificilmente constituíra uma violação destes direitos. Assim, por exemplo, uma reunião organizada com o fim de estudar meios para prejudicar a liberdade de imprensa de um determinado meio de comunicação social visa um fim inconstitucional, mas nem por isso se pode considerar como proibida directamente pela Constituição.

O mesmo vale, por exemplo, para uma reunião que tenha por fim constituir uma associação constitucionalmente proibida, como uma associação armada ou de tipo militar (artigo 46, n.° 4). Tal reunião não pode ser considerada como directamente proibida pela Constituição. Por um lado, esta proibição não constitui um direito ou liberdade e não pode ser considerada como uma garantia susceptível de vincular particulares nos termos do artigo 18, n.° 1, parte final. Constitui antes um elemento negativo que traça a fronteira da liberdade de associação, desprotegendo constitucionalmente tais associações, cuja obrigatoriedade para os particulares depende de legislação concretizadora. Por outro lado, é o acto de criação da organização que é proibido e não meros actos preparatórios.

Julga-se mesmo que, não obstante a Constituição não proteger reuniões violentas ou armadas, que esta limitação não está a proibir reuniões com um fim violento, mas sim apenas a retirar protecção constitucional a reuniões em que parte significativa dos participantes utilize meios violentos ou se encontre armada. Em rigor, o artigo 45, n.° 1, limita-se a desproteger constitucionalmente estas reuniões, a sua proibição directa para particulares não decorre deste preceito, mas dos direitos à vida, à integridade física ou à propriedade, por força dos artigos 18, n.° 1, e 17. Ora, meras intenções violentas, enquanto não forem exteriorizadas, ao menos pelo porte de uma arma, como acto ameaçador ou manifestação externa das intenções violentas, não são proibidas por qualquer direito, liberdade e garantia.

---

[410] Ver, *supra*, parág. 5.2.1.5.

Aliás, entende-se que as reuniões cujos participantes tenham fins violentos, desde que os não exteriorizem de alguma forma, encontram-se protegidas constitucionalmente, simplesmente a lei pode proibi-las, introduzindo uma restrição nesse sentido[411], que terá ainda fundamento constitucional na teleologia da limitação em relação a reuniões violentas ou armadas, como decorre do artigo 1, n.° 1, da Lei sobre o Direito de Reunião, uma vez limitada a sua inconstitucional latitude excessiva. Neste sentido milita a letra do artigo 45, n.° 1, que a título de desprotecção de reuniões perigosas ou com fins violentos, se fica pela exclusão das armadas, bem como a sua teleologia. A Constituição não parece muito preocupada com as intenções dos participantes, mas antes com o que estes efectivamente fazem ou, pelo menos, com os meios que utilizam[412]. A intenção com que alguém exerce um direito fundamental é normalmente irrelevante, desde que respeite os seus limites. Esta é, aliás, uma das diferenças entre os direitos e os poderes funcionais.

Certamente que o legislador ordinário pode introduzir algumas restrições teleológicas ao direito de reunião, proibindo reuniões com certos fins, especialmente através do Direito Penal, no respeito do princípio da constitucionalidade dos bens a tutelar com tais restrições e do princípio da proibição do excesso. Mas fora do caso dos ramos jurídicos sancionatórios, o Direito preocupa-se pouco com os objectivos mentais das pessoas ou com meros actos preparatórios.

7.1.1.2. *Fins ilegais?*

Segundo se julga, não faz sentido proibir todas as reuniões convocadas para fim contrário à lei.

Uma interdição com esta latitude, que visa legitimar uma proibição da reunião na sequência da recepção do aviso prévio em que tal fim se encontre patente, constitui, desde logo, uma ingerência directa dos poderes públicos em matérias de legalidade de interesse privado, que apenas aos particulares afectados pelo seu incumprimento cabe invocar, recorrendo aos Tribunais[413]. O respeito da lei não constitui um bem jurídico

---

[411] Ver, *infra*, parág. 7.2.3.

[412] Contra, em relação ao artigo 8 da Lei fundamental alemã: H. Höllein, *Das Verbot rechtsextremistischer* (…), cit., pág. 635.

[413] Imagine-se uma reunião informal dos membros do Conselho de Administração de uma empresa, marcada em local público para efeitos de discutir se será necessário

198 Os Direitos de Reunião e de Manifestação no Direito Português

que justifique necessariamente restrições a direitos, liberdades e garantias, visto que estas têm necessariamente de visar proteger um outro direito fundamental ou bem constitucional (artigo 18, n.° 2, CRP). Ora, existem muitas leis que não se encontram nestas condições, não constituindo a sua violação fundamento para uma ablação do direito de reunião.

Além desta restrição tutelar um bem aconstitucional, viola ainda o princípio da proibição do excesso (em dupla violação do artigo 18, n.° 2, CRP), quer quanto ao seu subprincípio da necessidade, em ambas as suas vertentes da adequação e da indispensabilidade[414], quer igualmente em relação ao da proporcionalidade[415].

---

incumprir um contrato e discutir se existe alguma base jurídica para o fazer. No momento em que chegam à conclusão de que não existe nenhum fundamento, mas decidem, ainda assim, deixar de cumprir o contrato (passando a violar os seus termos e, portanto, igualmente o artigo 406, n.° 1 do Código Civil) e abrir negociações com a outra parte para o renegociar, pode a reunião ser legitimamente interrompida pela polícia? A resposta, claro está, é não.

[414] Julga-se preferível distinguir no princípio da proibição do excesso, dois subprincípios e não três como é corrente [assim, por exemplo, na Doutrina em língua portuguesa: G. Canotilho/V. Moreira, *Constituição* (…), cit., pág. 152; J. Miranda, *Manual* (…), Volume IV, cit., pág. 206-209; W. Guerra Filho, *Notas em torno ao princípio da proporcionalidade*, em *Perspectivas Constitucionais – Nos 20 anos da Constituição de 1976* (ed. J. Miranda), Volume I, Coimbra, 1996, págs. 249-261, na pág. 259; Vitalino Canas, *O princípio da proibição do excesso na Constituição*, em *Perspectivas Constitucionais – Nos 20 anos da Constituição de 1976* (ed. J. Miranda), Volume II, Coimbra, 1997, págs. 323-357, na pág. 331--333 e 350; e igualmente o Tribunal Constitucional, entre muitos outros, no Acórdão 103/87, de 24 de Março/6 de Maio de 1987, parág. 17 (texto em *Diário da República*, 1.ª série, n.° 103, de 6 de Maio, pág. 1871-1903, na pág. 1879; vide, porém, o alargamento levado a cabo por R. Novais, *As Restrições* (…), cit., pág. 729-798]: o princípio da necessidade e o princípio da proporcionalidade. O terceiro subprincípio normalmente autonomizado, o da adequação, que exige a escolha de meios abstractamente aptos a obter o fim almejado, em função das informações disponíveis ao decisor no momento da decisão ou que este poderia de modo diligente obter, constitui um pressuposto do princípio da necessidade, sendo parte integrante deste. Sem adequação, não pode existir necessidade [vide, igualmente, no mesmo sentido: V. Canas, ob. cit., pág. 351 (apesar de o autor continuar a autonomizar ambos os subprincípios)]. É certo que a Constituição os distingue (cfr. artigo 19, n.° 8: "necessárias e adequadas"), mas esta está longe de utilizar a terminologia relativa a este princípio em termos consistentes ou correctos (deveria estar, quando muito, "adequadas e necessárias", visto que não há medidas que sejam necessárias, que não sejam obrigatoriamente adequadas). O subprincípio da necessidade, além da adequação, compreende ainda uma segunda vertente: a da escolha, dentro das soluções adequadas, daquela susceptível de provocar menos danos nos bens que restrinja; isto é, a exigibilidade ou indispensabilidade.

Aliás, o recurso apenas aos princípios da necessidade e da proporcionalidade constitui um património comum, especialmente no domínio das causas de justificação, à intro-

Uma medida desta espécie será sempre inadequada para prevenir ilegalidades nas situações em que se trate apenas de discutir se esta deve ou não ser cometida. E será sempre uma restrição dispensável, pois ainda que a ilegalidade seja cometida, estando em causa uma norma de interesse privado, os particulares afectados poderão sempre consentir na violação do seu direito, revelando-se injustificada uma intervenção preventiva das autoridades. Finalmente, revela-se desproporcionada, pois ainda que sejam cometidas ilegalidades, nem por isso se justifica proibir preventivamente todas as reuniões ilegais, nem mesmo aquelas que lesem algum direito fundamental ou outro bem constitucional valioso, visto que em diversas situações podem ser eficazmente tutelados *a posteriori*, por recurso aos Tribunais.

7.1.1.3. *Fins contrários à Ordem Pública em sentido técnico?*

Mesmo a Ordem Pública não aparenta constituir um parâmetro legítimo para proibir reuniões por terem fins que lhe sejam contrários.

Sublinhe-se que é necessário distinguir a Ordem Pública em sentido técnico, enquanto conjunto de princípios e normas de interesse colectivo que não admitem derrogação por negócios privados[416], da ordem pública

---

dução ao Direito [vide, embora sinteticamente, J. O. Ascensão, *O Direito* (…), cit., parág. 38, pág. 84-85] e ao Direito Penal (cfr. Maria Conceição Valdágua, *Aspectos da Legítima Defesa no Código Penal e no Código Civil*, Lisboa, 1990, pág. 6, nota 3, 7, 9-10 e 47).

[415] Note-se que, mesmo em relação a negócios jurídicos, o Código Civil apenas os considera inválidos se o fim ilegal for partilhado por ambas as partes (artigo 281). Ou seja, um contrato será ainda válido apesar de poder visar, por exemplo, um fim penalmente ilícito [o exemplo típico é o aluguer de uma arma para a prática de um crime: P. Lima/A. Varela, *Código Civil* (…), cit., anotação ao artigo 280, pág. 259], desde que uma das partes ignore o fim visado pela outra. Ver, contudo, em regime parcialmente distinto, o artigo 117 do Código do Trabalho.

Por outro lado, pretendendo ambas as partes atingir esse fim ilegal, este só assim será considerado caso a norma em causa seja de Ordem Pública, caso contrário, claro está, o acordo das partes legitimará o seu afastamento.

[416] A noção de Ordem Pública, constante designadamente do artigo 280, n.° 2, do Código Civil, refere-se apenas a um conjunto de princípios fundamentais e não a todas as normas imperativas por motivos de Ordem Pública, visto que estas se encontram também consagradas no artigo 280, n.° 1 [como bem sublinha O. Ascensão, *O Direito* (…), cit., parág. 314-III, pág. 544]. Deste modo, a noção de Ordem Pública em sentido técnico tem um sentido amplo, como compreendendo todas as normas imperativas por motivos de Ordem Pública [artigo 280, n.° 1 e n.° 2 e ainda artigos 81, n.° 1; 182, n.° 2, al. d); 192, n.° 2, al. d); 271, n.° 1; 281; 345, n.° 2; 465, al. a); 800, n.° 2; 967; 2186; 2230, n.° 2 e

200   *Os Direitos de Reunião e de Manifestação no Direito Português*

em sentido material, enquanto manutenção da paz pública. Ambas as noções são utilizadas, e confundidas, mesmo que em sede dos direitos

---

2245; alguns dos quais se referem a normas de ordem pública e não apenas a princípios] e um sentido restrito que se reporta a tais princípios fundamentais, para lá ainda da noção distinta de Ordem Pública Internacional (cfr. artigo 22, 1651, n.º 2 e 1668, n.º 2 do Código Civil). No texto pretende-se designar o sentido amplo.

O que não significa que se deva recorrer a visões meta-jurídicas da Ordem Pública em sentido restrito, enquanto pretensas regras não escritas indispensáveis à coabitação humana tendo em conta parâmetros éticos e sociais [neste sentido: Oliver Tölle, *Polizei- und ordnungsbehördliche Maßnahmen bei rechtsextremistischen Versammlungen, Neue Zeitschrift für Verwaltungsrecht*, 2001, heft 2, pág. 153-157, na pág. 154]. Esta reporta--se a princípios fundamentais estritamente jurídicos, mas que podem ter origem costumeira, como os decorrentes de jurisprudência constante. Também se aceita que possam estar em causa princípios não explicitados na lei, mas susceptíveis de ser depreendidos a partir de uma generalidade de regras [vide em sentido paralelo Carlos M. Pinto, *Teoria* (...), cit., pág. 551; também os artigos 204, 277, n.º 1, e 290, n.º 2, CRP e a sua distinção entre o disposto na Constituição e os princípios nela consignados]; ou ainda de princípios normalmente inaplicáveis directamente ao negócio jurídico em causa, mas cuja aplicação decorra por interpretação de um outro ramo jurídico (por exemplo, precisamente do Direito Constitucional). Mesmo se estes dois últimos casos já poderiam ser retirados da proibição de negócios contrários à lei (artigo 280, n.º 1) [imperativa exclusivamente: também P. Lima/A. Varela, *Código Civil* (...), cit., anotação ao artigo 280, pág. 258], visto que nada sugere que tal contrariedade tenha de ser explícita (artigos 9 e 10 do Código Civil) ou que tenha de estar em causa apenas a lei civil.

Existe ainda uma outra interpretação formalmente admissível para conciliar a nulidade de negócios jurídicos contrários à lei (imperativa) (designadamente, artigo 280, n.º 1) com a noção de Ordem Pública (designadamente, artigo 280, n.º 2). Com efeito, existem também normas imperativas por motivos lógicos, decorrentes do modo como determinadas figuras se encontram consagradas, e não apenas por motivos de Ordem Pública (vide também I. Galvão Teles, *Introdução ao Estudo do Direito*, Volume II, Lisboa, 1989, pág. 452). Trata-se de conclusão que se retira igualmente do artigo 294, que considera como nulos os actos contrários a normas imperativas e não a normas de Ordem Pública, sugerindo que as primeiras são mais amplas do que as segundas. Note-se que esta disposição não constitui um novo fundamento autónomo de nulidade dos negócios jurídicos; limita-se antes a estabelecer que, no seio da invalidade, a regra neste caso é a da nulidade e não a da anulabilidade, daí a secção em que está integrado ("Nulidade e anulabilidade do negócio jurídico").

Assim, da noção de contrato, enquanto acordo livre e consciente de vontades, decorrem algumas normas logicamente inderrogáveis por negócio jurídico. Pense-se na regra da não obrigatoriedade dos contratos em relação a terceiros (artigo 405, n.º 2). A violação desta disposição implica mera ineficácia do contrato, mas a sua derrogação (pela inclusão de uma disposição num contrato no sentido de que os contratos futuros entre as partes vincularão um terceiro sem o seu consentimento), seria mesmo nula. Pense-se igualmente na regra da revogabilidade dos contratos pelas partes; daí que seja nula uma disposição que procure vincular as partes a um determinado conteúdo do acordo, salvo se tal decorrer da

Limitações, restrições e ablações 201

de reunião e de manifestação o seu sentido material tenda a ser predominante[417].

A Ordem Pública em sentido técnico (isto é, jurídico) não constitui um parâmetro adequado para servir de limite a meros fins de uma reunião, que poderão nunca ser concretizados. O seu fim é limitar a autonomia privada na criação de efeitos jurídicos voluntários, não o gozo de bens tutelados por direitos fundamentais[418-419]. De resto, a Ordem Pública não tem

---

lei para a protecção de terceiros. O mesmo se diga de uma disposição de um contrato que estabelecesse que, entre as partes, deixariam de se aplicar todas as regras relativas ao erro em futuros contratos, enquanto fundamento de invalidade destes; o regime do erro não é de Ordem Pública (como decorre do artigo 248), mas a sua imperatividade decorre da noção de contrato como acto consciente. O que significa que existem normas que impõem a nulidade de negócios que as tentem derrogar (isto é, são normas imperativas) que não são de Ordem Pública.

Por conseguinte, poder-se-ia entender que o artigo 280, n.º 1, se refere exclusivamente a estas normas logicamente imperativas e que todas as outras se encontrariam abrangidas pela cláusula da Ordem Pública constante do artigo 280, n.º 2. Esta interpretação evitaria ter de recorrer a dois sentidos (amplo e restrito) de Ordem Pública. Mas reduziria a relevância do artigo 280, n.º 1, parte final ("contrário à lei") (que se distingue da impossibilidade legal, por esta última se reportar a negócios que vinculem à celebração de outros negócios que sejam proibidos; neste sentido: Manuel de Andrade, *Teoria Geral da Relação Jurídica*, Volume II, Coimbra, 1960, pág. 328-331; vide igualmente o Acórdão do Supremo Tribunal de Justiça de 6 de Outubro de 2003, processo n.º 04B539) a casos académicos. É, pois, mais curial a primeira interpretação, mesmo se, sendo idêntico o regime, se trate de uma diferença interpretativa irrelevante em termos práticos.

[417] Assim, o artigo 1, n.º 1, da Lei sobre o Direito de Reunião aproxima a noção de "ordem (...) pública" da de tranquilidade pública, identificando-a com a de manutenção da ordem.

Igualmente, por exemplo, o artigo 21, n.º 2, da Constituição espanhola, utiliza a expressão ordem pública; o Tribunal Constitucional espanhol afirmou em relação a esta que: "debe entenderse que esa noción de orden se refiere a una situación de hecho, el mantenimiento del orden en sentido material en lugares de tránsito público, no al orden como sinónimo de respeto a los principios y valores jurídicos y metajurídicos que están en la base de la convivencia social y son fundamento del orden social, económico y político" (cfr. Tribunal Constitucional, Sala Segunda, STC 066/1995, 13 de Maio de 1995, ponto II3; texto: http://www.boe.es/g/es/bases_datos_tc/doc.php?coleccion=tc&id=SENTENCIA-1995-0066).

Pelo contrário, a Lei alemã sobre o Direito de Reunião, no seu artigo 15, n.º 1, consagra a Ordem Pública em sentido técnico como fundamento para a proibição de reuniões; o seu n.º 3 permite igualmente interrupções com este fundamento.

[418] O próprio Código Civil também apenas considera inválidos os negócios jurídicos cujo fim seja contrário à Ordem Pública, se este for partilhado por ambas as partes (artigo 281).

[419] Um caso paradigmático de reunião com um fim contrário a uma norma de Ordem Pública em qualquer Estado será o de uma manifestação que vise promover (paci-

202 *Os Direitos de Reunião e de Manifestação no Direito Português*

base constitucional, não constituindo em si, enquanto conceito jurídico abstracto desligado da Constituição, fundamento para restringir direitos, liberdades e garantias[420]. Sem prejuízo, claro está, de conter diversos prin-

---

ficamente, claro está) uma secessão. E, contudo, o Tribunal Europeu dos Direitos Humanos, afirmou: "**the fact that a group of persons calls for autonomy or even requests secession** of part of the country's territory – thus demanding fundamental constitutional and territorial changes – **cannot automatically justify a prohibition of its assemblies**. Demanding territorial changes in speeches and demonstrations does not automatically amount to a threat to the country's territorial integrity and national security" (cfr. *Stankov and the United Macedonian Organisation Ilinden v Bulgaria*, First Section, 2 October 2001, parág. 97).

Pense-se num outro exemplo: uma reunião de administradores convocada para organizar um *lock-out* numa empresa, acto proibido por uma norma que deve ser considerada como de Ordem Pública, não podendo ser derrogada pelos contratos de trabalho [cfr. artigo 57, n.º 4 CRP; artigos 4; 114, n.º 2; 605 e 689 do Código do Trabalho; Ordem Pública Social, como a denomina J. Barros Moura, *A Constituição portuguesa e os trabalhadores – Da Revolução à integração na CEE*, em *Portugal: O Sistema Político e Constitucional – 1974/87* (coord. B. Coelho), Lisboa, 1989, págs. 813-860, na pág. 834]. Deve esta ser proibida? A mera organização não constitui ainda um mero acto preparatório que pode ser completamente inconsequente? Julga-se que esta reunião (mesmo que realizada em local público) não pode ser previamente proibida ou interrompida. Aliás, poderá ser ocasião para que opositores da iniciativa expressem o seu ponto de vista e demovam os restantes dos seus intentos.

[420] O Tribunal Constitucional, porém, mesmo sem base na Lei dos Partidos, extinguiu um partido com fundamento em que este tinha fins contrários à Ordem Pública; no caso, levar a cabo uma revolução por meios violentos. De facto, ao contrário da anterior Lei dos Partidos (Decreto-Lei n.º 595/74, de 7 de Novembro), cujo artigo 21, al. c) e d), impunha a extinção de um partido cujos fins ou acção fossem contrários à moral ou Ordem Pública, a presente Lei dos Partidos (Lei Orgânica n.º 2/2003, de 22 de Agosto) não admite tais fundamentos de extinção no seu artigo 18. Apesar disso, o Tribunal invocou o artigo 182, n.º 2, do Código Civil, não obstante este conter o regime geral que fora derrogado pela norma especial consagrada na Lei dos Partidos e ser de duvidosa constitucionalidade por permitir a extinção de Associações com base na Ordem Pública, para afinal acabar por extinguir o partido nos termos da Lei dos Partidos... "Tendo ficado provado nesta acção que o fim real do partido réu é ilícito e contrário à ordem pública e que esse fim foi sistematicamente prosseguido por meios ilícitos e contrários à ordem pública, conclui-se que o partido réu não respeita os princípios fundamentais definidos na Constituição e na Lei dos Partidos Políticos, pelo que estão preenchidas as condições para o Tribunal Constitucional decretar a sua extinção" (cfr. Acórdão 231/04, de 31 de Março de 2004, parág. 15).

Enfim, não se discorda da extinção, mas a fundamentação afigura-se tortuosa. Uma vez provados o fim e meios violentos, teria sido possível extinguir o partido por uma leitura do artigo 18, n.º 1, al. a), da Lei à luz do artigo 46, n.º 1, CRP. Um partido que usa meios violentos é normalmente um partido armado, visto que o uso da violência não será apenas de mãos livres. Sem ser necessário invocar disposições do Código Civil inaplicáveis no caso e com noções desconformes com a Constituição.

Limitações, restrições e ablações 203

cípios e normas, consagrados constitucionalmente, que são fundamento legítimo para estabelecer restrições.

Ou seja, proibir reuniões contrárias à Ordem Pública não constituiria uma restrição ao direito de reunião constitutiva de uma ingerência em matérias de interesse privado, mas continuaria a ser uma restrição desproporcionada[421] e que poderia estar a acautelar bens sem assento constitucional, que não legitimam restrições a direitos, liberdades e garantias.

7.1.1.4. *Fins contrários à ordem pública em sentido material?*

Em relação à ordem pública em sentido material, ou paz pública, como limite a reuniões/manifestações, julga-se que esta apenas será admissível se interpretada em termos conformes com estes direitos.

Assim, a susceptibilidade de se violar a paz pública tem sido utilizada em alguns Ordenamentos Jurídicos como critério para distinguir actos ilícitos de actos que o não são[422]. Nestes casos, pretende-se traduzir a ideia de que determinados actos de expressão, pelo seu conteúdo, devem ser proibidos a partir de certa intensidade. E subjacente a esta medida encontra-se a ideia de que aqueles actos de expressão são negativos, mas que

---

[421] Neste sentido, mas com uma noção bem mais ampla de Ordem Pública: O. Tölle, *Polizei- und ordnungsbehördliche* (…), cit., pág. 154.

[422] Assim, a noção de "fighting words" na jurisprudência e Direito norte-americano: "small class of "fighting words" that are "likely to provoke the average person to retaliation, and thereby cause a breach of the peace" (cfr. *Texas v. Johnson*, 491 U.S. 397 (1989), parág. 409; texto em http://laws.findlaw.com/us/491/397.html).

À luz desta noção, tais palavras não são ilícitas salvo se forem de ordem a provocar violência. Ou seja, a fronteira da ilicitude destes actos é dada pela circunstância de estes serem susceptíveis de provocarem desacatos desencadeados pelos destinatários. Mas a probabilidade de serem provocados desacatos constitui um mero indicador para avaliar algo que não constitui realmente uma medida de perigo, mas antes uma medida de gravidade do conteúdo do acto. Em concreto, o perigo pode ser nulo; nem por isso os actos deixam de ser considerados ilícitos, pelo menos à luz de algumas aplicações da noção. O colocar-se em causa a paz é um mero subterfúgio para legitimar a sua sanção, que só aparentemente é neutro quanto ao conteúdo. Se o acto fosse lícito em si ou, pelo menos, encarado positivamente pela Ordem Jurídica, não seria a circunstância de ter provocado desacatos que o tornaria ilícito. Quando se sustenta que determinados actos não podem ser praticados porque vão provocar reacções violentas, em rigor está-se a realizar um juízo sobre o seu conteúdo que sugere a sua ilicitude por serem ofensivos ou provocatórios. Aliás, fazer depender a ilicitude de um acto da circunstância de este provocar desacatos seria uma forma de incentivar desacatos, já que os ofendidos poderão saber que o autor do acto só será punido se reagirem mal.

devem ser tolerados, até esse limite. Só essa perspectiva negativa justifica que se utilize a possibilidade de os destinatários recorrerem à violência (acto geralmente qualificado como criminoso) como critério para proibir certas expressões.

Com efeito, se não se partir dessa perspectiva negativa em relação a certos actos de expressão, se se os considerar como actos perfeitamente lícitos, protegidos por um direito fundamental, então o facto de estes provocarem violência é perfeitamente irrelevante como justificação para os proibir[423]. A responsabilidade pela violação da ordem pública virá de terceiros; só materialmente se poderá considerar que estas foram provocadas por quem se limitou a exercer um direito[424]. Ora, seria perfeitamente abusivo da parte do Estado proibir neste caso uma manifestação, pois em resultado da reacção violenta ilícita de contramanifestantes, manifestantes legítimos viriam o seu direito de manifestação sujeito a uma ablação injustificada.

Em suma, são redundantes as disposições de Constituições ou leis que utilizem a noção material de ordem pública como limite ao exercício do direito de reunião ou de manifestação quando estejam em causa distúrbios da responsabilidade dos manifestantes, pois tal já se encontra proibido pela exigência do seu carácter pacífico[425].

---

[423] O Direito Penal recorre por vezes à punição de actos em função de colocarem em causa a paz pública, mas porque entende que estes são já de si ilícitos, ainda que apenas em alguns casos devam ser sancionados penalmente ou o sejam em termos agravados [cfr. artigo 251 do Código Penal (Decreto-Lei n.° 48/95, de 15 de Março, alterado por 18 vezes, a última das quais, por intermédio da Lei n.° 31/2004, de 22 de Julho)] se, além de ilícitos, desencadearem reacções públicas; quando não, devem estar sujeitos apenas a medidas de natureza civil. Ou seja, a situação não é idêntica à referida noção americana das "fighting words". À luz do Direito português, os actos ofensivos já são ilícitos e são susceptíveis de provocar responsabilidade civil. No Direito americano, é a própria fronteira da ilicitude que é traçada com base neste critério, o que se revela essencialmente uma ficção, para criar a sugestão de que o critério é neutro quanto ao conteúdo do acto.

[424] Imagine-se uma equipa desportiva que, por força da forma concludente como venceu a equipa adversária, levou a que os adeptos desta provocassem distúrbios na via pública. Materialmente, foi a sua vitória que provocou os desacatos. Mas será absurdo afirmar que as equipas não podem vencer as adversárias porque tal irá afectar a manutenção da ordem.

[425] Deste modo, o Tribunal Constitucional espanhol considerou que, à luz do artigo 21 da Constituição espanhola, a ordem pública: "no es sinónimo de utilización de la violencia sobre personas o cosas por parte de quienes participan en las concentraciones. Las reuniones no pacíficas (…) ya resultan excluidas del derecho de reunión por el primer párrafo de este precepto" (cfr. Tribunal Constitucional, Sala Segunda, STC 066/1995, 13 de Maio de 1995, cit., parág. 3).

Tendo em conta o que ficou escrito, também não é legítima a alternativa interpretativa de considerar que, com tal noção, se visa, pelo contrário, limitar a reunião/manifestação por força das reacções que estas podem provocar em terceiros, no caso de as mensagens exteriorizadas serem lícitas. Se a violência é causada por contramanifestantes em reacção ao mero exercício de um direito, tal não constitui fundamento para interromper a manifestação[426]. O Estado deve simplesmente cumprir o seu dever de garantir a possibilidade de gozo dos bens protegidos e repor a ordem, se necessário, interrompendo a contramanifestação, por esta se revelar não pacífica[427]. Diferente apenas poderá ser a situação em que os manifestantes, apesar de exteriorizarem mensagens lícitas, o fazem num local, de um modo e com uma intensidade ameaçadora que mostra claramente que o seu único objectivo é provocar terceiros com vista a desencadear desacatos e violência. Nesta situação, é o carácter pacífico da manifestação que pode ficar em causa, podendo os responsáveis ser afastados[428].

---

[426] O Tribunal Europeu dos Direitos Humanos sustentou que o direito de manifestação compreende o direito de indignar terceiros e que as forças de segurança têm o dever de proteger os manifestantes de uma audiência hostil: "it is the duty of Contracting States to take reasonable and appropriate measures to enable lawful demonstrations to proceed peacefully" e "A demonstration may annoy or give offence to persons opposed to the ideas or claims that it is seeking to promote. The participants must, however, be able to hold the demonstration without having to fear that they will be subjected to physical violence by their opponents; such a fear would be liable to deter associations or other groups supporting common ideas or interests from openly expressing their opinions on highly controversial issues affecting the community" (cfr. *Case of Plattform "Ärzte für das Leben" v. Austria*, Judgment, 25 May 1988, parág. 32).

[427] Igualmente: Ulli Rühl, *Die Polizeipflichtigkeit von Versammlungen bei Störungen durch Dritte und bei Gefahren für die öffentliche Sicherheit bei Gegendemonstrationen, Neue Zeitschrift für Verwaltungsrecht*, 1988, Heft 7, págs. 577-584, na págs. 578. Vide ainda, implicitamente, Ana G. Martins, *Direito Internacional dos Direitos Humanos*, Coimbra, 2006, pág. 163.

Alguma Doutrina aceita com demasiada facilidade o direito de proibir uma manifestação por esta ir deparar com uma assistência hostil; neste sentido: A. Carli, *Riunione* (...), cit., pág. 488.

[428] Neste sentido: B. Behmenburg, *Polizeiliche Maßnahmen* (...), cit., pág. 503-504; em termos similares: O. Tölle, *Polizei- und ordnungsbehördliche* (...), cit., pág. 155.

Quer U. Rühl, *Die Polizeipflichtigkeit* (...), cit., pág. 578, quer B. Behmenburg, ob. e loc. cit., rejeitam abertamente a noção de *Zweckveranlasser*, considerando-a incompatível com a consagração do direito de reunião; trata-se de uma figura tradicional do Direito de Polícia alemão, que legitimaria a proibição de uma manifestação, mesmo que perfeitamente lícita, se as suas mensagens fossem provocatórias.

Em qualquer caso, serão raras as situações de manifestantes que exteriorizem apenas

206 Os Direitos de Reunião e de Manifestação no Direito Português

Assim, só resta uma terceira alternativa: o limite da ordem pública visa proteger mesmo as reuniões com mensagens ilícitas de serem interrompidas, enquanto estas não forem de ordem a provocar reacções violentas de contramanifestantes[429]. Nada se tem a apontar a esta interpretação, mesmo se pode levar ao paradoxo de que a manifestação será protegida até que terceiros recorram ou ameacem recorrer à violência (isto é, a actos em princípio criminosos). Ou seja, assistentes, descontentes com a mensagem manifestada, terão um incentivo a converterem-se em contramanifestantes ameaçadores ou mesmo violentos, pois saberão que é a única garantia de conseguirem que as autoridades silenciem os manifestantes que exteriorizam mensagens ilícitas.

Aceita-se que a necessidade de manutenção da paz pública possa ainda impor limites aos direitos de reunião e de manifestação, mesmo quando a mensagem a exteriorizar seja lícita, em situações de impossibilidade material de proteger os manifestantes de terceiros violentos, bem como em estado de necessidade. Ou seja, a sua invocação constituirá uma ablação ilícita dos direitos de reunião e de manifestação, mas que poderá, em casos em que estejam reunidos os respectivos pressupostos, ser justificada com base nestas causas de justificação[430-431].

---

mensagens lícitas com o fim de provocar violência, pois o normal é que puros provocadores descambem no recurso a injúrias ilícitas para alcançar os seus intentos, acabando por facilitar o julgamento quanto ao fim violento que os move.

[429] No Direito britânico, a figura da ruptura da paz tem suscitado discussões quanto à necessidade ou não de ter subjacente um acto ilícito. Não obstante algumas flutuações jurisprudenciais, a melhor Jurisprudência e Doutrina exigem tal ilicitude (neste sentido: Steve Foster, *Freedom of speech and breach of the peace*, em *New Law Journal*, Volume 149, No 6905, 24 September 1999, pág. 1398, que critica um caso de detenção de dois pregadores, em consequência de se terem recusado a silenciar, depois de terem encolerizado algumas pessoas com os seus discursos moralistas na via pública).

[430] Deste modo, também o Tribunal Constitucional federal alemão: "Ähnlich klar erscheint die Rechtslage, wenn sich umgekehrt der Veranstalter und sein Anhang friedlich verhalten und Störungen lediglich von Außenstehenden (Gegendemonstrationen, Störergruppen) ausgehen. Für diesen Fall wird in der Literatur zutreffend gefordert, daß sich behördliche Maßnahmen primär gegen die Störer richten müssen und daß nur **unter den besonderen Voraussetzungen des polizeilichen Notstandes** gegen die Versammlung als ganze eingeschritten werden dürfe" (cfr. BVerfGE 69, 315 – Brokdorf, cit., parág. C.III.3.b). Do mesmo modo: U. Rühl, *Die Polizeipflichtigkeit* (…), cit., pág. 581-584; B. Behmenburg, *Polizeiliche Maßnahmen* (…), cit., pág. 504; O. Tölle, *Polizei- und ordnungsbehördliche* (…), cit., pág. 155; H. Höllein, *Das Verbot rechtsextremistischer* (…), cit., pág. 638.

[431] Pode-se exemplificar com as manifestações itinerantes de protestantes na Irlanda do Norte, que pretendem circular por bairros católicos celebrando a vitória britânica sobre

Ou seja, é necessário distinguir estas duas figuras. Para se invocar estado de necessidade não é necessário estar-se perante uma impossibilidade de, com os meios que dispõem, as forças de segurança fazerem frente a uma multidão de contramanifestantes ameaçadores ou violentos[432]. A impossibilidade material constitui uma causa de justificação autónoma. Basta que se esteja numa situação em que, por força do número limitado de agentes ou do vasto número de contramanifestantes violentos, apenas por recurso a meios de violência extrema as forças de segurança tenham condições para obrigar estes últimos a dispersar. Neste caso, poderá justificar-se que a reunião originária de manifestantes seja forçada a mudar de local ou, se estritamente necessário, a cancelar a sua manifestação. Sendo certo que tal tem de constituir um meio adequado a fazer desmobilizar os contramanifestantes sem violência.

O problema do recurso à ordem pública em sentido material como limite ao exercício destes direitos deriva de se poder entender que as autoridades podem invocar esta figura em termos excessivamente latos, proibindo minorias de se manifestar por força do receio da reacção de terceiros, alegando o risco que isso provoca. Ou seja, a cláusula da ordem pública em sentido material legitimaria estas proibições em termos bem mais latos do que o estado de necessidade, por se alegar que, por colocar em risco a ordem pública, a acção encontrar-se-ia fora do âmbito de protecção do direito[433].

---

os Irlandeses (cfr. Austen Morgan, *Freedom Of Peaceful Assembly – Parades In Northern Ireland*; texto em http://www.austenmorgan.com/Resources/Opinions/FREEDOM%20O F%20PEACEFUL%20ASSEMBLY.doc). As manifestações protestantes não podem ser consideradas como ilícitas, tal como o não será a sua entrada em bairros católicos, tendo em conta que se realiza por vias públicas. Pelo contrário, é sobretudo o risco de uma reacção ilícita dos católicos que torna a situação delicada (isto independentemente de questões de abusos históricos, que, juridicamente, são irrelevantes para o problema do aproveitamento deste direito). Contudo, permitir tais manifestações coloca um risco tão sério, insusceptível de ser minimizado por um forte contingente policial, que o Estado não tem outra alternativa senão proibir a circulação destas manifestações pelos bairros católicos. Mas trata-se de uma proibição que só pode ser justificada em estado de necessidade. A invocação automática do limite da ordem pública seria aqui claramente abusiva.

[432] Ver em sentido contrário, daí que fale num estado de necessidade real e num outro "unechten": U. Rühl, *Die Polizeipflichtigkeit* (…), cit., pág. 582-584.

[433] O Tribunal Constitucional espanhol foi vago quanto a este aspecto, mas sugeriu que as autoridades poderiam nestes casos proibir ou interromper a reunião com excessiva latitude, ao afirmar em relação à ordem pública que "en su ámbito se incluyen los peligros para personas o bienes derivados de las acciones violentas que puedan derivarse de la celebración pacífica de la concentración, ya sea porque la misma cree situaciones que provo-

208   *Os Direitos de Reunião e de Manifestação no Direito Português*

Em suma, a ordem pública em sentido material também não constitui parâmetro constitucionalmente adequado para limitar os direitos de reunião e de manifestação.

7.1.1.5. *Fins contrários à moral ou aos bons costumes?*

Muito menos a "moral" ou os bons costumes[434] constituem fundamento para legitimar qualquer restrição teleológica ao direito de reunião ou ao direito de manifestação[435].

Nenhuma destas duas figuras tem base constitucional enquanto bem jurídico susceptível de legitimar restrições aos direitos, liberdades e garantias[436]. Segundo se julga, apenas o direito à integridade moral pode ser invocado genericamente como fundamento para limitar algumas formas "moralmente" ofensivas de reuniões, quando concretamente alguém possa ter razões sérias (à luz de valores morais sociologicamente dominantes) para se considerar lesado nesta[437]. Mas não a título puramente preventivo, com base apenas no fim da reunião. Não são os fins em si que podem ser chocantes, mas apenas os meios utilizados.

7.1.1.6. *Fins contrários ao Direito Penal?*

Já o Direito Penal é compostas de normas (predominantemente de Ordem Pública) que podem, em diversos casos, constituir fundamento legítimo para proibir uma reunião[438].

---

quen directamente esos peligros, ya porque imposibilite la realización de actividades tendentes a evitar o a paliar los citados peligros" (cfr. Tribunal Constitucional, Sala Segunda, STC 066/1995, 13 de Maio de 1995, cit., parág. 3).

[434] Entendidos como moral socialmente dominante em questões de natureza sexual ou familiar, que compreende igualmente princípios deontológicos de algumas categorias profissionais (neste sentido: A. Menezes Cordeiro, *Da Boa Fé no Direito Civil*, Reed., Coimbra, 1997, pág. 1222-1223).

[435] No mesmo sentido, em relação ao direito de manifestação: M. Sousa, *O Direito* (…), cit., pág. 22-23; igualmente em relação à liberdade de expressão: J. Alexandrino, *Estatuto Constitucional* (…), cit., pág. 99.

[436] E julga-se que não é possível alegar nesse sentido o artigo 29, n.º 2, da Declaração Universal dos Direitos Humanos em associação com o artigo 16, n.º 2, da Constituição: E. Correia Baptista, *Direito Internacional Público*, Volume I, Lisboa, 1998, pág. 431--432, nota 1299.

[437] Ver, *infra*, parág. 7.2.1.

[438] Este fundamento para restringir direitos, liberdades e garantias encontra algum amparo sistemático no artigo 46, n.º 1, e, em parte, no artigo 37, n.º 3, CRP. Mas o artigo

Limitações, restrições e ablações 209

Escreveu-se "normalmente" pois esta conclusão não pode ser automática. Poderão existir reuniões cuja importância justifique que, ainda assim, não sejam proibidas, por estar em causa um crime pouco grave[439]. A justificação de uma ablação a direitos, liberdades e garantias nunca pode ser automática, sendo necessário ponderar todas as circunstâncias do caso concreto.

Em qualquer caso, como se verá[440], aceita-se que seja legítimo proibir reuniões cujo aviso prévio constitua em si um crime público, avise da realização de uma reunião que constitua em si um crime, enquanto acto preparatório que seja penalmente sancionado em termos conformes com a Constituição, ou em que seja confessada a intenção de praticar crimes públicos graves durante a reunião, incluindo recorrer a actos de violência.

Deste modo, só em relação aos casos mais graves se afigura legítimo proibir uma reunião somente por força do seu fim. Em suma, os direitos de reunião e de manifestação só excepcionalmente poderão ser sujeitos a uma ablação preventiva por força da sua teleologia.

7.1.1.7. *O regime da Lei sobre o Direito de Reunião*

Tendo em conta o que ficou escrito, é inevitável concluir pela inconstitucionalidade superveniente do artigo 1, n.º 1, da Lei do Direito de Reunião[441]. Tecnicamente, este foi parcialmente revogado com a entrada em

---

46 não é aplicável a esta situação e o 37, n.º 3, não significa que todos os crimes possam ser tutelados a título preventivo.

[439] Por exemplo, o crime de dano contra um bem de valor insignificante.

[440] Vide, *infra*, parág. 8.1.1.

[441] O mesmo se diga em relação ao artigo 2 da citada Lei n.º 2/93/M, de 17 de Maio, sobre o direito de reunião e de manifestação de Macau ("Sem prejuízo do direito à crítica, não são permitidas as reuniões ou manifestações para fins contrários à lei"), não obstante constituir um progresso, ao menos em termos de técnica legislativa, em relação ao artigo 1 da Lei sobre o Direito de Reunião em vigor.

Esta Lei foi aprovada quando a Constituição ainda era aplicável em Macau, tendo deixado de ser inconstitucional no momento em que aquela deixou de se aplicar, com o fim da administração portuguesa. Aplica-se, por identidade de razão, a convalidação de normas ordinárias materialmente inconstitucionais que se verifica em caso de alteração da Constituição que as torne conformes com o novo texto constitucional [trata-se da posição do Tribunal Constitucional, com a qual se concorda, embora a questão seja polémica: E. Correia Baptista, *Os Limites Materiais e a Revisão de 1989*, em *Perspectivas Constitucionais – Nos 20 anos da Constituição de 1976* (ed. J. Miranda), Volume III, Coimbra, 1998, pág. 67--115, na pág. 103, nota 43].

210 *Os Direitos de Reunião e de Manifestação no Direito Português*

vigor da Constituição de 1976, sendo aplicáveis directamente as suas disposições, no presente caso, o artigo 45[442].

---

[442] A "inconstitucionalidade superveniente" (cfr. artigo 282, n.° 2 CRP: "inconstitucionalidade (…) por infracção de norma constitucional (…) posterior") não provoca uma invalidade, mas uma perda de vigência [como foi reconhecido, designadamente, pelo Tribunal Constitucional, Acórdão n.° 201/86, em *Diário da República*, II Série, n.° 195, de 26 de Agosto de 1986, pág. 7975-7977, na pág. 7975-7976, que segue G. Canotilho/V. Moreira, *Constituição* (…), cit., pág. 1072; alguma Doutrina, contudo, fala em invalidade superveniente: Jorge Miranda, *Manual de Direito Constitucional*, Volume VI, 2.ª ed., Coimbra, 2005, pág. 274; C. Blanco de Morais, *Justiça Constitucional*, Tomo II, Coimbra, 2005, pág. 185-188].

Pode-se discutir a natureza desta perda de vigência, se se trata de uma caducidade, automática, decorrente da contradição entre um parâmetro normativo inferior com um hierarquicamente superior ou, pelo contrário, como se entende mais correcto, se constitui uma revogação, que depende de intenção revogatória. Julga-se que o artigo 293, n.° 2, da versão originária da Constituição, que falava em caducidade do Código de Justiça Militar, constitui argumento contra a tese da caducidade e não a favor. Com efeito, a circunstância de ser possível ressalvar a vigência de um acto legislativo não obstante a sua contradição com a Constituição, constitui argumento contra o carácter automático da perda de vigência. Se é possível ressalvar expressamente a vigência de um acto inferior contraditório, também será possível fazê-lo de modo não expresso, desde que se chegue a esta conclusão interpretativa em termos claros, visto que se tratará de excepcionar um princípio geral de perda de vigência de actos inferiores contrários a um novo parâmetro superior. O preceito apenas falava em caducidade em relação à passagem do prazo excepcional de vigência de um ano que era concedido para ser compatibilizado com a Constituição.

Contra a tese da perda de vigência, poder-se-ia tentar invocar os termos "inconstitucionalidade" e "infracção" constante do artigo 282, n.° 2. Mas o primeiro deve-se exclusivamente ao objectivo de atribuir competência ao Tribunal Constitucional para a apreciar, visto que determinar se existiu ou não revogação pressupõe interpretação das novas disposições constitucionais; competência que deve caber a este Tribunal em última instância. Quanto ao termo infracção, este não faz sentido: uma infracção de uma norma superveniente? Caso contrário, o passo lógico seguinte seria pretender responsabilizar o legislador por ter cometido esta "infracção" à luz dos artigos 3, n.° 3, e 117, n.° 1.

Mas, em qualquer caso, resulta do preceito que a retroactividade apenas se reporta à data da entrada em vigor da norma constitucional, não se verificando repristinação da norma revogada pela norma supervenientemente inconstitucional, precisamente por o efeito revogatório ser o primeiro efeito jurídico produzido por qualquer norma, que não é afectado pela sua perda de vigência superveniente. Não se coloca uma questão de lacuna de regime material aplicável, visto que, sendo a inconstitucionalidade superveniente exclusivamente material (dado que, como é consensualmente reconhecido, a competência, forma e procedimentos de conclusão são regidos exclusivamente pelo regime constitucional que se encontrava em vigor no momento em que a norma foi produzida: vide, designadamente, o Tribunal Constitucional, no referido Acórdão n.° 201/86, na pág. 7976), necessariamente existirá um regime constitucional material aplicável que provocou a revogação da norma.

Limitações, restrições e ablações 211

Proibir reuniões com fins "contrários à lei, à moral, aos direitos das pessoas singulares ou colectivas e à ordem e à tranquilidade públicas", não é apenas (supervenientemente) inconstitucional, afigura-se também parcialmente tautológico. Entendendo por lei o bloco de legalidade, incluindo a Constituição (em 1974 tecnicamente inexistente), esta já compreende todos os direitos das pessoas, salvo, quando muito, aqueles que decorram do Direito Costumeiro, designadamente, de origem jurisprudencial, ou do Direito Internacional.

Em qualquer caso, verificou-se que não faz sentido proibir reuniões meramente contrárias à lei, não apenas por tal constituir uma ingerência das autoridades administrativas em questões de legalidade privada que deve competir apenas aos interessados dirimir nos Tribunais, como porque tal proibição visa legitimar uma proibição preventiva, em reacção à apresentação de um aviso prévio com fim ilegal (artigos 1, n.º 1, e 3, n.º 1), o que constitui o estabelecimento de um sistema de censura, que converte o aviso prévio num verdadeiro pedido de autorização, em violação dos artigos 45, n.º 1, e 37, n.º 2. Nem todos os bens legais legitimam restrições ao direito de reunião, não apenas porque muitos não têm base constitucional, mas igualmente porque mesmo alguns destes últimos podem ser eficazmente tutelados por meio de recurso aos Tribunais.

Do mesmo modo, a proibição de reuniões contrárias à moral é igualmente inconstitucional, por falta de base constitucional para este parâmetro[443].

Por outro lado, como se verificou, a noção material de ordem pública que utiliza é problemática. Uma reunião pacífica só poderá afectar a manutenção da ordem se terceiros a tentarem impedir. Se tal ocorrer, normalmente, é porque as forças da ordem não intervieram como deveriam ou, em qualquer caso, por responsabilidade de terceiros. Este problema é agra-

---

Por outro lado, embora se trate de um argumento marginal (e que é superável, pois não impede a repristinação na inconstitucionalidade originária) perante o argumento primário técnico e literal decorrente do artigo 282, n.º 2, repristinar a norma, muitas vezes, implicaria repor em vigor uma norma cuja inconstitucionalidade seria ainda mais grave. No presente caso, seria necessário repor em vigor algumas das normas do autoritário Decreto--Lei n.º 22468, de 11 de Abril de 1933, o que forçaria o tribunal (numa pacífica excepção ao princípio do pedido, na sua vertente de determinação do objecto do processo) a concluir igualmente pela sua inconstitucionalidade e, invocando o artigo 282, n.º 4, ter de evitar a repristinação, para não ser obrigado a repristinar as correspondentes disposições da Lei de 26 de Junho de 1893.

[443] Vide, *supra*, parág. 7.1.1.5.

vado pela inclusão na proibição igualmente do parâmetro "tranquilidade pública". Mesmo atribuindo-lhe o sentido que recebe no Código Penal[444], de modo a não poder ser confundido com o simples sossego público afectado por poluição sonora, sempre a sua utilização sugere um alargamento da noção de ordem pública, que pode ser entendido como legitimando a proibição ou a interrupção (artigo 5, n.° 1) de qualquer acto, mesmo perfeitamente lícito, susceptível de desencadear reacções violentas (ilícitas), o que constitui uma restrição claramente desproporcionada do direito de manifestação[445].

O seu n.° 2, com a proibição de "reuniões que pelo seu objecto ofendam a honra e a consideração devidas aos órgãos de soberania e às Forças Armadas", repete os termos do n.° 1. Se este proíbe reuniões que visem violar a lei, sendo as ofensas à honra e consideração, seja de quem for, ilegais e mesmo criminosas, é claro que ficam proibidas reuniões que tenham por "objecto" o mesmo, queira o "objecto" designar o fim ou designar as acções praticadas nesta. Se uma reunião com fim ilegal é proibida, por maioria de razão o será uma reunião em que os participantes violem efectivamente a lei.

Mas, além da inconstitucionalidade da remissão para a "lei" como parâmetro de proibição, este n.° 2 do artigo 1 é impugnável ainda pela ênfase que coloca na protecção dos órgãos do Estado, alvos naturais de manifestações. O que sugere que esta lei continuou presa ao lastro cultural do passado. Desconfia deste direito e procura salvaguardar especialmente os direitos dos indivíduos governantes e não dos cidadãos em geral. Estabelece assim uma desigualdade de tratamento injustificada de consequências gravosas, dado que considera que a violação deste artigo 1, n.° 2, constitui motivo de interrupção da reunião (artigo 5, n.° 1). Ora, a injúria, mesmo a órgãos de soberania, quando muito com uma excepção controversa em relação ao Presidente da República, não parece justificar uma proibição preventiva ou interrupção repressiva numa reunião por parte das autoridades[446].

Em qualquer caso, esta Lei encontra-se manifestamente inquinada por ter visado construir com este artigo 1, em associação com o artigo 3, n.° 1, um sistema de censura administrativa baseado em parâmetros vagos

---

[444] Cfr. Livro II, Título IV, Capítulo V ("Dos crimes contra a ordem e a tranquilidade públicas").

[445] Vide, *supra*, parág. 7.1.1.4.

[446] Ver, *infra*, parág. 8.1.1.

Limitações, restrições e ablações 213

inconstitucionais, a ser executado aquando da apreciação do aviso prévio (que assim se converte numa forma de controlo pelo menos idêntica a de uma autorização), com base nas intenções confessadas neste pelos promotores da organização. Compreende-se, pois, a utilização da técnica da proibição dos fins e não dos actos praticados nas reuniões. Só desta forma é possível realizar um amplo controlo administrativo prévio destas[447].

7.1.2. *Espaciais*

A limitação ou restrição do âmbito espacial do direito de reunião é igualmente, respectivamente, necessária ou possível com vista a salvaguardar vários direitos fundamentais ou outros bens constitucionais.

Para lá de a Constituição limitar ou excluir a realização de reuniões em edifícios públicos ou privados, sem o consentimento do titular[448], esta permite a exclusão de outros espaços, pelo seu encerramento legítimo ao público.

7.1.2.1. *O regime constitucional*

O princípio geral que ficou referido é o de que o direito de reunião e o direito de deslocação pedonal têm o mesmo âmbito espacial de aplicação. Mas, dado que a Constituição não protege as reuniões realizadas em locais encerrados ao público e não estabelece limites claros ao poder do Estado de encerrar espaços sob sua propriedade ao acesso do público, a este cabe alguma margem de liberdade na matéria. Existem diversos fundamentos com base nos quais determinados espaços podem ser excluídos de acesso público.

---

[447] Durante os debates que levaram à aprovação da Lei sobre o Direito de Reunião e de Manifestação de Macau na respectiva Assembleia Legislativa, o deputado Alberto Noronha alegou a inconstitucionalidade de norma paralela ao artigo 1, n.º 2, que não viria a constar da versão final, alegando que continha "conceitos e palavras vagas, subjectivas, perigosas e aleatórias" e que "Bastará discordar, censurar e criticar, com ou sem fundamento, para se ofender essa honra e consideração (...)", levando à proibição preventiva da reunião (cfr. *Extracção parcial do Plenário de 23 de Março de 1993*, texto em http://www.al.gov.mo/lei/col_lei-01/po/01/4.htm).

Ver igualmente J. Miranda, *Manual* (...), Volume IV, cit., pág. 488.

Vide, sobre a questão do aproveitamento do aviso prévio para criar um sistema de censura, *infra*, parág. 8.1.1.

[448] Vide, *supra*, parág. 2.3.2 e 2.3.4.

Os Direitos de Reunião e de Manifestação no Direito Português

Assim, sem prejuízo de o direito de reunião poder ser exercido em faixas de rodagem automóvel, quando tal se revele necessário à viabilidade da reunião[449-450], a segurança no exercício do direito de deslocação impõe a exclusão da realização de reuniões em auto-estradas ou outras vias em que o acesso pedonal se encontre vedado. Afigura-se, pois, que se trata de uma limitação.

Tendo presente a proibição de deficit ou de excesso de protecção, quer dos direitos de reunião e de manifestação, quer do direito de deslocação, o legislador não pode deixar de reconhecer limitações a estes direitos, surgidas do seu confronto, que decorrem directamente da Constituição. Assim, pode-se afirmar que uma ausência de reconhecimento de limitações ao direito de reunião nas faixas de rodagem abertas a passagem pedonal seria inconstitucional, por deficit de protecção do direito de deslocação. Tal como o seria igualmente uma proibição completa de ocupação destas faixas, por violação do direito de reunião[451]. Assim, não só é

---

[449] Ver, *supra*, parág. 2.3.3.

[450] Sobre a questão do bloqueio de estradas em manifestações, cfr., *infra*, parág. 7.1.3.3.

[451] Literalmente, o artigo 3, n.° 2, do Código da Estrada (Decreto-Lei n.° 114/94, de 3 de Maio, revisto pelos Decretos-Lei n.° 2/98, de 3 de Janeiro, n.° 265-A/2001, de 28 de Setembro, pela Lei n.° 20/2002, de 21 de Agosto e Decreto-Lei n.° 44/2005, de 23 de Fevereiro) estabelece uma proibição excessiva: "As pessoas devem abster-se de actos que impeçam ou embaracem o trânsito ou comprometam a segurança ou a comodidade dos utentes das vias.". Os dois números seguintes estabelecem contra-ordenações por violação desta disposição.

Os artigos 8 e 9 do Código vêm regular as excepções, estabelecendo o n.° 1 do primeiro artigo: "A realização de obras nas vias públicas e a sua utilização para a realização de actividades de **carácter desportivo, festivo ou outras** que possam afectar o trânsito normal só é permitida desde que autorizada pelas entidades competentes". Estas autorizações encontram-se reguladas pelo Decreto Regulamentar n.° 2-A/2005, de 24 de Março, que deve ser considerado como inconstitucional.

Com efeito, tal como o Código da Estrada, o Decreto Regulamentar qualifica como autorizações os actos que excepcionam a proibição de uso das vias, e o artigo 8, n.° 1, do Código deixa claro que, na ausência da autorização, a actividade não será permitida. Trata-se, pois, de verdadeiras autorizações e não meras notificações cuja falta apenas autoriza a sancionar o organizador. A sanção recai sobre qualquer pessoa que impeça o trânsito e não sobre o organizador do evento. E, na falta da autorização, o evento pode ser interrompido. Em relação a eventos que impliquem o uso de quaisquer veículos, nada há a dizer. O direito de reunião não os protege. Mas quanto a eventos de peões, a interpretar-se o regime do Código no sentido da sua aplicação a simples reuniões ou manifestações em que a ocupação destas vias se revele inevitável, este seria materialmente inconstitucional, pois apenas as poderia fazer depender de avisos prévios, nos termos descritos (vide, *infra*,

admissível, como é necessário, proibir a ocupação completa de faixas de rodagem em horas de ponta em localidades com grande intensidade de tráfego automóvel, enquanto limitação ao direito de reunião.

---

parág. 7.3). Assim, é necessário, por interpretação conforme com a Constituição, entender que este regime constitui o regime geral que não derroga o regime especial previsto na Lei sobre o Direito de Reunião.

Já as inconstitucionalidades do Decreto Regulamentar são impossíveis de ser contornadas por via interpretativa. Este pretende aplicar-se a qualquer "utilização das vias públicas para a realização de actividades de carácter desportivo, festivo **ou outras** que possam afectar o trânsito normal" (artigo 1). Deste modo, por muito restritiva que seja a noção de reunião que se tenha para efeitos do artigo 45, n.° 1, resulta claro que o Decreto estará sempre a tentar regulamentar (e a restringir) em termos inovadores e não puramente executivos matéria objecto de um direito, liberdade e garantia, em violação da reserva de lei ou de decreto-lei autorizado [artigo 165, n.° 1, al. b)]. Nem sequer a utilização da frase "A realização de provas ou **manifestações de qualquer natureza**" (artigo 10) alertou para a restrição que tal implicava em outro direito, liberdade e garantia.

Enfim, o Decreto contém um regime de autorização extraordinariamente complexo, mesmo para actividades de peões, pensado não apenas para reuniões desportivas, mas também para quaisquer outras que ocupem vias públicas (artigos 5-7), exigindo pedidos de parecer às forças de segurança e à entidade que tenha jurisdição sobre a via, se não for a Câmara Municipal, bem como o respeito de um prazo de 30 dias, cuja violação implica o indeferimento liminar da autorização (artigo 11). As despesas com a segurança ficam a cargo dos organizadores [artigo 10, al. d)].

Claro está, para salvar este Decreto, pode-se tentar alegar que o direito de reunião não compreende reuniões que utilizem também faixas de rodagem (mesmo quando tal se revele absolutamente indispensável). E que tal exclusão, ainda que ficasse sujeita ao regime das restrições (e logo, à reserva de Lei), por não ser absolutamente clara (ver, *supra*, sobre a noção de restrição, parág. 6.1. e 6.2), fora realizada pelo Código da Estrada, Decreto-Lei autorizado. Altura em que um Decreto regulamentar poderia regular aquilo que seria a concessão de verdadeiras licenças em relação a actividades alegadamente fora do âmbito de um direito, liberdade e garantia. Mas, como se procura justificar no texto principal, *infra*, não é isso que decorre da Constituição ou das obrigações internacionais do Estado na matéria. Uma proibição de reunião em todas as faixas de rodagem, salvo autorização discricionária sujeita a um procedimento moroso, viola o direito de reunião.

Por outro lado, este decreto regulamentar viola o disposto na citada Lei sobre o Direito de Reunião, especificamente o seu artigo 6, de onde se retira que este direito pode ser exercido nas faixas de rodagem apenas por meio de um aviso prévio. Pode-se alegar que esta disposição foi revogada tacitamente pelo artigo 8 do Código da Estrada (desde logo, pela sua versão original, aprovada pelo Decreto-Lei n.° 114/94, de 3 de Maio e regulada pelo Decreto-Lei n.° 190/94, de 18 de Julho, cujo artigo 4 exigia igualmente uma autorização), ao falar na necessidade de autorizações. Mas é duvidoso que se possa retirar tal intenção deste preceito. Melhor será interpretar o Código da Estrada como não pretendendo regular o direito de reunião ou de manifestação. De outro modo, este será igualmente inconstitucional.

216 *Os Direitos de Reunião e de Manifestação no Direito Português*

Mas o legislador pode discricionariamente ir mais longe e estabelecer igualmente restrições adicionais. Assim, constitui uma restrição admissível a proibição de realização de reuniões que ocupem de forma duradoura completamente as faixas de rodagem automóvel durante os dias úteis em horário laboral normal em localidades com tráfego intenso, embora se for interpretada rigidamente possa ser acusada de constituir um excesso de tutela do direito de deslocação[452].

Também é admissível que se estabeleça uma zona de protecção em redor de edifícios sensíveis, como aqueles em que funcionem órgãos de soberania, ou outros órgãos da administração eleitos, representações diplomáticas ou consulares, estabelecimentos prisionais, instalações militares[453], especialmente quando estes sejam o alvo de uma reunião com fins de manifestação. Já se justifica menos a limitação, quando esta nada tenha a ver com o edifício em causa, e seja de esperar que os manifestantes simplesmente o ignorem.

A protecção do ambiente [artigos 9, al. e); 66; e 90], incluindo de fauna ou flora, legitima a proibição de reuniões em determinada espaços protegidos ou a sua sujeição a uma licença específica. Igualmente a protecção do património cultural [artigos 9, al. e); 78, n.º 1 e n.º 2, al. c)]. Outros espaços parte do domínio público podem ser encerrados por motivos de segurança, por estarem afectos a funções públicas (governativas, militares, etc.) ou a fins económicos, científicos ou culturais.

Em qualquer caso, dos direitos de deslocação, de reunião, ao ambiente e qualidade de vida ou ao património cultural, decorre um princípio de que o Estado não deve encerrar ao público espaços sob sua propriedade a menos que estes sejam efectivamente necessários para a prossecução de um outro fim constitucional. Ou seja, que os espaços do Estado e das outras entidades públicas devem, salvo fundamento específico atendível, encontrar-se abertos ao público[454].

---

[452] Vide, *infra*, o parágrafo seguinte.

[453] Ver, *infra*, o parágrafo seguinte.

[454] Assim, o Tribunal Constitucional da Colômbia afirmou: "la garantía de una serie de derechos sociales y colectivos como la recreación (artículo 52 C.P.), el aprovechamiento del tiempo libre (Ibíd.), y el goce de un medio ambiente sano (artículo 79 C.P.) (…) dependen de la existencia de un espacio físico a disposición de todos los habitantes" e que "la posibilidad de gozar del espacio público se eleva al rango de derecho colectivo específicamente consagrado en la Constitución, la cual exige al Estado velar por su protección y conservación **impidiendo**, entre otras cosas, (…) **decisiones que restrinjan su destinación al uso común o excluyan a algunas personas del acceso a dicho espacio**" (cfr. Sentencia

Limitações, restrições e ablações 217

7.1.2.2. *O regime da Lei sobre o Direito de Reunião*

A Lei sobre o Direito de Reunião consagra algumas limitações e restrições espaciais ao direito de reunião, com vista a procurar conciliá-lo, em particular, com o direito de deslocação. Assim, o seu artigo 4 estabelece: "Os cortejos e desfiles só poderão ter lugar nos domingos e feriados, aos sábados, depois das 12 horas, e nos restantes dias, depois das 19 horas e 30 minutos".

A terminologia utilizada pela Lei está longe de ser consequente. Normalmente, considera as reuniões como mais uma espécie, lado a lado com os comícios, as manifestações e os desfiles, mas também se lhes refere como o género, que compreende todas as outras: caso do artigo 1, n.º 2, e artigo 3, n.º 1 e n.º 2. Por outro lado, no artigo 4, e no artigo 6, n.º 1, distingue entre cortejos e desfiles, mas nos restantes preceitos fala unicamente em desfiles, mesmo quando resulta claro que o seu regime se aplica igualmente a cortejos, por não fazer qualquer sentido distinguir (artigos 2, n.º 1; 3, n.º 1; 5, n.º 1; 7; 8, n.º 1; 13 e 15, n.º 2 e n.º 3).

Apesar desta relativa imprecisão, segundo se julga, deve-se considerar que os desfiles e cortejos constituem reuniões itinerantes que se realizam nas faixas de rodagem, tenham ou não fins de manifestação em sentido estrito, enquanto as manifestações serão reuniões com fins de manifestação localizadas num único espaço ou que, embora sejam itinerantes, não ocupem as faixas de rodagem.

De facto, à luz da Lei sobre o Direito de Reunião, as manifestações também podem ser itinerantes. Trata-se de conclusão que decorre do artigo 3, n.º 1, que menciona a necessidade de indicar o seu trajecto[455]. Mas tal não significa que possam realizar-se com ocupação duradoura das faixas de rodagem sem ficar sujeitas à qualificação de desfile e sujeitas, portanto,

---

C-265/02, 16 de abril de 2002; texto em http://www.secretariasenado.gov.co/leyes/SC265_02.HTM).

[455] O que poderia sugerir mesmo que o legislador entendeu que as manifestações são sempre itinerantes, daí consagrar este dever de apresentar sempre o seu trajecto. Poder-se-ia tentar retirar a mesma ideia do artigo 9, por este apenas impor a reserva de lugares para a realização de reuniões e de comícios e não já de manifestações. No entanto, este último aspecto não resulta do carácter itinerante da manifestação, mas sim do facto de estas normalmente serem realizadas em locais estratégicos, tendo em conta os destinatários da mensagem, o que não se compadece com a reserva de lugares próprios. Mas, claro está, as manifestações nem sempre são itinerantes, podendo nestes casos o artigo 3, n.º 1, ser cumprido pela mera referência ao local onde a manifestação vai ser realizada.

218   *Os Direitos de Reunião e de Manifestação no Direito Português*

ao referido artigo 4[456]. Com efeito, podem ser itinerantes, tendo um trajecto programado que deve ser comunicado, sem, ainda assim, ocuparem estas faixas, salvo, temporariamente, para as atravessarem.

Ou seja, os desfiles e os cortejos[457] serão reuniões itinerantes que se realizam pelo meio de uma faixa de rodagem, podendo ter qualquer fim, como é próprio das reuniões[458]. Em rigor, o facto de serem públicos permiti-lhes sempre exteriorizar uma mensagem, seja esta explícita ou meramente tácita, o que as converte igualmente numa forma de manifestação, que não justificaria uma diferença de regime em relação às manifestações com exteriorização explícita de uma mensagem.

Aliás, se, em relação ao artigo 4, ainda se poderia admitir que as manifestações em sentido estrito fossem excluídas do seu âmbito[459], já no que diz respeito ao artigo 6, n.° 1, relativo aos poderes das autoridades de alterar o trajecto e de impor que este se faça apenas por uma das faixas de rodagem, não faria sentido exclui-las do seu âmbito quando se realizassem pelas faixas de rodagens. Tal consistiria num excesso de protecção do direito de manifestação em detrimento do direito de deslocação[460]. Ora,

---

[456] Um entendimento diverso, que exclui as manifestações do regime do artigo 4, foi acolhido por um Despacho de Arquivamento em Processo Penal do Procurador-Adjunto Plácido C. Fernandes, *Direito Fundamental de Manifestação – Ausência de limitação horária – Interpretação conforme à Constituição dos arts. 4.° e 15.°, n.° 3, do Dec.-Lei n.° 406/74, de 29 de Agosto*, em *Revista do Ministério Público*, 2004, n.° 98, pág. 165-171, na pág. 168.

[457] Porque o regime dos desfiles e dos cortejos é idêntico e a Lei nem sempre refere estes últimos, parecendo compreendê-los no seio dos desfiles, a sua distinção é praticamente irrelevante. O cortejo parece compreender reuniões itinerantes realizadas nas faixas de rodagem que primam pela solenidade e organização em volta de uma pessoa (cortejo fúnebre), símbolo (cortejo religioso) ou pelo formalismo e tradição (cortejo académico).

[458] Note-se que as paradas militares não se encontram compreendidas no seio do direito de reunião, por serem levadas a cabo pelo Estado, que não é titular deste direito (ver, *supra*, parág. 4.2.1), e por os participantes o fazerem no desempenho das suas funções; isto é, nos termos de um poder funcional ou de uma obrigação.

[459] Ficou já escrito que a protecção reforçada das manifestações por confronto com as outras reuniões tem algum amparo na Constituição, decorrendo da sua autonomização no artigo 45, n.° 2, em relação às reuniões em geral, e do seu papel decisivo na protecção dos grupos mais desfavorecidos (vide, *supra*, parág. 3).

[460] O Tribunal Constitucional federal alemão considerou que uma forma de conciliação do direito de manifestação com o direito de deslocação era precisamente a divisão das faixas de rodagem ["Aus bloßen verkehrstechnischen Gründen werden Versammlungsverbote um so weniger in Betracht kommen, als in aller Regel ein Nebeneinander der Straßenbenutzung durch Demonstranten und fließenden Verkehr durch Auflagen erreichbar ist". (cfr. BVerfGE 69, 315 – Brokdorf, cit., parág. C.II.2.b)].

Limitações, restrições e ablações 219

este último poder literalmente apenas é atribuído em relação aos desfiles e cortejos, não já em relação às manifestações. Como esta exclusão não faz sentido[461] e seria inconstitucional, julga-se que não existe alternativa senão interpretar a noção de desfiles como compreendendo igualmente manifestações que se realizem pelo meio das faixas de rodagem.

Esta interpretação foi acolhida pela legislação eleitoral posterior, que remete igualmente para a Lei sobre o Direito de Reunião, o que impõe que se adopte uma terminologia uniforme sobre esta matéria. Efectivamente, aquela legislação deixa claro que os desfiles e cortejos também podem ter fins políticos, ficando também sugerido que constituem reuniões itinerantes que circulam pelas faixas de rodagem[462].

A exclusão das reuniões itinerantes que se realizem pelos passeios da noção de desfiles ou cortejo para efeitos da Lei sobre o Direito de Reunião, e em particular dos seus artigos 4 e 6, n.° 1, decorre deste último preceito. De facto, o artigo 6, n.° 1, indica que outras reuniões itinerantes podem ver os seus trajectos programados alterados pelas autoridades, mas que apenas

---

[461] Claro está, em situações de urgência (por ambulâncias ou viaturas de bombeiros ou da polícia), que configuram casos de estado de necessidade, as autoridades poderiam sempre justificadamente impor a libertação de uma faixa de rodagem, visto que esta causa de justificação legitima sempre o desrespeito pelo direito de manifestação. Mas este poder não pode ser aplicável apenas nestes casos ou naqueles em que manifestações menos numerosas ocupem completamente a faixa de rodagem em termos perfeitamente desnecessários, apenas como forma de se tornarem mais visíveis (vide sobre esta situação, *infra*, parág. 7.1.3.3).

[462] Assim, o artigo 49 da Lei Eleitoral do Presidente da República (aprovada pelo Decreto-Lei n.° 319-A/76, de 3 Maio, alterado por 23 diplomas (!), os últimos dos quais a Lei Orgânica n.° 4/2005, de 8 Setembro, e a Lei Orgânica n.° 5/2005, de 8 Setembro), depois de referir que se aplica à "liberdade de reunião para **fins eleitorais** e no período da campanha eleitoral", declara na sua al. b) "**Os cortejos e desfiles** poderão ter lugar em qualquer dia e qualquer hora, respeitando-se apenas os limites impostos pela manutenção da ordem pública, **da liberdade de trânsito** e de trabalho e ainda os decorrentes do período de descanso dos cidadãos". O mesmo regime consta do artigo 59, al. b), da Lei Eleitoral da Assembleia da República (aprovada pela Lei n.° 14/79, de 16 Maio, alterada por diversas vezes, as últimas das quais pelas Lei Orgânica n.° 1/99, de 22 Junho e a Lei Orgânica n.° 2/2001, de 25 Agosto) e do artigo 50, n.° 3 da Lei Eleitoral dos Órgãos das Autarquias Locais (aprovada pela Lei Orgânica n.° 1/2001, de 14 de Agosto, com as alterações introduzidas pela Declaração de Rectificação n.° 20-A/2001, de 12 Outubro, pela Lei Orgânica n.° 5-A/2001, de 26 Novembro, pela Lei Orgânica 3/2005, de 29 Agosto e ainda pelo Acórdão do Tribunal Constitucional n.° 243/2002, de 25 Junho). Destes preceitos decorre, pois, que os cortejos e desfiles podem ter fins eleitorais, tornando-se impossível distingui-los das manifestações que circulem pelas faixas de rodagem.

os desfiles e os cortejos poderão ser forçados a circular apenas por uma das faixas de rodagem (de veículos)[463], precisamente por apenas estes as ocuparem de modo duradouro. De qualquer modo, teleologicamente, não faria sentido aplicar o artigo 4 a reuniões itinerantes que, pelo seu escasso número de participantes, possam circular apenas pelos passeios, sem afectarem minimamente a circulação de viaturas. Resulta claro do artigo 6, n.° 1, que é a livre circulação das viaturas a razão de ser do artigo 4. Aliás, uma leitura noutro sentido seria inconstitucional, por não se justificar proibir estas reuniões itinerantes a menos que afectem o trânsito de viaturas, visto que a circulação pedonal nunca será drasticamente prejudicada.

Em suma, para efeitos da legislação vigente, uma manifestação será uma reunião que vise exteriorizar uma mensagem num local determinado ou que, embora seja itinerante, os seus participantes circulem pelos passeios. Se circular pelo meio de faixas de rodagem deverá ser qualificada como um desfile.

Em qualquer caso, não obstante a sua letra, o artigo 4 deve ser interpretado com alguma prudência. Não faz sentido proibir desfiles, mesmo em dias úteis durante o horário de trabalho, em pequenas localidades que tenham escasso tráfego de viaturas ou em que seja perfeitamente possível dividir a faixa de rodagem sem que tal provoque perturbação significativa deste[464].

---

[463] Artigo 1, al. h) do Código da Estrada: "«Faixa de rodagem», parte da via pública especialmente destinada ao trânsito de veículos".

[464] Na prática, têm sido tolerados desfiles mesmo em dias úteis dentro do horário proibido, sem que os Governos Civis os proíbam ou as forças de segurança intervenham. Quando muito, depois tem-se remetido o caso para o Ministério Público para que a actuação dos organizadores seja apreciada à luz do artigo 15, n.° 3, da Lei sobre o Direito de Reunião (vide o caso referido por Plácido Fernandes, *Direito Fundamental de Manifestação* (...), cit, pág. 165-166; outros casos têm sido noticiados na comunicação social, por exemplo: *Dos Patrões ao Ministério: CGTP Correu Ruas Lisboetas*, em *Jornal de Notícias* (JN), 28 de Novembro de 1997, relativa a uma manifestação/desfile no dia anterior, Quarta-Feira; *Trânsito Cortado Segunda-feira*, em JN, 15 de Junho de 2000, em relação a um desfile com fins de manifestação no Porto realizado no dia 19 de Junho de 2000, Segunda-Feira; *Viseu: Universitários encheram três quilómetros de festa*, em JN, 24 de Abril de 2002, que se reporta a um desfile académico realizado na tarde do dia 23 de Abril de 2002, Terça-Feira; *Milhares de polícias reclamaram justiça*, em JN, 13 de Fevereiro de 2003, que refere um desfile de polícias (!) pela Avenida da Liberdade e até à Praça do Comércio, em Lisboa, no dia 12 de Fevereiro, Quarta-Feira, que provocou cortes de trânsito; *Cinco mil alunos na rua*, JN, 5 de Novembro de 2004, que noticia uma manifestação de estudantes no dia anterior, Quarta-Feira, pelas avenidas de Lisboa que deparou com a oposição do Governo Civil, mas se realizou na mesma, sem intervenção policial, que se

Finalmente, deve-se entender que o preceito do artigo 4 foi revogado na parte respeitante ao Sábado de manhã, com a consagração da semana das 40 horas[465]. O que o justifica é a circunstância de se estar perante um dia útil. Ora, o Sábado de manhã, em regra, deixou de o ser.

A Lei sobre o Direito de Reunião consagra uma outra restrição espacial adicional. Assim, o seu artigo 13 estabelece que "As autoridades (...) solicitando quando necessário ou conveniente o parecer das autoridades militares ou outras entidades, poderão, por razões de segurança, impedir que se realizem reuniões, comícios, manifestações ou desfiles em lugares públicos situados a menos de 100 m das sedes dos órgãos de soberania, das instalações e acampamentos militares ou de forças militarizadas, dos estabelecimentos prisionais, das sedes de representações diplomáticas ou consulares e das sedes de partidos políticos".

Por órgãos de soberania deve-se entender, por interpretação teleológica, não apenas os órgãos colegiais quando reunidos, mas igualmente os seus membros, encontrando-se também protegidos os edifícios em que estes desempenhem normalmente as suas funções. O que significa que, no caso do Governo, igualmente os edifícios dos ministérios se devem considerar abrangidos e não apenas a sede do Conselho de Ministro[466].

Como resulta do preceito, não se trata de uma imposição, cabendo à entidade receptora do aviso prévio apreciar se tal espaço de protecção é necessário, se conveniente, depois de ouvir a entidade afectada. No caso de manifestações individuais ou com escasso número de pessoas é contestável que o seja. Igualmente não parece justificar-se nas situações em que a reunião seja convocada para um local a menos de 100 metros de um destes edifícios, mas que não tenha por objecto manifestar-se contra o órgão de que este é sede. O mais natural é que os participantes o ignorem.

A lei estabelece 100 metros, não podendo este limite ser ultrapassado, mas nada impõe que a autoridade em causa não se decida por uma distância menor.

---

limitou a vigiar o desfile e a controlar o tráfego rodoviário afectado; *Sindicatos: Milhares de trabalhadores da Função Pública aderem a manifestação*, Lusa, 03-02-2006 16:01:00, Notícia SIR-7704362, relativa a uma manifestação de funcionários públicos por Lisboa, numa Sexta à tarde, que provocou cortes de trânsito.

Sobre o artigo 15, n.° 3, vide, *infra*, parág. 9.1.1.

[465] Cfr. artigo 163, n.° 1, do Código do Trabalho.

[466] Neste sentido: Conselho Consultivo da Procuradoria-Geral da República, Parecer n.° 40/1989, de 7 de Dezembro de 1989, parág. 5.4.

222 *Os Direitos de Reunião e de Manifestação no Direito Português*

É de aceitar que este artigo não seja taxativo. Esta área de protecção pode ser aplicada em relação a outros edifícios cuja protecção se justifique[467]. Mas qualquer alargamento deve ser realizado com grandes cautelas.

7.1.3. *Às acções*

Como ficou afirmado, o direito de reunião não protege em si a prática de actos na reunião, mas apenas o acto de reunião e actos directamente conexionados[468]. O que significa que, a menos que seja possível invocar um direito fundamental, a prática de actos numa reunião pode ser restringida, ou mesmo proibida, podendo estes acabar por ficar sujeitos a um regime específico contraditório com o aplicável ao direito de reunião.

7.1.3.1. *Actos empresariais ou que extravasem a mera reunião*

Assim, para lá da exclusão do âmbito de protecção deste direito dos actos de violência e do porte de armas, uma série de actos susceptíveis de ser praticados em reunião encontra-se legitimamente regulado por inúmera legislação governamental não autorizada, como as actividades empresariais, incluindo as industriais, agrícolas, comerciais ou, em geral, de prestação de serviços. Visto serem regulados os actos praticados em si e não propriamente o simples acto de reunião, nada há a apontar a esta legislação à luz da reserva de lei ou quanto ao estabelecimento de restrições, desde que sejam compatíveis com os artigos 61, n.º 1, 17 e 18 CRP. Como ficou escrito, o facto de um acto ser praticado por duas ou mais pessoas, em reunião, não o pode furtar ao seu regime jurídico natural.

Com efeito, estar-se-á perante actos de gozo da liberdade de iniciativa privada que se encontram sujeitos a uma regime constitucional bem mais restritivo. Não obstante se tratar de um direito de liberdade, puramente negativo, a jurisprudência tem considerado que apenas parcelas deste têm natureza análoga a direito, liberdade e garantia, escapando as restantes faculdades protegidas à protecção do regime especial do artigo 17[469]. Não

---

[467] Neste sentido: Conselho Consultivo da Procuradoria-Geral da República, no referido Parecer n.º 40/1989.

[468] Vide, *supra*, parág. 2.4.2.1.

[469] Assim, o Tribunal Constitucional afirmou: "Mais limitado será, todavia, o domínio no qual este direito fundamental beneficia de natureza análoga aos direitos, liberdades

se encontra o menor fundamento substancial na Constituição para este entendimento. Subjacente a esta posição parece estar exclusivamente o receio de provocar uma expansão desmesurada da reserva relativa de lei parlamentar, com a consequente multiplicação de inconstitucionalidades orgânicas das normas de inúmeros diplomas legislativos governamentais não autorizados e regulamentos sobre a matéria[470].

---

e garantias e, portanto, da sua específica protecção. Este domínio mais restrito diz respeito apenas aos «quadros gerais e aos aspectos garantísticos» da liberdade de iniciativa económica (cfr. Acórdão n.º 329/99 (...) que digam respeito à liberdade de iniciar empresa e de a gerir sem interferência externa", pois apenas no "núcleo essencial dos «direitos análogos»" se verificariam "as mesmas razões de ordem material que justificam a actuação legislativa parlamentar no tocante aos direitos, liberdades e garantias" (cfr. Acórdão n.º 289/04, 27 de Abril de 2004, parág. 7).

O que mais surpreende no acórdão não é a sua doutrina, mas o facto de ter sido adoptada pelo plenário por unanimidade. Trata-se de jurisprudência reiterada e, pelos vistos, pacífica, não sendo de esperar que o Tribunal a altere. Aliás, não seria bom para a credibilidade do sistema de fiscalização da constitucionalidade que o fizesse enquanto não se verificar uma revisão constitucional na matéria, visto que, embora, segundo se julga, se trate de uma jurisprudência pouco feliz (vide igualmente a crítica de R. Medeiros, *Artigo 82*, cit., pág. 31), não tem consequências excessivamente gravosas, por não estar em causa um direito essencial. Mas o Tribunal deveria aproveitar a primeira oportunidade desencadeada por uma revisão constitucional relevante para rever esta interpretação lesiva de um direito fundamental.

[470] Afirmou o Tribunal Constitucional na mesma sentença: "Se assim não fosse, destruindo-se a possibilidade de regulamentação da actividade económica a não ser por lei, criar-se-ia uma permanente necessidade de recurso a bagatelas legislativas, ao arrepio do que é, aliás, a prática corrente do direito português". Tendo acrescentado "que é tão-só a definição dos quadros gerais e dos aspectos garantísticos da liberdade de iniciativa económica privada que exige uma intervenção por via legislativa – aliás, parlamentar –, também se deveria ainda questionar se a constitucionalmente exigida intervenção legal se não reconduz precisamente a apenas esses casos – assim devendo coincidir o âmbito da reserva de lei material com o da reserva de lei parlamentar".

Assim, o Tribunal começou por reduzir o âmbito da natureza análoga a estes aspectos, para então reduzir igualmente a exigência de reserva de lei material aos mesmos, permitindo que tudo o resto possa ser objecto de regulamentos... em contradição com a letra do artigo 61, n.º 1, que afirma que esta "exerce-se livremente nos quadros definidos pela Constituição e pela lei". Exercer livremente nos quadros da lei significa que só a lei pode limitar esta liberdade, não regulamentos, salvo os puramente executivos, mesmo quanto à "mera ordenação da actividade económica". Ora, segundo se julga, determinar o horário de funcionamento de empresas privadas não pode ser considerado como um aspecto executivo ou de mera ordenação. Para lá de a distinção entre ordenação e restrição parecer ser ilegítima (vide, *supra*, parág. 6.2), especialmente em relação a um direito cuja liberdade de gozo é garantida.

Assim, para limitar a reserva de lei, mero aspecto orgânico, limita-se drasticamente o âmbito de protecção do direito ou, pelo menos, a sua natureza de direito de natureza análoga a direito, liberdade e garantia, o que leva a amputações substanciais do regime material aplicável, designadamente, o artigo 18 CRP[471]. Ora, para evitar uma escalada de inconstitucionalidades orgânicas e uma distorção do Direito vigente, basta limitar o âmbito da sujeição (nos termos do artigo 17 CRP) dos direitos económicos, sociais e culturais de natureza análoga ao regime material dos direitos, liberdades e garantias, deixando de lado o regime orgânico[472].

Aliás, esta conclusão retira-se de outros aspectos. Segundo se julga, a maioria dos direitos sociais tem um núcleo essencial que partilha da natureza análoga a direitos, liberdades e garantias[473], por constituir um mínimo ético[474] cuja violação, salvo situações de estado de necessidade, implicaria um esvaziamento da maioria dos outros direitos[475]. Mas seria

---

[471] Com a agravante de o mesmo procedimento de revisão do Direito vigente ter sido realizado em relação ao direito de propriedade; vide, por exemplo, o Acórdão n.° 187/ /01, de 2 de Maio de 2001, e a jurisprudência que cita.

[472] Trata-se essencialmente da posição de Jorge Miranda, *Iniciativa Económica*, em *Nos Dez Anos da Constituição* (org. J. Miranda), Lisboa, 1987, pág. 69-80, na pág. 76, em *Manual* (…), Volume IV, cit., pág. 153-154 e ainda em *Artigo 165*, em Jorge Miranda/Rui Medeiros, *Constituição Portuguesa Anotada*, Tomo II, Coimbra, 2006, págs. 524-543, na págs. 534-535, invocando a circunstância de várias alíneas do artigo 165, n.° 1, CRP consagrarem a reserva relativa da Assembleia da República em relação a matérias que incidem sobre direitos fundamentais de natureza análoga a direitos, liberdades e garantias. O autor, contudo, vai mais longe, pois considera que todos os outros direitos fundamentais de natureza análoga fora do título I da Parte I não gozariam também do regime orgânico.

[473] O Comité dos Direitos Económicos, Sociais e Culturais, criado para zelar pelo cumprimento das normas do Pacto das Nações Unidas sobre a matéria, tem sublinhado que estes direitos têm um núcleo essencial preceptivo (cfr. E. Correia Baptista, *Direito Internacional Público*, Volume II, Coimbra, 2004, pág. 380-388). Trata-se de interpretação que não pode ser ignorada na interpretação da Constituição portuguesa, tendo presente que Portugal é parte neste Pacto.

[474] Vide em sentido paralelo: V. de Andrade, *Os Direitos Fundamentais* (…), cit., pág. 403-404; R. Medeiros, *O estado de Direitos* (…), cit., pág. 42. J. Miranda, *Manual* (…), Volume IV, cit., pág. 393, sublinha igualmente o carácter preceptivo do núcleo essencial destes direitos.

[475] Alguma Doutrina retira do direito à vida mesmo direitos positivos para o Estado no domínio da protecção social, como o direito à alimentação (neste sentido: J. Gomes Canotilho, *Direito Constitucional e Teoria da Constituição*, 7.° ed., Coimbra, 2004, pág. 399 e 401-402). Em última análise, o que está em causa é forçar o Estado, à luz do seu dever de proteger os direitos fundamentais [artigos 9, al. b) e 27, n.° 1], a não permitir que

Limitações, restrições e ablações 225

muito difícil de sustentar que lhes é aplicável o regime orgânico de reserva relativa da Assembleia da República, visto que sendo inadequado diferenciar estas pretensões essenciais das que o não são para efeitos de determinar se o seu regime fica sujeito àquela reserva, tal iria acabar por exigir lei formal para todos estes direitos.

Também se deve considerar que não se encontram protegidos pelo direito de reunião actividades recreativas ou artísticas cuja estrutura ultrapasse o mero acto de reunião, por implicarem o uso de meios perigosos ou serem danosas para bens protegidos por direitos de terceiro ou em relação a bens colectivos (por exemplo, caça, pesca, tiro ao alvo, actividades pirotécnicas, uso de meios sonoros em termos lesivos para terceiros, fora do âmbito do direito de manifestação[476], *etc.*).

Pelo contrário, actividades desportivas (desporto em grupo que não implique uso de veículos ou de meios que façam integrar a actividade nas categorias anteriores) ou recreativas (festas ou espectáculos, que não provoquem poluição sonora significativa para terceiros, desde que não sejam realizadas com intuitos empresariais, o que se julga implicar a cobrança do acesso e a sua consequente realização em espaço meramente aberto ao público) compreendem-se no seio do direito de reunião, sendo necessária lei formal ou decreto-lei autorizado para poderem ser limitadas e sendo inconstitucional a sua sujeição a autorização ou licença[477]. Apenas poderão excepcionalmente ser sujeitas a meros avisos prévios.

---

o bem protegido também pelo direito à vida, a vida, seja esvaziado de relevância, por inexistência de condições factuais para o seu gozo em condições mínimas.

Mas, por um lado, sublinhe-se que tais deveres não surgem apenas quando a vida se encontra ameaçada; são invocáveis bastante antes de a situação do indivíduo atingir tal estado. O que significa que não é primariamente o direito à vida que estará em causa, mas o direito a viver com um mínimo de condições básicas e a não passar determinadas privações. Por outro lado, existem outros direitos fundamentais de cariz positivo de onde se pode retirar o direito a estas prestações de forma directa e, igualmente, com carácter preceptivo, por força da sua essencialidade. Será o caso do direito à segurança social (artigo 63, n.º 3), associado com o artigo 17, por força da referida essencialidade; concretizado legalmente, designadamente, pelo direito ao rendimento mínimo/de inserção.

[476] Ver, *infra*, parágrafo seguinte.

[477] É inconstitucional o regime de licença estabelecido pelos 27 a 32 do Decreto-Lei n.º 316/95, de 28 de Novembro, com as alterações introduzidas pelo Decreto-Lei n.º 264/ /2002, de 25 de Novembro de 2002, em relação a "Realização de espectáculos desportivos e de divertimentos públicos nas vias, jardins e demais lugares públicos ao ar livre". Inicialmente da competência do Governador Civil, agora transferida para as Câmaras Municipais. Encontram-se abrangidas por este regime algumas actividades compreendidas no seio do direito de reunião, pelo menos desde que não provoquem poluição sonora signi-

226   *Os Direitos de Reunião e de Manifestação no Direito Português*

7.1.3.2. *Utilização de meios sonoros*

Uma manifestação para ser eficaz pressupõe a utilização de meios de exteriorização que podem provocar poluição sonora. Daí que deva ser considerado como inconstitucional qualquer sujeição da sua utilização a uma autorização, visto, desde logo, se encontrar abrangida pela proibição constante do artigo 45, n.° 1, parte final, igualmente aplicável ao direito de manifestação[478].

Assim, uma manifestação cujos organizadores pretendam utilizar meios sonoros deve simplesmente ser objecto de um aviso prévio. E só

---

ficativa: "Os arraiais, romarias, bailes, provas desportivas e outros divertimentos públicos organizados nas vias, jardins e demais lugares públicos ao ar livre dependem de licença".

A inconstitucionalidade é, desde logo, orgânica e formal, pois regula actividades que, salvo quando tenham fins empresariais ou provoquem significativa poluição sonora, se encontram directamente protegidas pelo direito de reunião. Depois, a sujeição a licença, sem que sejam indicados pressupostos rigorosos para a sua recusa, não pode ser convertido num mero aviso prévio, por interpretação conforme à Constituição. Aliás, actividades desta natureza que não impliquem ocupação de faixas de rodagem, poluição sonora com significado ou riscos para a paz pública, nem sequer necessitam de qualquer aviso prévio (vide, *infra*, parág. 7.3.2). Assim, mesmo nestes casos, a sujeição do exercício do direito de reunião a autorizações (discricionárias) ou licenças é flagrantemente materialmente inconstitucional [como o Tribunal Constitucional afirmou em relação à liberdade de expressão e de informação, embora na realidade se estivesse a referir ao direito de manifestação (cfr. Acórdão n.° 201/86, em *Diário da República*, II Série, n.° 195, de 26 de Agosto de 1986, pág. 7975-7977)].

[478] Assim, embora reportando-se inadequadamente à liberdade de expressão, o Tribunal Constitucional sustentou que esta liberdade e o direito de informar podiam ser concretizados por intermédio de "meios de amplificação sonora" (cfr. Acórdão n.° 201/86, em *Diário da República*, II Série, n.° 195, de 26 de Agosto de 1986, pág. 7975-7977, na pág. 7977).

Em sentido contrário, o Tribunal da Relação de Évora declarara, sem fundamento: "I – O artigo 3.° do Regulamento do Governo Civil de Setúbal, de 14 de Outubro de 1954, que sujeita a licença camarária a propaganda sonora nas ruas, aplica-se a todos os cidadãos e a qualquer forma de propaganda, inclusive à sindical e à partidária. II – O referido diploma é um regulamento autónomo, que protege o interesse da tranquilidade pública, no domínio da prevenção, a impor limites gerais, pelo condicionamento da actividade individual, à luz do escopo de evitar abusos, efectivos ou possíveis, na esfera social. III – E o artigo citado resolve-se em regra de conduta que nada tem a ver com a supressão ou a restrição repressiva do direito de livre manifestação do pensamento, não se perfilhando, pois, contra ele, qualquer direito de resistência." (cfr. Acórdão de 5 de Junho de 1984; a fonte consultada cita "Bol. do Min. da Just., 340, 453").

Também a Jurisprudência brasileira tem considerado que a utilização de meios sonoros constitui uma exigência do direito de reunião (cfr. Luís Roberto Barroso, *Constituição da República Federativa do Brasil*, S. Paulo, 4.ª ed., 2003, pág. 67).

Limitações, restrições e ablações 227

excepcionalmente pode ser proibida a utilização destes meios. Admite-
-se que, por exemplo, uma manifestação realizada apenas por um indivíduo, ou por um muito limitado número, possa ser proibida de usar estes
meios. Ou que estes sejam proibidos se forem manifestamente desnecessários (por excessivos em quantidade e potência) para a mera exteriorização da mensagem, tendo em conta o impacte negativo que tenha numa
zona residencial.

Pelo contrário, fora do caso das reuniões com fins de manifestação[479],
tendo em conta o especial valor do direito de manifestação[480], julga-se que
exorbita o direito de reunião a utilização de meios sonoros que provoquem
poluição sonora significativa para terceiros, como a decorrente da utilização de amplificadores de som em festas, espectáculos ou outras actividades
recreativas. A utilização destes meios por estas reuniões, mesmo que não
tenham fins empresariais, pode mesmo ser sujeita a uma autorização discricionária ou licença, precisamente por não se tratar de uma mera reunião,
mas de algo mais do que isso. A autorização não incide sobre a realização
da reunião, mas em relação à utilização destes meios, motivo porque não
existe qualquer violação do artigo 45, n.º 1, CRP.

Mesmo no caso de manifestações, estando em causa uma colisão
aberta de direitos, cabe alguma margem ao legislador quanto à determinação da intensidade de som[481], hora[482], locais[483] que devem impor uma

---

[479] Ou de reuniões políticas em tempo de campanha eleitoral.

[480] Ver, *supra*, parág. 3.

[481] A Comissão Europeia dos Direitos Humanos enunciou a faculdade de usar meios
ruidosos numa manifestação e os seus limites ao afirmar: "it can as such be regarded as
"necessary in a democratic society" to prevent excessive noise of a demonstration, and it
further considers that it was not disproportionate in the present case to do so by the prohibition of the demonstration rather than by its subsequent dissolution" (cfr. *S. against Austria*, Admissibility of Application No. 13812/88, 3 December 1990).

[482] A Lei sobre o direito de reunião, no seu artigo 11, proíbe reuniões a partir das
0 horas e 30 minutos. Por um lado, cabe questionar se não se trata de uma hora demasiado
tardia em relação a manifestações em período normal. Por outro lado, a proibição é excessivamente abrangente. Em rigor, deveria proibir apenas manifestações ou reuniões ruidosas em locais em que sejam afectados terceiros [em sentido paralelo: J. Miranda, *Manual*
(...), Volume IV, cit., pág. 489].

A legislação eleitoral estabelece um limite horário para as reuniões políticas ainda
mais liberal: as duas horas da manhã [por exemplo, artigo 49, al. g), da Lei Eleitoral do Presidente da República, aprovada pelo Decreto-Lei n.º 319-A/76, de 3 Maio, alterado por 23
diplomas (!), os últimos dos quais a Lei Orgânica n.º 4/2005, de 8 Setembro, e a Lei Orgânica n.º 5/2005, de 8 Setembro; artigo 59, al. g) da Lei Eleitoral da Assembleia da Repú-

228 *Os Direitos de Reunião e de Manifestação no Direito Português*

proibição, mas esta margem é limitada[484], visto que não está em causa uma restrição, mas limitações, cuja determinação deve ser apreciada com particular intensidade pelos Tribunais.

Segundo se julga, o direito afectado pela poluição sonora é o direito à tranquilidade e, durante o sono, o direito ao repouso, direitos que constituem emanação do direito a um ambiente de vida humano, sadio e ecologicamente equilibrado e à qualidade de vida (artigo 66, n.° 1, CRP), direito social, que não exige lei formal ou decreto-lei autorizado. Apenas se poderá considerar como violadora do direito à integridade física[485],

---

blica, aprovada pela Lei n.° 14/79, de 16 Maio, alterada por diversas vezes, as últimas das quais pelas Lei Orgânica n.° 1/99, de 22 Junho e a Lei Orgânica n.° 2/2001, de 25 Agosto; artigo 50, n.° 7 da Lei Eleitoral dos Órgãos das Autarquias Locais, aprovada pela Lei Orgânica n.° 1/2001, de 14 de Agosto, com as alterações introduzidas pela Declaração de Rectificação n.° 20-A/2001, de 12 Outubro, pela Lei Orgânica n.° 5-A/2001, de 26 Novembro, pela Lei Orgânica 3/2005, de 29 Agosto e ainda pelo Acórdão do Tribunal Constitucional n.° 243/2002, de 25 Junho]. Tendo em conta que o período eleitoral dura vários dias, julga-se que as duas horas da manhã constituem um limite que implica uma violação no direito ao repouso.

[483] Assim, o Supremo Tribunal Federal norte-americano aceitou a proibição de usar meios sonoros no caso de insistentes manifestações antiabortistas em frente de clínicas de interrupção da gravidez: "Noise control is particularly important around hospitals and medical facilities during surgery and recovery periods (…). We hold that the limited noise restrictions imposed by the state court order burden no more speech than necessary to ensure the health and wellbeing of the patients at the clinic. The First Amendment does not demand that patients at a medical facility undertake Herculean efforts to escape the cacophony of political protests. "If overamplified loudspeakers assault the citizenry, government may turn then down." (cfr. *Madsen v. Women's Health Ctr., Inc.*, (1994), pág. 17; texto em http://laws.findlaw.com/us/000/u10379.html).

[484] Vide igualmente: W. Kanther, *Zur "Infrastruktur" von Versammlungen* (…), cit., pág. 1242-1243.

[485] A invocação do direito à integridade física como forma de legitimar a proibição de actividades causadoras de poluição sonora (mesmo por parte de actividades empresariais licenciadas) adquiriu grande consistência na jurisprudência do Supremo Tribunal de Justiça, embora também seja diversas vezes invocado o artigo 66, n.° 1, CRP, sem que tenha sido estabelecido de modo claro qual a forma de os delimitar.

Deste modo, no Acórdão de 22 de Outubro de 1998, a propósito de um campo de tiro aos pratos causador de poluição sonora, afirma-se: "A preservação dos direitos básicos de personalidade, como o direito à integridade moral e física – na vertente do direito ao repouso, ao sossego e à saúde – prevalece sobre direitos de hierarquia inferior como o direito ao lazer ouà prática de actividades de carácter lúdico" (a fonte utilizada cita BMJ, n.° 480, 1998, pág. 413). No Acórdão de 22 de Fevereiro de 2000 sustenta-se: "o "direito ao repouso" integra-se no "direito à integridade física" e "a um ambiente de vida humana

Limitações, restrições e ablações 229

ou do direito à saúde, poluição sonora que se prolongue por dias e seja grave, não a resultante de actividades temporárias, como as típicas de uma reunião que apenas colidirá com o primeiro direito.

Deste modo, existe legislação restritiva em matéria de poluição sonora, que apenas poderá não ser considerada como organicamente inconstitucionalidade se se entender que, enquanto lei geral, não é aplicável ao direito de manifestação[486].

---

sadio e economicamente equilibrado" e, através destes, no "direito à saúde e qualidade de vida"" (Processo n.º 99A1084). Na sentença de 13 de Março de 1997 declara-se que no "conflito entre direitos à integridade física (saúde, repouso, sono) e ao exercício de uma actividade comercial que produza som, há que dar prevalência ao primeiro" (a fonte utilizada cita BMJ, n.º 465, 1997, pág. 516). No Acórdão de 24 de Outubro de 1995 afirma-se, a propósito do ruído provocado por uma discoteca: "O direito ao repouso, à tranquilidade e ao sono inserem-se no direito à integridade física e a um ambiente de vida humana sadia e ecologicamente equilibrada, enfim ao direito à saúde e à qualidade de vida, são direitos fundamentais" (cita-se como fonte BMJ, n.º 450, 1995, pág. 403). No Acórdão de 11 de Março de 1999 sustenta-se "O direito ao repouso integra-se no direito à integridade física e a um ambiente de vida humana sádio e ecologicamente equilibrado, e, através destes, direito à saúde e qualidade de vida" (Processo n.º 98A1069; utilizou-se como fonte: http://www.dgsi.pt/).

[486] O Regulamento Geral do Ruído (aprovado pelo Decreto-Lei n.º 292/2000, de 14 de Novembro, com as alterações introduzidas pelo Decretos-Lei n.º 76/2002, de 26 de Março de 2002, e Decreto-Lei n.º 259/2002, de 23 de Novembro de 2002) estipula no seu artigo 9, com a epígrafe "Actividades ruidosas temporárias": "1 – O exercício de actividades ruidosas de carácter temporário nas proximidades de edifícios de habitação, de escolas, de hospitais ou similares é interdito durante o período nocturno, entre as 18 e as 7 horas e aos sábados, domingos e feriados, sem prejuízo do disposto no número seguinte. 2 – O exercício das actividades referidas no número anterior pode ser autorizado durante o período nocturno e aos sábados, domingos e feriados, mediante licença especial de ruído a conceder, em casos devidamente justificados, pela câmara municipal ou pelo governador civil, quando este for a entidade competente para licenciar a actividade. 3 – A realização de espectáculos de diversão, feiras, mercados ou manifestações desportivas, incluindo os que envolvam a circulação de veículos com motor, na proximidade de edifícios de habitação, escolas, hospitais ou similares é interdita em qualquer dia ou hora, salvo se autorizada por meio de licença especial de ruído. 4 – A licença referida nos n.os 2 e 3 é concedida, em casos devidamente justificados, pela câmara municipal ou pelo governador civil, quando este for a entidade competente para o licenciamento, e deve mencionar, obrigatoriamente, o seguinte:".

O seu artigo 3, n.º 3, al. b), define: "b) Actividades ruidosas temporárias – as actividades ruidosas que, não constituindo um acto isolado, assumem carácter não permanente, tais como obras de construção civil, competições desportivas, espectáculos, festas ou outros divertimentos, feiras e mercados".

O seu artigo 22 dispõe: "1 – Constituem contra-ordenações puníveis com coima de 100 000$00 a 500 000$00, quando praticadas por pessoas singulares, e de 250 000$00 a 5 000 000$00, quando praticadas por pessoas colectivas: b) O desenvolvimento de acti-

7.1.3.3. *O bloqueio deliberado de faixas de rodagem e outros actos ilícitos*

Tem-se tornado relativamente frequente o recurso à prática de actos ilícitos durante manifestações como meio de atrair atenções, designadamente da comunicação social, para a mensagem a transmitir. Entre estes, destacam-se os bloqueios de faixas de rodagem.

Em rigor, por meio de um aviso prévio, algum desaforo e tolerância das autoridades é possível obter um efeito idêntico numa cidade. Basta que um desfile pouco numeroso se alargue abusivamente para ocupar as duas faixas num dos sentidos de uma avenida, e se vá deslocando em passo vagaroso, para criar um enorme "engarrafamento" automóvel e, normalmente, estará garantida a atenção da comunicação social[487].

Contudo, nas pequenas localidades, este método é inviável, por força do previsível número limitado de participantes na manifestação, na existência de vários espaços livres que permitem a realização de manifestações sem necessidade de a converter num desfile pelas faixas de rodagem e pela escassa circulação de viaturas dentro da localidade. Daí o recurso, desnecessário de uma perspectiva material e, portanto, abusivo, ao chamado "corte de estrada", por vezes incidindo sobre estradas nacionais que passam próximo da localidade.

Tecnicamente, se se tratar de actos pacíficos, de mera resistência passiva, estes compreendem-se no âmbito de protecção do direito de manifestação. Contudo, por colidirem directamente com outros direitos, ficam sujeitos a limitações que decorrem directamente da Constituição, por força da vinculação dos manifestantes aos direitos, liberdades e garantias de terceiros, desde logo, o direito de deslocação[488].

---

vidades ruidosas temporárias sem licença ou em desconformidade com as prescrições desta ou das regras definidas nos n.os 3, 4, 6 e 8 do artigo 9.°".

Esta legislação deve ser considerada como geral em relação à legislação relativa aos direitos de reunião e de manifestação, não tendo alterado os termos estabelecidos por esta última.

[487] Ficou escrito que as autoridades não devem contemporizar com estas situações, devendo impor a circulação por uma única faixa de rodagem ou, se os manifestantes forem em número que lhes permita circular pelos passeios facilmente, remetê-los para estes últimos (cfr., *supra*, parág. 7.1.2).

[488] Trata-se de entendimento confirmado por jurisprudência do Tribunal Europeu dos Direitos Humanos, adoptada em casos de actos de obstrução pacífica a comportamentos lícitos de terceiros.

Assim, num primeiro caso, este Tribunal foi confrontado com situações em que uma das queixosas tomara parte num protesto contra caça a faisões, em que, juntamente com

Nestes casos, a ocupação das vias públicas não constitui algo fisicamente necessário, antes é utilizado deliberadamente como forma de atrair a atenção para a mensagem a exteriorizar. Tendo presente jurisprudência sobre a matéria, pensa-se constituir uma forma desproporcionada de manifestação, que provoca prejuízos em pessoas que não têm qualquer meio de resolução ou responsabilidade quanto à situação subjacente[489-490].

---

outros, tentou obstruir os caçadores; designadamente, quando um destes apontava a arma, colocava-se na sua frente, impedindo o disparo. E uma outra que, juntamente com mais cerca de vinte e cinco manifestantes, tentou obstruir os trabalhos de construção de uma estrada, em Wanstead, Londres, entrando repetidamente no local da obra, subindo a árvores que estavam em vias de ser abatidas e colocando-se à frente das máquinas. Apesar de expulsos do local por seguranças da obra, sem nunca oferecerem resistência, retornaram a este por diversas vezes. Ambas acabaram por ser detidas por "ruptura da paz". Em relação a ambas as acções, o Tribunal entendeu que "It is true that **these protests took the form of physically impeding the activities of which the applicants disapproved, but the Court considers nonetheless that they constituted expressions of opinion** within the meaning of Article 10 (…). The measures taken against the applicants were, therefore, interferences with their right to freedom of expression". O Tribunal considerou que estes actos das autoridades eram igualmente interferências com o direito de reunião, mas concluiu em relação a ambos os direitos que tinham sido adoptados licitamente com vista à manutenção da paz e defesa de direitos de terceiro: "In these circumstances, the Court does not find that the actions of the police in arresting Ms Steel and removing her from the scene of the demonstration were disproportionate" (cfr. *Case Of Steel And Others v. The United Kingdom*, Judgment, 23 September 1998, parágs. 7-8, 15, 92, 104 e 109).

Num outro caso, teve de apreciar a detenção de duas mulheres que, num grupo maior que se manifestava contra a pesca como actividade cruel, tinham tentado perturbar, em 28 de Maio de 1994, a pesca à linha por parte de alguns pescadores, tocando buzinas e atirando pedras no lago para afugentar os peixes. Por se terem recusado a interromper esta acção, foram detidos pela Polícia, igualmente por "ruptura da paz". O Tribunal sustentou que "the protest of the applicants amounted to an expression of opinion within the meaning of Article 10 (…). The measures taken against the applicants were, therefore, interferences with their right to freedom of expression. It is thus necessary to consider whether such interference satisfied the requirements of Article 10 § 2 of the Convention". Mas acabou por concluir que sim, visto visarem "preventing disorder and protecting the rights of others" e não se revelarem desproporcionadas. Também aceitou que podiam legitimamente ser multadas e sujeitas a 21 dias de prisão por se terem recusado a cumprir uma sentença inibidora de repetir a mesma acção. Aplicou o mesmo raciocínio em relação ao direito de reunião (cfr. *Laura Nicol and Diane Selvanayagam v. United Kingdom*, Fourth Section, Application no. 32213/96, Decision as to the Admissibility, 11 January 2001, parág. 4-5).

[489] Assim, o Tribunal da Relação de Lisboa afirmou: "Os direitos de manifestação e reunião, embora consagrados na Constituição com latitude, não podem, contudo, colidir com outros direitos fundamentais dos cidadãos, entre os quais se conta o da livre circulação", não podendo servir de fundamento para "obstruir uma ponte e o trânsito que nela se processa" e para desobedecer quando "ordenado, pelos agentes fiscalizadores do trânsito,

Os Direitos de Reunião e de Manifestação no Direito Português

Não parece que o paralelismo com abusivas manifestações nas grandes cidades, ou o carácter mediático das sociedades hodiernas e a necessidade de atrair a atenção da comunicação social constituam fundamentos suficientes para as legitimar. Manifestações em pequenas localidades do interior, especialmente contra actos do poder central, nunca tiveram qualquer eficácia. Se uma população se quer manifestar em termos eficazes, não parece excessivo exigir-lhe que tenha o incómodo de o ir fazer aos centros de poder, visto que actualmente existem meios bem mais acessíveis e rápidos de transporte, em vez de provocar transtornos deliberados e inúteis em terceiros inocentes.

Não se pode, pois, considerar que estas actividades integrem o âmbito de protecção efectivo dos direitos de reunião e de manifestação, devendo as autoridades obrigar os responsáveis a desbloquear a estrada, mas sem necessariamente interromper a manifestação, a menos que deparem com resistência física activa por parte dos participantes em número que inviabilize o seu isolamento e detenção[491].

Tal não significa que o facto de estar em causa um direito, liberdade e garantia (ainda que aproveitado ilicitamente) não deva ser ponderado em termos relevantes na aplicação de qualquer sanção[492], bem como a cir-

---

que retire a sua viatura e prossiga a marcha" (cfr. Acórdão de 16 de Outubro de 1996, processo n.° 7333).

Do mesmo modo, a antiga Comissão Europeia dos Direitos Humanos, perante uma queixa interposta por uma pessoa responsável por bloquear uma estrada, sentando-se no meio desta, entendeu que estes comportamentos integravam o direito de reunião: "his conviction for attempted coercion within the meaning of S. 240 of the Criminal Code was a restriction on his right to freedom of peaceful assembly", mas que tal "can reasonably be considered as necessary in a democratic society for the prevention of disorder and crime" (cfr. *M.C. against the Federal Republic of Germany*, Admissibility of Application No. 13079/87, 6 March 1989, parág. 2).

Como se verificou, nos referidos casos na nota anterior, igualmente o Tribunal Europeu não aceitou que esta espécie de actos pudesse ser justificada apenas por se compreender no âmbito do direito de manifestação.

Também o Tribunal Constitucional espanhol sustentou: "la paralización del tráfico con la finalidad primordial de alterar la paz pública no constituye un objeto integrable en el derecho de reunión en lugares de tránsito público" (cfr. Tribunal Constitucional, Sala Segunda, STC 066/1995, 13 de Maio de 1995, cit., parág. 3).

[490] Vide igualmente: W. Kanther, *Zur "Infrastruktur" von Versammlungen* (…), cit., pág. 1241.

[491] Vide, *infra*, parág. 8.2.2.2.

[492] O corte de estrada só excepcionalmente preencherá o tipo penal previsto no artigo 290 do Código Penal. Este exige que a colocação de "obstáculo ao funcionamento

Limitações, restrições e ablações 233

cunstância de as pessoas bloqueadas terem responsabilidades na situação contra a qual se reage, de apenas ter sido ocupada uma das faixas de rodagem, permitindo a circulação pela outra, e mesmo a gravidade da situação que determinou a reunião/manifestação, ao menos com vista a ponderar a existência de causas de atenuação da ilicitude e de atenuação ou exclusão da culpa[493-494].

---

ou à circulação" seja realizada de modo a "criar deste modo perigo para a vida ou para a integridade física de outrem, ou para bens patrimoniais alheios de valor elevado" (fica sujeito a pena de 1 a 8 anos). O corte de estrada enquanto modo de manifestação é necessariamente realizado de modo ostensivo, não criando normalmente qualquer obstáculo à circulação do qual possa decorrer um perigo para a circulação, salvo se levianamente os responsáveis decidissem fazê-lo numa auto-estrada ou sem os cuidados devidos. Somente em relação a eventuais lucros cessantes avultados ou bens perecíveis valiosos que sejam afectados por um corte de estrada se poderia equacionar a prática deste crime. Porém, se os manifestantes negligentemente deixarem um obstáculo na via, depois de terem terminado a manifestação, podem incorrer no crime a título de negligência, nos termos do seu n.° 2.

Por outro lado, igualmente o crime de coacção (artigo 154; vide, sobre este, *infra*, parág. 9.2.1) pode em alguns casos ser preenchido [neste sentido: A. Taipa de Carvalho, *Artigo 154*, em *Comentário Conimbricense do Código Penal – Parte Especial* (dir. J. Figueiredo Dias), Volume I, Coimbra, 1999, pág. 352-369, na pág. 353 e 366 (mas em termos demasiado abrangentes)]. Será, desde logo, o caso em que seja acompanhada de violência ou ameaça de violência, mas nestes casos, normalmente, nem sequer se estará perante uma reunião protegida. Já não se aceita que seja aplicável nas situações de mero bloqueio pacífico, em que os manifestantes se limitem a sentar-se passivamente na estrada ou em que, embora tenham colocado obstáculos, não ofereçam qualquer resistência a que sejam removidos, salvo sentarem-se em cima destes ou outras formas de resistência puramente passiva. É certo que, na Alemanha, o preceito correspondente do Código Penal foi aplicado numa situação destas, o que foi aceite pelo respectivo Tribunal Constitucional, numa polémica sentença, mas tal motivou a referida queixa perante a Comissão Europeia dos Direitos Humanos, em que esta apesar de ter admitido a legitimidade desta punição, o fez com renitência, apenas por força da margem de discricionariedade que cabe aos Estados (cfr. *M.C. against the Federal Republic of Germany*, Admissibility of Application No. 13079/87, 6 March 1989, parág. 2).

Assim, fora dos casos mais graves, será por violação dos termos dos artigos 3 e 8, n.° 1, do Código da Estrada, que exige autorização para desenvolver actividades que afectem a circulação, que os responsáveis serão sancionados com coima de 700 a 3500 euros, nos termos do seu n.° 3.

[493] Ver alguma compreensão por estes actos em Rebelo Sousa/M. Alexandrino, *Constituição* (…), cit., pág. 145; R. Novais, *As Restrições* (…), cit., pág. 230-232.

[494] Recorde-se que, em relação ao princípio da culpa, o Tribunal Constitucional afirmou: "o princípio da legalidade das sanções, **o princípio da culpa**, e bem assim, o princípio da proibição de sanções de duração ilimitada ou indefinida **valem**, na sua ideia essencial, **para todo o direito sancionatório público, maxime, para o domínio do direito de mera ordenação social**" (cfr. 3.ª Secção, Acórdão n.° 547/01, de 7 de Dezembro de 2001, parág. 7, citando o Acórdão n.° 574/95).

234   *Os Direitos de Reunião e de Manifestação no Direito Português*

A mesma conclusão se aplica a actos semelhantes que impliquem lesão em direitos de terceiro fisicamente desnecessária para viabilizar a manifestação, entre os quais se destaca o bloqueio de locais de voto[495], ou que, mesmo que necessária para impedir a concretização de acções contra as quais a manifestação foi convocada, impliquem uma interferência com actividades lícitas[496].

7.1.3.4. *Instalação de estruturas*

Como ficou escrito, a instalação de estruturas provisórias efectivamente necessárias à viabilidade da reunião tendo presente o seu fim, como

---

[495] Esta forma de acção, que se tem tornado igualmente frequente em praticamente todas as formas de eleição, tem a agravante de constituir crime [artigo 338 ("Perturbação de assembleia eleitoral"), n.º 1, do Código Penal: "Quem, por meio de violência, ameaça de violência ou participando em tumulto, desordem ou vozearia, impedir ou perturbar gravemente a realização, funcionamento ou apuramento de resultados de assembleia ou colégio eleitoral, destinados, nos termos da lei, à eleição de órgão de soberania, de Região Autónoma ou de autarquia local, é punido com pena de prisão até 3 anos ou com pena de multa"]. Em qualquer caso, quando sejam praticados como forma de manifestação e a menos que exista uso ou ameaça de violência, ao contrário do que admitiu o Tribunal Europeu dos Direitos Humanos, considera-se gravemente desproporcionada qualquer aplicação de penas de prisão aos autores destes actos.

[496] Entre outros casos, refira-se o do bloqueio realizado por associações ecologistas de uma empresa de madeiras, por alegadamente importar do Brasil madeira abatida ilegalmente. Os membros destas associações, depois de, naturalmente, terem informado a comunicação social da acção, acorrentaram-se ao portão da empresa, com um enorme cartaz onde a acusavam de praticar tais actos, onde estiveram durante cinco horas, até serem detidos pela polícia. Foram acusados e absolvidos em primeira instância, por não ter sido provado um dos elementos do tipo penal, do crime de Introdução em lugar vedado ao público (artigo 191 do Código Penal). Em recurso para a Relação do Porto, a assistente alegou então que tinham sido praticados os crimes de usurpação de coisa imóvel (artigo 215, n.º 1), de coacção (artigo 154), de participação em motim (artigo 302, n.º 1), de difamação (artigo 180, n.º 1), e de ofensa a pessoa colectiva (artigo 187, n.º 1). O Tribunal rejeitou o recurso por considerar que tais alegações constituíam uma diferente qualificação jurídica ou uma alteração substancial dos factos em momento inadmissível. Nesta sentença, não foi feita qualquer referência ao direito de manifestação (cfr. Tribunal da Relação do Porto, sentença de 14 de Dezembro de 2005, Processo n.º 515180). Tanto quanto foi possível apurar, não se encontra publicada a sentença recorrida do Tribunal Judicial da comarca de Vale de Cambra.

Note-se que, quando estejam em causa acções de particulares, a questão torna-se mais delicada, visto que para ser legítimo realizar manifestações contra estes é necessário que reúnam algumas condições (vide, *supra*, parág. 5.2.2.1).

Limitações, restrições e ablações 235

palcos, abrigos, instalações de som e vídeo, *etc.*, compreende-se no âmbito de protecção deste direito[497].

Contudo, por tal poder implicar prejuízos em bens públicos ou para direitos de terceiros, além de tal instalação implicar sempre um aviso prévio, pode igualmente ser proibida com alguma latitude[498]. Desde logo, quando não se revele estritamente necessária tendo em conta o fim da reunião e o número provável de participantes, nem sequer goza de qualquer protecção, devendo considerar-se que depende de uma verdadeira licença administrativa. Mas, mesmo quando efectivamente necessária, por exemplo, por causa do grande número de pessoas ou das condições atmosféricas, poderá igualmente ser proibida quando as consequências que provoque no local, bem como a interferência que implique para a circulação de pessoas, veículos e bens, a tornem injustificada. Poderá igualmente ser sujeita a uma proibição parcial e a autoridade poderá sempre sugerir outras localizações ou alternativas.

Nestes casos, o aviso prévio deve conter uma descrição detalhada das instalações a construir.

7.2. À mensagem veiculada no direito de manifestação

As referidas limitações/restrições ao direito de reunião aplicam-se igualmente a todas as manifestações colectivas, visto que estas constituem igualmente um aproveitamento do direito de reunião. Mas o direito de manifestação pode ainda ficar sujeito a compressões específicas relativas ao conteúdo da mensagem a manifestar.

7.2.1. *Introdução*

Tal como o direito de reunião tem grandes pontos de contacto com o direito de deslocação, o direito de manifestação está directamente ligado à liberdade de expressão[499].

---

[497] Ver, *supra*, parág. 2.4.2.1.

[498] Em sentido paralelo: W. Kanther, *Zur „Infrastruktur" von Versammlungen* (...), cit., pág. 1242.

[499] O Tribunal Europeu dos Direitos Humanos afirmou: "the protection of personal opinions, secured by Article 10, is one of the objectives of the freedoms of assembly and association as enshrined in Article 11" (cfr. *Rekvényi v. Hungary*, Grand Chamber, Judgment, 20 May 1999, parág. 58).

O artigo 37, n.º 1, CRP frisa que esta liberdade pode ser exercida "por qualquer outro meio", para lá da palavra e da imagem, mas esta abertura parece referir-se a outros meios de exteriorização, mas no quadro jurídico da liberdade de expressão. Porém, o direito de manifestação é uma forma qualificada de exercício desta liberdade, pois tem duas particularidades jurídicas relevantes.

A primeira particularidade é exclusiva deste direito e deriva da circunstância de a mensagem exprimida ter por destinatários terceiros; isto é, pessoas que não consentiram em ser seus destinatários[500]. A segunda, que é partilhada por várias outras formas de exercício da liberdade de expressão, decorre do facto de ser exercida publicamente.

Assim, sendo o direito de manifestação ainda uma forma de gozo da liberdade de expressão, não obstante se tratar de uma forma qualificada, resulta claro que se encontra sujeito a todas as limitações e restrições aplicáveis a esta última, não obstante não existir uma remissão directa do artigo 45, n.º 2, para o artigo 37[501]. Trata-se de conclusão interpretativa que se julga não colidir minimamente com a exigência de permissão constitucional expressa[502] para se poder legitimamente restringir um direito, liberdade e garantia (artigo 18, n.º 2)[503].

Por outro lado, o regime do direito de manifestação, por força do facto de a mensagem ser exteriorizada publicamente, sofre algumas restrições que não se aplicam ao aproveitamento da liberdade de expressão em privado, mas que são as aplicáveis a qualquer expressão de pensamento

---

[500] Vide, *supra*, parágs. 1.2.

[501] Assim, o Tribunal Constitucional federal alemão sustentou que declarações realizadas em reuniões se encontravam sujeitas aos limites da liberdade de expressão: "Das bedeutet aber nicht, daß Meinungsäußerungen in Versammlungen über Art. 5 Abs. 1 und 2 GG hinaus geschützt sind" [cfr. BVerfGE 90, 241 – Auschwitzlüge, parág. B.II.2.c).aa); texto em http://www.oefre.unibe.ch/law/dfr/bv090241.html].

No sentido de que os limites de conteúdo ao direito de manifestação são apenas os da liberdade de expressão: Hoffmann-Riem, *Neuere Rechtsprechung* (…), cit., pág. 260--261; Andreas Musil, *Berlin, Hauptstadt der Demonstrationen – Das Versammlungsrecht, ein Rechtsgebiet im Wandel, Landes und Kommunalverwaltung*, 2002, heft 3, pág. 115-119, na pág. 115; Michael Kniesel/Ralf Poscher, *Die Entwicklung des Versammlungsrechts 2000 bis 2003, Neue Juristische Wochenschrift*, 2004, heft 7, págs. 422-429, na pág. 424.

[502] Sobre a legitimidade das permissões indirectas de restrição e mesmo de restrições não expressamente permitidas, vide, *supra*, parág. 6.2.

[503] Quanto a saber se, tendo presente a proibição da censura prevista no artigo 37, n.º 4, ainda é possível realizar um controlo preventivo do direito de manifestação aquando da análise de um aviso prévio, vide, *infra*, parág. 8.1.1.

Limitações, restrições e ablações   237

por intermédio de meios de comunicação social. Quando muito, o seu carácter intromissivo poderá legitimar a aplicação de alguns limites em termos mais estritos.

Em qualquer caso, a propósito das restrições teleológicas ao gozo do direito de reunião, verificou-se que quer a Ordem Pública, quer os bons costumes, não constituem parâmetros constitucionalmente admissíveis para as fundamentar[504]. A mesma conclusão se aplica em relação aos bons costumes quanto ao conteúdo das mensagens exteriorizadas, sem prejuízo de a integridade moral de terceiros poder fundamentar limitações e restrições à mensagem e ao modo como esta é exteriorizada que possam ser considerados como chocantes à luz dos valores dominantes, mesmo que não possam ser considerados como injuriosos ou difamatórios[505].

Por outro lado, a Ordem Pública, tal como qualquer regra ou princípio conforme com a Constituição, contém limites ao acto de reunião e, sobretudo, às actividades nesta desenvolvidas. Mas, porque a sua função é primordialmente limitar a autonomia negocial privada e não actividades materiais, na realidade acaba por ser de escassa utilidade. Muitas normas de Ordem Pública não têm qualquer relevância enquanto limites ao conteúdo de uma mensagem numa manifestação. E outras não justificam de

---

[504] Vide, *supra*, parág. 7.1.1.3 e 7.1.1.5.

[505] Assim, tendo presente a liberdade de expressão, não pode ser proibida a venda de publicações para adultos, desde que estas indiquem de forma clara o seu conteúdo. Mas, tendo em conta a forma como a manifestação se impõe a pessoas que não consentiram em ser destinatárias da sua mensagem, é admissível que seja proibida a exteriorização de mensagens desta espécie que possam ofender os presentes na sua integridade moral.

Pelo contrário, uma manifestação que procure exteriorizar formas de orientação sexual não pode ser proibida só por si, desde logo tendo em conta a nova versão do artigo 13, n.º 2, CRP. Deste modo, o Tribunal Constitucional da Colômbia, perante um recurso contra uma proibição de manifestação de homossexuais, entendeu que: "no es pertinente facilitar el acceso de algunas personas y evitar el de otras al espacio público, por cuanto las reglas no discriminan entre personas sino propugnan por una utilización adecuada de dichos ambientes por parte de todos" e "las exigencias de las autoridades en ese sentido deben dirigirse a los ciudadanos en general, – sean por ejemplo homosexuales o heterosexuales –, y no presuponer a priori la alteración del orden social por parte de un grupo específico de ciudadanos, por el mero hecho de que una manifestación de su identidad ponga de presente su condición personal", mas que "desde ningún punto de vista podían ser tolerables en espacios públicos actos sexuales, desnudos, comportamientos obscenos y violentos, expresiones escandalosas y denigrantes y demás manifestaciones excesivas que contraríen los derechos de terceros, incluyendo menores ubicados en los espacios públicos" (cfr. Sentencia T-268/00, 7 de marzo de 2000, ponto 6; texto em http://www.cajpe.org.pe/rij/bases/juris-nac/co12.htm).

238   *Os Direitos de Reunião e de Manifestação no Direito Português*

modo algum uma proibição ou interrupção de uma manifestação, seja por força da sua limitada importância, seja por tutelarem bens sem consagração constitucional. É, pois, preferível recorrer a outros parâmetros mais específicos.

A Constituição, no artigo 37, n.º 3, sujeita a liberdade de expressão aos princípios gerais de Direito criminal. Trata-se de uma remissão para a lei, legitimando a introdução de restrições àquela, no respeito destes princípios, desde logo os consagrados na Constituição e outros que sejam conformes com esta. Claro está, esta remissão não impede que tais restrições devam visar exclusivamente a protecção de direitos fundamentais ou outros bens colectivos constitucionalmente consagrados, bem como ficar sujeitas aos outros requisitos do artigo 18, n.º 2 e n.º 3[506].

O que não significa, de modo algum, que os únicos limites ao conteúdo de uma mensagem a exteriorizar sejam os decorrentes do Direito Penal. A relevância da distinção entre actos que violem o Direito Penal e aqueles que sejam apenas contrários ao Direito Privado será a de que os primeiros poderão normalmente legitimar uma intervenção das autoridades, enquanto os segundos, não. Daí a circunstância de se concentrar a atenção nos primeiros.

7.2.2. *Violadoras de direitos, liberdades e garantias*

Os primeiros constrangimentos ao conteúdo da mensagem são limitações em sentido técnico, pois são impostas directamente pela Constituição por força da aplicabilidade directa e vinculação das entidades privadas pelos direitos, liberdades e garantias (artigo 18, n.º 1)[507].

Assim, os direitos ao bom nome e à reputação impõem a proibição de mensagens injuriosas ou difamatórias. A circunstância de serem exteriorizadas em manifestação pode até agravar a medida da pena, não produzindo qualquer isenção da responsabilidade civil e penal, salvo em termos de

---

[506] Também neste sentido: Nuno e Sousa, *A Liberdade* (…), cit., pág. 279-280; J. Machado, *Liberdade de Expressão* (…), cit., pág. 489-490, nota 695.

Vide igualmente em sentido paralelo, em relação à Constituição alemã de Weimar, o clássico de Rudolf Smend, *Ensayos sobre la Libertad de Expresión, de Ciencia y de Cátedra como Derecho Fundamental y sobre el Tribunal Constitucional Alemán* (trad. ed. alemã), México, 2005, pág. 4-5 e 22-23.

[507] Vide, *supra*, parág. 5.2.

Limitações, restrições e ablações   239

possível atenuação de culpa, tendo em conta o "calor" do momento[508]. Igualmente o direito à reserva da intimidade da vida privada e familiar implica limitações ao direito de manifestação.

Mas, para lá do estabelecimento de crimes aplicáveis genericamente a declarações realizadas em público ou privado, como a difamação e calúnia (artigos 180 e 183), a injúria (artigos 181), ambos os crimes (artigos 322, n.° 2 e n.° 3, e 328, n.° 1[509]), a ofensa a memória de falecido (artigo 185), divulgação de factos privados (artigo 192, n.° 1), divulgação de comunicações privadas (artigo 194, n.° 3) ou a violação de segredo (artigo 195), o Direito Penal vigente prevê uma série de crimes susceptíveis de ser cometidos pela mera exteriorização de uma mensagem numa reunião pública, em alguns casos, se esta for acompanhada de um dolo específico.

Estes crimes visam tutelar a liberdade religiosa (artigo 41 CRP)[510] ou ainda a integridade moral, contra formas agravadas de violação[511],

---

[508] Assim, por exemplo, o Tribunal da Relação de Lisboa entendeu que "o autor das expressões injuriosas – chamando corrupto ao membro do Governo e, anunciando ter provas para o "pôr na prisão" – ainda que proferidas **no calor da manifestação pública**, porque excedeu o direito de crítica e até de revolta, acabou por cair no rebaixamento do visado, atingindo-o na sua honra e consideração, cometendo assim crime de difamação, podendo, no entanto, face ao concretismo da acção, ser o arguido isento de pena" (cfr. sentença de 13 de Maio de 1998, processo n.° 78643).

[509] O crime de ofensa à honra do Presidente da República previsto no artigo 328 do Código Penal, apesar de ser considerado um "crime contra a realização do Estado de Direito", título da secção II do Capítulo relativo aos crimes contra a segurança do Estado, é primariamente um crime contra a pessoa que ocupa a presidência, como fica confirmado pela possibilidade de o procedimento cessar no caso de o Presidente assim o decidir (artigo 328, n.° 3). Existe, contudo, uma dimensão de tutela da autoridade do Estado manifestado na circunstância de constituir um crime público (neste sentido: Sergio Antonelli, *Le Immunità Del Presidente Della Repubblica*, Milano, 1968, pág. 146 e 148-149). Mas é duvidoso que esta componente justifique tal tratamento diferenciado em relação aos restantes cidadãos. Trata-se de um privilégio de origem monárquica que faz pouco sentido num regime onde o Chefe de Estado é eleito pelos seus iguais. Designadamente, em período eleitoral, em que o Presidente se candidate a um segundo mandato, tal criará um regime de tutela desigualitária com os outros candidatos.

[510] Artigo 251.° ("Ultraje por motivo de crença religiosa"): "1 – Quem publicamente ofender outra pessoa ou dela escarnecer em razão da sua crença ou função religiosa, por forma adequada a perturbar a paz pública, é punido com pena de prisão até 1 ano ou com pena de multa até 120 dias".

Artigo 252.° ("Impedimento, perturbação ou ultraje a acto de culto"): "Quem: b) Publicamente vilipendiar acto de culto de religião ou dele escarnecer; é punido com pena de prisão até 1 ano ou com pena de multa até 120 dias.".

O primeiro constitui uma forma agravada de injúria (se não estiverem reunidos os

240 *Os Direitos de Reunião e de Manifestação no Direito Português*

bem como o direito a não ser vítima de discriminações (artigo 26, n.º 1, parte final, e 13, n.º 2, CRP), com vista a proteger os membros de grupos vulneráveis, em particular os identificados por "raça, cor, origem étnica ou nacional ou religião"[512].

---

seus elementos típicos, o autor pode ser punido por injúria simples), constituindo um crime de perigo concreto [vide, no entanto, as críticas a este tipo penal de J. Machado, *Liberdade de Expressão* (…), cit., pág. 842-843, nota 2012].

A alínea citada do artigo 252 levanta algumas reservas por força da sua aparente latitude, visto que a conduta não precisa de colocar necessariamente em causa a paz pública ou sequer de existir uma vítima individualizada. Mas a sua epígrafe indica ("impedimento, perturbação") que tem de estar em causa um acto de culto concreto em decurso e não meramente uma religião ou os seus actos de culto em abstracto. Deste modo, mesmo actos públicos ofensivos de uma religião ou de crítica dura dos seus rituais não podem ser qualificadas como formas de escárnio religioso.

Pense-se na polémica relativa à publicação e divulgação de caricaturas de Maomé (Mohammed ou Muhammad) pela imprensa e televisões europeias que inflamaram a opinião de muçulmanos pelo mundo fora, levando extremistas a incendiar algumas embaixadas ocidentais (por exemplo: *Maomé/Caricaturas: PR francês exorta ao respeito, manifestações no mundo islâmico*, Lusa, 03-02-2006 20:40:00 – Notícia SIR-7705264; *Caricaturas/ /Maomé: Dinamarca e Noruega aconselham cidadãos deixar Líbano e Síria*, Lusa, 05-02- -2006 11:35:00, Notícia SIR-7708349). Segundo se julga, não é possível sustentar que este tipo penal foi preenchido. Só o poderia ser se alguém fosse acenar com um cartaz com uma destas caricaturas à porta de uma mesquita durante um acto de culto. Relembre-se que a liberdade de expressão legitima actos de expressão **ofensivos e chocantes**. O mesmo se diga em relação ao crime de discriminação religiosa, pois não é fácil considerar tal como uma injúria ou difamação religiosa contra pessoas que professam a fé islâmica [artigo 240, n.º 2, al. a) do Código Penal], ou qualificar a sua elaboração e publicação como "actividades de propaganda organizada que incitem à discriminação, ao ódio ou à violência raciais ou religiosas, ou que a encorajem" [artigo 240, n.º 1, al. a)]. E, em qualquer caso, seria ainda necessário provar a existência de dolo específico de incentivo ou encorajamento à discriminação (ver, *infra*, neste parágrafo, nota 512 sobre este crime). Registe-se, porém, que o Direito Penal não pune muitos actos que qualquer pessoa ou entidade séria, incluindo um meio de comunicação social, não adoptaria.

[511] Artigo 365.º ("Denúncia caluniosa"): "1 – Quem, por qualquer meio, perante autoridade ou **publicamente**, com a consciência da falsidade da imputação, denunciar ou lançar sobre determinada pessoa a suspeita da prática de crime, com intenção de que contra ela se instaure procedimento, é punido com pena de prisão até 3 anos ou com pena de multa. 2 – Se a conduta consistir na falsa imputação de contra-ordenação ou falta disciplinar, o agente é punido com pena de prisão até 1 ano ou com pena de multa até 120 dias.".

[512] Artigo 240.º ("Discriminação racial ou religiosa"): "2 – Quem, em reunião pública, por escrito destinado a divulgação ou através de qualquer meio de comunicação social: a) Provocar actos de violência contra pessoa ou grupo de pessoas por causa da sua raça, cor, origem étnica ou nacional ou religião; ou b) Difamar ou injuriar pessoa ou grupo de pessoas por causa da sua raça, cor, origem étnica ou nacional ou religião, nomeadamente

Limitações, restrições e ablações	241

Em particular, a proibição da discriminação racial recebeu um reforço de tutela constitucional, mostrando a preocupação do legislador constitucional com esta forma de discriminação, com a proibição de estabelecimento de associações com fins racistas na revisão constitucional de 1997 (artigo 46, n.° 4)[513]. Em qualquer caso, claro está, esta disposição constitucional, por si, não poderia legitimar restrições às liberdades de expressão e de manifestação. Os fundamentos constitucionais destas restrições são os artigos 26, n.° 1, e 13, n.° 2.

A punição de actos de expressão difamatórios ou injuriosos com intuitos discriminatórios que tenham por alvo indivíduos não levanta qualquer problema. Trata-se de formas agravadas de difamação ou injúria, pela intenção discriminatória subjacente e pelo seu carácter público[514].

Os problemas surgem em relação à incriminação das difamações ou injúrias a grupos e à tipificação exemplificativa da mera negação pública

---

através da negação de crimes de guerra ou contra a paz e a humanidade; com a intenção de incitar à discriminação racial ou religiosa ou de a encorajar, é punido com pena de prisão de 6 meses a 5 anos.".

Também o artigo 4, n.° 1, al. m), da Lei n.° 134/99, de 28 de Agosto: "A adopção de acto em que, publicamente ou com intenção de ampla divulgação, pessoa singular ou colectiva emita uma declaração ou transmita uma informação em virtude da qual um grupo de pessoas seja ameaçado, insultado ou aviltado por motivos de discriminação racial", fica sujeita a contra-ordenação (artigos 9 e 10). O mesmo exacto regime consta dos artigos 3, n.° 2, al. i), e 10 da Lei n.° 18/2004, de 11 de Maio, que transpõe para a Ordem Jurídica portuguesa a Directiva n.° 2000/43/CE, do Conselho, de 29 de Junho, que visa proibir a discriminação racial e que mantém em vigor a Lei 134/99 (artigo 15, n.° 2). Vide igualmente o Decreto-Lei n.° 111/2000, de 4 de Julho, que regulamenta a lei 134/99; a Lei n.° 20/96, de 6 de Julho, que permite a associações de comunidades de imigrantes, anti-racistas ou defensoras dos direitos humanos, salvo expressa oposição do ofendido, constituírem-se como assistentes nestes processos. E ainda o Decreto-Lei n.° 86/2005, de 2 de Maio, que regula conflitos de competência surgidos pela aplicação das Leis n.° 18/2004 e n.° 35/2004, de 29 de Julho (que regulamenta o Código do Trabalho).

[513] Em rigor, Portugal já estava obrigado a proibir estas organizações desde 23 de Setembro de 1982, data da entrada em vigor em relação a si da Convenção para a Eliminação de Todas as Formas de Discriminação Racial, tendo em conta que o seu artigo 4, al. b), o vincula a tal. Mas esta obrigação, nos termos da sua letra, não era directamente aplicável, dependendo de legislação interna concretizadora.

[514] Sem prejuízo de também serem utilizados como um instrumento de efeitos perversos. É esclarecedor que a primeira condenação por injúrias raciais à luz da legislação britânica tenha sido um indivíduo de origem africana que terá injuriado um polícia de origem europeia (cfr. Michel Rosenfeld, *Hate Speech In Constitutional Jurisprudence: A Comparative Analysis*, *Cardozo Law Review*, Volume 24, no. 4, 2003, págs. 1523-1567, na pág. 1525).

242   *Os Direitos de Reunião e de Manifestação no Direito Português*

de factos históricos, ainda que acompanhada de uma intenção discriminatória. Não é simples configurar a negação de factos como uma forma de difamação (e muito menos de injúria), mas pode-se tentar alegar que se lhe encontra subjacente a ideia difamatória de que, quem tem defendido a sua autenticidade, tem divulgado mentiras[515].

Mas este tipo penal, a menos que seja interpretado com cautelas, é susceptível de permitir abusos violadores da liberdade de expressão e de informação[516]. Assim, encontra-se formulado tendo presente os negadores do Holocausto nazi contra a minoria judaica durante a Segunda Guerra Mundial. Mas o tipo penal não fornece qualquer apoio literal para o considerar inaplicável em relação a outros crimes de guerra ou contra a Humanidade, o que o torna demasiado abrangente[517]. Só por uma interpretação que tenha presente a necessidade de salvaguardar a liberdade de expressão se poderá sustentar que apenas será admissível a punição de uma negação de crimes internacionais quando o facto da sua ocorrência seja pacífico.

---

[515] Alguma Jurisprudência alemã tem considerado que a negação do Holocausto pode ser qualificada como uma injúria, mas este entendimento foi alvo de críticas por parte da Doutrina penalista alemã, o que levou o Tribunal Constitucional federal alemão a evitar pronunciar-se sobre a questão [cfr. BVerfGE 90, 241 – Auschwitzlüge, parág. B.II.2.c.bb); texto em http://www.oefre.unibe.ch/law/dfr/bv090241.html].

[516] Ver Maria João Antunes, *Artigo 240.º*, em *Comentário Conimbricense do Código Penal – Parte Especial* (dir. J. Figueiredo Dias), Volume II, Coimbra, 1999, pág. 574-578, na pág. 577; R. Sousa/M. Alexandrino, *Constituição* (…), cit., pág. 148.

[517] Negação dos crimes sérvios ou croatas no território da ex-Jugoslávia durante os anos 90; dos crimes palestinianos e israelitas no conflito na Palestina e Líbano; dos crimes iraquianos e ocidentais nas duas guerras do Golfo; a lista não tem fim… e, em relação a muitos destes, existe forte e legítima controvérsia, não apenas quanto à sua qualificação jurídica, como quanto aos factos em si.

Assim, o professor da Universidade de Princeton Bernard Lewis foi condenado numa acção cível a pagar um franco por um tribunal francês, numa criticável sentença, em 23 de Junho de 1995, por ter negado o genocídio arménio realizado pela Turquia durante a Primeira Guerra Mundial. O tribunal sustentou que "it is only by hiding elements which go against his thesis that the defendant was able to state that there was no 'serious proof' of the Armenian Genocide" (excertos da sentença, na notícia do *Le Monde*, 24 Junho 1995, pág. 11, traduzida e reproduzida em http://www.hr-action.org/armenia/LeMonde.htm).

Por outro lado, a tipificação da negação de crimes contra a paz é problemática, visto que tem sido contestado que estes se encontrem consagrados pelo Direito Internacional Costumeiro, apesar de se entender que sim (cfr. E. Correia Baptista, *A Nova Tipologia dos Conflitos Internacionais – O uso da força contra grupos armados e os conflitos no Afeganistão e no Iraque*, em *Revista da Faculdade de Direito da Universidade de Lisboa*, Volume XLIV, n.º 1-2, 2003, pág. 533-580, na pág. 577-578, nota 130).

Em relação ao tipo subjectivo, também uma interpretação que concluísse que o seu dolo específico relativo à intenção discriminatória implica a consciência da falsidade da negação poderia constituir uma forma de atenuar a sua amplitude. Assim, não bastaria que um autor, movido por fins discriminatórios, realizasse uma investigação que o levasse a concluir e declarar que este ou aquele crime internacional nunca existiu, ou um qualquer indivíduo a o fazer por influência de terceiros, para se poder entender que fora preenchido este tipo penal.

É certo que o tipo fala em difamação e não em calúnia, o que sugere que não é necessária a consciência da falsidade das alegações. Mas, nestes termos, a punição de alguém que, convicto de que os crimes internacionais nunca ocorreram, mesmo que com intenções discriminatórias, os nega parece constituir uma excessiva restrição à liberdade de expressão e de informação[518]. Aliás, subjacente à exigência de fim discriminatório parece estar a ideia de que o indivíduo se deixa determinar por esta ao ponto de deturpar aquilo que sabe ser a verdade. Este entendimento tornaria a tipificação da mera negação de factos com fim discriminatório e consciência da falsidade conforme com a Constituição, afastando reservas quanto à sua constitucionalidade[519].

---

[518] Vide, porém, a defesa destas criminalizações, por exemplo, de Jeremy Jones, *Holocaust Denial – "Clear And Present" Racial Vilification, Australian Journal of Human Rights*, 1994, n.° 1, texto notas 40-43.

[519] No estrangeiro, normas paralelas têm permitido até a acusação de pessoas chamadas a depor enquanto (pelo menos, pretensos) peritos em julgamentos de autores de obras revisionistas.

A condenação do historiador revisionista David Irving a três anos de cadeia efectiva por um tribunal austríaco em 20 de Fevereiro de 2006, por negar ou minimizar o Holocausto em 1989 (cfr. *Irving tests Europe's free speech*, BBC, 20 February 2006; texto em http://news.bbc.co.uk/1/hi/world/europe/4710508.stm), indivíduo de quem a BBC escreve que "He was once seen as the brightest new star in the historical firmament – an extraordinarily competent researcher, a brilliant linguist and a first-class writer" (cfr. http://news.bbc.co.uk/1/hi/uk/4449948.stm), suscita, pois, enorme perplexidade, embora, não tendo sido possível ler a sentença, seja difícil dizer algo mais sobre o assunto. O autor, apesar de responsável por várias conferências patrocinadas por movimentos de extrema-direita (os únicos que lhe prestam a atenção que procura?), sempre rejeitou quaisquer fins discriminatórios e, porventura, ter-se-á deixado levado pelo seu gosto pela polémica e por chocar. O facto de um historiador, depois de uma actividade diligente (mesmo que baseada em fontes contestáveis) de investigação (como tende em geral a ser exigido em relação a declarações factuais lesivas de terceiros: Dieter Grimm, *Die Meinungsfreiheit in der Rechtsprechung des – Bundesverfassungsgerichts, Neue Juristische Wochenschrift*, 1995, heft 27, págs. 1697-1705, nas págs. 1699 e 1702-1703) e especialmente se, no momento

244   *Os Direitos de Reunião e de Manifestação no Direito Português*

O potencial deste tipo penal para compreender outras espécies de actos de expressão/manifestação discriminatórios é enorme, mas a sua punição não se encontra na inteira disponibilidade do legislador português, pois decorre em parte de actos internacionais que vinculam Portugal,

---

em que o fez, estava convicto da veracidade do que defendeu, ter sido condenado a três anos de cadeia por negar um facto histórico parece terrivelmente errado. No dia em que a soberba e a feitura de declarações ou a publicação de escritos erróneos ou incompetentes passarem a ser crime não haverá tribunais ou prisões suficientes...

Como afirmou Noam Chomsky, a propósito da sua defesa da liberdade de expressão de um revisionista francês: "But it is elementary that freedom of expression (including academic freedom) is not to be restricted to views of which one approves, and that **it is precisely in the case of views that are almost universally despised and condemned that this right must be most vigorously defended**" e "There are, in fact, far more dangerous manifestations of "revisionism" than Faurisson's. Consider the effort to show that the United States engaged in no crimes in Vietnam, that it was guilty only of "intellectual error." This "revisionism," in contrast to that of Faurisson, is supported by the major institutions and has always been the position of most of the intelligentsia, and has very direct and ugly policy consequences. Should we then argue that people advocating this position be suspended from teaching and brought to trial?" [cfr. Noam Chomsky, *His Right to Say It* (em *The Nation*, February 28, 1981; texto em http://www.chomsky.info/articles/19810228.htm)].

É certo que o Tribunal Constitucional alemão, chamado a apreciar a constitucionalidade de dois tipos penais paralelos no Direito Penal alemão, considerou que não violavam a liberdade de expressão. Este reconheceu que, embora as opiniões não necessitem de ser verdadeiras para ser tuteladas e que mesmo declarações sobre factos, quando sejam incindíveis de opiniões, podem ser falsas, desde que não sejam realizadas de modo consciente da sua falsidade, ainda assim, sem ser peremptório, considerou que estas negações não eram actos de expressão compreendidos no âmbito de protecção da liberdade de expressão, mas que, em qualquer caso, ainda que o fossem, a liberdade de expressão devia ceder quando os factos falsos eram ofensivos/injuriosos [cfr. BVerfGE 90, 241 – Auschwitzlüge, cit., parág. B.II.2.c).bb)]. Vide igualmente Peter Häberle, *Verdad y Estado Constitucional* (trad. ed. alemã), México, 2006, pág. 133, nota 146. O Tribunal Constitucional português, embora apenas de passagem, apenas parece ter excluído da liberdade de expressão a mentira consciente: "Exprimir e divulgar livremente o seu pensamento" (artigo 37.º, n.º1) dir-se-á, significa coisa diferente de "difamar" ou "caluniar", ou mais geralmente, "mentir" ou "ofender"" (cfr. Acórdão n.º 254/99, de 4 de Maio de 1999, parág. 10).

Mas a leitura da sentença do Tribunal alemão mostra o peso do passado da Alemanha sobre a questão do Holocausto. O Direito Alemão nesta matéria não é claramente o modelo a seguir. Para a crítica da sentença e defesa da inclusão destes actos no âmbito da liberdade de expressão, tendo em conta os fins que a legitimam, em termos equilibrados: Winfried Brugger, *The Treatment of Hate Speech in German Constitutional Law (Part II)*, *German Law Journal*, Volume 4, No. 1, 2003, parág. 65-75 ("criminalization of simple denial of the Holocaust can be justified only against the background of the singular significance of the Holocaust to the self-image of all Germans").

Limitações, restrições e ablações

mesmo que bem mais restritivos[520]. Ainda assim, parece compatível com as obrigações internacionais do Estado português, e mais conforme com a Constituição, uma interpretação restritiva deste, que, designadamente, apenas considere como compreendidas declarações discriminatórias puramente gratuitas, visando unicamente injuriar e humilhar todos os elementos do grupo, à margem de qualquer conflito ou debate social[521-522-523].

---

[520] Em relação à discriminação étnica, racial e religiosa, Portugal encontra-se internacionalmente obrigado a proibir expressões de ódio que constituam incentivo àquelas.

Assim, o Pacto dos Direitos Civis e Políticos, no seu artigo 20, n.º 2, não se limita a permitir, antes impõe a sua proibição: "Todo o apelo ao ódio nacional, racial e religioso que constitua uma incitação à discriminação, à hostilidade ou à violência deve ser interditado pela lei".

Bem mais compreensivo é o artigo 4, al. a), da Convenção para a Eliminação de Todas as Formas de Discriminação Racial, de que o Estado português é igualmente parte, que vincula à criminalização da "difusão de ideias fundadas na superioridade ou no ódio racial, os incitamentos à discriminação racial, os actos de violência, ou a provocação a estes actos, dirigidos contra qualquer raça ou grupo de pessoas de outra cor ou de outra origem étnica, assim como a assistência prestada a actividades racistas, incluindo o seu financiamento".

Vide também, ainda que mais restritivo e inaplicável em relação a Portugal, o artigo 13, n.º 5, da Convenção Americana dos Direitos Humanos ("advocacy of national, racial, or religious hatred that constitute incitements to lawless violence or to any other similar illegal action against any person or group of persons on any grounds including those of race, color, religion, language, or national origin shall be considered as offenses punishable by law").

Mesmo a Declaração Universal dos Direitos Humanos pode ser interpretada como proibindo estas formas de expressão, já que o seu artigo 7 estipula "Todos têm direito a protecção igual contra qualquer discriminação que viole a presente Declaração e **contra qualquer incitamento a tal discriminação**" (neste sentido: Stephanie Farrior, *Molding The Matrix: The Historical and Theoretical Foundations of International Law Concerning Hate Speech, Berkeley Journal of International Law*, Volume 14, 1996, pág. 3-98, na pág. 15-21).

A Convenção Europeia dos Direitos Humanos nada diz expressamente sobre a questão, mas o Tribunal Europeu tem apoiado a legitimidade da punição, mesmo com penas de prisão, destas formas de expressão de ódio: "the Court considers that the imposition of a prison sentence for a press offence will be compatible with journalists' freedom of expression as guaranteed by Article 10 of the Convention only in exceptional circumstances, notably where other fundamental rights have been seriously impaired, as, for example, **in the case of hate speech** or incitement to violence" (cfr. *Case Of Cumpănă And Mazăre v. Romania*, Grand Chamber, Judgment, Application no. 33348/96, 17 December 2004, parág. 115).

[521] Neste sentido: J. Machado, *Liberdade de Expressão* (...), cit., pág. 841 e 847; W. Brugger, *The Treatment of Hate Speech* (...), cit., parágs. 55-60.

[522] Nos EUA, esta forma de protecção de grupos foi declarada inconstitucional, por impor restrições "content based"; isto é, baseadas no conteúdo da mensagem em si e não numa categoria genérica, (alegadamente) neutral, como as chamadas "fighting words", palavras que pelo seu teor são susceptíveis de provocar uma reacção violenta.

Assim, o Supremo Tribunal Federal, perante uma lei penal local que punia o uso de

246   *Os Direitos de Reunião e de Manifestação no Direito Português*

Por outro lado, nos termos deste preceito, o grupo deve ser identificado em função da "raça, cor, origem étnica ou nacional ou religião". Mas abertas estas excepções, cabe questionar até onde se poderá ir na restrição da liberdade de expressão e de manifestação. Em abstracto, os grupos candidatos poderiam ser vários, identificados por critérios tão vastos como os profissionais, de género, de orientação sexual, origem geográfica, filiação política, gostos desportivos, *etc.*. Mas, segundo se julga, apenas grupos restritos[524] e tradicionalmente discriminados, com base num dos fundamentos inadmissíveis de discriminação nos termos do artigo 13, n.º 2, CRP, podem beneficiar desta protecção especial. E, dentro destes, somente grupos especialmente débeis[525].

---

símbolos conhecidos por provocarem "anger, alarm or resentment in others on the basis of race, color, creed, religion or gender", considerou que esta "has proscribed fighting words of whatever manner that communicate messages of racial, gender, or religious intolerance. Selectivity of this sort creates the possibility that the city is seeking to handicap the expression of particular ideas. That possibility would alone be enough to render the ordinance presumptively invalid" [cfr. *R.A.V. v. ST. PAUL*, 505 U.S. 377 (1992), pág. 393-394; texto em http://laws.findlaw.com/us/505/377.html].

Trata-se de jurisprudência que tem suscitado alguma crítica: Kathleen Mahoney, *Hate Vilification Legislation And Freedom Of Expression – Where Is The Balance?*, *Australian Journal of Human Rights*, 1994, n.º 1, texto notas 16-30. Em qualquer caso, a Constituição norte-americana não tem preceitos idênticos ("the equal protection of the laws" da 14.ª Emenda é claramente insuficiente) aos artigos 13, n.º 2, e 26, n.º 1, CRP, daí que esta jurisprudência seja de difícil transposição.

Em relação à questão da utilização de uniformes e símbolos nazis em manifestações, vide, *infra*, parág. 7.2.4.

[523] A confrontação no artigo 240, n.º 2, entre "pessoa ou grupo de pessoas" permite uma interpretação no sentido de que só seria punível uma difamação ou injúria em relação a um grupo determinado e concreto de pessoas e não em relação a um grupo constituído por todas as pessoas indeterminadas que residem em Portugal ou noutro país. Ou seja, que estes actos teriam de ser dirigidos contra um grupo concreto de pessoas, ainda que não estivessem presentes. O grupo constituído pelos indivíduos A, B, C, *etc.*, compreendidos neste por todos partilharem características correspondentes a um dos critérios referidos. Seria uma interpretação que reforçaria a liberdade de expressão e de manifestação. Mas revela-se incompatível com as citadas obrigações internacionais do Estado português que se obrigou a punir actos de expressão de ódio contra grupos compostos de pessoas indeterminadas e vai contra a teleologia do artigo que é punir as manifestações discriminatórias abstractas.

[524] O Tribunal Constitucional federal alemão sustentou que "The larger the collective to which a disparaging statement relates, the weaker the personal involvement of the individual member can be" [cfr. W. Brugger, *The Treatment of Hate Speech* (…), cit., parág. 51].

[525] Admite-se que a concessão de tal protecção a grupos com orientações sexuais minoritárias (lícitas) possa não ser desconforme com a Constituição, tendo em conta o

7.2.3. *Incentivadoras de violência e de crimes*

Ainda que se trate de uma manifestação em si pacífica, as mensagens veiculadas podem constituir apelos à violência ou genericamente ao crime.

Se um apelo à violência ou, em geral, à prática de um crime, for dirigido a uma ou mais pessoas em concreto e se este vier efectivamente a ser cometido, tornará normalmente o autor da mensagem em participante no crime, a título de instigador ou, pelo menos, como seu cúmplice moral, nada alterando a circunstância de este ser feito em público ou privado (artigos 26 e 27, n.° 1, do Código Penal).

Ainda que os apelos não venham a ser seguidos, afiguram-se legítimas a proibição e punição da exteriorização de mensagens deste género numa manifestação, feitos sem um destinatário concreto, desde que a mensagem seja de ordem a criar objectivamente um perigo da ocorrência dos actos de violência ou do crime.

Contudo, em relação ao apelo directo à prática de um crime ou de violência, a legislação penal portuguesa, regra geral, é literalmente bem menos exigente, parecendo satisfazer-se com um mero incentivo realizado em público ou por meio que permita a sua divulgação ampla, independentemente de este poder ou não ser de ordem a provocá-lo[526]. Parece

---

direito a protecção legal contra quaisquer formas de discriminação (artigo 26, n.° 1) e a alteração do artigo 13, n.° 2, na sexta revisão constitucional, em 2004, no sentido de proibir igualmente discriminações com base neste fundamento. Pelo menos se tipificado nos termos limitados acima descritos.

Mas, no actual quadro jurídico-legal vigente, tendo presente que o artigo 26, n.° 1, não se afigura directamente aplicável visto consubstanciar-se numa remissão para a lei e constituir um direito individual e não de protecção de grupos, apesar do lato artigo 1 da Lei sobre o Direito de Reunião, julga-se que qualquer proibição ou interrupção de uma manifestação por visar discriminar estes grupos constituiria uma clara violação da liberdade de expressão e do direito de manifestação. Existiram já petições nesse sentido: *Petição para impedir manifestação de extrema-direita entregue hoje*, Lusa, 15-09-2005, Notícia SIR-7320921.

[526] Artigo 297.° ("Instigação pública a um crime"): "1 – Quem, em reunião pública, através de meio de comunicação social, por divulgação de escrito ou outro meio de reprodução técnica, provocar ou incitar à prática de um crime determinado é punido com pena de prisão até 3 anos ou com pena de multa, se pena mais grave lhe não couber por força de outra disposição legal."

Artigo 298.° ("Apologia pública de um crime"): "1 – Quem, em reunião pública, através de meio de comunicação social, por divulgação de escrito ou outro meio de reprodução técnica, recompensar ou louvar outra pessoa por ter praticado um crime, **de forma adequada a criar perigo da prática de outro crime da mesma espécie**, é punido com

entender que a circunstância de o apelo ser realizado de modo público é condição suficiente para o tornar automaticamente perigoso, independentemente das circunstâncias concretas, o que os torna crimes de perigo abstracto. O que não deixa de criar alguns problemas.

Claro está, um apelo à violência, em que seja manifesto o seu carácter não sério, não pode preencher qualquer destes tipos penais, pois dificilmente o autor terá qualquer forma de dolo. Mas igualmente o apelo, realizado com intenção real e em público, mas feito em termos ridículos não parece que possa ser punível. Ou seja, trata-se de interpretar estes crimes de forma a convertê-los, pelo menos, em crimes de perigo abstracto-concreto[527], em que o facto é considerado típico mesmo que, em concreto, não tenha criado perigo de provocar a lesão no bem protegido, desde que se afigurasse apto em abstracto a poder criar tal perigo.

Resta saber se a Constituição não impõe uma medida adicional de adequação na criação efectiva de perigo na prática do crime visado ou similar[528], o que exigiria que fossem interpretados como crimes de perigo concreto[529]. Assim, por exemplo, um apelo ao crime que fosse recebido

---

pena de prisão até 6 meses ou com pena de multa até 60 dias, se pena mais grave lhe não couber por força de outra disposição legal.". Trata-se de uma excepção, visto que resulta claro da sua letra que se trata de um crime de perigo concreto.

Artigo 305.º ("Ameaça com prática de crime"): "Quem, mediante ameaça com a prática de crime, ou fazendo crer simuladamente que um crime vai ser cometido, **causar alarme ou inquietação entre a população** é punido com pena de prisão até 2 anos ou com pena de multa até 240 dias". Este tipo pune algo distinto, embora também a ser realizado por meios públicos, visto ter de afectar a população, mas exige um resultado típico, não se bastando com a mera ameaça de prática de crime.

Artigo 326.º ("Incitamento à guerra civil ou à alteração violenta do Estado de direito"): "1 – Quem publicamente incitar habitantes do território português ou forças militares, militarizadas ou de segurança ao serviço de Portugal à guerra civil ou à prática da conduta referida no artigo anterior é punido com pena de prisão de 1 a 8 anos.".

Artigo 8, n.º 2, da Lei n.º 31/2004, de 22 de Julho: "Quem, pública e directamente, incitar a genocídio é punido com pena de prisão de 2 a 8 anos"; e artigo 17 da mesma Lei: "Quem, pública e repetidamente, incitar ao ódio contra um povo com intenção de desencadear uma guerra é punido com pena de prisão de 1 a 5 anos".

[527] Sobre esta noção e a questão da constitucionalidade dos meros crimes de perigo abstracto: J. Figueiredo Dias, *Direito Penal – Parte Geral*, tomo I, Coimbra, 2004, pág. 293-294.

[528] Parece a posição de: M. Alexandrino, *Estatuto Constitucional* (…), cit., pág. 101, nota 154; J. Machado, *Liberdade* (…), cit., pág. 865-867 (embora pareça aceitar os referidos tipos penais).

[529] Nos EUA, o Supremo Tribunal Federal, estabeleceu, em relação a esta forma de apelos, que apenas seriam puníveis se fossem de ordem a poder provocar actos criminosos.

Limitações, restrições e ablações 249

com críticas, risos ou visível cepticismo, não poderia ser punido, mesmo que tivesse sido formulado por alguém influente ou em termos adequados em abstracto para criar perigo.

Aparentemente, o critério estabelecido exige que a mensagem provoque "clear and present danger" de que os crimes serão praticados [critério estabelecido em *Schenck v. U.S.*, 249 U.S. 47 (1919), na pág. 52 ("The question in every case is whether the words used are used in such circumstances and are of such a nature as to create a clear and present danger that they will bring about the substantive evils that Congress has a right to prevent" de que um exemplo paradigmático seria "a man in falsely shouting fire in a theatre and causing a panic"; texto em http://laws.findlaw.com/us/249/47.html), sem que, porém, o critério tenha evitado que um distribuidor de panfletos, contra a participação dos EUA na Primeira Guerra Mundial e contra o recrutamento militar, fosse condenado, o que sugere que, mesmo neste caso, é mais importante ter presente o que o Tribunal fez, do que o que declarou].

Mas o Tribunal tem estado longe de atribuir um sentido claro a este critério. Em alguns casos, acabou por o converter no por vezes denominado critério "clear and probable danger". Assim, em *Dennis v. United States*, 341 U.S. 494 (1951), na pág. 509-510, adoptado no período da paranóia comunista, o Tribunal manteve a condenação de 11 membros do partido comunista americano, argumentando que por "clear and present danger" não se podia entender "that before the Government may act, it must wait until the putsch is about to be executed, the plans have been laid and the signal is awaited", mas antes se devia questionar "**whether the gravity of the `evil,' discounted by its improbability, justifies such invasion of free speech as is necessary to avoid the danger**" (texto em http://laws.findlaw.com/us/341/494.html).

Igualmente num recurso da parte de um dirigente do *Ku klux Klan*, que fora condenado por realizar um discurso público de apelo indirecto à violência e à vingança, o Tribunal revogou a condenação e considerou a legislação estadual do Estado do Ohio (muito semelhante ao artigo 297 do Código Penal português) como inconstitucional, mas com base no dito critério "clear and probable danger": "the principle that the constitutional guarantees of free speech and free press do not permit a State to forbid or proscribe advocacy of the use of force or of law violation except where such advocacy is directed to inciting or producing imminent lawless action **and is likely to incite or produce such action**" (cfr. *Brandenburg v. Ohio*, 395 U.S. 444 (1969), na pág. 447; texto em http://laws.findlaw.com/us/395/444.html).

Este critério foi sublinhado posteriormente, por exemplo, no caso *Texas v. Johnson*, 491 U.S. 397 (1989), pág. 409 ["To accept Texas' arguments that it need only demonstrate "the potential for a breach of the peace," (...) and that every flag burning necessarily possesses that potential, would be to eviscerate our holding in Brandenburg. This we decline to do" (texto em http://laws.findlaw.com/us/491/397.html].

Ou seja, o critério do "clear and present danger" está longe de constituir um ponto assente [neste sentido: Otis Stephens/John Scheb, *American Constitutional Law*, 3rd ed., Wadsworth, 2002, pág. 437; existem, contudo, autores que criticam este critério sem ter em conta estas nuances: K. Mahoney, *Hate Vilification* (...), cit., texto nota 14]. Concluindo, o Supremo Tribunal Federal tem sublinhado pacificamente que não basta o mero apelo público à violência e ao crime, que é necessário que, dadas as circunstâncias, este constitua pelo menos um meio de ordem a provocar um perigo sério de este ocorrer. Ou seja, só são admitidas punições destes actos de expressão enquanto crimes de perigo concreto.

Sublinhe-se que é inadequado o exemplo clássico de gritar fogo num cinema cheio, pois este constitui um caso em que não é o perigo que é certo, mas sim o próprio dano em vários bens jurídicos, no mínimo, no seu direito à fruição cultural. Mais do que criar um mero perigo, existe aqui uma expressão que provoca danos certos. O critério é muito menos exigente, mesmo na sua formulação de "clear and present danger". Por outro lado, a formulação do critério "clear and probable danger", faz pouco sentido: o que é "provável" é o dano, o perigo não pode ser meramente "provável" ou não será perigo e muito menos "claro". O que o critério pretende traduzir é que o perigo não precisa de ser de ordem a converter o dano em certo e muito menos iminente, basta que tenha criado condições no caso concreto para aumentar significativamente a probabilidade de ocorrência de um dano no bem jurídico tutelado [sobre esta noção de perigo concreto: Hans Welzel, *Derecho Penal – Parte General* (trad. ed. alemã), Buenos Aires, 1956, pág. 56; vide a discussão da noção de perigo concreto, por exemplo, na sentença de 14 de Maio de 2003 do Tribunal da Relação de Coimbra, processo n.º 1034/03)].

A condenação na Grã-Bretanha, em 7 de Fevereiro de 2006, de um Imã islâmico radical por apelos ao homicídio e à violência ("Killing a Kafir who is fighting you is OK. Killing a Kafir for any reason, you can say it, it is OK – even if there is no reason for it" ou "Make sure that the man who gave him the licence for that wine shop does not exist anymore on the Earth. Finish him up" [cfr. *In quotes: Hamza's preachings*, Tuesday, 7 February 2006 (http://news.bbc.co.uk/1/hi/uk/4690084.stm)] constitui um bom exemplo de criação de perigo concreto, por força da influência que tinha junto de parte da comunidade islâmica britânica.

Em princípio, a exibição de um cartaz com ameaças de morte, que não identificam o destinatário (caso contrário, à luz do artigo 153 do Código Penal português, estar-se-ia perante o crime de ameaça), ou um apelo genérico ao homicídio, por um particular desconhecido numa manifestação não cumpriria este critério. Contudo, em Londres, na primeira semana de Fevereiro de 2006, ocorreram várias manifestações em que muitos indivíduos exibiram cartazes a apelar, sem qualquer ambiguidade, ao homicídio ("Behead the one who insults the prophet" ou "Butcher those who mock Islam"; cfr. *Britons Urge Arrest of Protesters Advocating Violence*, em Washington Post, Tuesday, February 7, 2006; Page A18 (texto em http://www.washingtonpost.com/wp-dyn/content/article/2006/02/06/AR2006020601571.html); *Cartoon protesters 'face charges'*, BBC, Thursday, 9 February 2006 (texto em http://news.bbc.co.uk/1/hi/uk/4697532.stm)]. Mas a circunstância de se estar perante cartazes explícitos, num permanente e ostensivo apelo ao homicídio, e não em face de um mero apelo verbal momentâneo, quase anónimo no meio da multidão (o que sugere medo, vergonha e consciência da ilicitude do acto, perdendo impacte junto de terceiros), e, sobretudo, de serem provenientes de muitos indivíduos, em mais do que uma manifestação, pode causar um impacte idêntico ao criado pelas declarações de uma pessoa influente, provocando, portanto, um perigo concreto. O facto de terem sido transmitidos

Ficou sustentado que a Constituição não proíbe directamente meros fins[530], mas resulta claro que é conforme com esta, desde logo por força da exigência do carácter pacífico das reuniões, que aquelas que visem fins violentos sejam proibidas. E tais fins podem ser detectados quer nos organizadores, quer mesmo numa maioria dos participantes programados, desde que tal seja demonstrado com base em factos sólidos[531]. Meras suspeitas mal fundadas não legitimam uma interdição.

7.2.4. *Defesa de ideias políticas não democráticas*

A Constituição proíbe organizações que "perfilhem a ideologia fascista" (artigo 46, n.° 4), numa zelosa tutela preventiva da democracia política [cfr. artigo 9, al. c)]. Mas tem-se procurado extrair desta proibição bem mais do que o que estabelece.

Desde logo, a determinação do que seja "ideologia fascista" não é simples. Por um lado, a noção técnica de fascismo apontaria para uma determinação rigorosa restritiva. Por outro lado, o preâmbulo da Constituição, ao qualificar o regime do Estado novo como fascista, sugere uma interpretação mais ampla. Afigura-se, pois, que ao legislador cabe nesta matéria alguma discricionariedade, sem que, porém, possa tentar alargar esta noção para fora dos quadros ideológicos típicos do Estado novo[532-533].

---

e divulgados pela comunicação social massivamente constitui outro elemento que fez aumentar o seu perigo.

[530] Vide, *supra*, parág. 7.1.1.1.

[531] Ver, *infra*, parág. 8.1.1.

[532] Em sentido paralelo: G. Canotilho/V. Moreira, *Constituição* (…), cit., pág. 259; Jorge Miranda, *Artigo 46*, em Jorge Miranda/Rui Medeiros, *Constituição Portuguesa Anotada*, Tomo I, Coimbra, 2005, pág. 467-471, na pág. 470-471.

[533] Motivo porque parece excessivamente ampla a noção apresentada pelo artigo 3, n.° 1, da Lei 64/78 de 6 de Outubro ("as organizações que, pelos seus estatutos, pelos seus manifestos e comunicados, pelas declarações dos seus dirigentes ou responsáveis ou pela sua actuação, mostrem adoptar, defender, pretender difundir ou difundir efectivamente os valores, os princípios, os expoentes, as instituições e os métodos característicos dos regimes fascistas que a História regista, nomeadamente o belicismo, a violência como forma de luta política, o colonialismo, o racismo, o corporativismo ou a exaltação das personalidades mais representativas daqueles regimes"), sem, contudo, parecer manifestamente inconstitucional. Claro está, o uso da violência como forma de luta política está longe de ser exclusiva do fascismo e a própria Constituição de 1976 tem alguns traços neo-corporativistas. Já o alargamento realizado pelo artigo 3, n.° 2, é claramente inconstitucional. Qualificar como fascistas para efeitos do artigo 46, n.° 4, CRP todas as organizações que visam

252 *Os Direitos de Reunião e de Manifestação no Direito Português*

Assim, por um lado, esta não é aplicável a outras ideologias antidemocráticas, entendendo a Democracia como esta se encontra consagrada na Constituição portuguesa e foi consagrada no Pacto dos Direitos Civis e Políticos, segundo o modelo representativo multipartidário ocidental[534].

Por outro lado, se na proibição de organizações se encontra claramente contida a de associações, que são, portanto, igualmente proibidas (incluindo partidos políticos[535]), o termo tem de ser interpretado como

---

pôr termo ao Estado de Direito por via violenta ou que têm fins secessionistas é abusivo. O fascismo nunca foi adepto de qualquer forma de secessão; antes pelo contrário, defendeu o expansionismo e a conservação da integridade territorial a todo custo.

[534] Tem sido esta a interpretação do Comité dos Direitos Humanos do artigo 25 do Pacto: "the Committee observes that restrictions on political activity outside the only recognized political party amount to an unreasonable restriction of the right to participate in the conduct of public affairs" [cfr. *Chiiko Bwalya v. Zambia*, Communication No. 314/1988, U.N. Doc. CCPR/C/48/D/314/1988 (1993), parág. 6.6]. Esta interpretação tem igualmente apoio nos trabalhos preparatórios do preceito [cfr. Karl J. Partsch, *Freedom of Conscience and Expression, and Political Freedoms* em *The International Bill of Rights – The Covenant on Civil and Political Rights* (ed. L. Henkin), New York, 1981, pág. 209- -245, na pág. 240, e nota 142, pág. 461].

O Comité afirmou ainda que "The rights enshrined in article 25 should also be read to encompass the freedom to engage in political activity individually or through political parties, freedom to debate public affairs, to criticize the Government and to publish material with political content" [cfr. *Adimayo M. Aduayom, Sofianou T. Diasso and Yawo S. Dobou v. Togo*, Communications Nos. 422/1990, 423/1990 and 424/1990, U.N. Doc. CCPR/C/51/D/422/1990, 423/1990 and 424/1990 (1996), parág. 7.5].

Sobre a questão da Democracia no Direito Internacional Público, vide C. Baptista, *Direito* (…), cit., Volume II, pág. 60-66 e 368-372.

[535] Cfr. A Lei dos Partidos Políticos, Lei Orgânica n.° 2/2003 de 22 de Agosto, artigos 8 (sob a epígrafe "Salvaguarda da ordem constitucional democrática": "Não são consentidos partidos políticos armados nem de tipo militar, militarizados ou paramilitares, nem partidos racistas ou que perfilhem a ideologia fascista"), 18, n.° 1, al. a), e 32, n.° 1, al. b).

Esta limitação constitucional e legal não coloca problemas ao Estado português à luz do Direito Internacional, porquanto preceitos como o artigo 30 da Declaração Universal dos Direitos Humanos ou o artigo 5, n.° 1, do Pacto dos Direitos Civis e Políticos indicam que são legítimas restrições a grupos ou partidos antidemocráticos, violentos ou que visem abolir ou restringir os direitos humanos para certas categorias (neste sentido: John Quigley, *The Relation Between Human Rights Law And The Law Of Belligerent Occupation: Does An Occupied Population Have A Right To Freedom Of Assembly And Expression?*, em *Boston College International and Comparative Law Review*, Volume 12, 1989, pág. 1-28, na pág. 21; Gregory Fox/Georg Nolte, *Intolerant Democracies*, em *Harvard International Law Journal*, Volume 36, 1995, pág. 1 e segs., texto notas 205-231 e 263-280).

Igualmente o Tribunal Europeu dos Direitos Humanos afirmou: "the Court considers that a political party may promote a change in the law or the legal and constitutional struc-

reportando-se a uma associação de facto. Com efeito, encontra-se no artigo relativo à liberdade de associação. Tem de estar em causa uma estrutura que ligue indivíduos de modo duradouro, dotada de órgãos; portanto, pelo menos, de uma direcção estável[536].

---

tures of the State on two conditions: firstly, the means used to that end must be legal and democratic; secondly, the change proposed must itself be compatible with fundamental democratic principles. It necessarily follows that a political party whose leaders incite to violence or put forward a policy which fails to respect democracy or **which is aimed at the destruction of democracy and the flouting of the rights and freedoms recognised in a democracy cannot lay claim to the Convention's protection** against penalties imposed on those grounds (…)" [cfr. *Case Of Refah Partisi (The Welfare Party) And Others v. Turkey*, Judgment, Grand Chamber, 13 February 2003, parág. 98].

[536] Segundo se julga, o artigo 2, n.º 1, da referida Lei n.º 64/78, que considera como organização "qualquer concertação ou conjugação de vontades ou esforços, com ou sem auxílio de meios materiais", é claramente inconstitucional, sendo insusceptível de ser salvo por uma interpretação conforme à Constituição. A sua letra pode ser restringida por Tribunais, a começar pelo Tribunal Constitucional, mas tem sido interpretada pelos órgãos judiciários em termos bem mais vastos, o que não é aceitável. À luz da sua letra, até um jantar entre fascistas constitui uma organização proibida.

No Acórdão n.º 17/94, de 18 de Janeiro de 1994, a propósito da extinção do Movimento de Acção Nacional, o Tribunal Constitucional afirmou: "o que no artigo 46.º, n.º 4, da Constituição (e, depois, na Lei n.º 64/78) se proíbe não é a adesão individual de quem quer à ideologia fascista, nem toda e **qualquer forma de manifestação pública**, defesa ou propaganda dessa ideologia: é, tão-só, a existência de "organizações" que se proponham tal objecto ou finalidade" (parág. 16). E que "É irrelevante, por conseguinte, tudo quanto respeite à configuração jurídica da entidade em causa: basta – nas palavras da lei – uma "qualquer concertação de vontades ou esforços" para que se esteja perante uma organização. E mais: não será mesmo necessário que tal concertação de vontades se traduza na mobilização de meios materiais, em ordem à prossecução do objectivo comum; nem necessário será, tão pouco, que essa concertação tenha carácter de permanência". E ainda que "Não por acaso, de resto, delimitou o legislador o conceito de "organização" nos termos amplos que vêm de indicar-se: é que, desde logo, a proibição do artigo 46.º, n.º 4, in fine, da Constituição, reportando-se expressamente a "organizações", e não simplesmente a "associações", quis abranger, por certo, não apenas entidades deste segundo tipo (juridicamente configuradas como tais, ou não), mas ainda de outros; e, depois, nisso justamente se baseou também a Comissão Constitucional para opinar no sentido de que a exequibilidade do preceito constitucional em causa carecia de legislação específica" (parág. 16).

Contudo, o Tribunal também sublinhou que "não deixou a Comissão Constitucional de advertir para algum risco que o recurso a uma noção tão ampla de "organização" pode comportar, quando está em causa a restrição de direitos, liberdades e garantias – o risco, evidentemente, **de poderem ser e virem a ser abrangidas pela fórmula legal situações que se localizam para além (ou aquém) da proibição constitucionalmente estabelecida e estão, em boa verdade, cobertas ainda pela garantia das liberdades de expressão ou de manifestação**". "E, a seguir, explicitou a Comissão: "como a enunciação não é taxativa,

254   *Os Direitos de Reunião e de Manifestação no Direito Português*

Em suma, da proibição de organizações fascistas não é possível retirar fundamento para privar os sequazes desta ideologia do direito de manifestarem a sua adesão a esta e muito menos de se reunirem ou exprimirem as suas ideias[537]. Aliás, o artigo 13, n.° 2, proíbe qualquer discriminação em função das "convicções políticas ou ideológicas"[538]. Estes estão

---

outras concertações ou conjugações de vontades ou esforços poderão preencher o conceito de organização constante do decreto, mas **o intérprete não deixará seguramente de orientar-se pelos exemplos que lhe são apresentados, não conferindo a dignidade de organização a esquemas que com eles se não identifiquem** ou, pelo menos, a eles se não assemelhem" (Pareceres, 6.° volume, cit. p. 82)." "O Tribunal sufraga por inteiro este entendimento das coisas, e a necessidade, dele decorrente, de operar com prudência e cautela na aplicação, às várias situações da vida que se apresentem, da noção de "organização" vertida no artigo 2.° da Lei n.° 64/78".

Daí que tenha concluído que "o Movimento de Acção Nacional constituía um agrupamento de pessoas, o qual se foi alargando no longo do tempo, que visou prosseguir em conjunto, e com permanência, um certo objectivo comum; – que dispunha de um núcleo dirigente ou estrutura directiva". "Tudo isto, na verdade, é suficiente por si – e sem necessidade de mais considerações – para impor a conclusão de que o Movimento de Acção Nacional constituía uma "organização"" (parág. 17).

[537] Recorde-se que a legislação eleitoral sublinha: "No decurso da campanha eleitoral **não pode ser imposta qualquer limitação à expressão de princípios políticos**, económicos e sociais, **sem prejuízo de eventual responsabilidade civil ou criminal.**" (cfr. artigo 58, n.° 1 da citada Lei Eleitoral da Assembleia da República; também o artigo 48, n.° 1 da referida Lei Eleitoral do Presidente da República; artigo 42 da mencionada Lei Eleitoral dos Órgãos das Autarquias Locais). Mesmo o direito de antena apenas é suspenso caso "Use expressões ou imagens que possam constituir crime de difamação ou injúria, ofensa às instituições democráticas, apelo à desordem ou à insurreição ou incitamento ao ódio, à violência ou à guerra" [respectivamente, artigos 133, n.° 1, al. a); 123-A, n.° 1, al a) e 59, n.° 1, al a)].

Ou seja, é proibido qualquer forma de censura, não sendo de admitir a proibição administrativa de qualquer manifestação com base na defesa de determinados princípios políticos. Trata-se de um regime excepcional, a interpretar *a contrario*? Julga-se que não.

O exercício da liberdade de imprensa será mais problemática. A publicação de um periódico normalmente pressupõe a criação de uma organização. Mas nem sempre. Seria inadmissível a proibição de um jornal criado por um único indivíduo ou por alguns indivíduos em termos puramente amadores, sem que exista qualquer estrutura organizada subjacente, empresarial ou associativa de facto. O facto de ser trabalho voluntário e de não existir uma estrutura directiva serão indicadores nesse sentido.

[538] Também o artigo 26, n.° 4, CRP proíbe qualquer privação da cidadania por motivos políticos, o que pode ser entendido como uma proibição igualmente do esvaziamento dos direitos políticos, elemento essencial da cidadania, por motivos ideológicos e políticos, sem prejuízo do artigo 46, n.° 4. Estes indivíduos não podem igualmente ser privados dos seus direitos laborais, incluindo na função pública, por força das suas convicções ideológicas (cfr. artigo 53, parte final; artigo 59, n.° 1, CRP). E a existência de bases de dados

Limitações, restrições e ablações 255

somente proibidos de se organizarem de forma estável e de se dotarem de uma estrutura orgânica para promoverem as suas convicções ideológicas[539-540-541].

---

das forças de seguranças sobre estes, apenas por força da ideologia que defendem, é, no mínimo, constitucionalmente melindrosa (artigo 35, n.º 3, CRP), mesmo que este preceito admita restrições com base em "autorização prevista por lei com garantias de não discriminação", como será o caso de existir um processo criminal a correr.

[539] Aqueles que sustentam que os inimigos da liberdade não devem poder gozar desta, tenham presente que tal declaração ("Pas de liberté pour les ennemis de la liberté!") é atribuída a Saint-Just (1767-1794), um dos pais do Terror jacobino (cfr. Wolfgang Hoffmann-Riem, *Demonstrationsfreiheit auch für Rechtsextremisten? – Grundsatzüberlegungen zum Gebot rechtsstaatlicher Toleranz, Neue Juristische Wochenschrift*, 2004, Heft 39, pág. 2777-2782, na pág. 2781).

Durante muito anos, por força de uma execução literal da referida Lei n.º 64/78, foram praticamente inexistentes as manifestações da extrema-direita em Portugal e os seus sequazes eram forçados a fazer declarações à comunicação social de rosto escondido. Ora, por muito censuráveis que sejam as suas ideias políticas, não deixa de ser preocupante que, num Estado de Direito, os seus inimigos tenham de se expressar desta forma, semelhante àquela em que os democratas se expressavam no Estado novo. A defesa do Estado de Direito democrático basta-se com a proibição de partidos políticos fascistas ou, nos termos constitucionais, igualmente de organizações; não se afigura de modo algum necessário ou admissível, à luz da Constituição, a repressão de todas as suas actividades políticas. Não está em causa tornar Portugal um santuário para tais grupos, alguns dos quais foram responsáveis pela prática de crimes hediondos, mas sim de garantir liberdades fundamentais cuja restrição é desnecessária e não tem base constitucional (artigo 18, n.º 2).

Não se trata apenas de um Estado de Direito democrático, ao contrário dos Estados fascistas, nada ter a recear do debate aberto a todas as ideias, por estar convicto de que a sua verdade prevalecerá ["And though all the winds of doctrine were let loose to play upon the earth, so Truth be in the field, **we do injuriously, by licensing and prohibiting**, to misdoubt her strength. Let her and Falsehood grapple; **who ever knew Truth put to the worse, in a free and open encounter**?", como afirmou John Milton, em 1644, no seu *Areopagitica* (…), cit.]. Trata-se igualmente de afirmar a superioridade ética do Estado de Direito, concedendo determinadas liberdades mesmo àqueles que seriam os primeiros a suprimi-las.

Se estes fossem uma ameaça real, seria conveniente que uma revisão constitucional estabelecesse restrições mais severas, mas não é de modo algum o caso. As suas iniciativas são uma mera curiosidade política que confirmam que o Estado português é um Estado de Direito, que permite vozes dissonantes.

[540] Como fica claro nas passagens citadas do Acórdão n.º 17/94 do Tribunal Constitucional.

O Tribunal Europeu dos Direitos Humanos, tendo presente a ampla cláusula de restrições estabelecida pelo artigo 11, n.º 2, da Convenção ["No restrictions shall be placed on the exercise of these rights other than such as are prescribed by law and are necessary in a democratic society in the interests of national security or public safety, for the prevention

É, contudo, admissível que certas formas de expressão de ideias fascistas sejam proibidas, embora mais por afectarem direitos individuais, incluindo o direito a não ser discriminado, em termos que as tornam criminosas, do que por serem antidemocráticas. Poderão igualmente ser proibidas as que constituam apelos aptos a provocar violência ou à prática de crimes, incluindo o de discriminação racial ou religiosa. Os actos que mais polémica têm provocado, como a utilização de uniformes e de símbolos nazis, como a suástica, apenas poderão ser proibidos se poderem ser qualificados como uma apologia ou elogio aberto de um regime criminoso e, portanto, dos seus crimes, na medida em que sejam realizados de forma a criarem um perigo concreto de prática de crimes, em particular o referido de discriminação[542-543].

---

of disorder or crime, for the protection of health or morals or for the protection of the rights and freedoms of others (…)"], e não obstante a sua vigorosa defesa do direito de manifestação, tem aceite que grupos que expressem mensagens de "rejection of democratic principles" possam ser privados deste direito (cfr. *Stankov and the United Macedonian Organisation Ilinden v Bulgaria*, First Section, 2 October 2001, parág. 97).

[541] No mesmo sentido: G. Canotilho/V. Moreira, *Constituição* (…), cit., pág. 259; Jorge Miranda, *Artigo 46*, cit., pág. 470-471.

[542] Actos tipificados nos citados artigos 297 (este, como se verificou, em termos não isentos de crítica) e 298 do Código Penal. Este último exige correctamente que tal apologia seja realizada "de forma adequada a criar perigo da prática de outro crime da mesma espécie", mas sublinhe-se que não necessita de ser exactamente o mesmo crime. O tipo refere-se a "da mesma espécie". Um elogio do genocídio pode ser de ordem a criar o perigo de prática do crime de Discriminação racial ou religiosa (artigo 240).

[543] Na Alemanha, onde, não obstante os traumas justificados do passado, tem sido reconhecido o direito de manifestação a grupos neonazis, têm sido estabelecidas restrições excessivas, tendo em conta que a liberdade de expressão e de manifestação compreende expressões chocantes e ofensivas, baseadas em algumas disposições fortemente restritivas do Código Penal. Assim, Hoffmann-Riem, *Neuere Rechtsprechung* (…), cit., pág. 261 e 262 (defende que a exibição de símbolos nazis pode ser proibida por ser ofensiva ou intimidativa, podendo ser considerada perigosa; ou que estas manifestações podem ser proibidas em dias sensíveis por ofenderem valores morais); igualmente em *Demonstrationsfreiheit auch für Rechtsextremisten* (…), cit., pág. 2781 (que as declarações, bandeiras e canções que possam ser consideradas contrárias ao Direito Penal podem ser proibidas; mas que já não se deve proibir a presença ou intervenção a alguém apenas porque no passado as utilizou); em termos ainda mais restritivos: U. Battis/K. Grigoleit, *Neue Herausforderungen* (…), cit., pág. 123-124 e 127-128 (ideias nazis não merecem protecção pela liberdade de expressão e, portanto, pelo direito de manifestação, sendo contrárias à Ordem Pública); esta última interpretação é criticada por Ulli Rühl, *Öffentliche Ordnung als sonderrechtlicher Verbotstatbestand gegen Neonazis im Versammlungsrecht, Neue Zeitschrift für Verwaltungsrecht*, 2003, heft 5, págs. 531-537, nas págs. 536-537. Também de forma

7.2.5. Contrárias a outros interesses do Estado

Além dos direitos e bens referidos, outros há que tutelam directamente interesses do Estado que podem igualmente constituir limites ao conteúdo de uma mensagem manifestada.

7.2.5.1. *Bens tuteláveis*

Assim, diversos bens jurídicos podem justificar uma tutela penal restritiva de mensagens manifestadas: desde a efectividade da Ordem Jurídica do Estado, como garante da manutenção da ordem e autoridade estadual, pressuposto da capacidade para cumprir os seus deveres de garantia dos direitos dos particulares e de defesa do Estado de Direito democrático

---

mais liberal: Dieter Wiefelspütz, *Das Versammlungsrecht – ein Fall für den Gesetzgeber?*, *Zeitschrift für Rechtspolitik*, 2001, Heft 2, pág. 60-64, na pág. 62-63 (reuniões de nazis podem ser proibidas se existirem sérios fundamentos para esperar a prática de actos de violência, crimes, incluindo usarem símbolos proibidos pelo Direito Penal, uniformes ou terem carácter paramilitar; critica propostas de adopção de legislação que vise permitir a proibição destas igualmente quando afectem interesses de política externa do Estado).

O Tribunal Constitucional alemão tem no essencial seguido esta última postura mais liberal, mesmo se nos últimos anos tem interpretado com maior severidade estes limites [cfr. M. Kniesel/R. Poscher, *Die Entwicklung des Versammlungsrechts* (...), cit., pág. 425-427].

Pelo contrário, nos EUA, o respectivo Supremo Tribunal Federal garantiu o direito de nazis usarem uniformes e a suástica em manifestações, mesmo em bairros de minorias judias. As sentenças, porém, não foram unânimes, mas a maioria parece ter considerado que o caso era óbvio, não tendo feito grandes considerações. Assim, perante uma injunção judicial que proibia "[m]arching, walking or parading in the uniform of the National Socialist Party of America; [m]arching, walking or parading or otherwise displaying the swastika on or off their person; [d]istributing pamphlets or displaying any materials which incite or promote hatred against persons of Jewish faith or ancestry or hatred against persons of any faith or ancestry, race or religion", o Tribunal exigiu que esta fosse suspensa até que fosse emanada uma decisão definitiva, pois encontravam-se em causa "rights protected by the First Amendment" [cfr. *National Socialist Party v. Skokie*, 432 U.S. 43 (1977), pág. 44; texto em http://laws.findlaw.com/us/432/43.html; vide igualmente *Smith v. Collin*, 439 U.S. 916 (1978), em que dois juízes vencidos declaram: "I also feel that the present case affords the Court an opportunity to consider whether (...) there is no limit whatsoever to the exercise of free speech. There indeed may be no such limit, but when citizens assert (...) that the proposed demonstration is scheduled at a place and in a manner that is taunting and overwhelmingly offensive to the citizens of that place, that assertion (...) deserves to be examined. It just might fall into the same category as one's "right" to cry "fire" in a crowded theater"; texto em http://laws.findlaw.com/us/439/916.html].

258   Os Direitos de Reunião e de Manifestação no Direito Português

[artigo 9, al. b) e c), CRP][544], passando pela independência e defesa nacionais [artigos 9, al. a), e 273, n.º 1, CRP][545], pelo segredo de Estado [artigos 156, al. d), 164, al. q), e 268, n.º 2, CRP][546] e pelo respeito pelo

---

[544] "Artigo 330.º (Incitamento à desobediência colectiva): 1 – Quem, com intenção de destruir, alterar ou subverter pela violência o Estado de direito constitucionalmente estabelecido, incitar, em **reunião pública** ou por qualquer meio de comunicação com o público, à desobediência colectiva de leis de ordem pública, é punido com pena de prisão até 2 anos ou com pena de multa até 240 dias. 2 – Na mesma pena incorre quem, com a intenção referida no número anterior, publicamente ou por qualquer meio de comunicação com o público: a) Divulgar notícias falsas ou tendenciosas susceptíveis de provocar alarme ou inquietação na população; b) Provocar ou tentar provocar, pelos meios referidos na alínea anterior, divisões no seio das Forças Armadas, entre estas e as forças militarizadas ou de segurança, ou entre qualquer destas e os órgãos de soberania; ou c) Incitar à luta política pela violência."

A exigência do dolo específico de visar "destruir, alterar ou subverter pela violência o Estado de direito constitucionalmente estabelecido coloca este tipo penal a salvo de críticas formuladas a outros paralelos em Ordenamentos estrangeiros (vide Paolo Barile, *Libertà di Manifestazione del Pensiero*, ED, Volume XXIV, Milano, 1974, pág. 424 e segs., parág. 13).

[545] Artigo 30 do Código de Justiça Militar (Lei n.º 100/2003, de 15 de Novembro, rectificada pela Rectificação n.º 2/2004, de 3 de Janeiro) ("Inteligências com o estrangeiro para constranger o Estado Português"): "1 – Aquele que tiver inteligências com governo de Estado estrangeiro, com partido, associação, instituição ou grupo estrangeiros ou com agente seu, com intenção de constranger o Estado Português a: a) Declarar a guerra; b) Não declarar ou não manter a neutralidade; c) Declarar ou manter a neutralidade; ou d) Sujeitar-se a ingerência de Estado estrangeiro nos negócios portugueses adequada a pôr em perigo a independência ou a integridade de Portugal; é punido com pena de prisão de 2 a 8 anos. 2 – Aquele que, com a intenção referida no número anterior, publicamente fizer ou divulgar afirmações que sabe serem falsas ou grosseiramente deformadas é punido com pena de prisão até 5 anos; 4 – Se às condutas descritas nos números anteriores se não seguirem os efeitos neles previstos, a pena é especialmente atenuada.".

Artigo 31.º do Código de Justiça Militar ("Campanha contra esforço de guerra"): "Aquele que, sendo português, estrangeiro ou apátrida residindo ou encontrando-se em Portugal, fizer ou reproduzir publicamente, em tempo de guerra, afirmações que sabe serem falsas ou grosseiramente deformadas, com intenção de impedir ou perturbar o esforço de guerra de Portugal ou de auxiliar ou fomentar operações inimigas, é punido com pena de prisão de 1 a 5 anos".

[546] Artigo 316, n.º 1, do Código Penal ("Violação de segredo de Estado"): "Quem, pondo em perigo interesses do Estado Português relativos à independência nacional, à unidade e à integridade do Estado ou à sua segurança interna e externa, transmitir, tornar acessível a pessoa não autorizada, ou tornar público facto ou documento, plano ou objecto que devem, em nome daqueles interesses, manter-se secretos é punido com pena de prisão de 2 a 8 anos.".

A possibilidade de abuso na qualificação de matérias como segredo de Estado, designadamente para evitar embaraços políticos, é enorme [vide: J. Machado, *Liberdade de*

Limitações, restrições e ablações 259

Direito Internacional e cooperação com os outros Povos (artigos 7, n.° 1 e 8, CRP)[547].

Expressão (…), cit., pág. 860-865]. Mas o tipo penal encontra-se redigido de modo a permitir que o Tribunal aprecie se a questão mereceu ou não tal qualificação, já que não se limita a punir a revelação de informação qualificada como tal. Antes exige que esta efectivamente coloque em causa aqueles interesses.

[547] Artigo 323.° ("Ultraje de símbolos estrangeiros"): "Quem, publicamente, por palavras, gestos, divulgação de escrito ou outro meio de comunicação com o público, injuriar bandeira oficial ou outro símbolo de soberania de Estado estrangeiro ou de organização internacional de que Portugal seja membro é punido com pena de prisão até 1 ano ou com pena de multa até 120 dias.".

A constitucionalidade deste preceito é menos problemática do que a do aplicável em relação aos símbolos nacionais, mas nem por isso deixa de provocar reservas. Portugal tem um dever internacional de evitar diligentemente que no seu território sejam praticados actos violadores dos direitos de Estados terceiros ou de organizações internacionais, mesmo por parte de meros particulares. De modo a que, numa primeira abordagem, tutelar estes símbolos não está na sua inteira disponibilidade. Acresce que o seu ultraje perante a indiferença das autoridades portuguesas pode ter consequências sobre as suas relações com outro Estado, algo que não pode ser considerado como banal, na ponderação das restrições a impor à liberdade de expressão, tendo presente o artigo 7, n.° 1 [vide igualmente, em relação à Constituição alemã, mas em termos restritivos: U. Battis/K. Grigoleit, *Neue Herausforderungen* (…), cit., pág. 126-127; D. Wiefelspütz, *Das Versammlungsrecht* (…), cit., pág. 63-64].

O problema, contudo, não fica resolvido, pois Portugal tem igualmente o dever internacional de respeitar a liberdade de expressão no seu território. O que significa que também nesta sede existe um conflito de deveres, não sendo claro que deva prevalecer a necessidade de tutelar os direitos e interesses de Estados e entidades estrangeiras, visto que estas se encontram igualmente vinculadas pelos mesmos direitos individuais, altura em que o Estado português poderia opor-lhes a sua necessidade de garantir estes direitos e o dever de estas entidades o fazerem igualmente. Não se trata tanto de apurar se à luz do Direito Internacional, mesmo de convenções sobre direitos humanos, o conteúdo efectivo da liberdade de expressão tutela ultrajes a bandeiras de Estados estrangeiros, já que a resposta é provavelmente negativa, devido à discricionariedade normalmente concedida aos Estados na introdução de restrições que visem salvaguardar um bem atendível. A questão passa antes por determinar se um Estado pode invocar a necessidade de salvaguardar um acto claramente compreendido por um direito humano, mesmo que para lá do seu âmbito efectivo (resistente a restrições), como forma de desrespeitar um direito de um Estado estrangeiro, invocando essa mesma discricionariedade. Julga-se que a resposta deve ser considerada como positiva, mas admite-se que os artigos 7, n.° 1, e 8 CRP, ainda assim, constituam base suficiente para não considerar este tipo penal como claramente inconstitucional, visto que nas relações externas não são relevantes apenas os aspectos jurídicos (como fica espelhado no artigo 324, n.° 2, do Código Penal, quanto às condições de punibilidade e de procedibilidade). Mas o preceito não deixa de ser problemático.

260   *Os Direitos de Reunião e de Manifestação no Direito Português*

7.2.5.2. *Difamação de Pessoas colectivas de Direito Público?*

Mas têm igualmente sido impostas restrições por intermédio da lei penal, com vista a tutelar outros bens jurídicos, cuja conformidade com a Constituição é mais problemática.

Assim, será o caso da criminalização da difamação de pessoas colectivas de Direito Público, ou de algum dos seus serviços, prevista no artigo 187 do Código Penal[548], visto que o dever de respeito subjacente tem somente uma base constitucional ténue e está longe de ser claro que se trate de uma medida necessária (artigo 18, n.° 2, CRP)[549], especialmente nos termos em que se encontra formulado.

Com efeito, ficou sustentado que as pessoas colectivas públicas não gozam de direitos fundamentais, o que significa que não é possível invocar como fundamento para esta restrição os artigos 12, n.° 2, e 26, n.° 1, CRP. A teleologia desta incriminação é a defesa da autoridade do Estado[550], e outras entidades com poderes públicos, e não a sua integridade

---

[548] Com a epígrafe "Ofensa a pessoa colectiva, organismo ou serviço": "Quem, sem ter fundamento para, em boa fé, os reputar verdadeiros, afirmar ou propalar factos inverídicos, capazes de ofenderem a credibilidade, o prestígio ou a confiança que sejam devidos a pessoa colectiva, instituição, corporação, organismo ou serviço que exerça autoridade pública, é punido com pena de prisão até 6 meses ou com pena de multa até 240 dias".

A epígrafe e colocação sistemática (nos "crimes contra a honra") deste tipo penal são enganadoras, pois sugerem que está em causa uma ofensa contra a honra, quando na realidade se trata de difamações que têm de ser de ordem a "ofenderem a credibilidade, o prestígio ou a confiança". O verbo "ofender" neste caso faz pouco sentido, tendo sido colocado para justificar a integração do tipo neste Capítulo. Em rigor, por estar em causa um crime contra a autoridade pública (daí apenas entidades com poderes de autoridade gozarem desta tutela), a ser constitucionalmente admissível, deveria estar nos crimes contra o Estado.

[549] O princípio da subsidiariedade da intervenção penal é pacífico (por exemplo: Claus Roxin, *Que comportamentos pode o Estado proibir sob ameaça de pena? Sobre a legitimação das proibições penais*, em *Revista Jurídica* (Porto Alegre), Ano 317, 2004, pág. 69-81, na pág. 70-71).

[550] Se o fim deste crime fosse proteger não instituições, mas as pessoas que as dirigem ou nestas trabalham, este seria inconstitucional. Constituiria uma tutela especial de um grupo profissional, o que não parece ter base constitucional, visto que apenas merecem tal protecção grupos identificados em função de critérios inadmissíveis para justificar qualquer discriminação, nos termos do artigo 13, n.° 2, e que, simultaneamente, possam ser considerados como especialmente débeis (ver, *supra*, parág. 7.2.2). Ora, a tutela de grupos profissionais constitui uma restrição bem mais drástica na liberdade de expressão e de manifestação, visto que se trata de grupos normalmente partes em debates e conflitos sociais.

A necessidade de queixa ou participação para que o crime seja aplicável [artigo 188, n.° 1, al. b)], em analogia com os crimes relativos à honra, levanta ainda mais dúvidas

Limitações, restrições e ablações 261

moral ou honra, visto que entidades públicas não são titulares destes direitos[551-552]. Na verdade, a autoridade pública encontra-se pressuposta pela Constituição como condição essencial para o desempenho das tarefas do Estado, incluindo a garantia dos direitos fundamentais. Mas, mesmo admitindo-se que existe uma indirecta consagração constitucional, não deixaria de ser controverso que esta constituísse base suficiente

---

quanto aos reais ofendidos, pois indica que se trata de um decisão discricionária, com semelhanças a um "direito", o que sugere que estão em causa igualmente os direitos dos indivíduos ao serviço da entidade ofendida e não apenas a autoridade do Estado. Claro que se pode argumentar que estes serão os que melhor perspectiva terão para determinar se a sua capacidade para desempenhar as suas funções foi ou não atingida, mas constitui mais um aspecto que suscita as maiores reservas quanto à constitucionalidade deste crime.

[551] É certo que existe jurisprudência no sentido de as pessoas colectivas poderem ser vítimas destes crimes. Desde o conhecido assento do Supremo Tribunal de Justiça de 24 de Fevereiro de 1960, adoptado no processo n.º 030057 ("As pessoas colectivas podem ser sujeito passivo nos crimes de difamação e de injuria") até à sentença do mesmo Tribunal de 9 de Janeiro de 1991, processo n.º 041448 ("As pessoas colectivas continuam no código penal vigente susceptíveis de serem vitimas de injúrias e de difamação"). Mas esta jurisprudência parece ser dirigida exclusivamente em relação às pessoas colectivas privadas. Em ambas as sentenças apenas estavam em causa pessoas desta natureza.

As entidades públicas, enquanto entidades necessariamente ao serviço da comunidade, perante actos "difamatórios" ou "injuriosos", apenas poderão recorrer à responsabilidade civil, não por lesão de direitos, mas por prejuízo para os bens colectivos que têm o dever de prestar, invocando violação de "disposição legal destinada a proteger interesses alheios", nos termos do artigo 483, n.º 1, do Código Civil, se estiverem reunidos os seus pressupostos. Qualquer punição exigiria a criação de tipos penais autónomos, como o do artigo 187, que ficariam necessariamente sujeitos a um severo escrutínio de constitucionalidade, que o presente não parece superar. Tal não impede a aplicação de outros tipos penais para tutela de bens ou outros interesses de entidades públicas, mas estes têm de ter amplitude de protecção para o justificar. O que não se passa com os crimes contra a honra, por estas entidades não a terem. Como, aliás, o artigo 187 deixa implícito, pois não a invoca, mas apenas a "credibilidade, o prestígio ou a confiança".

Segundo se julga, apenas os membros, especialmente dirigentes indirectamente visados, poderão, se estiverem reunidos os elementos dos crimes de injúria ou difamação, considerar que determinadas injúrias contra um organismo público os ofendem igualmente.

Sobre a questão da titularidade de direitos fundamentais por entidades públicas, vide, *supra*, parág. 4.2.1.

[552] Em sentido contrário, sustentando que este tipo protege o bom nome destas instituições e serviços: J. Faria da Costa, *Artigo 187*, em *Comentário Conimbricense do Código Penal – Parte Especial* (dir. J. Figueiredo Dias), Volume I, Coimbra, 1999, pág. 675-685, na pág. 677 (pág. 675-676: sustenta igualmente que os crimes contra a honra se aplicam integralmente às pessoas colectivas, sem distinguir as privadas das públicas).

262   *Os Direitos de Reunião e de Manifestação no Direito Português*

e, sobretudo, está longe de ser claro que este tipo penal constitua uma medida necessária para a tutelar[553].

Especialmente quando se permite a punição da divulgação de factos inverídicos[554], mesmo que com a convicção mal fundada de que são verdadeiros. Está em causa uma severa restrição não apenas às liberdades de expressão e de informação, mas igualmente ao direito de manifestação. Não seria suficiente simplesmente punir a divulgação consciente de factos falsos[555]? Basta ter presente que situações bem mais graves dependem de vontade e consciência de divulgar factos falsos para serem punidas[556]. Este tipo penal provoca, pois, sérias reservas quanto à sua constitucionalidade.

---

[553] O Tribunal Constitucional italiano teve de apreciar julgamentos de inconstitucionalidade de norma paralela (mas mais lata) do Código Penal italiano por parte dos Tribunais Criminais de Bari e de Veneza que alegavam que a Constituição italiana, no seu artigo 21, "riconoscerebbe testualmente come unico limite della libertà di manifestazione del pensiero soltanto il buon costume, ovvero che il prestigio delle entità sopra richiamate non possa in ogni caso inquadrarsi tra i beni degni di tutela e rilievo costituzionale o, comunque, assumere valore pari ai diritti inviolabili della personalità, così da integrarne un giustificato limite". Aquele Tribunal acabou por entender em sentido contrário, mas realizou uma interpretação muito restritiva do tipo penal, alegando "la tutela del buon costume non costituisce il solo limite alla libertà di manifestazione del pensiero, sussistendo invece altri limiti – impliciti – dipendenti dalla necessità di tutelare beni diversi" e que "fra i beni costituzionalmente rilevanti, va annoverato il **prestigio del Governo, dell'Ordine giudiziario e delle Forze Armate** in vista dell'essenzialità dei compiti loro affidati", sem que tal impedisse "che in regime democratico siano consentite critiche, con forme ed espressioni anche severe, alle istituzioni vigenti e tanto sotto il profilo strutturale quanto sotto quello funzionale", pois que este tipo penal apenas se aplicaria "nel tenere a vile, **nel ricusare qualsiasi valore etico o sociale o politico all'entità** contro cui la manifestazione è diretta sì da negarle ogni prestigio, rispetto, fiducia, in modo idoneo a indurre i destinatari della manifestazione (...) al disprezzo delle istituzioni o addirittura ad ingiustificate disobbedienze" (cfr. Sentenza n. 20, 24 Gennaio 1974, parág. 5; vide também a Sentenza n. 531, 15-23 Novembre 2000, parág. 2; textos em http://www.cortecostituzionale.it/).

[554] "Inverídicos" parece ser uma noção mais ampla do que "falsos"; mesmo determinadas meias-verdades ou grandes exageros podem ser qualificados como tal (neste sentido: Faria da Costa, *Artigo 187*, cit., pág. 680).

[555] Em vez de se limitar a agravar a pena, remetendo para o regime da calúnia (artigo 183).

[556] Ver os referidos artigos 30.º do Código de Justiça Militar ("Inteligências com o estrangeiro para constranger o Estado Português") e 31.º ("Campanha contra esforço de guerra").

Limitações, restrições e ablações · 263

7.2.5.3. *Ultraje a símbolos, à República ou às regiões autónomas?*

Um segundo caso que suscita reservas sérias de constitucionalidade, é a incriminação do ultraje a símbolos nacionais ou regionais[557], bem como o ultraje à República e às regiões autónomas. Em relação aos símbolos nacionais, as dúvidas não derivam do facto de o dever de os respeitar não ter base constitucional, visto que não faria sentido consagrar os símbolos constitucionalmente (artigo 11) se não fosse para impor a sua manutenção e respeito. Ao Estado cabe, portanto, não apenas o dever de os respeitar, mas igualmente de os fazer respeitar, tendo em conta que esse dever tem subjacente o respeito por valores de terceiros e igualmente pela comunidade política, que é o Povo português organizado e representado por um Estado de Direito democrático, invocado por esses símbolos.

O bem protegido por este crime é o dever de respeito por estes símbolos, legitimado pela Constituição em relação aos símbolos nacionais, em conexão com a importância que estes têm para a generalidade dos cidadãos portugueses e para o próprio Estado, daí a sua integração nos crimes contra o Estado. Com efeito, a circunstância de apenas se punir o ultraje público e, portanto, não já o ultraje realizado em privado, não invalida que a legitimidade da punição deste se deva ao dever de respeito[558]. A violação do dever de respeito, por si, não justifica a incrimi-

---

[557] Artigo 332.º ("Ultraje de símbolos nacionais e regionais"): "1 – Quem publicamente, por palavras, gestos ou divulgação de escrito, ou por meio de comunicação com o público, ultrajar a República, a bandeira ou o hino nacionais, as armas ou emblemas da soberania portuguesa, ou faltar ao respeito que lhes é devido, é punido com pena de prisão até 2 anos ou com pena de multa até 240 dias. 2 – Se os factos descritos no número anterior forem praticados contra as Regiões Autónomas, as bandeiras ou hinos regionais, ou os emblemas da respectiva autonomia, o agente é punido com pena de prisão até um ano ou com pena de multa até 120 dias.".

O artigo 32 do Decreto-Lei n.º 316/95, de 28 de Novembro (alterado, passando a ser competentes para a fiscalização as Câmaras Municipais e não o Governador Civil, pelo Decreto-Lei n.º 264/2002, de 25 de Novembro de 2002) vai ao ponto de estabelecer: "Nas diversões carnavalescas é proibido: b) A apresentação da bandeira nacional ou imitação", o que é igualmente inconstitucional, não apenas por se tratar de um Decreto-Lei não autorizado, como por constituir uma restrição inaceitável à liberdade artística e, como se verá, igualmente ao direito de crítica e manifestação política, muitas vezes igualmente subjacente a este género de iniciativas.

[558] Vide, porém, em sentido contrário: João Raposo, *O crime de "ultraje aos símbolos nacionais" nos direitos português e norte-americano*, em *Estudos em Homenagem ao Conselheiro José Manuel Cardoso da Costa*, Coimbra, 2003, pág. 795-833, na pág. 819-821.

264 *Os Direitos de Reunião e de Manifestação no Direito Português*

nação, apenas a justifica tendo presente a reacção que se espera que tal provoque. Mas a mera reacção, não fora motivada por um acto ilícito de violação deste dever, também não legitimaria a punição. Dever de respeito, tutela dos valores de terceiros e do Estado relevam-se necessários para fundamentar este crime[559].

Uma alternativa interpretativa restritiva, que faria compreender no bem jurídico protegido igualmente a propriedade pública, seria entender que apenas as bandeiras oficiais seriam protegidas por este preceito, como chegou a ser sustentado jurisprudencialmente[560]. Trata-se de uma interpretação com limitado apoio na letra do preceito[561] ou no Direito comparado e que é também colocada em causa pela circunstância de não ser possível aplicar o mesmo raciocínio em relação ao hino nacional, que não tem suportes materiais oficiais[562]. Claro que se pode procurar, baseado neste acolhimento jurisprudencial e na necessidade de realizar uma interpretação conforme com a Constituição, sustentar que este resultado interpretativo ainda tem um mínimo de amparo literal, ainda que expresso em termos demasiadamente imperfeitos, com vista a salvar este preceito dos problemas de constitucionalidade que suscita, especialmente nos casos em que a bandeira oficial seja destruída. Mas não parece que seja a via tecnicamente mais adequada.

---

[559] Já se verificou que os crimes de tutela de sentimentos de terceiros ou da paz social só se legitimam por força da existência de uma prévia violação jurídica (vide, *supra*, parág. 7.1.1.4).

[560] Assim, o Tribunal da Relação do Porto terá sustentado em acórdão de 3 de Dezembro de 1912 que "Não é qualquer bandeira alojada num canto de uma taberna (…) que representa a Bandeira Nacional, nem é nas tabernas ao lado do ramo de loureiro que uma bandeira pode simbolizar a Pátria. É tremulando nos mastros dos nossos navios; nas fachadas dos edifícios públicos; no meio dos nossos batalhões que a Bandeira Nacional simboliza a Pátria, sendo aí que lhe deve ser prestado culto, e não em qualquer parte (…)" (citado por M. Oliveira Leal-Henriques/M. Simas Santos, *Código Penal Anotado*, 3.ª ed., Volume II, Lisboa, 2000, pág. 1465-1466, que parecem concordar com esta interpretação do artigo 332 do Código Penal).

[561] Que estabelece a punição de ultraje por "palavras, gestos ou divulgação de escrito, ou por meio de comunicação com o público", o que sugere a tutela de um bem incorpóreo e não apenas as suas concretizações materiais. É o próprio valor simbólico da bandeira e não apenas as bandeiras que parecem ser tuteladas. Vide igualmente a rejeição desta interpretação por Pedro Caeiro, *Artigo 332*, em *Comentário Conimbricense do Código Penal – Parte Especial* (dir. J. Figueiredo Dias), Volume III, Coimbra, 2001, pág. 251-257, na pág. 253.

[562] Salvo se se entendesse que apenas seria crime a perturbação ofensiva das interpretações oficiais do hino nacional.

Com efeito, fora do caso de destruição de bandeiras oficiais, quando o ultraje seja realizado como forma de crítica política, deve-se questionar se actos de ultraje não devem ser considerados como justificados, enquanto actos protegidos pelas liberdades de expressão e de manifestação. No Direito comparado, tem existido jurisprudência no sentido da inconstitucionalidade de tipos penais paralelos[563], embora igualmente de

---

[563] Aparenta ser esta a jurisprudência norte-americana. Procurar determinar se o ultraje à bandeira pode ser qualificado como um acto de expressão e, em caso afirmativo, se não tiver sido de ordem a provocar um perigo de provável ruptura da paz, considerá-lo um acto protegido pela liberdade de expressão.

Assim, em *Texas v. Johnson*, 491 U.S. 397 (1989), perante um indivíduo que tinha queimado a bandeira norte-americana numa manifestação política, em violação de uma lei do Estado do Texas, o Supremo Tribunal Federal declarou que o acto em causa não integrava nenhuma das categorias proibidas de actos de expressão que poderiam constituir actos "directed to inciting or producing imminent lawless action and is likely to incite or produce such action" ou serem integrados na "small class of "fighting words" that are "likely to provoke the average person to retaliation, and thereby cause a breach of the peace" (pág. 409) e que, consequentemente, "In short, nothing in our precedents suggests that a State may foster its own view of the flag by prohibiting expressive conduct relating to it." (pág. 415) e "the flag's deservedly cherished place in our community will be strengthened, not weakened, by our holding today. Our decision is a reaffirmation of the principles of freedom and inclusiveness that the flag best reflects, and of the conviction that our toleration of criticism such as Johnson's is a sign and source of our strength" (pág. 419) (texto em http://laws.findlaw.com/us/491/397.html).

Esta sentença, contudo, levou a uma reacção política, com pouco sentido jurídico, parecendo ter constituído uma forma de pressionar o Supremo Tribunal, que foi a adopção do *Flag Protection Act* de 1989 pelo Estado federal. Esta lei incriminava actos de qualquer pessoa que "knowingly mutilates, defaces, physically defiles, burns, maintains on the floor or ground, or tramples upon any flag". A sua mera adopção fez com que pessoas em protesto queimassem bandeiras, tendo-se a lei convertido objectivamente num incentivo à prática do crime que visava evitar. Como era de esperar, o *Flag Protection Act* viria a ser declarado inconstitucional logo pelos tribunais distritais que julgaram os indivíduos acusados e depois pelo Supremo Tribunal Federal em *United States v. Eichman*, 496 U.S. 310 (1990), pág. 317 e 319. Este Tribunal afirmou "the Act still suffers from the same fundamental flaw: It suppresses expression out of concern for its likely communicative impact" e "**Punishing desecration of the flag dilutes the very freedom that makes this emblem so revered, and worth revering**" (texto em http://laws.findlaw.com/us/496/310.html).

A Câmara dos Representantes chegou a aprovar uma emenda à Constituição com vista a permitir a punição destes actos, mas esta não conseguiu obter os dois terços necessários no Senado. A votação foi de 63 votos a favor contra 37, quando eram necessários 67 votos positivos (cfr. *Flag Protection Amendment Fails in Senate*, 03/29/00, texto em http://usgovinfo.about.com/library/news/aa032900b.htm).

266 *Os Direitos de Reunião e de Manifestação no Direito Português*

sentido contrário[564]. Tal como se encontra desenhado, o tipo penal fornece pouca base para a invocação plena destes direitos enquanto causa de justificação[565], o que leva a questionar a sua constitucionalidade[566].

Igualmente na Alemanha, o respectivo Tribunal Constitucional Federal, em duas sentenças de 7 de Março de 1990, embora sem ter a frontalidade do Supremo Tribunal Americano, interpretou duas obras de arte num sentido não ultrajante em relação à bandeira e ao hino, impondo esta sua interpretação aos tribunais recorridos, com vista a não punir os autores e evitar ter de decidir sobre a colisão dos bens em presença.

Assim, na primeira sentença, perante um caso de uma obra, que na contracapa tinha uma associação de duas fotos, objectivamente ofensiva para a bandeira alemã, entendeu que a ofensa era dirigida contra a cerimónia de juramento da bandeira e ao militarismo subjacente e não a esta em si; que a liberdade artística não tornava ilegítima a punição de ultrajes à bandeira pelo artigo 90a, n.º 1, do Código Penal, pois esta podia ser limitada por entrar em conflito com outros bens, mesmo se a protecção da bandeira não tinha valor superior à liberdade artística: "Obwohl die Kunstfreiheit vorbehaltlos gewährleistet ist, schließt dies eine Bestrafung der Beschwerdeführer nach § 90 a Abs. 1 Nr. 2 StGB nicht von vornherein aus" e "Seine Wurzel findet dieser Fehler darin, daß es das von § 90 a Abs. 1 StGB geschützte Rechtsgut ausdrücklich als der Kunstfreiheit übergeordnet bezeichnet. Dieses fehlerhafte Verständnis führt zwangsläufig dazu, daß der Schutzzweck der Strafnorm zur unüberwindlichen Schranke der Kunstfreiheit wird" [cfr. BVerfGE 81, 278 – *Bundesflagge*, parág. B.II.2 e B.II.3.b).bb); texto em http://www.oefre.unibe.ch/law/dfr/bv081278.html].

Numa segunda sentença, com a mesma data, o Tribunal interpretou uma sátira ao hino alemão como não constituindo um ultraje a este, mas igualmente um gozo da liberdade artística, que se limitava a confrontar os ideais contidos no hino com a realidade, não sendo claro, pois, que nesse caso existisse qualquer conflito entre bens constitucionais [cfr. BVerfGE 81, 298 – *Nationalhymne*, parág. B.I.4.b); texto em http://www.oefre.unibe.ch/law/dfr/bv081298.html].

Em Itália, o Tribunal Constitucional, a propósito de um recurso em que se alegava que a pena do crime de ultraje à bandeira no Código militar italiano tinha uma moldura penal excessivamente pesada em comparação com a do Código Penal, afirmou: "Come per tutti i reati di questa natura, **si pongono delicati problemi di confine con l'area della libertà di espressione**, come dimostra anche la giurisprudenza costituzionale di altri paesi", mas porque a questão não era suscitada pelo recorrente, nada mais disse sobre o assunto, salvo reafirmar jurisprudência já citada quanto ao crime de ultraje às instituições (cfr. Sentenza n. 531, 15-23 Novembre 2000, parág. 2; texto em http://www.cortecostituzionale.it/).

[564] Assim, em Cuba: "El caso más grave fue el del Dr. Óscar Elías Biscet González, de 38 años, que fue sentenciado a tres años de cárcel el 25 de febrero [2000] por actos de protesta tales **como darle la vuelta a la bandera cubana** y llevar pancartas contra el aborto. Biscet, el presidente de la Fundación Lawton de Derechos Humanos, **fue condenado por "ultraje" a los símbolos pátrios,** desórdenes público e instigación a delinquir" (cfr. Human Rights Watch, *Informe Anual*, New York, 2001, Cuba, La Situación De Los Derechos Humanos; e em *Informe Anual*, New York, 2002, Cuba, pág. 25). O Código

Em relação ao ultraje dos símbolos regionais, a conclusão pela inconstitucionalidade afigura-se incontornável. E por um motivo formal,

---

Penal de Cuba estabelece, no artigo 203: "El que ultraje o con otros actos muestre desprecio a la bandera, el himno o al escudo nacionales, incurre en sanción de privación de libertad de tres meses a un año o multa de cien a trescientas cuotas".

No México, na primeira sentença sobre a questão, o respectivo Supremo Tribunal de Justiça, em 5 de Outubro de 2005, rejeitou o recurso de amparo interposto por um poeta mexicano, acusado de ter ultrajado a bandeira mexicana com um poema, em violação do artigo 191 do Código Penal Federal Mexicano, que alegava a inconstitucionalidade deste tipo penal. Traduzindo a divisão que estas decisões suscitam, a primeira secção do Tribunal cindiu-se, com três juízes a votar a rejeição da alegação de inconstitucionalidade e dois, entre os quais se encontrava o relator inicial, a votar negativamente a sentença. A maioria argumentou que tal acto "ofendió la moral pública, afectó derechos de terceros, contravino la paz y seguridad social, y perturbó el orden público" [no momento em que se escreve, a sentença ainda não se encontra disponível no sítio do Tribunal (http://www.seadj.scjn.gob. mx/sentencias/sentencias.aspx); excertos podem ser encontrados em http://www.jornada. unam.mx/2005/10/06/016n1pol.php]. Pelo contrário, o juiz relator inicial declarou que era "incompatible con la Constitución que el Estado utilice el derecho penal para defender un objeto simbólico, mediante el sacrificio de los derechos fundamentales de los individuos, coartando necesariamente las posibilidades de que en México emerja una práctica democrática adulta y madura" (cfr. http://www.poresto.net/index.php?tim=6-10-2005&ID= 46241). Resolvido o incidente de inconstitucionalidade, o processo penal irá seguir o seu curso. Esta sentença suscitou várias reacções negativas, designadamente, entre escritores mexicanos (cfr. a sua petição contra a sentença em http://www.proceso.com.mx/tribunasint.html?tid=4662).

565 A invocação dos artigos 37, 42 e 45, n.º 2, CRP em associação com o 31, n.º 2, al. b), do Código Penal, embora não excluída, não parece ter grande receptividade, dada a latitude do preceito e a circunstância de normalmente o ultraje a símbolos nacionais ser realizado precisamente como acto de crítica e de manifestação política. Actos sem tal intenção ultrajante, que parece integrar o dolo específico deste tipo penal, mesmo que possam ser consideradas formas menos próprias de usar um símbolo, são aceites como manifestações de patriotismo. Por exemplo, usar roupa feita a partir da bandeira nacional, escrever nesta palavras de ordem, usar a bandeira em locais pouco dignos, *etc.*.

A aceitação de uma invocação limitada destas causas de justificação que justificariam desrespeitos graves, mas não ultrajes (neste sentido: P. Caeiro, *Artigo 332*, cit., pág. 256), não resolve as reservas de constitucionalidade suscitadas. Actos de protesto existem, que devem ser qualificados como ultrajes, como o queimar e pisar da bandeira ou o adulterar da letra do hino, que se julga deverem ser considerados como constitucionalmente protegidos em termos efectivos; o que implica a inconstitucionalidade deste preceito, visto que a admissibilidade de invocação de causas de justificação de forma a compreender todos os casos que se considera constitucionalmente tutelados esvaziaria o tipo praticamente de relevância.

566 Registe-se que este tipo penal já teve ocasião de ser aplicado, numa situação como a descrita, sem que o Tribunal tenha visto na questão qualquer obstáculo de cons-

268 *Os Direitos de Reunião e de Manifestação no Direito Português*

despido de ponderações subjectivas. Os símbolos regionais não têm base constitucional[567], não constituindo um bem susceptível de legitimar restrições à liberdade de expressão, ao direito de manifestação e, por meio da sua tutela penal, ao direito à liberdade (artigo 18, n.° 2).

Segundo se julga, não é possível argumentar em sentido contrário que os símbolos regionais representam a autonomia, constitucionalmente consagrada. Por essa ordem de razões, poderia ser sancionado penalmente igualmente o ultraje a símbolos das autarquias ou das universidades, por força da consagração da sua autonomia na Constituição [artigos 6, n.° 1, 72, n.° 2, 237 e seguintes, em particular o 243, n.° 3, parte final, e 288, al. n)]. Os candidatos não se ficariam por aqui, igualmente tribunais e mesmo associações públicas, como as ordens profissionais, poderiam reivindicar a mesma tutela para os seus símbolos[568]. Daí à protecção dos símbolos de alguns serviços do Estado seria apenas um passo; assim, as unidades mili-

---

titucionalidade. Um indivíduo que, em 18 de Setembro de 2004, numa manifestação contra as touradas e de defesa dos animais, em Lisboa, queimara uma bandeira nacional, foi detido por agentes e, no dia 20 de Setembro, condenado a 280 dias de trabalho comunitário por violação deste preceito (cfr. http://www.correiodamanha.pt/noticia.asp?id= 131153&idCanal=21). Não foi possível, contudo, ler a sentença.

Por outro lado, em Outubro de 2004, foi aberto na Polícia de Segurança Pública de Santarém um processo contra um indivíduo que tinha uma bandeira nacional presa no automóvel em termos que, além de ocultarem a matrícula, permitiam que a bandeira, quando aquele estava parado, roçasse pelo chão, enlameando-a. O processo foi remetido para o ministério público com vista a apurar se se estaria perante uma violação deste tipo penal (cfr. *Automobilista de Santarém pode ser acusado de ultraje aos símbolos nacionais*, RTP, 2004-10-28; texto em http://www.rtp.pt/index.php?article=133880&visual=16), tendo possivelmente sido arquivado por ausência do dolo específico necessário (desde logo, o crime é insusceptível de ser cometido por mera negligência: artigo 13 do Código Penal; o dolo eventual e mesmo o necessário também não parecem preencher o dolo específico de ultraje ou de falta de respeito grave).

[567] Ao contrário, por exemplo, do que ocorre no artigo 4, n.° 2, da Constituição espanhola.

[568] Invocando o artigo 267, n.° 1 e n.° 4, e, em relação às ordens e câmaras profissionais, também o artigo 46, n.° 2, de onde decorre a sua consagração constitucional e, pelo menos, uma relativa autonomia, visto que podem ser qualificadas como associações privadas de Direito Público, ficando sujeitas a um duplo regime constitucional [em relação a este último aspecto: G. Canotilho/V. Moreira, *Constituição* (...), cit., pág. 259-260 e 930; D. Freitas do Amaral, *Direito Administrativo*, Volume I, 2.ª ed., Coimbra, 1994, pág. 402--410]. A autonomia da maioria das associações públicas em sentido estrito, como as de municípios, decorre da circunstância de serem compostas de entidades públicas autónomas em relação ao Estado. Em qualquer caso, resulta claro que a figura das associações públicas compreende realidades de natureza diferente, sujeitas a regimes distintos.

Limitações, restrições e ablações 269

tares costumam igualmente ter os seus símbolos, por que não tutelá-los penalmente? Em suma, não tendo os símbolos regionais consagração constitucional, segundo se julga, não constituem um bem com dignidade para justificar constitucionalmente um restrição drástica aos direitos, liberdades e garantias referidos.

Apesar de a conclusão não ser tão líquida, julga-se que igualmente a tutela penal do respeito devido às regiões autónomas é inconstitucional. A Constituição dá grande destaque à autonomia regional e aos direitos e aspirações das "populações insulares" (artigo 225, n.º 1), que seriam aqui os titulares deste respeito, enquanto populações organizadas politicamente em instituições autónomas. Mas não é admissível comparar o estatuto constitucional destas com a República para procurar alargar a tutela desta última em relação às primeiras. Para lá de todas as diferenças óbvias, atente-se no aspecto simbólico de a República ser sempre designada por maiúscula [designadamente, nos artigos 1, 2, 11, 134, al. e), 164, al. q), 229, n.º 3 e n.º 4 e 275, n.º 1], enquanto as regiões autónomas o são sempre com minúscula.

A conferir-se tal tutela penal a estas regiões, caberia, mais uma vez, perguntar por que motivo não se o fazer em relação a outras entidades autónomas. As regiões não suscitam a mesma reverência que suscita a República e a diferença não é de grau. Estar-se-ia perante uma tutela de uma parte, imposta ao todo. De resto, sendo o âmbito da autonomia fonte de constante debate, tal tutela constituiria uma drástica limitação da liberdade de expressão[569].

Mais problemática é a punição do ultraje aos símbolos nacionais. Não está em causa que os símbolos e os valores patrióticos de terceiros não sejam adequadamente protegidos pela proibição destes actos[570]. Trata-se de uma medida abstractamente apta a prosseguir tais fins e o pres-

---

[569] Seja como for, visto que se entende que mesmo a tutela penal do respeito devido à República é inconstitucional, salvo no caso de actos de desrespeito graves completamente gratuitos, por maioria de razão o será a tutela das regiões autónomas.

[570] Já é bem mais discutível que constitua uma forma adequada de proteger o Estado de Direito democrático [também neste sentido: J. Raposo, *O crime de "ultraje* (…), cit., pág. 827-828].

Contudo, o Tribunal Constitucional italiano afirmou em relação a norma paralela do Código Penal italiano: "Il bene protetto dalla norma incriminatrice è, in questo caso, la dignità del simbolo dello Stato, come espressione della dignità dello Stato medesimo nell'unità delle istituzioni che la collettività nazionale si è data" (cfr. Sentenza n. 531, 15-23 Novembre 2000, parág. 2).

suposto de que o acto seja praticado em público mostra que o legislador optou por uma proibição limitada, efectivamente necessária à tutela dos bens em causa.

Assim, ficam excluídos do tipo penal quaisquer ultrajes praticados por um indivíduo isolado ou em reunião privada, a que só tenham acesso pessoas por convite individual[571], a menos que algumas pessoas convidadas não tenham sido informadas previamente do acto e sejam chocadas por este. Teleologicamente, devem ser igualmente excluídos os ultrajes praticados na via pública, mas em que apenas tenham assistido cúmplices ou pessoas concordantes com o acto, mesmo que depois um destes confesse o acto. Ou seja, apenas a tutela dos valores de terceiro legitima qualquer sancionamento.

Estão, contudo, compreendidos actos realizados em privado mas que tenham sido registados por qualquer forma e que sejam depois divulgados em termos adequados a ainda indignar terceiros. Com efeito, o tipo penal não exige que o ultraje seja presencial[572]. Este pode, por exemplo, ser preenchido por meio de um escrito, realizado em privado, e depois divulgado.

O que significa que a solução em relação à questão da constitucionalidade deste tipo penal apenas pode ser fornecida à luz do princípio da proporcionalidade (em sentido estrito). Ora, a operação deste princípio implica a necessidade de estabelecer uma prevalência relativa entre bens constitucionais, tarefa marcada por algum subjectivismo[573].

Contudo, assumindo tal risco, entende-se, com base em jurisprudência de Tribunais prestigiados na defesa dos direitos humanos, que o choque provocado em terceiros pelo ultraje a símbolos nacionais e as consequências (mínimas) em relação ao Estado de Direito democrático, derivadas da violação do respeito devido àqueles símbolos, não têm valor suficiente para justificar, à luz do princípio da proporcionalidade, uma res-

---

[571] Sobre a noção de reunião privada, vide, *supra*, parág. 2.3.2.

[572] O que sugere que a paz social não constitui um dos bens tutelados. Existem actos que preenchem este tipo que podem ser realizados em circunstâncias em que será impossível que esta seja perturbada; pelo menos, não por actos praticados em retaliação contra o autor. Pense-se num telefonema anónimo para um programa em directo de rádio ou televisão, em que um indivíduo insulte a bandeira ou cante o hino em termos ultrajantes; ou em actos desta espécie realizados por meio da Internet. Serão raros os casos em que a paz seja colocada em causa por formas não presenciais de ultrajes aos símbolos.

[573] Vide, *supra*, parág. 6.4.

Limitações, restrições e ablações 271

trição tão severa como a proibição do recurso a este instrumento drástico, mas útil, de crítica política e jurídica ao Estado, base essencial das liberdades de expressão e de manifestação.

Efectivamente, não se afigura aceitável que determinadas mensagens sejam proibidas "because society finds the idea itself offensive or disagreeable"[574], quando tal ofensa não afecta direitos individuais, visto que "measures of a preventive nature to suppress freedom of assembly and expression (...), however shocking and unacceptable certain views or words used may appear (...), do a disservice to democracy and often even endanger it"[575]. E a punição dos autores de tais mensagens, especialmente com penas privativas da liberdade[576], "dilutes the very freedom that makes this emblem so revered, and worth revering"[577] e que, tolerância por estes actos, levará a que "the flag's deservedly cherished place in our community will be strengthened, not weakened", já que "toleration of criticism such as [this] (...) is a sign and source of our strength"[578].

Apenas se considera constitucionalmente admissível o sancionamento de violações do dever de respeito aos símbolos nacionais que sejam completamente gratuitas, feitas simplesmente como forma de provocar indignação, sem terem subjacente qualquer intenção de crítica política ou outra legítima, como a liberdade artística[579], o que serão situações raras[580]. O que significa que, nos restantes casos, a menos que este tipo penal possa ser conjugado com a invocação de uma causa de exclusão da

---

[574] Cfr. *United States v. Eichman*, 496 U.S. 310 (1990), pág. 319.

[575] Cfr. Tribunal Europeu dos Direitos Humanos, *Stankov and the United Macedonian Organisation Ilinden v Bulgaria*, First Section, 2 October 2001, parág. 97. O tribunal não se estava a referir à questão do ultraje a símbolos, mas a algo ainda mais sagrado para o Estado, a integridade territorial (vide, citação completa, *supra*, parág. 6.4, nota 407).

[576] O artigo 543 do Código Penal espanhol, apenas pune estes actos com "la pena de multa de siete a doce meses". Apesar de não estar em causa o direito à liberdade, julga-se que mesmo um tipo penal nestes termos seria inconstitucional à luz da Constituição portuguesa.

[577] Cfr. *United States v. Eichman*, 496 U.S. 310 (1990), pág. 319.

[578] Cfr. *Texas v. Johnson*, 491 U.S. 397 (1989), pág. 419.

[579] Cfr. *Joven nacido en Chile fue detenido por pisar una bandera argentina*, Radio Cooperativa, 16 de noviembre de 2004 ("explicó que la situación se dio en el marco de una presentación artística y no tuvo la intención de ofender la bandera") (texto disponível em http://www.cooperativa.cl/p4_noticias/site/artic/20041116/pags/20041116115537.html).

[580] Ficou referido um caso, em Portugal, que poderia cumprir estes requisitos, de utilização da bandeira em automóvel em termos tais que esta se enlameava constantemente. Mas não parece que existisse sequer dolo eventual (artigos 13 e 14, n.º 3, do Código Penal).

272 *Os Direitos de Reunião e de Manifestação no Direito Português*

ilicitude (o que levará praticamente ao seu esvaziamento), como os direitos de expressão e de manifestação, julga-se que será inconstitucional[581-582].

As mesmas considerações valem em relação ao ultraje à República. "República" é empregue com o sentido utilizado nos artigos 1, 11, n.º 1, e 120 CRP, enquanto comunidade política, e não para designar o Estado português, mero instrumento da República (não obstante o artigo 2 CRP os parecer identificar). É certo que esta comunidade é o conjunto dos cidadãos portugueses, o Povo, tendo direito à sua dignidade, podendo sentir-se lesada na sua integridade moral. Mas o choque nos seus membros por estes actos não é de ordem a poder considerar que a lesão que cada um sofre legitime normalmente uma reacção desta espécie. Por outro lado, "ultrajar a República" ou, sobretudo, faltar "ao respeito que lhe[s] é devido" é perigosamente vago[583]. Apenas declarações ultrajantes, gratuitas, à margem de qualquer intenção de crítica política, parecem poder ser legitimamente condenadas.

---

[581] Em sentido paralelo: M. Alexandrino, *Estatuto Constitucional* (…), cit., pág. 101, nota 154; J. Raposo, *O crime de "ultraje* (…), cit., pág. 829 e 830. Parecem aceitar a não inconstitucionalidade desta criminalização: G. Canotilho/V. Moreira, *Constituição* (…), cit., pág. 99; António Araújo, *A Nação e os seus Símbolos*, *O Direito*, ano 133, 2001, n.º 1, pág. 197-224, na pág. 223-224; Sérvulo Correia, *Direitos Fundamentais* (…), cit., pág. 46-47.

[582] Conclusão diferente merecerá o artigo 102 do Código de Justiça Militar, Lei n.º 100/03, de 15 de Novembro, com a Rectificação n.º 2/2004, de 3 de Janeiro ("Ultraje à Bandeira Nacional ou outros símbolos"), "O militar que, publicamente, por palavras, gestos ou por divulgação de escritos ou por outros meios de comunicação com o público, ultrajar a Bandeira, o Estandarte ou o Hino Nacionais, ou faltar ao respeito que lhes é devido, é punido: a) Em tempo de guerra, com a pena de 1 a 4 anos de prisão; b) Em tempo de paz, com a pena de 1 mês a 2 anos de prisão.".

Por força do artigo 270 CRP, os militares encontram-se sujeitos a um regime de restrições especiais aos direitos de expressão e de manifestação (ver, *infra*, parág. 7.4), que, associados com a particular importância que a bandeira e o hino têm para as Forças Armadas, designadamente, manifestada no juramento da bandeira, parece justificar esta restrição, de modo a que apenas poderão recorrer à liberdade de expressão como causa de justificação em relação a alguns actos típicos mais atendíveis.

[583] Um indivíduo dizer que algo o faz ter vergonha de ser português constitui uma forma de ultraje ou de violação deste dever de respeito?

Limitações, restrições e ablações 273

7.3. O aviso prévio em especial

O aviso prévio a que se encontram legalmente sujeitas a maioria das reuniões ou manifestações em lugares públicos ou abertos ao público[584], embora, especialmente por força da latitude com que se encontra consagrado e das consequências da sua ausência para os organizadores, se enquadre perfeitamente na noção apresentada de restrição, tal como se julga decorrer do artigo 18, também pode em casos pontuais ser considerado como uma limitação. Em qualquer caso, a primeira questão que coloca é o da sua admissibilidade perante os termos do artigo 45 e do artigo 18, n.º 2, CRP.

7.3.1. *Constitucionalidade*

O aviso prévio constitui uma imposição de um dever que condiciona negativamente o bem protegido pelo direito de reunião. Não vale a pena argumentar que se trata de uma restrição perfeitamente justificável, que visa garantir protecção estadual à reunião e que não condiciona o seu gozo por apenas ter consequências sobre os organizadores. Dentro dos termos e funções restritivas a apresentar, aceita-se que sim, mas, segundo se julga, tal não é relevante para afastar a sua qualificação como restrição[585].

Se o seu único objectivo fosse proteger os direitos de reunião e de manifestação, então deveria ser consagrado como um direito e não enquanto dever. Por exemplo, para efeitos de reservar um determinado local em certo dia com vista a realizar uma reunião neste[586]. O facto de

---

[584] Artigo 2, n.º 1, da Lei sobre o direito de reunião: "As pessoas ou entidades que pretendam realizar reuniões, comícios, manifestações ou desfiles em lugares públicos ou abertos ao público deverão avisar por escrito e com a antecedência mínima de dois dias úteis o governador civil do distrito ou o presidente da câmara municipal, conforme o local da aglomeração se situe ou não na capital do distrito".

Este dever é excluído pelo artigo 16 da lei em relação às reuniões religiosas e reuniões em lugares privados, mas em termos que não salvam o âmbito de aplicação do aviso prévio de ser inconstitucional, salvo por uma duvidosa interpretação conforme com a Constituição, que acaba por se converter numa interpretação correctiva (ver, *infra*, no texto).

[585] Sobre as características da restrição, vide, *supra*, parág. 6.2.

[586] Tal aviso prévio não confere uma prioridade absoluta, podendo prevalecer, por exemplo, reuniões tradicionalmente marcadas para a mesma data e local. Por outro lado, avisos prévios fictícios, realizados unicamente com vista a impedir a realização de outra

274 Os Direitos de Reunião e de Manifestação no Direito Português

o seu desrespeito apenas afectar os organizadores não impede que comprima igualmente o conteúdo do direito, pois constitui um requisito adicional à organização e concretização da reunião. Ora, a organização constitui uma actividade igualmente protegida por este direito[587]. Seria uma restrição ainda que fosse consagrado como um mero ónus, por exemplo, prevendo-se que o Estado não teria um dever de proteger com a mesma intensidade reuniões de cuja realização não tivesse sido notificado (ainda que tivesse tido conhecimento da sua realização por outra via). Mas, em rigor, neste caso já não seria uma restrição ao direito de reunião e sim ao direito à segurança[588].

Em qualquer caso, só uma visão ingénua do aviso prévio (especialmente tendo em conta os termos em que tem sido interpretado muitas vezes o seu regime) poderá querer considerá-lo como uma simples garantia dos direitos de reunião e de manifestação, que reforça a sua protecção, em vez de constituir também uma forma de controlo do Estado sobre o gozo do bem protegido.

Nem o artigo 45, n.º 1, nem o seu n.º 2, admitem qualquer restrição. O n.º 1 afirma mesmo que o exercício do direito de reunião não depende de qualquer autorização, o que é o mesmo que dizer que é proibido sujeitá-lo a esta. Contudo, já se verificou que isso não prejudica necessariamente a imposição de restrições, visto que a exigência de permissão constitucional expressa para estas constante do artigo 18, n.º 2, não pode ser interpretada literalmente, tal como é confirmado pelos trabalhos preparatórios precisamente em relação a estes direitos[589]. Mas, nestes casos, as restrições têm de ser estabelecidas com grandes cautelas e em bases sólidas.

Desde logo, cabe apurar se a compressão imposta nestes direitos pelo aviso prévio pode constituir uma decorrência imposta pela Constituição por força de uma colisão com outros direitos; isto é, a figura que foi qualificada como uma limitação. Segundo se julga, em relação a algumas situações, a resposta deve ser positiva. O direito em causa será o direito à segurança (artigo 27, n.º 1, CRP). O aviso prévio, em relação a reuniões

---

reunião para o mesmo local e dia, sem intenção de efectivamente organizar uma reunião, podem ser desconsiderados pelas autoridades. Em caso de suspeita, cabe-lhes, contudo, apurar e provar o carácter fictício da reunião, exigindo informações adicionais dos organizadores [em termos paralelos: F. Ebert, *Versammlungsrechtliche* (...), cit., pág. 61-62].

[587] Vide, *supra*, parág. 2.5.2.
[588] Ver, *supra*, parág. 5.1.1.2.
[589] Ver, *supra*, parág. 6.2.

Limitações, restrições e ablações 275

que, pelo número de participantes esperado ou objectivo, entrem em conflito directo ou coloquem em sério risco bens protegidos por direitos, liberdades e garantias, será normalmente uma condição necessária para que as forças de segurança adoptem medidas que minimizem esta afectação de direitos, quer de terceiros, quer dos próprios participantes. Neste sentido, o aviso prévio constitui uma condição de viabilidade do direito à segurança, o que parece justificar que se considere que a Constituição o impõe aos organizadores nos limitados casos em que existam riscos sérios de se verificarem consequências negativas graves em direitos de terceiros ou dos próprios participantes[590].

Ora, enquanto limitação directamente imposta pela Constituição, em resultado da aplicabilidade directa dos direitos, liberdades e garantias com que o direito de reunião pode colidir, a imposição de um aviso prévio, nos casos em que a sua exigibilidade decorra do direito à segurança, não necessita de respeitar a exigência de permissão constitucional expressa estabelecida no artigo 18, n.º 2. Precisamente por não constituir uma restrição, mas uma limitação[591].

Acresce que o aviso prévio tem apoio nos trabalhos preparatórios[592] e tem sido aceite pela Jurisprudência internacional e estrangeira,

---

[590] Um organizador de uma manifestação em relação à qual, pelo conteúdo polémico da mensagem a exteriorizar, ambiente social, local da manifestação, *etc.*, serão de esperar contramanifestações, tem um dever constitucional de realizar um aviso prévio junto das autoridades, não apenas em relação a terceiros que esta possa prejudicar, mas em relação aos próprios participantes na manifestação, que podem vir a sofrer agressões dos contramanifestantes. O aviso prévio será, pois, elemento necessário para que o Estado possa cumprir os seus deveres de protecção, conteúdo do direito à segurança.

[591] Ver, *supra*, parág. 6.2.

[592] Assim, o deputado Jorge Miranda declarou: "Talvez este artigo da Constituição pudesse ser enriquecido com algumas normas que se encontram na lei da liberdade de reunião. Mas estamos convencidos de que essa lei, que representa uma importante conquista democrática, continuará a vigorar" (cfr. *Diário da Assembleia Constituinte*, n.º 41, 3 de Setembro de 1975, pág. 1163). Tendo em conta que o artigo 28 do projecto do Partido Popular Democrata (PPD/PSD) previa no seu n.º 2 o aviso prévio [este tinha a seguinte redacção: "1. Os cidadãos têm o direito de se reunirem pacificamente e sem armas, independentemente de autorização, prévia. 2. Para as reuniões em lugar público **a lei poderá tornar necessária uma comunicação prévia à autoridade competente** e dar a esta competência para designar por razões de ordem pública ou saúde pública, um local para a reunião, contanto que, assim procedendo, a não frustre ou impossibilite. 3. A lei pode sujeitar a realização de cortejos, desfiles ou manifestações às restrições decorrentes da normal utilização das vias públicas para o trânsito das pessoas e dos veículos. As contramanifestações são sempre proibidas" (cfr. *Diário da Assembleia Constituinte*, suplemento ao n.º 16,

276   Os Direitos de Reunião e de Manifestação no Direito Português

ao menos nestes casos, mesmo quando o acto consagrador do direito de reunião o não refere[593].

Mas esta admissibilidade abstracta da figura não significa que possa ser imposta à generalidade das reuniões ou manifestações ou que possa

9 de Julho de 1975, pág. 358 (73)], estas declarações parecem um apoio ao aviso prévio, particularidade essencial do regime legal então e actualmente ainda vigente.

O deputado José Luís Nunes, falando em nome do Partido Socialista, foi ainda mais claro: "Suponhamos, por outro lado, que o legislador diz: «As pessoas, para se manifestarem, têm de o comunicar à entidade competente com tantas horas de avanço.» Evidentemente que se tratava de um período razoável de tempo. Cá está uma disposição que permite defender o direito de manifestação, porque evidentemente se destina a que a autoridade competente possa tomar as devidas disposições para que esse direito seja efectivamente e eficazmente cumprido" (cfr. *Diário da Assembleia Constituinte*, n.º 41, 3 de Setembro de 1975, pág. 1163-1164).

[593] A constitucionalidade do aviso prévio tem sido admitida geralmente, mesmo quando a Constituição não o refere directamente.

Assim, o Tribunal Constitucional alemão tem aceite que a sua exigência, em determinados casos, é conforme com o artigo 8 da Lei Fundamental alemã (cfr. BVerfGE 69, 315 – Brokdorf, cit., parág. C.II.2.a). No entanto, este artigo, apesar de, no seu n.º 1, atribuir o direito de reunião sem necessidade de qualquer aviso prévio ou autorização, no n.º 2, sujeita as reuniões ao ar livre a regulamentação legal.

O Tribunal Europeu dos Direitos Humanos tem considerado a exigência de aviso prévio conforme com o artigo 11, n.º 1, da Convenção Europeia, que atribui o direito de reunião, tendo presente que o artigo 11, n.º 2, aceita a imposição de restrições por lei tendo em conta a salvaguarda de alguns bens colectivos; por exemplo: "The Court points out that prior notice had been given of the demonstration in question" (cfr. *Ezelin v France*, Judgment, 18 March 1991, parág. 41).

Igualmente o Comité dos Direitos Humanos do Pacto dos Direitos Civis e Políticos considerou admissível, em alguns casos limitados, um aviso prévio (sustentou: "The Committee finds that a requirement to notify the police of an intended demonstration in a public place six hours before its commencement may be compatible with the permitted limitations laid down in article 21 of the Covenant"; cfr. *Auli Kivenmaa v. Finland*, Communication No. 412/1990: Finland, 10/06/94, CCPR/C/50/D/412/1990, parág. 9.2; textos em http://www.unhchr.ch), desde que não fosse exigido um prazo demasiado largo de antecedência: *Concluding Observations of the Human Rights Committee*: Cyprus, 06/08/98, Doc. CCPR/ /C/79/Add.88, parág. 15 ("The Committee also notes that the advance notice required to be given is too early and may unduly curtail freedom of assembly") e, como se verá, esteja em causa uma reunião em lugar público que possa afectar "national security or public safety, public order, the protection of public health or morals or the protection of the rights and freedoms of others". Pelo contrário, considerou uma autorização como contrária ao Pacto: *Concluding Observations of the Human Rights Committee*: Cyprus, 21/09/94, Doc. CCPR/C/79/Add.39; A/49/40, paras. 312-333 ("The Committee is concerned that the 1958 law regulating lawful assembly and requiring permits for public assemblies is not in compliance with article 21 of the Covenant").

Limitações, restrições e ablações 277

ser convertida numa autorização pela ampliação dos fins que pode prosseguir ou pela atribuição de um poder de interrupção em caso da sua falta ou atraso.

7.3.2. *Âmbito de aplicação*

Assim, mesmo aceitando que o aviso prévio seja não apenas permitido, mas mesmo exigido pela Constituição em relação a algumas reuniões (tenham ou não fim de manifestação), a sua generalização a todas constituiria uma inconstitucionalidade grosseira.

A sua imposição em relação a reuniões realizadas em lugar privado ou de uso privado (reuniões privadas) não teria qualquer sentido. Ser necessário realizar um aviso prévio para realizar um jantar de família no domicílio de um dos familiares seria completamente absurdo. Daí, aliás, a exclusão da sujeição destas reuniões à necessidade de um aviso prévio pelo artigo 16, n.° 2, da Lei sobre o Direito de Reunião.

Mas igualmente a sujeição das reuniões em lugares abertos ao público a aviso prévio não faz sentido, devendo ser considerado inconstitucional. Realizam-se todos os dias milhares de reuniões com fins privados em lugares abertos ao público, como restaurantes, salas de espectáculos, estabelecimentos de diversões e lazer, centros comerciais, *etc.*. Sujeitá-las a aviso prévio constituiria a imposição de uma restrição sem qualquer fim constitucionalmente atendível, em violação grave do artigo 18, n.° 2. Estar-se-ia perante uma intromissão das autoridades não apenas no direito de reunião, mas igualmente no direito à reserva da intimidade da vida privada e familiar (artigo 26, n.° 1), na iniciativa privada (artigo 61, n.° 1) ou no direito a trabalhar (artigo 58)[594].

---

[594] Como se verificou, o artigo 17, n.° 2 e n.° 3, da Constituição italiana apenas exige aviso prévio em relação às reuniões em lugares públicos, não já em relação às reuniões em lugar aberto ao público.

Daí que o Tribunal Constitucional italiano tenha declarado: "Se, dunque, la riunione è indetta anche in luogo aperto al pubblico da persone che intendono riunirsi per attuare gli scopi anzidetti, fra i quali i trattenimenti di cui parlano le citate disposizioni, nessuna autorizzazione e nessun preavviso occorre. Gli articoli denunziati, in quanto, per tale fattispecie, richiedono in ogni caso e da parte di tutti una licenza, sono da ritenersi perciò contrari alla norma costituzionale." (cfr. Sentenza n. 56, 9 Aprile 1970; texto em http://www.cortecostituzionale.it/).

Do mesmo modo, o artigo 8 da Lei Fundamental alemã apenas permite a regulação por lei, e consequente imposição da necessidade de aviso prévio, das reuniões em lugares

278   *Os Direitos de Reunião e de Manifestação no Direito Português*

Os artigos 2 e 16, n.° 1, da Lei sobre o Direito de Reunião são, portanto, inconstitucionais na parte em que tornam obrigatório o aviso prévio igualmente em relação às reuniões em lugares abertos ao público[595].

Mas a mesma conclusão se aplica à generalidade das reuniões realizadas em lugar público. Todos os dias se realizam milhares de reuniões nas ruas, praças e outros espaços públicos de acesso livre; desde passeios ou conversas familiares, de amigos ou entre profissionais até estadias conjuntas na praia. Todas estas são reuniões, nos termos do artigo 45, n.° 1. Sujeitá-las a aviso prévio é tão inconstitucional como sujeitar reuniões em lugares abertos ao público a tal regime[596]. Resulta claro que estas reu-

---

a céu aberto. Assim, vide o artigo 14, n.° 1, da Lei alemã sobre o Direito de Reunião. No mesmo sentido: H. Höllein, *Das Verbot rechtsextremistischer* (…), cit., pág. 637.

A Constituição espanhola, no seu artigo 21, estabelece regime similar.

Regime idêntico consta da Constituição da Dinamarca de 1953, artigo 79: "The citizens shall without previous permission be entitled to assemble unarmed. The police shall be entitled to be present at public meetings. Open-air meetings may be prohibited when it is feared that they may constitute a danger to the public peace".

Ou da Constituição grega de 1975, artigo 12: "1. Greeks have the right to assemble peaceably and without arms as the law provides. 2. The police may be present at public open air meetings only. Open air meetings may be prohibited by police decision stating the reasons, generally if danger to public security is imminent therefrom, and in the case of specific areas if the disruption of social and economic life is seriously threatened, as the law provides".

O mesmo se diga da Constituição checa de 1992, no seu artigo 19: "(1) The right to assemble peacefully is guaranteed. (2) This right may be limited by law in the case of assemblies held in public places, if measures are involved, which are essential in a democratic society for protecting the rights and freedoms of others, public order, health, morality, property, or the security of the State. However, assembly shall not be made dependent on permission by an organ of public administration".

Do mesmo modo, a Constituição da Eslováquia de 1992, artigo 18: "(1) The right to peaceful assembly shall be guaranteed. (2) The conditions under which this right may be exercised shall be provided by a law in cases of assemblies held in public places, if it is regarding measures necessary in a democratic society for the protection of the rights and freedoms of others, for the protection of public order, health and morals, property or of national security. An assembly shall not be subject to a permission of a body of public administration".

[595] No mesmo sentido: J. Miranda, *Manual* (…), Volume IV, cit., pág. 488. Posição com a qual parece concordar, no seu despacho de arquivamento de uma acção em processo penal, Plácido C. Fernandes, *Direito Fundamental de Manifestação* (…), cit., pág. 168.

[596] Mais equilibrado parece o regime do artigo 21 da Constituição Espanhola: "1. Se reconoce el derecho de reunión pacifica y sin armas. El ejercicio de este derecho no necesitará autorización previa. 2. **En los casos de reuniones en lugares de tránsito público**

niões, salvo situações excepcionais, são insusceptíveis de colocar qualquer direito ou bem jurídico colectivo em causa[597]. Este regime não prossegue, pois, qualquer fim constitucional que legitime a imposição desta restrição, constituindo uma clara violação do princípio da constitucionalidade dos bens susceptíveis de legitimar restrições de direitos, liberdades e garantias. E, em qualquer caso, seria sempre uma violação do princípio da proibição do excesso, na sua vertente da necessidade, nos termos do artigo 18, n.º 2[598].

Assim, o aviso prévio apenas é constitucionalmente admissível quando a reunião possa colocar em causa algum direito fundamental ou outro bem colectivo constitucionalmente tutelado. Será o caso das reuniões cujos organizadores necessitem de ocupar faixas de rodagem automóvel, ou que, pelo número esperado de participantes, local ou hora, possam constituir um sério obstáculo à circulação pedonal na zona, possam criar riscos quanto à manutenção da ordem, pretendam fazer uso de meios que provoquem significativa poluição sonora ou instalar estruturas temporárias no local[599].

---

y manifestaciones se dará comunicación previa a la autoridad, que solo podrá prohibirlas cuando existan razones fundadas de alteración del orden público, con peligro para personas o bienes.". Mas a exigência de aviso prévio em relação a qualquer reunião em lugar de trânsito público ou manifestação revela-se igualmente excessivo, mesmo que o termo "trânsito público" seja interpretado restritamente.

Mas a Lei sobre o Direito de Reunião espanhola (Ley Orgánica 9/1983, de 15 de Julio) exclui do seu regime e, portanto, do dever de apresentar um aviso prévio, as reuniões: "b) Las que celebren las personas físicas en locales públicos o privados por razones familiares o de amistad (…)".

[597] Neste sentido: A. Carli, *Riunione (libertà di)*, cit., pág. 488.

[598] Na prática, a exigência legal de aviso prévio para as reuniões em lugares abertos ao público ou públicos que não afectem o direito de deslocação de pessoas e veículos, tenham fins de manifestação ou criem poluição sonora, tem sido normalmente ignorada pelas autoridades, numa interpretação correctiva. Motivo porque a inconstitucionalidade deste regime não tem provocado prejuízos mais graves.

[599] Igualmente em sentido paralelo, a notável sentença do Juiz do 1.º Juízo do Tribunal de Polícia de Lisboa (Agostinho Henriques Eiras) de 5 de Dezembro de 1983: "**A obrigação de comunicação deve entender-se restrita aos casos em que se justifique a sua necessidade, o que não acontece quando o trânsito e a ordem pública em geral não podem ser afectados pelo reduzido número de pessoas e forma de se expressarem.**" (a base de dados consultada cita como fonte "Col. de Jur., 1984, 2, 321").

Em sentido oposto, sentenciou o Tribunal de Relação de Lisboa: "I – Existe reunião sempre que uma pluralidade de pessoas se agrupe, se congregue, organizadamente, com um fim preciso e por tempo pelo menos tendencialmente limitado, qualquer que seja o fim

280 *Os Direitos de Reunião e de Manifestação no Direito Português*

Igualmente a sujeição de todas as reuniões com fim de manifestação a aviso prévio resulta inconstitucional[600].

---

a prosseguir, e mesmo que a exteriorização dos seus objectivos se faça silenciosamente ou pela simples afixação de cartazes, ou para efectivação de uma vigília. II – **Qualquer agrupamento de pessoas que possa ser considerado como reunião, está sujeito à disciplina do Decreto-Lei n.° 406/74, de 29 de Agosto, o qual é regulamentar do artigo 45.° da Constituição da República e não foi revogado, expressa ou tacitamente, por esta**." (cfr. sentença de 27 de Fevereiro de 1985; é citada como fonte "Col. de Jur., 1985, 1, 201").

Salvo o devido respeito, com tal latitude prescrita para o regime do Decreto-Lei n.° 406/74, será caso para questionar se os juízes desembargadores estariam igualmente sujeitos a aviso prévio se tivessem deliberado a presente sentença em local aberto ao público e se incorreriam no crime de desobediência por o não terem realizado. Sentenças como esta demonstram inequivocamente a necessidade de aprovar uma nova lei sobre os direitos de reunião e de manifestação, estando o Estado português a incumprir com as suas obrigações internacionais e constitucionais de legislar para garantir os direitos fundamentais.

A confirmá-lo, o Comité dos Direito Humanos, responsável por zelar pelo cumprimento do Pacto dos Direitos Civis e Políticos, em que Portugal é parte, perante uma queixa individual de uma cidadã finlandesa de que o estandarte, crítico da política de direitos humanos de um Estado cujo Presidente da República se encontrava de visita à Finlândia, empunhado por ela e outros participantes numa manifestação, fora removido pela polícia e esta fora multada por não ter realizado um aviso prévio, declarou: "In so far as the State party contends that displaying a banner turns their presence into a demonstration, the Committee notes that any restrictions upon the right to assemble must fall within the limitation provisions of article 21. **A requirement to pre-notify a demonstration would normally be for reasons of national security or public safety, public order, the protection of public health or morals or the protection of the rights and freedoms of others**. Consequently, the application of Finnish legislation on demonstrations to such a gathering cannot be considered as an application of a restriction permitted by article 21 of the Covenant" (cfr. *Auli Kivenmaa v. Finland*, Communication No. 412/1990: Finland, 10/06/94, CCPR/ /C/50/D/412/1990, parág. 9.2). Não obstante alguma imprecisão teórica, crónica quanto à distinção do direito de manifestação em relação à liberdade de expressão, criticada por um voto de vencido a esta decisão, o Comité pretendeu frisar que o aviso prévio só pode ser exigido em relação a reuniões e/ou manifestações que afectem os bens jurídicos que cita e que, portanto, a lei interna deve limitar o seu âmbito a esses casos e não exigir em abstracto este aviso em relação a todas as reuniões/manifestações.

[600] Não obstante a tolerância em relação à generalidade das reuniões, a prática das autoridades, especialmente no distrito de Lisboa, tem ido no sentido de exigir aviso prévio para qualquer manifestação, com a agravante de normalmente se considerarem autorizadas a interromper e mandar dispersar qualquer pequena manifestação, mesmo que esta não esteja a afectar qualquer bem constitucionalmente tutelado, por falta deste aviso (ver, sobre a falta do aviso prévio, *infra*, parág. 7.3.3). Trata-se de actos violadores do direito de manifestação. É substancialmente inexplicável que as autoridades não exijam, por exemplo, qualquer aviso prévio a uma reunião de amigos no jardim em frente ao Palácio de Belém,

Não se afigura convincente alegar em sentido contrário que, nos termos do artigo 45, a desnecessidade de "qualquer autorização" apenas se aplica em relação a reuniões e não quanto a manifestações, por não existir tal dispensa no seu n.° 2. E que o direito de reunião por si apenas tutela a reunião, não os actos praticados nesta, como uma manifestação.

Contra estas alegações, é possível contrapor que, historicamente, o direito de reunião compreendeu o direito de manifestação e que faria pouco sentido não exigir autorização para as reuniões e exigi-la para as manifestações, quando a razão de ser da sua autonomização foi precisamente reforçar o direito de manifestação. Existe, além disso, o problema de se tratar de uma restrição não permitida expressamente, o que exige cautelas acrescidas na sua admissão.

Assim, um indivíduo que, munido de um cartaz, faz uma manifestação solitária em frente à sede de um órgão de soberania não está sujeito a qualquer aviso prévio. Desde logo, não lhe é aplicável a exigência legal de aviso prévio, visto não ter formado qualquer reunião. Mas o mesmo vale para qualquer manifestação que, pelo seu número de participantes, não afecte gravemente a circulação de pessoas, não ocupe faixas de rodagem automóvel, não crie objectivamente perigo para a manutenção da paz so-

---

mas que o venham imediatamente fazer a partir do momento em que estes empunham qualquer cartaz com uma mensagem de natureza política.

Aparentemente, tal pode ter uma infeliz explicação histórica, visto que a prática da repressão das manifestações acompanhada de grande tolerância das reuniões com fins não políticos remonta ao Estado novo. Recorde-se que o direito de reunião era regulado pelo Decreto-Lei n.° 22468, de 11 de Abril de 1933, cujo artigo 1, parág. 2, estabelecia: "As reuniões destinadas a fins de propaganda política ou social só podem ter lugar depois de obtida autorização do Governador Civil do respectivo distrito". A exigência de autorização era excepcionada com alguma latitude em relação a uma série de reuniões com fins não políticos no artigo 2, parág. 2. Sublinhe-se que este regime de autorização foi considerado inconstitucional pela Doutrina mesmo perante a Constituição de 1933 [neste sentido: Jorge Miranda, *Liberdade de Reunião* (separata da Revista *Scientia Iuridica*), Braga, 1971, pág. 6].

Assim, não obstante o fim do anterior regime e o estabelecimento de uma Constituição própria de um Estado de Direito e de uma nova lei sobre o direito de reunião, algumas das práticas administrativas antidemocráticas subsistem tenazmente, mesmo *contra legem*, tendo a autorização sido transmutada em "aviso prévio", sem alteração substancial para quem o não realize. Apenas ao nível da admissão das manifestações previamente avisadas (embora, por força da excessiva e inconstitucional latitude dos fundamentos legalmente previstos de controlo, na realidade, possam ser sujeitas a uma verdadeira autorização, em função da interpretação realizada por cada Governador Civil ou Presidente da Câmara; vide, *supra*, parág. 7.1.1.2), se regista uma alteração real da prática do Estado português.

282   *Os Direitos de Reunião e de Manifestação no Direito Português*

cial[601], não provoque poluição sonora significativa ou não necessite de instalar estruturas temporárias no local[602-603].

Do mesmo modo, o aviso prévio não pode ser exigido em relação a manifestações espontâneas[604-605], em que não existe propriamente um

---

[601] O exemplo típico de uma manifestação que o poderia fazer será uma contramanifestação.

[602] Algumas sentenças mostram a preocupação de salvaguardar actos desta espécie, que se julga constituírem efectivamente reuniões ou mesmo manifestações (acompanhados de uma tentativa de apresentar uma petição), do dever de realizar um aviso prévio, desqualificando-os como tais.

Assim, o Tribunal da Relação de Lisboa declarou: "Tendo-se os agentes, representantes de um plenário de trabalhadores concentrado junto da residência do Primeiro Ministro, aguardando, no passeio, para serem recebidos, ordeiramente, afim de exporem os problemas com que se debatia a empresa em que trabalhavam, não realizaram uma manifestação nem sequer uma reunião não estando, assim, obrigados a fazer a comunicação a que alude o artigo 2 do DL n. 406/74, de 29/08" (cfr. Acórdão de 30 de Maio de 1990).

Igualmente o Tribunal da Relação de Évora afirmou: "II – Não tem que ver com o direito de reunião, mas sim com o direito de associação, o acto marcado para uma votação relacionada com a constituição de uma associação sindical – por isso lhe não sendo aplicável o Decreto-Lei n.° 406/74, de 28 de Agosto" (Acórdão de 31 de Maio de 1984; a base de dados utilizada cita como fonte "Col. de Jur., 1984, 3, 325").

Julga-se que a via adequada é outra, julgar inconstitucionais as referidas disposições da Lei sobre o Direito de Reunião ou, no mínimo, embora seja dificilmente compatível com os limites da interpretação, realizar uma "interpretação" conforme à Constituição dos seus termos, como a constante na citada sentença do Juiz do 1.° Juízo do Tribunal de Polícia de Lisboa de 5 de Dezembro de 1983.

[603] Ficou já citada neste parágrafo a passagem da decisão do Comité dos Direitos Humanos em *Auli Kivenmaa v. Finland*, parág. 9.2, em que o Comité adoptou posição paralela à sustentada no texto.

O Human Rights Watch tem também rejeitado que conferências de imprensa ao ar livre necessitem de um aviso prévio à luz do Direito Internacional sobre a matéria, em particular da Convenção Europeia dos Direitos Humanos (cfr. Human Rights Watch, *Turkey: Continuing Restrictions on Freedom of Assembly*, 2004; texto em http://www.hrw.org/english/docs/2004/04/27/turkey8498.htm).

[604] O Tribunal Constitucional Alemão entendeu que o aviso prévio não se aplica a reuniões espontâneas, que se formam sem organizadores que possam ser vinculados a o realizar, bem como todas aquelas em que, em função do objectivo que as determinou, seja impossível realizar tal aviso prévio atempadamente, sob pena de se esvaziar o direito (cfr. BVerfGE 69, 315 – Brokdorf, cit., parág. C.II.2.a).

[605] Neste sentido: G. Canotilho/V. Moreira, *Constituição* (…), cit., pág. 255; R. Novais, *As Restrições* (…), cit., pág. 233; F. De Sousa, *Para uma "lei do direito de reunião* (…), cit., pág. 577-578; também parece a posição de J. Miranda, *Manual* (…), Volume IV, cit., pág. 489, nota 2.

Na Doutrina estrangeira, no mesmo sentido: A. Carli, *Riunione* (…), cit., pág. 480 e

Limitações, restrições e ablações

organizador, ou cuja motivação repentina tenha impossibilitado a realização atempada deste aviso[606]. Em qualquer caso, se a manifestação parecer reunir os requisitos que tornam exigível o aviso prévio, será conveniente que os organizadores o realizem de forma a se exonerarem de quaisquer responsabilidades; se necessário, que o façam por telefone do próprio local, não parecendo que nestes casos possam ser exigidos quaisquer formalismos escritos ou respeito de prazos[607]. Se os serviços do órgão administrativo competente estiverem encerrados[608], o aviso deverá ser realizado perante autoridades policiais[609].

488; J. Frowein, *Die Versammlungsfreiheit* (…), cit., pág. 2376-2377; H. Höllein, *Das Verbot rechtsextremistischer* (…), cit., pág. 637.

[606] Por exemplo, manifestações repentinas, organizadas em reacção a um evento ou notícia inesperado, por convites realizados no próprio momento ou enquanto esta decorre, através de telemóveis ou acesso móvel à Internet.

[607] A Lei sobre o Direito de Reunião espanhola (Ley Orgánica 9/1983, de 15 de Julio), depois de exigir no artigo 8, n.º 1, o respeito de um prazo mínimo de "diez días naturales", vem admitir no n.º 2: "Cuando existan causas extraordinarias y graves que justifiquen la urgencia de convocatoria y celebración de reuniones en lugares de tránsito público o manifestaciones, la comunicación, a que hace referencia el párrafo anterior, podrá hacerse con una antelación mínima de veinticuatro horas".

Mas também 24 horas se podem revelar impossíveis de cumprir. Pense-se nas manifestações em Espanha formadas na sequência dos ataques terroristas de 11 de Março de 2004 em Madrid, nas vésperas do dia das eleições legislativas de 14 de Março (cfr. *Espanha: protestos anti-Governo estendem-se a todo o país*, *Público*, 13 de Março de 2004; texto em http://dossiers.publico.pt/shownews.asp?id=1188450&idCanal=). Esperar 24h teria esvaziado as manifestações de qualquer relevância, sem prejuízo de estas não terem sido inteiramente conformes com o Direito eleitoral, por força do seu inegável impacte eleitoral e terem sido realizadas nas vésperas e durante o dia das eleições.

[608] À luz do artigo 2, n.º 1, da Lei sobre o Direito de Reunião, serão "o governador civil do distrito ou o presidente da câmara municipal, conforme o local da aglomeração se situe ou não na capital do distrito".

Nos Açores, o Decreto Legislativo Regional n.º 5/2003/A, de 11 de Março de 2003, veio dispor no seu artigo 2, n.º 2, sob a epígrafe "Competências de polícia administrativa": "O aviso a que se refere o n.º 1 do artigo 2.º do Decreto-Lei n.º 406/74, de 29 de Agosto, que regulamenta o direito de reunião e manifestação, é dirigido ao membro do Governo Regional competente em matéria de polícia administrativa, quando se trate de concelhos em que se encontram sediados os departamentos do Governo Regional, e às câmaras municipais, nos restantes casos.".

Pode-se aceitar que se trata de um regime interpretativo. Não existindo Governador Civil, nas Regiões deverá caber aos respectivos Governos desempenhar as suas funções.

[609] Legalmente, o aviso deve conter a identidade, morada e profissão de três organizadores, o local, hora e objectivo da reunião, bem como, tratando-se de reunião móvel, o seu trajecto (cfr. artigos 2, n.º 2, e 3, n.º 1, da Lei sobre o Direito de Reunião). Se os orga-

284   *Os Direitos de Reunião e de Manifestação no Direito Português*

7.3.3. *Consequências da sua inexistência*

A questão das consequências da falta da realização do aviso prévio, quando a sua exigência seja conforme com a Constituição, é da maior importância prática. Tem sido o aspecto alegadamente decorrente do regime do aviso prévio que mais graves consequências tem tido, especialmente em relação ao gozo do direito de manifestação, por força da interpretação dominante seguida pelas autoridades.

Porque os pequenos grupos, que se procuram reunir e manifestar, se encontram normalmente mal organizados e por vezes desconhecem o regime jurídico aplicável, têm sido especialmente estes os prejudicados por não realizarem qualquer aviso prévio. Com efeito, não implicando a interrupção das suas manifestações grandes riscos de desacatos, não gozam da tolerância quanto à sua realização que, por vezes, justificadamente, tem sido concedida às grandes manifestações que não foram sujeitas a aviso prévio, que se realizaram apesar de terem sido proibidas ou cujos organizadores foram informados que legalmente não as poderiam realizar pelas faixas de rodagem e, ainda assim, o foram[610]. E, contudo, as manifestações pequenas são perfeitamente inócuas, já que se limitam a ser um ligeiro aborrecimento para o Poder, cujos responsáveis têm de suportar mais um grupo a acenar-lhes com cartazes à janela.

Deixa-se desde já clara a posição que se julga decorrer da Constituição em relação à matéria: a falta de aviso prévio (ou o incumprimento do seu prazo de apresentação) não constitui fundamento bastante para interromper uma reunião ou manifestação, podendo apenas ser tida em conta, juntamente com outros elementos, como justificação para uma interrupção.

Os fundamentos para esta conclusão são vários.

Por um lado, uma autorização em sentido técnico constitui um mero acto necessário para o gozo de um direito de que o particular já é titular;

---

nizadores pretenderem instalar estruturas temporárias no local da reunião, devem ainda indicar com precisão as suas características (vide, *supra*, parág. 7.1.3.4).

Deve-se considerar como inconstitucionais exigências suplementares, como as de indicar os slogans a constar dos cartazes a exibir ou os antecedentes criminais dos organizadores. Trata-se de prática das autoridades turcas que tem sido criticada pelo Human Rights Watch, *Turkey: Continuing Restrictions on Freedom of Assembly*, 2004 (o texto encontra-se disponível em http://www.hrw.org/english/docs/2004/04/27/turkey8498.htm).

[610] Vide, *supra*, referência a alguns exemplos de tolerância por parte das autoridades em relação a grandes manifestações, parág. 7.1.2.2, nota 464.

Limitações, restrições e ablações

ao contrário do que se passa com uma licença, que atribui um direito anteriormente inexistente[611]. Ou seja, a autorização, tal como o aviso prévio, constitui somente um mero requisito ao gozo de um direito. Ora, a Constituição proíbe a sujeição do aproveitamento do direito de reunião a qualquer autorização. A denominação do acto é irrelevante. Seria surpreendente que o legislador pudesse sujeitar este direito a uma autorização simplesmente denominando-a de forma diferente. Mas se alguma dúvida existisse em relação a esta conclusão óbvia, o artigo 45, n.º 1, elimina-a de forma clara. Este não afirma "sem necessidade de autorização", mas antes "sem necessidade de qualquer autorização". Este "qualquer" pretende frisar o carácter abrangente desta proibição. Proibidas ficam, pois, quaisquer actos de efeito equivalente.

A diferença entre o aviso prévio e a autorização não é a circunstância de esta ser eminentemente discricionária. A autorização em sentido técnico, ao contrário da licença, não deve ser um acto discricionário[612], precisamente por estar em causa o exercício de um direito que já existe e que é meramente condicionado pela necessidade de uma autorização. A diferença reside primariamente na circunstância de, na ausência de autorização, o direito não poder mesmo ser gozado, sob pena de o seu titular poder ser impedido. O aviso prévio, pelo contrário, não é condição de licitude do gozo do direito, mas, quando muito, da sua regularidade. A sua falta apenas poderá implicar consequências para as pessoas obrigadas a o

---

[611] Neste sentido: Acórdão n.º 589/04, de 6 de Outubro de 2004, parág. 8, do Tribunal Constitucional, a propósito da liberdade de expressão.

Vide igualmente Marcello Caetano, *Manual de Direito Administrativo*, 10.ª ed., Vol. I, Coimbra, 1984, pág. 459; J. Robin de Andrade, *A Revogação dos Actos Administrativos*, 2.ª ed., Coimbra, 1985, págs. 104 e 110-111; F. Amaral, *Curso de Direito Administrativo*, Volume II, cit., pág. 256-258; J. Tiago Silveira, *O Deferimento Tácito*, Coimbra, 2004, pág. 125. Porém, ver a rejeição da distinção entre autorização e licença, embora reconhecendo que, em alguns casos, existe um verdadeiro direito subjectivo condicionado, de António D. Garcia, *A Autorização Administrativa*, *Boletim do Ministério da Justiça*, Volume 425, 1993, pág. 4-82, na pág. 7, 37-38, 40 e nota 61, 41 e 48-49.

Em alguns Ordenamentos estrangeiros, como o brasileiro, existe igualmente uma utilização dos termos autorização e licença com sentidos exactamente opostos aos apresentados: H. Lopes Meirelles, *Direito Administrativo Brasileiro*, 14.ª ed., S. Paulo, 1989, pág. 163-164; M. Sylvia Di Pietro, *Direito Administrativo*, 12.ª ed., São Paulo, 2000, pág. 188-189; Diogenes Gasparini, *Direito Administrativo*, 8.ª edição, S. Paulo, 2003, pág. 80-82.

[612] Sob pena de, ao abrigo de uma denominação de autorização, se estar, na realidade, a estabelecer uma licença; o que é frequente ocorrer, por força de alguma imprecisão terminológica.

realizar[613] e somente para estas. O que significa que permitir que a sua ausência legitime uma interrupção da reunião implica, na realidade, consagrar a necessidade de uma verdadeira autorização sob a denominação de aviso prévio[614].

Por outro lado, qualquer aviso prévio normalmente apenas pode ser realizado atempadamente pelos organizadores e, portanto, a obrigação de o realizar não pode recair sobre outras pessoas para lá destes. Ora, seria inaceitável que o incumprimento desta obrigação por parte dos organizadores afectasse o gozo do direito de reunião por todos os participantes por legitimar automaticamente a interrupção da reunião por parte das autoridades[615]. Os organizadores não são "donos" da reunião; todos os participantes se encontram lá no gozo de um direito, sendo natural que desconheçam que os organizadores não realizaram o aviso prévio.

Acresce que para lá da questão da utilidade proporcionada pelo aviso prévio para que as autoridades possam proteger os participantes na reunião e acautelar os direitos de terceiros que possam ser prejudicados por esta (desviando o tráfego automóvel, controlando o nível de poluição sonora e impedindo desacatos pelos mais exaltados, *etc.*), este aviso constitui essencialmente uma mera formalidade. Aliás, as autoridades quando se apercebem da existência de uma reunião/manifestação, cujos organizadores não realizaram o aviso prévio, encontram-se normalmente ainda em condições de adoptar as medidas de prevenção necessárias para minimizar os seus efeitos sobre terceiros.

Mas seria inaceitável condicionar o gozo de um direito, liberdade e garantia a um acto que, em diversos casos, constitui uma simples formalidade, sem ter em conta se, no caso concreto, a sua falta provocou e vai continuar a provocar lesões em direitos de terceiro ou bens colectivos. A interrupção surgiria aqui como uma sanção cega, normalmente desnecessária e desproporcionada, da falta de cumprimento de um dever por

---

[613] O artigo 15, n.º 3, da Lei sobre o Direito de Reunião estabelece que "Aqueles que realizarem reuniões, comício, manifestações ou desfiles contrariamente ao disposto neste diploma incorrerão no crime da desobediência qualificada". Sobre o carácter desproporcionado desta sanção e as interpretações restritivas que tem sofrido, vide, *infra*, parág. 9.1.1.

[614] Em sentido paralelo: Miranda de Sousa, *O Direito* (…), cit., pág. 17-18.

[615] Neste sentido: A. Carli, *Riunione (libertà di)*, cit., pág. 487.

O próprio Tribunal Italiano aceitou este argumento, apesar de não ter revisto expressamente o seu entendimento de que a falta de aviso prévio legitima a interrupção da reunião (cfr. Sentenza n. 90, 3 Giugno 1970; ver citação, *infra*, no presente parágrafo, nota 618).

parte dos organizadores que implicaria uma ablação deste direito em relação a todos os participantes em violação do princípio da proibição do excesso (analogia com o artigo 18, n.° 2, CRP, visto se tratar de uma ablação e não de uma restrição). Seria igualmente uma forma de controlo das reuniões mais incómodas para o Poder, as manifestações, visto que são normalmente estas as visadas por exigências de dispersão sob pretexto de falta de aviso prévio.

Igualmente os trabalhos preparatórios da Constituição apenas apoiam o estabelecimento de um aviso prévio que constitua um meio de melhor proteger o gozo do direito de reunião e não de o impedir, invocando a sua falta[616].

A Jurisprudência portuguesa é inconclusiva sobre a questão, não se tendo os Tribunais superiores pronunciado[617-618], mas a Doutrina é prati-

---

[616] Recorde-se que o deputado José Luís Nunes afirmou a propósito do aviso prévio que este visava "defender o direito de manifestação, porque evidentemente se destina a que a autoridade competente possa tomar as devidas disposições para que esse direito seja efectivamente e eficazmente cumprido" (cfr. *Diário da Assembleia Constituinte*, n.° 41, 3 de Setembro de 1975, pág. 1163-1164).

[617] O 2.° Juízo do Tribunal de Polícia de Lisboa, em sentença de 21 de Outubro de 1988, deixou claro que a falta de aviso não era fundamento de interrupção: "não se pode entender que o aviso previsto no artigo 2.°, n.° 2, do Decreto-Lei n.° 406/74 seja um requisito para a atribuição do direito de reunião, isto é, que, sempre que o mesmo não tivesse sido pedido, tal constituiria, sem mais, uma reunião ilegal" (sentença aparentemente não publicada, citada pelo Tribunal Constitucional no Acórdão n.° 132/90, em *Diário da República*, II Série, n.° 204, de 4 de Setembro de 1990, pág. 9826-9827, na pág. 9827). Mas o Tribunal da Relação de Lisboa condenou os arguidos pelo crime de desobediência nos termos do artigo 15, n.° 3, da Lei sobre o Direito de Reunião, o que sugere que considerou legítima a interrupção por falta de aviso prévio. Infelizmente, o Tribunal Constitucional não se viria a pronunciar, por entender que os recorrentes não tinham alegado a inconstitucionalidade durante o processo. Alegar para quê, se o Tribunal de Primeira Instância lhes dera razão e fora o ministério público a recorrer para a Relação? Foi uma oportunidade perdida, que viabilizou uma condenação inconstitucional e a contínua indefinição do regime jurídico sobre a matéria.

Por outro lado, um importante órgão do Estado português em questões jurídicas, o Conselho Consultivo da Procuradoria-Geral da República, no seu Parecer n.° 40/1989, de 7 de Dezembro de 1989, parág. 6.1, pronunciou-se no sentido de a ausência de aviso prévio legitimar a interrupção da reunião. O parecer é cuidado, mas deu peso excessivo à jurisprudência do Tribunal Constitucional italiano, sem ter presente as diferenças do regime constitucional e legal sobre a matéria. Trata-se de um parecer que tem tido grande influência na prática das autoridades policiais.

[618] A Jurisprudência estrangeira encontra-se dividida sobre a questão.

Assim, o Tribunal Constitucional alemão aceitou a não inconstitucionalidade do aviso prévio, desde que este seja aceite com excepções e a sua falta não permita sem mais a interrupção da reunião/manifestação pelas autoridades: "Dem ist zuzustimmen, wenn dabei berücksichtigt wird, daß die Anmeldepflicht nicht ausnahmslos eingreift und daß ihre Verletzung nicht schon schematisch zum Verbot oder zur Auflösung einer Veranstaltung berechtigt". A sua falta apenas facilitará esta intervenção: "die fehlende Anmeldung und der damit verbundene Informationsrückstand erleichtern lediglich dieses Eingreifen" (cfr. BVerfGE 69, 315 – Brokdorf, cit., parág. C.II.2.a).

Em sentido contrário, o Tribunal Constitucional italiano defendeu que "Questi rilievi stavano a comprovare il nesso che corre fra mancanza di preavviso e divieto della riunione" e "Nel caso di mancanza di preavviso, il divieto è dichiarato (...) come semplice conseguenza della posizione antigiuridica posta in essere, che può sfociare in una grave condizione di turbamento o di pericolo" (cfr. Sentenza n. 54, 5 Luglio 1961). Mas, posteriormente, o Tribunal pareceu rever esta jurisprudência em duas sentenças. Assim, sustentou que "nessun illecito penale può addebitarsi a coloro che partecipino ad una riunione non preceduta da preavviso, dato che tale partecipazione si risolve nel concreto esercizio di un diritto costituzionalmente protetto", que não deve ser limitado pelo incumprimento do aviso prévio que constitui um "un onere a carico dei promotori" (cfr. Sentenza n. 90, 3 Giugno 1970). A mesma conclusão se parece retirar da sua afirmação: "come riunioni, pur precedute da preavviso, ben possono attentare alla sicurezza o alla pubblica incolumità, così riunioni, non precedute da preavviso, possono svolgersi senza che ne siano in alcun modo pregiudicate la sicurezza o la incolumità pubblica", tendo considerado inconstitucional uma norma do período fascista que sancionava penalmente quem usasse da palavra numa reunião que não fora alvo de aviso prévio, mesmo que tivesse consciência desta falta (cfr. Sentenza n. 11, 4 Maggio 1979; textos em http://www.cortecostituzionale.it/). Porém, não se encontrou mais qualquer sentença do Tribunal nestes últimos 27 anos sobre a questão. Em qualquer caso, tenha-se presente que o citado artigo 17, n.º 3, da Constituição italiana exige expressamente a necessidade do aviso prévio em relação às reuniões públicas e que, ainda assim, a grande maioria da Doutrina italiana tem criticado esta jurisprudência.

Do mesmo modo, inspirado na jurisprudência do Tribunal italiano e igualmente com base numa exigência expressa da Constituição quanto ao aviso prévio, o Tribunal Constitucional espanhol sustentou: "El incumplimiento de plazo de preaviso – o su falta –, como auténtica condición o presupuesto para la utilización constitucional del derecho de reunión, puede conducir a la prohibición de éste por la autoridad gubernativa, puesto que el único derecho de reunión que en lugar público se reconoce en el art. 21.2 es el que necesariamente se ha de ejercer comunicándolo previamente a la autoridad; prohibición que está implícita dentro de la posible alteración del orden público, porque se impide a la Administración ejercer la finalidad preventiva que tiene encomendada, al no tener a su alcance el necesario y exclusivo medio legal, para ponderar o valorar si el posterior ejercicio del derecho repercutiría en la seguridad ciudadana. (...) por lo que ha de entenderse, que tales circunstancias son fundamento constitucionalmente lícito para prohibir la reunión, ya que el ejercicio ilícito de un derecho no puede protegerse jurídicamente, como determinó la Sentencia 54/1961 de la Corte Constitucional italiana" (cfr. Tribunal Constitucional, Sala

Limitações, restrições e ablações   289

camente unânime quanto à inadmissibilidade de se interromper reuniões por simples falta de aviso prévio[619]. É igualmente esta conclusão que se retira, de forma aparentemente cristalina, da legislação vigente que consagra a necessidade do aviso prévio[620].

7.4. As restrições aos direitos dos militares e agentes militarizados ou de segurança

A Constituição, na sequência da primeira revisão constitucional de 1982, com alterações posteriores na quarta revisão de 1997 e na quinta de 2001, permite expressamente a imposição de restrições ao exercício de alguns direitos, liberdades e garantias por parte dos "militares e agentes militarizados dos quadros permanentes em serviço efectivo, bem como por agentes dos serviços e das forças de segurança". Entre estes encontram-se os direitos de reunião e de manifestação (artigo 270).

Primera, STC 036/1982, 16 de Junho de 1982; texto em http://www.boe.es/g/es/bases_datos_tc/doc.php?coleccion=tc&id=SENTENCIA-1982-0036).

[619] Neste sentido: G. Canotilho/V. Moreira, *Constituição* (…), cit., pág. 254; J. Miranda, *Manual* (…), Volume IV, cit., pág. 489; Miranda Sousa, *O Direito* (…), cit., pág. 17-18; R. Novais, *As Restrições* (…), cit., pág. 179; F. De Sousa, *Para uma "lei do direito de reunião* (…), cit., pág. 577-578.

Na Doutrina estrangeira, em sentido idêntico: A. Pace, *La Libertà* (…), cit., pág. 94- -97 e 209-212; C. Mortati, *Istituzioni* (…), cit., pág. 876; A. Carli, *Riunione (libertà di)*, cit., pág. 487; Jochen Abr. Frowein, *Die Versammlungsfreiheit vor dem Bundesverfassungsgericht, Neue Juristische Wochenschrift*, 1985, Heft 40, pág. 2376-2378, na pág. 2377; M. Hamilton/N. Jarman/D. Bryan, *Parades, Protests and Policing – A Human Rights Framework*, Belfast, 2001, pág. 12; Janice Brabyn, *The Fundamental Freedom of Assembly and Part III of the Public Order Ordinance*, em *Hong Kong Law Journal*, Volume 32, 2002, pág. 271-312, na pág. 281; M. Kniesel/R. Poscher, *Die Entwicklung des Versammlungsrechts* (…), cit., pág. 425. Em sentido contrário, a favor da possibilidade de interrupção: P. Virga, *Diritto* (…), cit., pág. 448.

[620] Basta ter presente o artigo 5, n.º 1, da Lei sobre o Direito de Reunião: "As autoridades só poderão interromper a realização de reuniões, comícios, manifestações ou desfiles realizados em lugares públicos ou abertos ao público quando forem afastados da sua finalidade pela prática de actos contrários à lei ou à moral ou que perturbem grave e efectivamente a ordem e a tranquilidade públicas, o livre exercício dos direitos das pessoas ou infrinjam o disposto no n.º 2 do artigo 1.º".

O preceito é enfático no seu "As autoridades só poderão interromper", o que indica que os fundamentos que refere são taxativos e não exemplificativos. Ora, entre estes não se encontra a mera ausência de aviso prévio.

Defendem igualmente esta interpretação deste preceito: J. Miranda, *Manual* (…), Volume IV, cit., pág. 489; Miranda Sousa, *O Direito* (…), cit., pág. 17-18.

290   *Os Direitos de Reunião e de Manifestação no Direito Português*

7.4.1. *Âmbito pessoal do artigo 270*

Para interpretar este preceito, o primeiro ponto é identificar as pessoas cujos direitos podem ser restringidos à sua luz.

Da letra e dos trabalhos preparatórios do preceito resulta claro que não ficam compreendidos os civis/pessoal administrativo que trabalhem para as Forças Armadas, para qualquer força militarizada ou de segurança[621]. Uma restrição dos seus direitos com base neste preceito seria, portanto, inconstitucional. Trata-se de conclusão confirmada jurisprudencialmente[622].

Excluídos ficam igualmente todos os militares e agentes que não se encontrem em serviço efectivo[623]. Ou seja, no que diz respeito aos militares, não ficam abrangidos os reformados, aqueles que se encontrem na

---

[621] A sugestão do chefe do Estado-Maior-General das Forças Armadas era precisamente de incluir neste regime restritivo "elementos militares e civis das Forças Armadas e das forças militarizadas ou das forças de segurança". O deputado Luís Beiroco (CDS) afirmou então "consideraríamos apenas a possibilidade da restrição dos direitos aos militares e aos elementos das forças militarizadas ou de segurança, excluindo – já que isso não se justifica plenamente – os elementos civis ao serviço das Forças Armadas." [cfr. *Diário da Assembleia da República – II Série A*, II Legislatura, n.° 106, 11 de Junho de 1982, pág. 1998 (70)]. Nenhum dos grupos parlamentares se opôs, daí que não tenha sido feita qualquer referência no preceito aos trabalhadores civis.

[622] Assim, o Tribunal Constitucional afirmou: "Os estabelecimentos fabris das Forças Armadas são empresas publicas imperfeitas, tendo os seus trabalhadores direito a criar comissões de trabalhadores, sem dependência de mediação legislativa, e essas comissões direito a participar na elaboração da legislação do trabalho que lhes diga respeito" (cfr. Acórdão n.° 31/84, de 27 de Março de 1984; vide igualmente o Acórdão n.° 75/85).

E, em relação aos funcionários administrativos das forças militarizadas, no caso a pensar na Polícia de Segurança Pública à luz do regime então vigente, afirmou: "a referência do artigo 69, n.° 2, à PSP não pode deixar de interpretar-se à luz do disposto no artigo 270.° da CRP (…); ora, como neste[s] outro[s] preceito[s] as restrições aos direitos só são consentidas (…) quanto aos "militares e agentes militarizados dos quadros permanentes em serviço efectivo", pois "o pessoal não policial desempenha tarefas cujo conteúdo funcional é genericamente idêntico ao de lugares semelhantes de qualquer outro organismo ou serviço público e, por outro lado, não se encontra sujeito a um princípio de comando, mas a simples regras de direcção e chefia administrativa (…)" (cfr. Acórdão n.° 103/87, de 6 de Maio, parág. 16; texto em Diário da República, 1.ª série, n.° 103, de 6 de Maio, pág. 1871-1903, na pág. 1878).

[623] Nos termos do artigo 3 da Lei do Serviço Militar (Lei n.° 174/99 de 21 de Setembro), o serviço efectivo pode ser de quatro espécies: a) Serviço efectivo nos quadros permanentes; b) Serviço efectivo em regime de contrato; c) Serviço efectivo em regime de voluntariado; d) Serviço efectivo decorrente de convocação ou mobilização.

Limitações, restrições e ablações   291

reserva sem estarem em efectividade de funções[624] ou aqueles que, embora no activo, não se encontrem em efectividade de funções, incluindo aqueles que se encontrem em licença ilimitada[625] ou especial[626].

Coloca-se, contudo, o problema de determinar se todos os militares ou agentes militarizados em efectividade de funções se encontram abrangidos ou se apenas o estão aqueles que integrem "os quadros permanentes". Com efeito, o artigo 270 utiliza esta noção com uma clara intenção restritiva. Resta saber se esta deve ser entendida literalmente, como é próprio de uma norma que permite o estabelecimento de restrições excepcionais, como esta, ou se pode ser alargada a militares que não integram os quadros permanentes. Os candidatos actuais são os militares que se encontrem em regime de contrato ou de voluntariado e, eventualmente, mesmo os convocados/mobilizados.

Em 1982, quando o artigo 270 foi introduzido na Constituição na primeira revisão, existia ainda o serviço militar obrigatório. A limitação destas restrições aos militares do quadro permanente parece ter tido como objectivo a exclusão da sujeição dos militares a prestar serviço obrigatório[627]. A ter sido este o objectivo e tendo presente a identidade substancial

---

[624] O militar na reserva pode ainda encontrar-se em efectividade de serviço, nos termos do artigo 155 do Estatuto dos Militares das Forças Armadas (Decreto-Lei n.° 236/99 de 25 de Junho, alterado pela Lei n.° 25/2000, de 23 de Agosto, pelo Decreto-Lei n.° 197--A/2003 de 30 de Agosto, que o republicou integralmente, e pelo Decreto-Lei n.° 70/2005, de 17 de Março).

[625] Cfr. artigo 206 do Estatuto dos Militares das Forças Armadas. A circunstância de não ser remunerada e de a licença ter a duração mínima de um ano indica que as restrições aos seus direitos não se justificam. Em qualquer caso, ficam sujeitos às incompatibilidades previstas no artigo 16 do Estatuto.

Já é menos líquido que os militares em licença registada, apesar de não serem considerados como em efectividade de serviço [artigos 43, n.° 3, al. c) e 99, n.° 2 do Estatuto], fiquem isentos destas restrições, tendo em conta o facto de a sua duração ser limitada. Claro está, as restantes formas de licença (artigo 93) não justificarão qualquer isenção.

[626] Concedida com vista a desempenharem cargos electivos, nos termos do artigo 31-F da Lei de Defesa Nacional e das Forças Armadas (Lei n.° 29/82 de 11 de Dezembro, alterada por seis vezes, a última pela Lei Orgânica n.° 4/2001 de 30 de Agosto) e artigo 3, n.° 1, do Decreto-Lei n.° 279-A/2001 de 19 de Outubro ("Durante o período de exercício do mandato electivo ao qual se candidatou, o militar beneficiário da licença especial é considerado fora da efectividade do serviço").

[627] Os trabalhos preparatórios não são esclarecedores. A proposta inicial da Comissão Eventual de Revisão Constitucional, adoptada depois de cuidado debate, foi apresentada ao Plenário ainda sem qualquer limitação destas restrições aos quadros permanentes. Contudo, o Plenário aprovou um requerimento de nova baixa da questão à Comissão em

292   *Os Direitos de Reunião e de Manifestação no Direito Português*

das situações dos militares do quadro permanente e dos sujeitos aos regimes de contrato e de voluntariado por 12 meses[628], parece justificar-se a sujeição igualmente destes últimos a este regime excepcional[629].

Acresce que não faria sentido a sujeição a este regime dos agentes dos serviços e forças de segurança, estabelecida pelo artigo 270, mas excluir do seu âmbito de aplicação os militares e agentes militarizados contratados e voluntários, apenas por não terem um vínculo definitivo. Resulta claro que se justifica bem mais impor restrições a militares contratados ou voluntários do que a um simples agente de um serviço de segurança. Especialmente pela circunstância de a aplicação deste regime aos agentes dos serviços e forças de segurança não depender de estes fazerem parte do quadro permanente, pois afigura-se claro que se aplica a todos os agentes. Ora, não faria sentido realizar tal distinção no seio das Forças Armadas e militarizadas, mas não nos serviços e forças de segurança.

---

22 de Julho de 1982 (cfr. *Diário da Assembleia da República – I Série*, II Legislatura, n.º 125, 23 de Julho de 1982, pág. 5280). No dia 29 de Julho, o Plenário votou então a versão final, contendo esta limitação (cfr. *Diário da Assembleia da República – I Série*, II Legislatura, n.º 130, 30 de Julho de 1982, pág. 5484). Não se encontrou nas actas das reuniões realizadas pela Comissão eventual nestes dias qualquer referência a este artigo. Mas esta alteração teve um objectivo claramente limitador.

[628] Para a distinção entre estes regimes, vide o artigo 3 da Lei do Serviço Militar (Lei n.º 174/99 de 21 de Setembro).

[629] Em relação aos agentes militarizados, este argumento pode provar demais. Com efeito, visto que não está previsto o recrutamento obrigatório para as forças militarizadas, incluir os seus agentes contratados na noção de "quadros permanentes" para os sujeitar a estas restrições não deixa qualquer agente militarizado de fora do âmbito do artigo 270 e, portanto, esvazia de sentido a utilização desta noção em relação a esta categoria. O que deixa duas soluções: ou se entende que os agentes militarizados contratados não se encontram sujeitos a este regime, mas apenas os do quadro; ou se entende que a referência aos "quadros permanentes" visou apenas aplicar-se aos militares, pois não faria sentido sujeitar os militares contratados ou voluntários a estas restrições, mas não os agentes militarizados meramente contratados. Mas a primeira interpretação colide com a sujeição de todos os agentes dos serviços e forças de segurança a este regime, quer façam parte do quadro, quer sejam contratados, visto que o artigo 270 não faz qualquer referência ao quadro permanente em relação a estes agentes. Ou seja, julga-se que a solução adequada será a segunda: todos os agentes militarizados se encontram abrangidos por estas restrições. Em qualquer caso, o princípio nestas instituições é o de que os seus agentes militarizados fazem parte dos seus quadros permanentes ou são militares dos quadros das Forças Armadas. Ainda assim, a Lei de Defesa Nacional (artigo 69, n.º 1), mesmo na sua versão original, já sujeitava igualmente os agentes militarizados contratados ao seu regime de restrições.

Deste modo, a revisão constitucional de 1997, ao incluir a referência a "bem como por agentes dos serviços e forças de segurança", sem qualquer referência aos "quadros permanentes", veio igualmente ajudar a esclarecer o sentido desta noção.

Note-se que o artigo 164, al. o), relativo à reserva absoluta de competência da Assembleia da República nesta matéria, também se refere apenas aos "militares do quadro permanente". Também nesta sede será necessário realizar um alargamento com vista a sujeitar também a adopção de restrições em relação a contratados e voluntários à maioria agravada de aprovação prevista no artigo 168, n.° 6, al. e), e a votação obrigatória em plenário (artigo 168, n.° 4), visto que, em qualquer caso, sempre seria matéria de reserva absoluta por força do artigo 164, al. d), sujeita a reserva integral e não apenas quanto às bases, por se integrar na "definição dos deveres (...) decorrentes" da defesa nacional[630].

Em qualquer caso, ficam excluídos deste regime quaisquer convocados/mobilizados[631], caso as Forças Armadas tenham de recorrer a estas formas de prestação do serviço militar por meio do recrutamento excepcional[632]. O seu regime compulsivo é idêntico ao do serviço militar obrigatório, o que significa que se aplicam os objectivos restritivos que levaram à introdução da limitação aos militares dos quadros perma-

---

[630] Mas a extensão das restrições do artigo 270 a estas categorias de militares, difícil de contestar por força da perfeita analogia entre as suas situações e a dos militares dos quadros permanentes, mostra como é impossível aplicar, mesmo aos regimes excepcionais de restrições, uma regra de interpretação meramente literal de normas constitucionais e muito menos de interpretação restritiva.

A aceitar-se esta interpretação, nada haverá a apontar ao artigo 31 da Lei de Defesa Nacional, que sujeita a um regime de restrições uniforme quer os militares do quadro permanente, quer os contratados e voluntários.

Seja como for, a actual limitação do âmbito destas restrições no artigo 270 CRP aos quadros permanentes revela-se uma solução problemática. No mínimo, força a esta interpretação lata de uma norma restritiva que não pode deixar de intranquilizar qualquer intérprete.

[631] Neste sentido, em relação aos prestadores de serviço militar obrigatório: G. Canotilho/V. Moreira, *Constituição* (...), cit., pág. 950; João Caupers, *Os Direitos Fundamentais dos Trabalhadores e a Constituição*, Lisboa, 1985, pág. 91; A. Esteves Remédio, *Forças Armadas e Forças de Segurança – Restrições aos Direitos Fundamentais*, em *Estudos sobre a Jurisprudência do Tribunal Constitucional* (colectiva), Lisboa, 1993, pág. 371-395, na pág. 378; António Araújo, *Direito e Deveres dos Cidadãos perante a Defesa Nacional*, em C. Blanco de Morais/A. Araújo/A. Leitão, *O Direito da Defesa Nacional e das Forças Armadas*, Lisboa, 2000, pág. 241-350, na pág. 305-306 e 308.

[632] Cfr. artigos 34-36 da Lei do Serviço Militar.

nentes[633]. Esta conclusão decorre não apenas do elemento literal como da circunstância de, ao contrário de todos os outros militares e agentes abrangidos, os conscritos por meio de recrutamento excepcional prestarem serviço independentemente de um acto de vontade da sua parte[634-635].

Resulta claro que a imposição das restrições previstas no artigo 270 CRP é facultativa, como é normal nas restrições. E que ao legislador cabe apreciável discricionariedade[636], quer quanto ao seu estabelecimento, quer à medida deste. Basta ter presente que, não obstante o artigo 270 ser aplicável, em abstracto, a qualquer serviço ou força de segurança[637], nenhum destes foi sujeito à maioria das restrições que aquele admite[638].

---

[633] Dado que só é possível recorrer à mobilização em casos de excepção ou guerra, tal poderia levar a uma declaração do estado de sítio ou de emergência, altura em que estas restrições poderiam ser impostas, nos termos do artigo 19 CRP, igualmente aos mobilizados.

[634] Em 2001, a proposta do Governo de alteração da Lei de Defesa Nacional, que com alterações viria a ser aprovada como Lei Orgânica n.° 4/2001, de 30 de Agosto, no seu artigo 31, previa a aplicação de todas as restrições aos "militares na efectividade de serviço" (cfr. *Diário da Assembleia da República – Série II-A*, VIII Legislatura, n.° 052, 28 de Abril de 2001, pág. 1738). Mas este aspecto seria alterado precisamente tendo em conta as limitações constitucionais.

[635] Estes ficam, porém, sujeitos a outros fundamentos de restrições (vide, *infra*, parág. 7.4.2.5, nota 700).

[636] É evidente que tais restrições se encontram sujeitas ao princípio da proibição do excesso, quer por força do próprio artigo 270, quer por aplicação do artigo 18, n.° 2. Mas é sabido o grau de discricionariedade que a sua aplicação permite, por força das dificuldades em realizar um controlo objectivo com base neste, em particular, da sua vertente da proporcionalidade.

[637] A Lei de Segurança Interna (Lei n.° 20/87, de 12 de Junho, com alterações subsequentes, a última pela Lei n.° 8/91, de 1 de Abril), no seu artigo 14, com a epígrafe "Forças e serviços de segurança", afirma no seu n.° 2 que exercem funções de segurança interna: a Guarda Nacional Republicana; a Guarda Fiscal (entretanto, integrada na Guarda Nacional Republicana); a Polícia de Segurança Pública; a Polícia Judiciária; o Serviço de Estrangeiros e Fronteiras; os órgãos dos sistemas de autoridade marítima e aeronáutica; e o Serviço de Informações de Segurança.

Assim, durante os debates relativos à revisão constitucional de 1997, que inseriu a referência a serviços e forças de segurança, o Deputado João Amaral perguntou "se os agentes da Polícia Judiciária não têm neste momento nenhum regime restritivo de direitos – e tudo tem corrido muitíssimo – , pergunto ao Partido Socialista se, com esta norma, aceita a aplicação à Polícia Judiciária, por exemplo, de restrições do exercício de direitos". O deputado Jorge Lacão confirmou que sim, respondendo que "será necessário distinguir

Limitações, restrições e ablações   295

7.4.2. *O âmbito material do artigo 270 e os regimes legais vigentes*

Como é pacífico, o artigo 270 contém um elenco exaustivo de restrições em relação às pessoas por si compreendidas, não sendo admissíveis restrições a direitos, liberdades e garantias que não sejam por este referidos[639-640], sem prejuízo de serem admissíveis limitações[641].

7.4.2.1. *Os direitos dos trabalhadores*

A questão coloca-se com acuidade em relação aos direitos dos trabalhadores, especialmente os direitos, liberdades e garantias laborais, excluídos em parte pelo artigo 31, n.° 3, da Lei de Defesa Nacional e das Forças Armadas. Assim, não obstante o artigo 269, n.° 1, confrontar "os trabalhadores da Administração Pública e demais agentes do Estado", parecendo excluir os militares da noção jurídica de trabalhadores e integrá-los na noção de "outros agentes", considera-se que tal constitui um elemento insuficiente para excluir os militares da titularidade destes direitos[642]. Tem

---

entre serviços de segurança que, pela sua natureza, impliquem alguma óbvia restrição de direitos, como é o caso, por exemplo, do Sistema de Informações da República, e outros serviços de segurança em que tal não se justifique – eventualmente, no domínio da Polícia Judiciária ou no Serviço de Estrangeiros e Fronteiras" (cfr. *Diário da Assembleia da República – I Série*, VII Legislatura, suplemento ao n.° 104, 31 de Julho de 1997, pág. 3958-3959).

[638] Em relação à Polícia de Segurança Pública e as pontuais restrições a que os seus elementos com funções policiais se encontram sujeitos, vide, *infra*, parág. 7.4.2.7.

[639] Como afirmou o deputado Luís Beiroco, depois da votação do preceito, na sequência do que fora afirmado anteriormente no mesmo sentido por deputados de outros partidos: "A natureza excepcional destas restrições foi reconhecida pela Assembleia da República (...) ao impor que os direitos a serem eventualmente restringidos sejam objecto de **uma enumeração taxativa**" (cfr. *Diário da Assembleia da República – I Série*, II Legislatura, n.° 130, 30 de Julho de 1982, pág. 5484). Foi, aliás, este carácter que justificou a rejeição do recurso a uma cláusula geral.

[640] O artigo 27, n.° 3, al. d), não constitui uma excepção, visto que se trata de um limite estabelecido directamente pela Constituição, que delimita o âmbito do direito atribuído no n.° 1 e 2. Só poderá ser qualificado como uma restrição para efeitos da questão da sua incompatibilidade com o artigo 288, al. d), visto que foi inserido na primeira revisão constitucional de 1982 (sobre esta questão, ver, *infra*, parág. 7.4.2.5, nota 696).

[641] Para a distinção entre limitações e restrições, vide, *supra*, parág. 6.2.

[642] É certo que os trabalhos preparatórios do artigo 270 CRP sugerem que se considerou que os militares e agentes militarizados integravam esta noção de outros agentes do Estado, mas aparentemente o cuidado deveu-se à circunstância de existir alguma resis-

Os Direitos de Reunião e de Manifestação no Direito Português

sido reconhecido jurisprudencialmente que os militares integram a Administração Pública, devendo ser considerados como seus trabalhadores, compreendidos numa noção ampla de funcionalismo público[643]. Assim, os militares gozam dos direitos, liberdades e garantias dos trabalhadores, a menos que estes sejam susceptíveis de ser restringidos à luz do artigo 270, limitados em função directa de outros bens constitucionais, ou, em relação a convocados e mobilizados, de outros preceitos.

Um exemplo de um direito, liberdade e garantia dos trabalhadores aplicável a todos os militares ou agentes militarizados, é o direito à segurança no emprego (artigo 53). Trata-se de conclusão que actualmente tem apoio jurisprudencial[644].

---

tência da parte da instituição militar em considerar os seus membros como simples funcionários públicos. Mas ficou reconhecido que eram funcionários públicos especiais.

Assim, o Presidente da Comissão Eventual de Revisão Constitucional afirmou: "Todavia, os militares têm uma resistência muito grande a serem considerados funcionários públicos. É uma coisa terrível. Talvez tenham algumas razões, mas a última coisa que aceitam como normal, é serem considerados, ainda que implicitamente, funcionários públicos" e o deputado Luís Beiroco: "As Forças Armadas não podem pretender dizer que não são funcionários, mas são funcionários especiais, não aceitando ser considerados como função pública, nos termos dos restantes funcionários e por isso a solução poderia ser muito mal recebida" [cfr. *Diário da Assembleia da República – II Série A*, II Legislatura, n.º 106--Sup, 16 de Junho de 1982, pág. 1998 (70)]. Daí a referência feita pelo deputado Nunes de Almeida: "nesse capítulo faz-se expressa referência, por mais que uma vez (…), a funcionários e demais agentes. Não tenho a menor dúvida que nestes últimos se abrangem os militares e os agentes das forças militarizadas. São agentes do Estado" [cfr. *Diário* (…), cit., pág. 1998 (71)].

Seria, pois, muito estranho que um mero acto de deferência, em autonomizar os funcionários militares dos funcionários públicos em geral, servisse de fundamento para os privar de direitos sem base constitucional.

[643] Assim, o Tribunal Constitucional afirmou: "os «funcionários militares» devem ser perspectivados como integrados na Administração pública estadual e, por isso, no vasto conceito de «funcionários públicos», para efeitos de tratamento geral dispensado pela Lei Fundamental; se, de outra banda, a estes últimos deve ser reconhecido toda uma corte de direitos, quer tendo em atenção a sua qualidade de cidadãos, quer tendo em conta a sua inserção profissional (…)" (cfr. Acórdão 662/99, de 7 de Dezembro de 1999, parág. II.4).

No mesmo sentido, vide os Pareceres da Procuradoria Geral da República n.º 6/97, de 9 de Junho de 1999, parág. 5.2 ("os militares devem considerar-se integrados no conceito de trabalhadores da Administração Pública") e n.º 3/02, de 2 de Maio de 2002, parág. 2 ("os militares devem considerar-se integrados no conceito de trabalhadores da Administração Pública, ou na ampla expressão de "funcionalismo público"").

[644] Designadamente, depois de algumas hesitações, em jurisprudência do Tribunal Constitucional. Perante alegações de inconstitucionalidade do artigo 94, n.º 2, da Lei Orgâ-

Mas gozam igualmente dos direitos sociais dos trabalhadores, apenas com algumas adaptações, tendo presente, aliás, que não sendo direitos, liberdades e garantias e não estando sujeitos ao regime do artigo 18, podem ser objectos de restrições em termos menos estritos, sem necessidade de apoio directo no artigo 270. Por exemplo, a segurança nas condições de trabalho [cfr. artigo 59, n.º 1, al c)] ou o direito ao limite máximo da jornada de trabalho [cfr. artigo 59, n.º 1, al. d)] terão de ser compatibilizados com as finalidades e circunstâncias específicas do serviço militar, tal como qualquer outra profissão de risco e de disponibilidade permanente[645].

---

nica e artigo 75 do Estatuto dos Militares da Guarda Nacional Republicana, as secções do Tribunal dividiram-se, mas tanto estas como o plenário aceitaram a aplicação do direito à segurança no emprego a estes agentes militarizados.

Assim, no Acórdão n.º 481/01, de 13 de Novembro de 2001 (rectificado pelo Acórdão n.º 491/01), o plenário deste Tribunal, depois de citar o acórdão n.º 91/2001, recorrido por contradição de julgados (artigo 79-D da Lei do Tribunal Constitucional), com reservas, no sentido de "o direito à segurança no emprego, consagrado no artigo 53.º da CRP – direito que seria posto em causa com a aplicação da sanção" de forma que "não encontraria credencial em qualquer preceito constitucional, designadamente no artigo 270.º da CRP", ainda assim, sustentou, concordante, que "o acórdão-fundamento não deixa de admitir que a sanção de dispensa de serviço afecte o direito à segurança no emprego", embora tenha concluído, em termos pouco líquidos, que os referidos artigos não violavam o artigo 53. A jurisprudência contraditória consta dos acórdãos n.º 504/2000, n.º 505/2000 e 26/2001. Quanto ao entendimento que "no seu âmbito de previsão normativa [do artigo 53 CRP] devem ter-se por incluídos os trabalhadores da Administração Publica", vide o acórdão do Tribunal Constitucional n.º 285/95, de 22 de Julho de 1992.

Igualmente o Supremo Tribunal Administrativo entendeu, a propósito das mesmas normas relativas à Guarda Nacional Republicana, que "E, na perspectiva da inconstitucionalidade material, não pode considerar-se que a medida em causa constitua um "despedimento" sem justa causa ou por motivos políticos ou ideológicos, **ainda que se admita que a garantia estabelecida pelo art 53.º da Constituição abranja os trabalhadores da função pública e, dentro destes, aqueles que têm um estatuto de "militares organizados num corpo especial de tropas"**" (Acórdão de 3 de Maio de 2000, processo n.º 44593) e "E também não são materialmente inconstitucionais, por pretensa violação do direito à segurança no emprego (...) pois (...) os pressupostos da aplicação da medida constituem "justa causa" para a cessação da relação de serviço" (cfr. Acórdão de 29 de Janeiro de 2002, processo n.º 47525). Vide no mesmo sentido o Acórdão de 30 de Novembro de 2005, processo n.º 0334/05.

[645] No seu Parecer n.º 6/97, de 9 de Junho de 1999, o Conselho Consultivo da Procuradoria Geral da Republica, embora entendendo que se aplicam aos militares e agentes militarizados os direitos dos trabalhadores, defendeu, invocando o seu estatuto de sujeição a "relações especiais de poder" e o artigo 29, n.º 2, da Declaração Universal dos Direitos

O artigo 31, n.° 3, da Lei de Defesa Nacional, na sua versão de 2001, parte do princípio de que os direitos dos trabalhadores se aplicam, pois utiliza as restrições previstas no artigo 270 como fundamento para excluir alguns destes[646]. Outro entendimento só poderia ser visto como uma manifestação das vetustas "relações especiais de poder"[647].

Humanos, que em virtude do seu dever de disponibilidade permanente, estes não poderiam invocar o estatuto de trabalhador-estudante.

Pensa-se que ambos os fundamentos invocados são inconstitucionais (ver, *infra*, neste parágrafo, nota 647), mas aceita-se que o regime do trabalhador-estudante não seja aplicável, sem prejuízo do regime vigente de concessão de licenças de estudo se revelar inconstitucional, por ser demasiado restritivo. A disponibilidade permanente retira-se da finalidade específica das Forças Armadas, a Defesa Nacional, mesmo que a sua concretização legal se revele excessivamente onerosa para os militares e agentes militarizados, tendo presente o artigo 59, n.° 1, al. d), CRP. Trata-se de um regime jurídico-legal criado a pensar predominantemente nos interesses do Estado, apesar de ser necessário ter presente que o artigo 59 tem uma dimensão programática e que estes se encontram a exercer voluntariamente funções de serviço militar que são objecto de um dever constitucional (artigo 276, n.° 1 e n.° 2), ainda que de aplicação restrita, à luz do regime legal vigente.

[646] Deste modo, o artigo 31, n.° 11, da versão original da Lei de Defesa Nacional ("Aos cidadãos mencionados no n.° 1 não são aplicáveis as normas constitucionais referentes aos direitos dos trabalhadores") devia ser considerado como inconstitucional (também neste sentido: F. Liberal Fernandes, *As Forças Armadas e a PSP perante a liberdade sindical*, em *Estudos em homenagem ao Prof. Doutor A. Ferrer-Correia*, Coimbra, 1991, Volume III, págs. 911-1006, na pág. 947, nota 58 e em *Da Liberdade Sindical nas Forças Armadas*, em *Questões Laborais*, Ano II, n.° 4, 1995, pág. 1-13, nas págs. 7-8). Esta restrição na sua globalidade não tinha base constitucional. Desde logo, o artigo 270 não os mencionava como direitos susceptíveis de ser restringidos, sem prejuízo de alguns o poderem ser, por decorrerem daqueles direitos. Mas a privação global em relação a estes trabalhadores do Estado era tão radical que se poderia questionar se o próprio alcance do conteúdo essencial das disposições restringidas não era afectado, em violação do artigo 18, n.° 3, CRP.

Este preceito era mantido no essencial pelos projectos de alteração à Lei de Defesa Nacional apresentados em 2001 pelo Centro Democrático Social – Partido Popular (o seu artigo 31, n.° 9, previa "Aos cidadãos mencionados no n.° 1 não são aplicáveis as normas constitucionais referentes aos direitos dos trabalhadores" (cfr. *Diário da Assembleia da República – Série II-A*, VIII Legislatura, n.° 041, 15 de Março de 2001, pág. 1517) e pelo Partido Social-Democrata (o seu artigo 31, n.° 6 estabelecia: "Aos cidadãos referidos no n.° 2 não são aplicáveis as normas constitucionais referentes aos direitos dos trabalhadores, dispondo de um regime próprio definido no Estatuto da Condição Militar"; cfr. *Diário da Assembleia da República – Série II-A*, VIII Legislatura, n.° 052, 28 de Abril de 2001, pág. 1730), mas acabou por vingar o regime da proposta do Governo, correspondente ao vigente.

[647] Figura conceptualizada por Paul Laband e baptizada deste modo por Otto Mayer, *Le droit administratif allemand* (trad. ed. alemã), Volume IV, Paris, 1906, pág. 17-18

Esta interpretação, nas versões original e de 1997 do artigo 270 CRP, colocava problemas, tendo em conta as restrições legais existentes. Claro

---

("L'entrée en service a donc le caractère juridique d'une prise de possession par l'autorité de l'individu qui doit servir. Ce débiteur est placé par là sous cette dépendance juridique spéciale qu'on a pris l'habitude d'appeler **rapport de sujétion particulière** (…). Il trouve son expression la plus énergique dans les institutions du service militaire. Avec l'enrôlement effectif dans l'armée, il se produit une obligation de service actif d'une sévérité particulière. **Elle semble presqu'absorber l'individualité entière du débiteur, qui désormais est censé appartenir à une classe à part, à l'état de soldat**").

Sublinhe-se, contudo, que depois de lenta evolução na Doutrina alemã no sentido da progressiva perda de relevância desta figura enquanto fundamento autónomo para justificar compressões de direitos fundamentais não previstas na Constituição e na lei [cfr. S. Correia, *Legalidade* (…), cit., pág. 71, 80, nota 131, e 104, nota 187; M. Estorninho, *Requiem* (…), cit., pág. 162-167; R. Novais, *As Restrições* (…), cit., pág. 511-514], o Tribunal Constitucional Federal alemão a liquidou de vez na sua sentença de 14 de Março de 1972. Estava em causa um recurso de um recluso contra o desrespeito pelo sigilo da sua correspondência por parte das autoridades prisionais. O Tribunal declarou que também os direitos dos reclusos apenas podiam ser sujeitos a restrições ou ablações por meio de lei ou com base em lei restritiva ("Auch die Grundrechte von Strafgefangenen können nur durch Gesetz oder aufgrund eines Gesetzes eingeschränkt werden"), pois que a figura das relações especiais de poder os deixaria numa incerteza inadmissível em relação aos seus direitos ("Diese Auffassung ist rückblickend nur damit zu erklären, daß die traditionelle Ausgestaltung des Strafvollzuges als eines "besonderen Gewaltverhältnisses" es zuließ, die Grundrechte des Strafgefangenen in einer unerträglichen Unbestimmtheit zu relativieren" (cfr. BVerfGE 33, 1 – *Strafgefangene*, B-I, parág. 1 e 2; texto em http://www.oefre. unibe.ch/law/dfr/bv033001.html).

O Tribunal Constitucional português não aceitou a invocação da figura das relações especiais de poder como justificação para excluir direitos aos militares. Assim, afirmou: "Dizer isto é concluir pela **improcedência do argumento** (utilizado pelo acórdão recorrido para decidir pela não inconstitucionalidade) de que, com a aplicação de tal medida, se não procura "sancionar o comportamento do agente", "mas sim retirar as consequências de uma situação objectiva" (…) o que – acrescenta o mesmo aresto – justifica que ela se aplique independentemente do cometimento de uma infracção disciplinar, pois se trata de uma medida de saneamento dos quadros, que é admissível no domínio **das denominadas relações especiais de poder**" (cfr. Acórdão n.º 91/2001, de 13 de Março 2001; é certo que este Acórdão da Terceira Secção viria a ser revogado pelo Plenário, pelo citado Acórdão n.º 481/01, mas sem invocar esta figura).

A partir do momento em que se rejeita que a figura constitua justificação para estabelecer restrições que visem tutelar bens aconstitucionais ou que não tenham base legal [como a maioria da Doutrina rejeita: G. Canotilho/V. Moreira, *Constituição* (…), cit., pág. 949; J. Coutinho de Abreu, *Sobre os Regulamentos Administrativos e o Princípio da Legalidade*, Coimbra, 1987, pág. 112-113; J. Miranda, *Manual* (…), Volume IV, cit., pág. 334--336; Ana F. Neves, *Relação Jurídica de Emprego Público*, Coimbra, 1999, pág. 82-83; A. Araújo, *Direito e Deveres* (…), cit., pág. 315-320; Liberal Fernandes, *Da Liberdade*

300   *Os Direitos de Reunião e de Manifestação no Direito Português*

está, a liberdade sindical, como manifestação da liberdade de associação, já constituía um direito susceptível de ser restringido e, consequentemente, embora não fosse líquido, era defensável que fosse possível proibir a existência de quaisquer formas de associações de fins sindicais de militares ou agentes militarizados, e que pudesse ser vedado o gozo dos direitos destas. A exclusão do direito à greve também não era clara, pois não se pode considerar que se trate de um direito que dependa da existência de um sindicato[648]. Mas, depois da quinta revisão constitucional de 2001, que veio expressamente excluir o direito à greve em relação às forças de segurança[649] (mas não necessariamente em relação aos serviços de segurança,

---

Sindical (…), cit., págs. 2 e 6; L. Cabral de Moncada, *Lei e Regulamento*, Coimbra, 2002, pág. 972-975; R. Novais, *As Restrições* (…), cit., pág. 519-520 e 611 (embora ainda lhes confira relevância, especialmente em associação com a sua defesa da tendencial irrelevância da diferença entre bens constitucionais e aconstitucionais para efeitos do artigo 18, n.° 2: pág. 609-620); vide, porém: F. Lucas Pires, *As Forças Armadas e a Constituição*, em *Estudos sobre a Constituição* (colectiva), Volume I, Lisboa, 1977, pág. 320-331, na pág. 323 (admite afastamento de princípios constitucionais por força da "natureza das coisas")], esta perdeu toda a utilidade jurídica. Assim, é preferível evitar a marcada e enganadora noção de "relações especiais de poder", ou outras paralelas. A circunstância de existirem classes profissionais sujeitas a regimes específicos nada tem de novo; estes têm-se generalizado. Praticamente todas as profissões têm as suas regras específicas. Umas sujeitas a mais restrições aos seus direitos do que outras, mas todas tendo de ter base legal e visar garantir um bem constitucional com respeito pelo princípio da proibição do excesso. Mas é impossível estabelecer uma fronteira a partir da qual se pode falar numa sujeição especial.

[648] Este é atribuído aos "trabalhadores", no plural, no artigo 57, n.° 2, o que sugere uma decisão colectiva, mas não necessariamente sindical; pois apesar de não ser atribuído às comissões de trabalhadores o direito de convocar uma greve (artigo 54), a verdade é que também não é atribuído aos sindicatos (artigo 56). O facto de o artigo 270 associar o direito à greve aos sindicatos apenas indica que os sindicatos normalmente podem convocar greves, não implica que apenas estes o possam fazer [em sentido paralelo: G. Canotilho/V. Moreira, *Constituição* (…), cit., pág. 311; Rui Medeiros, *Artigo 57*, em Jorge Miranda/Rui Medeiros, *Constituição Portuguesa Anotada*, Tomo I, Coimbra, 2005, pág. 575-585, na pág. 577-578]. Daí o Código do Trabalho, no artigo 592, n.° 2 e n.° 3, aceitar supletivamente a convocação de greves por uma maioria dos trabalhadores, mas em termos que não são isentos de crítica jurídico-constitucional (vide, *supra*, parág. 5.2.2.3).

[649] A técnica utilizada no preceito não é feliz. Afirma-se "a não admissão do direito à greve, mesmo quando reconhecido o direito de associação sindical". Ou seja, parte-se do princípio de que o direito de associação só pode ser invocado por estes funcionários, se for reconhecido. Tal constitui uma inversão do regime constitucional. Este direito só não poderá ser invocado se estes forem privados deste. Não necessitam de qualquer atribuição legal positiva.

Limitações, restrições e ablações 301

fala-se em "e, no caso destas"), por maioria de razão, além de confirmar que a liberdade sindical constitui um direito susceptível de restrição, deixou de existir qualquer dúvida de que aquele direito pode ser excluído aos militares e militarizados[650].

Depois da revisão constitucional de 2001, da sexta alteração à Lei de Defesa Nacional e da adopção da Lei do direito de associação profissional dos militares (Lei Orgânica n.° 3/2001 de 29 de Agosto), em rigor foi con-

---

[650] Não é possível simplesmente sustentar que tal direito seria incompatível com a "natureza" da instituição militar. A Constituição qualifica expressamente as Forças Armadas como parte da administração directa do Estado [artigo 199, al. d)] e se é verdade que evita qualificar os militares directamente como funcionários públicos, considera-os agentes administrativos do Estado e integra-os claramente na Administração Pública (cfr. o artigo 269, n.° 1, ao falar em trabalhadores e demais agentes; e a inserção do artigo 270 no Título IX da Parte III, relativo à Administração Pública). Como se verificou, trata-se de interpretação confirmada jurisprudencialmente. Ora, nenhuma instituição estadual pode furtar-se à aplicação do artigo 3, n.° 3, CRP, muito menos uma instituição administrativa. Existindo contradição entre a Constituição e a instituição militar, uma destas terá necessariamente de ser mudada. As Forças Armadas não são um corpo aconstitucional, encontrando-se sujeitas à Constituição nos mesmos exactos termos, salvo disposição constitucional em contrário. Se o direito à greve era legitimamente excluído antes da revisão de 2001 tal não podia derivar de qualquer natureza específica, mas do regime constitucional estabelecido, designadamente, da rígida disciplina constitucionalmente consagrada (vide, *infra*, parág. 7.4.2.5).

Para lá da figura das relações especiais de poder, alguma jurisprudência estrangeira tem procurado encontrar justificação para restrições com escassa base constitucional, por meio do recurso a qualificações da instituição militar como uma comunidade à parte. Mas não como modo de considerar a Constituição como inaplicável e sim "apenas" para justificar algumas restrições sem base constitucional adequada. Assim, o Supremo Tribunal Federal norte-americano, depois de afirmar em termos preocupantes, citando jurisprudência do século XIX, que "Just as military society has been a society apart from civilian society, so "[m]ilitary law... is a jurisprudence which exists separate and apart from the law which governs in our federal judicial establishment." Burns v. Wilson, supra, at 140. And to maintain the discipline essential to perform its mission effectively, the military has developed what "may not unfitly **be called the customary military law**"", não deixou de sustentar "While the **members of the military are not excluded from the protection granted by the First Amendment**, the different character of the military community and of the military mission requires a different application of those protections. The fundamental necessity for obedience, and the consequent necessity for imposition of discipline, may render permissible within the military that which would be constitutionally impermissible outside it" [cfr. *Parker v. Levy*, 417 U.S. 733 (1974), págs. 744 e 758; texto em http://laws.findlaw.com/us/417/733.html].

Mas esta jurisprudência, que se justifica pela antiguidade e particular rigidez da Constituição americana, não tem qualquer apoio em relação à Constituição portuguesa.

302   *Os Direitos de Reunião e de Manifestação no Direito Português*

sagrada uma limitada liberdade sindical, pois foi aceite o direito de criação de associações sócio-profissionais, que, tecnicamente, tendo em conta os fins que prosseguem, são sindicatos[651], apesar de não terem alguns dos seus direitos.

Assim, a única dúvida que subsiste diz respeito ao direito de constituir comissões de trabalhadores e de exercer, com as necessárias adaptações, os seus direitos constitucionalmente previstos. Os problemas derivam da circunstância de o artigo 31, n.º 3, da Lei de Defesa Nacional não se limitar a realizar uma simples restrição de uma norma relativa a direitos, liberdades e garantias, antes excluir a sua aplicação aos militares. É certo que, quando o artigo 270 permite restrições aos direitos, em rigor, está a falar em restrições às normas sobre direitos e, desta forma, não permite apenas "restrições de direitos [necessariamente concretos]", mas verdadeiras privações de direitos dos indivíduos por si compreendidos. Contudo, está em causa um (uma norma relativa a um) direito, liberdade e garantia não mencionado expressamente neste como susceptível de restrição[652].

Acresce que a expressão "restrições ao exercício de direitos", sublinhada logo na epígrafe e depois no corpo do artigo, indica que estes não podem ser privados completamente da titularidade destes direitos[653]. Tecnicamente, a expressão é inadequada. Não estão em causa restrições ao "exercício", mas verdadeiras restrições à capacidade de gozo: isto é, privações de direitos[654]. Mas o sentido útil da expressão é precisamente a de que estes têm de poder ainda exercer em alguma medida estes direitos.

---

[651] Como afirma o artigo 476 do Código do Trabalho: "Entende-se por: *a*) Sindicato — associação permanente de trabalhadores para defesa e promoção dos seus interesses sócio-profissionais".

[652] Tendo em conta que se entende que o conteúdo essencial, garantido no artigo 18, n.º 3, diz respeito à norma relativa ao direito, liberdade e garantia e não ao próprio direito de determinados indivíduos em concreto (vide, sobre o conteúdo essencial, *supra*, parág. 6.3), admite-se que a privação global destes direitos e seus direitos associados não afecte o conteúdo essencial das normas em causa. Mas trata-se de uma conclusão longe de ser clara. Um segmento dos destinatários da norma é simplesmente privado dos direitos atribuídos por esta, colocando em causa o seu alcance.

[653] Neste sentido: Liberal Fernandes, *Da Liberdade Sindical* (…), cit., págs. 6-7.

[654] Esta referência a restrições ao exercício dos direitos nada tem a ver com a "capacidade de exercício" destes direitos. Caso contrário, ter-se-ia de considerar os militares como pessoas de capacidade diminuída, cujos direitos seriam exercidos por representantes (caberia questionar quem seriam estes; os órgãos políticos dotados de poder de direcção sobre os militares?). Mas tal seria uma construção absurda e manifestamente inconsti-

Limitações, restrições e ablações 303

É certo que, para tentar compatibilizar com a Constituição a privação destes direitos, liberdades e garantias, se pode alegar que é literalmente claro que os actos com fins sindicais podem ser legitimamente restringidos (artigo 270, parte final) e que estas comissões funcionam por meio de reuniões, compreendidas portanto no direito de reunião, direito susceptível de ser restringido. E ainda sustentar que as comissões de trabalhadores têm personalidade jurídica[655], bem como uma estrutura jurídica estatutária, sendo a sua criação ainda reconduzível a uma forma de gozo da liberdade de associação[656], igualmente susceptível de ser restringida. E que as asso-

---

tucional. Os militares não são "incapazes" e seria inconstitucional que quaisquer órgãos exercessem direitos fundamentais em seu nome.

É certo que a Constituição deixa sugerido em algumas das suas disposições que é possível uma privação do exercício de um direito (assim, no artigo 51, n.º 2), parecendo entender com tal expressão a proibição de gozo de um direito num determinado caso concreto. Mas, na realidade, estão em causa privações de direitos, pois os direitos fundamentais pressupõem relações jurídicas concretas. Sempre que um indivíduo não pode exercer um direito num caso concreto, por força de uma ablação conforme com a Constituição, tecnicamente, foi privado desse direito (aliás, a Constituição utiliza igualmente a expressão privação de direito: artigos 13, n.º 2, 26, n.º 4, 27, n.º 2-5, 28, n.º 3; embora também confronte privar e restringir nos artigos 30, n.º 1 e 2, e 33, n.º 4), ainda que possa gozar um outro direito atribuído pela mesma norma noutra situação. Mas será outro direito, provavelmente com um titular passivo distinto e necessariamente com algumas características distintas por força de particularidades da nova situação. Dizer que foi uma "mera restrição ao seu exercício", que o indivíduo continua a ser titular do direito mesmo naquele caso concreto, além de ser irrelevante em termos práticos, significa partir do princípio de que os direitos fundamentais, em especial os direitos, liberdades e garantias pessoais, se encontram "permanentemente em vigor", sendo gozados a qualquer momento, independentemente de terem qualquer relevância numa relação jurídica concreta com um terceiro. Ter um direito não significa ter a capacidade abstracta de em alguns casos o poder vir a invocar; significa antes poder invocá-lo num determinado caso concreto contra alguém. Os direitos são sempre concretos, para serem gozados por pessoas específicas, em relações jurídicas determinadas, não podendo de modo algum ser confundidos com as normas (claro está, gerais e abstractas) que os atribuem (vide, *supra*, parág. 2.5.1).

[655] A questão foi discutida durante muito tempo à luz da anterior legislação. Mas o artigo 462, n.º 1, do Código do Trabalho veio deixar tal claro (depois do "registo dos seus estatutos no ministério responsável pela área laboral.").

[656] Neste sentido: Jorge Miranda, *Artigo 46*, em Jorge Miranda/Rui Medeiros, *Constituição Portuguesa Anotada*, Tomo I, Coimbra, 2005, pág. 467-471, na pág. 468; ver, porém: R. Sousa/M. Alexandrino, *Constituição* (…), cit., pág. 147.

A circunstância de o próprio artigo 37 proibir meras organizações sugere uma visão ampla da liberdade de associação que se distingue da de reunião (vide, *supra*, parág. 2.1), por no primeiro caso as pessoas contraírem vínculos jurídicos, que serão depois muitas

304 *Os Direitos de Reunião e de Manifestação no Direito Português*

ciações sócio-profissionais (sindicais) dos militares gozam já no essencial dos direitos atribuídos a estas comissões na defesa dos interesses dos militares, como o de serem ouvidas na elaboração de legislação militar ou sobre "questões do estatuto profissional, remuneratório e social" destes[657].

Ainda assim, sendo admitidas associações sócio-profissionais (sindicais) de militares, não se encontra motivos determinantes para que os militares não se possam organizar em estruturas informais à margem destas, por unidade, que possam usar alguns destes direitos. Claro está, não como estruturas com todos os direitos sindicais, pois continuarão sujeitas às restrições aplicáveis aos seus membros[658]. Sendo as associações sócio-profissionais meras associações privadas, compreende-se mal que tenham o monopólio da representação dos militares, sendo legítimo que alguns não se revejam na sua acção e prefiram não se associar, ou organizar-se de modo mais informal e concreto, tendo em conta as particularidades de cada unidade.

Em qualquer caso, o fundamento das reservas levantadas não é de natureza substancial, em consequência de uma mera violação do princípio da proibição do excesso, mas de natureza formal: os militares foram privados por lei de um direito, liberdade e garantia compreensivo (do qual depende o gozo de outros direitos, liberdades e garantias previstos no artigo 54), com permissão constitucional muito dúbia, visto que o artigo 270, literalmente, não os compreende. Ora, tal não parece conforme com os artigos 54, 18, n.° 2 e n.° 3, e 270.

---

vezes executados por meio de reuniões. Ou seja, a liberdade de associação será uma liberdade de criar vínculos jurídicos entre pessoas que ou criam uma nova entidade jurídica ou estruturam juridicamente um grupo duradouro de pessoas que, naturalmente, depois exercerão colectivamente, por meio de reuniões, parte dos direitos e cumprirão parte dos deveres assim criados.

[657] Artigo 2, al. b), da Lei Orgânica n.° 3/2001, de 29 de Agosto, que regula o direito de associação profissional dos militares.

[658] O artigo 54 CRP foi elaborado a pensar directamente nos trabalhadores das empresas privadas, daí o recurso sistemático ao termo "empresa". A sua aplicação aos funcionários da Administração Pública exige algumas adaptações e mais ainda exige a sua aplicação no seio das Forças Armadas. Podem ser excluídos os direitos de participação na gestão destas [artigo 54, n.° 5, al. b), e) e f)], tendo presente a necessidade de conservar a hierarquia e disciplina militar, mas nada impede que sejam informados das medidas que visem alterar o seu estatuto, especialmente legislativas, e que sejam ouvidos antes de estas serem adoptadas.

7.4.2.2. A realização de reuniões e manifestações

Como ficou referido, as principais restrições legais vigentes incidem sobre os militares e sobre os agentes militarizados. O regime legal das restrições específicas que incidem sobre os primeiros, constantes da Lei de Defesa Nacional e das Forças Armadas, com as alterações introduzidas pela Lei Orgânica n.° 4/2001, de 30 de Agosto, tem suscitado algumas divergências interpretativas. Especialmente no que diz respeito aos direitos de reunião e de manifestação[659], surgiram questões relativas à sua deli-

---

[659] Artigo 31-B ("Direito de reunião"): "1 — Os cidadãos referidos no artigo 31.° podem, desde que trajem civilmente e sem ostentação de qualquer símbolo das Forças Armadas, convocar ou participar em qualquer reunião legalmente convocada que não tenha natureza político-partidária ou sindical. 2 — Os cidadãos referidos no artigo 31.° podem, contudo, assistir a reuniões, legalmente convocadas, com esta última natureza se não usarem da palavra nem exercerem qualquer função no âmbito da preparação, organização, direcção ou condução dos trabalhos ou na execução das deliberações tomadas. 3 — O exercício do direito de reunião não pode prejudicar o serviço normalmente atribuído ao militar, nem a permanente disponibilidade deste para o mesmo, nem ser exercido dentro das unidades, estabelecimentos e órgãos militares".

Artigo 31-C ("Direito de manifestação"): "Os cidadãos referidos no artigo 31.°, desde que estejam desarmados e trajem civilmente sem ostentação de qualquer símbolo nacional ou das Forças Armadas, têm o direito de participar em qualquer manifestação legalmente convocada que não tenha natureza político-partidária ou sindical, desde que não sejam postas em risco a coesão e a disciplina das Forças Armadas".

O artigo 4, n.° 12 ("Não tomar parte em manifestações colectivas atentatórias da disciplina, nem promover ou autorizar iguais manifestações, devendo como tais ser considerados quaisquer protestos ou pretensões ilegítimas referentes a casos de disciplina ou de serviço, apresentados por diversos militares, individual ou colectivamente, bem como as reuniões que não sejam autorizadas por autoridade militar competente") e n.° 14 ("Não assistir uniformizado e mesmo em trajo civil não tomar parte em mesas, fazer uso da palavra ou exercer qualquer actividade em comícios, manifestações ou reuniões públicas de carácter político, a menos que esteja devidamente autorizado") do Regulamento de Disciplina Militar (aprovado pelo Decreto-Lei n.° 142/77, de 9 de Abril, com alterações posteriores, incluindo por força de normas declaradas inconstitucionais) terão de ser interpretados em conformidade com o regime constante da Lei de Defesa Nacional, sob pena de se ter de entender que se encontram revogados [assim, o Supremo Tribunal Administrativo afirmou: "O artigo 4.°, n.° 12, do Regulamento de Disciplina Militar (Decreto-Lei n.° 142/77, de 9 de Abril) tem de conjugar-se com o artigo 31.° da Lei da Defesa Nacional (Lei n.° 29/82, de 11 de Dezembro)" (cfr. Acórdão de 21 de Abril de 1994; a fonte consultada cita Bol. do Min. da Just., 436, 417)]. Neste caso, o regime constante da Lei de Defesa Nacional é até mais rigoroso, pois proíbe qualquer participação em manifestações com natureza político-partidária ou sindical.

306 *Os Direitos de Reunião e de Manifestação no Direito Português*

mitação, quanto ao âmbito das faculdades protegidas e quanto aos seus limites, à luz dos artigos 31, 31-B e 31-C da referida Lei.

A diferenciação entre estes dois direitos ficou já realizada[660]. Uma reunião converte-se numa manifestação colectiva sempre que um dos seus objectivos é exteriorizar uma mensagem em relação a terceiros. Porque esta exteriorização pode ser realizada de modo silencioso, pela simples realização de uma reunião em local simbólico ou junto das instalações da entidade destinatária da mensagem, podem surgir algumas dificuldades práticas de delimitação. Mas se for possível determinar que a intenção foi efectivamente exteriorizar uma mensagem, mesmo puramente tácita, então estar-se-á perante uma manifestação.

A sua distinção tem relevância dado o regime mais restritivo aplicável às manifestações em confronto com as meras reuniões. Os militares podem participar em reuniões com natureza política, partidária ou sindical, desde logo nos termos limitados do artigo 31-B, n.° 2, mas não podem participar em manifestações desta natureza.

Por outro lado, tendo em conta a letra dos artigos 31-B e 31-C, pode-se questionar se os militares têm direito de convocar igualmente algumas espécies de manifestações ou de apenas participar nestas. Com efeito, os artigos 31-A a F encontram-se redigidos em termos deficientes, visto que se tentou dar-lhes uma conotação positiva, enquanto preceitos atributivos de direitos[661]. Daí que no artigo 31-C se permita que participem em mani-

---

[660] Vide, *supra*, parág. 1.

[661] Trata-se de objectivo expressamente assumido no parágrafo 3 da exposição de motivos do projecto de alteração à Lei de Defesa Nacional apresentado pelo Centro Democrático Social – Partido Popular: "Desde logo importa inverter a forma de configurar esta problemática, consagrando uma visão pela positiva da questão. Ou seja, importa, antes de mais, definir a regra que é aquela que determina que os militares detém nas suas esferas jurídicas os mesmos direitos dos restantes concidadãos, alterando-se a filosofia actual e reafirmando-se aqueles direitos de forma a esclarecer que não se tratam de disposições que retiram direitos mas tão só consagram limitações quanto ao seu exercício e não quanto à sua titularidade" (cfr. *Diário da Assembleia da República – Série II-A*, VIII Legislatura, n.° 041, 15 de Março de 2001, pág. 1515).

A mesma técnica constava da proposta do Governo N.° 71/VIII sobre a questão (texto em *Diário da Assembleia da República – Série II-A*, VIII Legislatura, n.° 052, 28 de Abril de 2001, pág. 1737-1739), que seria o texto que mais influenciaria o texto final acordado no seio da Comissão de Defesa Nacional (cfr. *Diário da Assembleia da República – Série II-A*, VIII Legislatura, n.° 077, 19 de Julho de 2001, pág. 2438-2439).

Esta abordagem legislativa, comum às duas iniciativas, fora igualmente assinalada pela Comissão de Defesa Nacional, no seu Relatório e parecer de 3 de Maio de 2001 (texto

festações, desde que não tenham natureza político-partidária ou sindical, sem literalmente proibir que as convoquem[662].

Contudo, o artigo 31, n.° 1, não constitui uma mera norma atributiva de direitos. Em rigor, estes decorrem da Constituição. O artigo 31[663] remete o gozo destes direitos para os artigos 31-A a 31-F, o que sugere que estes deixam de ser exercíveis directamente com base na Constituição, para só o poderem ser nos termos destes artigos. Ou seja, só poderão ser exercidos na medida em que sejam reconhecidos positivamente por estes preceitos.

Com efeito, se não se entender neste sentido o artigo 31, n.° 1, então poder-se-ia chegar à conclusão de que tudo o que não fosse proibido directamente pelos artigos 31-B a F, seria permitido/protegido constitucionalmente. Tal significaria, por exemplo, que, visto o artigo 31-C não proibir a convocação de qualquer manifestação, se poderia concluir que os militares poderiam não apenas convocar manifestações em geral, mas igualmente manifestações político-partidárias ou sindicais; somente, quando muito, não poderiam depois participar nestas. Contra esta interpretação não seria sequer possível invocar o artigo 31-B, n.° 2, alegando que as manifestações colectivas são sempre reuniões, visto que este literalmente também não proíbe a convocação de reuniões[664].

Mas, claro está, com estas interpretações esvaziar-se-ia completamente o óbvio sentido restritivo dos artigos 31 a 31-F. Apenas preceitos proibitivos como o artigo 31-B, n.° 3, teriam algum efeito útil. Assim,

---

em *Diário da Assembleia da República – Série II-A*, VIII Legislatura, n.° 054, 4 de Maio de 2001, pág. 1752-1758, na pág. 1755).

[662] O que levou a defesas de que os militares poderiam convocar manifestações; neste sentido: A. Bernardo Colaço, *Podem As Associações Militares Convocar Manifestações?* (texto em http://www.apracas.pt/home/menu/noticias/antonio_bernardo_colaco_19set05.htm).

[663] "**mas o exercício dos direitos** de expressão, reunião, manifestação, associação e petição colectiva e a capacidade eleitoral passiva **ficam sujeitos** [*sic*] **ao regime previsto nos artigos 31.°-A a 31.°-F** da presente lei, nos termos da Constituição.".

[664] De facto, poder-se-ia ir ao ponto de alegar que, por exemplo, o artigo 31-B, n.° 1, que reconhece o direito de convocar ou participar em reuniões que não tenham natureza político-partidária ou sindical, com tal não estaria a proibir a convocação ou participação nas reuniões que tivessem esta natureza; simplesmente, não estaria a atribuir o direito de o fazer. Daí que, com base neste raciocínio, seria possível convocarem ou participarem nestas reuniões recorrendo directamente à Constituição. A lei não atribuía o direito, mas dado que não proibia directamente o seu gozo, aplicava-se o artigo 45, n.° 1, da Constituição.

julga-se mesmo dever interpretar o artigo 31, n.º 1, no sentido de que este proíbe qualquer exercício dos direitos referidos fora dos termos em que são positivamente atribuídos pelos artigos 31-A a F.

Em qualquer caso, mesmo que fosse possível ultrapassar este obstáculo, sempre se teria de reconhecer que a técnica legislativa utilizada fora extremamente deficiente, sendo necessário ter em conta esta deficiência na interpretação destes preceitos. Ora, tendo presente este aspecto, do confronto entre os artigos 31-B e C, a interpretação que se afigura tecnicamente mais correcta leva a concluir que, igualmente quanto à convocação, o direito de manifestação, à luz destes preceitos, sofre mais restrições do que o direito de reunião.

Assim, o artigo 31-B, n.º 2, também não proíbe expressamente a convocação de reuniões com natureza político-partidárias ou sindical; tal proibição apenas se retira da circunstância de se proibir qualquer participação na preparação ou organização destas. Contudo, mesmo que esta restrição final não existisse, do confronto entre o n.º 1, que constitui a regra e fala em convocar ou participar, e do n.º 2, que constitui uma excepção e apenas fala em participar, já se chegaria à conclusão de que só poderiam participar e não convocar reuniões com natureza político-partidária ou sindical.

Ora, implicando as manifestações colectivas[665] uma reunião, isso significa que a manifestação colectiva constitui uma reunião qualificada, algo mais do que uma mera reunião; que, portanto, em princípio, poderá legitimamente ser sujeita a um regime mais restritivo, tendo em conta a probabilidade de ter um impacte mais significativo nos bens constitucionais a proteger com estas restrições. Deste modo, poderia fazer sentido entender que o cuidado em permitir não apenas a participação, mas igualmente a convocação no artigo 31-B, n.º 1, mas já o não fazer nos artigos 31-B, n.º 2, e 31-C, indica que se visou permitir somente a participação, mas não a convocação de quaisquer manifestações[666].

---

[665] E é destas que se trata, visto que, por força da sua natureza, claro está, não existem convocações para manifestações individuais (sobre estas últimas, vide, *supra*, parág. 1.2).

[666] Por outro lado, o artigo 2 da Lei Orgânica n.º 3/2001, de 29 de Agosto, que regula os direitos das associações de militares, também não atribui positivamente o direito de convocar manifestações, mas apenas de "Promover iniciativas de carácter cívico que contribuam para a unidade e coesão dos militares em serviço efectivo nas Forças Armadas e a dignificação dos militares no País e na sociedade" e "Realizar reuniões no âmbito das suas finalidades estatutárias". Claro está, cabe a todas as associações, nos termos do artigo 45,

Por último, o artigo 31-C tem o cuidado de exigir que a manifestação tenha sido "legalmente convocada", o que sugere que a omissão da referência à convocação foi deliberada, visando excluir o direito de o fazer aos militares.

Esta parece, pois, a interpretação técnica a retirar da Lei de Defesa Nacional vigente.

Contudo, tal interpretação força a concluir que, também neste aspecto[667], a reforma de 2001 desta Lei criou um regime mais restritivo do que aquele que veio revogar[668], o que não faz sentido, tendo em conta as declarações proferidas aquando da sua aprovação, relativamente ao aligeiramento das restrições.

Por outro lado, substancialmente, compreende-se mal a proibição de convocar qualquer manifestação. Um indivíduo que seja militar não pode convocar (isto é, tomar a iniciativa de realizar) uma manifestação espontânea de apoio ao clube desportivo local depois de este ter vencido um qualquer torneio organizado pela junta de freguesia? Será necessária esta restrição ao direito de manifestação, tendo em conta os fins em relação aos quais se legitimam as restrições consagradas no artigo 270? Resulta esta imposta na "estrita medida das exigências próprias das respectivas funções", quando estas não parecem minimamente afectadas? Não cons-

---

n.º 2, CRP, o direito de organizar e convocar manifestações, daí que o artigo 2 não seja decisivo, sendo necessário ter em conta o artigo 3 que remete para as restrições estabelecidas pelos referidos artigos 31 a 31-F da Lei de Defesa Nacional. Deste modo, a questão somente pode ser resolvida em termos decisivos com base nestes últimos preceitos.

[667] Noutro aspecto, a versão vigente, além de exigir, como a original, que os militares trajem à civil, veio exigir que não exibam quaisquer símbolos das Forças Armadas, o que se compreende, mas igualmente que não exibam símbolos nacionais. Um militar não pode então levar uma bandeira nacional para qualquer manifestação, nem sequer, por exemplo, desportiva? Trata-se de um regime absurdo que tem de ser interpretado no sentido de tal apenas ser proibido se a sua exibição puder colocar em causa a disciplina, ou o tendencial apoliticismo dos militares.

No que diz respeito ao direito de reunião, o artigo 31, n.º 4, original, literalmente, *a contrario*, parecia permitir a convocação de reuniões de carácter político, partidário ou sindical, mas a sua proibição decorria da circunstância de ser vedado o desempenho de qualquer função nestas.

[668] Recorde-se que, na sua versão original, o artigo 31, n.º 5, estabelecia "Os cidadãos referidos no n.º 1 não podem convocar ou participar em qualquer manifestação de carácter político, partidário ou sindical". *A contrario*, tendo em conta o artigo 45, n.º 2, CRP, bem como o próprio n.º 7 do artigo, retirava-se que podiam não apenas participar, mas igualmente convocar manifestações que não tivessem este carácter.

310   *Os Direitos de Reunião e de Manifestação no Direito Português*

tituirá esta restrição um excesso de prevenção, do género "na dúvida quanto à legitimidade das manifestações, o melhor é proibir a convocação de todas"?

Segundo se julga, resulta claro que uma restrição com este âmbito seria perfeitamente desnecessária. O que força a concluir que esta interpretação do artigo 31-C da Lei de Defesa Nacional é inconstitucional e, por uma interpretação conforme com a Constituição, se impõe interpretar o preceito, mesmo à margem do seu sentido técnico, no sentido de que este não proíbe a convocação de manifestações que não tenham natureza política, partidária ou sindical. Em qualquer caso, mesmo que se concluísse que tal interpretação permissiva era tecnicamente insustentável, a proibição de convocação de uma manifestação não enquadrável em qualquer um destas categorias é inconstitucional e, portanto, aplicar-se-ia directamente o artigo 45, n.º 2, altura em que seria admissível tal convocação.

Seja como for, existem questões bem mais relevantes neste regime restritivo do que esta, visto que se trata de uma restrição facilmente contornável. Basta que a manifestação seja convocada por pessoas não abrangidas por esta restrição e que os militares se limitem a participar nesta[669].

Em todo o caso, do confronto entre o artigo 31-B e o artigo 31-C, dado que o segundo utiliza a expressão "direito de participar" em termos análogos[670] aos utilizados pelo artigo 31-B, n.º 1, em vez do restritivo "assistir" previsto no artigo 31-B, n.º 2, e não proíbe a organização ou preparação, será sempre legítimo que os militares intervenham na preparação

---

[669] Assim, na sequência da proibição decidida pelo Governo Civil de Lisboa (de discutível legitimidade, tendo presente que as funções deste órgão não parecem compreender a disciplina militar: vide, *infra*, parág. 8.1.1) da manifestação convocada por algumas associações profissionais de militares para o dia 13 de Setembro de 2005, com base no fundamento de que "tem natureza sindical e põe em causa a disciplina e coesão das Forças Armadas" (o que viria a ser confirmado judicialmente), foi convocada nova manifestação para o dia 21 de Setembro por três familiares de militares, que não viria a deparar com obstáculos administrativos. Contudo, porque a verdadeira restrição não é essa, mas a proibição de participação em manifestações que tenham "natureza político-partidária ou sindical" ou que ponham "em risco a coesão e a disciplina das Forças Armadas", o Governo viria a proibir a participação dos militares no activo nesta manifestação (cfr. *Declaração sobre manifestação convocada por três cidadãs*, 19 de Setembro de 2005; texto em http:// www.portugal.gov.pt).

[670] Até em termos mais amplos, pois fala em "direito de", enquanto o artigo 31-B, n.º 1, fala em "podem". Mas visto que uma manifestação colectiva implica a existência de uma reunião, não faz sentido considerar que o regime de participação em manifestações é mais amplo do que o de em meras reuniões.

Limitações, restrições e ablações 311

e organização e tomem a palavra numa manifestação que não tenha natureza "político-partidária ou sindical", no respeito pelos limites impostos pelo artigo 31-A e parte final do artigo 31-C.

7.4.2.3. *Acções políticas*

Mas questões mais delicadas se colocam em relação à determinação do que entender por "natureza político-partidária ou sindical" e por pôr "em risco a coesão e a disciplina das Forças Armadas" e quanto à sua legitimação constitucional.

A proibição de determinadas actividades com natureza partidária ou política em geral tem base expressa na Constituição (artigo 275, n.º 4). Resta, contudo, saber que actividades são estas.

Em rigor, não obstante a letra do artigo 275, n.º 4, as Forças Armadas não são apenas apartidárias, devem igualmente ser apolíticas[671], no sentido de não poderem adoptar actos políticos ou ter uma política própria contrária à adoptada pelos órgãos de soberania. A sujeição destas ao Governo, enquanto partes integrantes da Administração directa do Estado, sobre a qual este exerce poderes de direcção [cfr. artigo 199, al. d)[672]], pode, contudo, fazer perigar o seu apartidarismo[673]. Este perigo é minimizado graças à intervenção e controlo por parte dos outros órgãos de soberania, em particular do Presidente da República, enquanto comandante supremo das Forças Armadas, com algumas competências significativas na matéria, bem como em relação às competências legislativas reservadas à Assembleia da República sobre a matéria. Mas um papel cabe igualmente aos Tribunais, impondo o respeito da legislação vigente[674].

---

[671] Neste sentido: A. Araújo, *Direito e Deveres* (…), cit., pág. 304.

[672] "Dirigir os serviços e a actividade da administração directa do Estado, civil e **militar** (…)".

Igualmente o artigo 35, n.º 1, da Lei de Defesa Nacional ("As Forças Armadas inserem-se na administração directa do Estado através do Ministério da Defesa Nacional") e o n.º 1 do artigo 1.º da Lei Orgânica de Bases da Organização das Forças Armadas (Lei n.º 11/91, de 29 de Agosto).

[673] Vide D. Freitas do Amaral, *A Constituição e as Forças Armadas*, em *Portugal: O Sistema Político e Constitucional – 1974/87* (coord. B. Coelho), Lisboa, 1989, págs. 647-661, nas págs. 652-655; Alexandra Leitão, *A Administração Militar*, em C. Blanco de Morais/A. Araújo/A. Leitão, *O Direito da Defesa Nacional e das Forças Armadas*, Lisboa, 2000, pág. 439-527, na pág. 448.

[674] O perigo é mais sério em regimes presidencialistas, em que o Presidente, enquanto chefe do executivo, tem um poder muito mais amplo sobre as Forças Armadas.

312   *Os Direitos de Reunião e de Manifestação no Direito Português*

O facto de a Constituição falar em apartidarismo das Forças Armadas, e não directamente dos seus elementos, levanta algumas dúvidas quanto aos deveres que incidem sobre os militares por decorrência deste carácter. Com efeito, não é exactamente a mesma coisa afirmar-se que as Forças Armadas são apartidárias ou afirmar-se que os seus elementos o são.

Assim, estabelecendo paralelos, o carácter "apartidário" das Forças Armadas impõe mais deveres aos seus elementos do que os deveres dos restantes órgãos do Estado, e demais entidades públicas, de igualdade de tratamento e imparcialidade das diversas candidaturas durante campanhas eleitorais, que se resume a um dever aplicável no exercício das suas funções[675]. Neste caso, mais do que um dever com carácter pessoal, trata-se de um dever de não utilizar a sua função ou os meios do Estado para favorecer determinadas candidaturas. Ora, os deveres dos militares, tendo em conta a sua disponibilidade permanente, aplicam-se independentemente de estarem ou não de serviço, sendo, portanto, bem mais rigorosos. Mas nem por isso se pode considerá-los como "apartidários". Apartidárias são as Forças Armadas, enquanto instituição. Cada militar, mesmo em efectividade de funções, pode em consciência ter o seu partido e exteriorizar essa preferência em privado e no exercício do seu direito de voto[676], não podendo ser prejudicado por isso (cfr. artigo 269, n.º 2 CRP). E, como se verificou, pode mesmo exteriorizar publicamente essa sua preferência pela presença discreta em reuniões partidárias[677].

Daí as alegações, nos EUA, de utilização destas externamente para fins igualmente internos de natureza partidária, apoiadas em estudos empíricos (ver Benjamin Fordham, *The Politics of Threat Perception and the Use of Force: A Political Economy Model of U.S. Uses of Force, 1949–1994*, International Studies Quarterly, 42, 1998, pág. 567–590, na pág. 583-584).

[675]   Cfr. artigo 113, n.º 3, al. b) e c), CRP.

Este dever é concretizado nestes termos pelo artigo 3 da Lei n.º 26/99, de 3 de Maio que, sob a epígrafe "Neutralidade e imparcialidade das entidades públicas", estabelece no seu n.º 1 que "nessa qualidade, os respectivos titulares" e, no n.º 2, igualmente os funcionários e agentes, "no exercício das suas funções", se encontram sujeitos a estes deveres. Não podendo, igualmente "no exercício das suas funções", exibir "símbolos, siglas, autocolantes ou outros elementos de propaganda" (n.º 3).

[676]   Recorde-se que o artigo 270 CRP apenas admite restrições à capacidade eleitoral passiva, não à activa. Qualquer restrição do direito de voto dos militares seria grosseiramente inconstitucional.

[677]   Não é, pois, rigoroso o artigo 31, n.º 2, da Lei de Defesa Nacional ao afirmar que "Os militares em efectividade de serviço são rigorosamente apartidários". O mesmo normativo consta do artigo 3, n.º 1, da Lei Orgânica da Guarda Nacional Republicana

Neste sentido, os militares não têm de ser nem apartidários, nem apolíticos. Aliás, o artigo 275, n.º 4, não o afirma. Limita-se a afirmar que os indivíduos que desempenham funções militares não se podem servir destas ou dos meios colocados à sua disposição para realizar intervenções políticas. Ou seja, *a contrario*, tendo presente o artigo 48 CRP, podem realizar actos políticos no respeito destas condições, desde que tal não coloque em causa os referidos deveres decorrentes do apartidarismo das Forças Armadas ou colida com "as exigências próprias das respectivas funções" (artigo 270). Em suma, julga-se poder afirmar que os militares têm um dever de rigorosa isenção política no exercício das suas funções e de reserva política fora destas, não podendo, designadamente, tendo presente as restrições à liberdade de associação, filiar-se em partidos políticos[678].

Visando concretizar esta obrigação, a Lei de Defesa Nacional, nos seus artigos 31-B e C, limita o exercício dos direitos de reunião e de manifestação nos termos já analisados, quando estão em causa reuniões ou manifestações com "natureza político-partidária". Mas, claro está, a junção das duas palavras não pode de modo nenhum levar a limitar ao plano partidário o âmbito destas restrições aos direitos dos militares. A Constituição é bem mais abrangente e é nesse sentido que se deve interpretar a expressão. Existem múltiplos actos de intervenção política não partidária que são vedados aos militares. Aliás, a Lei de Defesa Nacional é inconsistente na utilização do termo, pois distingue igualmente as acções políticas das partidárias (artigos 31-A, n.º 1; 31-D, n.º 1, ou 31-E)[679]. A autonomização das actividades partidárias no seio do espectro político sugere apenas que é especialmente em relação àquelas que devem ser adoptadas maiores cautelas.

(Decreto-Lei n.º 231/93, de 26 de Junho, com alterações dos Decretos-Lei n.º 298/94, de 24 de Novembro; n.º 188/99, de 2 de Junho, e n.º 15/2002, de 29 de Janeiro).

[678] O Tribunal Europeu dos Direitos Humanos, tendo presente as restrições admitidas pelo artigo 11, n.º 2, da Convenção, relativo à liberdade de associação, aceitou que mesmo polícias poderiam ser proibidos de ser membros de partidos: "the prohibition on membership of a political party by police officers as contained in Article 40/B § 4 of the Constitution is (…) [not] arbitrary. The contested restriction was consequently "lawful" within the meaning of Article 11 § 2" (cfr. *Rekvényi v. Hungary*, Grand Chamber, Judgment, 20 May 1999, parág. 60).

[679] O deputado João Amaral, em intervenção na especialidade no plenário, chamou igualmente a atenção para esta inconsistência: "o uso contraditório das expressões «partidário», «político-partidário» e «político e partidário»" (cfr. *Diário da Assembleia da República – Série I*, VIII Legislatura, n.º 105, 18 de Julho de 2001, pág. 4114).

314 *Os Direitos de Reunião e de Manifestação no Direito Português*

Sinteticamente, actos com fins políticos, incluindo os partidários, serão os que têm por fim influenciar directamente o exercício do poder político por qualquer entidade pública titular deste ou a acção de um partido ou associação política, ou conceder-lhes apoio.

Para a concretização do que entender por uma reunião com natureza política, em que se integram sempre as partidárias, sujeita ao restritivo regime do artigo 31-B, n.° 2, não basta ter presente a distinção entre reuniões abertas ao público, que assumem carácter público, de reuniões privadas, em que apenas pessoas convidadas podem participar. Especialmente em relação a reuniões partidárias, existirão reuniões privadas em que tais restrições se aplicarão[680]. Um militar deve evitar assumir protagonismo no interior de partidos, sob pena de se estar a converter de facto num militante. Pelo contrário, elas não fazem o menor sentido em relação a reuniões estritamente privadas entre pessoas ligadas por laços pessoais ou restritas, encerradas ao público e sem carácter partidário, mesmo que o tema acabe por ser político. Daí o artigo 31-A, n.° 1, apenas impor restrições às declarações feitas em público.

7.4.2.4. *Acções sindicais*

Em relação à questão do fim sindical, como ficou escrito, é necessário ter presente que, à luz da noção legal de sindicato[681], as associações sócio-profissionais de militares já constituem formas de sindicatos[682], que apenas se distinguem dos sindicatos em sentido próprio pela circunstância

---

[680] Tal resulta claro da contraposição entre o artigo 31-B da Lei de Defesa Nacional, que não distingue as reuniões públicas das privadas, e o artigo 6, al. c), da Lei n.° 39/2004, de 18 de Agosto, que regula o associativismo na Guarda Nacional Republicana, que estabelece "e, **tratando-se de acto público**, não integrarem a mesa, usarem da palavra ou exibirem qualquer tipo de mensagem". Ou seja, no caso dos agentes da Guarda, esta restrição apenas se aplica a reuniões públicas. Não já no caso de militares, embora a teleologia do preceito leve a limitar a aplicação das restrições nos termos descritos.

[681] Artigo 476 do Código do Trabalho: "Entende-se por: *a*) Sindicato — associação permanente de trabalhadores para defesa e promoção dos seus interesses sócio-profissionais".

[682] Também o Conselho Consultivo da Procuradoria Geral da República, no seu Parecer n.° 79/92, adoptado em 1 de Abril de 1993, parág. 3.5.3, já opinava no sentido de a Associação de Oficiais das Forças Armadas, à luz dos seus estatutos, que permitiam a defesa dos "interesses profissionais e estatutários, numa perspectiva (…), social (…)" dos seus associados, constituir uma associação sindical ou susceptível de desenvolver actividades desta natureza.

Limitações, restrições e ablações 315

de não poderem recorrer a certos instrumentos e de não serem titulares de determinados direitos[683]. Não se trata apenas do direito de convocar greves, trata-se também da negociação colectiva, do direito de convocar manifestações e, em geral, de apelar abertamente à opinião pública. Mas quanto aos fins a prosseguir, estas associações já têm natureza sindical. O que significa que não é possível qualificar uma reunião como sindical, e considerá-la proibida, exclusivamente com base nos seus fins, visto que os membros destas associações têm necessariamente de se poder reunir com vista a prossecução de fins sócio-profissionais; isto é, sindicais.

Nos termos do artigo 2 da referida Lei do direito de associação profissional dos militares, estas têm o direito de ser ouvidas pelos órgãos competentes sobre o "estatuto profissional, remuneratório e social dos seus associados" [al. b)] e integrarem "conselhos consultivos, comissões de estudo e grupos de trabalho constituídos para proceder à análise de assuntos de relevante interesse para a instituição, na área da sua competência específica" [al. a)], que necessariamente compreendem também as questões referidas na al. b). Trata-se de questões eminentemente sindicais. Segundo se julga, está-se aqui perante uma concretização do direito previsto no artigo 56, n.º 2, al. a), CRP, com todas as consequências quanto à inconstitucionalidade formal (procedimental) da legislação aprovada, em caso de falta de participação[684]. Ora, estas associações necessitam de reunir para discutir estas questões, formular e consensualizar com os seus associados as posições a assumir, como fica reconhecido na al. e).

São-lhes ainda reconhecidos os direitos de divulgar as suas iniciativas junto dos militares [al. f)] e, especialmente, de exprimir as suas opiniões sobre as "matérias expressamente incluídas nas suas finalidades estatutárias" [al. g)], incluindo, pois, necessariamente, as relativas ao "estatuto profissional, remuneratório e social" dos militares. Trata-se de um direito de exteriorizar as suas acções e opiniões de forma pública, visto que a sua expressão privada ou restrita em relação aos seus associados, aos órgãos competentes e aos militares em geral, consta já das citadas als. a), b), f) e g).

É certo que estes direitos são limitados no artigo 3, n.º 1, por uma remissão para o regime da Lei de Defesa Nacional, mas, sob pena de

---

[683] Cfr. artigos 55, n.º 5, e 56 CRP e 477 do Código do Trabalho.

[684] Segundo jurisprudência pacifica; cfr. G. Canotilho/V. Moreira, *Constituição* (…), cit., págs. 295-296 e 306; Rui Medeiros, *Artigo 56*, em Jorge Miranda/Rui Medeiros, *Constituição Portuguesa Anotada*, Tomo I, Coimbra, 2005, pág. 550-574, na pág. 554-564.

316 *Os Direitos de Reunião e de Manifestação no Direito Português*

serem esvaziados de qualquer sentido, dificilmente estas conclusões poderão ser colocadas em causa. Claro está, esta expressão pública de opiniões sindicais não pode colocar "em risco a coesão e a disciplina das Forças Armadas nem desrespeitem o dever de isenção política e sindical ou o apartidarismo dos seus elementos" (artigo 31-A, n.º 1 da Lei de Defesa Nacional[685]). Neste caso, por isenção sindical parece dever-se entender simplesmente a não subordinação das suas declarações aos objectivos de outros sindicatos não militares, desvinculados dos limites específicos a que estas associações de militares se encontram. Por outro lado, a coesão e a disciplina militares imporão contenção na linguagem, tom e meios a que podem recorrer. Especialmente, as declarações aos meios de comunicação social devem ser realizadas em termos prudentes, com rigorosa isenção partidária[686] e ser dirigidas contra o acto e não contra o órgão que o aprovou[687-688].

Assim, estas associações podem realizar declarações com fins sindicais (isto é, sócio-profissionais), bem como convocar, organizar e dirigir reuniões com os mesmos fins no âmbito do seu funcionamento e divulgação dos seus objectivos e actividades junto de militares, "desde que trajem civilmente e sem ostentação de qualquer símbolo das Forças Armadas" (artigo 31-B, n.º 1 da Lei de Defesa Nacional). Em que qualquer militar poderá intervir sobre assuntos relacionados com estes fins. Trata-se de

---

[685] E, claro está, não revelarem questões "cobertas pelo segredo de justiça ou pelo segredo de Estado e, ainda, por quaisquer outros sistemas de classificação de matérias, e, ainda, quanto aos factos de que se tenha conhecimento, em virtude do exercício da função, nomeadamente os referentes ao dispositivo, à capacidade militar, ao equipamento e à actividade operacional das Forças Armadas, bem como os elementos constantes de centros de dados e demais registos sobre o pessoal que não devam ser do conhecimento público" (artigo 31-A, n.º 2 da Lei de Defesa Nacional).

[686] Sem qualquer referência a eventuais iniciativas políticas de partidos da oposição, e, muito menos, apelos ou elogios a estes.

[687] Em relação ao fundamento constitucional, âmbito e relevância da coesão e disciplina militares, vide, *infra*, parág. 7.4.2.5.

[688] Estas concretizações, claro está, não eliminam a enorme margem de incerteza quanto ao âmbito destas restrições. Na prática, têm-se imposto sanções disciplinares de cunho penal com grande ligeireza em consequência de declarações proferidas mesmo em reuniões encerradas ao público (cfr. *Presidente Associação Praças da Marinha punido com três dias de detenção*, 15-11-2005 9:55:00, LUSA, Notícia SIR-7490803: "Na base da decisão do Estado-Maior da Armada estarão declarações" em que acusava "a Marinha de ter convocado exercícios navais para 13 de Setembro, dia para o qual estava marcada a manifestação, como forma de limitar a adesão ao protesto").

conclusão incontornável, tendo em conta a legitimidade legalmente reconhecida dos seus fins sindicais/sócio-profissionais e a necessidade destas actividades para a sua prossecução.

Mas, sob pena de se esvaziar a proibição de reuniões sindicais constante do artigo 31-B da Lei de Defesa Nacional, é necessário entender que tais reuniões não podem ser reuniões públicas, ou seja, reuniões abertas ao público em geral. Apenas podem participar ou assistir militares ou pessoas com estes relacionados em termos pessoais ou profissionais, mas não o público em geral e muito menos a comunicação social. Porque tal implicaria um recurso à opinião pública, que constitui um meio sindical proibido, e porque tal não se revela estritamente necessário para o desempenho das funções destas associações. Quaisquer reuniões públicas terão de respeitar os termos impostos pelo artigo 31-B, n.º 2, da Lei de Defesa Nacional; isto é, os militares não poderão usar "da palavra nem exercer (...) qualquer função no âmbito da preparação, organização, direcção ou condução dos trabalhos ou na execução das deliberações tomadas", nem mesmo se forem órgãos de uma associação sócio-profissional.

Por outro lado, não poderão convocar ou participar em qualquer manifestação com fins sindicais; isto é, sócio-profissionais. As manifestações constituem uma forma proibida de prossecução de fins com esta natureza por estas associações. Além de esta conclusão interpretativa decorrer do claro artigo 31-C da Lei de Defesa Nacional, estaria em causa o recurso à opinião pública de uma forma bem mais drástica do que aquela a que podem recorrer por meio de meras declarações públicas contidas. Meio que ainda que seja indiscutivelmente útil, não se revela estritamente necessário para a prossecução das suas actividades, como se verifica em relação a reuniões sindicais privadas. Acresce que, da perspectiva do legislador, claramente plasmada, manifestações sindicais colidem com o bem constitucional "coesão e disciplina militares"[689].

---

[689] Assim, entre elementos recentes de execução deste regime, nada existe a apontar à decisão do Governo de reafirmar, em declaração dos Ministros de Estado e da Administração Interna e da Defesa Nacional de 19 de Setembro de 2005, "que os militares estão proibidos de participar na manifestação convocada por familiares de militares para o dia 21" (cfr. http://www.portugal.gov.pt/Portal/PT/Governos/Governos_Constitucionais/ GC17/Ministerios/MDN/Comunicacao/Intervencoes/20050919_MDN_Int_Militares.htm), tendo em conta as medidas contra as quais a manifestação fora convocada.

Menos clara é a decisão do Governo Civil de proibir uma manifestação com fins idênticos convocada por três associações de militares para o dia 13 de Setembro de 2005, não por motivos substanciais, mas por não parecer constituir parte das competências do

318 Os Direitos de Reunião e de Manifestação no Direito Português

Uma palavra final em relação à questão da organização de iniciativas que respeitem o regime descrito por militares à margem das associações. Poderão estes gozar dos direitos das associações, nos termos constantes do artigo 2, que não dependam de um estatuto de representante associativo (ou seja, da liberdade de expressão sobre a condição profissional, direitos de reunião e de manifestação), ou estes direitos apenas poderão ser usados nas condições mais limitadas previstas na Lei de Defesa Nacional? Serão aqueles apenas legítimos no âmbito de iniciativas levadas a cabo por estas associações? Julga-se relativamente claro que estes direitos, no âmbito de iniciativas associativas, poderão ser gozados mesmo por militares que não constituam órgãos, ou sequer membros, destas associações[690]. Mas coloca-se a questão de saber se podem ser convocadas iniciativas do género por militares à margem destas associações.

A questão não é de resposta cristalina. A letra dos artigos 2 e 3 da referida Lei sobre o direito de associação dos militares sugere que não,

---

Governador Civil executar estas restrições. Perante um aviso prévio de uma reunião/manifestação organizada por militares em violação do seu regime particular, a via adequada será o Governo Civil denunciar tal intenção às autoridades militares, para que actuem em conformidade com as respectivas competência na matéria. Assim, o Tribunal Administrativo e Fiscal de Lisboa entendeu que os militares não poderiam ser proibidos pelo Governo Civil de participar numa manifestação, que ficariam apenas sujeitos às sanções previstas no Regulamento de Justiça Militar (cfr. http://www.correiodamanha.pt/noticia.asp?id =175157&idCanal=90).

Contudo, em termos substanciais, não parece que fossem procedentes as alegações de inconstitucionalidade da decisão constantes de Comunicado Conjunto de 9 de Setembro destas associações (texto disponível em http://www.apracas.pt/home/menu/comun/2005/comun_conj_09set05.htm). Esta decisão seria, aliás, confirmada por sentença do Tribunal Administrativo e Fiscal de Lisboa de 13 de Setembro de 2005 [cfr. *Tribunal Administrativo mantém proibição de manifestação*, Lusa, 13-09-2005, Notícia SIR-7315710 (http://www.lusa.pt)], que não foi possível consultar.

Se manifestações convocadas para protestar contra o regime de congelamento de progressões nas carreiras previsto na Lei n.º 43/2005, de 29 de Agosto, de alteração dos termos de assistência médica ou de adiamento da idade da reforma não tivessem carácter sindical, apenas poderiam ser qualificadas desta forma as determinadas por questões salariais, o que seria uma visão restritiva insustentável. Todas estas matérias estão relacionadas com o estatuto profissional, remuneratório e social dos militares, todas tendo natureza sindical (cfr. o citado artigo 476 do Código do Trabalho).

[690] O artigo 6 da Lei n.º 39/2004, de 18 de Agosto, relativa ao associativismo profissional na Guarda Nacional Republicana deixa isso mais claro ("O exercício dos direitos consagrados no artigo anterior está sujeito às restrições previstas na presente lei, **não podendo os militares da GNR**"), mas a conclusão afigura-se idêntica.

Limitações, restrições e ablações 319

pois refere-se a direitos das associações. Literalmente, apenas os militares órgãos destas parecem poder usar tais direitos[691].

Porém, esta solução cria dificuldades. Assim, ficaram levantadas reservas à proibição de criação de comissões de militares ao nível de unidades[692], o que leva a concluir que estes direitos devem poder ser gozados por militares não filiados em associações.

Depois, tal criaria, sem base constitucional, um dualismo de regimes quanto ao aproveitamento de direitos, liberdades e garantias que parece ferir o princípio da igualdade (artigo 13 CRP) e as preocupações subjacentes à exigência de generalidade das leis restritivas destes, nos termos do artigo 18, n.º 3, CRP. Compreende-se mal que, estando em causa direitos fundamentais, a circunstância de um militar ser órgão de uma associação, que pode até não ter qualquer representatividade, lhe dê maiores direitos do que a um colega de armas.

Acresce que se os bens constitucionais em causa não são afectados de modo gravoso pelo gozo de um direito por um órgão associativo, por que motivo deveriam sê-lo se for por um simples militar? A criação de um regime restritivo mais liberal coloca sérias dúvidas quanto à necessidade do regime mais restritivo. É certo que se pode afirmar que no caso de um órgão associativo tais bens colidem ainda com um direito adicional, a liberdade sindical, o que justificaria um regime mais liberal. Mas sempre se poderá responder que estarão igualmente em causa direitos de eventuais comissões de militares ou, simplesmente, a liberdade de expressão e de defesa de direitos e interesses sócio-profissionais que deve caber a qualquer militar e não apenas a órgãos associativos. Acresce que a liberdade sindical não significa apenas o direito de os sindicatos levarem a cabo as suas actividades ou sequer de os trabalhadores criarem sindicatos, e sim, sobretudo, uma liberdade de desenvolver actividade sindical; isto é, actividade de defesa de interesses sócio-profissionais[693].

---

[691] O regime de restrições aplicável à Polícia Marítima, constante da Lei n.º 53/98, de 18 de Agosto, sugere igualmente um regime diferenciado para as actividades convocadas pelas associações sócio-profissionais dos membros desta Polícia, pois o seu artigo 6, al. e), proíbe "Exercer o direito de reunião, **salvo por convocação das respectivas associações profissionais** e desde que o tratamento de assuntos se enquadre no âmbito das suas atribuições e competências".

[692] Cfr., *supra*, o parág. 7.4.2.1.

[693] A liberdade sindical é plasmada como um instrumento dos trabalhadores "para defesa dos seus direitos e interesses" (artigo 55, n.º 1, CRP).

320 Os Direitos de Reunião e de Manifestação no Direito Português

Finalmente, uma defesa de um regime duplo criaria sérias incertezas quanto à sua articulação. Bastaria a presença de militares membros de tais associações para se aplicar o regime mais liberal previsto na Lei relativa ao direito de associação dos militares ou seria necessária a presença de órgãos dirigentes ou mesmo que tivessem sido estes a convocar a iniciativa? E se se tratasse de iniciativas levadas a cabo por militares tendo em vista a criação de uma nova associação? Tal indefinição, numa matéria relativa a restrições a direitos, liberdades e garantias, com relevância disciplinar de contornos penais[694], seria incompatível com as garantias de certeza jurídica exigidas nesta matéria[695].

---

[694] Recorde-se o artigo 27, n.º 3, al. d), CRP, concretizado, designadamente, nos artigos 26-28 do Regulamento de Disciplina Militar (aprovado pelo Decreto-Lei n.º 142/ /77, de 9 de Abril, com alterações posteriores, incluindo por força de normas declaradas inconstitucionais). Sobre a inconstitucionalidade deste preceito introduzido por revisão constitucional, vide, *infra*, parág. 7.4.2.5, nota 696.

[695] Exigência que constitui um mínimo imposto pelo direito à certeza jurídica, de previsibilidade da aplicação do Direito, especialmente sancionatório, corolário do direito de acesso ao Direito (artigo 20, n.º 1, CRP; note-se, contudo, que a Lei n.º 34/2004, de 29 de Julho, que regula a questão, nada diz quanto à necessidade de tornar a legislação mais acessível, em termos de linguagem e de clareza, limita-se no artigo 4 a estabelecer, sob a epígrafe "dever de informação": "Incumbe ao Estado realizar, de modo permanente e planeado, acções tendentes a tornar conhecido o direito e o ordenamento legal, através de publicação e de outras formas de comunicação, com vista a proporcionar um melhor exercício dos direitos e o cumprimento dos deveres legalmente estabelecidos"; concretiza, pois, o artigo 20, n.º 2, sem dar qualquer conteúdo ao artigo 20, n.º 1, CRP: "acesso ao Direito"), que tem como seu principal corolário o princípio da legalidade e tipicidade penal (artigo 29, n.º 1, CRP).

O Tribunal Constitucional já aceitou que o princípio da tipicidade se aplica igualmente ao Direito sancionatório. Assim, estando em causa uma contra-ordenação, afirmou: "O mínimo de determinabilidade há-de, em todo o caso, de se revestir de um grau de precisão tal que permita identificar os tipos de comportamentos descritos, na medida em que integram noções correntes da vida social, aferidas pelos padrões em vigor" (cfr. Acórdão 338/03, de 7 de Julho de 2003, II.4). Vide igualmente J. Miranda, *Manual* (…), Volume IV, cit., pág. 203-204; Taipa de Carvalho, *Artigo 29*, em Jorge Miranda/Rui Medeiros, *Constituição Portuguesa Anotada*, Tomo I, Coimbra, 2005, pág. 323-331, na pág. 331. E quanto à exigência em geral de as leis restritivas terem um conteúdo determinável: J. Reis Novais, As *Restrições* (…), cit., pág. 768-778 e em *Os Princípios Constitucionais Estruturantes da República Portuguesa*, Coimbra, 2004, pág. 262.

Igualmente, designadamente, o Tribunal Europeu dos Direitos Humanos tem exigido que qualquer restrição a um direito garantido seja estabelecida por lei minimamente clara (por exemplo, entre muito outros: *Rekvényi v. Hungary*, Grand Chamber, Judgment, 20 May 1999, parág. 60).

O melhor é entender que o regime estabelecido pela Lei do direito de associação profissional dos militares alterou genericamente estas restrições em relação a todos os militares em relação a questões sócio-profissionais/sindicais. Ou seja, não houve uma revogação do regime constante da Lei de Defesa Nacional, mas a sua derrogação quanto a questões desta natureza. Deste modo, julga-se que qualquer punição de um militar por um acto legitimado por este regime mais liberal constante da Lei sobre o direito de associação dos militares seria de constitucionalidade muito duvidosa.

7.4.2.5. *A coesão e a disciplina militares*

Coloca-se, finalmente, a questão de determinar se, tendo em conta este vasto âmbito, o gozo destes direitos com fins sindicais pode sofrer ainda compressões adicionais. O que conduz à outra imposição, directamente relacionada com a restrição severa do gozo destes direitos com fins sindicais: a restrição de não colocar "em risco a coesão e a disciplina das Forças Armadas".

Esta claramente não tem base no artigo 275, n.º 4, CRP, que apenas fala no apartidarismo das Forças Armadas e no não aproveitamento da função e meios por parte dos militares para intervir politicamente. Mas estes não constituem os únicos bens constitucionais que legitimam as restrições previstas no artigo 270. O artigo 270 fala bem mais latamente nas "exigências próprias das respectivas funções".

Ora, tudo indica que a Constituição reconhece a disciplina militar como uma exigência própria da função militar, sendo um bem que legitima igualmente a imposição das restrições previstas no artigo 270. Assim, a Constituição vai ao ponto de admitir prisão disciplinar, decidida administrativamente, mesmo que com recurso para os Tribunais [artigo 27, n.º 3, al. d)[696]], num desvio grave aos princípios fundamentais criminais

---

[696] Sublinhe-se que, em mais do que um acórdão, o Tribunal Constitucional sustentou que esta disposição não se aplicava aos agentes militarizados, mas somente aos militares, como decorre da sua letra, do facto de a noção de militar se contrapor à de agente militarizado no artigo 270, dos seus trabalhos preparatórios, em que apenas se referiu a situação dos militares das Forças Armadas, e de ampla jurisprudência ordinária nesse sentido.

Assim, o plenário do Tribunal Constitucional, no Acórdão 103/87, de 24 de Março/6 de Maio de 1987, parág. 23 (texto em *Diário da República*, 1.ª série, n.º 103, de 6 de Maio de 1987, pág. 1871-1903, na pág. 1883), entendeu que o artigo 27, n.º 3, al. d), não se aplicava a simples agentes militarizados. É certo que pensava na categoria da então PSP e não

322 *Os Direitos de Reunião e de Manifestação no Direito Português*

que reservam esta forma de punição somente para os crimes e para ser imposta apenas por sentença judicial. Seria difícil conceber confirma-

da GNR, mas as declarações foram feitas em termos genéricos: "Nestas condições – e não podendo, desde logo, perder-se de vista o flagrante contraste entre o âmbito de referência do preceito constitucional agora em causa ("militares") e o do artigo 270.° ("militares" e "agentes militarizados") – não se afigura, na verdade, legítimo estender a possibilidade da aplicação de tais penas de "prisão disciplinar", para além desse domínio, a simples "agentes militarizados"" (pág. 1883).

Ainda mais claro foi também o plenário do Tribunal Constitucional no Acórdão n.° 308/90, de 5 de Dezembro de 1990. Em relação a estas formas de prisão disciplinar, afirmou "a Constituição expressivamente apenas as considera susceptíveis de aplicação a militares [artigo 27, n.° 3, al. c)] e já não a simples "agentes militarizados"" (texto em *Diário da República*, 1.ª série-A, n.° 17, de 1 de Janeiro de 1991, pág. 327-336, pág. 331, parág. 7.2 e também 7.3).

A mesma jurisprudência fora adoptada, desde 1982, pelo Supremo Tribunal Administrativo. Assim, no acórdão de 15 de Maio de 2002, processo n.° 038658, do Pleno da Secção de Contencioso Administrativo do Supremo Tribunal Administrativo, afirma-se: "Na verdade, ainda recentemente este Tribunal Pleno, no seu acórdão de 15/3/2001 (rec. n.° 31 012), decidiu no sentido de que a norma do art. **27.°, n.° 1, al. d) da Constituição** [al. c) na anterior redacção desde a revisão de 82] **apenas permite a aplicação de penas disciplinares de prisão aos militares das Forças Armadas. Trata-se de entendimento que se pode considerar como sedimentado na jurisprudência deste Supremo Tribunal,** cuja primeira espécie conhecida se pode ver no acórdão de 24/6/82 (rec. n.° 16043), publicado no " Apêndice " ao DR, II Série, de 10/12/85, a que seguiram muitas outras decisões no mesmo sentido, como se pode ver, entre outros, dos acs. de 8/6/93, rec. n.° 31 012, de 19/5/94, rec. n.° 31 373, de 10/11/94, rec. n.° 30 993, e de 22/5/97, rec. n.° 38 915 (…). Deles se afastou apenas, ao que se sabe, o ac. de 3/6/93, rec. n.° 30 976, cuja doutrina não teve porém seguimento".

Porém, não obstante todo este circunstancialismo jurídico, o Tribunal Constitucional, por maioria da sua Segunda Secção, entendeu que esta excepção se aplicava igualmente aos agentes militarizados (cfr. Acórdão n.° 521/03, de 29 de Outubro de 2003; vide os votos de vencido de Maria Fernanda Palma e Mário José de Araújo Torres, em particular o deste último).

Para lá da questão substantiva em si, esta divergência, independentemente da sua legalidade formal (já que o artigo 8, n.° 3, do Código Civil manda apenas ter em consideração os casos análogos), com o anteriormente decidido pelo Plenário, apenas fragiliza a autoridade do Tribunal Constitucional. As divergências jurisprudenciais no seio do mesmo tribunal superior constituem a maior fonte de desprestígio da Jurisprudência em Portugal. A jurisprudência dificilmente suscitará grande respeito por parte de terceiros, se os próprios juízes da instituição que a cria não a respeitarem.

Substancialmente, a actual al. d) do artigo 27, n.° 3, que constitui uma das mais drásticas rupturas dos princípios fundamentais da Constituição, viu o seu âmbito alargado por aquilo que, segundo se julga, constituiu uma aplicação analógica de uma norma excepcional que, supostamente, deveria ser interpretada restritivamente em nome do direito à liber-

Limitações, restrições e ablações

ção mais drástica da seriedade (abusiva) com que a Constituição encara a disciplina militar.

---

dade (vide, *supra*, parág. 6.2). Com a agravante de a sujeição dos agentes militarizados a estas medidas ter sido decidida pelo Governo, em diploma que se julga organicamente inconstitucional (ver opinião paralela, igualmente da Segunda Secção do Tribunal Constitucional, embora em relação a outro diploma: Acórdão n.º 725/95, 6 de Dezembro de 1995, parág. 2.2), pois não se afigura que seja possível levar tão longe as virtualidades da excepção à reserva da Assembleia da República do "conteúdo não inovador" e logo num domínio como este, que atinge o cerne de vários direitos essenciais. Nem se diga que o limite é de escassa relevância por ser garantido o recurso para Tribunal. Especialmente nas privações da liberdade de curta duração, a sentença judicial nunca será emanada em tempo útil. Entretanto, um cidadão terá sido amesquinhado com uma ablação do seu direito fundamental à liberdade. As relações especiais de poder, afinal, ainda parecem subsistir no Ordenamento jurídico português.

Por outro lado, tenha-se presente que a própria actual al. d) do artigo 27, n.º 3, introduzida na revisão constitucional de 1982, se revela de constitucionalidade problemática. É certo que o artigo 27, n.º 2, desde a sua versão original, consagra a possibilidade de privação da liberdade "pela prática de acto punido por lei com pena de prisão" em vez de referir simplesmente pela prática de crimes ou por violação da lei penal, o que poderia ser visto como uma abertura à existência de ilícitos disciplinares militares punidos com prisão [como referem, críticos da formulação: G. Canotilho/V. Moreira, *Constituição* (...), cit., págs. 185]. Mas nunca por decisão administrativa, pois o preceito é claro em exigir "sentença judicial condenatória"; o que, aliás, sugere que tem de estar em causa mesmo um crime. Em qualquer caso, em rigor, a exigência de que se trate de um crime e que, portanto, sejam lesados bens jurídicos que justifiquem a criminalização de uma conduta, não obstante o princípio da proibição do excesso, é algo em relação ao qual o legislador tem alguma autonomia de decisão. Logo, exigir-se crime é uma garantia pouco segura, o legislador pode criminalizar um ilícito contra-ordenacional ou mesmo disciplinar (existem exemplos no domínio do Direito Penitenciário). Mas a reserva de decisão judicial, essa, não; constitui uma garantia fundamental precisa e incontornável.

Assim, a menos que se considere efectivamente irrelevantes os limites matérias de revisão e se entenda que o artigo 288, al. d), foi convertido num limite aplicável apenas a revisões restritivas "desrazoáveis" das normas sobre direitos, liberdades e garantias, em que compete exclusivamente à maioria de dois terços dos deputados decidir o que é razoável [não parece muito longe desta posição: R. Novais, *As restrições* (...), cit., pág. 579, nota 1015], esta restrição introduzida em 1982 deve ser considerada como inconstitucional. Desde logo, tenha-se presente que esta definição do "razoável", na verdade, politicamente, cabe substancialmente às direcções dos dois maiores partidos, por força da disciplina partidária, contornando, pelo menos de facto, os artigos 152, n.º 2, 155, n.º 1 (este com a revisão de 1997 passou a estabelecer: "Os Deputados exercem livremente o seu mandato"), e 157, n.º 1, CRP (vide, embora com conclusões antagónicas entre si: M. Rebelo de Sousa, *Os Partidos Políticos no Direito Constitucional Português*, Braga, 1983, pág. 515; Paulo Otero, *O Acordo de Revisão Constitucional: Significado Político e Jurídico*, Lisboa, 1997, pág. 43). O que constitui apenas mais um motivo para que os tribunais não se abstenham

324   *Os Direitos de Reunião e de Manifestação no Direito Português*

Por outro lado, esta refere a disciplina militar expressamente entre as matérias cujas bases gerais são da competência da Assembleia da Repú-

de respeitar o seu dever de não aplicar normas inconstitucionais, mesmo quando formalmente apoiadas por maiorias alargadas de deputados, naquele que constitui o domínio dos domínios que lhes cabe defender: os direitos, liberdades e garantias.

Segundo se julga, para lá de limites incontornáveis decorrentes de normas fundamentais internas supra-constitucionais ou internacionais, o limite do artigo 288, al. d), não proibindo toda e qualquer compressão do âmbito normativo de cada norma atributiva de um direito, começa por tutelar um núcleo irredutível essencial destas, necessariamente com amplitude mais reduzida da que se retira do artigo 18, n.º 3. Com efeito, tendo conteúdo idêntico, o legislador constitucional encontrar-se-ia praticamente tão limitado como o legislador ordinário [vide em termos similares: J. Gomes Canotilho, *Métodos de Protecção de Direitos, Liberdades e Garantias*, em *Estudos sobre os Direitos Fundamentais*, Coimbra, 2004, págs. 137-159, na págs. 141-144; J. Miranda, *Manual* (…), Volume IV, cit., pág. 382, mas admitindo uma visão que se reporte apenas globalmente ao sistema de direitos, liberdades e garantias; vide ainda, em termos mais severos: Sérvulo Correia, *Direitos Fundamentais* (…), cit., pág. 49]. Mas este conteúdo essencial, no que diz respeito à al. d) do artigo 288, apenas proibirá a revogação pura e simples ou o esvaziamento prático de um preceito relativo a um direito, liberdade e garantia [vide, em termos mais flexíveis: R. Medeiros, *O estado de Direitos* (…), cit., pág. 36]. Para ir mais longe, será necessário rever esta alínea, de modo a diminuir o seu âmbito de protecção; e então realizar uma segunda revisão ou fazê-lo numa "dupla revisão simultânea" por meio de uma maioria de quatro quintos dos deputados em efectividade de funções [vide a fundamentação em C. Baptista, *Os Limites Materiais* (…), cit., pág. 110-115], no respeito necessário de regras fundamentais (costumeiras) de Direito português e das obrigações internacionais do Estado português.

Mas a compressão do âmbito efectivo de protecção da norma (não se encontrando protegidos, claro está, aspectos que não são já imunes à actuação restritiva do legislador) deve ficar também sujeita ao princípio da proibição do excesso, tendo em conta o bem jurídico que se visa acautelar. A revisão tem de ser necessária para proteger um bem de elevado valor, que torne proporcional a compressão que realiza. É certo que a circunstância de poder constituir um bem jurídico somente constitucionalizado na própria revisão que realiza a alteração compressora do direito atribui uma margem enorme de apreciação ao legislador constitucional. Mas, estando em questão precisamente o legislador constitucional, compreende-se a latitude conferida.

Assim, tendo de estar em causa um bem jurídico importante, como a participação do Estado português numa iniciativa internacional histórica como o Tribunal Penal Internacional, é admissível que tal justifique uma compressão da norma que proíbe a entrega de pessoa acusada por crime a que cabe prisão perpétua. O mesmo se diga em relação à extradição de cidadãos nacionais nos limites em que ficou permitida (artigo 33, n.º 3), tendo em conta igualmente o movimento internacional para impor deveres de extraditar ou julgar indivíduos acusados da prática de crimes internacionais. Em ambos os casos, não estão em causa decisões em que o Estado português seja autónomo, não sendo curial ou mesmo possível que fique à margem da Comunidade Internacional.

O mesmo já não se pode dizer em relação à admissão de entrada no domicílio durante a noite, sem mandado em flagrante delito (artigo 256, n.º 1, do Código de Processo

Limitações, restrições e ablações 325

blica [artigo 164, al. d), parte final] e confere especificamente competência consultiva em relação a esta ao Conselho Superior de Defesa Nacional (artigo 274, n.º 2), o que revela a sua importância. Acresce ainda que eram especialmente questões relacionadas com a severidade da disciplina militar que justificavam a existência de Tribunais militares mesmo em tempo de paz e que, com a sua extinção, ainda fundamentam parcialmente a participação de juízes militares nos Tribunais que julguem crimes de natureza estritamente militar (artigo 211, n.º 3)[697], que o Ministério Público seja

---

Penal: "É flagrante delito todo o crime que se está cometendo ou se acabou de cometer") em que basta que se trate de "criminalidade (…) altamente organizada" (artigo 34, n.º 3, CRP; lendo o preceito como exigindo que se trate de flagrante delito e "criminalidade especialmente violenta ou altamente organizada", pois se bastasse flagrante delito, a inconstitucionalidade seria chocante). Literalmente, o crime em causa pode até ser banal. Aparentemente, as forças de segurança agora podem entrar no domicílio a meio da noite sem mandado se, graças a escutas telefónicas ou vigilância electrónica, se aperceberem que uma pessoa, que se organizou muito bem com mais duas ou três, está a cometer um crime banal (os exemplos são inúmeros, pense-se em crimes informáticos relativamente inócuos), fazendo toda a sua família entrar em pânico. Segundo se julga, nestes termos, esta alteração é inconstitucional.

A mesma conclusão se aplica, designadamente, em relação à introdução da actual alínea d) do n.º 2 do artigo 27, na primeira revisão constitucional. Trata-se de uma radical limitação do direito à liberdade. O poder de privar da liberdade é a mais drástica forma de punição que o Estado português tem sobre os indivíduos sujeitos à sua jurisdição. Qualquer limitação daquele direito no sentido de meros órgãos administrativos poderem decidir tal medida constitui uma das mais graves limitações concebíveis aos direitos, liberdades e garantias sem que exista violação de normas fundamentais de Direito português ou do Direito Internacional.

Desde logo, revela-se desnecessária e desproporcionada tendo em vista a mera manutenção da disciplina militar. Não só existem múltiplas outras formas de punir os militares, como será possível e necessário que compita a tribunais a imposição de penas de privação de liberdade. Sem dúvida, não será tão eficaz, mas existem matérias em que demasiada eficácia é perniciosa, pois permite a imposição destas medidas de modo ligeiro e no calor do momento. Para não falar da ausência de garantias de defesa e de imparcialidade dos decisores. A simples possibilidade de recurso judicial é completamente ineficaz para garantir a defesa destes direitos. Assim, por estas penas serem normalmente curtas, o recurso só será decidido muito depois de terminadas. E porque por receio de represálias, da incerteza da decisão, dos custos e trabalhos que acarreta, bem como da sua referida inutilidade prática, a maioria dos militares não recorrerá. Que existam penas de prisão comparativamente mais severas para os militares, mas sempre dependentes de decisão judicial.

[697] O novo Código de Justiça Militar é parcialmente aplicável igualmente a civis, daí que a participação destes juízes não se deva exclusivamente à natureza militar dos acusados. Refira-se, contudo, que o Tribunal Europeu dos Direitos Humanos tem levantado sérias objecções ao julgamento de civis por tribunais que integram um juiz militar: "It is

326 Os Direitos de Reunião e de Manifestação no Direito Português

assessorado nos crimes desta natureza e que ainda se estabeleça a criação de Tribunais militares em tempo de guerra (artigo 213).

Que a disciplina militar constitui um bem jurídico-constitucional decorre ainda directamente do dever de obediência das Forças Armadas em relação aos órgãos de soberania (artigo 275, n.° 3)[698], da circunstância de esta se encontrar pressuposta nas suas funções de defesa militar (artigo 273, n.° 2), da própria noção de serviço militar obrigatório (artigo 276), que pressupõe autoridade para ser viável, e, depois de 2001, especialmente do artigo 270, visto que este admite a proibição de actos com fins sindicais, quando estes, em si, só colocariam em causa a isenção política dos militares se esta noção recebesse uma inaceitável latitude. Actos de oposição sindical podem colocar em causa uma certa visão da disciplina militar, que considera que qualquer oposição pública por militares a actos do poder político, ou das chefias militares que o apoiem, mesmo com fins exclusivamente sócio-profissionais, afecta a disciplina.

Todos estes elementos confirmam não apenas que a disciplina militar constitui um bem constitucional que legitima a imposição de restri-

---

true that this status provides certain guarantees of independence and impartiality. For example, military judges undergo the same professional training as their civilian counterparts, which gives them the status of career members of the Military Legal Service. When sitting as members of National Security Courts, military judges enjoy constitutional safeguards identical to those of civilian judges; in addition, with certain exceptions, they may not be removed from office or made to retire early without their consent (...); as regular members of a National Security Court they sit as individuals; according to the Constitution, they must be independent and no public authority may give them instructions concerning their judicial activities or influence them in the performance of their duties", mas que "Firstly, the judges in question are servicemen who still belong to the army, which in turn takes its orders from the executive. Secondly, they remain subject to military discipline and assessment reports are compiled on them for that purpose (...). Decisions pertaining to their appointment are to a great extent taken by the administrative authorities and the army (...). Lastly, their term of office as National Security Court judges is only four years and can be renewed". Acabou por concluir que **"In other words, (...) [the] fears as to that court's lack of independence and impartiality can be regarded as objectively justified"** e que tinha existido uma violação do direito a um Tribunal imparcial **"In short, there has been a violation of Article 6 § 1"** (cfr. *Case Of Çiraklar v. Turkey* (70/1997/854/1061), Judgment, 28 October 1998, parág. 39-41).

[698] Vide neste sentido a exposição de motivos da citada proposta do Governo N.° 71/VIII de alteração à Lei de Defesa Nacional e das Forças Armadas (texto em *Diário da Assembleia da República – Série II-A*, VIII Legislatura, n.° 052, 28 de Abril de 2001, pág. 1737-1739, na pág. 1737-1738).

Limitações, restrições e ablações 327

ções aos militares, mas igualmente que a Constituição tem desta uma visão bastante rigorosa.

Daí que a própria noção de "coesão das Forças Armadas", entendida no sentido de que estas falam publicamente a uma só voz, veiculada pelos órgãos de soberania, ou pelas chefias militares em termos politicamente neutros e de acordo com as directrizes daqueles órgãos, pareça ter algum apoio constitucional[699]. Esta pode ser retirada do dever de obediência aos órgãos de soberania, da sua apoliticidade pública e da expressa permissão para proibir actos com fim sindical, constante do artigo 270[700]. Não fora

---

[699] Em Portugal, por exemplo, seria inaceitável que associações de militares realizassem declarações públicas como a feita pelo maior sindicato militar holandês, que manifestou a sua oposição ao envio de mais tropas holandesas para o Afeganistão (cfr. *Netherlands To Decide on Afghanistan Deployment*, Agence France-Presse, The Hague, 12/02/05; texto encontra-se disponível em http://www.defensenews.com/story.php?F=1390607 &C=europe). Basta ter em conta o artigo 31-A, n.° 1, da Lei de Defesa Nacional ["Os cidadãos referidos no artigo 31.° têm o direito de proferir declarações públicas sobre qualquer assunto (…) desde que as mesmas não incidam sobre a condução da política de defesa nacional (…)"].

[700] Trata-se de elementos que legitimam mesmo a imposição de algumas restrições também a militares convocados ou mobilizados, não abrangidos pelo artigo 270, como se verificou (vide, *supra*, parág. 7.4.1). Com efeito, algumas limitações aos direitos dos militares seriam sempre admissíveis resultantes da sua colisão incontornável com os referidos bens, ainda que o artigo 270 não existisse, tal como são pontualmente admissíveis em relação a algumas outras profissões [assim, trata-se do caso de juízes ou magistrados do ministério público com vista a garantir a sua independência: Estatuto dos Magistrados Judiciais (Lei n.° 21/85, de 30 de Julho, alterada pelos Decreto-Lei n.° 342/88, de 28 de Setembro, Rectificação n.° 16/94, de 03 de Dezembro e Leis n.° 2/1990, de 20 de Janeiro, 10/94, de 05 de Maio, 44/96, de 03 de Setembro, 81/98, de 03 de Dezembro, 143/99, de 31 de Agosto, 3-B/2000, de 04 de Abril, e 42/2005, de 29 de Agosto), Artigo 11.° (Proibição de actividade política): "1 – É vedada aos magistrados judiciais em exercício a prática de actividades político-partidárias de carácter público. 2 – Os magistrados judiciais na efectividade não podem ocupar cargos políticos, excepto o de Presidente da República e de membro do Governo ou do Conselho de Estado"; vide igualmente nos mesmos termos o artigo 82 ("Actividades político-partidárias") do Estatuto do Ministério Público (Lei n.° 47/86, de 15 de Outubro, alterada pelas Leis n.° 2/1990, de 20 de Janeiro, n.° 23/92, de 20 de Agosto, n.° 60/98, de 27 de Agosto, Rectificação n.° 20/98, de 02 de Novembro e Lei n.° 42/2005, de 29 de Agosto)].

Tendo presente o carácter excepcional destas formas de prestação do serviço militar, tem menor relevância prática determinar exactamente que direitos poderiam ser restringidos aos cidadãos alvos de convocação ou mobilização. Claro está, tais restrições, além de dependerem de lei, não poderiam nunca ser mais graves do que as aplicáveis aos militares do quadro permanente, nem incidirem sobre outros direitos. Pelo contrário, teriam de ser mais leves, visto que apenas poderiam constituir manifestações desta obrigação de isenção

328   *Os Direitos de Reunião e de Manifestação no Direito Português*

esta permissão de restrição de actos com fim meramente sindical e poder-se-ia sustentar que esta coesão não se aplicava a questões sócio-profissionais, que os militares poderiam procurar defender os seus interesses por meios legítimos, que cabem à generalidade dos cidadãos, sem poder incorrer em acusações de indisciplina ou de estarem a realizar intervenções políticas. Não foi, contudo, este o entendimento do legislador constitucional, que encara com grande suspeição as acções motivadas por fins sindicais, por ter entendido que serão estes os fins que mais facilmente levarão os militares a contestar decisões políticas e não meros fins genéricos políticos e partidários.

Esta coesão, contudo, entra em colisão com os direitos, liberdades e garantias referidos no artigo 270 e com os direitos laborais, não podendo prevalecer sobre estes em termos absolutos. Daí os compromissos obtidos nos regimes legais analisados.

---

política ou para garantir a disciplina. Trata-se de conclusão que se retira da não inclusão destes militares no âmbito pessoal do artigo 270 e que é confirmada pelo artigo 31, n.º 12, da Lei de Defesa Nacional, mantido em vigor pelo art. 4.º da Lei n.º 4/2001, de 30 de Agosto, para o pessoal do Serviço Militar Obrigatório, que sugere um regime de restrições mais leve do que o previsto para os militares do quadro, contratados ou voluntários.

Ter-se-á entendido que a circunstância de estes militares serem recrutados independentemente da sua vontade, de a sua ligação às Forças Armadas ser temporalmente limitada e de ocuparem postos subalternos ou, no caso de oficiais, de baixa patente, justifica que fiquem sujeitos a um regime de restrições mais leve. Assim, designadamente, não podem ser forçados a abandonar partidos em que se encontrem inscritos, mas apenas suspender as suas actividades públicas durante o período em que prestarem serviço militar [cfr. o artigo 4, n.º 13, do Regulamento de Disciplina Militar: "Conservar, em todas as circunstancias, um rigoroso apartidarismo político. Para tanto, é-lhe vedado: b) Estando em serviço militar obrigatório, praticar durante o tempo de permanência no serviço activo nas forças armadas actividades políticas, ou com estas relacionadas, sem estar devidamente autorizado", disposição, contudo, que tem de ser interpretada à luz do artigo 270 e da Lei de Defesa Nacional, que lhe são posteriores].

Por outro lado, embora possam ser sujeitos a restrições aos direitos sindicais por força do bem "disciplina e coesão militares", aplicável constitucionalmente a todos os militares, incluindo a vedação do direito de greve, por ser incompatível com o regime, constitucionalmente admitido, do serviço militar obrigatório, afigura-se que teriam de gozar de um regime bem mais liberal do que o aplicável aos restantes militares [vide sobre a questão: A. Araújo, *Direito e Deveres* (...), cit., pág. 308 e 309]. Claro está, uma convocação ou mobilização por um período breve dificilmente justificaria a criação de associações sócio-profissionais, mas, segundo se julga, tal seria possível, no mínimo, em termos paralelos aos aplicáveis à Guarda Nacional Republicana, sendo de admitir que, em matéria de direito de manifestação, o regime aplicável fosse mesmo idêntico ao dos agentes policiais da Polícia de Segurança Pública (sobre estes, vide, *infra*, parags. 7.4.2.6 e 7.4.2.7).

Limitações, restrições e ablações

7.4.2.6. *Aos agentes militarizados da Guarda Nacional Republicana*

Uma referência à Guarda Nacional Republicana[701], visto que, apesar do essencial do regime descrito se aplicar em bloco aos seus agentes militarizados[702], existem algumas diferenças de regime quanto ao gozo dos direitos de reunião e de manifestação.

O regime de restrições aplicável aos agentes militarizados da Guarda Nacional Republicana também não é completamente claro.

Por um lado, nos termos do artigo 69, n.° 1, da Lei de Defesa Nacional e das Forças Armadas, todo o regime de restrições aplicável aos militares é igualmente aplicável aos "militares" da Guarda Nacional Republicana. Esta aplicação é confirmada pelo artigo 23 da Lei Orgânica da Guarda Nacional Republicana[703] e pelo artigo 15 do Estatuto dos Militares da Guarda Nacional Republicana[704-705].

---

[701] A Guarda Fiscal foi integrada no seio da Guarda Nacional Republicana, enquanto brigada fiscal.

[702] Não já ao seu pessoal que não exerce funções policiais, como se verificou; vide, *supra*, parág. 7.4.1.

[703] Aprovada pelo Decreto-Lei n.° 231/93, de 26 de Junho (alterado pelos Decretos--Lei n.° 298/94, de 24 de Novembro, n.° 188/99, de 2 de Junho e n.° 15/2002, de 29 de Janeiro), artigo 23: "O militar da Guarda goza de todos os direitos, liberdades e garantias reconhecidos aos demais cidadãos, estando o exercício de alguns desses direitos e liberdades sujeitos às restrições constitucionalmente previstas com o âmbito pessoal e material que consta da Lei n.° 29/82, de 11 de Dezembro, por força do seu artigo 69.°".

[704] Aprovado pelo Decreto-Lei n.° 265/93, de 31 de Julho, com as alterações introduzidas pelos Decretos-Lei n.° 298/94 de 24 de Novembro, 297/98 de 28 de Setembro, 188/99, de 2 de Junho, 504/99 de 20 de Novembro, 15/02 de 29 de Janeiro, e 119/04 de 21 de Maio.

[705] A Lei Orgânica n.° 4/2001, de 30 de Agosto, alteração à Lei de Defesa Nacional que veio modificar o regime destas restrições, no seu artigo 3, sob a epígrafe "aplicação aos militarizados", estabelece: "Ao exercício dos direitos de associação, expressão, reunião, manifestação e petição colectiva, por parte dos agentes militarizados na efectividade de serviço, é aplicável, com as necessárias adaptações, o regime previsto para a Polícia Marítima na Lei n.° 53/98, de 18 de Agosto".

Não é claro o que entender por agentes militarizados neste preceito. Os trabalhos preparatórios não são claros. Apenas o deputado João Amaral declarou: "Referindo-me ao artigo 3.° deste texto de substituição, cuja epígrafe é «Aplicação aos Militarizados», consideramos positiva a aplicação aos militarizados do regime que se aplica à Polícia Marítima, era esta a tradição que existia até há bem pouco tempo, mas consideramos que o regime da Polícia Marítima é excessivamente restritivo, e, por isso, abster-nos-emos" (cfr. *Diário da Assembleia da República* – Série I, VIII Legislatura, n.° 105, 18 de Julho de 2001, pág. 4114). Ora, nunca foi tradição aplicar o regime da Polícia Marítima aos agentes da Guarda Nacional Republicana, o que sugere que não se pretendeu abranger estes

330   *Os Direitos de Reunião e de Manifestação no Direito Português*

Um segundo regime aplicável decorre, porém, da Lei n.° 39/2004, de 18 de Agosto, que regula o associativismo na Guarda Nacional Republi-

---

últimos neste preceito. Outras declarações sugerem que este preceito é dirigido em particular ao Quadro de Pessoal Militarizado da Marinha, em que se incluem a categoria da "Polícia dos Estabelecimentos da Marinha, dos faroleiros ou dos troços de mar" [declarações igualmente do deputado João Amaral em *Diário da Assembleia da República* – Série I, VII Legislatura, n.° 83, 19/20 de Junho de 1998, pág. 2872; vide declarações do mesmo deputado em *Diário* (…), cit., Série I, VII Legislatura, n.° 4, 16/17 de Outubro de 1997, pág. 168, em ambas as ocasiões discordando, porém, da sua militarização], sem prejuízo de poder ser aplicado a outras categorias cujos membros possam ser qualificados como agentes militarizados à luz do seu regime legal. Contudo, o Relatório, conclusões e parecer da Comissão de Assuntos Constitucionais, Direitos, Liberdades e Garantias de 21 de Março de 2003, relativo ao Projecto de Lei n.° 200/IX (Regime de Exercício do Direito de Associação dos Profissionais da GNR) [texto em *Diário* (…), cit., Série II-A, VIII Legislatura, n.° 87, 24 de Abril de 2003, pág. 3560-3561, na pág. 3560], entendeu que esta remissão constante do citado artigo 3 para o regime da Polícia Marítima se aplicava igualmente à GNR.

Contudo, este cria um regime geral dos agentes militarizados que deve ser interpretado como não revogando o regime especial da Guarda Nacional Republicana (artigo 7, n.° 3 do Código Civil). Se tivesse existido intenção contrária, o legislador teria revogado expressamente o artigo 69, n.° 1, da Lei de Defesa Nacional. Acresce que os referidos trabalhos preparatórios sugerem um âmbito mais restrito. Seja como for, a questão perdeu alguma da sua relevância, pois, em relação a acções sindicais, o regime vigente para a GNR deixou de ser o constante da Lei de Defesa Nacional e muito menos o relativo à Polícia Marítima, tendo sido derrogado pelo regime constante da Lei sobre o direito de associação dos militares da GNR, Lei n.° 39/2004 de 18 de Agosto (vide, *infra*, no texto).

O regime de restrições de direitos aplicável à Polícia Marítima consta do artigo 6 ("Restrições ao exercício de direitos") da referida Lei n.° 53/98, de 18 de Agosto. As disposições relevantes para os direitos de reunião e de manifestação proíbem o pessoal da Polícia Marítima de: "c) Convocar reuniões ou manifestações de carácter político, partidário ou sindical ou que, de qualquer forma, ultrapassem o âmbito das atribuições e competências das associações profissionais respectivas; d) Participar em reuniões ou manifestações de carácter político, partidário ou sindical, excepto se trajar civilmente, e, tratando-se de acto público, integrar a mesa, usar da palavra ou exibir qualquer tipo de mensagem; e) Exercer o direito de reunião, salvo por convocação das respectivas associações profissionais e desde que o tratamento de assuntos se enquadre no âmbito das suas atribuições e competências; f) Ser filiado em quaisquer associações nacionais de natureza sindical; (…)".

Registe-se que a autonomização do regime da Polícia Marítima foi devido à declaração de inconstitucionalidade da sua sujeição, constante do artigo 4, n.° 2, do Decreto-Lei n.° 282/76, de 20 de Abril, bem como dos restantes elementos do Quadro de Pessoal Militarizado da Marinha, ao regime jurídico dos militares, realizada pelo Tribunal Constitucional no Acórdão n.° 308/90, de 5 de Dezembro de 1990 (texto em *Diário da República*, 1.ª série-A, n.° 17, de 1 de Janeiro de 1991, pág. 327-336, na pág. 334).

cana. Esta, em vez de remeter o regime de restrições para a Lei de Defesa Nacional[706], no seu artigo 6, consagra um regime específico bem mais liberal, ainda que algo confuso.

Assim, no que diz respeito aos direitos de reunião e de manifestação, o seu artigo 6, n.º 2, al. c), permite claramente a convocação de manifestações sem carácter político, partidário ou sindical, em regime mais liberal do que aquele que se retira por uma interpretação declarativa do referido artigo 31-C da Lei de Defesa Nacional, embora neste ponto o regime seja idêntico, por força da inconstitucionalidade de qualquer interpretação que prive os militares do direito de convocar manifestações sem aquele carácter[707].

Por outro lado, desta al. c) do artigo 6 depreende-se que podem participar em reuniões com carácter político, partidário ou sindical, desde que trajando à civil e, sendo actos públicos, "não integrarem a mesa, usarem da palavra ou exibirem qualquer tipo de mensagem". O que significa que, em reuniões privadas, podem adoptar estes actos, mesmo que aquelas tenham carácter político, partidário[708] ou sindical[709].

---

[706] Como faz o artigo 3, n.º 1, da citada Lei do direito de associação profissional dos militares (Lei Orgânica n.º 3/2001 de 29 de Agosto).

[707] Ver, *supra*, parág. 7.4.2.2.

[708] Estas restrições justificam-se ainda porque, embora os agentes militarizados da Guarda não se encontrem sujeitos ao dever de isenção política (e partidária) constante do artigo 275, n.º 4, CRP, este dever de isenção resulta claro do artigo 270, que, designadamente, permite restrições à capacidade eleitoral passiva e, implicitamente, do direito de participar em partidos e associações políticas.

[709] O mesmo regime consta do Regulamento Disciplinar da Guarda Nacional Republicana (Lei n.º 145/99, de 1 de Setembro), no seu artigo 13, n.º 2, al. c), que estabelece, como corolário do dever de isenção: "Não assistir uniformizado, a menos que devidamente autorizado, a comícios, manifestações ou reuniões públicas de carácter político e, estando na efectividade de serviço, ainda que em trajo civil, não tomar parte em mesas, fazer uso da palavra ou exercer qualquer actividade no âmbito de tais eventos". Pelo contrário, o seu artigo 14, n.º 2, al. c), tem de ser interpretado em associação com o regime da Lei sobre o associativismo na Guarda, pois, enquanto concretização do dever de correcção, estabelece: "Não autorizar, promover ou tomar parte em manifestações, reuniões ou outros actos colectivos nem apresentar petições colectivas, fora dos casos previstos na lei, nomeadamente sobre assuntos de carácter político ou respeitantes à Guarda".

Já se verificou, aliás, mesmo em relação a militares, que não é admissível proibir todas as reuniões sindicais, incluindo as encerradas ao público, mas somente as realizadas em lugares abertos ao público, visto que as primeiras são indispensáveis à prossecução das actividades sócio-profissionais das associações (vide, *supra*, parág. 7.4.2.4). Tal resulta claro de praticamente todos os direitos consagrados em relação aos agentes da Guarda nas

Porém, a al. d), a propósito da proibição de filiação em sindicatos, proíbe também a participação em reuniões de natureza sindical. Trata-se de uma aparente contradição que tem de ser conciliada entendendo que "carácter sindical" [al. c)] e "natureza sindical" [al. d)] são noções distintas. Que o que se proíbe é não apenas a filiação formal, mas também a "filiação de facto" que decorreria da participação de agentes militarizados da Guarda em reuniões internas de sindicatos, como membros de facto. Ou seja, por reuniões com "natureza sindical" deve-se entender reuniões organizadas por sindicatos para fins internos, como eleição dos seus órgãos ou alteração dos seus estatutos, *etc.*. E, aparentemente, proíbe a participação, mas não a mera assistência, por exemplo, como convidados, enquanto órgãos de uma associação de agentes da Guarda.

Seja como for, trata-se de regime mais liberal do que o constante dos artigos 31-B e 31-C da Lei de Defesa Nacional, que não permite protagonismo em reuniões políticas, mesmo encerradas ao público, pelo menos de natureza partidária. Além de os agentes militarizados da Guarda poderem integrar a mesa, usar da palavra e exibir mensagens em reuniões encerradas ao público (privadas) que tenham carácter político, partidário e sindical.

Um problema de conciliação com o regime decorrente da Lei de Defesa Nacional decorre da circunstância de, embora o artigo 5 desta Lei relativa ao associativismo na Guarda atribua direitos às associações (ou seja, para serem exercidos pelos seus órgãos), o seu artigo 6 pretende aplicar-se genericamente aos "militares da GNR". Ora, este aspecto sugere, de modo mais claro do que o regime aplicável aos militares, que os direitos das associações constantes do artigo 5, que não dependam para serem aplicáveis de um estatuto de representante associativo (ou seja, liberdade de expressão sobre a condição profissional[710], direitos de reunião e de manifestação), podem ser igualmente gozados pelos membros em geral das associações e mesmo por agentes militarizados da

---

alíneas do artigo 5, que pressupõem normalmente reuniões para serem exercidos e, de modo expresso, da sua al. f). Quase todas estas reuniões são determinadas pela protecção de interesses sócio-profissionais, sendo, consequentemente, reuniões sindicais.

[710] Ao contrário da Lei relativa ao associativismo militar [artigo 2, al. g)], a presente lei não atribui expressamente o direito de opinar publicamente sobre questões relativas aos fins compreendidos por estas associações, mas resulta claro que tal direito terá de lhes ser reconhecido. Se os militares gozam destes, os agentes militarizados da Guarda (qualificação que se retira do artigo 270 CRP) também terão de gozar.

Limitações, restrições e ablações 333

Guarda que não sejam membros e participem nas actividades promovidas por estas, desde logo, reuniões.

Resta questionar se este regime mais liberal será igualmente aplicável em relação a actos praticados por agentes militarizados da Guarda à margem das associações sócio-profissionais ou se ficam sujeitos ao regime da Lei de Defesa Nacional. Esta segunda solução, que parece ter apoio no seu artigo 7[711], cria, contudo, um regime de desigualdade no seio desta Força, entre actos destes militares praticados no âmbito de acções promovidas por estas associações e os que o não são. Pelos fundamentos aduzidos em relação a idêntico dualismo no regime dos militares[712], julga-se que a melhor solução será entender que os agentes militarizados da Guarda Nacional Republicana, para efeitos de acções sindicais, deixaram de estar sujeitos ao regime de restrições da Lei de Defesa Nacional, tendo as referidas remissões para este sido derrogadas, e se encontram regulados pelo regime mais liberal previsto na Lei n.º 39/2004.

7.4.2.7. *Aos agentes da Polícia de Segurança Pública*

Os membros com funções policiais[713] da Polícia de Segurança Pública encontram-se actualmente sujeitos a um regime semelhante ao do funcionalismo público (cfr. o artigo 45 do Decreto-Lei n.º 511/99, de 24 de Novembro, que aprovou o Estatuto do respectivo pessoal). Designadamente, gozam de todos os direitos sindicais, excepto o direito à greve.

Contudo, a Lei n.º 14/2002, de 19 de Fevereiro, relativa à liberdade sindical nesta força de segurança, estabelece, no seu artigo 2, algumas restrições pontuais no modo como determinados direitos podem ser gozados e, no seu artigo 3, impõe algumas restrições à liberdade de expressão, de reunião e de manifestação, pois veda: "a) Fazer declarações que afectem a subordinação da polícia à legalidade democrática, bem como a sua isenção política e partidária; b) Fazer declarações sobre matérias de que tomem conhecimento no exercício das suas funções e constituam segredo de Estado ou de justiça ou respeitem a matérias relativas ao dispositivo ou

---

[711] "O disposto na presente lei aplica-se de imediato aos processos disciplinares em curso, na parte em que tenham por objecto **actos praticados em representação de associações já constituídas**".

[712] Cfr., *supra*, parág. 7.4.4.2.

[713] Como se verificou, os elementos com funções puramente administrativas, que não se encontram sujeitos a um comando, mas a mera chefia administrativa, não estão abrangidos por estas restrições; vide, *supra*, parág. 7.4.1.

334 Os Direitos de Reunião e de Manifestação no Direito Português

actividade operacional da polícia classificadas de reservado nos termos legais; c) Convocar reuniões ou manifestações de carácter político ou partidário ou nelas participar, excepto, neste caso, se trajar civilmente, e, tratando-se de acto público, não integrar a mesa, usar da palavra ou exibir qualquer tipo de mensagem; d) Exercer o direito à greve.".

O contraste com o regime dos agentes militarizados e, especialmente, dos militares é notório. Não existe, pois, qualquer restrição quanto à realização de manifestações sindicais. E podem mesmo comparecer nestas fardados, tal como decorre do confronto entre este preceito e preceitos paralelos constantes da referida legislação aplicável aos militares e agentes militarizados.

Claro está, os agentes que participem em tais reuniões/manifestações devem apresentar-se desarmados, nos termos gerais decorrentes do artigo 45, n.º 1, CRP, igualmente directamente aplicável às manifestações colectivas, por estas serem também reuniões[714]. Uma manifestação armada constitui não apenas um ilícito disciplinar, como poderá implicar responsabilidade penal, nos termos aplicáveis a qualquer indivíduo[715].

Apenas em relação a reuniões e manifestações políticas se aplica um regime paralelo ao dos militares e agentes militarizados, a ser interpretado nos mesmos termos descritos.

8. Ablações

Questão de grande importância é a dos pressupostos dos poderes de proibição e de interrupção de uma reunião ou manifestação. Como se verificou, não se trata de restrições, visto estas serem necessariamente gerais e abstractas, mas de ablações, actos de privação parcial ou total de um direito num caso concreto.

8.1. A proibição

Ficou afirmado que o mero fim da reunião só excepcionalmente pode legitimar uma proibição preventiva de uma reunião ou manifestação[716]. Necessário se torna desenvolver a questão dos pressupostos deste poder.

---

[714] Cfr., *supra*, parág. 3.4.
[715] Ver, *infra*, parág. 9.1.1.
[716] Vide, *supra*, parág. 7.1.1.6.

Este pode ser exercido com mais do que um fundamento. Tal pode estar relacionado com o conteúdo da mensagem a exteriorizar numa reunião com fins de manifestação ou com o fim da reunião, tal como é revelado pelo aviso prévio ou por outros elementos. Pode dever-se ao facto de a reunião, por força do local ou da hora marcada, poder provocar danos graves em bens constitucionais, como a liberdade de circulação automóvel ou, em determinadas zonas ou horas, o direito ao sossego.

Em qualquer caso, da circunstância de realizar reuniões ser uma actividade objecto de um direito subjectivo, que não necessita de qualquer autorização, resulta que, na falta de decisão em contrário, os organizadores podem realizar a reunião, pois o silêncio das autoridades vale como aceitação[717-718].

---

[717] Neste sentido, o artigo 3, n.° 2, da Lei sobre o Direito de Reunião.

[718] Por outro lado, uma proibição contrária ao regime constitucional e legal aplicável pode ser impugnada perante os tribunais. A disposição do artigo 14 da Lei sobre o Direito de Reunião ("1 – Das decisões das autoridades tomadas com violação do disposto neste diploma cabe recurso para os tribunais ordinários, a interpor no prazo de quinze dias, a contar da data da decisão impugnada. 2 – O recurso só poderá ser interposto pelos promotores"; este número dois não restringia a possibilidade de ser interposta acção de responsabilidade civil por pessoas não promotoras, claro está), que estabelece a competência dos tribunais comuns para o conhecimento de recursos interpostos contra actos ablativos do direito de reunião, encontra-se revogada, cabendo hoje a competência para estas acções aos tribunais administrativos de círculo, por força dos artigos 4, n.° 1, al. a), e 44 do Estatuto dos Tribunais Administrativos e Fiscais [aprovado pela Lei n.° 13/2002, de 19 de Fevereiro, com as alterações introduzidas pelas Declarações de Rectificação n.° 14/2002, de 20 de Março e n.° 18/2002, de 12 de Abril e pelas Leis n.° 4-A/2003, de 19 de Fevereiro e n.° 107-D/2003, de 31 de Dezembro].

Fica, pois, sem efeito a jurisprudência do Tribunal de Conflitos sobre esta matéria: "II – O tribunal competente para conhecer de decisão administrativa relativa ao exercício do direito de reunião é, em razão da matéria, o "tribunal ordinário". III – Assim, o tribunal competente, em razão da matéria, para conhecer de recurso interposto de decisão do Governador Civil de Lisboa sobre direito de reunião é o Tribunal Cível da comarca de Lisboa." (cfr. Acórdão de 10 de Julho de 1986; a base de dados consultada refere como fonte: Bol. do Min. da Just., 360, 319).

À luz do Código de Processo Administrativo (aprovado pela Lei n.° 15/2002, de 22 de Fevereiro, com as alterações pela declaração de rectificação n.° 17/2002, de 6 de Abril e pela Lei n.° 4-A/2003, de 19 de Fevereiro), o instrumento mais efectivo, por força da sua celeridade, para enfrentar uma proibição inconstitucional ou ilegal será a intimação para protecção de direitos, liberdades e garantias (artigos 109-111). Esta tem, porém, natureza subsidiária.

O Tribunal Central Administrativo Norte, por intermédio da sua Primeira Secção (contencioso administrativo), no caso do navio *Borndiep*, sublinhou que "A necessidade de

336 — Os Direitos de Reunião e de Manifestação no Direito Português

8.1.1. *Por força do fim criminoso da reunião ou da mensagem a exteriorizar*

Referiu-se que o poder de proibição preventiva coloca alguns melindres, visto que normalmente é exercido tendo em conta apenas o fim da reunião ou o conteúdo da mensagem a transmitir numa manifestação[719].

---

tutela urgente, e em certos casos de absoluta necessidade, é um pressuposto processual ou pelo menos uma condição de procedibilidade da intimação urgente" (cfr. Sentença de 16 de Dezembro de 2004, processo n.° 00496/04.1BECBR). Igualmente o Tribunal Central Administrativo Sul, por intermédio da sua secção tributária, sustentou o carácter subsidiário desta figura, a propósito de uma questão relativa ao sigilo bancário: "A intimação para protecção de direitos, liberdades e garantias é um meio processual que, nos termos do disposto no artigo 109.°, n.° 1, do CPTA, apenas é admitido quando se revele indispensável para assegurar o exercício em tempo útil de um direito, liberdade ou garantia, por não ser possível ou suficiente, nas circunstâncias do caso, o decretamento provisório de uma providência cautelar, segundo o disposto no artigo 131.°." (cfr. Sentença de 21 de Fevereiro de 2006, processo n.° 00974/06).

Em qualquer caso, salvo nas situações em que o aviso prévio seja realizado com grande antecedência ou em que o dia da reunião seja pouco relevante, deve-se considerar que se encontram reunidos os pressupostos de urgência para ser possível recorrer a esta figura, a menos que seja perfeitamente adequada a simples impugnação do acto de proibição acompanhado por um pedido de decretamento provisório de uma providência cautelar.

[719] Em relação a alguns direitos, liberdades e garantias, a Constituição proíbe ablações (portanto, privações individuais e concretas, totais ou parciais) adoptadas pela Administração, ou apenas as admite de uma forma provisória ou em casos muito limitados ou excepcionais. Tal deve-se normalmente à importância dos direitos e ao facto de a sua violação pela Administração ser irreparável. Assim, serão os casos do direito à liberdade (artigos 27, n.° 2 e 3; 28 e 30, n.° 2), da expulsão e da extradição (artigo 33, n.° 2 e n.° 7), da inviolabilidade do domicílio (artigo 34, n.° 2 e n.° 3), da privação dos filhos (artigo 36, n.° 6), apreciação dos ilícitos penais praticados no âmbito da liberdade de expressão e de informação (artigo 37, n.° 3), dissolução de associações (artigo 46, n.° 2) ou da intervenção em empresas privadas (artigo 86, n.° 2, em associação com o artigo 17, mas apenas "em regra").

Noutros casos, apesar de tal não constar expressamente da Constituição, tudo leva a crer que seriam inconstitucionais quaisquer ablações administrativas. É o caso da inviolabilidade das comunicações (artigo 34, n.° 4), dado que, sendo o seu desrespeito secreto, um recurso para os tribunais em tempo útil seria completamente inviável. Igualmente a privação da cidadania (artigo 26, n.° 4), a ser consagrada na lei, teria de ser operada por sentença judicial, tendo em conta a importância do direito.

Será possível sustentar que, no que diz respeito à proibição preventiva de uma manifestação, um sistema mais conforme com a Constituição deveria operar por decisão judicial, tendo em conta que esta afirma que o seu exercício não depende de qualquer autorização e que, quanto ao conteúdo das mensagens, proíbe qualquer forma de censura?

Limitações, restrições e ablações 337

A manifestação é ainda uma forma de exercício da liberdade de expressão, ainda que qualificada, e esta tem como particularidade específica o encontrar-se sujeita a um sistema de controlo administrativo puramente repressivo, por força da proibição de qualquer forma de censura (artigo 37, n.º 2)[720]. Pode o aviso prévio ser admitido em termos de via-

---

A Administração, quando pretendesse proibir uma manifestação, teria de solicitar tal acto a um tribunal competente. Seria claramente esta a forma que melhor garantiria estes direitos. Mas é necessário reconhecer que a Constituição não o exige. Por outro lado, a existente sobrecarga do sistema judicial torna este sistema dificilmente concretizável.

[720] Segundo se julga, o artigo 37, n.º 2, CRP não preclude uma proibição preventiva judicial, seja no âmbito da liberdade de imprensa, seja em relação à publicação de qualquer obra [em sentido tendencialmente contrário: Nuno e Sousa, *A Liberdade* (…), cit., pág. 161; J. Machado, *Liberdade de Expressão* (…), cit., pág. 503], seja em relação à realização de uma manifestação por alguém por esta directamente afectado, caso as autoridades competentes se recusem a proibi-la.

É certo que o preceito fala em "qualquer tipo ou forma de censura", mas precisamente censura é um termo aplicável a um controlo administrativo e não judicial. Ficam compreendidas formas preventivas ou sucessivas de censura, jurídicas ou factuais, mas, no plano estadual, a noção não compreende decisões judiciais em relação a notícias em concreto (uma sentença proibindo um jornal de continuar a publicar seria inaceitável). Outra solução constituiria uma violação aberta dos deveres de protecção do Estado, por intermédio dos seus tribunais (artigo 202, n.º 2, CRP), visto que este teria de esperar necessariamente pela efectivação da violação, mesmo se esta tivesse consequências irremediáveis sobre a integridade moral de um indivíduo, para então poder intervir. Como se alguma coisa se tivesse alterado no plano da licitude da acção por a violação se ter concretizado, em vez de estar iminente.

Em suma, nada se tem a apontar ao artigo 32, al c), da Lei de Imprensa (Lei n.º 2/ /99, de 13 de Janeiro, alterada pela Declaração de rectificação n.º 9/99, de 04 de Março e pela Lei n.º 18/2003, de 11 de Junho) que considera como crime de desobediência "A **edição, distribuição** ou venda de publicações suspensas ou apreendidas por decisão judicial". Vide ainda os artigos 1474 e 1475 do Código de Processo Civil, bem como os seus artigos 381 a 392.

De resto, pode ser o próprio responsável pela publicação a interpor uma acção de simples apreciação, perante ameaças de alguém prejudicado de recorrer aos tribunais caso aquele concretize a publicação, com vista a certificar-se que não vai praticar um acto ilícito [artigo 4, n.º 2, al. a), do Código de Processo Civil (aprovado pelo Decreto-Lei n.º 329-A/95, de 12 de Dezembro, com sucessivas alterações, a última pelo Decreto-Lei n.º 53/2004, de 18 de Março); acções em relação às quais, o Supremo Tribunal de Justiça afirmou: "No âmbito das acções de simples apreciação, não se deverá ser demasiado restritivo na apreciação dos respectivos requisitos, mormente no atinente ao interesse em agir, sob pena de poderem perder grande parte do seu interesse prático", que bastará um "estado de incerteza provocado pelas afirmações que vêm sendo produzidas do lado da demandada, estado de incerteza esse que pode trazer prejuízo à demandante"; cfr. sentença de 4 de Junho de 1996, processo n.º 96A148]. Seria surpreendente que perante uma acção destas,

338   *Os Direitos de Reunião e de Manifestação no Direito Português*

bilizar um controlo de conteúdo, apesar de não ter base constitucional expressa e de tal controlo poder entrar em conflito com o artigo 37, n.° 2, e com o próprio artigo 45, n.° 1, já que proíbe qualquer autorização e um controlo de conteúdo é mais próprio destas[721]?

É certo que se pode alegar que, sendo o direito de manifestação uma forma qualificada de gozo da liberdade de expressão, por força do seu carácter intromissivo[722], que este não se encontra coberto pela proibição de censura (artigo 37, n.° 2), que se aplica exclusivamente à liberdade de expressão em sentido estrito. Mas esta proibição encontra apoio igualmente na desnecessidade de qualquer autorização.

Substancialmente, não parecem existir motivos que imponham a existência de um controlo preventivo administrativo das mensagens vei-

---

interposta pelo titular do direito, o Tribunal a rejeitasse alegando ser constitucionalmente inadmissível a apreciação prévia do gozo destes direitos.

Em relação à jurisprudência norte-americana, tenha-se presente que o Supremo Tribunal Federal se limita a afirmar que "Any system of prior restraints of expression comes to this Court bearing a **heavy presumption against its constitutional validity**" e "The Government "thus carries a **heavy burden of showing justification** for the imposition of such a restraint" (cfr. *New York Times Co. v. United States*, 403 U.S. 713 (1971), pág. 714; texto em http://laws.findlaw.com/us/403/713.html). Anteriormente, num caso marcante relativo a legislação estadual que permitia a proibição de jornais de escândalos, o mesmo Tribunal afirmara: "the protection even as to previous restraint is not absolutely unlimited. But the limitation has been recognized only in exceptional cases" e, depois de citar exemplos relativos a tempo de conflito armado, à segurança nacional, à ordem pública e à repressão de publicações obscenas, acrescentou: "These limitations are not applicable here. Nor are we now concerned with questions as to the extent of authority to prevent publications in order **to protect private rights** according to the principles governing the exercise of the jurisdiction of courts of equity" [cfr. *Near v. State of Minnesota ex Rel. Olson*, 283 U.S. 697 (1931), pág. 715-716]. Ou seja, o Supremo Tribunal Federal não exclui que, designadamente, a protecção de bens colectivos ou a defesa de direitos individuais possam justificar tal medida. De resto, um dos argumentos avançados contrários a um controlo judicial preventivo diz respeito à privação do autor da publicação do seu direito de ver o caso apreciado por um júri. Ora, perante a irrelevância prática do júri na nossa Ordem Jurídica, este argumento não tem qualquer peso.

Por último, refira-se que o Tribunal Europeu dos Direitos Humanos tem aceite ordens judiciais preventivas no domínio da liberdade de expressão e de imprensa ["that Article 10 (art. 10) of the Convention does not in terms prohibit the imposition of prior restraints on publication, as such." (cfr. *The Sunday Times v. the United Kingdom*, Judgment, n.° 50/1990/241/312, 24 October 1991, parág. 51)].

[721] Já se verificou que faz todo o sentido entender que a desnecessidade de qualquer autorização se aplica igualmente a uma manifestação (vide, *supra*, parág. 7.3.2).

[722] Vide, *supra*, parág. 1.2.

Limitações, restrições e ablações 339

culadas em manifestações, mas não em relação a outros meios de exercício da liberdade de expressão. Estes últimos podem ter um impacte bem maior; pense-se na televisão. A simples circunstância de o direito de manifestação constituir um meio intromissivo que se impõe a terceiros, enquanto os telespectadores podem facilmente interromper a recepção nos seus televisores, não parece justificar uma diferença tão grande de regime de controlo[723].

Tendo presente estes elementos e igualmente o Direito comparado[724], julga-se que uma proibição da reunião por força do conteúdo das

[723] Durante os debates que levaram à aprovação da Lei sobre o Direito de Reunião e de Manifestação de Macau na respectiva Assembleia Legislativa, o deputado Alberto Noronha, a propósito da possibilidade de ser realizado um controlo preventivo do conteúdo das manifestações para efeitos da sua proibição, afirmou: "a proposta de lei está recheada de conceitos e palavras vagas, subjectivas, perigosas e aleatórias, como «ofensa à honra e consideração devidas a órgãos de soberania e aos órgãos de governo próprio e tribunais de Macau, bem como aos respectivos membros». Bastará discordar, censurar e criticar, com ou sem fundamento, para se ofender essa honra e consideração, que por si só não justifica a suspensão e muito menos a restrição e proibição de direitos fundamentais, garantidos pela Constituição, mas tão somente a possibilidade de recurso aos tribunais, por parte dos presumíveis ofendidos ou seus representantes" (cfr. *Extracção parcial do Plenário de 23 de Março de 1993*, texto em http://www.al.gov.mo/lei/col_lei-01/po/01/4.htm).

[724] O Tribunal Constitucional espanhol, embora tenha sublinhado a inadmissibilidade de um controlo quanto à conveniência da mensagem, pareceu admitir um controlo de legalidade: "El contenido de las ideas o las reivindicaciones que pretenden expresarse y defenderse mediante el ejercicio del derecho de manifestación y concentración pública no puede ser sometido a controles de oportunidad política ni a juicios en los que se emplee como canon el sistema de valores que cimentan y dan cohesión al orden social en un momento histórico determinado. Al ponderar la aplicación el límite del art. 21.2, los poderes públicos deben garantizar el ejercicio del derecho de reunión por parte de todos en condiciones de igualdad y sin discriminación alguna en razón del contenido de los mensajes que los promotores de las concentraciones pretenden transmitir (**salvo, claro es, que ese contenido infrinja la legalidad**)" (cfr. Tribunal Constitucional, Sala Segunda, STC 066/1995, 13 de Maio de 1995, ponto II3; texto, designadamente, em http://constitucion.rediris.es/juris/1995/STC066.html). Trata-se, contudo, de admissão problemática, tendo em conta que o artigo 21, n.º 2, da Constituição espanhola estabelece "que solo podrá prohibirlas cuando existan razones fundadas de alteración del orden público, con peligro para personas o bienes".

Pelo contrário, nos EUA, formalmente, tem sido considerado inadmissível qualquer controlo preventivo *content-based*, mesmo em relação à manifestação de mensagens discriminatórias [cfr. *R.A.V. v. ST. PAUL*, 505 U.S. 377 (1992), pág. 393-394; texto em http://laws.findlaw.com/us/505/377.html; vide citação, *supra*, parág. 7.2.2, nota 522) ou antidemocráticas, incluindo nazis [cfr. *National Socialist Party v. Skokie*, 432 U.S. 43 (1977), pág. 44; texto em http://laws.findlaw.com/us/432/43.html; vide igualmente *Smith*

340 *Os Direitos de Reunião e de Manifestação no Direito Português*

mensagens, tendo em conta aquilo que o aviso prévio revele sobre este, deve ser, em princípio, considerado como constitucionalmente inadmissível. Admite-se, contudo, que, excepcionalmente, algumas reuniões possam ser proibidas por força do conteúdo criminoso das mensagens a exteriorizar, quando estejam em causa crimes graves.

Deste modo, apesar de não ser provável que ocorra, o mero aviso prévio pode revelar-se directamente um crime, por conter declarações proibidas penalmente. Nestas circunstâncias, aceita-se que seja conforme com a Constituição a proibição da reunião, mas apenas quando se trate de um crime grave[725]. A mesma conclusão se aplicará nos casos em que, embora o aviso prévio não constitua em si um crime, por o tipo penal exigir a publicitação do seu conteúdo (e um aviso prévio não preencher esta exigência), resulte manifestamente evidente do seu conteúdo que a sua divulgação pública constituirá um crime grave[726].

Tem-se, contudo, fortes reservas a que crimes particulares e semipúblicos[727] não violentos integrem esta noção de "crime grave" para efeitos de justificar uma proibição preventiva. A razão de ser de exigir acusa-

---

v. Collin, 439 U.S. 916 (1978); texto em http://laws.findlaw.com/us/439/916.html; ver citações, *supra*, parág. 7.2.4, nota 543].

Pelo contrário, a jurisprudência do Tribunal Constitucional alemão é severamente restritiva em relação a ambas as matérias (vide, *supra*, parágs. citados).

[725] Admite-se que seja o caso de este conter injúrias claras e muito graves ao Presidente da República (artigo 328 do Código Penal), mesmo se este tipo penal não é isento de crítica (vide, *supra*, parág. 7.2.2).

[726] Pense-se no Incitamento à guerra civil ou à alteração violenta do Estado de Direito (artigo 326) ou no Incitamento à desobediência colectiva (artigo 330).

O Tribunal Constitucional federal alemão aceitou que mesmo reuniões em locais meramente abertos ao público poderiam preventivamente ser proibidas ou limitadas quando existissem fortes probabilidades de serem cometidos crimes de expressão, neste caso, negar o Holocausto [cfr. BVerfGE 90, 241 – Auschwitzlüge, parág. B.II.2.c).aa); texto em http://www.oefre.unibe.ch/law/dfr/bv090241.html].

[727] Definidos pelo Tribunal da Relação de Lisboa: "Os crimes semi-públicos, natureza que lhes é conferida em função da natureza dos interesses que tutelam traduzem-se, no essencial, numa redução do princípio da oficialidade ou oficiosidade, podendo o M.°P impulsionar o procedimento criminal apenas se o ofendido ou outras as pessoas com legitimidade para tal lhe darem conhecimento do facto ou depois de o terem feito perante qualquer outra entidade com obrigação legal de transmitir a queixa ao M.°P.° (arts. 48.°, 49.°, 242.° e 248 CPP) e permitem que, perante a desistência de queixa dos respectivos titulares até à publicação da sentença em 1.ª instância, se possa pôr termo a um processo criminal (art. 116.° CP e 51.° CPP)." (cfr. Acórdão de 23 de Setembro de 2004; Processo n.° 7079/2004-9).

ção particular ou queixa/participação é deixar na disponibilidade do ofendido a concretização do procedimento criminal[728]. É certo que, nestes casos, não se está perante uma questão de iniciar procedimento criminal, mas de evitar a comissão de crimes, a maioria dos quais são lesivos de direitos, liberdades e garantias, tornando aplicáveis os deveres de protecção do Estado [artigos 9, al. b), 27, n.° 1, e 272, n.° 1]. Mas é possível alegar que a exigência em relação a estes crimes de acusação particular ou queixa/participação, quando não sejam praticados com violência (visto que a repressão de violência é sempre de Ordem Pública), justifica que o Estado não intervenha a título preventivo na limitação do exercício de um direito, liberdade e garantia que não pode ser sujeito a uma autorização.

Com efeito, um indivíduo tem direito a pedir a intervenção do Estado perante, por exemplo, injúrias que tenha sofrido, mas também tem o direito de pedir a não intervenção. Tal é claro no que diz respeito aos crimes particulares, visto que em relação a estes nem em flagrante delito pode o autor ser detido[729]. Mas, em matéria de proibição de reuniões, o mesmo parece valer em relação aos crimes semi-públicos. De resto, os crimes semi-públicos que mais facilmente poderão integrar avisos prévios são crimes puramente de expressão de limitada gravidade, como a injúria ou a difamação, que não parecem justificar uma proibição preventiva da reunião, quando a vítima pode legitimamente simplesmente decidir ignorá-los, tornando a intervenção do Estado desnecessária; ou quando, não obstante o aviso prévio conter afirmações ofensivas, a mani-

---

[728] Por exemplo, num caso em que do próprio aviso prévio de uma reunião com fins de manifestação constem alegações contra um membro do Governo que preencham o tipo do crime de difamação ou mesmo de injúria, parece que, ainda assim, não será possível proibir a reunião, por ser necessária participação (artigo 188 do Código Penal).

É certo que, em sentido contrário, se pode invocar o artigo 1, n.° 2, da Lei sobre o Direito de Reunião, mas verificou-se já que este deve ser considerado como inconstitucional, pois cria um sistema de tutela desigualitária injustificada. Para os crimes contra a honra [excepção para o Presidente da República, qualificado como crime público pelo Código Penal, no artigo 328, num tratamento privilegiado controverso, de origem monárquica (vide, *supra*, parág. 7.2.2)], existem os tribunais para os reprimir *a posteriori*.

[729] O Código de Processo Penal dispõe no seu artigo 255, n.° 3: "Tratando-se de crime cujo procedimento dependa de queixa, a detenção só se mantém quando, em acto a ela seguido, o titular do direito respectivo o exercer. Neste caso, a autoridade judiciária ou a entidade policial levantam ou mandam levantar auto em que a queixa fique registada" e n.° 4 "**Tratando-se de crime cujo procedimento dependa de acusação particular, não há lugar a detenção em flagrante delito**, mas apenas à identificação do infractor".

342 Os Direitos de Reunião e de Manifestação no Direito Português

festação afinal decorra sem recurso a estas ou com a sua utilização somente por um limitado número de participantes.

Se o sistema judicial tem controlado, em termos tendencialmente adequados, crimes paralelos levados a cabo por intermédio dos meios de comunicação social, com impacte muito mais significativo, mediante o recurso a instrumentos predominantemente repressivos, parece constituir uma violação do princípio da proibição do excesso, na sua vertente da necessidade, a utilização de um sistema de censura (administrativa) preventiva para tutela destes bens jurídicos disponíveis, com todos os inerentes riscos de abuso, de incorrecta aplicação dos tipos penais em causa e de inutilidade da intervenção, por a vítima simplesmente não querer saber do que de si se diz numa reunião, ou de, pura e simplesmente, ter existido uma incorrecta apreensão dos riscos de estes crimes ocorrerem, por afinal não terem sido utilizadas expressões ofensivas ou tal apenas ter ocorrido pontualmente. A mera ameaça da sua repressão penal posterior parece constituir meio de prevenção bastante[730].

Assim, apenas se afigura seguro que uma reunião possa ser proibida preventivamente, por força do conteúdo do aviso prévio, quando este preencha o tipo penal de um crime público grave ou em que a sua divulgação na reunião o preencherá. Aceita-se, contudo, que a Constituição está longe de ser clara e que ao legislador caberá alguma discricionariedade sobre a matéria, sendo admissível que considere que mesmo crimes particulares ou semi-públicos, desde que ostensivos e graves, legitimam uma proibição.

Por outro lado, numa excepção com maior relevância prática, uma reunião pode igualmente ser proibida preventivamente por força do seu

---

[730] A posição do Tribunal Constitucional federal alemão sobre a proibição de reuniões por existir uma quase certeza de que seriam praticados crimes contra a honra não ficou clara. É certo que os referiu, a propósito da legitimação constitucional de limites penais à liberdade de expressão em associação com a proibição ou limitação preventiva de reuniões: "An der Verfassungsmäßigkeit der Strafvorschriften, auf die hier die Auflage gestützt worden ist, bestehen keine Zweifel. Die Beleidigungstatbestände schützen die persönliche Ehre, die in Art. 5 Abs. 2 GG ausdrücklich als Rechtsgut genannt ist, das die Beschränkung der Meinungsfreiheit rechtfertigt" [cfr. BVerfGE 90, 241 – Auschwitzlüge, cit., parág. B.II.2.c).aa)]. Mas como referiu que estas medidas preventivas teriam sempre de respeitar o princípio da proporcionalidade, a sua jurisprudência sobre a questão não ficou clara. Aliás, de outro modo, esta entraria em colisão com a do Tribunal Europeu dos Direitos Humanos (referida, neste parágrafo, *infra*, nota 732).

Em sentido similar, vide C. Coelln, *Die eingeschränkte Polizeifestigkeit* (…), cit., pág. 1238.

Limitações, restrições e ablações   343

fim, quando existam fortes probabilidades de prática de crimes violentos, ou em geral públicos graves, no seu decurso por parte dos participantes. Deste modo, a confissão pelos próprios organizadores no aviso prévio de uma clara intenção de praticar estes crimes durante a reunião legitimará a sua proibição preventiva[731]. O mesmo se aplicará se a conclusão quanto à intenção violenta ou criminosa se apoiar em outros factos que a demonstrem rigorosamente[732-733].

---

[731] Uma situação com algum paralelismo ocorreu com o caso relativo ao navio *Borndiep*, impedido de aportar na Figueira da Foz, por se encontrar ao serviço de uma associação holandesa que pretendia confessadamente ajudar mulheres a interromper a gravidez fora das águas territoriais portuguesas. O Governo invocou como justificação para esta proibição a necessidade de prevenir violações da lei portuguesa e a "saúde pública". Perante alegações de violação, designadamente, dos direitos de reunião e de manifestação, o Tribunal Administrativo e Fiscal de Coimbra rejeitou a intimação para protecção de direitos, liberdades e garantias interposta, alegando que tais direitos não eram lesados pela proibição de aportar o navio (o que se afigura difícil de sustentar, dado que o acesso aos locais se encontra igualmente protegido), mas invocou igualmente o fim contrário à lei penal (a sentença não se encontra publicada, mas alguns excertos foram reproduzidos na comunicação social). Em recurso, o Tribunal Central Administrativo Norte veio a considerar que, com o regresso do navio à Holanda, a acção perdera a sua urgência (cfr. Sentença de 16 de Dezembro de 2004, processo n.° 00496/04.1BECBR).

[732] Assim, o Tribunal Europeu dos Direitos Humanos, a propósito exclusivamente de "criminal offences", afirmou "Admittedly, in certain cases, when the authorities have grounds to believe that there is a genuine risk that **serious offences** may be committed during a public event, they may act pre-emptively and impose such measures. **Such a power must however be used sparingly and only when indeed warranted**" e que "Article 11 only enshrines the right to "peaceful assembly". Its protection does not therefore extend to demonstrations whose organisers and participants **have violent intentions**" (cfr. *Case Of The United Macedonian Organisation Ilinden And Ivanov v. Bulgaria*, First Section, Judgment, 20 October 2005, parág. 109 e 99). Ou seja, para o Tribunal, apenas a intenção de praticar crimes graves justifica a proibição, não a intenção de praticar quaisquer crimes.

Também a anterior Comissão Europeia dos Direitos Humanos sustentou: "The notion of "peaceful assembly" does not, however, cover a demonstration where the organisers and participants have **violent intentions** which result in public disorder" (cfr. *M.C. against the Federal Republic of Germany*, Admissibility of Application No. 13079/87, 6 March 1989, parág. 2).

Em termos paralelos, o Tribunal Constitucional federal alemão afirmou que uma reunião pode ser proibida se existir uma alta probabilidade de os organizadores terem a intenção de cometer actos violentos, ou de permitir que estes tenham lugar: "Die Anordnung eines Versammlungsverbotes wirft verfassungsrechtlich auch bei Großdemonstrationen keine besonderen Probleme auf, wenn die Prognose mit **hoher Wahrscheinlichkeit** ergibt, daß der Veranstalter und sein Anhang Gewalttätigkeiten beabsichtigen oder ein solches

344 *Os Direitos de Reunião e de Manifestação no Direito Português*

Por outro lado, determinadas reuniões podem ser qualificadas como actos preparatórios de um crime. Embora a regra seja a de que os actos preparatórios não são puníveis[734], esta tem várias excepções, em relação a crimes considerados mais graves[735-736]. Por exemplo, a realização de uma reunião para constituir uma organização terrorista ou para preparar um golpe de Estado são punidos como crimes. Por conseguinte, quando os actos preparatórios de um dado crime sejam puníveis, qualquer reunião que vise preparar ou concretizar tal crime deverá ser proibida, já que a própria reunião será criminosa.

Assim, em conclusão, apenas se afigura legítimo proibir reuniões tendo em conta o conteúdo do aviso prévio, quando este em si constitua um crime público grave, avise da realização de uma reunião que constitua por si um crime (enquanto acto preparatório punível) ou em que seja confessada a intenção aberta e clara de praticar crimes públicos graves durante a reunião ou em geral actos violentos, sem prejuízo de esta intenção poder ser demonstrada com base em outros elementos seguros[737].

Verhalten anderer zumindest billigen werden. Eine derartige Demonstration wird als unfriedlich von der Gewährleistung des Art. 8 GG überhaupt nicht erfaßt; ihre Auflösung und ihr Verbot können daher dieses Grundrecht nicht verletzen" (cfr. BVerfGE 69, 315 – Brokdorf, cit., parág. C.III.3.b).

[733] Não bastam meras suspeitas ou presunções derivadas, por exemplo, de os organizadores terem antecedentes de prática de actos proibidos; neste sentido: Hoffmann-Riem, *Demonstrationsfreiheit auch für Rechtsextremisten* (…), cit., pág. 2781; D. Wiefelspütz, *Das Versammlungsrecht* (…), cit., pág. 63; O. Tölle, *Polizei- und ordnungsbehördliche* (…), cit., pág. 154-155; H. Höllein, *Das Verbot rechtsextremistischer* (…), cit., pág. 638-639.

[734] Cfr. artigo 21 do Código Penal.

[735] Cfr. artigo 271 do Código Penal, em relação à falsificação de moeda, pesos, valores selados e selos, cunhos, marcas ou chancelas; o artigo 274 em relação a actos que provoquem incêndios ou explosões; e o artigo 344, em relação à maioria dos crimes contra o Estado. Também, em relação a organizações terroristas, o artigo 2, n.º 4, da Lei n.º 52/2003, de 22 de Agosto.

[736] Sem prejuízo das dificuldades em distinguir os actos preparatórios do início da execução do crime na tentativa [cfr. Hans Welzel, *Derecho Penal – Parte General* (trad. ed. alemã), Buenos Aires, 1956, pág. 193-195; Damásio De Jesus, *Direito Penal – Parte Geral*, Volume I, 21.ª edição, S. Paulo, 1998, Capítulo V, 5; Julio F. Mirabete, *Manual de Direito Penal*, Volume I, 17.ª ed., São Paulo, 2001, pág. 156-158].

[737] A Lei sobre o Direito de Reunião espanhola (Ley Orgánica 9/1983, de 15 de Julio), estabelece no artigo 1, n.º 3: "Son reuniones ilícitas las así tipificadas por las Leyes Penales", considerando que estas podem ser interrompidas [artigo 5, al. a)], bem como as que "produzcan alteraciones del orden público, con peligro para personas o bienes" [artigo 5, al. b)]. Com base neste segundo fundamento, podem igualmente ser proibidas as reu-

Limitações, restrições e ablações 345

Em qualquer caso, tal poder de proibição preventiva deve ser utilizado com grande cautela. Em rigor, tal pode constituir uma forma de censura administrativa do conteúdo da mensagem a manifestar ou do fim da reunião, o que constitui uma acção constitucionalmente delicada. Como ficou sublinhado, não bastam simples suspeitas, ou mesmo a mera probabilidade, de serem praticados crimes graves para que se possa proibir uma reunião; é necessário fortes probabilidades, estruturadas em factos sólidos[738].

Assim, é necessário ter presente a diferença essencial entre os limites ao exercício do direito de reunião e os limites susceptíveis de legitimar uma proibição preventiva ou uma interrupção. Os primeiros são muito mais latos, já que compreendem limites cuja violação dá apenas lugar a responsabilidade civil ou responsabilidade penal dependente de uma decisão da vítima e que, portanto, não legitimam uma intervenção pública imediata, muito menos preventiva, ablativa de um direito, liberdade e garantia de todo um conjunto de pessoas, que podem nada ter a ver com os responsáveis pelos actos que se visa prevenir[739].

8.1.2. *Por colisão com outros direitos ou bens*

Além dos referidos fundamentos que legitimam uma proibição pura e simples, a reunião pode ainda ser forçada a alterar os seus termos programados por o local ou hora entrar em colisão com outros direitos fundamentais ou bens constitucionalmente protegidos.

---

niões em lugares de trânsito público ou as manifestações (artigo 10). Mas, aparentemente, não pelo receio de serem praticados crimes que não perturbem a ordem pública material, como meros crimes de expressão.

[738] Tendo presente que uma proibição claramente ilegítima de realizar uma reunião pode constituir crime; vide, *infra*, parág. 9.2.2.

[739] Deste modo, o Tribunal Constitucional italiano afirmou, a propósito de reuniões religiosas, que a regra "**che ad ogni limitazione posta ad una libertà costituzionale debba implicitamente corrispondere il potere di un controllo preventivo dell'autorità di pubblica sicurezza, non sussiste nel nostro ordinamento giuridico**. Il trasgredire alla limitazione sancita dall'art. 19 potrà costituire un illecito giuridico, anche penale; e in tal caso il divieto sarà garentito dalla corrispondente sanzione; ma, al di fuori di questa ipotesi, **l'attività di prevenzione della polizia, se ed in quanto importi una restrizione della sfera giuridica del cittadino** (…) **potrà esercitarsi soltanto nei casi e nei modi espressamente indicati dalla legge**" (cfr. Sentenza n. 45, 8 Marzo 1957; texto em http://www.cortecostituzionale.it/).

346   *Os Direitos de Reunião e de Manifestação no Direito Português*

Assim, claramente, as manifestações podem ser proibidas à noite[740] ou em determinados locais, como perto de hospitais, a menos que sejam silenciosas. Por outro lado, a escolha de determinados locais e horas pode lançar o caos na circulação rodoviária, especialmente se for de esperar que a reunião tenha grande participação.

Mas, nestas situações, a autoridade não se deve limitar a proibir a reunião[741], antes deve apresentar uma alternativa viável que procure conciliar os interesses dos organizadores e participantes na reunião com os protegidos pelos bens afectados[742].

Igualmente contramanifestações[743], marcadas para o mesmo local e hora da manifestação que lhes deu causa, deverão normalmente ser forçadas a alterar o local. Porque são actos reactivos, a sua marcação para o mesmo local, mesmo que os respectivos organizadores se reclamem de

---

[740] Cfr. artigo 11 da Lei sobre o Direito de Reunião; sobre este, vide, *supra*, parág. 7.1.3.2, nota 482.

[741] O Tribunal Constitucional federal alemão sustentou que o poder de proibição e de interrupção deve ser exercido em termos muito restritivos, que a mera necessidade de garantir a liberdade de circulação não os justifica; especialmente quando for possível dividir as faixas de rodagem entre veículos e manifestantes (cfr. BVerfGE 69, 315 – Brokdorf, cit., parág. C.II.2.b).

Também o Tribunal Constitucional espanhol só admitiu a proibição de uma reunião por força de previsíveis problemas causados na circulação automóvel em casos de "colapso circulatorio con inmovilización e imposibilidad de acceso a determinadas zonas por inexistencia de vías alternativas (…) em que "resulta imposibilitada la prestación de servicios esenciales con incidencia en la seguridad de personas o bienes, como son los servicios de ambulancias, bomberos, policía o urgencias médicas" e "la adopción de una medida tan drástica como la prohibición de celebrar una concentración debe ser sometida a un juicio de proporcionalidad, ya que sólo será constitucionalmente legítima si no existen otros medios de preservar el orden público sin un sacrificio tan importante del derecho de reunión" (cfr. Tribunal Constitucional, Sala Segunda, STC 066/1995, 13 de Maio de 1995, cit., parág. 3 e 4).

[742] O artigo 6 da Lei sobre o Direito de Reunião permite que as autoridades ordenem alterações pontuais no trajecto de reuniões itinerantes. Deve-se entender que nada impede que as alterações incidam sobre aspectos bem mais vastos, como a data ou local da reunião, mas nestes casos tal não pode ser objecto de uma determinação unilateral. Não cabe ao Estado decidir em que dia ou local os cidadãos se podem reunir, mas apenas apresentar-lhes alternativas que estes poderão ou não acolher (neste sentido: Wolfgang Schörnig, *Änderung von Zeitpunkt und Ort einer Versammlung im Wege einer Auflage*, *Neue Zeitschrift für Verwaltungsrecht*, 2001, heft 11, pág. 1246-1248).

[743] Como se verificou, a contramanifestação deve ser considerada como uma acção compreendida no seio do direito de manifestação, embora sujeita a estas reservas; ver, *supra*, parág. 3.4.

intenções perfeitamente pacíficas, suscitará reservas quanto a este carácter. E, em qualquer caso, a sua simples realização no mesmo local, além de criar um risco objectivo sério de actos de violência, à margem da intenção dos organizadores, perturbará a manifestação inicial e intimidará os seus participantes, o que constitui por si fundamento suficiente para esta exigência, como forma de conciliar o mesmo direito de pessoas diferentes. Sendo as manifestações dirigidas à opinião pública em geral, parece desnecessária a sua canalização directamente contra manifestantes com ideias opostas.

Pelo contrário, como se verificou, meros perigos de perturbações da manutenção da ordem só excepcionalmente constituem fundamento para proibir uma reunião. Assim, se existirem provas que demonstrem que, apesar de os organizadores terem intenções pacíficas, a maioria dos participantes pretende converter a reunião num motim violento, esta poderá ser proibida; mas, neste caso, o fundamento da interdição será a proibição de reuniões com fins violentos e não a ordem pública em sentido material.

Porém, se, tendo intenções de manifestação, e salvo se visar transmitir mensagens que constituam crime público, existir um mero perigo de a reunião suscitar contramanifestações violentas, então deverão ser remetidas para o local forças de segurança aptas a proibir e reprimir estas últimas, caso ocorram. Como se verificou, apenas em impossibilidade material ou estado de necessidade, quando as autoridades prevejam não ter capacidade para controlar a situação ou o risco de graves consequências seja demasiado alto, poderão proibir preventivamente reuniões/manifestações por força das reacções ilícitas que estas poderão provocar da responsabilidade de terceiros[744].

8.2. A interrupção

O acto administrativo de interrupção de uma reunião coloca alguns problemas. Um primeiro diz respeito ao órgão competente para o aprovar. O segundo, aos seus pressupostos. E, finalmente, o mais delicado relativo ao recurso à força para executar esta decisão em caso de desobediência.

---

[744] Vide, *supra*, parág. 7.1.1.4.

348   *Os Direitos de Reunião e de Manifestação no Direito Português*

8.2.1. *Entidades competentes e forma legal*

Nem a lei sobre o direito de reunião, nem o Código Penal (artigo 304), concretizam quais são as autoridades com competência para ordenar a interrupção de uma reunião. Tudo indica que são competentes as forças de segurança, com destaque para a Polícia de Segurança Pública[745] e a Guarda Nacional Republicana[746], de acordo com a competência territorial de cada uma[747].

Assim, no seio da Polícia de Segurança Pública, esta competência parece caber em última instância aos Comandantes metropolitanos, regionais e de polícia[748], mas é exercida pelos comandantes de divisão, de secção e de esquadra, sem prejuízo de os seus actos deverem ser comunicados de imediato àqueles[749].

Em relação à forma da ordem de interrupção, o artigo 5, n.º 2, da Lei sobre o Direito de Reunião exige que seja lavrado auto em que se apresentem os fundamentos da ordem de interrupção, devendo uma cópia ser entregue aos promotores.

Contudo, estando-se perante uma situação de prática de actos de violência ou de crimes públicos graves por parte significativa dos participantes, não é de esperar que exista tempo para estar a escrever autos. Ou seja, o auto pode ser realizado e entregue posteriormente, logo que seja possível, não constituindo a sua existência e entrega requisitos de validade e eficácia da ordem de interrupção. Simplesmente, quando o fundamento

---

[745] Cfr. o artigo 2, n.º 2, al. b) ("Garantir a manutenção da ordem, segurança e tranquilidade públicas"), e al. h) ("Garantir a segurança rodoviária, nomeadamente através do ordenamento, fiscalização e regularização do trânsito"), da Lei orgânica da Polícia de Segurança Pública (Lei n.º 5/99, de 27 de Janeiro, com as alterações introduzidas pela Rectificação n.º 6/99, de 16 de Fevereiro, e pelo Decreto-Lei n.º 137/2002, de 16 de Maio).

[746] Assim, o artigo 2, al. a), b) e d), da Lei Orgânica da Guarda Nacional Republicana (Decreto-Lei n.º 231/93, de 26 de Junho, com alterações da Rectificação n.º 138/93, de 31 de Julho e dos Decretos-Lei n.º 298/94, de 24 de Novembro; n.º 188/99, de 2 de Junho, e n.º 15/2002, de 29 de Janeiro).

[747] Não se afigura necessária qualquer decisão do Governador Civil ou do Presidente da Câmara, entidades com competência para proibir reuniões; neste sentido: Conselho Consultivo da Procuradoria-Geral da República, Parecer n.º 40/1989, de 7 de Dezembro de 1989, parág. 6.2. e 6.3; ver igualmente Miranda Sousa, *O Direito* (...), cit., pág. 21.

[748] Cfr. o artigo 60, n.º 1, al. b), da Lei orgânica da Polícia de Segurança Pública: "Exercer o comando das respectivas unidades orgânicas, através da administração, preparação, manutenção e emprego dos meios humanos e materiais que lhe são atribuídos".

[749] Cfr. o artigo 96, n.º 6, da Lei orgânica da Polícia de Segurança Pública.

Limitações, restrições e ablações 349

da ordem de interrupção não seja patente, devem as autoridades apresentá-lo oralmente, se necessário por altifalante, ao mesmo tempo que ordenam a interrupção.

Esta conclusão é confirmada pelo artigo 304 do Código Penal, que regula o crime de desobediência a ordem de interrupção de uma reunião, que, ao contrário do tipo geral relativo ao crime de desobediência, não exige respeito por qualquer forma legal. Ou seja, a ordem de interrupção pode ser puramente verbal, embora deva depois ser reduzida a escrito, fundamentada[750] e remetida aos promotores.

8.2.2. *Pressupostos*

Os pressupostos da decisão de interrupção não poderão ser em caso algum mais amplos do que os necessários para justificar a proibição da reunião[751], pelo contrário, deverão ser ainda mais exigentes[752].

---

[750] Nos termos do artigo 268, n.º 3, CRP. O Código do Procedimento Administrativo (aprovado pelo Decreto-Lei n.º 442/91, de 15 de Novembro, com as alterações introduzidas pelo Decreto-Lei n.º 6/96, de 31 de Janeiro, e as declarações de rectificação n.º 265/91, de 31 de Dezembro, e n.º 22-A/92, de 29 de Fevereiro), no seu artigo 125, impõe alguns requisitos para a fundamentação que a Doutrina tem reconduzido ao seu carácter claro, congruente e suficiente (neste sentido: J. Osvaldo Gomes, *Fundamentação do Acto Administrativo*, 2.ª ed., Coimbra, 1981, pág. 121-137; Vieira de Andrade, *O Dever da Fundamentação Expressa de Actos Administrativos*, Coimbra, 1992, pág. 232-239; David Duarte, *Procedimentalização, Participação e Fundamentação*, Coimbra, 1996, pág. 211-215). O facto de a fundamentação ser realizada *a posteriori* faz com que perca algum do seu valor na determinação do conteúdo do acto administrativo de interrupção, mas, no presente caso, não parece existir alternativa.

[751] Neste sentido: C. Mortati, *Istituzioni* (…), cit., pág. 876; A. Carli, *Riunione (libertà di)*, cit., pág. 490; O. Tölle, *Polizei- und ordnungsbehördliche* (…), cit., pág. 156.

[752] Nesta matéria, o actual regime constante do artigo 5, n.º 1, da Lei sobre o Direito de Reunião é completamente inadequado: "As autoridades só poderão interromper a realização de reuniões, comícios, manifestações ou desfiles realizados em lugares públicos ou abertos ao público quando forem afastados da sua finalidade pela prática de actos contrários à lei ou à moral ou que perturbem grave e efectivamente a ordem e a tranquilidade públicas, o livre exercício dos direitos das pessoas ou infrinjam o disposto no n.º 2 do artigo 1.º". Em relação à violação da lei e da moral ou infracção do artigo 1, n.º 2, já ficou sustentada a sua inconstitucionalidade, bem como estabelecidos os termos em que a ordem pública em sentido material pode ser considerada relevante (vide, *supra*, parág. 7.1.1.7). E, como se verá, a lesão de direitos de terceiros (que não constitua crime público grave) não constitui fundamento bastante para interromper reuniões (ver, *infra*, parág. 8.2.2.2).

350 Os Direitos de Reunião e de Manifestação no Direito Português

8.2.2.1. Desobediência à proibição ou a termos impostos?

Um Estado de Direito apenas deve interromper o gozo, mesmo ilícito, dos direitos de reunião e de manifestação para executar as suas leis e actos administrativos quando tal se revele indispensável para tutela de outros bens constitucionais e não apenas para manter o princípio da autoridade pública. Assim, ainda que uma proibição de reunir tenha sido desobedecida ou desrespeitados os termos impostos pelo Governador Civil ou Presidente da Câmara para viabilizar a reunião (seja quanto ao local, seja quanto à data ou objectivo da reunião), nem por isso a reunião deve ser interrompida apenas com este fundamento[753].

Desde logo, os fundamentos que levaram à sua proibição, ou à imposição de determinados termos, podem-se revelar inconsequentes, por o risco que lhe estava subjacente não se ter concretizado.

Depois, vários participantes na reunião podem legitimamente desconhecer que esta foi proibida ou que estão a ser violados termos impostos para a viabilizar. Não existindo fundamentos prementes para a interrupção, não se justifica impor a ablação do direito de reunião destes participantes por força de uma violação da responsabilidade dos organizadores[754].

Acresce que, não estando reunidos os pressupostos normais para a interrupção, por a reunião estar a decorrer pacificamente e desarmada ou sem que os participantes sejam responsáveis pela prática de crimes públicos graves, uma interrupção apenas por ter sido desrespeitada a decisão de proibição, ou de viabilização em termos restritivos, pode constituir precisamente o facto desencadeador de uma espiral de crescente ilicitude, com desobediência à ordem de interrupção, que acabe por forçar ao uso da força, com as necessárias consequências negativas, normalmente mesmo contra inocentes.

Finalmente, existem meios repressivos de carácter judicial idóneos a sancionar a desobediência por parte dos organizadores, sem ser o ime-

---

[753] Trata-se de fundamento de interrupção previsto no artigo 11, n.º 1, al. a), da referida Lei de Macau sobre os Direitos de Reunião e de Manifestação ("Quando, com fundamento no artigo 2.º, tenha sido regularmente comunicada aos promotores a sua não permissão").

Igualmente o artigo 15, n.º 3 e n.º 4, da Lei alemã sobre o Direito de Reunião de 24 de Julho de 1953, com várias alterações, as últimas introduzidas em 24 de Março de 2005. Vide também Wolfgang Leist, *Zur Rechtmäßigkeit typischer Auflagen bei rechtsextremistischen Demonstrationen, Neue Zeitschrift für Verwaltungsrecht*, 2003, heft 11, pág. 1300--1304, nas págs. 1300-1301.

[754] Neste sentido: A. Carli, *Riunione (libertà di)*, cit., pág. 490.

Limitações, restrições e ablações   351

diato recurso à interrupção da reunião pelo simples facto de ter sido realizada em violação de um acto administrativo. Este deve ser apenas mais um factor a ter em conta na decisão de interromper a reunião, tal como a ausência de aviso prévio, quando exigível[755].

Segundo se julga, esta conclusão aplica-se igualmente a uma situação em que a reunião tenha sido organizada por pessoas sem direito de o fazer ou em que participem um grande número de pessoas nesta situação. Assim, uma reunião (tenha ou não fins de manifestação) ilegitimamente organizada por militares ou agentes militarizados ou em que estes participem sem direito de o fazer, pode ser objecto de uma proibição preventiva da parte das autoridades militares ou do Governo[756], mas não de uma interrupção, mesmo que estes sejam a maioria dos participantes. Tratando-se de uma reunião pacífica e desarmada em que não sejam cometidos crimes públicos graves, sem prejuízo de ser possível dirigir a estes indivíduos uma intimação para que a abandonem, a sanção adequada será a posterior abertura de processos disciplinares[757].

8.2.2.2. *Desrespeito dos direitos de deslocação ou ao sossego?*

Os casos mais frequentes de violação de direitos de terceiro serão os resultantes da ocupação de faixas de rodagem automóvel, com a consequente interrupção da circulação, o que afecta o direito de deslocação (artigo 44, n.º 1, CRP), e poderia mesmo fazer os responsáveis incorrer na coima prevista no artigo 8, n.º 1 e 3, do Código da Estrada[758].

---

[755] Já se verificou que a ausência de aviso prévio, mesmo nos casos restritos em que este é necessário, nunca autoriza, por si, a interromper qualquer reunião; vide, *supra*, parág. 7.3.3.

[756] Não parece que o Governador civil tenha competência para proibir preventivamente estas reuniões/manifestações, devendo limitar-se a denunciá-las às autoridades competentes, como foi confirmado jurisprudencialmente (vide, *supra*, parág. 7.4.2.4., nota 689).

[757] O tristemente célebre episódio de 21 de Abril de 1989, que ficou conhecido como "os secos e os molhados", em que a Polícia de Intervenção da Polícia de Segurança Pública dissolveu coercivamente uma manifestação de membros desta Polícia na Praça do Comércio em Lisboa (cfr. http://dossiers.publico.pt/shownews.asp?id=70281&id Canal=317), foi perfeitamente escusado, tendo presente que estes se encontravam desarmados e a manifestação decorria pacificamente.

[758] Decreto-Lei n.º 114/94, de 3 de Maio, revisto pelos Decretos-Lei n.º 2/98, de 3 de Janeiro, n.º 265-A/2001, de 28 de Setembro, pela Lei n.º 20/2002, de 21 de Agosto, e Decreto-Lei n.º 44/2005, de 23 de Fevereiro.

352 Os Direitos de Reunião e de Manifestação no Direito Português

Tendo em conta que está em causa um gozo de direitos, liberdades e garantias, nos casos em que se revele inevitável[759] a ocupação destas vias e tenha sido realizado um aviso prévio, a actuação será perfeitamente lícita. O direito de deslocação terá de ceder perante o direito de reunião e, se for uma manifestação, em face do direito de manifestação. Deve-se entender que o Código da Estrada é inaplicável nestas situações. Mas a mesma conclusão é aplicável em relação aos casos em que não tenha sido realizado aviso prévio. Quando muito, se a ocupação das faixas de rodagem era perfeitamente previsível por força do número de participantes, os organizadores poderão ficar sujeitos a sanções, mas por não terem realizado o aviso prévio e não por terem ocupado a faixa de rodagem[760].

Terceiros afectados terão de suportar pacientemente esta limitação temporária no seu direito de deslocação. As autoridades terão, contudo, o poder de impor que a manifestação ocupe apenas parte das faixas de rodagem, de modo a viabilizar a continuação do tráfego de viaturas[761].

Caso estas ordens sejam frontalmente desobedecidas e as tentativas de as executar deparem com resistência física activa, então, sim, poder-se-á equacionar a possibilidade de interromper a reunião, mas não apenas por estarem a lesar direitos de terceiros e sim também por o estarem a fazer com uso da força para resistir às medidas decididas para minorar o problema. Em qualquer caso, tal apenas deverá ocorrer nos termos gerais aplicáveis em relação a motins: se, pelo número dos responsáveis, não for possível detê-los[762].

Outra possibilidade de lesão de direitos de terceiro decorre da produção de poluição sonora significativa[763]. Esta pode constituir violação do direito ao sossego e tranquilidade, decorrente do núcleo preceptivo do

---

[759] Quanto à sua ocupação deliberada, como forma de conferir eficácia a uma manifestação, vide, *supra*, parág. 7.1.3.3.

[760] Sobre o regime penal aplicável, que suscita reservas quanto à sua constitucionalidade, por ser excessivo, vide, *infra*, parág. 9.1.1.

[761] Sobre a interpretação do artigo 6, n.º 1, da Lei sobre o Direito de Reunião, ver, *supra*, parág. 7.1.2.2.

[762] Vide, *infra*, parág. 8.2.2.3.

[763] O que é proibido pelo artigo 9 do Regulamento Geral do Ruído, mas já se verificou, contudo, que este último preceito, a ser aplicável a manifestações, será inconstitucional (cfr., *supra*, parág. 7.1.3.2).

Limitações, restrições e ablações 353

direito a um ambiente de vida humano, sadio e ecologicamente equilibrado e à qualidade de vida (artigo 66, n.° 1)[764].

Mais uma vez, as autoridades terão legitimidade para exigir o silenciamento total ou parcial dos meios de manifestação responsáveis por poluição sonora significativa junto de hospitais ou para lá da hora legalmente estabelecida. Também o poderão exigir quando o ruído provocado se revele abusivo, por visar directamente apenas incomodar ou provocar, não sendo necessário para transmitir qualquer mensagem; ou, em geral, se revele excessivo, designadamente, por se tratar de uma manifestação individual, ou com participação mínima, imobilizada no mesmo local, e existam queixas do ruído por parte de terceiros. O facto de a manifestação não ter sido objecto de aviso prévio será igualmente um factor a ponderar se o carácter excessivo do ruído derivar do local ou hora escolhidos pelos organizadores. Só perante desobediência e resistência física à tentativa de executar esta proibição, pela apreensão dos meios sonoros mais ruidosos, poderá então a interrupção da reunião ser ponderada[765].

Em suma, a violação de direitos de terceiro (ou afectação dos bens por estes protegidos) não tutelados penalmente também não autoriza a interrupção de uma reunião, mas somente à adopção de medidas que lhe ponham termo ou a minorem. Esta apenas poderá ocorrer quando a reunião se torne violenta por força de resistência física activa ilegítima por parte de um número apreciável de participantes que inviabilize a sua detenção.

---

[764] Vide, *supra*, parág. 7.1.3.2.

[765] Registe-se que a Comissão Europeia dos Direitos Humanos aceitou com muito mais facilidade, não apenas a interrupção, mas mesmo a proibição preventiva de uma manifestação, por os seus organizadores terem previamente organizado outras em que, alegadamente, utilizaram meios sonoros excessivos e prolongados apenas como forma de provocar as autoridades: "it can as such be regarded as "necessary in a democratic society" to prevent excessive noise of a demonstration, and it further considers that it was not disproportionate in the present case to do so by the prohibition of the demonstration rather than by its subsequent dissolution. Having regard to the previous experience it was in no way unreasonable or arbitrary to assume that the proposed demonstration would also lead to excessive noise". Mas fê-lo também por ter sublinhado, porventura em termos excessivos, "the domestic authorities enjoy a certain margin of appreciation regarding the measures they may take to achieve legitimate purposes under Article 11 para. 2" (cfr. *S. against Austria*, Admissibility of Application No. 13812/88, 3 December 1990).

8.2.2.3. *Carácter armado ou violento*

Ficou frisado que o recurso à violência ou o facto de os participantes se encontrarem armados constituem elementos que subtraem a reunião do âmbito de protecção destes direitos, tenha esta fim de manifestação ou não[766]. Mas, para que tal ocorra, não basta que alguns dos participantes estejam armados ou adoptem actos violentos; estes têm de ser em número, e os actos de gravidade suficiente, que tornem inviável o seu desarme individual[767] ou detenção ou dispersão[768-769].

Este critério deve ser aplicado com rigor especialmente quando a violência é da responsabilidade de outros participantes, que não os organizadores. Claro está, apurar efectivamente quando se verificam estas circunstâncias raramente será simples[770]. É inevitável que uma margem de apreciação caiba às autoridades, sem prejuízo de esta dever ser controlada pelo tribunal, por estar em causa o exercício de um direito, liberdade e garantia e a eventual imposição de sanções penais.

---

[766] Vide, *supra*, parág. 2.4.2.2 e 3.4.

[767] O artigo 8, n.º 2, da Lei sobre o Direito de Reunião estipula: "Os promotores deverão pedir as armas aos portadores delas e entregá-las às autoridades".

[768] O Tribunal Constitucional federal alemão defendeu esta exigência, sob pena de se atribuir a qualquer grupo de indivíduos um poder permanente de provocar a interrupção de uma manifestação pacífica recorrendo a actos violentos (cfr. BVerfGE 69, 315 – Brokdorf, cit., parág. C.III.3.b).

[769] Em sentido paralelo: G. Canotilho/V. Moreira, *Constituição* (…), cit., pág. 254--255; M. Sousa, *O Direito* (…), cit., pág. 10.

Na Doutrina estrangeira, no mesmo sentido: A. Carli, *Riunione (libertà di)*, cit., pág. 484-485; O. Tölle, *Polizei- und ordnungsbehördliche* (…), cit., pág. 156.

[770] A experiência mostra que, no caso de grandes manifestações, deve existir uma estreita cooperação entre as autoridades policiais e os organizadores. Os contactos entre ambos devem ser prévios à manifestação, de modo a evitar quaisquer desconfianças mútuas e facilitar a execução de medidas de contenção ou protecção que se revelem necessárias, seja por decisão das autoridades, seja a pedido dos organizadores. A polícia deve estar presente, mas não de um modo ostensivo e muito menos provocatório e a sua intervenção deve ser subsidiária, deixando algum espaço a que pontuais problemas possam ser resolvidos pelos organizadores (neste sentido, o Tribunal Constitucional federal alemão; cfr. BVerfGE 69, 315 – Brokdorf, cit., parág. C.III.1). Trata-se de carácter subsidiário que se encontra consagrado no artigo 8 da Lei sobre o Direito de Reunião ("Os promotores deverão pedir as armas aos portadores delas e entregá-las às autoridades"). No fundo, se os organizadores tiverem intenções pacíficas e se as autoridades pretenderem seriamente respeitar e fazer respeitar o direito de reunião, os seus interesses serão essencialmente coincidentes.

Limitações, restrições e ablações 355

A circunstância de os próprios organizadores serem responsáveis, materiais ou morais, pelos actos de violência, facilitará a decisão de interrupção da reunião, sem que, porém, se possa recorrer a este meio quando a esmagadora maioria dos participantes revelem intenções puramente pacíficas e ignorem eventuais apelos à violência. Ou seja, esta situação tornará menos rigorosa a aplicação do critério avançado, sem o tornar inaplicável.

Se bastasse a presença de alguns elementos perturbadores para que a reunião pudesse ser interrompida, a maioria dos inocentes seria privada dos seus direitos por causa dos actos de alguns participantes. Tal pode ser inevitável quando a situação fique fora de controlo, tornando-se mesmo necessário interromper a reunião, em estado de necessidade, com vista a proteger pessoas e bens afectados, mas somente nestes casos.

8.2.2.4. *Prática de crimes públicos graves*

Igualmente a prática de crimes públicos graves, ainda que não impliquem uso de violência, pode legitimar a interrupção da reunião, quando não haja outro meio para evitar prejuízo nos bens tutelados pelas normas penais violadas e, mais uma vez, o número dos participantes autores destes torne inviável a cessação destes crimes sem a interromper[771].

Exemplos destes crimes serão práticas graves de Impedimento, perturbação ou ultraje a acto de culto (artigo 252), Incêndios, explosões e outras condutas especialmente perigosas (artigo 272), Danos contra a natureza (artigo 278), Poluição (artigo 279), Propagação de doença (artigos 281, n.º 1, e 283), Atentado à segurança de transporte rodoviário (artigo 290), Incitamento à guerra civil ou à alteração violenta do Estado de Direito (artigo 326), Incitamento à desobediência colectiva (artigo 330), Obstrução à inscrição de eleitor (artigo 337) ou Perturbação de assembleia eleitoral (artigo 338)[772].

---

[771] A Lei sobre o Direito de Reunião espanhola (Ley Orgánica 9/1983, de 15 de Julio) admite a interrupção da reunião quando esta seja penalmente ilícita (artigo 5, "La autoridad gubernativa suspenderá y, en su caso, procederá a disolver las reuniones y manifestaciones en los siguientes supuestos: a) Cuando se consideren ilícitas de conformidad con las Leyes Penales"). Ou seja, não se trata de a interromper em função de actos praticados nesta, mas de o fazer apenas quando estes tornem globalmente a reunião um crime. Claro está, trata-se de um regime de pura remissão para o Direito Penal, o que não se afigura a melhor solução.

[772] Já se tem reservas a que crimes como Discriminação racial ou religiosa (artigo 240 do Código Penal), Ultraje por motivo de crença religiosa (artigo 251), Instigação

356 *Os Direitos de Reunião e de Manifestação no Direito Português*

Pelo contrário, julga-se que a mera prática de crimes públicos pouco graves, semi-públicos ou particulares[773] não permite a interrupção de uma reunião, desde que, sublinhe-se, não impliquem emprego de violência. Quando muito, se os participantes estiverem a praticar crimes desta espécie (por exemplo, injúrias) que suscitem reacções violentos de contramanifestantes, em termos que não permitam o seu controlo sem risco para terceiros inocentes, será possível interromper quer a manifestação, quer a contramanifestação. Ambas foram responsáveis ilicitamente por provocar o motim.

Mas, como ficou escrito, se os manifestantes não forem responsáveis pela prática de qualquer acto ilícito, a interrupção da manifestação ou a imposição de que altere o seu curso, mesmo que tenha suscitado reacções violentas de terceiros, só pode ocorrer em impossibilidade material ou estado de necessidade[774].

Perante a prática destes crimes menos graves, existe uma colisão entre deveres de protecção e deveres de respeito. Por um lado, existe um dever de reprimir e prevenir a prática de crimes. Por outro lado, existe um dever de respeitar o direito de reunião dos participantes inocentes e de não adoptar um acto de interrupção que pode levar ou forçar à prática de actos de violência. O princípio deve ser o da contenção e da tolerância pelo mal menor, sob pena de a interrupção poder constituir um acender de um rastilho.

Sublinhe-se, contudo, que os membros das forças de segurança não têm necessariamente de assistir impávidos e serenos à prática destes crimes. Se dadas as circunstâncias (por exemplo, tratar-se de uma reunião pouco numerosa), for possível isolar e deter os autores destes crimes sem interromper a reunião ou a converter num motim, claro está, podem

---

pública a um crime (artigo 297), Apologia pública de um crime (artigo 298), Ameaça com prática de crime (artigo 305), Violação de segredo de Estado (artigo 316), Ofensa à honra do Presidente da República (artigo 328) ou Violação de segredo de justiça (artigo 371) legitimem normalmente a interrupção de uma reunião. São crimes puramente expressivos, alguns dos quais de determinação complexa cujo apuramento deve normalmente caber a órgãos judiciários, que não parecem justificar a interrupção de uma reunião, com prejuízo para participantes inocentes. Acresce que, em caso de reuniões com grande número de participantes, uma interrupção pode convertê-la num motim violento com consequências bem mais graves.

[773] Sobre a exclusão de relevância dos crimes semi-públicos e particulares, vide, *supra*, parág. 8.1.1.

[774] Ver, *supra*, parág. 7.1.1.4.

e devem fazê-lo, pelo menos nos crimes públicos. O direito de reunião não atribui qualquer imunidade. Obviamente, actos que são proibidos não deixam de o ser por serem realizados conjuntamente em reunião.

Em suma, não tendo sido praticados actos violentos, qualquer interrupção deve ser bem ponderada, ainda que estejam a ser praticados crimes públicos de expressão por uma boa parte dos manifestantes. Quando esteja em causa uma reunião numerosa, especialmente aquelas em que uma grande parte dos participantes seja responsável pela prática de crimes, existe um risco sério de que a ordem de interrupção seja desobedecida e que seja necessário o recurso à força, com inevitáveis consequências para participantes ou terceiros inocentes. Normalmente, a via a seguir será o registo audiovisual dos actos praticados[775], com vista a posterior responsabilização dos autores.

8.2.3. *Execução coerciva*

Tal como nem todas as reuniões ilegais ou em que se pratiquem crimes podem ser interrompidas, também nem todas as reuniões interrompidas podem ser dissolvidas coercivamente.

---

[775] O registo audiovisual por parte de forças de segurança encontra-se regulado pela Lei n.º 1/2005, de 10 de Janeiro, com as alterações introduzidas pela Lei n.º 39-A/2005, de 29 de Julho. O seu artigo 2, al. c), permite o uso destes meios com vista à "Protecção da segurança das pessoas e bens, públicos ou privados, e prevenção da prática de crimes em locais em que exista razoável risco da sua ocorrência"; e o seu artigo 7, n.º 2, dispõe: "Só é autorizada a utilização de câmaras de vídeo quando tal meio se mostre concretamente o mais adequado para a manutenção da segurança e ordem públicas e para a prevenção da prática de crimes, tendo em conta as circunstâncias concretas do local a vigiar".

A presente Lei não foi pensada para situações, como a de uma reunião numerosa, em que as forças de segurança, apesar de estarem a presenciar a comissão de crimes menos graves, por força das circunstâncias e da necessidade de respeitar o direito de reunião dos participantes inocentes, se abstêm de intervir e se limitam a registar os crimes. Mas resulta claro destas disposições que será possível a recolha de imagens ou vídeo/áudio como meio de identificar os autores e de prova dos factos com vista ao seu sancionamento posterior, visto se tratar de medidas igualmente com efeitos preventivos; desde logo, por inibirem a continuação da actividade criminosa. É certo que tal implica uma restrição nos direitos dos participantes, incluindo o seu direito de reunião, mas esta afigura-se justificada, tendo presente os fins que a determinam (neste sentido: Volkmar Götz, *Polizeiliche Bildaufnahmen von öffentlichen Versammlungen – Zu den Neuregelungen in §§ 12a, 19a VersammlG*, *Neue Zeitschrift für Verwaltungsrecht*, 1990, heft 2, págs. 112-116, nas págs. 114-116).

Vide igualmente os artigos 12-A e 19-A da referida Lei alemã sobre o Direito de Reunião.

358 Os Direitos de Reunião e de Manifestação no Direito Português

Podem existir situações em que se justifique ordenar a interrupção, com vista a legitimar o posterior sancionamento penal ou disciplinar dos organizadores de uma reunião ilegítima, mas em que o uso da força se revele completamente desproporcionado. Tratando-se de reuniões pacíficas, qualquer uso da força deve ser bem ponderado. Este apenas poderá considerar-se justificado quando estejam a ser lesados bens jurídicos relevantes.

Igualmente a medida de uso da força para executar uma ordem de interrupção deve ser criteriosamente escolhida. Desde logo, é proibido o uso de quaisquer armas de fogo contra reuniões pacíficas ou que ofereçam resistência puramente passiva. E os restantes meios coercivos só devem ser utilizados quando várias advertências e exibições de força forem ignoradas, no respeito dos princípios da necessidade e da proporcionalidade[776].

---

[776] O *Basic Principles on the Use of Force and Firearms by Law Enforcement Officials* (declaração não vinculativa, adoptada pelo Oitavo Congresso das Nações Unidas sobre Prevenção do Crime e Tratamento de Delinquentes, em Havana, 7 de Setembro de 1990) estipula no seu princípio 12: "As everyone is allowed to participate in lawful and peaceful assemblies, in accordance with the principles embodied in the Universal Declaration of Human Rights and the International Covenant on Civil and Political rights, Governments and law enforcement agencies and officials shall recognise that force and firearms may be used only in accordance with principles 13 and 14". Princípio 13: "In the dispersal of assemblies that are unlawful but non-violent, law enforcement officials shall avoid the use of force or, where that is not practicable, shall restrict such force to the minimum extent necessary". Princípio 14: "In the dispersal of violent assemblies, law enforcement officials may use firearms only when less dangerous means are not practicable and only to the minimum extent necessary. Law enforcement officials shall not use firearms in such cases, except under the conditions stipulated in principle 9". Princípio 9: "Law enforcement officials shall not use firearms against persons except in self-defence or defence of others against the imminent threat of death or serious injury, to prevent the perpetration of a particularly serious crime involving grave threat to life, to arrest a person presenting such a danger and resisting their authority, or to prevent his or her escape, and only when less extreme means are insufficient to achieve these objectives. In any event, intentional lethal use of firearms may only be made when strictly unavoidable in order to protect life".

O uso de arma de fogo em particular é regulado pelo artigo 3 do Decreto-Lei n.º 457/99, de 5 de Novembro, em termos bem mais latos do que os permitidos pelo citado n.º 9 desta declaração. Em relação a reuniões, o seu artigo 4, n.º 3, limita-se a estabelecer que "Contra um ajuntamento de pessoas a advertência deve ser repetida".

O estudo que esteve na origem deste Decreto-Lei incluía expressamente um artigo 8 ("Reuniões e manifestações") que consagrava o regime da Declaração sobre a matéria: "1 — Os agentes devem esforçar-se por dispersar as reuniões ou manifestações ilegais mas não violentas sem recurso à força e, quando isso não for possível, limitar a utilização da força ao estritamente necessário. 2 — Os agentes só podem recorrer a arma de fogo para

8.2.4. *De reuniões abertas ao público e privadas*

As considerações feitas têm em mente a interrupção de reuniões públicas, em lugares de acesso livre, mas o regime delineado aplica-se com simples adaptações às reuniões meramente abertas ao público, realizadas em lugares fisicamente delimitados[777].

Estes são de acesso livre às autoridades[778] e os direitos e bens que justificam uma interrupção podem ser igualmente violados nestes espaços, com excepções relativas ao trânsito e outros crimes públicos que só podem ser praticados em lugares específicos ou públicos. Designadamente, resulta do artigo 45 CRP que a desprotecção de reuniões armadas ou violentas se aplica igualmente a estas espécies de reuniões. Daí que o artigo 5, n.° 1, da Lei sobre o Direito de Reunião atribua, nos mesmos termos, o poder de interromper reuniões, seja em lugares públicos, seja em lugares abertos ao público. As autoridades podem ainda intervir a pedido do proprietário do espaço.

Mais delicada é a interrupção de reuniões privadas em que, portanto, só se tem acesso por meio de um convite individual. As forças de segurança só têm acesso aos espaços em que estas se realizem a pedido dos promotores, como estabelece o artigo 10, n.° 1, da Lei sobre o Direito de Reunião[779], ou, pelo menos, com o seu consentimento [cfr. artigo 174, n.° 4, al. b), e 177, n.° 2, do Código de Processo Penal[780]].

---

dispersar reuniões ou manifestações violentas se não for possível recorrer a meios menos perigosos, e somente nos limites do estritamente necessário" (cfr. Alberto A. de Oliveira, *Recurso a Arma de Fogo pelas Forças Policiais*, em *Controlo Externo da Actividade Policial – Inspecção-Geral da Administração Interna*, Lisboa, 1998, pág. 351 e segs.). Este acabou por não ser consagrado, possivelmente por se entender que era questão que exorbitava do objecto a regular.

[777] Porque não é admissível constitucionalmente um dever de aviso prévio em relação a reuniões em lugares meramente abertos ao público, dificilmente haverá oportunidade para qualquer proibição. Mas, normalmente, quando estejam reunidos os pressupostos da interrupção de uma reunião em lugar aberto ao público, esta poderá igualmente ser proibida preventivamente, se ainda não se tiver iniciado.

[778] Assim, o Estatuto da Polícia de Segurança Pública, aprovado pelo Decreto-Lei n.° 511/99, de 24 de Novembro, no seu artigo 56 ("Direito de acesso"), estabelece: "O pessoal com funções policiais, em acto ou missão de serviço, tem entrada livre em todos os lugares onde se realizem reuniões públicas ou onde seja permitido o acesso público mediante o pagamento de uma taxa ou a realização de certa despesa ou apresentação de bilhete que qualquer pessoa possa obter".

[779] "Nenhum agente de autoridade poderá estar presente nas reuniões realizadas em recinto fechado, a não ser mediante solicitação dos promotores". O artigo 10, n.° 2, res-

360   *Os Direitos de Reunião e de Manifestação no Direito Português*

Contudo, nos casos em que se realizem em espaços não tutelados pela inviolabilidade do domicílio, agentes destas forças, mesmo sem decisão prévia de um magistrado do ministério público ou de um juiz, podem exigir entrada se existirem fundados indícios de que estão iminentes ou a ser cometidos crimes violentos contra a vida ou integridade de pessoas, como decorre do artigo 174 do Código de Processo Penal[781], podendo ordenar a interrupção da reunião.

Para interromper uma reunião num domicílio, as regras são ainda mais exigentes. Salvo mandado judicial, tal apenas pode ocorrer com base numa causa de justificação. Ou seja, no caso da legítima defesa, têm de estar em causa situações idênticas às referidas para lugares encerrados ao público: existir iminência ou ocorrência de um crime contra a vida ou integridade física de pessoas. Mas não bastam fundados indícios, é necessário que estas estejam efectivamente a verificar-se.

Qualquer admissão de uma acção policial fundada em meros indícios deve ser considerada como inconstitucional. Sem prejuízo da invocação de erro sobre os pressupostos de uma causa de justificação como fundamento para excluir o dolo em caso de equívoco do agente (artigo 16, n.º 2, do Código Penal), mas que não o eximirá ou ao Estado necessariamente de responsabilidade civil por violação de domicílio ilícita a título de negligência (artigo 22 CRP). Um agente só deve actuar coercivamente com base numa quase certeza, como a resultante da existência de pedidos de

---

ponsabiliza os promotores, verificados os pressupostos da responsabilidade civil, pelos danos ocorridos nestas reuniões em consequência de desordens.

[780] Aprovado pelo Decreto-Lei n.º 78/87, de 17 de Fevereiro, que, graças à habitual enxurrada legislativa, sofreu mais de uma dezena de alterações, a última das quais pelo Decreto-Lei n.º 324/2003, de 27 de Dezembro.

[781] Trata-se de preceito que regula as revistas e buscas. O seu n.º 2 dispõe que "Quando houver indícios de que os objectos referidos no número anterior, ou o arguido ou outra pessoa que deva ser detida, se encontram em **lugar reservado ou não livremente acessível ao público**, é ordenada busca"; o n.º 3 que "As revistas e as buscas são autorizadas ou ordenadas por despacho pela autoridade judiciária competente, devendo esta, sempre que possível, presidir à diligência"; contudo, o n.º 4 estabelece uma excepção relevante: "Ressalvam-se das exigências contidas no número anterior as revistas e as buscas efectuadas por órgão de polícia criminal nos casos: a) De terrorismo, **criminalidade violenta** ou altamente organizada, **quando haja fundados indícios da prática iminente de crime que ponha em grave risco a vida ou a integridade de qualquer pessoa**". O n.º 5 exige, naturalmente: "Nos casos referidos na alínea a) do número anterior, a realização da diligência é, sob pena de nulidade, imediatamente comunicada ao juiz de instrução e por este apreciada em ordem à sua validação".

Limitações, restrições e ablações 361

ajuda, ruído de violência, *etc.*, sem prejuízo de poder e dever tentar averiguar o que se passa, obtendo o consentimento do titular do espaço para entrar neste. Igualmente o estado de necessidade pode justificar tais actos, como em situações decorrentes de efectivos ou verdadeiramente iminentes ataque por animal, explosão de gás, incêndio, *etc.*[782].

Considera-se, pois, inconstitucional o artigo 177, n.° 2, do Código de Processo Penal, que se limita a remeter para o descrito regime da violação de espaço reservado[783]. Sendo o artigo 34, n.° 1 e n.° 2, peremptórios e estando em causa situações de facto extremas e excepcionais, deve-se concluir que não se está perante uma restrição, mas de um desrespeito justificado deste direito, liberdade e garantia[784]. Resulta claro de que uma vítima de um crime grave contra a sua vida ou a sua integridade física ficará muito satisfeita por a polícia violar o seu domicílio para a salvar, podendo presumir-se legitimamente o consentimento. E que, por outro lado, o autor de um crime no seu próprio domicílio terá de sofrer na sua esfera a violação justificada deste por força de legítima defesa de terceiro (a vítima) por parte das autoridades, mas somente quando esteja efectivamente a ser cometido um crime.

Por isso mesmo, em rigor, este regime não é aplicável apenas em crimes "de terrorismo, criminalidade violenta ou altamente organizada"; o autor até pode ser alguém que está a ser vigiado por suspeita de prática de crimes banais ou a presença policial ser derivada de uma denúncia ou de mero acaso. Verificando-se "prática iminente [ou em curso] de crime que ponha em grave risco a vida ou a integridade" qualquer pessoa pode violar o domicílio de outrem, incluindo um particular, e não apenas as forças de segurança.

---

[782] Em sentido paralelo, mas falando apenas em estado de necessidade policial: H. Höllein, *Das Verbot rechtsextremistischer* (…), cit., pág. 636.

[783] Que estabelece: "Nos casos referidos no artigo 174.°, n.° 4, alíneas a) e b), as buscas domiciliárias podem também ser ordenadas pelo Ministério Público ou ser efectuadas por órgão de polícia criminal. É correspondentemente aplicável o disposto no artigo 174.°, n.° 5".

[784] É sabido que não foi esta a opinião da maioria dos conselheiros do Tribunal Constitucional no seu Acórdão 7/87, de 9 de Janeiro de 1987, em Diário da República, I Série, n.° 33, suplemento, de 9 de Fevereiro de 1987, pág. 504 (1-22), na pág. 504 (9). Este Tribunal considerou que o direito à vida e à integridade impunham neste caso um "limite imanente" ao direito à inviolabilidade do domicílio. Mas, para lá da limitada fundamentação desta conclusão, resulta claro que tais direitos não serão invocáveis quando se trate de meros indícios que se revelem infundados.

9. Direito Penal aplicável

O Direito Penal, além de conter diversas restrições legítimas aos direitos de reunião e de manifestação, nos termos abordados[785], regula ainda outros aspectos do exercício e gozo destes direitos.

9.1. Aos titulares activos

Assim, o Direito português tipifica penalmente violações de alguns dos termos impostos ao direito de reunião que implicam sanções contra os seus titulares activos[786].

9.1.1. *O regime penal da Lei sobre o Direito de Reunião e de porte de arma*

O artigo 15, n.º 3, da Lei sobre o Direito de Reunião estabelece que "Aqueles que realizarem reuniões, comício, manifestações ou desfiles contrariamente ao disposto neste diploma incorrerão no crime da desobediência qualificada"[787].

Tem-se sérias reservas quanto à constitucionalidade desta norma[788]. Ressalvados os casos em que foi tipificada penalmente directamente a vio-

---

[785] Vide, *supra*, parágs. 7.2 e 8.1.1.

[786] Sem prejuízo de responsabilidade civil dos indivíduos que causem danos a terceiros em consequência destes actos de violência. Podem igualmente ser responsabilizados os organizadores, mesmo que não tenham praticado directamente actos violentos, se estiverem reunidos os pressupostos da responsabilidade civil [artigos 483 e 490 ("Responsabilidade dos autores, instigadores e auxiliares") do Código Civil; vide também o artigo 10, n.º 2, da Lei sobre o Direito de Reunião].

[787] Ver igualmente, em relação a campanhas eleitorais, o artigo 125 da referida Lei Eleitoral do Presidente da República que estabelece: "Aquele que promover reuniões, comícios, desfiles ou cortejos em contravenção com o disposto no artigo 49.º será punido com prisão até seis meses". O mesmo regime consta do artigo 136 da citada Lei Eleitoral da Assembleia da República.

Um progresso assinalável sobre a matéria consta do artigo 207 da mencionada Lei Eleitoral dos Órgãos das Autarquias Locais, que consagra uma mera contra-ordenação sujeita a coima: "Quem promover reuniões, comícios, manifestações ou desfiles em contravenção do disposto na presente lei é punido com coima de 100 000$00 a 500 000$00".

[788] É certo que tem raízes profundas no Direito português (ver, *supra*, parág. 2.2.2), mas os tempos são outros.

Limitações, restrições e ablações 363

lação de certos aspectos específicos do regime desta Lei (artigos 8, n.º 1, e 15, n.º 1 e n.º 2), a sujeição das violações dos restantes a uma automática sanção penal constitui uma medida desnecessária e desproporcionada[789]. Uma interpretação susceptível de colocar o preceito em conformidade com a Constituição seria entender que o artigo 15, n.º 3, dependeria, não apenas de um desrespeito do regime legal dos direitos de reunião e de manifestação, mas igualmente de uma desobediência a uma ordem directa para não realizar a reunião, ou para a sua interrupção ou para alteração dos seus termos em conformidade com o exigido pela Lei[790]. Contudo, tal interpretação, tendo em conta a letra clara do preceito, revela-se algo forçada, sendo tecnicamente mais correcto considerar a norma extraída como inconstitucional, por ser demasiado vaga e abrangente, em violação do princípio da previsibilidade das normas penais,

---

[789] Por exemplo, não faz sentido considerar a ausência de aviso prévio, nos limitados casos em que este é obrigatório, como um crime, nem mesmo em relação aos organizadores (a citada legislação eleitoral deixa claro que só estes ficam sujeitos a tal pena), e muito menos em relação aos meros participantes, ainda que estes tenham conhecimento da falta deste (caso contrário, tal desconhecimento constituiria um erro sobre um elemento do tipo que excluiria o dolo, nos termos gerais do artigo 16, n.º 1, do Código Penal, e a sua participação não seria punível). A sua falta, bem como qualquer desrespeito do regime legal destes direitos, salvo nos casos particulares previstos pelo Código Penal, deveria constituir uma mera contra-ordenação [como fica consagrado no citado artigo 207 da Lei Eleitoral dos Órgãos das Autarquias Locais; no mesmo sentido: F. De Sousa, *Para uma "lei do direito de reunião* (…), cit., pág. 577-578; também as críticas de Cristina L. Monteiro, *Artigo 304*, em *Comentário Conimbricense do Código Penal – Parte Especial* (dir. J. Figueiredo Dias), Volume II, Coimbra, 1999, pág. 1205-1214, na pág. 1212-1213]. Felizmente, as autoridades têm tido o bom senso de, designadamente nos casos de falta de aviso prévio, normalmente se limitarem a (abusivamente) mandar dispersar a manifestação, sem sujeitar os organizadores a este crime; muitos destes ignoram mesmo a necessidade de realizar o aviso prévio, num erro relevante nos termos do artigo 16, n.º 1, do Código Penal (vide, *infra*, parág. 9.2.2).

Mas a falta de aviso prévio é apenas um exemplo, outros existem em que esta sanção se afigura desnecessária e desproporcionada. Pense-se na realização de desfiles durante o período proibido pelo artigo 4, no prolongamento de reuniões para lá das 0h e 30m, em violação do artigo 11, na violação da zona de protecção de 100 metros estabelecida nos termos do artigo 13. Só a ocupação abusiva de edifícios públicos ou privados por reuniões em violação do artigo 12 parece justificar esta sanção, em casos graves, mas trata-se de uma actividade também tipificada no Código Penal.

[790] Trata-se de interpretação, que levou ao arquivamento de um processo contra organizadores de um desfile em violação da proibição constante do artigo 4 da Lei sobre o Direito de Reunião, sustentada por Plácido Fernandes, *Direito Fundamental de Manifestação* (…), cit, pág. 170-171.

corolário do princípio da legalidade, e por violação do referido princípio da proibição do excesso, nos termos do artigo 18, n.° 2, CRP.

O artigo 8, n.° 1, da Lei sobre o Direito de Reunião[791] estabelece directamente que qualquer pessoa que seja surpreendida armada numa reunião fica sujeita à pena estabelecida para o crime de desobediência que, nos termos do artigo 347 do Código Penal, é a pena de prisão até 1 ano ou multa até 120 dias. Decorre da letra do artigo 8, n.° 1, que este tipo será aplicável mesmo em concurso real com outros crimes ("independentemente de outras sanções que caibam ao caso").

Claro está, esta proibição aplica-se mesmo que a pessoa tenha licença de porte da arma em causa[792]. Se a reunião se converter num motim, um participante neste ficará mesmo sujeito a uma pena mais pesada, pois será punido com a pena para participantes em motim armado, mesmo que tenha trazido a arma sem que os outros participantes tenham tido conhecimento (artigo 303, n.° 4). O artigo 303, n.° 1 (que regula o motim armado) agrava nestes casos para o dobro a pena prevista no artigo 302, n.° 1 (que regula o mero motim com a mesma pena da estabelecida para o crime de desobediência).

O diploma preambular do Código Penal, o Decreto-Lei n.° 48/95, de 15 de Março, no seu artigo 4, estabelece: "Para efeito do disposto no

---

[791] "As pessoas que forem surpreendidas armadas em reuniões, comícios, manifestações ou desfiles em lugares públicos ou abertos ao público incorrerão nas penalidades do crime de desobediência, independentemente de outras sanções que caibam ao caso".

[792] Se se tratar de arma de fogo e a sua posse for ilegal por a arma ser em si proibida ou por falta de licença ou registo da arma, fica sujeito ainda ao crime de "detenção de arma proibida", cuja moldura varia em função da perigosidade da arma, nos termos do extenso e detalhado artigo 86, n.° 1 e n.° 2, da Lei n.° 5/2006, de 23 de Fevereiro. O tipo penal relativo a armas de fogo sujeitas a licença, constante da al. c), dispõe: "Arma das classes B, B1, C e D, espingarda ou carabina facilmente desmontável em componentes de reduzida dimensão com vista à sua dissimulação, espingarda não modificada de cano de alma lisa inferior a 46 cm, arma de fogo dissimulada sob a forma de outro objecto, ou arma de fogo transformada ou modificada, é punido com pena de prisão até 5 anos ou com pena de multa até 600 dias".

A matéria era anteriormente regulada pelo artigo 6, n.° 1, do Regime do Uso e Porte de Arma (aprovado pela Lei n.° 22/97, de 27 de Junho, com as alterações introduzidas pelas Leis n.° 93-A/97, de 22 de Agosto, n.° 29/98, de 26 de Junho, e n.° 98/2001, de 25 de Agosto) que estabelecia: "Quem detiver, usar ou trouxer consigo arma de defesa ou de fogo de caça não manifestada ou registada, ou sem a necessária licença nos termos da presente lei, é punido com pena de prisão até 2 anos ou com pena de multa até 240 dias.", que foi revogado pela Lei n.° 5/2006 [cfr. artigo 118, al h)].

Limitações, restrições e ablações 365

Código Penal, considera-se arma qualquer instrumento, ainda que de aplicação definida, que seja utilizado como meio de agressão ou que possa ser utilizado para tal fim". Noção similar consta do artigo 303, n.° 2, parte final, relativo ao crime de motim armado. Mas trata-se de uma noção[793] que, para efeitos de punição autónoma de posse de arma, foi colocada em causa pela Lei n.° 5/2006, de 23 de Fevereiro, cujo artigo 2 apresenta um enunciado exaustivo de armas para efeitos de sancionamento da sua detenção[794]. Em qualquer caso, a referida noção expressamente limita o seu âmbito de aplicação ao Código Penal, logo não seria aplicável automaticamente para efeitos do artigo 8, n.° 1, da Lei sobre o Direito de Reunião.

Assim, apenas a posse de uma das armas enunciadas no referido artigo 2 da Lei n.° 5/2006 poderá ser punida à luz deste artigo 8, n.° 1. Tal não impede que as forças de segurança possam recolher objectos que não constituam uma das referidas armas, mas que possam ser utilizadas como tal. Para o efeito desta medida cautelar, podem ser qualificados como armas quaisquer objectos susceptíveis de ser utilizados de modo eficiente como tal, nas situações em que o seu porte não se revele necessário à participação pacífica na reunião. A noção do artigo 4 do diploma preambular do Código Penal continua a ser relevante para efeitos de outros crimes em que, designadamente, o uso de uma arma constitui factor de agravamento. Será relevante igualmente para efeitos do artigo 303 que pune o motim armado, como decorre do seu n.° 2, parte final.

A Lei n.° 5/2006, no seu artigo 89[795], estabelece também o crime de posse de arma em local proibido, em que integra reuniões em recintos des-

---

[793] Que era perigosamente extensa. Até uma garrafa plástica de água pode (e tem sido utilizada) como instrumento de agressão por arremesso, mas, claro está, não era possível sujeitar um indivíduo a esta punição por a levar para uma reunião num tórrido dia de Verão.

[794] O facto de a Lei n.° 5/2006 ter revogado o artigo 275 do Código Penal, relativo a Substâncias explosivas ou análogas e armas, que punia igualmente a detenção, confirma que houve uma intenção de regular directamente esta matéria em termos globais.

[795] Sob a epígrafe "Detenção de armas e outros dispositivos, produtos ou substâncias em locais proibidos", estabelece: "Quem, sem estar especificamente autorizado por legítimo motivo de serviço ou pela autoridade legalmente competente, transportar, deter, usar, distribuir ou for portador, em recintos desportivos ou religiosos, em zona de exclusão, em estabelecimentos ou locais onde decorra manifestação cívica ou política, bem como em estabelecimentos ou locais de diversão nocturna, qualquer das armas previstas no n.° 1 do artigo 2.°, bem como quaisquer munições, engenhos, instrumentos, mecanismos, produtos ou substâncias referidos no artigo 86.°, é punido com pena de prisão até 5 anos

portivos ou religiosos e estabelecimentos ou locais onde decorra manifestação cívica ou política ou de diversão nocturna.

Existe, pois, aqui um concurso aparente com o regime do artigo 8, n.° 1, da Lei sobre o Direito de Reunião, mesmo se o tipo previsto no artigo 89 da Lei n.° 5/2006 não compreende todas as reuniões abrangidas pelo primeiro. Neste caso, por estar em causa um crime idêntico, em que a pena prevista pelo artigo 89 é bastante mais gravosa, resulta claro que não existirá um concurso real, sob pena de o responsável ser punido duas vezes pelo mesmo crime. Nos casos em que o artigo 89 não seja aplicável, continuará a ser aplicável o artigo 8, n.° 1. Da conjugação destes dois regimes, depreende-se que, por força da deficiente formulação do artigo 89, é punido de modo desproporcionalmente mais grave o levar-se uma arma para uma manifestação cívica ou política (sujeita ao artigo 89: "pena de prisão até 5 anos ou com pena de multa até 600 dias"), do que para uma manifestação desportiva ou académica (em que será aplicável o artigo 8, n.° 1, da Lei sobre o Direito de Reunião: "pena de prisão até 1 ano ou multa até 120 dias").

O elemento do tipo "sem estar especificamente autorizado", constante do artigo 89, não se satisfaz com uma mera licença de porte da arma em causa. Exige uma autorização específica para aquela ocorrência, que pode decorrer do serviço que o indivíduo presta (por exemplo, segurança no local) ou ter-lhe sido atribuída pelas autoridades das forças de segurança presentes.

---

ou com pena de multa até 600 dias, se pena mais grave lhe não couber por força de outra disposição legal.".

A matéria era anteriormente regulada pela Lei n.° 8/97, de 12 de Abril, que no seu artigo 1, estabelecia em termos mais abrangentes quanto ao âmbito das reuniões compreendidas: "Quem, sem estar autorizado para o efeito, transportar, detiver, trouxer consigo ou distribuir arma de fogo, arma de arremesso, arma destinada a projectar substâncias tóxicas, asfixiantes ou corrosivas, arma branca, substâncias ou engenhos explosivos ou pirotécnicos em estabelecimentos de ensino ou recinto onde ocorra manifestação cívica, política, religiosa, artística, cultural ou desportiva é punido com pena de prisão até um ano ou com pena de multa até 120 dias, se pena mais grave lhe não couber por força de outra disposição legal".

Aparentemente, o legislador de 2006 entendeu em sentido técnico o termo manifestação constante deste tipo e não como simples acto de vida ou iniciativa e, por entender que só fazem sentido manifestações políticas ou cívicas, restringiu o âmbito de aplicação da pena. Mas, por um lado, podem existir manifestações com fins muito para lá dos cívicos ou políticos e, por outro, o sentido no preceito era precisamente de simples iniciativa e não de manifestação para efeitos do artigo 45, n.° 2, CRP.

O artigo 8, n.° 1, da Lei sobre o Direito de Reunião não esclarece se o agente será punido apenas se exibir a arma ou igualmente se a mantiver oculta durante todo o tempo da reunião. Mas, por interpretação sistemática, chega-se à conclusão de que a mera detenção oculta de uma arma preenche este tipo. Desde logo, esta conclusão retira-se do artigo 89 da Lei n.° 5/2006 e também já se depreendia, em relação à detenção de arma de fogo, do artigo 303, n.° 2, do Código Penal, visto que este confere relevância jurídico-penal à mera posse oculta destas.

Finalmente, depois de um longo período de alguma falta de clareza quanto ao seu regime jurídico[796], a posse de arma branca volta a ser proi-

---

[796] Até ao início de vigência da Lei n.° 5/2006, apenas era punida a posse de armas brancas qualificadas como "com disfarce" ou de "outros instrumentos sem aplicação definida, que possam ser usados como arma letal de agressão" para as quais não se apresentasse justificação. Porque é natural que continuem a correr alguns processos à luz deste regime, este merece alguma atenção.

As armas brancas eram proibidas pelo artigo 3, n.° 1, al. f), do Decreto-Lei n.° 207-A/75, de 17 de Abril (com as alterações inseridas pelos Decretos-Leis n.° 651/75, de 19 de Novembro, n.° 328/76, de 06 de Maio, n.° 462-A/76, de 09 de Junho e n.° 400/82, de 23 de Setembro): "É proibida, salvo nos casos previstos neste diploma, a detenção, uso e porte das seguintes armas, engenhos ou matérias explosivas: f) "Armas brancas ou de fogo com disfarce ou ainda outros instrumentos sem aplicação definida, que possam ser usados como arma letal de agressão, não justificando o portador a sua posse"; a pena para a posse destas armas constava do artigo 275, n.° 3, do Código Penal (igualmente revogado pela Lei n.° 5/2006), que era de prisão até 2 anos ou de multa até 240 dias.

O Supremo Tribunal de Justiça, em vários acórdãos, considerou integráveis nesta proibição apenas armas que cumpram os dois requisitos referidos. Por exemplo, sustentou: "Para que uma navalha seja considerada "arma branca proibida" é necessário que se verifiquem, cumulativamente, dois requisitos: **que aquela se apresente sob disfarce e que o seu portador não justifique a sua posse**" (cfr. sentença de 28 de Março de 2001, processo n.° 01P367) ou "Só as armas brancas com disfarce cabem na previsão de armas proibidas" (cfr. Acórdão de 12 de Março de 1997; processo n.° 96P1165) ou ainda "não se prova que quer o canivete quer a faca de dimensões não apuradas, contivessem qualquer "disfarce" e só neste caso seriam legalmente armas proibidas" (cfr. Acórdão de 30 de Maio de 1996; processo n.° 96P279). O mesmo Tribunal sustentou: "Arma com disfarce é aquela que encobre a sua verdadeira natureza ou dissimula o seu real poder vulnerante, como, por exemplo, um isqueiro ou um guarda-chuva, que tenham inserida uma lâmina ou arma de fogo, que salte ou dispare por simples premir dum botão" (Ac. STJ de 07/03/96, proc. 48860). Assim, um vulgar canivete, sem qualquer outra característica específica, como a existência de mola travadora ou impulsionadora da lâmina, não apresenta qualquer disfarcesão" (cfr. Acórdão de 19 de Fevereiro de 2004; processo n.° 04P268). Mesmo molas fixadoras têm sido excluídas do âmbito da noção: "Por não ser arma com disfarce, não integra o crime de arma proibida uma navalha, com mola fixadora, com lâmina de 9 cm e cabo de 12,5 cm" (cfr. Acórdão de 12 de Março de 1998; processo n.° 97P1469).

Contudo, mesmo no seio deste Tribunal, em alguns acórdãos sustentou-se que a exigência de "com disfarce" apenas se aplicava a armas de fogo e que, portanto, as armas brancas se encontravam sempre proibidas. Deste modo, no Acórdão de 11 de Maio de 2000 afirma-se em relação a armas brancas: "estas não apresentavam qualquer disfarce, mas tal é irrelevante para a sua qualificação como "armas proibidas", uma vez que o disfarce exigido pelo art. 3.°, n.° 1, al. f) do D.L. 207-A/75 reporta somente às armas de fogo" (trata-se de Acórdão citado pelo Acórdão de 29 de Maio de 2003, processo n.° 03P1492).

Diga-se apenas que o artigo 4, n.° 2, do Decreto-Lei n.° 207-A/75 estabelecia: "É punida com pena de prisão até um ano, não convertível em multa, a detenção de instrumento, ainda que com aplicação definida, com o fim de ser usado como arma de agressão ou que possa ser utilizado para tal fim, não justificando o portador a sua posse". Trata-se de disposição que era também aplicável genericamente às armas brancas de aplicação definida; ou seja, armas brancas com normais aplicações lícitas, como facas de cozinha, canivetes multiuso, *etc.*, em que era necessário justificar a posse. A sua revogação expressa pelo Decreto-Lei n.° 400/82, de 23 de Setembro, que aprovou o Código Penal de 1982, tornou intencionalmente o artigo 3, n.° 1, al. f), na única disposição que proibia armas brancas.

Como se verificou, esta estabelece que ficam proibidas "Armas brancas ou de fogo com disfarce". O facto de se utilizar a palavra "armas" para compreender quer as brancas, quer as de fogo, sugere uma ligação entre ambas que torna difícil limitar a aplicação do requisito "com disfarce" apenas a estas últimas. Não está escrito são proibidas "armas brancas e armas de fogo com disfarce" ou, o que teria mais lógica, tendo em conta que as alíneas anteriores se referem a armas de fogo, são proibidas "Armas de fogo com disfarce ou armas brancas". Mas, provavelmente, se o legislador tivesse mesmo pretendido apenas proibir as armas de fogo com disfarce teria inserido a proibição numa alínea exclusivamente dedicada a armas de fogo [como a alínea d)], ou numa alínea autónoma, e não numa alínea em que se refere a armas de natureza completamente distinta. Foi a circunstância de pretender proibir armas brancas ou de fogo com disfarce que justificou a inserção nesta mesma alínea desta proibição relativa a ambas as armas.

A única dúvida que subsiste diz respeito a determinar se é possível integrar algumas armas brancas na noção de "outros instrumentos sem aplicação definida, que possam ser usados como arma letal de agressão, não justificando o portador a sua posse" ou se, pelo contrário, antes da entrada em vigor da Lei n.° 5/2006 era lícito andar de espada à cinta. Literalmente, as armas brancas apenas são proibidas se sob disfarce e, portanto, não deveriam ser qualificadas quaisquer armas brancas como instrumentos sem aplicação definida. Mas, com a revogação do artigo 4, n.° 2, a alínea f) do n.° 1 do artigo 3 ficou bastante desequilibrada, pois parece permitir praticamente todas as armas brancas e, contudo, proíbe "outros instrumentos" que normalmente serão menos perigosos. Por outro lado, mesmo as armas brancas proibidas, como a tradicional bengala que oculta uma espada ou o guarda-chuva que esconde uma lâmina, dificilmente serão muito úteis como instrumento dos

Limitações, restrições e ablações 369

bida, mas estas têm de ter uma lâmina com pelo menos 10 cm para serem qualificadas como tal[797]. O que significa que, não sendo qualificadas como armas, não é punida a mera posse de canivetes com lâmina inferior, nem mesmo em reuniões.

Pelo contrário, o facto de canivetes de lâmina inferior a 10 cm terem sido levados por vários participantes para uma reunião continua a ser relevante para efeitos da sua qualificação como reunião armada para efeitos da sua desprotecção constitucional, bem como, caso se converta em motim, para efeitos do agravamento da pena aplicável, enquanto motim armado, tendo em conta a noção mais ampla de arma constante do artigo 4 do diploma preambular do Código Penal, bem como os termos do artigo 303, n.º 2, parte final.

Não preenchem o tipo do artigo 8, n.º 1, pessoas que participem armadas legitimamente numa reunião por força do fim da própria reunião. Caso de reuniões de caça, tiro ao alvo ou outras artes marciais.

---

crimes violentos mais usuais... uma bengala num meio de autores de roubos ou um roubo com um guarda-chuva?

Deste modo, estando em causa um crime de perigo abstracto, faz sentido interpretar a noção de outros instrumentos sem aplicação definida como compreendendo armas brancas completamente inusuais, muito perigosas, sem qualquer função útil que não seja a de instrumento de violência e cuja posse possa intimidar e inquietar terceiros. Mas tratar-se-á de noção a interpretar muito restritivamente, tendo presente também a jurisprudência reiterada do Supremo Tribunal de Justiça. O facto de a arma ser perigosa ou ser notório que era usada como instrumento de crime será irrelevante. O critério positivo de incriminação deve ser objectivo, baseado no instrumento e não nas intenções com que o seu titular o detinha: determinar se é completamente inusual, se é muito perigoso e se não tem qualquer fim pacífico. Mesmo nestas circunstâncias, pode ser perfeitamente lícito transportar um objecto destes, pois, nos termos da parte final da alínea, a posse pode ser justificada. Pense-se no praticante de esgrima que transporta uma espada. Ou seja, a intenção não é critério de incriminação, mas constitui elemento negativo do tipo penal em causa.

Vide, em termos similares, o Acórdão de 19 de Fevereiro de 2004, processo n.º 04P268: "Instrumentos sem aplicação definida são os que normalmente os cidadãos não trazem consigo; e, por isso, a anormalidade da sua detenção terá de ser justificada" (mesmo Ac. do STJ). Ora, um pequeno canivete com lâmina de 6 cm de comprimento e comprimento total de 15 cm é um objecto que, com bastante frequência, os cidadãos trazem consigo para os mais variados fins, lícitos. Assim, a sua detenção não constitui qualquer "anormalidade", é bastante corrente e, portanto, não precisa de ser justificada".

[797] Assim, a Lei n.º 5/2006, no seu artigo 2, n.º 1, al. l), estabelece: "«Arma branca» todo o objecto ou instrumento portátil dotado de uma lâmina ou outra superfície cortante ou perfurante de comprimento igual ou superior a 10 cm ou com parte corto-contundente, bem como destinado a lançar lâminas, flechas ou virotões, independentemente das suas dimensões".

370   *Os Direitos de Reunião e de Manifestação no Direito Português*

Pelo contrário, não parece aplicável a excepção prevista no artigo 303, n.º 3, al. a), do Código Penal, que exclui a qualificação como motim armado quando as armas tenham sido levadas "acidentalmente e sem intenção de as utilizar". Porque o tipo relativo ao motim confere relevância a armas não punidas pelo artigo 8, n.º 1, da Lei sobre o Direito de Reunião ou pelo artigo 89 da Lei n.º 5/2006, e este último não estabelece excepção paralela, esta não se afigura aplicável em relação a estes dois tipos penais.

Igualmente o facto de o agente abandonar a reunião sem ter provocado ou cometido actos de violência será irrelevante para o isentar da pena por posse de arma em reunião, não sendo aplicável a causa de isenção dos artigos 303, n.º 5, e 302, n.º 3, do Código Penal, que são apenas relevantes para o crime de motim[798]. Mesmo que o indivíduo tenha levado a arma para sua própria protecção, tal não o isentará desta pena, a menos que possa invocar alguma causa de exclusão da ilicitude.

9.1.2. *O crime de motim*

O Código Penal tipifica directamente crimes susceptíveis de serem praticados no gozo dos direitos de reunião e de manifestação. Assim, o seu artigo 302[799] estabelece o crime de motim.

Não se afigura líquido o que entender por um motim, visto que o Código não o define.

Um elemento pode ser, contudo, desde já avançado: tem de estar em causa uma reunião pública. As reuniões em lugar meramente aberto ao público ou privadas são insusceptíveis de preencher este tipo, sem prejuízo de eventuais actos de violência praticados normalmente implicarem a prática de outros crimes. Esta conclusão decorre da inserção do preceito na secção relativa aos crimes contra a paz pública, bem como do espaço mais reduzido e saídas limitadas destes lugares, que força a que estas reuniões

---

[798] Sobre o regime do crime de motim, ver, *infra*, parágrafo seguinte.

[799] Artigo 302 ("Participação em motim"): "1 – Quem tomar parte em motim durante o qual forem cometidas colectivamente violências contra pessoas ou contra a propriedade é punido com pena de prisão até 1 ano ou com pena de multa até 120 dias, se pena mais grave lhe não couber por força de outra disposição legal. 2 – Se o agente tiver provocado ou dirigido o motim, é punido com pena de prisão até 3 anos ou com pena de multa. 3 – O agente não é punido se se tiver retirado do motim por ordem ou admoestação da autoridade sem ter cometido ou provocado violência".

Limitações, restrições e ablações   371

sejam mais restritas, tornando normalmente bem mais fácil controlar os participantes e apurar as suas responsabilidades individuais. Por outro lado, o artigo 304, relativo ao crime de desobediência a uma ordem de interrupção de uma reunião, expressamente exige que esta seja pública. Ora, trata-se de preceito que vem na sequência do crime de motim e sua agravação.

Em relação à noção de motim, são configuráveis várias soluções, que cabe sucessivamente excluir.

Assim, resulta claro que motim não constitui uma reunião formalmente ilegal (por exemplo, por não ter sido objecto de um aviso prévio nas situações em que tal é constitucionalmente admissível) ou uma reunião necessariamente violenta. Retira-se do artigo 302, n.º 1, que a noção de motim é independente da de violência, podendo existir um motim em que não foram praticados actos de violência.

Também não é possível entender por motim uma reunião objecto de uma ordem de interrupção que tenha sido desobedecida pelos participantes[800]. Com efeito, tal entendimento implicaria que este crime de motim violento, ou de motim violento armado (artigo 303), dependeria sempre de uma ordem de interrupção, o que levaria à impunidade de todos os participantes em motins violentos que tivessem dispersado antes de a polícia chegar[801]. Só poderiam ser punidos os responsáveis directos pela prática de outros crimes, não pela mera participação no motim. No fundo, acabariam por constituir meras qualificações do crime de desobediência a ordem de interrupção (artigo 304). Ora, nada aponta nesse sentido.

Do mesmo modo, não se afigura possível utilizar um critério meramente material para qualificar uma reunião como um motim, en-

---

[800] No artigo 354, relativo ao motim de presos, é qualificado como motim o acto colectivo de insubordinação, mas as situações são distintas. Os reclusos encontram-se numa situação de permanente ablação de determinados direitos fundamentais e sujeitos a um poder de autoridade alargado.

[801] O que reduziria a relevância deste crime aos actos compreendidos no antigo crime da sedição, praticados em confronto com as autoridades, deixando de fora os meros crimes praticados contra particulares em que a polícia não interviesse (o denominado crime de assuada, nos Códigos Penais de 1852 e de 1886). Assim, o Supremo Tribunal de Justiça, no seu Acórdão de 27 de Janeiro de 1999, processo n.º 98P1016, afirmou aquilo que se revela claro: "A lei penal não exige como elemento constitutivo do crime de participação em motim que este seja dirigido contra a autoridade pública, pois que nem no CP de 1982 (artigo 290), nem no Código revisto de 1995 (artigo 302) tal exigência se encontra formulada".

372   *Os Direitos de Reunião e de Manifestação no Direito Português*

quanto ajuntamento tumultuoso, ruidoso ou "perturbador da tranquilidade pública"[802].

Julga-se que o motim também não pode ser considerado como uma reunião que, por força da actuação tumultuosa dos seus participantes com dolo de perigo, coloque em perigo pessoas ou património[803]. Praticamente todas as reuniões numerosas são perigosas, especialmente se se entender perigo concreto simplesmente como a criação de condições numa dada situação que aumentem significativamente a probabilidade de ocorrer um dano num bem jurídico[804]. E o seu carácter tumultuoso com dolo de perigo não basta para constituir um acto compreendido por este tipo. Uma manifestação legítima pode facilmente ser qualificada como

---

[802] O Código Penal de 1886 na sua definição do crime de assuada aproximava o motim de um tumulto ou outra perturbação da ordem pública: "que se ajuntarem em qualquer lugar público para exercer algum acto de ódio, vingança, ou desprezo contra qualquer cidadão, ou para impedir ou perturbar o livre exercício ou gozo dos direitos individuais, ou para cometer algum crime, não havendo começo de execução mas somente qualquer acto preparatório **ou aliás motim ou tumulto arruído ou outra perturbação da ordem pública**" (cfr. a análise deste crime em confronto com o de rixa pelo Supremo Tribunal de Justiça, em sentença de 3 de Novembro de 1994, processo n.° 46842).

Porém, perturbar a tranquilidade pública (o termo, embora tradicional e devendo ser interpretado em associação com a manutenção da ordem pública, é literalmente demasiado amplo e devia ser evitado num Código Penal, como ainda ocorre com o Código vigente: Livro II, Título IV, Capítulo V ("Dos crimes contra a ordem e a tranquilidade públicas"), por meio de actos de expressão, mesmo chocantes, que não violem direitos de terceiros, constitui um direito fundamental, não podendo constituir um crime. Registe-se que, em 1886, quando este Código Penal foi aprovado, só no ano anterior a Carta Constitucional passara a consagrar o direito de reunião pelo Acto Adicional de 1885, direito que viria a ser regulado temporariamente pelo Decreto de 29 de Março de 1890 em termos restritivos (ver, *supra*, parág. 2.2.2). Vivia-se, pois, a fase da desconfiança em relação a estas reuniões, daí o artigo 177 do Código que punia a realização de uma reunião em violação das "condições legais de que dependa essa reunião".

[803] Como sustentou o Tribunal da Relação do Porto: "O conceito jurídico-criminal de motim exige um ajuntamento de pessoas com criação de perigo para bens jurídicos pessoais e patrimoniais pelo que o dolo do agente tem de abranger a perigosidade do motim" (cfr. sentença de 3 de Março de 2004, processo n.° 344388). O Tribunal adoptou nesta sentença a doutrina de A. Taipa de Carvalho, *Artigo 302*, em *Comentário Conimbricense do Código Penal – Parte Especial* (dir. J. Figueiredo Dias), Volume II, Coimbra, 1999, págs. 1188-1195, na págs. 1190-1192.

[804] A noção de perigo concreto está longe de ser consensual, no sentido adoptado no texto, por exemplo: H. Welzel, *Derecho Penal* (…), cit., pág. 56; vide ainda Rui Pereira, *O Dolo de Perigo*, Lisboa, 1995, pág. 20 e segs.; e ainda a discussão da noção na sentença de 14 de Maio de 2003 do Tribunal da Relação de Coimbra, processo n.° 1034/03.

Limitações, restrições e ablações 373

tumultuosa, com inflamadas palavras de ordem, e, segundo se julga, o dolo de perigo é insuficiente.

Assim, entende-se que só pode ser qualificado como motim uma reunião em que uma parte significativa dos seus participantes ameacem ou incentivem à violência ou criem dolosamente (por exemplo, provocando a exaltação e a indignação contra algo ou alguém, com apelo implícito à violência) um perigo sério de que esta ocorra[805]. Com efeito, é a violência que constitui o instrumento de lesão de bens pessoais ou patrimoniais. É a ligação com esta que converte uma reunião num motim. E são estes os comportamentos que o tipo penal refere: prática ou provocação de actos de violência. A mera ameaça de violência pode também ser integrada na noção de provocação de violência. Um motim é, pois, uma reunião ameaçadora, em que a violência parece encontrar-se iminente. Não basta que a reunião se forme com objectivos violentos, é necessário que esse objectivo se concretize em actos de ameaça ou provocação para ser possível qualificá-la como motim. Noção mais lata parece pouco compatível com o princípio da legalidade e com a proibição de interpretações ampliadoras de tipos penais (artigo 1, n.º 3, do Código Penal)[806].

Por outro lado, para ser qualificada como motim, a reunião deve compreender pelo menos um número global de pessoas a rondar a dezena[807]. O número necessário poderá variar em função das circunstâncias. O facto de, designadamente, os participantes estarem armados e de os próprios agentes de segurança serem apenas um ou dois pode justificar um número inferior a 10 pessoas. Por exemplo, faz sentido considerar como um motim um grupo de sete ou oito pessoas, que, armadas, confrontam

---

[805] Assim, o Supremo Tribunal de Justiça aproximou as características do motim de uma reunião "de vários indivíduos com propósitos, em termos de aparência, agressivos, pois manifestavam-se por meio de alguma vozearia" (cfr. Acórdão de 30 de Novembro de 1993, processo n.º 044702).

[806] Tendo presente a contestável distinção entre interpretação extensiva e analogia, quer em termos práticos, quer teóricos [vide, neste sentido: Castanheira Neves, *Interpretação Jurídica,* em *Enciclopédia Polis,* Volume 3, Lisboa/S. Paulo, 1985, col. 651-707, na col. 698; A. Menezes Cordeiro, *Ciência do Direito e Metodologia Jurídica nos Finais do Século XX,* ROA, pág. 679 e seg., na pág. 760 e 762 (implicitamente)].

[807] Neste sentido: T. de Carvalho, *Artigo 302,* cit., pág. 1191.

Como refere este autor, o Código Penal de 1852 exigia 10 pessoas para o crime de assuada, mas o Código Penal de 1886 deixou de o fazer. O actual também não contém qualquer requisito numérico para este crime e o facto de o crime de rixa se bastar com um número mínimo de três pessoas (os dois em conflito e o terceiro interventor: artigo 151, n.º 1) é irrelevante em relação ao crime de motim.

374   *Os Direitos de Reunião e de Manifestação no Direito Português*

e dominam um ou dois agentes de segurança[808]. As razões de ser do tipo penal de punir globalmente os participantes por força das dificuldades de provar quem fez o quê e em consequência do perigo de reuniões violentas numerosas não se aplicam em relação a reuniões mais restritas.

Escreveu-se que para ser um motim, uma "parte significativa" dos participantes têm de provocar ou cometer actos de violência. Não é possível fixar em abstracto qualquer número de participantes, pois este variará em função do número total de participantes no motim. Aplica-se aqui o mesmo critério utilizável para determinar qual o número necessário de pessoas armadas ou violentas para que se justifique interromper uma reunião. Estas têm de ser em número tal que impossibilite o seu isolamento dos restantes e, portanto, a sua detenção ou dispersão, sem que seja necessário impedir a continuação da reunião[809]. Não se tendo encontrado no local membros das forças de segurança, será necessário ao aplicador realizar um juízo hipotético sobre se estes teriam sido em número suficiente para impossibilitar tal isolamento. Se a actuação violenta por este grupo tiver provocado a interrupção espontânea da reunião por força dos desacatos, resultará claro que sim.

Ou seja, quando apenas um pequena minoria controlável no seio de uma reunião numerosa provoque ou cometa actos de violência, a reunião globalmente continua a dever ser qualificável como um reunião, tutelada constitucionalmente. Quaisquer medidas das forças de segurança devem limitar-se a esta minoria, sem importunar os restantes participantes. Coloca-se, porém, a questão de apurar se esta minoria pode ganhar autonomia em relação à maioria, constituindo um motim no seio da reunião pacífica, de modo a poder ser punida à luz deste tipo penal. Se esta for composta por, pelo menos, cerca de uma dezena de pessoas, julga-se que sim[810], mas tal

---

[808] Assim, o Supremo Tribunal de Justiça, a propósito de um caso em que era arguido um agente das forças de segurança, afirmou, embora sem indicar o número de pessoas: "A partir daí, os acontecimentos passaram a **assumir características de motim**. O arguido e seu colega, impossibilitados de pedir socorro, não conseguiram dominar a situação. Então "encontrando-se rodeado de vários indivíduos com propósitos, em termos de aparência, agressivos, pois manifestavam-se por meio de alguma vozearia ...", o arguido puxou da pistola apenas com intenção de intimidar, apontando-a na direcção de E" (cfr. o referido Acórdão de 30 de Novembro de 1993, processo n.º 044702).

[809] Vide, *supra*, parág. 8.2.2.3.

[810] Em termos similares: A. Taipa de Carvalho, *Artigo 303.º*, em *Comentário Conimbricense do Código Penal – Parte Especial* (dir. J. Figueiredo Dias), Volume II, Coimbra, 1999, págs. 1196-1204, na págs. 1200-1201.

Limitações, restrições e ablações 375

crime não pode de modo algum ser aplicado em relação a participantes pacíficos. Ou seja, quando a minoria violenta se procurar ocultar no meio da maioria pacífica, perde-se a simplificação probatória que se visa prosseguir com este tipo penal[811]. Será necessário demonstrar a autoria de actos violentos ou de provocação ou similares que mostrem apoio aos actos violentos necessariamente cometidos (para poder existir qualquer punição à luz deste tipo).

Este tipo penal exige que sejam "cometidas colectivamente violências contra pessoas ou contra a propriedade". Esta exigência tem sido qualificada como uma condição objectiva de punibilidade[812]. A epígrafe do preceito e a forma como o tipo se encontra desenhado sugerem efectivamente que o ilícito é cometido com a mera participação no motim, constituindo a violência apenas uma condição de punibilidade. No entanto, tal qualificação apenas pode ser aceite com uma precisão importante: ter-se-á de a qualificar como uma condição objectiva de punibilidade em sentido impróprio. Ou seja, tem sempre de existir não apenas nexo de causalidade entre o motim e a violência, mas igualmente dolo (em qualquer uma das suas formas, incluindo dolo eventual, enquanto representação e aceitação da possibilidade de ocorrer violência) em relação à violência[813].

O nexo de causalidade e o dolo constituem exigências que são desnecessárias nas condições objectivas de punibilidade em sentido próprio, daí que estas devam ser consideradas como de aplicabilidade muito restrita, visto poderem entrar em colisão com o princípio da culpa. Mas são exigências aceites em relação às condições de punibilidade impróprias. Quando muito, poder-se-á questionar se faz sentido nestes casos qualificá-las como "objectivas".

Não basta, pois, um mero dolo de perigo. O dolo de perigo constitui tecnicamente um dolo necessário de perigo que, em relação ao dano, assume a forma de uma espécie de negligência consciente atípica, em que

---

[811] Neste sentido: Supremo Tribunal de Justiça, Acórdão de 27 de Janeiro de 1999, processo n.° 98P1016.

[812] Cfr. Sentença do Tribunal da Relação do Porto, de 3 de Março de 2004, processo n.° 344388; que segue T. de Carvalho, *Artigo 302*, cit., pág. 1190.

[813] Neste sentido, também o Acórdão de 27 de Janeiro de 1999, processo n.° 98P1016, do Supremo Tribunal de Justiça ["o preenchimento do tipo legal deste crime dispensa a prova dos actos individualmente praticados, satisfazendo-se com o simples **propósito dos agentes tomarem parte no "ajustamento" em que vão ser praticadas as violências, sabendo ou prevendo que elas vão ocorrer** (…) ou com intenção de provocar ou dirigir o motim (…)"].

o agente, embora realize uma prognose quanto à probabilidade de se verificar um dano, se abstém de se conformar com a possibilidade de um resultado danoso (não sendo, portanto, dolo eventual) ou de se convencer que este não se irá verificar (não se tratando de negligência consciente típica). Antes decide simplesmente viver o momento de perigo. Aceita a inevitabilidade do perigo, mas nada mais do que isso[814]. Deste modo, um dolo de perigo de lesão de pessoas ou bens em resultado da reunião existirá na maioria dos casos em que se organizem grandes reuniões, por muito pacíficas que sejam. Ora, julga-se que esta forma de dolo é insuficiente para preencher o tipo subjectivo de ilícito deste crime, especialmente se dirigido em relação a um mero perigo de danos pessoais ou patrimoniais que pode resultar de uma infinidade de actos pacíficos.

Por outro lado, o dolo deve compreender todos os elementos do tipo. O que significa que deve incidir igualmente sobre a circunstância de a violência ter de ser da responsabilidade de uma parcela significativa dos participantes. Assim, é perfeitamente legítimo que alguém decida participar numa reunião, apesar de ter receio de que uma pequena minoria dos participantes (que pode nada ter a ver com os organizadores) provoque ou cometa actos violentos.

Exige-se que a violência tenha de ser dirigida contra pessoas ou propriedade. Em rigor, a violência é sempre dirigida contra alguém ou alguma coisa tangível[815], mas esta precisão não é redundante, pois visa esclarecer que se encontram também compreendidos actos contra a propriedade. Pelo contrário, não visa exigir que sejam efectivamente praticados danos. Actos violentos que não atinjam os seus alvos (por exemplo, no caso de motim armado, disparos de armas de fogo, arremesso de pedras; no caso de motim simples, perseguição infrutífera de pessoas) ou que não produzam qualquer dano graças à robustez da coisa alvo, nem por isso deixam de ser qualificáveis como violência. Está em causa a punição de uma actividade, independentemente da necessária produção de um resultado danoso, por força da perigosidade extrema desta[816].

---

[814] Neste sentido: R. Pereira, *O Dolo de Perigo*, cit., pág. 120-126.

[815] Alguém que, num gesto de fúria, dá deliberadamente murros no ar, não pratica actos violentos, sem prejuízo de estes, se visarem atemorizar alguém, poderem preencher o crime de ameaça (artigo 153 do Código Penal).

[816] No caso objecto da referida sentença do Tribunal da Relação do Porto, de 3 de Março de 2004, processo n.º 344388, bastou a inutilização de um puxador de porta para que o Tribunal considerasse existir um crime de motim.

Trata-se de conclusão que se retira não apenas da noção de violência, que não implica dano, mas simplesmente uso de força física, como da integração deste tipo penal na secção II "Dos crimes contra a paz pública", inserido no Capítulo V "Dos crimes contra a ordem e a tranquilidade públicas". A mera prática de actos de violência, independentemente dos seus resultados, afecta a paz pública e implica um juízo de censura sobre os agentes que legitima a sua punição pelo crime de motim. Tal pode ter relevância prática não apenas em relação a simples participantes, como igualmente quanto aos autores das tentativas de crimes violentos, caso estas não sejam puníveis nos termos do artigo 23, n.º 1; pense-se no crime de ofensa à integridade física simples (artigo 143). Neste caso, não chegando sequer a existir concurso aparente, a ser resolvido nos termos da cláusula de subsidiariedade previsto no artigo 302, n.º 1, os agentes poderão ser punidos pelo crime de motim.

A exigência de que os actos sejam praticados colectivamente exclui a aplicação deste tipo penal quando a violência seja da responsabilidade de uma minoria susceptível de ser isolada e detida ou dispersada, que os realiza à margem da maioria e contra a sua vontade. É também este elemento que justifica a não punição de quem abandone o motim sem ter provocado ou praticado actos de violência, nos termos do seu n.º 3. Existirão aqueles que o abandonam quando se apercebem da violência, não desejando envolver-se, e aqueles que o fazem por motivos meramente tácticos. A letra do preceito não distingue, sendo aplicável a ambas as categorias de participantes. Até porque os primeiros normalmente não terão qualquer espécie de dolo.

Apesar da limitação literal àqueles que se retirem por força da intervenção das autoridades, por maioria de razão, a isenção da pena aplica--se igualmente àqueles que se retirem espontaneamente[817]. Tal conclusão é óbvia, à luz das regras gerais, em relação àqueles que, surpreendidos pela violência, o façam por a condenarem, visto que não terão dolo, em qualquer uma das suas formas. Mas, mesmo em relação aos arrependidos ou tácticos, não faria sentido não punir os que abandonam o motim por causa da ordem ou admoestação das autoridades e punir aqueles que o fizessem espontaneamente, antes deste acto. Os participantes nesse caso teriam todo o interesse em ficar o máximo de tempo, até as autoridades intervirem. De resto, a mesma conclusão se depreende do artigo 303, n.º 3, al. b), já que

---

[817] Neste sentido: T. Carvalho, *Artigo 302*, cit., pág. 1194-1195.

378   *Os Direitos de Reunião e de Manifestação no Direito Português*

este exclui a qualificação do motim como armado se existir retirada espontânea por parte de participantes armados. Assim, se o fizerem sem terem provocado ou cometido violência, não serão punidos.

Segundo se julga, também não deverão ser punidos nem mesmo se a sua saída se dever a uma exigência dos organizadores ou outros participantes. Se a saída coagida pelas autoridades exclui a punição, também a expulsão pelos outros participantes deverá excluir, desde que não tenham provocado ou cometido violência. Já não parece é que tal saída em qualquer caso exclua a punição do indivíduo armado, nos termos do artigo 8, n.º 1, da Lei sobre o Direito de Reunião ou do artigo 89 da Lei n.º 5/2006, que punem quem participe armado em reunião; no primeiro caso, com a mesma pena aplicável ao crime de motim simples; no caso do segundo preceito, com pena bem mais pesada[818].

Esta não punição é também aplicável a organizadores da reunião, mas neste caso não basta não terem cometido actos de violência, enquanto autores materiais, é necessário igualmente que os não tenham provocado[819], designadamente, enquanto autores ou cúmplices morais (artigos

---

[818] Vide, *supra*, parág. 9.1.1.

[819] Assim, o Tribunal da Relação do Porto afirmou: "aquele que tiver provocado ou dirigido o motim é, afinal, o «provocador» das violências colectivamente cometidas contra pessoas ou contra a propriedade e, por tal razão, não pode beneficiar do regime instituído pelo n.º 3 do artigo 302.º O n.º 3 só se aplica aos meros participantes. Considerando a natureza jurídica desta causa da exclusão da pena não parece fundado de um ponto de vista político-criminal estender o benefício aos provocadores ou dirigentes do motim que o legislador pune bem mais severamente do que os meros participantes" (cfr. a referida sentença de 3 de Março de 2004), tendo em consequência condenado o réu igualmente por participação no crime de motim.

Mas, independentemente do caso concreto, o Tribunal retirou demais deste fundamento. O artigo 302, n.º 3, aplica-se igualmente a organizadores, visto que estes podem nada ter a ver com a provocação do motim (vide igualmente a declaração de voto de A. Tavares de Freitas na referida sentença). Podem ter organizado a reunião, mas esta ter descambado em actos de violência contra a sua vontade e cuidados preventivos adoptados. Julga-se que a reunião pode mesmo implicar a prática de actos ilícitos e, ainda assim, os organizadores não serem responsabilizados. Pense-se numa reunião que tenha por objectivo realizar um bloqueio deliberado de faixas de rodagem (vide, *supra*, parág. 7.1.3.3), que pretenda ser rigorosamente pacífica, por exemplo, pelo mero sentar dos participantes no meio da estrada, mas que terminou em violência desencadeada por alguns participantes, que se juntaram à reunião contra a vontade dos organizadores, e por parte de pessoas prejudicadas, não obstante os esforços pacifistas dos organizadores.

Este n.º 3, como decorre claramente da sua letra, apenas deixa de se aplicar a quem tenha provocado violência. A mera prática de actos ilícitos puramente passivos não parece

26 e 27, n.º 1, Código Penal). Trata-se de conclusão interpretativa que se retira do confronto entre "cometido" e "provocado", constante do n.º 3, visto que o verbo provocar é igualmente utilizado para descrever o acto de desencadear a conversão da reunião em motim por parte dos organizadores no n.º 2. Deste confronto depreende-se igualmente de modo claro que o n.º 3 é aplicável aos organizadores[820].

Deste tipo penal retira-se um limite ao direito de reunião, conforme com a desprotecção constitucional das reuniões violentas: os participantes em reuniões em que uma parte significativa provoque ou adopte actos violentos, mesmo que nada tenham a ver com estes, têm o dever de se afastar destas, sob pena de poderem ser punidos no caso de existir violência e não apenas provocação, a menos que tenham alguma justificação para a sua presença (por exemplo, jornalistas, pessoal médico, organizadores que tentem desmobilizar os participantes). Da tipificação do mero motim como ilícito, mesmo não punível, deriva igualmente um dever de não participação em reuniões em que a violência se encontre iminente ou latente: isto é, um motim. Mas a sua violação não é punível automaticamente, depende ainda da ocorrência efectiva de violência e de dolo em relação a esta por parte do participante; dolo que existirá praticamente sempre quando este não abandonar a reunião espontaneamente, logo que se verifique violência, salvo presença justificada.

Por constituir apenas um motim qualificado, isto é, agravado por força de no seu seio se encontrarem pessoas armadas, deve-se entender que igualmente o tipo penal do crime de motim armado, previsto no artigo 303[821], pressupõe que sejam praticados actos de violência[822].

---

integrar a noção de provocar violência, quando esta parta de uma assistência hostil prejudicada por aqueles actos. Já se aceita que actos não violentos ilícitos activos insistentes, como injúrias, realizados em termos adequados a suscitar uma reacção violenta e com intenções provocatórios ou, no mínimo, com dolo eventual, possam integrar a noção de provocação de violência.

[820] Não é necessário que o organizador leve a cabo esforços para conter a violência para não ser punido, quer abandone o motim induzido pelas autoridades, quer o faça espontaneamente [vide, em sentido contrário: A. Taipa de Carvalho, *Artigo 303.º*, em *Comentário Conimbricense do Código Penal – Parte Especial* (dir. J. Figueiredo Dias), Volume II, Coimbra, 1999, págs. 1196-1204, na págs. 1203-1204]. A letra do preceito não o exige e, em qualquer caso, este pode simplesmente ter perdido o controlo da reunião, por a terem integrado pessoas violentas estranhas à organização.

[821] Artigo 303.º ("Participação em motim armado"): "1 – Os limites mínimo e máximo das penas previstas nos n.ºs 1 e 2 do artigo anterior são elevados ao dobro se o motim for armado. 2 – Considera-se armado o motim em que um dos intervenientes é

O artigo 303, n.° 2, fornece uma noção muito precisa de motim armado que tem de ser articulada com os seus n.° 3 e n.° 4. Esta tem de ser vista como uma noção de motim armado e não de reunião armada para efeitos do artigo 45 CRP, sob pena de ter de ser considerada como inconstitucional, por excessivamente restritiva deste direito. Não faz sentido considerar como armada uma reunião pacífica com milhares de pessoas em que uma única empunha um revolver, mesmo que várias outras pessoas soubessem que levava a arma e este não seja logo expulso por os participantes recearem a arma. Tal significaria, desde logo, limitar os direitos de uma generalidade de pessoas pacíficas por força do comportamento de uma única. Critérios tão rígidos apenas fazem sentido em relação a um motim.

Afirmam estes preceitos que o motim é considerado armado quando um único dos seus participantes exiba ostensivamente uma arma de fogo, ou em que vários dos participantes sejam portadores de armas de fogo ocultas ou ainda de forma visível outro tipo de arma, segundo a noção ampla constante do seu n.° 2, parte final, e do artigo 4 do diploma preambular do Código Penal. No caso de armas de fogo ocultas, decorre do facto de o tipo penal depender de dolo, em conclusão confirmada pelo seu n.° 4, que os restantes participantes têm de conhecer tal posse para que se possa falar em motim armado. O preceito não esclarece qual o número de pessoas que têm de conhecer a posse da arma, sendo aplicável o mesmo critério referido do número tal que impossibilite a sua detenção ou dispersão, já que não faz sentido exigir que todos tenham tal conhecimento[823].

---

portador de arma de fogo ostensiva, ou em que vários dos participantes são portadores de armas de fogo, ostensivas ou ocultas, ou de objectos, ostensivos ou ocultos, susceptíveis de serem utilizados como tal. 3 – Para efeito do disposto no número anterior não se considera armado o motim: a) Em que as armas são trazidas acidentalmente e sem intenção de as utilizar; ou b) Quando os participantes que tragam armas imediatamente se retirarem ou forem expulsos. 4 – Quem trouxer arma sem conhecimento dos outros é punido como se efectivamente participasse em motim armado. 5 – É correspondentemente aplicável o disposto no n.° 3 do artigo anterior.".

[822] Neste sentido: T. Carvalho, *Artigo 303*, cit., pág. 1201.

[823] De qualquer modo, os casos de armas de fogo ocultas por parte de poucos participantes raramente serão relevantes para levar a uma punição dos restantes enquanto participantes num motim armado, pelas dificuldades de provar o conhecimento por parte destes. Por outro lado, tendo sempre de serem praticados actos de violência para que, em qualquer caso, os participantes desarmados sejam punidos, a circunstância de as armas não terem sido utilizadas ou sequer empunhadas torna a sua posse menos relevante. As pessoas armadas poderão mesmo tentar invocar a al. a) do n.° 3, do artigo 303.

O preceito não especifica qual a medida de participação necessária nos casos em que armas sem ser de fogo sejam efectivamente usadas por poucos participantes em actos de violência, enquanto os restantes usam apenas mãos nuas. Se estiver em causa o uso de arma de fogo, resulta claro que é suficiente que um a utilize, visto que basta um empunhar a arma para o motim ser qualificado como armado, salvo nos casos do artigo 303, n.º 3, al. b). Em relação a outras espécies de armas, este exige que vários as possuam. Assim, não basta que um atire uma pedra. Será uma questão de interpretar a noção de "vários" em função do perigo das armas utilizadas, do grau de violência, dos danos provocados, do número de pessoas no motim e número de pessoas violentas e se continuam com os actos violentos mesmo depois de verificarem que alguns estão a utilizar armas. Claramente, o motim será muito mais facilmente qualificável como armado se as armas não forem meramente empunhadas, mas efectivamente utilizadas nos actos violentos.

O facto de o motim não ser qualificado como armado não impede que um participante armado seja punido à luz da moldura penal agravada do artigo 303, n.º 1, como resulta do seu n.º 4, enquanto os restantes serão punidos como participantes em motim simples[824]. Ou seja, os amotinados armados são punidos de forma agravada, mesmo que alguns outros amotinados desarmados tivessem conhecimento de que aqueles se encontravam armados, desde que o número destes últimos fosse insuficiente para perfazer o número necessário para qualificar a reunião como motim armado. Em qualquer caso, mesmo os participantes armados só serão punidos à luz deste preceito se tiverem existido actos de violência. É também isso que justifica que sejam punidos mesmo que se limitem a possuir objectos que, nos termos do artigo 2 da Lei n.º 5/2006 não são qualificáveis como armas, desde que integrem a noção de arma prevista no artigo 303, n.º 2, parte final, interpretada restritivamente.

De outro modo, só poderão ser punidos nos termos do artigo 8, n.º 1, da Lei sobre o Direito de Reunião, se possuírem um objecto qualificado

---

[824] O Tribunal da Relação de Coimbra sustentou "Ao mandar, no n.º 4 do artigo 291.º do Código Penal, que se puna como participante em motim armado quem traga arma sem conhecimento dos outros, a lei não impõe, só por isso, que seja o motim qualificado de armado. Só o será quando se verifiquem as circunstâncias do n.º 2 do mesmo artigo, sem se verificarem as previstas no seu n.º 3. E não o será quando apenas um dos intervenientes traga «arma» que não seja qualificada de fogo" (cfr. Acórdão de 8 de Dezembro de 1995, Processo n.º 590/95, em BMJ, n.º 452, 1996, pág. 497).

382 *Os Direitos de Reunião e de Manifestação no Direito Português*

como arma no artigo 2 da Lei n.º 5/2006. Apesar de o artigo 89 da Lei n.º 5/2006 se visar aplicar predominantemente a recintos (lugares meramente abertos ao público), enquanto este crime de motim se aplica apenas em lugares públicos, pode, contudo, verificar-se um concurso, nos casos em que o artigo 89 se aplica em relação a lugares públicos (por exemplo, manifestações cívicas ou políticas); altura em que, sendo a sua pena mais pesada do que a do próprio crime de motim armado, deverão ser apenas punidos à luz do artigo 89, já que o artigo 302 (motim simples), de que o 303 é uma mera agravação, se considera subsidiário em relação a outro crime com que entre em concurso aparente que estabeleça pena mais pesada (artigo 302, n.º 1, parte final).

Mas a punição de participantes armados com a pena do motim armado não é automática. Se tiverem levado as armas "acidentalmente" [artigo 303, n.º 3, al. a)] ou se abandonarem ou forem forçados a sair pelos restantes participantes [artigo 303, n.º 3, al. b)] ou pelas autoridades [artigos 303, n.º 5 e 302, n.º 3], sem terem provocado ou cometido actos de violência, não serão punidos. Em todos estes casos, se justifica aplicar esta isenção da pena, tendo em conta a sua letra e teleologia. Desde logo, podem existir participantes que levaram uma arma deliberadamente, mas com a intenção de a usar apenas para a sua própria protecção, sem terem dolo quanto a violência ilícita por parte de participantes na reunião e apenas com receio de violência por parte de contramanifestantes. Sem prejuízo de poderem ser punidos nos termos do artigo 8, n.º 1, da Lei sobre o Direito de Reunião ou mesmo do artigo 89 da Lei n.º 5/2006.

O artigo 303, n.º 3, al. a), exclui a aplicação da agravação que estabelece, quando as armas tiverem sido trazidas acidentalmente e sem a intenção de as usar. Os casos mais frequentes serão os de pessoas armadas que espontaneamente se juntem a uma reunião[825], por normalmente andarem armadas legitimamente. Mas a possibilidade de serem levadas por lapso pequenas armas brancas, tipo canivete multiuso, é igualmente perfeitamente possível[826]. Também não é de excluir que esta excepção possa, por exemplo, ser invocada por membros de segurança privada contratados

---

[825] Neste sentido: T. Carvalho, *Artigo 303*, cit., pág. 1199.

[826] Objecto que, como se verificou, nem sequer é qualificado como arma para efeitos da Lei n.º 5/2006, desde que tenha lâmina inferior a 10 cm, não sendo punida a sua posse nos termos do seu artigo 89 ou do artigo 8, n.º 1, da Lei sobre o Direito de Reunião (vide, *supra*, parág. 9.1.1). Mas que é qualificável como arma para efeitos da conversão de uma reunião ou de um motim em armado.

Limitações, restrições e ablações 383

por reuniões organizadas. Juridicamente, também estes devem estar desarmados, mas, caso o não estejam, será excessivo puni-los por motim armado, caso se envolvam em conflitos com contramanifestantes, pelo menos desde que não tenham empunhado as armas. Alguns podem mesmo desconhecer o regime legal, altura em que pode ser mais simples invocar esta alínea do que o artigo 16, n.º 1, Código Penal.

A al. b) do n.º 3 do artigo 303 estabelece que o motim não será considerado como armado se os portadores de armas se retiraram imediatamente ou se forem expulsos (logo que os restantes participantes se apercebam de que estão armados). O preceito sugere que devem ser os restantes participantes a expulsá-los. Mas tal constitui uma interpretação demasiado exigente que sugere uma espécie de vigilantismo pouco conforme com o monopólio de uso da força pelo Estado. Basta que estes denunciem às autoridades as pessoas armadas ou que se afastem destas. É legítimo que participantes prefiram não "expulsar" pessoas armadas, já que isso pode ser perigoso, especialmente no meio de um motim, com os ânimos exaltados. Em qualquer caso, o preceito apenas terá relevância nos casos em que o número de pessoas armadas seja escasso, caso contrário, nunca meros participantes terão capacidade para as expulsar. Ora, como se verificou, quando estas pessoas forem poucas, podendo ser isoladas, a sua presença não implicará a qualificação do motim como armado.

Se um participante armado abandonar o motim, espontaneamente ou forçado pelos restantes nos termos da al. b), sem ter provocado ou cometido violência, beneficiará igualmente do artigo 303, n.º 5, não devendo ser punido, quer por motim armado, quer por motim simples. O mesmo se diga, claro está, se tiver levado as armas acidentalmente, desde que mais uma vez cumpra os termos do artigo 302, n.º 3.

Visto que as alíneas a) e b) são aplicáveis alternativamente, aqueles que levarem acidentalmente as armas, embora devam abandonar a reunião, se o não fizerem nos termos da alínea b), nem por isso implicam a qualificação do motim como armado. A alínea b) apenas se aplica a pessoas que levaram deliberadamente as armas. Por outro lado, tendo-as levado acidentalmente, sem intenção de as usar, não as irão empunhar necessariamente (sob pena de este limite negativo não se aplicar), de modo a que o mais natural é que os restantes participantes nem se apercebam destas, não podendo aplicar-se este dever de "expulsão".

9.1.3. *O crime de desobediência à ordem de interrupção*

Nos termos do artigo 304 do Código Penal[827], sendo legítima a ordem de interrupção de uma reunião, a desobediência em dispersar faz incorrer os organizadores e participantes em responsabilidade penal.

Trata-se de uma concretização do tipo previsto no artigo 348, n.° 1. É a agravação nos termos do seu n.° 2 para o caso dos promotores que os distingue, bem como a desnecessidade de respeito de qualquer requisito de forma legal e a exigência de que seja realizada uma advertência.

De acordo com a sua letra, apenas se aplica às reuniões públicas. A desobediência a ordem de interrupção de uma reunião aberta ao público ou privada apenas pode ser sancionada nos termos gerais do referido artigo 348, o que significa que os promotores não ficarão sujeitos a uma pena agravada.

Este distingue, em termos pouco claros, reunião e ajuntamento. Resulta claro que não se trata de uma distinção entre reunião organizada e espontânea, visto se referir os promotores em relação a ambas[828]. O mesmo se pode dizer em relação a outras alternativas interpretativas que passariam por se qualificar como ajuntamento um grupo de pessoas que se juntou involuntariamente, não constituindo uma reunião[829]. O exemplo típico, será um grupo de curiosos que, para ver um acidente, interrompem o trânsito numa faixa de rodagem. Mas como obstáculo a esta conclusão encontra-se, mais uma vez, a referência a um promotor igualmente de ajuntamentos. Mais viável é qualificar como ajuntamento a junção de mais do que uma reunião. Pense-se numa manifestação e numa contramanifestação, cujos participantes recebem uma única ordem de interrupção das respectivas reuniões. Este seria um caso de ajuntamento com promotores. Em qualquer caso, o termo ajuntamento, não obstante a referência a promotores, parece pretender compreender em termos abrangentes qualquer grupo de pessoas, mesmo as reuniões espontâneas e os grupos involuntários. A letra do preceito é suficientemente lata para considerar que o crime

---

[827] Artigo 304.° do Código Penal: "1. Quem não obedecer à ordem legítima de se retirar de ajuntamento ou reunião pública, dada por autoridade competente, com a advertência de que a desobediência é criminosa, será punido com prisão até um ano e multa até 30 dias. 2. Se os desobedientes forem os promotores da reunião ou ajuntamento, a pena será de prisão até 3 anos e multa até 100 dias".

[828] Neste sentido: L. Monteiro, *Artigo 304*, cit., pág. 1211.

[829] Vide, *supra*, parág. 2.1.

Limitações, restrições e ablações 385

de desobediência se aplica a qualquer reunião ou ajuntamento, independentemente de estas terem promotores (isto é, organizadores), mesmo se neste caso um dos aspectos específicos do seu regime (o seu n.° 2) deixar de ser aplicável.

Este grupo, tendo presente o que ficou escrito a propósito do crime de motim, parece dever compreender pelo menos cerca de uma dezena de pessoas. Caso contrário, a ordem de interrupção seguirá o regime geral do crime de desobediência do artigo 348, o que significa que os promotores, a existirem, não serão punidos nos termos agravados do artigo 304, n.° 2. Tendo em conta que estas reuniões restritas (que o serão à luz do artigo 45 CRP, que se basta com duas pessoas[830], mas não para efeitos deste tipo penal contido no artigo 304 do Código Penal) pouco impacte terão na ordem pública, justificar-se-á este regime de punição mais leve e não à luz do artigo 304, integrado na secção relativa aos Crimes contra a paz pública.

Para que este tipo seja preenchido, é necessário ainda que a ordem seja (substancialmente) legítima (ou seja, que não seja inconstitucional ou ilegal materialmente, não estando afectada por vício de violação de lei) e que emane da autoridade competente. Exige-se ainda que tenha sido feito uma advertência de que a desobediência à ordem constitui crime. O dolo pressuposto por este tipo penal deve compreender este elemento, de modo a que a advertência tem de ser realizada em termos compreensíveis para os seus destinatários[831]. O que significa que se está perante mais uma condição objectiva de punibilidade em sentido impróprio, visto que embora o ilícito seja cometido com a mera desobediência, os agentes só serão punidos se a advertência for realizada e se o seu dolo a compreender.

O artigo 348, n.° 1, do Código Penal exige ainda que o acto revista a forma legalmente exigida, mas o presente tipo exclui a necessidade de tal requisito para reforçar que esta ordem não se encontra sujeita a qualquer forma, podendo ser verbal[832].

Decorre destes dois tipos penais que os actos administrativos ilegais, mesmo que formalmente sejam qualificáveis como anuláveis, nunca justificam a sujeição ao crime de desobediência.

---

[830] Ver, *supra*, parág. 2.1.

[831] Neste sentido: Conselho Consultivo da Procuradoria-Geral da República, Parecer n.° 40/1989, de 7 de Dezembro de 1989, parág. 7.3; L. Monteiro, *Artigo 304*, cit., pág. 1209-1210.

[832] Vide, *supra*, parág. 8.2.1.

O que significa que nem sequer é necessário invocar o direito de resistência enquanto causa de justificação para desobedecer a uma ordem ilegítima de interrupção [cfr. artigo 21 CRP e artigo 31, n.° 2, al. b), do Código Penal], basta demonstrar a inconstitucionalidade/ilegalidade da ordem. Teoricamente, se as autoridades tentarem executar uma interrupção contrária ao direito de reunião, os participantes têm mesmo direito de resistência defensiva, podendo não apenas oferecer resistência passiva, mas mesmo defender-se, no respeito dos princípios da necessidade e da proporcionalidade, dos actos praticados pelas forças de segurança, que constituirão agressões. Assim, uma reunião em que seja utilizada a força em termos conformes com o regime do direito de resistência também não poderá ser punida como um motim[833].

Contudo, a viabilidade prática deste direito de resistência é problemática. Além de problemas materiais, decorrentes da enorme capacidade coerciva policial, o tipo penal da resistência já não exige que estas estejam a ser exercidas legitimamente, basta-se com a competência formal do agente público em causa (artigo 347 do Código Penal; ao contrário do que fazia o anterior artigo 384 do Código Penal de 1982, numa alteração de bondade discutível). Deste modo, caso os participantes recorram a actos de resistência defensiva contra a tentativa de executar a ordem pela força, qualquer destas medidas terá de ser necessária e proporcional, nos termos do regime geral do direito de resistência defensivo, para que o possam invocar como causa de justificação. A diferença não é grande, visto que um uso da força desnecessário ou desproporcionado, à luz do anterior regime, seria sempre susceptível de ser punido nos termos dos crimes contra a integridade física, dado que os membros das forças de segurança não deixam obviamente de ser titulares deste direito. Por outro lado, dada a indeterminação do Direito vigente, existe sempre o risco de o juiz encarregado do caso entender que, afinal, os actos da polícia não violaram o direito de reunião.

Neste caso, coloca-se o problema do erro sobre a ilegitimidade da ordem. Estando os participantes convencidos de que a ordem de interrupção é ilegítima e julgando que ao desobedecer-lhe se encontravam a exercer um direito, liberdade e garantia, cabe questionar se poderão ser punidos.

---

[833] Neste sentido: Hoffmann-Riem, *Neuere Rechtsprechung* (...), cit., pág. 259 (cita jurisprudência alemã no sentido de que medidas colectivas de autotutela compreendidas pelo direito de resistência não ficam sujeitas ao regime do direito de reunião).

A matéria do erro sobre a ilicitude encontra-se regulada de modo distinto no artigo 16, n.° 1, e no artigo 17, n.° 1, do Código Penal[834]. Sinteticamente, o regime mais favorável do artigo 16, n.° 1, apenas se aplica a erros sobre proibições neutras axiologicamente, pois são aquelas "cujo conhecimento for razoavelmente indispensável para que o agente possa tomar consciência da ilicitude do facto". Não tendo uma base ética óbvia, alguém pode legitimamente ignorar que tal proibição existe. Este terá plena aplicação, por exemplo, em relação à falta de aviso prévio[835] ou ao desconhecimento de que os desfiles apenas se podem realizar aos Sábados, Domingos e feriados ou de que é proibido levar pequenos canivetes multiuso para uma reunião. Existindo um erro desta espécie, o dolo é excluído, o que significa que, não sendo o crime punido a título de negligência, o agente não terá sequer praticado um acto típico, por força da exclusão do dolo. Trata-se do denominado erro intelectual.

Pelo contrário, o artigo 17, n.° 1, é aplicável aos erros sobre proibições com carga axiológica, daí não poder ser um erro censurável para que possa produzir o seu efeito pleno: a exclusão da culpa. Caso seja censurável, o agente poderá quando muito obter uma atenuação especial da pena (artigo 17, n.° 2). Exemplos de proibições nestes termos aplicáveis no decurso de uma reunião serão a proibição de violência ou de prática de crimes graves. Assim, porque as ordens de interrupção devem basear-se em fundamentos substanciais graves, não é de esperar que o erro sobre a proibição seja muito relevante, pois normalmente será um erro regulado pelo artigo 17, n.° 1, que raramente será desculpável[836].

9.2. Aos titulares passivos

Não são apenas os titulares activos destes direitos que podem ser sujeitos a medidas penais por violações do seu regime jurídico. Igualmente as pessoas vinculadas pelo seu respeito podem incorrer em sanções penais pelo incumprimento dos deveres que aqueles impõem.

---

[834] Vide a justificação mais detalhada desta diferença de regime, jurisprudência e Doutrina sobre a matéria, *infra*, parág. 9.2.2.

[835] Caso esta tivesse relevância na legitimação de uma ordem de interrupção, o que só muito marginalmente poderá acontecer, como um elemento a ter em conta juntamente com outros com peso bem maior (vide, *supra*, parág. 7.3.3).

[836] Mais confiante na sua relevância, vide L. Monteiro, *Artigo 304*, cit., pág. 1214.

9.2.1. *O crime de interferência em reunião*

Assim, o artigo 15, n.° 2, da Lei sobre o Direito de Reunião prevê que os "contramanifestantes que interfiram nas reuniões, comícios, manifestações ou desfiles e impedindo ou tentando impedir o livre exercício do direito de reunião incorrerão nas sanções do artigo 329.° do Código Penal". O artigo 329 consagrava o crime de coacção previsto pelo então vigente Código Penal de 1886.

Aquando da revogação deste Código Penal, o Decreto-Lei n.° 400/ /82, de 23 de Setembro, que aprovou o Código Penal de 1982, no seu artigo 4, n.° 1[837], manteve em vigor as remissões constantes de leis "avulsas" para o Código revogado. Manteve-se, pois, em vigor este crime, constante do artigo 156 do Código de 1982. Com a reforma de 1995 e republicação do Código Penal pelo Decreto-Lei n.° 48/95, de 15 de Março (que estabelece igualmente, no seu artigo 3, que as remissões feitas para o Código de 1982 devem ser entendidas como feitas em relação ao regime por si estabelecido), este crime consta do artigo 154, n.° 1[838], que estipula uma pena de prisão até 3 anos ou pena de multa. Contudo, tenha-se presente que o artigo 15, n.° 2, limita-se a remeter para a medida da pena do crime de coacção, só caso a caso se poderá determinar se é possível interpretar o tipo penal daquele artigo à luz deste último crime.

A noção de contramanifestantes não deve ser interpretada em termos rigorosos. Como a letra do artigo 15, n.° 2, da Lei sobre o Direito de Reunião deixa claro, não é necessário que a primeira reunião seja uma manifestação. Logo, o termo contramanifestantes releva-se inadequado. Em rigor, estes podem não ser participantes numa manifestação, mas visar simplesmente dispersar os participantes na primeira. Este tipo penal aplica-se à interferência com qualquer reunião, não apenas as públicas, mas igualmente as meramente abertas ao público ou mesmo privadas. De

---

[837] "Consideram-se feitas para as correspondentes disposições do Código Penal todas as remissões para normas do Código anterior contidas em leis penais avulsas".

[838] Sob a epígrafe "Coacção": "1 – Quem, por meio de violência ou de ameaça com mal importante, constranger outra pessoa a uma acção ou omissão, ou a suportar uma actividade, é punido com pena de prisão até 3 anos ou com pena de multa. 2 – A tentativa é punível. 3 – O facto não é punível: a) Se a utilização do meio para atingir o fim visado não for censurável; ou b) Se visar evitar suicídio ou a prática de facto ilícito típico. 4 – Se o facto tiver lugar entre cônjuges, ascendentes e descendentes ou adoptantes e adoptados, ou entre pessoas que vivam em situação análoga à dos cônjuges, o procedimento criminal depende de queixa.".

Limitações, restrições e ablações 389

facto, o preceito refere-se também aos comícios, muitas vezes realizados em lugares fechados abertos ao público. E, em qualquer caso, visto que decorre do artigo 16, n.° 2, desta Lei que este seu artigo 15, n.° 2, é aplicável às reuniões privadas, por maioria de razão se aplicará também às reuniões abertas ao público.

Por não estar em causa um tipo penal que vise acautelar primariamente a paz pública e sim defender o direito de reunião, não é necessário que os contramanifestantes constituam uma reunião de cerca de uma dezena de pessoas, como em relação ao crime de motim e de desobediência a interrupção. Aliás, não obstante a utilização do plural, e aqui a remissão para o artigo 154 constitui apoio para justificar esta conclusão, julga-se que uma única pessoa isolada pode incorrer neste crime.

Contudo, a interferência tem de partir de terceiros ("contramanifestantes"). Não é possível considerar como típica a acção levada a cabo por participantes na reunião que, por meio de actos violentos, induzam as autoridades a interromper a reunião. Apesar de esta acção interferir com o direito de reunião dos restantes participantes pacíficos na reunião, não poderá ser punido à luz deste tipo.

Como resulta do referido artigo 15, n.° 2, da Lei sobre o Direito de Reunião ("impedindo ou tentando impedir"), não basta a mera interferência verbal que não corporize uma ameaça, mesmo que seja ilícita, por meio de injúrias, provocada, por exemplo, por uma contramanifestação espontânea[839]. É necessário o uso da força física ou que sejam feitas ameaças

---

[839] As reuniões com fins eleitorais encontram-se igualmente protegidas por tipos penais específicos. Assim, o artigo 126 da referida Lei Eleitoral do Presidente da República estabelece: "Aquele que impedir a realização ou prosseguimento de reunião, comício, cortejo ou desfile de propaganda eleitoral será punido com prisão de seis meses a um ano e multa de 1.000$00 a 10.000$00". O mesmo regime consta do artigo 135 da citada Lei Eleitoral da Assembleia da República, mas com prisão de seis meses a um ano e multa de 5.000$ a 50.000$.

Mais interessante é o artigo 174 da mencionada Lei Eleitoral dos Órgãos das Autarquias Locais que, no seu n.° 1, estabelece: "Quem, por meio de violência ou **participação em tumulto, desordem ou vozearia**, perturbar gravemente reunião, comício, manifestação ou desfile de propaganda é punido com pena de prisão até 1 ano ou pena de multa até 120 dias". O seu n.° 2 agrava a pena para prisão até 2 anos ou multa até 240 dias no caso de impedimento e não mera perturbação. O tipo penal do n.° 1 exige que a reunião seja perturbada "gravemente", mas se se indica que mera "vozearia" o pode fazer, então parece que o "gravemente" se basta com interrupções sistemáticas de oradores, o que constitui solução criticável. O tipo é aplicável quer a pessoas integradas na reunião, quer a contramanifestantes, sendo aceitável que perturbadores possam ser expulsos da reunião e que contra-

390 Os Direitos de Reunião e de Manifestação no Direito Português

"com mal importante", como indica o crime de coacção, contra os manifestantes. Estas ameaças "com mal importante" não necessitam obrigatoriamente de ser ameaças de violência, mas tendo presente que o fim ilegítimo (interferir numa reunião) não é excepcionalmente grave e pode mesmo considerar-se em algumas das suas formas como compreendido pelo direito de manifestação[840], o meio deve-o ser. Têm de ser ameaças que tenham por objecto pelo menos a prática de um acto típico[841]. De outro modo, dificilmente se justificará a sua punição à luz do princípio da proporcionalidade (tutela penal subsidiária de bens jurídicas). Os casos paradigmáticos serão as ameaças de uso da força contra a integridade física ou vida, especialmente se armadas. Mas não é necessário que os interferentes se encontrem armados, basta que consigam intimidar os participantes na reunião.

O artigo 15, n.º 2, não obstante se referir a "interfiram na reunião", não parece exigir que as ameaças ou a violência sejam dirigidas necessa-

---

manifestantes possam ser afastados para distância segura por autoridades presentes (e punidos, como desobedientes, caso se recusem), mas a sua punição apenas por isso, afigura-se uma violação do direito de manifestação na sua vertente da contramanifestação. Deste modo, não parece que este preceito constitua um apoio admissível para a interpretação do artigo 15, n.º 2, da Lei sobre o Direito de Reunião.

[840] Já ficou sublinhado que o direito de manifestação compreende o direito de contramanifestação, desde que pacífica e que não se converta numa forma de intimidação dos manifestantes (vide, *supra*, parág. 3.4).

[841] Vide, porém, à luz do crime de coacção, considerando que a violência pode ser psicológica, e compreender omissões, e que as ameaças podem mesmo ter objecto a prática de actos lícitos e, excepcionalmente, ser mesmo realizadas de boa-fé: A. Taipa de Carvalho, *Artigo 154*, em *Comentário Conimbricense do Código Penal – Parte Especial* (dir. J. Figueiredo Dias), Volume I, Coimbra, 1999, pág. 352-369, na pág. 355-357.

Do confronto entre o tipo penal relativo à ameaça (artigo 153) e o tipo penal da coacção agravada (artigo 155), resulta que o artigo 154 não visa aplicar-se a ameaças que tenham por objecto a prática de "crime punível com pena de prisão superior a 3 anos" [artigo 155, n.º 1, al. a)]. Ou seja, a sua noção de "mal importante" é abrangente, pois pode compreender desde logo todos os crimes com pena até 3 anos. E esta noção de mal importante não remete para qualquer parâmetro jurídico. Mas a aceitação da relevância penal de ameaças de actos lícitos é delicada, devendo ser limitada a situações em que o fim prosseguido pelas ameaças seja extraordinariamente grave [o binómio meio fim é relevado pelo artigo 154, n.º 3, al. a)]. A disciplina social baseia-se também na ameaça da imposição de actos lícitos que provocam mal importante: desde a ameaça pública penal ou contra-ordenacional, enquanto instrumento de prevenção geral, passando pela ameaça (também privada) do despedimento com justa causa, despromoção ou outras sanções disciplinares... e todas elas constituem meios de coagir à adopção de determinados comportamentos.

Limitações, restrições e ablações 391

riamente contra os próprios participantes na reunião prejudicada. A coacção parece poder incidir sobre terceiros, desde que exista dolo quanto à interferência na reunião[842]. Imagine-se a situação em que um Governador Civil ou Presidente da Câmara é coagido a proibir uma reunião.

O tipo penal de coacção permite, no n.º 3 do artigo 154, a não punição de algumas acções coactivas típicas[843]. A circunstância de o artigo 15, n.º 1, remeter a sanção do crime de interferência com reunião para este preceito impõe que se admita a sua relevância igualmente.

A al. b) ["Se visar evitar (…) a prática de facto ilícito típico"] poderá excluir a punição da utilização de ameaças contra actos típicos ilícitos de manifestantes, como a entrada ou ocupação de uma propriedade privada (artigos 190, 191 e 215) ou mesmo injúrias e outros crimes de expressão. Já será bem mais difícil aplicá-la em relação a usos efectivos da força por parte dos interferentes fora dos casos de legítima defesa, mas a possibilidade não pode ser descartada. Mas tal não impedirá a sua punição à luz de outros tipos penais que estes actos preencham. Enquanto causas de aplicação específica em relação a este crime, não impedem a sua punição à luz de outro.

Igualmente a al. a) poderá permitir a não punição de ameaças em relação a actos abusivos não típicos de participantes numa reunião, como normalmente é o caso da ocupação de uma faixa de rodagem[844].

Resulta do artigo 15, n.º 2, ("tentando impedir") que os interferentes não necessitam de, por meio da sua acção, levar à dissolução da reunião objecto da sua interferência; basta a mera interferência. Tecnicamente, não se trata de uma tentativa, que deveria ser punida em termos especialmente atenuados, nos termos do artigo 23, n.º 2. Trata-se antes de um crime de mera actividade, não sendo necessário para a sua punição a provocação de qualquer resultado típico.

O tipo penal em causa depende de dolo, não sendo possível o seu preenchimento por meio de mera negligência, visto que o preceito não a prevê (artigo 13 do Código Penal). Mas são configuráveis situações de mero dolo necessário ou eventual, embora se trate de acções que se encon-

---

[842] Também neste sentido, em relação ao crime de coacção, mas exigindo que exista uma relação pessoal da vítima com o terceiro coagido: T. Carvalho, *Artigo 154*, cit., pág. 355.

[843] Qualifica-as como causas de exclusão da ilicitude específicas: T. Carvalho, *Artigo 154*, cit., pág. 359-360.

[844] Sobre a questão da sua tipicidade, vide, *supra*, parág. 7.1.3.3.

392 *Os Direitos de Reunião e de Manifestação no Direito Português*

tram no limite do tipo objectivo e subjectivo. Assim, tendo presente que a coacção pode ser exercida directamente sobre terceiros e apenas ter reflexos indirectos sobre a reunião, imagine-se a situação em que terceiros em relação à reunião se envolvem numa rixa num lugar em que vai passar um desfile, impedindo com dolo necessário ou eventual a sua prossecução.

9.2.2. *O crime de impedimento ilegítimo de uma reunião pelas autoridades*

A proibição ou interrupção ilegítima de uma reunião pode implicar igualmente responsabilidade penal para as autoridades responsáveis.

O crime de impedimento ilegítimo do gozo deste direito consta do artigo 15, n.° 1, da Lei sobre o Direito de Reunião, o citado Decreto-Lei n.° 274/74[845], que remete a sua moldura penal para o artigo 291 do então vigente Código Penal de 1886, que correspondia ao crime de prisão ilegal. Este crime passou a constar do artigo 417 do Código Penal de 1982. Com a reforma de 1995, perdeu autonomia formal, encontrando-se consagrado no artigo 369, n.° 4[846] ("pena de prisão de 1 a 8 anos"). Mas nem por isso deixa de ser aplicável.

Como resulta da letra do artigo 15, n.° 2 ("impeçam"), não é apenas a interrupção (dissolução) que está em causa, mas igualmente a sua proibição preventiva. Ambas se encontram compreendidas por este tipo penal. Pelo contrário, de fora fica a mera limitação de uma reunião, mesmo que

---

[845] "As autoridades que impeçam ou tentem impedir, fora do condicionalismo legal, o livre exercício do direito de reunião incorrerão na pena do artigo 291.° do Código Penal e ficarão sujeitas a procedimento disciplinar".

[846] "Denegação de justiça e prevaricação": "1 – O funcionário que, no âmbito de inquérito processual, processo jurisdicional, por contra-ordenação ou disciplinar, conscientemente e contra direito, promover ou não promover, conduzir, decidir ou não decidir, ou praticar acto no exercício de poderes decorrentes do cargo que exerce, é punido com pena de prisão até 2 anos ou com pena de multa até 120 dias. 2 – Se o facto for praticado com intenção de prejudicar ou beneficiar alguém, o funcionário é punido com pena de prisão até 5 anos. 3 – Se, no caso do n.° 2, resultar privação da liberdade de uma pessoa, o agente é punido com **pena de prisão de 1 a 8 anos. 4 – Na pena prevista no número anterior incorre o funcionário que, sendo para tal competente, ordenar ou executar medida privativa da liberdade de forma ilegal, ou omitir ordená-la ou executá-la nos termos da lei.** 5 – No caso referido no número anterior, se o facto for praticado com negligência grosseira, o agente é punido com pena de prisão até 2 anos ou com pena de multa.".

ilegítima[847]. Mas se tais condições inviabilizarem efectivamente a realização da reunião, na realidade, estar-se-á perante um impedimento tipificado igualmente.

Tal como o tipo penal previsto no artigo 15, n.º 1, igualmente os previstos no artigo 369 do Código Penal constituem crimes específicos em sentido próprio. Isto é, só podem ser cometidos por pessoas dotadas de certas características, ao contrário dos crimes comuns, susceptíveis de ser cometidos por qualquer pessoa. No seu caso, só "funcionários" podem preencher o seu tipo. A noção de funcionário é concretizada pelo artigo 386 do Código Penal em termos bastante amplos: encontram-se compreendidos quer os funcionários públicos, quer simples agentes administrativos, quer qualquer indivíduo que participe no desempenho a qualquer título (mesmo temporário, gratuito e voluntária ou compulsivamente) de funções administrativas ou jurisdicionais, incluindo em pessoas colectivas privadas de utilidade pública. O seu n.º 2 alarga ainda mais o regime, compreendendo todos os indivíduos ao serviço de empresas públicas ou controladas por entidades públicas ou concessionárias, num amplo regime comum.

O artigo 369, n.º 1, exige ainda que o acto seja praticado no "âmbito de inquérito processual, processo jurisdicional, por contra-ordenação ou disciplinar", mas tal elemento do tipo não se aplica ao seu n.º 4. Por maioria de razão, a proibição de prisão ilegal deve aplicar-se se for realizada fora daquelas situações, pois então a ilegalidade será ainda mais grave e é essa circunstância que justifica a imposição da pena prevista no n.º 3 (que se aplica nos casos de prisão ilegal com intenção de prejudicar, mas no âmbito daqueles processos). E, em qualquer caso, porque o artigo 15, n.º 1, da Lei sobre o Direito de Reunião se limita a remeter para **a pena** do artigo 369, n.º 4, é necessário concluir que tal exigência é inaplicável. Basta que esteja em causa uma "autoridade".

Por autoridade deve-se entender qualquer funcionário, no sentido amplo descrito, titular de poderes públicos relevantes para efeitos do direito de reunião. Encontram-se compreendidos não apenas agentes das forças de segurança, mas também órgãos políticos e administrativos com competência na matéria (designadamente, o Governador Civil ou o Presi-

---

[847] Pense-se na imposição de algumas condições, como a proibição de início a determinada hora, da realização da reunião em determinado local, de circular pelas faixas de rodagem, *etc.*, designadamente, nos termos do artigo 6 da Lei sobre o Direito de Reunião, mas sem fundamento bastante.

394 *Os Direitos de Reunião e de Manifestação no Direito Português*

dente da Câmara) e mesmo juízes que julguem acções administrativas em que uma proibição seja impugnada e a mantenham inconstitucionalmente/ /ilegalmente[848]. Do mesmo modo, podem incorrer neste crime quaisquer outros funcionários com competências de autoridade para impedir a participação de subordinados seus numa reunião[849].

A questão do tipo do crime de Denegação de justiça e prevaricação tem suscitado intensos debates, tendo em conta a exigência de que o acto tenha de ser praticado "contra direito" (n.º 1), "de forma ilegal" (n.º 4) ou "fora dos condicionalismos legais", como exige o artigo 15, n.º 1, da Lei sobre o Direito de Reunião. Será de aceitar que apenas incorrerá no crime se tal contradição com o Direito for clara[850]. A mesma conclusão se aplica directamente em relação ao crime estabelecido no artigo 15, n.º 1.

No que diz respeito ao tipo penal subjectivo, o artigo 15, n.º 1, na sua remissão para o artigo 369, n.º 4, depende claramente de dolo. A questão reporta-se à espécie de dolo que exigirá. A remissão para a pena do n.º 4 do artigo 369 poderia levar a questionar se seria necessário que o funcionário agisse "conscientemente", como exige o seu n.º 1, o que parece excluir o dolo eventual[851]. No entanto, o "conscientemente" não consta do artigo 15, n.º 1, ou sequer do n.º 4 do artigo 369, visto que este último tipo prevê um crime autónomo bem mais grave: a prisão ilegal fora de situações de processos previstos no n.º 1. Assim, quer neste último, quer para efeitos do artigo 15, n.º 1, bastará mesmo o dolo eventual.

Resulta da letra do artigo 369, que deixou mesmo de exigir no seu n.º 1 qualquer intenção de prejudicar ou beneficiar terceiro, que não tem de existir qualquer má-fé do funcionário. Isto é, este preenche o tipo penal objectivo, ainda que pratique o acto convencido de que este é conforme com o Direito[852].

---

[848] Já se encontrarão fora do âmbito deste tipo funcionários judiciários que participem num processo penal aberto contra titulares deste direito. Mas encontrar-se-ão sujeitos ao do artigo 369.

[849] Pelo contrário, já não incorrem neste empregadores particulares em relação aos seus trabalhadores.

[850] Neste sentido, após expor as várias teses em confronto: A. Medina de Seiça, *Artigo 369*, em *Comentário Conimbricense do Código Penal – Parte Especial* (dir. J. Figueiredo Dias), Volume III, Coimbra, 2001, pág. 605-627, na pág. 617-618.

[851] Neste sentido: M. Seiça, *Artigo 369*, cit., pág. 619-620 (mas crítico da solução).

[852] Provavelmente, quem sustente que os juízes têm direito de declarar que o preto é branco e que o quadrado é redondo (como Castro Mendes, *Caso julgado, Poder Judicial e Constituição*, em *Revista da Faculdade de Direito de Lisboa*, volume XXVI, 1985, pág. 47-49), entenderá que somente de má-fé poderia um magistrado ser punido.

Limitações, restrições e ablações 395

A sua existência fará apenas agravar a responsabilidade do agente, justificando a determinação de uma pena mais pesada no âmbito da ampla moldura penal de 1 a 8 anos de prisão.

Porque não é necessário qualquer má fé, o dolo não tem de compreender necessariamente o elemento normativo relativo à ilegalidade. Neste caso, a falta de consciência da ilegalidade remete directamente para a clássica questão do erro sobre a ilicitude. Este erro encontra-se sujeito a dois regimes distintos no Código Penal, em função de se considerar que ainda incide sobre o tipo (artigo 16, n.° 1) ou de se reportar directamente à questão da falta de consciência da ilicitude (artigo 17). A distinção realiza-se segundo o critério do carácter axiologicamente neutro ou não da proibição (ou imposição) cuja existência ou termos o agente desconhece. Apenas ficará sujeito ao regime mais favorável do artigo 16, n.° 1, o desconhecimento de normas neutras axiologicamente ou, em certos casos de neocriminalização, com falta de ressonância social. Pelo contrário, o regime do artigo 17 fica reservado para a falta de consciência da ilicitude em relação a normas com conteúdo ético, em relação às quais não é esperar este erro[853-854].

---

[853] Assim, o Supremo Tribunal de Justiça afirmou, seguindo Figueiredo Dias: "o erro da proibição ou sobre a proibição, exclui o dolo em relação a todos aqueles delitos que tenham a sua base em condutas axiologicamente neutras, é dizer, delitos em que a conduta se torna ilícita em função não da sua importância ético-social mas unicamente de uma imposição do legislador, acrescentando: "Também aqui – e a situação verifica-se sobretudo no âmbito do direito penal secundário, em particular no direito penal administrativo, como a jurisprudência portuguesa justamente tem notado – o conhecimento da proibição é razoavelmente indispensável para que a consciência ética do agente se oriente correctamente para o desvalor do ilícito"" (cfr. Sentença de 18 de Dezembro de 1986, processo n.° 048495).

Do mesmo modo, sustentou: "As fraudes para obtenção de subvenções já ganharam ressonância ético-social, de modo a se não falar de erro sobre a proibição" (cfr. Sentença de 8 de Outubro de 1997, processo n.° 97P1157).

Ainda o mesmo Tribunal: "No caso em apreço, estamos em presença do crime de roubo (...) que com a sua prática é posta em causa a liberdade e a integridade física. Tal ilícito atinge valores essenciais e perceptíveis por qualquer ser humano independentemente do seu estrato social e cultural, pelo que não se compreende quanto ao mesmo a alegação de causa de exclusão de culpa e violação do artigo 17 do Código Penal" (Sentença de 19 de Novembro de 1997; processo n.° 97P873).

[854] Neste sentido, o autor material do regime do Código: J. Figueiredo Dias, *O Problema da Consciência da Ilicitude em Direito Penal*, Coimbra, 1969, pág. 376-383. Vide, porém, as críticas ao critério da neutralidade axiológica de Teresa Serra, *Problemática do Erro sobre a Ilicitude*, Coimbra, 1985, pág. 76-79. E, à luz do artigo 369, colocando a

Em suma, o agente só terá de ter dolo que compreenda a consciência da ilegalidade quando esta for neutra axiologicamente. Nestes casos, a falta de tal consciência levará à exclusão do dolo, por erro sobre um elemento normativo do tipo, que se confunde com um erro sobre a proibição (artigo 16, n.° 1 do Código Penal). Estando-se perante violação de uma norma com conteúdo axiológico, será aplicável o artigo 17, não sendo necessário que o dolo compreenda este elemento[855].

Os casos mais frequentes de abusos por parte de autoridades prendem-se com a falta de requisitos para os seus actos, especialmente mandados judiciários. Porque estes actos em si não alteram normalmente a subs-

---

ênfase na distinção entre interpretação e subsunção para justificar uma diferença de regime: M. Seiça, *Artigo 369*, cit., pág. 620-621.

Na realidade, a autonomia dos vários momentos no seio da Interpretação em sentido amplo é correctamente negada pela melhor Doutrina em sede de teoria geral da Interpretação, constituindo meras fases da espiral hermenêutica interpretativa [vide, neste sentido, por exemplo: Arthur Kaufmann, *Dal Giusnaturalismo e dal Positivismo Giuridico all' Ermeneutica*, em *Rivista Internazionale di Filosofia del Diritto*, 1973, volume 50, na pág. 721 – 722; Castanheira Neves, *Interpretação Jurídica,* cit., col. 698; A. Menezes Cordeiro, *Tendências Actuais da Interpretação da Lei: do Juiz-Autómato aos Modelos de Decisão Jurídica*, em *Revista Jurídica*, 1987, pág. 7-15, na pág. 12 e em *Ciência do Direito* (…), cit., pág. 728-730; José Lamego, *Hermenêutica e Jurisprudência – Análise de uma Recepção*, Lisboa, 1990, pág. 185-189 e 277], o que significa que interpretação, subsunção e aplicação devem ficar sujeitas a um único regime jurídico. Neste caso, nem sequer faz sentido distinguir entre a segunda parte do artigo 16, n.° 1 ["elementos (…) de direito"] e a sua parte final ("proibições cujo conhecimento for razoavelmente indispensável para que o agente possa tomar consciência da ilicitude do facto"), visto que o elemento normativo do tipo relativo à ilegalidade remete para uma outra proibição de natureza não penal.

Assim, mesmo a identificação da fonte constitui um momento da Interpretação. Nem mesmo o erro quanto à vigência ou não de uma proibição deve escapar ao critério da neutralidade axiológica. Se a norma tiver forte carga axiológica, qualquer erro quanto à sua revogação não fica sujeito aos termos do artigo 16, n.° 1. Se um indivíduo lê mal o *Diário da República* e vê uma revogação onde esta não existe, tal apenas será relevante nos termos do artigo 16, n.° 1, se a norma for neutra. Se o não for, e, por exemplo, o *Diário da República* contiver um erro, então, o seu erro será não censurável, para efeitos do artigo 17. Caso contrário, um erro desta espécie será inadmissível.

[855] Em relação ao fundamento teórico da distinção, derivada da teoria de Figueiredo Dias da culpa na formação da personalidade, admite-se que constitua uma ficção. Se se aceita que os indivíduos não têm real liberdade para evitar cometer um dado crime por má formação de personalidade, muito menos a terão para formar correctamente a sua personalidade. Mas estes regimes diferenciados têm-se revelado operativos na prática e, tendo consagração legal clara, baseada na sua letra, trabalhos preparatórios e na Jurisprudência, constituem algo incontornável.

tância do acto, seria admissível considerá-los como exigências neutras axiologicamente, cuja violação, em erro sobre a proibição, poderia levar à exclusão do dolo nos termos do artigo 16, n.º 1, desde que substancialmente o acto fosse legítimo; isto é, se encontrassem reunidos os seus pressupostos materiais. Contudo, estão em causa normalmente garantias fundamentais, com ressonância social, o que impede tal visão. Por exemplo, a proibição de entrada em domicílio sem mandado judicial não pode ser considerada como um mero requisito neutro axiologicamente. Já se admite que a necessidade de alguns actos judiciários que não constituam garantias de direitos fundamentais possa ser qualificada como neutra axiologicamente. Mas tal qualificação deverá ser considerada como a excepção e não como a regra.

Por outro lado, a violação clara de critérios substanciais implicará a aplicação do artigo 17, visto que estará praticamente sempre em causa directamente a ablação de direitos e liberdades fundamentais, o que nunca poderá ser considerado como neutro axiologicamente.

Sublinhe-se que o ónus de provar a consciência da ilicitude compete à acusação, tendo em conta que, em relação ao erro sobre a proibição, lhe cabe provar o dolo em relação a todos os elementos do tipo e o legislador entendeu que, neste caso, este erro constituía um elemento do dolo. Mas o mesmo vale para os casos do artigo 17, visto que a consciência da ilicitude é considerada como elemento da culpa[856], indispensável à punição do agente[857].

Nos casos do artigo 17, porque estão em causa normas básicas da coexistência social, apreendidas por qualquer indivíduo desde cedo por meio da sua socialização, a falta de consciência da ilicitude só é relevante

---

[856] Vide a defesa clássica da teoria da culpa em H. Welzel, *Derecho Penal* (...), cit., pág. 172-180; também T. Serra, *Problemática* (...), cit., pág. 58-62; e, pelo contrário, a defesa de uma versão mitigada da teoria do dolo em J. Caetano Duarte, *O Erro no Código Penal*, Lisboa, 1984, pág. 35-43, 80-82 e 93-94.

[857] Assim, o Supremo Tribunal de Justiça, afirmou, embora não em termos cristalinos, primeiro citando o Tribunal recorrido "**que se deu como não provado que eles soubessem que a sua conduta era proibida e punida por lei**" e depois em texto próprio: "Com efeito, embora com dúvidas, e **face ao que consta da matéria de facto (provada e não provada) temos de admitir como válida a ilação de que os arguidos terão actuado sem consciência da ilicitude do facto. Tem-se entendido que é matéria de facto saber se o agente age com erro e sem consciência da ilicitude, mas é matéria de direito a questão de saber se tal erro é ou não censurável**" (cfr. Sentença de 18 de Dezembro de 1986, processo n.º 048495).

398   *Os Direitos de Reunião e de Manifestação no Direito Português*

na exclusão da culpa se o erro não for censurável. Se o erro for censurável, quando muito, o agente poderá ver atenuada a sua pena (artigo 17, n.° 2).

Na apreciação da existência ou não de consciência da ilicitude, bem como do carácter censurável ou não do erro, é necessário ter presente considerações de sinais contrários.

Assim, por um lado, no caso de funcionários dotados de poderes de autoridade, pode existir um fundamento adicional, a apreciar no caso concreto, para admitir inconsciência da ilicitude, e mesmo o seu carácter não censurável, em relação a situações em que a relevância deste erro seria normalmente rejeitada, se estivesse em causa um particular. Estes funcionários estão habituadas a praticar actos sem qualquer consciência da ilicitude que, se fossem praticados por particulares, seriam abertamente criminosos: deter ou prender pessoas, entrar nas suas casas, apreender-lhes objectos, *etc.*. Isso cria alguma insensibilidade ética. O mesmo se diga em relação à interrupção de reuniões. Um particular que interfere violentamente numa reunião, tem normalmente uma clara consciência da ilicitude, não é algo que seja pago legitimamente para fazer com frequência. Pelo contrário, é bem mais fácil para um agente de autoridade que já o fez várias vezes considerar que está a actuar de acordo com o Direito.

Mas estas considerações têm de ser tidas em conta com enorme cautela[858]. Pois, em sentido contrário pesam aspectos relativos à formação jurídica, ao menos básica, destes funcionários, bem como a circunstância de lidarem com estes casos constantemente, sendo muito difícil de admi-

---

[858] A não ser assim, a diferença de tratamento em relação aos simples particulares quanto ao cumprimento do Direito seria avassaladora. Os particulares, mesmo perante uma norma cuja aplicação é controversa, existindo divergência jurisprudencial e doutrinária, mesmo que invoquem esta situação como fundamento para a sua falta de consciência da ilicitude, se a proibição em causa tiver conteúdo axiológico, são normalmente punidos, quando muito esta situação é considerada como fundamento para uma atenuação (artigo 17, n.° 2). A sua falta de consciência da ilicitude será qualificada como uma "má formação moral", "cegueira jurídica" ou "inimizade pelo Direito" punível. Ou seja, o artigo 6 do Código Civil é aplicado sem grandes pruridos. Para o justificar, alega-se que basta uma consciência eventual da ilicitude. Se o particular tiver conhecimento da polémica jurídica, ainda assim, entende-se que deve pautar a sua conduta pelo comportamento mais exigente.

Pelo contrário, um funcionário de justiça, à luz do tipo penal previsto no artigo 369, nem sequer pratica um acto típico se o sentido do Direito sobre a questão for controverso. Se, além disso, ainda pudesse invocar facilmente falta de consciência da ilicitude não censurável estaria aberto o caminho à completa impunidade e à irrelevância dos direitos fundamentais mais básicos perante as autoridades. De nada serve proclamar os direitos solenemente na Constituição, se estes não forem rigorosamente respeitados na prática.

Limitações, restrições e ablações 399

tir que desconheçam o Direito aplicável, mesmo nos seus aspectos básicos e claros, cuja violação constitui crimes elementares. Seria inaceitável, por exemplo, admitir inconsciência da ilicitude em relação a ofensas à integridade física perfeitamente desnecessárias, cruéis ou desproporcionadamente graves[859].

Por outro lado, se a autoridade deparar com protestos de ilicitude da sua conduta, o melhor será ponderar a sua actuação. O desprezo leviano de alegações de ilicitude (tendo em conta que esta deve ser clara) poderá tornar o seu erro censurável, digno de uma mera atenuação ou nem isso.

Poderão os subalternos incorrer neste crime se executarem uma ordem claramente ilegal de interrupção de uma reunião? Em sintonia com a Constituição (artigo 271, n.º 3), o artigo 36, n.º 2, do Código Penal faz cessar o dever de obediência caso a ordem implique a prática de um crime. Logo, se a ordem for criminosa, o subalterno pode legitimamente desobedecer. Por outro lado, o artigo 31, n.º 2, al. c), do Código Penal apenas admite como causa de justificação uma ordem legítima[860]. O que não sig-

---

[859] Assim, o Supremo Tribunal de Justiça, na exemplar sentença já citada, relativo a uma acusação de sequestro contra agentes da Polícia Judiciária que levaram, com recurso a agressões, para a sede desta, um indivíduo para obter informações deste contra outro: "Pelas razões anteriormente expostas, entendemos que no caso dos autos, mesmo admitindo, com alguma relutância, que os arguidos actuaram sem consciência da ilicitude, eles merecem ser censurados pelo erro. Não se trata de cidadãos vulgares, sem preparação jurídica, mas de pessoas que exercem funções policiais de investigação criminal, **a quem é exigível o dever de conhecerem as leis e as normas que presidem ao exercício dessas funções**, em particular as que dizem respeito à liberdade das pessoas, não a violando sem adequada justificação, para mais recorrendo ao emprego da força física, claramente desproporcionada à prossecução do fim legítimo que tinham em vista." (cfr. Sentença de 18 de Dezembro de 1986, processo n.º 048495). Os arguidos seriam condenados pelo crime de sequestro, embora com uma pena de seis meses, suspensa, pois o Tribunal atenuou especialmente a pena, nos termos do artigo 17, n.º 2.

[860] Este artigo 31, n.º 2, al. c), parece implicar uma contradição, pois sugere que existem ordens legítimas que implicam a prática de actos típicos. Na realidade, o que se pretende transmitir é que o Estado se encontra dotado de um poder de, com base em actos judiciais, desrespeitar licitamente direitos cujo incumprimento por particulares implicaria a prática de um crime. Pense-se no mandado de busca, de detenção ou na autorização a realizar escutas de comunicações: implicam violação dos direitos à inviolabilidade do domicílio, das comunicações e à liberdade; ou da decisão que decrete a prisão preventiva ou a sentença condenatória em prisão efectiva.

Mas, em rigor, não se está perante causas de justificação, mas de actos que criam excepções ao respeito destes direitos com base em permissões constitucionais e legais nesse sentido, como resulta dos artigos 27, n.º 2 e n.º 3, ou 34, n.º 2, n.º 3 e n.º 4, CRP. Ou seja, os tipos penais que punem estes actos devem ser considerados como inaplicáveis

nifica que uma ordem ilegítima (mesmo criminosa) não possa constituir fundamento para uma falta de consciência da ilicitude não censurável nos termos do artigo 17, n.° 1, do Código Penal. É que uma coisa é o dever de obediência cessar, outra é a ordem, mesmo ilegítima, ser irrelevante para desculpar um crime, caso seja obedecida.

Finalmente, cabe questionar se a remissão do artigo 15, n.° 1, para a pena prevista no artigo 369, n.° 4, do Código Penal compreende igualmente uma remissão para o seu n.° 5, que pune igualmente a negligência grosseira. Tendo presente que a remissão era feita globalmente para o artigo 291 do Código Penal de 1886[861] e este também punia a negligência, não obstante se falar na "pena" prevista no singular, pensa-se que o impedimento ilegal de uma reunião também pode ser punido se tiver sido realizada com negligência grosseira.

A punição pode ser relevante, designadamente, em situações de erro que exclua o dolo, sem impedir a punição a título de negligência, como será o caso do erro sobre a proibição (neutra axiologicamente), mas igualmente em situações de erro sobre um elemento factual. Imagine-se o comandante que manda interromper uma reunião de duas que se estavam a realizar, enganando-se ao transmitir a ordem sobre qual deve ser interrompida, o que leva à interrupção de uma reunião perfeitamente legítima. Ou, na mesma situação, do subalterno que percebe mal a ordem e, negligentemente, não a decide confirmar.

---

aos desrespeitos por parte do Estado baseados em decisões judiciais. Ora, como os tribunais são igualmente órgãos do Estado, isso significa que estes direitos são inoponíveis ao Estado quando se verifiquem, designadamente, determinados indícios de prática de um crime, e tal seja confirmado e assim decidido por um destes órgãos judiciais. Em qualquer caso, para excluir qualquer possibilidade de dúvida, o legislador decidiu incluir as ordens legítimas como causas de justificação.

[861] Artigo 291, n.° 5, parág. 2 do Código Penal de 1886: "Se o juiz deixar de dar, no prazo legal, ao preso à sua ordem o conhecimento de que trata o n.° 5.° deste artigo [motivos da prisão], sòmente por negligência, incorrerá na pena de censura, salva a indemnização do prejuízo que por esta negligência possa ter causado".

Bibliografia

AA.VV – *La Seguridad Pública Como Derecho Humano* – Quinto certamen de ensayo sobre derechos humanos, México, 2002.

ABREU, J. Coutinho de – *Sobre os Regulamentos Administrativos e o Princípio da Legalidade*, Coimbra, 1987.

ALEGRE, Carlos – *Acesso ao Direito e aos Tribunais*, Coimbra, 1989.

ALEXANDRINO, J. Melo – *Estatuto Constitucional da Actividade de Televisão*, Coimbra, 1998.

ALEXY, Robert – *A Theory of Constitutional Rights* (trad. ed. alemã), Oxford, 2004 (reed. 2002).

AMARAL, D. Freitas do – *Direito Administrativo*, Volume III, Lisboa (policopiado), 1985.
  – *A Constituição e as Forças Armadas*, em *Portugal: O Sistema Político e Constitucional – 1974/87* (coord. B. Coelho), Lisboa, 1989, págs. 647-661.
  – *Curso de Direito Administrativo*, Volume I, 2.ª ed., Coimbra, 1994.
  – *Curso de Direito Administrativo*, Volume II, Coimbra, 2003 (reimp. ed. 2001).

AMARAL, Freitas do/Rui MEDEIROS, *Responsabilidade Civil do Estado por Omissão de Medidas Legislativas – O Caso Aquaparque*, Revista de Direito e de Estudos Sociais, ano XLI, Agosto – Dezembro, 2000, n.º 3-4, págs. 299-383.

AMATO, Giuliano – *Individuo e Autorità nella Disciplina della Libertà Personale*, Milano, 1976.

ANDRADE, J. Robin de – *A Revogação dos Actos Administrativos*, 2.ª ed., Coimbra, 1985.

ANDRADE, J. Vieira de – *Os Direitos Fundamentais na Constituição Portuguesa de 1976*, 3.ª ed., Coimbra, 2004.
  – *O Dever da Fundamentação Expressa de Actos Administrativos*, Coimbra, 1992.

ANDRADE, Manuel de – *Teoria Geral da Relação Jurídica*, Volume II, Coimbra, 1960.
  – *Ensaio sobre a Teoria da Interpretação das Leis*, 2.ª ed., Coimbra, 1963.

ANDRADE, M. Costa – *Consentimento e Acordo em Direito Penal*, Coimbra, 1991.
  – *Liberdade de Imprensa e Inviolabilidade Pessoal – Uma Perspectiva Jurídico-Criminal*, Coimbra, 1996.

ANTONELLI, Sergio – *Le Immunità Del Presidente Della Repubblica*, Milano, 1968.

ANTUNES, Maria João – *Artigo 240.º*, em *Comentário conimbricense do código penal* (dir. J. Figueiredo Dias), Coimbra, 1999, pág. 574-578.

ARAÚJO, António – *Direitos e Deveres dos Cidadãos perante a Defesa Nacional*, em C. Blanco de Morais/A. Araújo/A. Leitão, *O Direito da Defesa Nacional e das Forças Armadas*, Lisboa, 2000, pág. 241-350.
  – *A Nação e os seus Símbolos*, O Direito, ano 133, 2001, n.º 1, pág. 197-224.

ASCENSÃO, J. Oliveira – *As Relações Jurídicas Reais*, Lisboa, 1962.

402 Os Direitos de Reunião e de Manifestação no Direito Português

– *O Direito – Introdução e Teoria Geral*, 11.ª ed., Coimbra, 2001.

– *A Reserva da Intimidade da Vida Privada e Familiar*, em *Revista da Faculdade de Direito da Universidade de Lisboa*, Volume XLIII, n.° 1, 2002, pág. 9-25.

BACHOF, Otto – *Nuevas reflexiones sobre la jurisdicción constitucional entre derecho y política*, *Boletín Mexicano de Derecho Comparado*, Nueva Serie Año XIX, Número 57, Septiembre-Diciembre 1986, págs. 837-852.

BALDASSARRE, Antonio – *Iniziativa economica privata*, em *Enciclopédia del Diritto*, Volume XXI, Milano, 1971, pág.582 e segs..

BAPTISTA, E. Correia – Ius Cogens *em Direito Internacional*, Lisboa, 1997.

– *Direito Internacional Público*, Volume I, Lisboa, 1998; e Volume II, Coimbra, 2004.

– *Os Limites Materiais e a Revisão de 1989*, em *Perspectivas Constitucionais – Nos 20 anos da Constituição de 1976* (ed. J. Miranda), Volume III, Coimbra, 1998, pág. 67-115.

– *A Nova Tipologia dos Conflitos Internacionais – O uso da força contra grupos armados e os conflitos no Afeganistão e no Iraque*, em *Revista da Faculdade de Direito da Universidade de Lisboa*, Volume XLIV, n.° 1-2, 2003, pág. 533-580.

BARILE, Paolo – *Libertà di Manifestazione del Pensiero*, ED, Volume XXIV, Milano, 1974, pág. 424 e segs..

BARROSO, Ivo M. – *A Consagração das Liberdades de Reunião e de Associação na Constituição Portuguesa de 1838*, em *Estudos em Homenagem ao Prof. Doutor Joaquim Moreira da Silva Cunha*, Coimbra, 2005, pág. 367-416.

– *A Ausência Geral de Positivação das Liberdades de Reunião e de Associação no Direito Português, entre 1820 e 1870*, em *Estudos em Memória do Professor Doutor António Marques dos Santos* (coord. J. Miranda/L. Pinheiro/M. Vicente), Volume II, Coimbra, 2005, pág. 173-202.

BARROSO, Luís R. – *Constituição da República Federativa do Brasil*, S. Paulo, 4.ª ed., 2003.

BASTOS, C. Ribeiro – *Curso de Direito Constitucional*, 20.° ed., São Paulo, 1999.

BATTIS, Ulrich/Klaus GRIGOLEIT – *Neue Herausforderungen für das Versammlungsrecht*, *Neue Zeitschrift für Verwaltungsrecht*, 2001, Heft 2, pág. 121-129.

– *Rechtsextremistische Demonstrationen und öffentliche Ordnung – Roma locuta?*, *Neue Juristische Wochenschrift*, 2004, heft 48, pág. 3459-3462.

BEHMENBURG, Ben – *Polizeiliche Maßnahmen bei der Anfahrt zur Versammlung*, *Landes- und Kommunalverwaltung*, 2003, heft 11, pág. 500-504.

BENDRATH, Ralf – *Von "Freiheit stirbt mit Sicherheit" zu "Keine Freiheit ohne Sicherheit"? Über die Umwertung des Staates und das "Grundrecht auf Sicherheit"*, texto notas 19-22 (em *Antimilitarismus Information*, 27. Jg., Heft 12, Dezember 1997, pág. 11-20, disponível em http://userpage.fu-berlin.de/~bendrath/sicher.rtf).

BETHG, Herbert – *Grundpflichten als verfassungsrechtliche Dimension*, *Neue Juristische Wochenschrift*, 1982, Heft 39, pág. 2145-2150.

BETTI, Emilio – *Teoria Generale delle Obbligazione*, Volume I (Prolegomeni), Milano, 1953.

BIELEFELDT, Heiner – *Freiheit und Sicherheit im demokratischen Rechtsstaat*, Berlin, 2004.

BORRELLO, Roberto – *Riunione (diritto di)*, *Enciclopedia del Diritto*, Volume XL, Milano, 1989, pág. 1401-1439.

Bibliografia

BOUTMY, Emile – *La Declaración de los Derechos del Hombre y del Ciudadano y M. Jellinek*, em G. Jellinek, *La Declaración de los Derechos del Hombre y del Ciudadano* (trad. 2.ª ed. alemã de 1904), 2.ª ed., México, 2003, pág. 143-172.

BRABYN, Janice – *The Fundamental Freedom of Assembly and Part III of the Public Order Ordinance*, em *Hong Kong Law Journal*, Volume 32, 2002, pág. 271-312.

BRITO, Wladimir – *O Poder Judicial*, em *Boletim da Faculdade de Direito*, Volume LXXX, 2004, pág. 231-270, na pág. 252-253.

BROHM, Winfried – *Die Funktion des BVerfG – Oligarchie in der Demokratie*, *Neue Juristische Wochenschrift*, 2001, heft 1, págs. 1-10.

BRUGGER, Winfried – *The Treatment of Hate Speech in German Constitutional Law (Part I)*, *German Law Journal*, Volume 3, No. 12, 2002.
– *The Treatment of Hate Speech in German Constitutional Law (Part II)*, *German Law Journal*, Volume 4, No. 1, 2003.

CAEIRO, Pedro – *Artigo 332*, em *Comentário Conimbricense do Código Penal – Parte Especial* (dir. J. Figueiredo Dias), Volume III, Coimbra, 2001, pág. 251-257.

CAETANO, Marcello – *Manual de Ciência Política e Direito Constitucional*, 5.ª ed., Lisboa, 1967.
– *Manual de Direito Administrativo*, 10.ª ed., Vol. I, Coimbra, 1984.

CALLIESS, Christian – *Sicherheit im freiheitlichen Rechtsstaat – Eine verfassungsrechtliche Gratwanderung mit staatstheoretischem Kompass*, *Zeitschrift für Rechtspolitik*, 2002, Heft 1, pág. 1-7.

CANARIS, Claus-Wilhelm – *Direitos Fundamentais e Direito Privado* (trad. ed. alemã), Coimbra, 2003.

CANAS, Vitalino – *O princípio da proibição do excesso na Constituição*, em *Perspectivas Constitucionais – Nos 20 anos da Constituição de 1976* (ed. J. Miranda), Volume II, Coimbra, 1997, págs. 323-357.

CANOTILHO, J. Gomes – *A Concretização da Constituição pelo Legislador e pelo Tribunal Constitucional*, em *Nos Dez Anos da Constituição* (org. J. Miranda), Lisboa, 1987, págs. 345-372.
– *Direito Constitucional e Teoria da Constituição*, 7.ª ed., Coimbra, 2004.
– *Métodos de Protecção de Direitos, Liberdades e Garantias*, em *Estudos sobre os Direitos Fundamentais*, Coimbra, 2004, pág. 137-159.
– *Dogmática de Direitos Fundamentais e Direito Privado*, em *Estudos sobre os Direitos Fundamentais*, Coimbra, 2004, págs. 191-215.

CANOTILHO, J. Gomes/Vital MOREIRA – *Fundamentos da Constituição*, Coimbra, 1991.
– *Constituição da República Portuguesa Anotada*, 3.ª ed., Coimbra, 1993.

CARETTI, Paolo – *Libertà Personale*, *Digesto delle Discipline Pubblicistiche*, Volume IX, Torino, 1994, pág. 231-253.

CARVALHO, A. Taipa de – *Artigo 29*, em Jorge Miranda/Rui Medeiros, *Constituição Portuguesa Anotada*, Tomo I, Coimbra, 2005, pág. 323-331.
– *Artigo 154*, em *Comentário Conimbricense do Código Penal – Parte Especial* (dir. J. Figueiredo Dias), Volume I, Coimbra, 1999, pág. 352-369.
– *Artigo 302* e *Artigo 303* em *Comentário Conimbricense do Código Penal – Parte Especial* (dir. J. Figueiredo Dias), Volume II, Coimbra, 1999, pág. 1188-1204.

CARVALHO, K. Gonçalves – *Direito Constitucional Didático*, 6.ª ed., Belo Horizonte, 1999.

CASILLY, Lisa/Clare Draper, *Privacy in the Workplace*, Silver Spring, 2002.

404 Os Direitos de Reunião e de Manifestação no Direito Português

CAUPERS, João – *Os Direitos Fundamentais dos Trabalhadores e a Constituição*, Lisboa, 1985.

CENZANO, J. C. Bartolomé – *Derechos Fundamentales Y Libertades Públicas*, Valencia, 2003.

CHESSA, Omar – *Libertà Fondamentali e Teoria Costituzionale*, Milano, 2002.

CHOMSKY, Noam – *His Right to Say It* (em *The Nation*, February 28, 1981; texto em http://www.chomsky.info/articles/19810228.htm).

CLAYTON, Gina – *Reclaiming Public Ground: The Right to Peaceful Assembly*, *Modern Law Review*, Vol. 63, 2000, pág. 252-260.

COELLN, Christian – *Die eingeschränkte Polizeifestigkeit nicht-öffentlicher Versammlungen*, *Neue Zeitschrift für Verwaltungsrecht*, 2001, Heft 11, 1234-1239.

COLAÇO, A. Bernardo – *Podem As Associações Militares Convocar Manifestações?* (texto em http://www.apracas.pt/home/menu/noticias/antonio_bernardo_colaco_19set05.htm).

COMISSÃO NACIONAL DE ELEIÇÕES – *Dicionário de Legislação Eleitoral*, Volume I, Lisboa, 1995.

CORDEIRO, A. Menezes – *Direitos Reais*, Volume II, Lisboa, 1979.
– *Tendências Actuais da Interpretação da Lei: do Juiz-Autómato aos Modelos de Decisão Jurídica*, em *Revista Jurídica*, 1987, pág. 7-15.
– *Ciência do Direito e Metodologia Jurídica nos Finais do Século XX*, em *Revista da Ordem dos Advogados*, ano 48, 1988, pág. 679 e segs.
– *Manual de Direito do Trabalho*, Coimbra, 1991.
– *Da Boa Fé no Direito Civil*, Reed., Coimbra, 1997.
– *Tratado de Direito Civil Português*, I, Tomo III, Coimbra, 2004.

CÓRDOVA, L. Castillo – *Existen los llamados conflictos entre derechos fundamentales?*, em *Cuestiones Constitucionales*, n.° 12, 2005, págs. 99-129.

CORREIA, F. Alves – *Manual de Direito do Urbanismo*, 2.ª ed., 2004, Coimbra.

CORREIA, J. Sérvulo – *Legalidade e Autonomia Contratual nos Contratos Administrativos*, Coimbra, 1987.
– *Direitos Fundamentais – Sumários*, Lisboa, 2002.

COSTA, J. Faria da – *Artigo 187*, em *Comentário Conimbricense do Código Penal – Parte Especial* (dir. J. Figueiredo Dias), Volume I, Coimbra, 1999, pág. 675-685.

COSTA, Paulo – *A participação dos portugueses não residentes e dos estrangeiros residentes nas eleições portuguesas*, Documentação e Direito Comparado, n.° 81/82, 2000, págs. 180-216.

DEGER, Johannes – *Sind Chaos-Tage und Techno-Paraden Versammlungen?*, Neue Juristische Wochenschrift, 1997, Heft 14, pág. 923-925.
– *Polizeirechtliche Maßnahmen bei Versammlungen*, Neue Zeitschrift für Verwaltungsrecht, 1999, heft 3, págs. 265-268.

DEUTELMOSER, Anna – *Angst vor den Folgen eines weiten Versammlungsbegriffs?*, Neue Zeitschrift für Verwaltungsrecht, 1999, Heft 3, pág. 240-244.

DIAS, J. Figueiredo – *O Problema da Consciência da Ilicitude em Direito Penal*, Coimbra, 1969.
– *Direito Penal – Parte Geral*, tomo I, Coimbra, 2004.

DÍEZ-PICAZO, Luís – *Sistema de Derechos Fundamentales*, Madrid, 2003.

DORF, Michael C. – *Incidental Burdens On Fundamental Rights*, Harvard Law Review, Volume 109, 1996, págs. 1175-1251.

DUARTE, David – *Procedimentalização, Participação e Fundamentação*, Coimbra, 1996.
– *Os argumentos da interdefinibilidade dos modos deônticos em Alf Ross*, em *Revista da Faculdade de Direito da Universidade de Lisboa*, Volume XLIII, n.° 1, 2002, pág. 257-282.
– *A Norma de Legalidade Procedimental Administrativa*, Coimbra, 2006.
DUARTE, J. Caetano – *O Erro no Código Penal*, Lisboa, 1984.
DUARTE, M. Luísa – *A Discricionariedade Administrativa e os Conceitos Jurídicos Indeterminados, Boletim do Ministério da Justiça*, n.° 370, 1987, págs. 35-74.
DUFFAR, Jean – *Les Libertés Collectives*, em *Le Grand Oral: Protection des Libertés et Droits Fondamentaux*, Paris, 2003.
DUGUIT, León – *Soberanía y Libertad* (trad.), Madrid, 1924.
DUTTGE, Gunnar – *Freiheit für alle oder allgemeine Handlungsfreiheit, Neue Juristische Wochenschrift*, 1997, Heft 50, págs. 3353-3355.
DWORKIN, Ronald – *The Model of Rules I*, em *Taking Rights Seriously*, 5.ª ed. (reimp.), London, 1987, págs. 14-45.
– *The Model of Rules II*, em *Taking* (…), cit., págs. 46-80.
– *Hard Cases*, em *Taking* (…), cit., págs. 81-130.
– *Is There Really No Right Answer in Hard Cases?* em *A Matter of Principle*, Oxford, 1986, págs. 119-145.
– *Law's Empire*, Cambridge (Massachusetts)/London, 1986.
EBERT, Frank – *Versammlungsrechtliche Schein – und Mehrfachanmeldungen, Landes – und Kommunalverwaltung*, 2001, heft 2, pág. 60-62.
ESCHENBACH, Jürgen/Frank NIEBAUM, *Von der mittelbaren Drittwirkung unmittelbar zur staatlichen Bevormundung, Neue Zeitschrift für Verwaltungsrecht*, 1994, Heft 11, pág. 1079-1082.
ESTEVES, Assunção – *A Constitucionalização do Direito de Resistência*, Lisboa, 1989.
ESTORNINHO, Maria João – *Requiem pelo Contrato Administrativo*, Coimbra, 1990.
EURÍPIDES, *The Suppliants*, 422 A.C. (texto disponível, designadamente, em http://classics.mit.edu/Euripides/suppliants.html).
FARRIOR, Stephanie – *Molding The Matrix: The Historical and Theoretical Foundations of International Law Concerning Hate Speech*, em *Berkeley Journal of International Law*, Volume 14, 1996, pág. 3-98.
FERNANDES, F. Liberal – *As Forças Armadas e a PSP perante a liberdade sindical*, em *Estudos em homenagem ao Prof. Doutor A. Ferrer-Correia*, Coimbra, 1991, Volume III, págs. 911-1006.
– *Da Liberdade Sindical nas Forças Armadas*, em *Questões Laborais*, Ano II, n.° 4, 1995, pág. 1-13.
– *O direito de reunião no local de trabalho dos trabalhadores das empresas concessionárias*, em *Questões Laborais*, Ano II, n.° 5, 1995, pág. 65-75.
FERNANDES, Plácido C. – *Direito Fundamental de Manifestação – Ausência de limitação horária – Interpretação conforme à Constituição dos arts. 4.° e 15.°, n.° 3, do Dec.--Lei n.° 406/74, de 29 de Agosto*, em *Revista do Ministério Público*, 2004, n.° 98, pág. 165-171.
FERREIRA, Cavaleiro de – *Lições de Direito Penal*, Lisboa, 1987.
FESTAS, David – *O direito à reserva da intimidade da vida privada do trabalhador no código do trabalho, Revista da Ordem dos Advogados*, Ano 64, Novembro 2004.

406   *Os Direitos de Reunião e de Manifestação no Direito Português*

FIKENTSCHER, Wolfgang/Thomas MÖLLERS, *Die (negative) Informationsfreiheit als Grenze von Werbung und Kunstdarbietung*, Neue Juristische Wochenschrift, heft 19, pág. 1337-1344.

FILHO, W. Guerra – *Notas em torno ao princípio da proporcionalidade*, em *Perspectivas Constitucionais – Nos 20 anos da Constituição de 1976* (ed. J. Miranda), Volume I, Coimbra, 1996, págs. 249-261.

FOLQUE, André – *A Tutela Administrativa nas Relações entre o Estado e os Municípios*, Coimbra, 2004.

FORDHAM, Benjamin – *The Politics of Threat Perception and the Use of Force: A Political Economy Model of U.S. Uses of Force, 1949-1994*, International Studies Quarterly, 42, 1998, pág. 567–590.

FOSTER, Steve – *Freedom of speech and breach of the peace*, em *New Law Journal*, Volume 149, No 6905, 24 September 1999, pág. 1398.

FOX, Gregory/Georg NOLTE, *Intolerant Democracies*, em *Harvard International Law Journal*, Volume 36, 1995, pág. 1 e segs..

FRAIÃO, Carlos – *Sobre a Interpretação do Artigo 27.° da "Lei Sindical"*, em *Questões Laborais*, Ano II, n.° 6, 1995, pág. 139-158.

FROWEIN, Jochen Abr. – *Die Versammlungsfreiheit vor dem Bundesverfassungsgericht*, Neue Juristische Wochenschrift, 1985, Heft 40, pág. 2376-2378.

GARÇÃO, A. Augusto – *Legislação Anotada da República*, Vol. I-II, Porto, sem data.

GARCIA, António D. – *A Autorização Administrativa*, em *Boletim do Ministério da Justiça*, Volume 425, 1993, pág. 4-82.

GASPARINI, Diogenes – *Direito Administrativo*, 8.ª edição, S. Paulo, 2003.

GOERLICH, Helmut – *Schutzpflicht – Grundrechte – Verfahrensschutz*, Neue Juristische Wochenschrift, 1981, heft 48, pág. 2616-2617.

GOMES, J. Osvaldo – *Fundamentação do Acto Administrativo*, 2.ª ed., Coimbra, 1981.

GOMES, N. Sá – *Notas Sobre a Função e Regime Jurídico das Pessoas Colectivas Públicas de Direito Privado*, Lisboa, 1987.

GÖTZ, Volkmar – *Polizeiliche Bildaufnahmen von öffentlichen Versammlungen – Zu den Neuregelungen in §§ 12a, 19a VersammlG*, Neue Zeitschrift für Verwaltungsrecht, 1990, heft 2, págs. 112-116.

GOUVEIA, J. Bacelar – *Os Direitos Fundamentais Atípicos*, Lisboa, 1995.

– *O Estado de Excepção no Direito Constitucional*, Volume II, Lisboa, 1998.

GRIMM, Dieter – *Die Meinungsfreiheit in der Rechtsprechung des – Bundesverfassungsgerichts*, Neue Juristische Wochenschrift, 1995, heft 27, págs. 1697-1705.

GUSY, Christoph – *Freiheitsentziehung und Grundgesetz*, Neue Juristische Wochenschrift, 1992, heft 8, 457-463.

GUTIERREZ, Ignácio – *Criterios de eficacia de los derechos fundamentales en las relaciones entre particulares*, Teoría y Realidad Constitucional, n.° 3, 1999, págs. 193-211.

HÄBERLE, Peter – *El Estado Constitucional* (trad. ed. alemã), 1.ª reimp., México, 2003.

– *Conversaciones Académicas con Peter Häberle* (org. Diego Valadés), México, 2006.

– *Verdad y Estado Constitucional* (trad. ed. alemã), México, 2006.

HAILBRONNER, Kay – *Ausländerrecht und Verfassung*, Neue Juristische Wochenschrift, 1983, heft 38, págs. 2105-2113.

HAMILTON, Alexander – *Federalist* No. 84, em *The Federalist Papers*, 1787.

HAMILTON, M./N. JARMAN/D. BRYAN, *Parades, Protests and Policing – A Human Rights Framework*, Belfast, 2001.

HART, Joseph H. – *Free Speech on Private Property – When Fundamental Rights Collide, Texas Law Review*, Volume 68, 1990, pág. 1469-1480.

HERMES, Georg – *Grundrechtsschutz durch Privatrecht auf neuer Grundlage – Schutzpflicht und mittelbarer Drittwirkung, Neue Juristische Wochenschrift*, 1990, heft 29, págs. 1764-1768.

HOBBES, Thomas – *Leviathan*, 1651.

HOFFMANN-RIEM, Wolfgang – *Neuere Rechtsprechung des BVerfG zur Versammlungsfreiheit, Neue Zeitschrift für Verwaltungsrecht*, 2002, Heft 3, pág. 257-265.

— *Demonstrationsfreiheit auch für Rechtsextremisten?* – *Grundsatzüberlegungen zum Gebot rechtsstaatlicher Toleranz, Neue Juristische Wochenschrift*, 2004, Heft 39, pág. 2777-2782.

HÖLLEIN, Hans-Joachim – *Das Verbot rechtsextremistischer Veranstaltungen, Neue Zeitschrift für Verwaltungsrecht*, 1994, Heft 7, pág. 635-642.

HOLLOWAY, William/Michael LEECH, *Employment Termination: Rights and Remedies*, 2nd ed., BNA, 1993.

HUMAN Rights Watch – *Informe Anual*, New York, 2001.

— *Informe Anual*, New York, 2002.

— *Turkey: Continuing Restrictions on Freedom of Assembly*, 2004 (texto em http://www.hrw.org/english/docs/2004/04/27/turkey8498.htm).

ISENSEE, Josef – *Das Grundrecht als Abwehrrecht und als staatliche Schutzpflicht*, em *Handbuch des Staatsrechts der Bundesrepublik Deutschland* (hrsg. J. Isensee/P. Kirchhof), 2. Auflage, Band V, Heidelberg, 2000, pág. 143-241.

JARASS, Hans D. – *Das allgemeine Persönlichkeitsrecht im Grundgesetz, Neue Juristische Wochenschrift*, 1989, Heft 14, págs. 857-862.

JELLINEK, Georg – *La Declaración de los Derechos del Hombre y del Ciudadano* (trad. 2.ª ed. alemã de 1904), 2.ª ed., México, 2003

JESUS, Damásio De – *Direito Penal – Parte Geral*, Volume I, 21.ª edição, S. Paulo, 1998.

JONES, Jeremy – *Holocaust Denial – "Clear And Present" Racial Vilification, Australian Journal of Human Rights*, 1994, n.º 1.

JOSEPH, S./J. SCHULTZ/M. CASTAN, *The International Covenant on Civil and Political Rights*, 2nd ed., Oxford, 2004.

KAMINER, M. Ilene – *How Broad Is The Fundamental Right To Privacy And Personal Autonomy?, American University Journal of Gender, Social Policy & the Law*, Volume 9, 2001, pág. 395-421.

KANTHER, Wilhelm – *Zur „Infrastruktur" von Versammlungen- vom Imbissstand bis zum Toilettenwagen, Neue Zeitschrift für Verwaltungsrecht*, 2001, heft 11, págs. 1239--1243.

KAUFMANN, Arthur – *Dal Giusnaturalismo e dal Positivismo Giuridico all' Ermeneutica*, em *Rivista Internazionale di Filosofia del Diritto*, 1973, volume 50, pág. 712 e segs..

KELSEN, Hans – *Teoria Pura do Direito* (trad. ed. austríaca), 6.ª ed., São Paulo, 1999.

— *La Garantía Jurisdiccional De La Constitución* (trad.), México, 2001.

— *Introducción a la Teoría Pura del Derecho* (trad.), 3.ª ed., 1.ª reimp., México, 2002.

KLEIN, Eckart – *Grundrechtliche Schutzpflicht des Staates, Neue Juristische Wochenschrift*, 1989, heft 27, págs. 1633-1640.

408 *Os Direitos de Reunião e de Manifestação no Direito Português*

KLOEPFER, Michael – *Versammlungsfreiheit*, em *Handbuch des Staatsrechts der Bundesrepublik Deutschland* (hrsg. J. Isensee/P. Kirchhof), 2. Auflage, Band VI, Heidelberg, 2001, pág. 739-774.

KLUG, Francesca/Keir STARMER/Stuart WEIR, *The Three Pillars of Liberty: Political Rights and Freedoms in the United Kingdom*, Routledge, 1996.

KNIESEL, Michael – *Die Versammlungs – und Demonstrationsfreiheit – Verfassungsrechtliche Grundlagen und versammlungsgesetzliche Konkretisierung*, Neue Juristische Wochenschrift, 1992, Heft 14, págs. 857-867.

KNIESEL, Michael/Ralf POSCHER, *Die Entwicklung des Versammlungsrechts 2000 bis 2003*, Neue Juristische Wochenschrift, 2004, heft 7, págs. 422-429.

KONVITZ, Milton R. – *Fundamental Liberties of a Free People: Religion, Speech, Press, Assembly*, Transaction, 2002.

KOPP, Ferdinand – *Grundrechtliche Schutz- und Förderungspflichten der öffentlichen Hand*, Neue Juristische Wochenschrift, 1994, heft 28, págs. 1753-1757.

KÜHL, Kristian – *Demonstrationsfreiheit und Demonstrationsstrafrecht*, Neue Juristische Wochenschrift, 1985, Heft 40, pág. 2379-2384.

KUMM, Mattias – *Constitutional rights as principles: On the structure and domain of constitutional justice*, International Journal of Constitutional Law, Volume 2, No. 3, 2004, págs. 574-596.

LAMEGO, José – *Hermenêutica e Jurisprudência – Análise de uma Recepção*, Lisboa, 1990.

LAWLER, James – *Private Sidewalk Is a Public Forum*, Planning, January 2005, pág. 42.

LEAL-HENRIQUES, M. OLIVEIRA/M. SIMAS SANTOS, *Código Penal Anotado*, 3.ª ed., Volume II, Lisboa, 2000.

LECLERCQ, Claude – *Libertes Publiques*, 5.ª ed., Paris, 2003.

LEIST, Wolfgang – *Zur Rechtmäßigkeit typischer Auflagen bei rechtsextremistischen Demonstrationen*, Neue Zeitschrift für Verwaltungsrecht, 2003, heft 11, pág. 1300-1304.

LEITÃO, Alexandra – *A Administração Militar*, em C. Blanco de Morais/A. Araújo/A. Leitão, *O Direito da Defesa Nacional e das Forças Armadas*, Lisboa, 2000, pág. 439-527.

LEPSIUS, Oliver – *Liberty, Security, and Terrorism: The Legal Position in Germany*, em German Law Journal, Volume 5, No. 5, 2004, pág. 435-460.

LIMA, Pires de/Antunes VARELA, *Código Civil Anotado*, volume I, 4.ª ed., Coimbra, 1987.

LUÑO, A. Perez – *Derechos Humanos, Estado de Derecho y Constitución*, 8.ª ed., Madrid, 2003.

MACHADO, Jónatas – *Liberdade de Expressão – Dimensões Constitucionais da Esfera Pública no Sistema Social*, Coimbra, 2002.

MAHONEY, Kathleen – *Hate Vilification Legislation And Freedom Of Expression – Where Is The Balance?*, Australian Journal of Human Rights, 1994, n.º 1.

MARTIN, René (dir.) – *Dicionário Cultural da Mitologia Greco-Romana* (trad. ed. francesa), Lisboa, 1995.

MARTINS, Ana G. – *Direito Internacional dos Direitos Humanos*, Coimbra, 2006.

MARTINEZ, P. Romano – *Direito do Trabalho*, Coimbra, 2002.

MARTINEZ, P. R./MONTEIRO/VASCONCELOS/BRITO/DRAY/SILVA, *Código do Trabalho Anotado*, Reimp. 2.ª ed., Coimbra, 2004.

MARTINEZ, P. Soares – *Comentários à Constituição Portuguesa de 1976*, Lisboa, 1978.

MATOS, A. Salgado de – *A Fiscalização Administrativa da Constitucionalidade*, Coimbra, 2004.

Bibliografia

MAYER, Otto – *Le droit administratif allemand* (trad. ed. alemã), Volume IV, Paris, 1906.

MEDEIROS, Rui – *Ensaio sobre a Responsabilidade Civil do Estado por Actos Legislativos*, Coimbra, 1992.

– *O estado de Direitos Fundamentais Português*, em *Anuário Português de Direito Constitucional*, Volume II, 2002, págs. 23-43.

– *Artigos 20 e 55-57*, em Jorge Miranda/Rui Medeiros, *Constituição Portuguesa Anotada*, Tomo I, Coimbra, 2005, pág. 170-205 e 531-585.

– *Artigo 82*, em Jorge Miranda/Rui Medeiros, *Constituição Portuguesa Anotada*, Tomo II, Coimbra, 2006, pág. 22-54.

MEDEIROS, Rui/António CORTÊS – *Artigo 26*, em Jorge Miranda/Rui Medeiros, *Constituição Portuguesa Anotada*, Tomo I, Coimbra, 2005, pág. 280-295.

MEIRELLES, H. Lopes – *Direito Administrativo Brasileiro*, 14.ª ed., S. Paulo, 1989.

MENDES, Castro – *Caso julgado, Poder Judicial e Constituição*, em *Revista da Faculdade de Direito de Lisboa*, volume XXVI, 1985, pág. 47-49.

MENDES, Maria Abrantes/Jorge MIGUÉIS, *Lei Eleitoral Da Assembleia Da República, Actualizada, Anotada e Comentada*, Lisboa, 2005.

MESQUITA, M. Cordeiro – *Direito de Resistência e Ordem Jurídica Portuguesa*, em *Ciência e Técnica Fiscal*, n.º 353, 1989.

MESQUITA, Maria Rangel – *Da Responsabilidade Civil Extracontratual da Administração no Ordenamento Jurídico-Constitucional Vigente*, em *Responsabilidade Civil Extracontratual da Administração Pública* (coord. F. Quadros), 2.ª ed., Coimbra, 2004, págs. 39-131.

MESTRE, Alexandre – *Causas De Exclusão Da Ilicitude Penal Nas Actividades Desportivas*, *Revista Jurídica* (AAFDL), n.º 22, Março, 1998.

MEYER, Berthold – *Im Spannungsfeld von Sicherheit und Freiheit – Staatliche Reaktionen auf den Terrorismus, Hessische Stiftung Friedens und Konfliktforschung – Standpunkte*, Nr. 1, 2002.

MIKEŠIC, Ivana – *Versammlungs- und Demonstrationsrecht auf Flughafengelände, Neue Zeitschrift für Verwaltungsrecht*, 2004, heft 7, pág. 788-792.

MILTON, John – *Areopagitica: A Speech for the Liberty of Unlicensed Printing*, 1644 (http://darkwing.uoregon.edu/~rbear/areopagitica.html).

MIRABETE, Julio F. – *Manual de Direito Penal*, Volume I, 17.ª ed., São Paulo, 2001.

MIRANDA, Jorge – *Liberdade de Reunião* (separata da Revista *Scientia Iuridica*), Braga, 1971.

– *Iniciativa Económica*, em *Nos Dez Anos da Constituição* (org. J. Miranda, Lisboa, 1987, págs. 69-80.

– *Manual de Direito Constitucional*, Volume IV, 3.ª ed., Coimbra, 2000; Volume V, 3.ª ed., Coimbra, 2004; Volume VI, 2.ª ed., Coimbra, 2005.

– *Artigo 12, 34, 45 e 46*, em Jorge Miranda/Rui Medeiros, *Constituição Portuguesa Anotada*, Tomo I, Coimbra, 2005, págs. 11-14, 371-373 e 463-471.

– *Artigo 113 e 165*, em Jorge Miranda/Rui Medeiros, *Constituição Portuguesa Anotada*, Tomo II, Coimbra, 2006, págs. 279-290 e 524-543.

MONCADA, L. Cabral de – *Lei e Regulamento*, Coimbra, 2002.

MONTEIRO, Cristina L. – *Artigo 304*, em *Comentário Conimbricense do Código Penal – Parte Especial* (dir. J. Figueiredo Dias), Volume II, Coimbra, 1999, págs. 1205-1214.

410 *Os Direitos de Reunião e de Manifestação no Direito Português*

Montoro, A. Gómez – *La titularidad de derechos fundamentales por personas jurídicas*, em *Cuestiones Constitucionales*, n.° 2, 2000, págs. 23-71.

Moraes, Alexandre de – *Direito Constitucional*, 13.ª ed., S. Paulo, 2003.

Morais, C. Blanco de – *Direito Constitucional II – Sumários Desenvolvidos*, Lisboa, 2004.
– *Justiça Constitucional*, Tomo II, Coimbra, 2005.

Morais, Isaltino/J. Ferreira Almeida/R. Leite Pinto, *Constituição República Portuguesa – Anotada e Comentada*, Lisboa, 1983.

Moreira, F. Azevedo – *Conceitos Indeterminados: sua sindicabilidade contenciosa*, *Revista de Direito Pública* (Lisboa), ano I, n.° 1, 1985 (Novembro), pág. 15-89.

Morgan, Austen – *Freedom Of Peaceful Assembly – Parades In Northern Ireland* (http://www.austenmorgan.com/Resources/Opinions/FREEDOM%20OF%20PEACE-FUL%20ASSEMBLY.doc).

Mortati, Constantino – *Istituzioni di Diritto Pubblico*, tomo II, 7.ª ed., Padova, 1967.

Moura, J. Barros – *A Constituição portuguesa e os trabalhadores – Da Revolução à integração na CEE*, em *Portugal: O Sistema Político e Constitucional – 1974/87* (coord. B. Coelho), Lisboa, 1989, págs. 813-860.

Muñoz, E. Cifuentes – *La Eficacia De Los Derechos Fundamentales Frente A Particulares*, México, 1998.

Musil, Andreas – *Berlin, Hauptstadt der Demonstrationen – Das Versammlungsrecht, ein Rechtsgebiet im Wandel, Landes und Kommunalverwaltung*, 2002, heft 3, pág. 115--119.

Nabais, J. Casalta – *A Face Oculta dos Direitos Fundamentais: Os Deveres e os Custos dos Direitos*, em *Estudos em Homenagem ao Conselheiro José Manuel Cardoso da Costa*, Coimbra, 2003, pág. 737-767.

Neves, Ana F. – *Relação Jurídica de Emprego Público*, Coimbra, 1999.

Neves, A. Castanheira – *Interpretação Jurídica*, em *Enciclopédia Polis*, Volume 3, Lisboa//S. Paulo, 1985, col. 651-707.

Novais, J. Reis – *Renúncia a Direitos Fundamentais*, em *Perspectivas Constitucionais – Nos 20 Anos da Constituição de 1976*, volume I, Coimbra, 1996, pág. 263-335.
– *As restrições aos direitos fundamentais não expressamente autorizadas pela Constituição*, Coimbra, 2003.
– *Os Princípios Constitucionais Estruturantes da República Portuguesa*, Coimbra, 2004.

Oliveira, Alberto A. de – *Recurso a Arma de Fogo pelas Forças Policiais*, em *Controlo Externo da Actividade Policial – Inspecção-Geral da Administração Interna*, Lisboa, 1998, pág. 351 e segs..

Oliveira, N. Pinto – *O Direito Geral de Personalidade e a "Solução de Dissentimento"*, Coimbra, 2002.

Otero, Paulo – *O Acordo de Revisão Constitucional: Significado Político e Jurídico*, Lisboa, 1997.
– *Direitos Históricos e Não Tipicidade Pretérita dos Direitos Fundamentais*, em Ab Vno Ad Omnes: *75 anos da Coimbra Editora – 1920-1995* (orgs. A. Varela/F. Amaral/J. Miranda/G. Canotilho), Coimbra, 1998, pág. 1061-1090.
– *Legalidade e Administração Pública*, Coimbra, 2003.

Ott, Sieghart – *Versammlungsfreiheit contra Kunstfreiheit?*, Neue Juristische Wochenschrift, 1981, Heft 44, pág. 2397-2399.

Bibliografia 411

Pace, Alessandro – *La Libertà di Riunione nella Costituzione Italiana*, Milano, 1967.
— *Libertà Personale (Diritto Costituzionale)*, em *Enciclopedia del Diritto*, Volume XXIV, Milano, 1974, pág. 291 e segs..

Partsch, Karl J. – *Freedom of Conscience and Expression, and Political Freedoms* em *The International Bill of Rights – The Covenant on Civil and Political Rights* (ed. L. Henkin), New York, 1981, pág. 209-245.

Penner, J. E. – *The Idea of Property in Law*, Oxford, 1997.

Pereira, Rui – *O Dolo de Perigo*, Lisboa, 1995.

Pietro, M. Sylvia Di – *Direito Administrativo*, 12.ª ed., São Paulo, 2000.

Pinheiro, A. Sousa/M. Brito Fernandes – *Comentário à IV Revisão Constitucional*, Lisboa, 1999.

Pinho, Rodrigo R. – *Teoria Geral da Constituição e Direitos Fundamentais*, 3.ª edição, S. Paulo, 2002.

Pinto, Carlos Mota – *Teoria Geral do Direito Civil*, 6.º reimp. da 3.ª ed., Coimbra, 1992.

Pinto, Paulo Mota – *O Direito ao Livre Desenvolvimento da Personalidade*, em *Portugal – Brasil Ano 2000*, Coimbra, 1999, págs. 149-246.
— *A limitação voluntária do direito à reserva sobre a intimidade da vida privada*, em *Estudos em Homenagem a Cunha Rodrigues* (orgs. F. Dias/I. Barreto/T. Beleza/P. Ferreira), Volume II, Coimbra, 2001, págs. 527-558.

Pires, F. Lucas – *As Forças Armadas e a Constituição*, em *Estudos sobre a Constituição* (colectiva), Volume I, Lisboa, 1977, pág. 320-331.

Praça, J. J. Lopes – *Direito Constitucional Portuguez*, Volume I, Coimbra, 1997 (reed. ed. 1878).

Prata, Ana – *A Tutela Constitucional da Autonomia Privada*, Coimbra, 1982.

Queiró, Afonso – *Lições de Direito Administrativo*, Volume I, Coimbra, 1976.

Quigley, John – *The Relation Between Human Rights Law And The Law Of Belligerent Occupation: Does An Occupied Population Have A Right To Freedom Of Assembly And Expression?*, em *Boston College International and Comparative Law Review*, Volume 12, 1989, pág. 1-28.

Raposo, João – *O crime de "ultraje aos símbolos nacionais" nos direitos português e norte-americano*, em *Estudos em Homenagem ao Conselheiro José Manuel Cardoso da Costa*, Coimbra, 2003, pág. 795-833.

Rawls, John – *The Basic Liberties and Their Priority*, Harvard, 1981.

Reale, Miguel – *Lições Preliminares de Direito*, 25.ª edição, S. Paulo, 2001

Remédio, A. Esteves – *Forças Armadas e Forças de Segurança – Restrições aos Direitos Fundamentais*, em *Estudos sobre a Jurisprudência do Tribunal Constitucional* (colectiva), Lisboa, 1993, pág. 371-395.

Rivero, Jean/Hugues Moutouh – *Libertés Publiques*, tome I, 9.ª ed., Paris, 2003.

Robert, Jacques – *Droits de l'homme et libertés fondamentales*, Paris, 5° éd., 1993.

Rosenfeld, Michel – *Hate Speech In Constitutional Jurisprudence: A Comparative Analysis*, *Cardozo Law Review*, Volume 24, n.° 4, 2003, págs. 1523-1567.

Roxin, Claus – *Que comportamentos pode o Estado proibir sob ameaça de pena? Sobre a legitimação das proibições penais*, em *Revista Jurídica* (Porto Alegre), Ano 317, 2004, pág. 69-81.

Rühl, Ulli – *Die Polizeipflichtigkeit von Versammlungen bei Störungen durch Dritte und bei Gefahren für die öffentliche Sicherheit bei Gegendemonstrationen, Neue Zeitschrift für Verwaltungsrecht*, 1988, Heft 7, págs. 577-584.

412 Os Direitos de Reunião e de Manifestação no Direito Português

– *Öffentliche Ordnung als sonderrechtlicher Verbotstatbestand gegen Neonazis im Versammlungsrecht, Neue Zeitschrift für Verwaltungsrecht*, 2003, heft 5, págs. 531-537.

SARLET, I. Wolfgang – *A Eficácia dos Direitos Fundamentais*, 4.ª ed., Porto Alegre, 2004.

SCHOLZ, Rupert – *Rechtsfrieden im Rechtsstaat: Verfassungsrechtliche Grundlagen, aktuelle Gefahren und rechtspolitische Folgerungen, Neue Juristische Wochenschrift*, 1983, Heft 14, pág. 705-712.

SCHÖRNIG, Wolfgang – *Änderung von Zeitpunkt und Ort einer Versammlung im Wege einer Auflage, Neue Zeitschrift für Verwaltungsrecht*, 2001, heft 11, pág. 1246-1248.

SCHRECKENBERGER, Waldemar – *Semiótica del Discurso Jurídico: Análisis Retórico de Textos Constitucionales y Judiciales de la República Federal de Alemania* (trad. ed. alemã), México, 1987.

SEIÇA, A. Medina de – *Artigo 369*, em *Comentário Conimbricense do Código Penal – Parte Especial* (dir. J. Figueiredo Dias), Volume III, Coimbra, 2001, pág. 605-627.

SERRA, Teresa – *Problemática do Erro sobre a Ilicitude*, Coimbra, 1985.

SILVA, J. Pereira da – *Direitos de Cidadania e Direito à Cidadania*, Lisboa, 2004.

SILVA, Vasco Pereira da – *A Vinculação das Entidades Privadas pelos Direitos, Liberdades e Garantias*, Revista de Direito e Estudos Sociais, 1987, Ano XXIX, n.º 2, pág. 259-274.

SILVEIRA, J. Tiago – *O Deferimento Tácito*, Coimbra, 2004.

SISMONDI, J. Simonde de – *Examen de la Constitution Françoise*, Paris, 1815.

SMEND, Rudolf – *Ensayos sobre la Libertad de Expresión, de Ciencia y de Cátedra como Derecho Fundamental y sobre el Tribunal Constitucional Alemán* (trad. ed. alemã), México.

SOUSA, A. Francisco De – *Para uma "lei do direito de reunião e de manifestação em lugares públicos e abertos ao público"*, em *Volume Comemorativo – 20 Anos – Instituto Superior de Ciências Policiais e Segurança Interna* (coord. M. Silva/M. Guedes), Coimbra, 2005, pág. 573-598.

SOUSA, J. Miranda de – *O Direito de Manifestação*, BMJ, 375, 1988, pág. 5-26, na pág. 7-8.

SOUSA, M. Rebelo de – *Direito Constitucional*, Braga, 1979.

– *Os Partidos Políticos no Direito Constitucional Português*, Braga, 1983.

SOUSA, M. Rebelo de/J. Melo ALEXANDRINO – *Constituição da República Portuguesa Comentada*, Lisboa, 2000.

SOUSA, Marnoco e – *Constituição Política da República Portuguesa – Commentário*, Coimbra, 1913.

SOUSA, Nuno e – *A Liberdade de Imprensa*, Coimbra, 1984.

SOUSA, R. Capelo de – *A Constituição e os Direitos de Personalidade*, em *Estudos sobre a Constituição* (org. J. Miranda), Volume II, Lisboa, 1977, págs. 93-196.

STEPHENS, Otis/John SCHEB – *American Constitutional Law*, 3rd ed., Wadsworth, 2002.

TAVARES, André – *Curso de Direito Constitucional*, 2.ª ed., S. Paulo, 2003.

TELES, Inocêncio Galvão – *Introdução ao Estudo do Direito*, Volume II, Lisboa, 1989.

TELES, Miguel Galvão – *Direitos Absolutos e Relativos*, em *Estudos em Homenagem ao Prof. Doutor Joaquim Moreira da Silva Cunha*, Coimbra, 2005, pág. 649-676.

TERCINET, Marcel-René – *La Liberté de Manifestation en France*, em *Revue du Droit Public*, 1979, n.º 4, págs. 1009-1058.

TÖLLE, Oliver – *Polizei- und ordnungsbehördliche Maßnahmen bei rechtsextremistischen Versammlungen, Neue Zeitschrift für Verwaltungsrecht*, 2001, heft 2, pág. 153-157.

TSCHENTSCHER, Axel – *Versammlungsfreiheit und Eventkultur – Unterhaltungsveranstaltungen im Schutzbereich des Art. 8 I GG, Neue Zeitschrift für Verwaltungsrecht*, 2001, heft 11, pág. 1243-1246.

– *Examenskurs Grundrechte: Skript, Fragen, Fälle und Lösungen*, Würzburg, 2002.

VALDÁGUA, M. Conceição – *Aspectos da Legítima Defesa no Código Penal e no Código Civil*, Lisboa, 1990.

VEIGA, A. Motta – *Lições de Direito do Trabalho*, 8.ª ed., Lisboa, 2000.

VIRGA, Pietro – *Diritto Costituzionale*, 9.ª ed., Milano, 1979.

VORSPAN, Rachel – *"Freedom of Assembly" and the Right to Passage in Modern English Legal History, San Diego Law Review*, Volume 34, 1997 (May/June), pág. 921 e segs..

WEBER, Klaus – *Rechtsgrundlagen des Versammlungsrechts, Sächsische Verwaltungsblätter*, 2002, págs. 25 e segs..

WELZEL, Hans – *Derecho Penal – Parte General* (trad. ed. alemã), Buenos Aires, 1956.

WENTE, Trainee – *Informationelles Selbstbestimmungsrecht und absolute Drittwirkung der Grundrechte, Neue Juristische Wochenschrift*, 1984, heft 25, pág. 1446-1447.

WESSELS, Johannes/Werner BEULKE, *Strafrecht – Allgemeiner Teil*, 32. Auflage, Heidelberg, 2002.

WIEFELSPÜTZ, Dieter – *Das Versammlungsrecht – ein Fall für den Gesetzgeber?, Zeitschrift für Rechtspolitik*, 2001, Heft 2, pág. 60-64.

– *Ist die Love-Parade eine Versammlung?, Neue Juristische Wochenschrift*, 2002, Heft 4, pág. 274-276.

ZIPPELIUS, Reinhold – *Teoría General del Estado – Ciencia de la Política* (trad. da 8.ª ed. alemã), México, 1985.